"十三五"国家重点出版物出版规划项目
现代机械工程系列精品教材
普通高等教育汽车类系列教材

汽车电器与电子技术

第 3 版

主　编	孙仁云	付百学
副主编	罗绍新	张小龙
参　编	司景萍	陈翀
	陈　勇	姚　英
	周　炜	陈林林
	富丽娟	
主　审	张　新	

机械工业出版社

本书是"十三五"国家重点出版物出版规划项目之一。

全书共分十四章，分别讲述了汽车电器和汽车电子控制技术的相关内容，反映了汽车发展的新技术，如"新能源和无人驾驶汽车电器技术""发动机电控系统""汽车ABS/ASR/SBC/EBS""制动力分配（EBD）""电子差速锁（EDS）""电子机械制动系统（EMB）""智能型安全气囊""防/避撞控制系统""再生制动控制""电动助力转向控制技术""电控悬架系统""车载网络技术""稳定性控制系统（VSC）""汽车线控技术""驾驶辅助系统""无人驾驶汽车"等内容。本书精选实例，书中内容阐述通俗易懂，图文并茂。

本书既可作为高等院校车辆工程、汽车运用工程、汽车服务工程、交通运输等相关专业的教材，也可作为相关工程技术人员的学习参考读物。

本书配有PPT课件等教学资源，采用本书作为教材的教师，可登录www.cmpedu.com注册后下载。

图书在版编目（CIP）数据

汽车电器与电子技术/孙仁云，付百学主编. —3版. —北京：机械工业出版社，2019.7（2024.8重印）

"十三五"国家重点出版物出版规划项目　现代机械工程系列精品教材

普通高等教育汽车类系列教材

ISBN 978-7-111-62955-9

Ⅰ.①汽…　Ⅱ.①孙…　②付…　Ⅲ.①汽车—电器—高等学校—教材 ②汽车—电子技术—高等学校—教材　Ⅳ.①U463.6

中国版本图书馆CIP数据核字（2019）第143022号

机械工业出版社（北京市百万庄大街22号　邮政编码100037）
策划编辑：宋学敏　责任编辑：宋学敏　尹法欣
责任校对：王　延　封面设计：张　静
责任印制：单爱军
保定市中画美凯印刷有限公司印刷
2024年8月第3版第12次印刷
184mm×260mm・31印张・769千字
标准书号：ISBN 978-7-111-62955-9
定价：78.00元

电话服务　　　　　　　　网络服务
客服电话：010-88361066　　机　工　官　网：www.cmpbook.com
　　　　　010-88379833　　机　工　官　博：weibo.com/cmp1952
　　　　　010-68326294　　金　书　网：www.golden-book.com
封底无防伪标均为盗版　　机工教育服务网：www.cmpedu.com

序

汽车被称为"改变世界的机器"。由于汽车工业具有很强的产业关联度,因而被视为一个国家经济发展水平的重要标志。我国汽车工业自 2009 年以来产销量连续保持全球第一,它正在成为拉动国民经济增长的动力源。汽车工业的繁荣,使汽车及其相关产业的人才需求量大幅度增长。相应地,作为汽车工业人才培养主要基地的高等院校也得到了长足发展。据不完全统计,迄今全国开办汽车类专业的高等院校已达百余所。

从未来发展趋势看,打造我国自主品牌、开发核心技术是我国汽车工业的必然选择,但当前我国汽车工业还处在以技术引进、加工制造为主的阶段,这就要求在人才培养方面既要具有前瞻性,又要与我国实际情况相结合。在注重培养具有自主开发能力的研究型人才的同时,应大力培养知识、能力、素质结构具有鲜明的"理论基础扎实,专业知识面广,实践能力强,综合素质高,有较高的科技运用、推广、转换能力"特点的应用型人才。这也意味着对我国高等教育的办学体制、机制、模式和人才培养理念等提出了全新的要求。

为了满足新形势下对汽车类高等工程技术人才培养的需求,在中国机械工业教育协会车辆工程学科教学委员会的领导下,成立了教材编审委员会,组织制订了多个系列的教材。其中,为了解决高等教育应用型人才培养中教材短缺、滞后等问题,组织编写了普通高等教育汽车类专业系列教材。

本系列教材在学科体系上适应普通高等院校培养应用型人才的需求;在内容上注重介绍新技术和新工艺,强调实用性和工程概念,减少理论推导;在教学上强调加强实践环节。此外,本系列教材将力求突出以下特点:

1) 全面性:目前本系列教材包括汽车设计与制造、汽车运用与维修、汽车服务工程、物流工程等专业方向,今后还将扩展专业领域,更全面地涵盖汽车类专业方向。

2) 完整性:对于每一个专业方向,今后还将继续根据行业变化对教学提出的要求填平补齐,使之更加完善。

3) 优质性:在教材编审委员会的领导下,继续优化每一本教材的规划、编审、出版和修订过程,使教材的生产过程逐步实现优质和高效。

4) 服务性:根据需要,为教材配备 CAI 课件和数学辅助教材,举办新教材讲习班,在相应网站开设研讨专栏等。

相信本系列教材的出版将对我国汽车类专业的高等教育产生积极的影响,为我国汽车行业应用型人才培养模式的创新做出有益的探索。由于我国汽车工业正处于快速发展阶段，对人才会不断提出新的要求，这也就决定了高等教育的人才培养模式和教材建设将处于不断变革之中。我们衷心希望更多的高等院校加入到本系列教材建设的队伍中来，使教材体系更加完善，以更好地为培养汽车类专业高等教育人才服务。

中国汽车工程学会　常务理事
中国机械工业教育协会
车辆工程学科　副主任

林　逸

第3版前言

本书自 2006 年 1 月第 1 版正式出版以来，在兄弟院校及社会同仁的支持下，需求稳定增长，曾多次加印，并完成了第 2 版的修订，有关院校师生使用后给予了好评。

本书此次再版是根据 2015 年全国普通高等教育汽车类教材编审委员会制定的教材修改大纲和精品教材编写要求，在第 2 版内容的基础上进行的，对第 2 版中的部分内容进行了删减、完善和更新，使之更符合教学要求。比如，进一步提炼各章节内容，突出教学重点内容；删去了原版中的"集成 ISA/ISG 技术""42V 供电系统""ABS 电磁阀具体结构""ABS 故障检测与诊断""整车综合控制系统""数字化革命"等内容，增加了"新能源汽车常规供电系统""新能源汽车仪表、照明及信号系统""智能灯光系统""电动天窗""动力转向系统的类型""液压式电子控制动力转向系统""电子机械制动系统（EMB）""再生制动控制""驾驶辅助系统""无人驾驶汽车"等章节或内容；调整了原版中"起动机""起动机参数选择""发动机怠速控制系统的组成""汽车电子制动系统"等内容及第三章、第十四章等章节的结构；书中力求尽可能反映国家近年来颁布的与汽车技术有关的标准内容。

本书根据党的二十大报告中提出的"创新是第一动力""深入实施科教兴国战略"的指引，从基本概念、基本组成入手，理论联系实际，精选实例，图文并茂，讲述由浅入深，注重反映应用型本科的教学特点，配套教学试验和实习内容，努力做到使教材的内容能够体现最新汽车电器、电子发展动向，使其具有一定的系统性、实用性、先进性，有利于培养学生分析问题、解决问题的能力和在工作中的基本应用能力。

全书共分十四章，由汽车电器、汽车电子控制技术相关内容组成。其中，第一、十一章由孙仁云编写；第十三章由付百学编写；第二章由陈林林编写修订；第三、四章和第六章的第一节由司景萍编写；第五章由富丽娟、司景萍、陈勇联合编写修订；第六章的第二、三、四、五、六节及第十、十四章由罗绍新编写；第七章由陈勇编写；第八章由周炜和姚英联合编写；第九章由张小龙编写修订；第十二章由陈翀编写。全书由孙仁云、付百学主编；孙仁云统稿，并对全书进行了全面修订；张新教授负责全书的审定工作。

本书在编写过程中，得到许多同行的指导和支持，在此深表感谢。书中引用了众多国内外期刊和有关图书的资料，充实了本书的内容，在此对相关作者表示感谢。感谢郭志军、王延福、佘建强以前参与编写的相关工作。西华大学向阳、李磊、赵玲、陈飞等同志为本书的修订和再版做了许多工作，在此深表谢意。

由于编者水平所限，编写时间仓促，书中难免有错误和疏漏之处，恳请使用本书的广大师生和其他读者批评指正。

编　者

第2版前言

本书自2006年1月第1版正式出版以来,在兄弟院校及社会同仁的支持下,需求稳定增长,曾多次加印,并不断加以完善,有关院校师生使用后给予了好评。

本书此次再版是根据2008年全国普通高等教育汽车类专业(方向)教材编审委员会制定的教材修改大纲编写的。对原版中部分内容进行了删减、完善和更新,更符合教学要求。比如,进一步提炼各章节内容,突出教学重点内容;删去了原版中的"汽车音响""汽车电子伺服操纵"等,增加了"电动后视镜""电动座椅""汽车线控技术"以及"教学试验"等章节;调整了原版中"汽车局域网络技术"为"车载网络技术",对其内容做了相应修订;书中尽可能反映国家近年来颁布的与汽车技术有关的标准内容,等等。

本书中从基本概念、基本组成入手,理论联系实际,精选实例,图文并茂,由浅入深地讲述,注重反映应用型本科教学的特点,配套教学试验和实习内容,努力做到使教材的内容能够体现最新汽车电器/电子发展动向,使其具有一定的系统性、实用性、先进性,有利于培养学生分析问题、解决问题的能力和在工作中的基本应用能力。本书可作为高等院校应用型本科汽车类专业(方向)的专业教材,也可作为汽车运用工程、汽车运输管理、汽车服务工程、汽车修理等相关专业大、中专院校教材,对从事汽车电器与电子技术应用与研究的工程技术人员也具有参考价值。

全书共分十四章,由汽车电器、汽车电子控制技术相关内容组成。其中,第一、十一章由孙仁云编写(张小龙为第十一章编写做了许多工作);第十三章由付百学编写;第二章由王延福编写;第三、四章和第六章的第一节由司景萍编写;第五章由佘建强、司景萍、陈勇联合编写;第六章的第二、三、四、五、六节及第十、十四章由罗绍新编写;第七章由陈勇编写;第八章由周炜和姚英联合编写;第九章由郭志军编写;第十二章由陈翀编写。全书由孙仁云、付百学主编;孙仁云统稿,并对全书进行了全面修订;张新教授负责全书的审定工作。

本书在编写过程中得到了许多同行的指导和支持,在此深表感谢。书中参考了众多国内外期刊和有关专著的资料,充实了本书的内容,在此对相关作者表示感谢。合肥农业大学张小龙,西华大学陈飞、李磊、赵玲、向阳、单玉梅、王博等人为本书再版的修订做了许多工作,其中,李磊提供了第九章的部分资料,张小龙提供了第十一章的部分资料,在此深表谢意。

由于编者水平所限,编写时间仓促,书中难免有错误和疏漏之处,恳请使用本书的广大师生和读者批评指正。

编 者

第1版前言

汽车技术迅速发展，最突出、最主要的变化是电子技术在汽车上的广泛应用。汽车上 70%的革新来自汽车电子技术及产品。电子技术对改善汽车的各种性能起到了机械装置不可替代的作用，对汽车生产厂家来说，汽车电子化程度是其市场竞争的重要手段。目前，平均每辆车上的电子装备占整车成本的 20%～30%；一些高档车上微处理器的数量达 48 个，电子产品的费用占整车成本的 50%以上。电子技术已被广泛应用于汽车发动机控制、底盘控制、车身控制、故障诊断以及音响、通信、导航等方面，显著提高了车辆的动力性、经济性、安全性、稳定性及舒适性。汽车不仅是一个代步工具，同时也具有交通、娱乐、办公和通信等多种功能。

电子技术、传感器技术、计算机技术、控制技术的快速发展和市场竞争的需要，加快了汽车电器与电子控制系统的更新速度。为了适应市场对具有该类知识结构人才的需求，根据应用型本科汽车类专业（方向）教材编审委员会确定的教材规划组织编写了本书。本书为高等学校应用型本科汽车类专业（方向）的专业教材，也可作为汽车运用工程、汽车运输管理、汽车服务工程、汽车修理等相关专业的教材，对从事汽车电器与电子技术应用与研究的工程技术人员具有参考价值。

本书从基本概念、基本组成入手，由浅入深地讲述，注重反映应用型人才培养的特点。语言通俗易懂、精选实例、图文并茂、文字简洁、内容深浅有度、教学内容重点突出、内容层次结构合理、便于教学与自学。配套教学实验、实习内容：结合社会对本专业培养学生的具体要求，增加的实验内容包括认识实验、演示实验和完全由学生自己动手的实验及实习。各章配套相应的思考题和习题，使学生学习本课程后，可以较好地掌握汽车电器/电子各装置的结构、原理、工作过程、试验、检修等基本知识，培养学生具有一定的应用能力。从传统汽车常用电器仪表设备到现代新型电子/电控系统，努力做到体现一些最新汽车电器/电子发展动向，如"42V 供电系统""集成 ISA/ISG 技术""ABS/ASR/EBS""电子感应制动系统 SBC""电子制动力分配 EBD""电子差速锁 EDS""智能型安全气囊""电动助力转向控制技术""防/避撞控制系统""CAN 总线技术""整车综合控制系统""稳定性控制系统（VSC）"等，尽可能地体现编者在教学、生产和科研实践中积累的经验和知识，期望所培养的学生在实际应用场合不感到畏惧，增强其实际应用的能力和信心。

全书共分十四章，由汽车电器、汽车电子控制技术相关内容组成。其中，第一、十一章由孙仁云编写；第十三章由付百学编写；第二章由王延福编写；第三、四章和第六章的第一节由司景萍编写；第五章由佘建强、司景萍、陈勇联合编写；第六章的第二、三、四节及第十、十四章由罗绍新编写；第七章由陈勇编写；第八章由周炜和姚英联合编写；第九章由郭志军编写；第十二章由陈翀编写。全书由孙仁云、付百学主编，孙仁云统稿，并对全书进行了全面修改；张新教授负责全书的主审工作。

  本书在完稿过程中,清华大学夏群生教授、机械工业出版社高等教育分社邓海平副社长等认真仔细地阅读本书,西华大学龙行现老师仔细阅读了本书第一章至第七章和第九章的内容,他们提出了许多宝贵意见,在此表示最诚挚的谢意。

  本书在撰稿过程中参考了一些国内外期刊和有关专著的资料,充实了本书的内容,在此对相关作者表示感谢。

  由于编者水平所限,编写时间仓促,书中难免有错误和不妥之处,敬请广大师生和其他读者批评指正。

编　者

目 录

序
第3版前言
第2版前言
第1版前言

第一章　绪论 ……………………………… 1
　第一节　汽车电子技术的发展 …………… 1
　第二节　汽车电器与电子控制系统
　　　　　分类 ………………………………… 2
　第三节　汽车电气系统的特点 …………… 7
　第四节　汽车电子技术的发展趋势和
　　　　　面临的挑战 ……………………… 7
　思考题与习题 ……………………………… 9

第二章　汽车供电系统 …………………… 10
　第一节　概述 ……………………………… 10
　第二节　蓄电池的构造及工作原理 …… 11
　第三节　交流发电机的构造、工作原理
　　　　　及特性 …………………………… 21
　第四节　交流发电机的调节器 ………… 32
　第五节　交流发电机与调节器的使用
　　　　　与故障检测 ……………………… 37
　第六节　电动汽车供电系统简介 ……… 39
　思考题与习题 …………………………… 46

第三章　起动系统 ………………………… 48
　第一节　串励式直流电动机 …………… 49
　第二节　起动机传动机构 ……………… 53
　第三节　起动机控制装置 ……………… 56
　第四节　起动机工作特性及参数
　　　　　选择 ……………………………… 59
　第五节　典型起动机的结构及工作
　　　　　原理 ……………………………… 63
　第六节　起动机电路保护及起动系统的
　　　　　检测诊断 ………………………… 72

　思考题与习题 …………………………… 76

第四章　点火系统 ………………………… 77
　第一节　概述 ……………………………… 77
　第二节　点火系统的组成及工作
　　　　　原理 ……………………………… 83
　第三节　点火系统的主要部件 ………… 95
　第四节　微机控制电子点火系统 ……… 113
　第五节　电容放电式点火系统 ………… 134
　第六节　点火系统的使用与检测 ……… 137
　思考题与习题 …………………………… 145

第五章　仪表、照明及信号系统 ……… 147
　第一节　仪表系统 ……………………… 147
　第二节　照明系统 ……………………… 159
　第三节　指示灯系统 …………………… 170
　第四节　电喇叭 ………………………… 175
　思考题与习题 …………………………… 177

第六章　附属设备 ………………………… 178
　第一节　电动刮水器与清洗器 ………… 178
　第二节　电动车窗、天窗 ……………… 182
　第三节　电动后视镜 …………………… 185
　第四节　中央门锁 ……………………… 186
　第五节　电动座椅 ……………………… 190
　第六节　汽车电动刮水器试验 ………… 192
　思考题与习题 …………………………… 196

第七章　汽车电气设备总线路 ………… 197
　第一节　汽车电气设备线路分析 ……… 197
　第二节　汽车电气系统的导线和
　　　　　线束 ……………………………… 204
　第三节　汽车总线路图应用实例 ……… 207
　思考题与习题 …………………………… 214

第八章　发动机综合控制系统 ………… 215
　第一节　电控汽油喷射系统的

  分类……………………………… 215
第二节 发动机电控汽油喷射系统组成
  和工作原理………………… 220
第三节 发动机怠速控制…………… 238
第四节 发动机排放控制…………… 243
第五节 燃油喷射系统实例………… 247
第六节 气体燃料发动机及其电子
  控制………………………… 251
第七节 发动机电控系统教学
  试验………………………… 263
思考题与习题……………………………… 264

第九章 汽车自动变速器………… 265
第一节 自动变速器的分类………… 265
第二节 自动变速器的组成与工作
  原理………………………… 267
第三节 自动变速器行星轮机构…… 269
第四节 自动变速器的液压控制
  系统………………………… 274
第五节 自动变速器的电子控制
  系统………………………… 280
第六节 双离合自动变速器简介…… 288
第七节 自动变速器的故障自诊断与
  试验………………………… 291
思考题与习题……………………………… 296

第十章 汽车电子控制助力转向
  系统………………………… 297
第一节 概述………………………… 297
第二节 液压式电子控制助力转向
  系统………………………… 299
第三节 电动助力转向系统………… 302
第四节 电动助力转向系统性能台架
  试验………………………… 308
第五节 电动助力转向系统检测

  试验………………………… 312
思考题与习题……………………………… 317

第十一章 汽车行驶安全性控制
  系统………………………… 318
第一节 汽车防滑控制系统………… 318
第二节 汽车电子制动系统………… 347
第三节 汽车防/避撞控制系统…… 353
第四节 安全气囊和安全带………… 358
第五节 汽车行驶记录系统简介…… 377
思考题与习题……………………………… 380

第十二章 汽车舒适性控制系统…… 381
第一节 汽车电控悬架系统………… 381
第二节 汽车环境控制系统………… 411
思考题与习题……………………………… 419

第十三章 车载网络技术…………… 420
第一节 概述………………………… 420
第二节 控制器局域网（CAN）… 424
第三节 局部连接网络（LIN）…… 442
第四节 汽车车载局域网
  （LAN）…………………… 445
第五节 多媒体定向系统传输
  （MOST）总线…………… 446
第六节 蓝牙技术（Bluetooth^{TM}）… 450
思考题与习题……………………………… 455

第十四章 汽车新型电子控制系统
  介绍………………………… 456
第一节 车载导航系统……………… 456
第二节 汽车稳定性控制系统……… 464
第三节 汽车线控技术……………… 471
第四节 驾驶人辅助系统…………… 474
第五节 无人驾驶汽车……………… 477
思考题与习题……………………………… 481

参考文献……………………………………… 482

第一章

绪　　论

汽车电器与电子技术是以汽车构造、电工学、电子学、计算机技术、传感器技术、控制技术、通信技术、网络技术为基础,研究现代汽车电器、电子控制系统及车载网络的组成、构造、原理、特性、检测和使用维修的一门专业课。作为机电一体化典型产品的汽车,汽车电子技术的地位极为重要,在汽车技术领域正发展成为一门独立的分支学科。随着汽车技术的迅速发展和新结构、新技术的不断采用,最突出的变化是电子技术在汽车上的广泛应用。汽车电子控制技术作为新技术革命的产物,已获得汽车制造厂家和用户的广泛认同。

目前,平均每辆汽车上的电子设备已经占到整车成本的 20%~30% 或更高,一些高档轿车上微处理器的数量达到 50 个或更多,电子设备的费用已经占到整车成本的 50% 以上。电子技术已经被广泛应用于汽车发动机控制、底盘控制、车身控制、故障诊断以及音响、通信、导航等方面,显著提高了车辆的动力性、经济性、安全性、稳定性及舒适性,使汽车不仅是代步工具,同时具有了交通、娱乐、办公和通信等多种功能。

汽车电器与电子控制系统是汽车的重要组成部分,其自身的性能对汽车的动力性、经济性、可靠性、安全性、操纵性、稳定性、舒适性、排气净化、娱乐等各种性能都会产生直接而重要的影响。现代汽车已不再是传统的机电产品,汽车继续改进的空间将集中在传统汽车技术和电子技术的结合上,汽车上 70% 的革新来自汽车电子技术及产品。汽车电子属于典型的高技术、高附加值、高增长的新兴产业,具有巨大的市场容量和很强的技术渗透性与产业带动性。汽车已经进入电子时代,汽车电子控制及智能网联技术已经成为当代汽车技术领域关注和研究的重点。

第一节　汽车电子技术的发展

世界汽车电子技术的发展过程在不同的资料介绍中略有不同,但大致可以分为三个阶段:

第一阶段(1960~1975年):20 世纪 60 年代晶体管收音机、晶体管点火装置的实用化揭开了电子化时代的序幕,主要产品有交流发电机、电子电压调节器、电子闪光器、电子控制喇叭、电子式间歇刮水控制器、汽车收音机、电子点火控制器、数字时钟等。1967 年,德国博世(Bosch)公司根据美国奔德士(Bendix)公司的专利技术,开始批量生产利用进气支管绝对压力信号和模拟计算机来控制发动机空燃比 A/F 的 D 型燃油喷射系统(D-Jetronic)。产品装配在德国大众汽车公司的 VW—1600 型和奔驰 280SE 型轿车上,率先达到了当时美国加州的排放法规要求,开创了汽油发动机电子控制燃油喷射技术的新时代。

第二阶段(1975~1985年):由于计算机技术的迅速发展,汽车进入了微型计算机(微机)控制时代,在此期间,汽车上广泛应用集成电路和 16 位以下的微处理器。电子控制燃油喷射装置的控制功能进一步得到扩充，在三元催化转化器的系统中采用了氧传感器，形成了闭环控制系统，显著降低了污染。有的采用了发动机整体控制（如日产 ECCS、丰田的 TCCS、福特的 EEC—III），同时开发了微机控制的自动变速器和悬架系统，出现了无分电器的微机控制点火系统和后轮转向控制，研制出微机控制的空调系统。其主要特点是发展专用独立的控制系统，主要产品有电子燃油喷射系统（EFI）、空燃比反馈控制系统、防抱死制动系统（ABS）、安全气囊系统（SRS）、电子控制自动变速系统（ECT）、巡航控制系统、车辆导航系统、座椅安全带收紧系统、车辆防盗系统、故障自诊断系统、车身高度自动控制系统、数字式组合仪表盘（包括数字式车速表、里程表、转速计、燃油表、冷却液温度表）等。

第三阶段（1985 年~现在）：高科技迅速发展时期，汽车电子产品的研制开发竞争十分激烈，主要侧重于汽车性能的进一步提高、各种功能的进一步完善及汽车质量的减少，开始使用 32 位及更高位微处理器。主要产品有四轮转向控制系统、轮胎气压监控系统、语音合成与识别系统、数字式油压表、蜂窝式电话、可热式风窗玻璃、倒车示警器、超速限制器、自动后视镜系统、道路状态指示器、车速自动控制（巡航控制系统 CCS）、电动助力转向控制、信息显示系统、故障自诊断系统、驱动防滑系统（ASR）、电子门锁控制、自动空调系统、自动车窗和座椅调节系统、导航系统、汽车电话、智能型安全气囊、制动力分配 EBD、电子差速锁 EDS、智能化自适应前照灯系统 AFS、防/避撞控制系统、自动制动系统、自动驾驶系统和电子地图、电子感应制动系统、动力最优化控制系统、通信与导航协调系统、安全驾驶监测与警告系统等。

第二节　汽车电器与电子控制系统分类

汽车电器与电子控制系统可分为电器装置和电子控制系统两大部分。

一、汽车电器装置

汽车电器装置主要由供电系统、用电设备、检测装置和配电装置四部分组成。

1. 供电系统

供电系统包括蓄电池、发电机及其调节器和其他能源提供设备等。发电机是其主要电源，蓄电池是辅助电源。发电机与蓄电池并联工作。发电机配有调节器，其主要作用是在发电机转速和负荷变化时，自动调节发电机电压，使之保持稳定。随着现代科技的发展和世界石油资源危机的不断加深，在汽车上使用的能源也变得多种多样，如太阳能、氢能源等，这些能源的使用使得汽车供电系统的体系结构在发生变化，系统设备在不断增加，系统也变得更加复杂起来。

2. 用电设备

汽车上用电设备的数量多，大致可分为以下几种：

（1）**起动系统**　主要指起动机，其任务是起动发动机。

（2）**点火系统**　包括传统点火系统和电子点火系统的全部组件，其作用是产生高压电火花，点燃汽油发动机气缸内部的可燃混合气体。

（3）**照明与显示系统**　包括车内外各种照明灯以及保证夜间安全行车所必需的灯光，

其中以前照灯最为重要；电子仪表为驾驶人提供汽车行驶时最基本的操作信息（车速、发动机转速、机油温度、冷却液温度、行驶里程等），这些信息显示在仪表板上，以示驾驶人。

（4）信号系统 包括电喇叭、闪光器、蜂鸣器及各种信号灯，主要用来保证车辆运行时的人车安全。

（5）附属电器设备 包括电动刮水器电动机、风窗洗涤电动泵式喷水器、低温起动电热塞、电磁喷油器和电加热器、空调器电磁离合器和风机、玻璃升降电动机、座椅调节电动机、音响设备、喇叭、防盗报警装置的警告喇叭、灯光以及点烟器、倒车雷达等。为适应舒适、娱乐、安全保障的需要，附属电器设备的数量和类型还在增加。

3. 检测装置

包括各种电器检测仪表和检测传感器，如电流表、电压表、机油压力表、温度表、燃油表、车速里程表、发动机转速表和自检装置，用来监视发动机和其他装置的工作情况。

4. 配电装置

包括中央配电盒、电路开关、电器保护装置、插接件和导线等。

二、汽车电子控制系统

根据汽车的总体结构，汽车电子控制系统分为发动机控制系统、底盘控制系统和车身控制系统三个部分。

1. 发动机控制系统

发动机控制系统包括燃料喷射控制、点火时间控制、怠速运转控制、排气再循环控制、发动机爆燃控制、减速性能控制以及自诊断系统、后备系统等。发动机控制系统能最大限度地提高发动机的动力性，改善发动机运行的经济性，同时尽可能降低汽车尾气中有害物质的排放量。

（1）发动机燃料喷射控制 控制系统随时根据检测到的发动机的基本负荷状态、冷却液温度、进气温度、进气量、节气门位置、发动机转速、汽车速度以及空调负荷等情况，通过ECU计算确定出最适宜的燃料喷射量和喷射时刻，以获得尽量低的燃料消耗率、良好的工作稳定性、适应性和排放性能。

（2）最佳点火提前角（ESA）控制 使发动机在不同转速和进气量等条件下，实现最佳点火提前角，使发动机能发出最大的功率或转矩，而将油耗和排放降低到最低限度。该系统分为开环和闭环两种控制方式，闭环是在开环的基础上，增加1个爆燃传感器进行反馈控制，其点火时刻的精确度比开环高，但排气净化稍差些。

（3）最佳空燃比 空燃比的控制是电控燃油喷射发动机的一项主要内容，它能有效地控制可燃混合气空燃比，使发动机在各种工况及有关因素的影响下，空燃比达到最佳值，从而实现提高功率、降低油耗、减少排气污染等功效。该系统有开环与闭环两种控制，闭环控制是在开环控制的基础上，在一定条件下，由ECU根据氧传感器输出的混合气（空燃比）信号，修正燃油供给量，使混合气空燃比保持在理想状态。

（4）排气再循环（EGR） 该系统是将一部分排气引入进气侧的新鲜混合气中，以抑制发动机有害气体（氮的氧化物NO_x）生成。该系统能根据发动机的工况，适时地调节排气再循环的流量，以减少排气中的有害气体NO_x。它是一种排气净化的有效手段。

（5）**怠速控制**（ISC） 该系统能根据发动机冷却液温度及其他有关参数（如空调开关信号、动力转向开关信号等），使发动机的怠速处于最佳状态。

除上述控制装置外，在发动机部分实现电子控制的内容还有：电动燃油泵、发电机输出、冷却风扇、发动机排量、节气门正时、二次空气喷射、发动机增压、油气蒸发及系统自诊断等功能。它们在不同类型的汽车上得到或多或少的采用。

随着微机技术的进一步发展，微机将会在现代汽车上承担更重要的任务，如控制燃烧室的容积和形状、控制压缩比、检测汽车零件机械磨损状况等。

2. 底盘控制系统

底盘控制系统包括防抱死制动控制（ABS）、驱动防滑控制（ASR）、变速器电子控制、悬架控制、动力转向控制、四轮转向（4WS）控制等。

（1）**汽车 ABS 和 ASR** 汽车的主动安全控制系统。ABS 可以防止汽车制动时车轮被抱死而产生侧滑，提高车辆的行驶稳定性和操纵性；ASR 是用来防止汽车起步和加速时驱动轮打滑，从而使车辆在起步或加速时的操纵性和稳定性处于最佳状态。

（2）**变速器电子控制** 通过对节气门开度和车速的检测，由微机根据换档特性和换档规律，精确控制变速比，使其达到最佳档位。它与机械系统比较，动力传动精度提高，控制机构更加简单，变速器设计更加随意，并且能够改善汽车的燃油经济性和操纵性，提高变速器的传动效率。

（3）**悬架控制** 根据不同的路面状况和车辆运行工况，自动控制车身高度，主动地改变悬架的刚度和阻尼，同时改善汽车的行驶稳定性和平顺性。

（4）**电子控制动力转向** 电子控制动力转向系统是一种转向动力放大装置，可根据车速、转向角、转矩等传感器信号自动控制施加在转向盘上的转向力，使驾驶人在汽车停车或低速行驶时转动转向盘所需的力减小，而在汽车高速行驶时所需的力增大，即在各种行驶条件下实现转动转向盘所需的力都是最佳值。全电子控制动力转向可提供回正力矩和阻尼力矩，从而获得最优转向回正特性，且大大改善车辆行驶稳定性。此外，电控动力转向还可获得最优化的转向作用力特性，提高转向响应性。

（5）**四轮转向（4WS）控制** 它可以使驾驶人能对汽车前后四个车轮进行转向操纵，改善车辆行驶时转向的灵活性，提高高速行驶时的稳定性和可控制性。

3. 车身控制系统

车身控制系统包括车用空调控制、车辆信息显示、风窗玻璃的刮水器控制、灯光控制、汽车门锁控制、顶棚传动控制、电动车窗与电动后视镜控制、电动座椅控制、安全气囊与安全带控制、防盗与防撞安全系统、巡航控制系统、汽车音响系统控制、车内噪声与通风控制以及汽车内部和汽车与外部进行信息传输的各种系统和设备（如多路信息传输、汽车导航、蜂窝式移动电话）等。

（1）**车用全自动空调的电子控制** 车用全自动空调的电子控制器根据各种温度传感器（车内温度、车外温度、太阳辐射强度、蒸发器温度、发动机冷却液温度等）输入的信号，计算出经过空调热交换后送入车内应该达到的出风温度，对混合空气调节器开度、风扇驱动电动机转速、冷却器（或加热器风门）、压缩机等进行控制，自动地将车内温度保持在设定的温度值范围内，使车内的温度、湿度始终处于最佳值，为驾乘人员提供一个舒适的乘坐环境。

(2) 车辆信息显示系统 又称为驾驶人信息系统,它由车况检测部件、车载计算机和电子仪表三部分组成。车况检测是传统仪表板报警功能的发展,主要通过液位、压力、温度、灯光等传感器,检测发动机、制动系统、电源系统以及车灯的故障。车载计算机提供的信息能够提高行车的安全性、燃油经济性及乘坐舒适性,能够使驾驶人获得平均油耗、瞬时油耗、平均车速、可行驶里程、驾驶时间、时钟、温度等有关正确驾驶的信息。这些信息在需要时可通过键盘和按钮调出。

(3) 汽车电子灯光控制系统 根据光线传感器检测到的车外天气光亮情况的信号,自动地将后灯和前照灯接通或切断,以提高汽车使用的方便性和行驶的安全性。

(4) 安全气囊控制系统(SRS) SRS是一种被动安全保护装置。其功能是当传感器检测到撞车事故发生时,即向控制器发送信号;而当判断电路根据传感器送来的信号值判断为严重撞车情况时,即触发装在转向盘内的氮气发生器(膨胀器),点燃气体发生剂,产生高压氮气迅速吹涨气囊。吹涨的气囊将驾驶人与转向盘及风窗玻璃隔开,以防止撞车过程中,驾驶人的头部和胸部直接撞在转向盘或风窗玻璃上发生伤亡事故。

(5) 多路信息传输系统 由显示器电子控制器、具有操作开关的控制器(监视器)和其他各种电子控制器(光盘、电视、音响、全球定位系统、移动电话等控制器)组成。每个电子控制器通过通信网络与其他电子控制器相互连接。显示器电子控制器作为主控制器,通过各路通信网络进行通信管理及整个系统的控制,由显示器显示诸如行车用的交通地图信息资料、汽车油耗等情况以及车辆行驶过程的信息等。

(6) 汽车导航系统 汽车导航系统由全球定位系统(Global Positioning System,GPS)接收机、电子地图等组成。导航定位系统通过GPS接收机接收卫星信号,解算出自身经纬度坐标,然后与微机内的电子地图匹配,在屏幕上动态显示车辆运行轨迹,驾驶人便可对当前坐标一目了然。GPS系统和地理信息系统(GIS)可提供大量有用信息,满足车辆定位与导航、交通管理与监控的需要,并为驾驶人提供旅馆、加油站、修车厂等信息服务。

(7) 蜂窝式移动电话 与常规电话不同,首先蜂窝式移动电话的话机及拨号的按键直接与无线电发射/接收器相联,不采用电话线;其次是电话可随汽车移动。当通信开始时,移动电话需要选择一个合适的无线电波的频道,且必须通过基站的远程控制电子开关板来控制蜂窝式移动电话与基站连接。由于蜂窝式移动电话是四处游动的,因此还必须了解移动电话所处的位置(即汽车所处的位置),这样蜂窝式移动电话才能被覆盖该地区的基站所接通,同时还与汽车所用的移动电话计费问题相联系。

(8) 巡航控制系统(CCS) 是使汽车工作在发动机有利转速范围内,驾驶人不需踩加速踏板,减轻驾驶者的驾驶操纵劳动强度,提高行驶舒适性的汽车自动行驶装置。驾驶人利用控制开关,可将保持恒速、减速、恢复原速和加速等命令输入计算机。当驾驶人操纵保持恒速开关时,计算机记忆调节后的车速,开始进行恒速行车控制。通过进气管的真空度或直流电动机控制节气门开度,以保持预先设定的车速,而驾驶人不需控制加速踏板。记忆车速和实际车速都输入到计算机的比较电路中,比较电路的输出信号经过补偿电路、执行部件、发动机和变速器实现驱动力的变换。

(9) 防盗安全系统 汽车防盗系统有机械式防盗系统和电控防盗系统。机械式防盗系统没有中央门锁,仅在起动车辆所必需的零件上加锁,比如轮胎锁、转向盘锁、变速杆锁等。使用机械式防盗锁的防盗系统安全性较差,使用不方便,已逐渐被淘汰。电控防盗系统

一般都与电控中央门锁和报警装置联合使用,属于高档的防盗系统,装有红外监视系统、超声波传感器、倾斜传感器以及电子止动系统。当盗贼非法打开车门、行李舱门、发动机盖,强行进入车内,企图起动车辆时,警笛大作、灯光闪烁、发动机无法工作、车辆瘫痪,让盗贼惊慌失措、狼狈逃窜。但由于法令的限制,一些会产生噪声的防盗系统可能将被判为不合格产品。

(10) 汽车防撞控制系统 通过防碰撞传感器(CCD摄像元件、扫描激光雷达、超声波传感器、电磁波传感器等)、信息采集与分析的电子控制单元检测和确定可能与汽车碰撞方向的物体的位置及状态,通过输出电路和采取应急措施电路在必要时提出危险警示和采取应急避让措施,防止发生碰撞。

根据控制功能,汽车电子控制系统可分为动力性、安全性、舒适性和娱乐信息控制四种类型,其控制系统和主要控制项目见表1-1。每一个控制系统可以由各自的电子控制单元(ECU)单独控制,也可由几个系统组合起来用一个ECU进行控制。在不同的车型上,其组合形式和控制功能不尽相同。

表1-1 汽车电子控制系统类型及其主要控制项目

类型	电子控制系统名称	主要控制项目
动力性控制	电子控制燃油喷射(EFI)	喷油量(喷油时间),喷油时刻,燃油泵,燃油停供
	电子控制点火(ESA)	点火时刻,通电时间,防止爆燃
	怠速转速控制(ISC)	空调接通与切断,变速器挂挡,动力转向泵接通与切断
	排放控制	排气再循环(EGR),空燃比反馈控制,活性炭罐电磁阀控制,CO控制(VAF),二次空气喷射
	进气控制	进气引导通路切换,涡流控制阀
	增压控制	泄压阀,废气涡轮增压器
	自诊断测试与失效保护控制	故障警告,存储故障码,部件功能测试,传感器与执行器失效保护
	电子控制变速(ECT)	发动机输出转矩,液力变矩器锁止时机,变速器换挡时机,电磁阀和传感器失效保护
安全性控制	防抱死制动控制(ABS)	车轮制动力、滑移率
	驱动防滑控制(ASR)	发动机输出转矩,驱动轮制动力,差速器锁止
	安全气囊控制(SRS)	气囊点火器点火时机
	座椅安全带收紧控制	收紧器点火器点火时机
	动力转向控制(ECPS)	控制助力油压、气压或电动机电流
	雷达车距控制	车距、报警、制动
	前照灯灯光控制	焦距、光线角度
	安全驾驶控制	驾驶时间,转向盘状态,驾驶人脑电图、体温和心率
	防盗控制	报警、遥控门锁,数字密码点火开关,数字编码门锁,转向盘自锁
	电子仪表	汽车状态显示
	中央门锁控制	门锁遥控,行驶自锁,玻璃升降

(续)

类型	电子控制系统名称	主要控制项目
舒适性控制	悬架控制（EMS）	车身高度，悬架刚度，悬架阻尼，车身姿势（点头、侧卧、俯仰）
	巡航控制（CCS）	车速、安全（解除巡航状态）
	空调控制	制冷、取暖
	电动座椅控制	方向（向前、向后），高低（向上、向下）
	CD音响	娱乐
娱乐信息控制	交通信息显示	交通信息、电子地图
	车载电话	通信联络
	车载计算机	车内办公

第三节　汽车电气系统的特点

1. 低压

汽车电气系统（电系）的标称电压有直流12V、24V两种，目前汽油车普遍采用12V系统，而重型柴油车多采用24V系统。对发电装置，12V系统的额定电压为14V，24V系统的额定电压为28V。低压系统的优点主要是：安全性好，蓄电池单体数少，对减少蓄电池质量和尺寸有利，白炽灯的灯丝较粗，寿命较长。

随着汽车车载电器和电子设备用电功率的持续增加，现有车载供电系统提供的功率也可能满足不了实际需要，汽车供电系统的供电电压有可能提高到42V，或42V/14V或42V/28V混合使用。

2. 直流

汽车采用直流系统的原因是发动机要靠电力起动机起动，起动机由蓄电池供电，而蓄电池电能消耗后又必须用直流电充电，所以汽车电气系统为直流系统。

3. 单线制

单线制是指从电源到用电设备只用一根导线连接，而用汽车底盘、发动机等金属机体作为另一公用导线。由于单线制节省导线，线路简化清晰，安装和检修方便，且电器机件也不需要与车体绝缘，所以现代汽车电气系统普遍采用单线制；但是在特殊情况下，有时也需采用双线制。

4. 负极搭铁

采用单线制时，蓄电池的一个电极接到车体上，俗称"搭铁"。若蓄电池的负极与车体相接，就称负极搭铁；反之为正极搭铁。按照国家标准规定，国产汽车电气系统均采用负极搭铁。

第四节　汽车电子技术的发展趋势和面临的挑战

1. 汽车电子技术的发展趋势

汽车电子技术的发展目标是：环保、节能、安全、智能化和网联化。在控制系统的开发

上则由原来单一功能的控制转向各种功能的综合控制以及车辆整体系统控制，采用车内局域网完成各控制系统之间必要的信息交换与传输，实现汽车高速的集中控制及故障集中诊断；为了提高控制系统的可靠性，正在考虑采用诸如双系统的概念或控制监视功能；随着汽车车载电器和电子设备用电功率的持续增加，现有车载供电系统提供的功率也越来越不能满足实际需要，有的公司提出提高汽车电气系统的供电电压。这些发展目标正在汽车上变为现实，比如汽车网络技术、稳定性控制系统（VSC）、整车综合控制系统、42V供电系统、集成ISA/ISG等这些技术和新型电控系统，已经装备在从你身边驶过的汽车上。

全球最大的多元化汽车零部件生产商德尔福公司、西门子、博世、日本电装等公司，都是专业的汽车电子控制系统生产厂商。他们从20世纪的70~80年代就开始涉入汽车电子控制产品产业。20世纪80~90年代，国外汽车电子企业主要解决汽车的环保、能源、安全、动力传动控制等问题，因此把汽车电子控制系统技术研究和产品开发的重点放在发动机电控汽油喷射系统、自动变速器、汽车防抱死制动控制系统、汽车安全气囊控制系统等方面，随着技术的成熟，其产品不断地在汽车上得到应用。20世纪90年代以后，除继续解决上述问题之外，国外开始将研究开发的主要目标转向用电子控制系统提高汽车的乘坐舒适性、转向操纵轻便性、行驶稳定性和乘员的安全保护性能等方面的技术上。从节能与环境保护的角度出发，需要解决多能源汽车和汽车的电磁兼容性。

总而言之，随着汽车电子和汽车电子控制产品的比例不断提高，世界汽车电子技术的发展呈现系统集成化、信息化、网络化、智能化的发展趋势，实现高效率和高精确性控制，并将汽车和社会有机地联系起来。

2. 面临的挑战

汽车电子产品是在不断面临挑战和解决矛盾的过程中发展起来的。现在，汽车制造商对车用电子产品提出了新要求，他们不希望在车上过多地安装那些增加复杂性和成本的电子系统，如果那样，会使汽车变得累赘，汽车价格越来越昂贵。理想的情况是，电子装置替代笨重的、低效率的机械装置，而不是对其进行补充。例如，化油器就被更小、更有效的燃油喷射装置所替代，传统的制动装置某一天也会被电子制动装置替换掉。

当前对汽车电子产品提出的要求是，在不增加电子产品复杂程度的前提下改善产品的性能。例如，使用电子技术把诸如座椅、车门、轮胎等"呆傻型"零部件制造得能完成种种功能（座椅罩能够感觉气温和重量，车门还能用做立体声扬声器，轮胎能够感觉路面打滑并自动调整等）。

使现有的汽车电子产品部件更小、更轻是所面临挑战的另一个方面。ABS、SRS等部件的电控装置的尺寸越来越小，且往日益缩小的外壳内塞进更多的元件，以便增添更多的控制功能，减少线束，提高总体布置的灵活性。

在汽车电子产品发展的过程中，需要不断而又及时的应用新技术。新技术的应用使电子控制装置变得更小、更有效、更灵活，也可能会增加成本和需要解决新问题。在汽车上已经使用控制器局域网络（Controller Area Network，CAN）总线来实现汽车内部控制系统与各检测和执行机构间的数据通信，多路传输总线在汽车上的使用需进一步提高信号传送速率、容错和抗干扰能力以及降低成本。智能网联技术在提高汽车智能化、安全性、舒适性和使用方便性等方面会发挥越来越重大的作用。

随着电子产品数量的增多和功能的增强，来自车内和车外的干扰及相互干扰的问题是难以估计的，防电磁干扰和电磁兼容已是汽车电子必须考虑的问题，也必须考虑电子产品其他恶劣的工作环境问题。

总之，通过电子技术、智能网联及自动驾驶等技术进一步改善汽车的各种使用性能，实现高效率，提高电控系统可靠性、稳定性、高精确性以及抗干扰能力和电磁兼容性等，并提高自动驾驶性能，同时降低产品的成本等，这些是目前汽车电子、智能网联和自动驾驶领域研究的重要课题。

思考题与习题

1-1　简述汽车电器与电子控制系统的分类及特点。

1-2　举例说明为什么电子技术在汽车上能够得到越来越多的应用？

1-3　针对汽车电子技术的发展，谈谈自己的观点。

第二章

汽车供电系统

第一节 概 述

一、传统汽车电源系统

1. 传统汽车电源的组成及功用

汽车供电系统包括蓄电池、发电机及调节器,其中发电机为主电源,蓄电池与发电机并联。供电系统功用是向车载用电设备提供电能。

图2-1所示为汽车电源系统组成示意图。

在发动机工作时,由发动机带动发电机向汽车用电设备提供电能,并向蓄电池充电。蓄电池的主要功用是在起动发动机时向起动机及点火系统(汽油发动机)等提供电能。蓄电池还有以下功用:

1) 在发电机电压低或不发电(发动机怠速、停转)时,向车载用电设备供电。

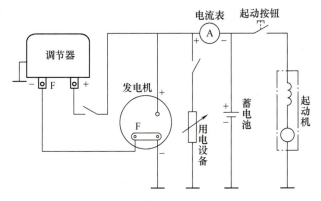

图2-1 汽车电源系统组成示意图

2) 汽车上同时启用的用电设备功率超过了发电机的额定功率时,协助发电机供电。

3) 在其存电不足及发电机负载不多时,将发电机的电能转换为化学能储存起来。

4) 蓄电池相当于一个大电容,可以吸收电路中的瞬变过电压,对汽车上的电气设备及电子元器件起到保护作用。

5) 对汽车电子控制系统来说,蓄电池也是电子控制装置的不间断电源。

2. 传统汽车电源的要求

当接通起动开关起动发动机时,蓄电池在3~5s内必须向起动机连续供给强大的电流(汽油发动机汽车一般为200~600A;柴油发动机汽车一般为800A以上)。由此可见,蓄电池的主要功用是起动发动机。根据蓄电池的工作特点,对汽车用蓄电池的主要要求是:容量大、内阻小,以保证蓄电池具有足够的起动能力。能满足发动机起动需要的蓄电池称为起动型蓄电池,汽车上使用的就是起动型蓄电池。

由于发动机工作时的转速变化范围很大,要求发电机在发动机转速变化范围内都能正常发电且电压稳定,以满足用电设备的用电需求;此外,要求发电机的体积小、重量轻、故障率低、发电效率高、充电性能良好、维护方便或少维护、使用寿命长等,以确保汽车使用性能要求。

二、新能源汽车电源系统

新能源汽车是指采用非常规的车用燃料作为动力来源（或使用常规的车用燃料、采用新型车载动力装置），综合车辆的动力控制和驱动方面的先进技术，具有新技术、新结构的汽车。新能源汽车主要分为纯电动汽车、混合动力电动汽车和燃料电池电动汽车。不同类型的新能源汽车，其储能装置不尽相同。

纯电动汽车电源系统主要由动力电池、电池管理系统、车载充电机、辅助电源等组成，其功用是向用电装置提供电能、监测动力电池使用情况以及控制充电设备向蓄电池充电。

混合动力电动汽车能够至少从两类车载储存的能量中获得动力，目前主要是指内燃机和动力蓄电池储能形式的混合动力电动汽车。混合动力电动汽车电源主要由发电机、动力电池系统和辅助动力源组成。

对于以燃料电池为动力的电动汽车，要求有供电池发电所需要的燃料储备装置，燃料电池的类型不同，供给的燃料不同。

第二节　蓄电池的构造及工作原理

蓄电池是一种化学电源，它能把电能转变为化学能储存起来（即充电），供电时再将化学能转变为电能释放出来（即放电）。蓄电池的种类很多，用于汽车上的蓄电池必须能满足起动发动机的需要，由于铅酸蓄电池构造简单、内阻小、起动性好，且价格低廉，因此目前汽车上使用的是起动型铅酸蓄电池（以下简称蓄电池）。

一、蓄电池的构造

目前，汽车起动用蓄电池按性能可分为干式荷电蓄电池和免维护蓄电池两类。

（1）干式荷电蓄电池　指极板在干燥状态下，能在较长时间（一般为2年）内保存制造过程中所得电量的蓄电池，简称干荷电蓄电池。

（2）免维护蓄电池　指蓄电池在有效使用期（一般为4年）内无需进行添加蒸馏水等维护工作的蓄电池，也称为无需维护蓄电池。

蓄电池由单体电池串联而成，每个单体电池内均盛装有电解液，插入正负极板组便成为单体电池。

蓄电池主要由极板组、隔板、电解液、外壳等组成，如图2-2所示。

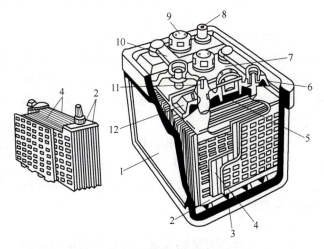

图2-2　蓄电池的构造

1—外壳　2—封闭环　3—正极桩　4—连接条
5—加液孔　6—负极桩　7—电池盖　8—封料
9—护板　10—隔板　11—负极板　12—正极板

1. 极板与极板组

极板分正极板和负极板两种,均由用铅锑合金铸成的栅架和填充在其上的活性物质构成。栅架的作用是容纳活性物质并使极板成型,加入锑是为了提高栅架的机械强度并改善浇铸性能。正极板上的活性物质是二氧化铅(PbO_2),呈深棕色。负极板上的活性物质是海绵状的纯铅(Pb),呈青灰色。蓄电池充、放电过程中,电能和化学能的相互转换是依靠极板上活性物质和电解液的化学反应来实现的。

将一片正极板和一片负极板浸入电解液中,便可得到2V左右的电压。为了增大蓄电池的容量,将多片正极板和负极板各自用横板焊接并联起来,组成正极板组和负极板组。将正负极板相互嵌合(中间用隔板隔开)的极板组(图2-3)置于存有电解液的容器中,就构成了单体电池,单体电池的标称电压为2V。因此,一个12V的蓄电池就需用6个单体电池串联而成,如图2-4所示。

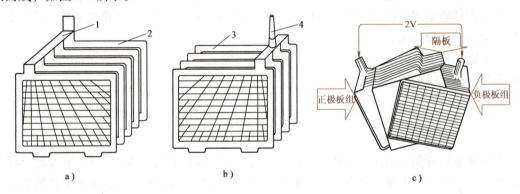

图 2-3 蓄电池极板组的结构
a) 负极板组 b) 正极板组 c) 极板组嵌合情况
1—汇流条 2—负极板 3—正极板 4—极柱

每个单体电池的正极板总比负极板少一片,这是为了使每片正极板都置于两片负极板之间,使之两面的放电均匀。由于正极板上的活性物质比较疏松,若单面放电,容易造成极板拱曲而使活性物质脱落。

目前,国内外都已采用厚1.1~1.5mm的薄型极板(正极板比负极板稍厚)。薄型极板对提高蓄电池的比能量(即单位质量所提供的容量)和起动性能都十分有利。

2. 隔板

正、负极板应尽可能靠近,以减小蓄电池内阻和尺寸。为了防止相邻正、负极板接触而短路,用隔板将正、负极板隔开。隔板应具有多孔性,以便电解液渗透,还应具有良好的耐酸性和抗氧化性。

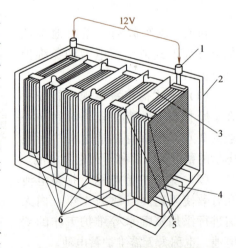

图 2-4 12V蓄电池极板组的结构
1—极柱 2—电池槽 3—间壁 4—沉淀池壁
5—汇流条 6—极板组

隔板材料有木质、微孔橡胶和微孔塑料等。木质隔板耐酸性能差,在硫酸作用下容易炭化和变脆，且消耗木材不符合环保的时代发展潮流，因此已不再使用。微孔橡胶和微孔塑料隔板耐酸、耐高温性能好，寿命长，且成本低，因此目前广泛使用。

微孔塑料和微孔橡胶隔板的结构如图 2-5a 所示。安装隔板时，带槽一面应面向正极板，且沟槽必须与壳体底部垂直。因为正极板在充、放电过程中的化学反应剧烈，沟槽能使电解液上下直通，也能使气泡沿槽上升，还能使脱落的活性物质沿槽下沉。

免维护蓄电池普遍采用了聚氯乙烯袋式隔板，结构如图 2-5b 所示。使用时，正极板被隔板袋包住，脱落的活性物质保留在袋内，不仅可以防止极板短路，而且可以取消壳体底部凸起的肋条，使极板上部容积增大，从而增大电解液的储存量。

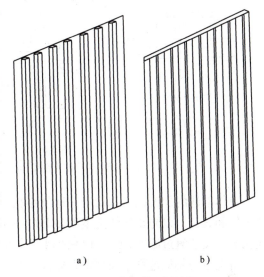

图 2-5 蓄电池隔板结构
a）塑料隔板 b）袋式隔板

3. 电解液

电解液的作用是使极板上的活性物质发生溶解和电离，产生电化学反应。电解液由纯净的硫酸与蒸馏水按一定的比例配制而成，其相对密度一般为 1.24~1.30。

电解液纯度是影响蓄电池电气性能和使用寿命的重要因素。因此，蓄电池用电解液必须符合专业标准规定，所用硫酸和蒸馏水也必须符合相应的国家标准和专业标准的规定。由于工业用硫酸和普通水中含铜、铁等杂质较多，会加速蓄电池自放电，所以不能用于蓄电池。

4. 壳体

壳体用于盛放电解液和极板组，蓄电池壳体由电池槽和电池盖两部分组成，壳内用间壁分成 3 个或 6 个互不相通的单体，底部的突棱用以搁置极板组，突棱间的凹槽则可积存从极板上脱落下的活性物质，以避免沉积的活性物质连接正、负极板而造成短路。对于采用袋式隔板的免维护蓄电池，因为脱落的活性物质存积在袋内，所以没有设置突棱。

蓄电池壳体应耐酸、耐热、耐振动、耐冲击等。目前使用的干荷电池与免维护蓄电池普遍采用聚丙烯透明塑料壳体，电池槽与电池盖之间采用热压工艺粘合为整体结构，不仅耐酸、耐热、耐振动冲击，而且壳壁薄而轻（厚约 2mm），易于热封合，外形美观，成本低廉，生产效率高。

5. 单体电池的连接方式

单体电池的串联方法一般有传统外露式铅连接条连接、内部穿壁式连接和跨越式连接三种连接方式，如图 2-6 所示。

早期的蓄电池大多采用传统外露式铅连接条连接，如图 2-6a 所示。这种连接方式工艺简单，但耗铅量多，连接电阻大，因而起动时电压降大，功率损耗也大，且易造成短路，现已很少采用。目前蓄电池大量采用穿壁或跨越式连接方式。穿壁式连接见图 2-6b，它是在相邻单体电池之间的间壁式打孔供连接条穿过，将两个单体电池的极板组极柱连焊在一起。跨越式连接见图 2-6c，在相邻单体电池的间壁上边留有豁口，连接条通过豁口跨越间壁将两个单体电池的极板组极柱相连接，所有连接条均布置在整体盖的下面。

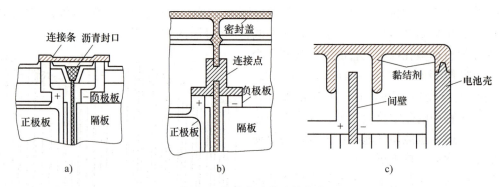

图 2-6 单体电池的连接方式
a) 外露式铅连接条连接 b) 内部穿壁式连接 c) 跨越式连接

单体电池的加液孔盖都设有一通气小孔,用于在蓄电池充电时及时排出因电解水而产生的氢气和氧气,以防止气体集聚而使其内部压力升高,造成胀裂容器甚至产生爆炸事故。如在孔盖上安装氧过滤器,还可以减少水蒸气的溢出,减少水的消耗。

蓄电池的装配过程,如图 2-7 所示。

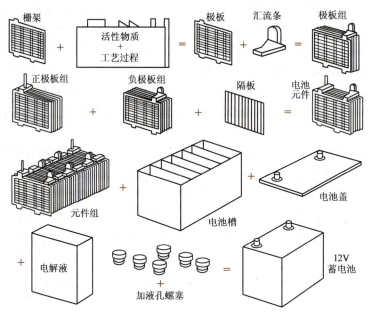

图 2-7 蓄电池的装配过程

6. 蓄电池技术状态指示器

目前,装备全密封型免维护蓄电池的轿车越来越多,由于这种蓄电池盖上没有设置加液孔,因此不能用普通密度计测量电解液的相对密度。为此,在这种免维护蓄电池盖上设有一个结构如图 2-8a 所示的蓄电池技术状态指示器(Maintenance-Free Battery Indicator)来说明蓄电池的技术状况。

蓄电池技术状态指示器又称为内装式密度计,由透明塑料管、底座和颜色不同的两只小球(一只为蓝色,另一只为红色)组成,通过螺纹安装在蓄电池盖上。两只小球安放在塑

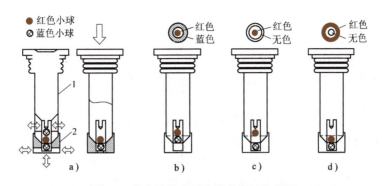

图 2-8 蓄电池技术状态指示器结构原理
a) 指示器结构 b) 存电充足 c) 充电不足 d) 电解液不足
1—透明塑料管 2—指示器底座

料管与底座之间的中心孔中,红色球在上、蓝色球在下。两只小球是由密度不同的材料制成,因此,可随电解液相对密度变化而上下浮动。

蓄电池技术状态指示器是根据光学折射原理来反映蓄电池技术状态的。当蓄电池电量充足、电解液相对密度大于 1.22 时,两只小球向上浮动到极限位置,通过光线折射,红、蓝两只小球可形成不同的颜色组合。从指示器顶部进行观察:当中心呈红色圆点、周围呈蓝色圆环,表示蓄电池技术状态良好,英文标示为"OK",如图 2-8b 所示。

当蓄电池电量不足、电解液相对密度过低时,蓝色小球下移到极限位置,其观察结果如图 2-8c 所示,中心呈红色圆点、周围呈无色透明圆环,表示蓄电池亏电严重,必须立即充电,英文标示为"Charging necessary"。

当电解液液面过低时,两只小球都将下移到极限位置,其观察结果如图 2-8d 所示,中心呈无色透明圆点、周围呈红色圆环,表示电解液不足,说明蓄电池不能继续使用,必须更换蓄电池。如果这种指示器安装在干荷电蓄电池上,则表示必须添加蒸馏水,英文标示为"Add distilled water"。

二、蓄电池的工作原理

蓄电池是由浸渍在电解液中的正极板和负极板组成,电解液是硫酸水溶液。蓄电池中发生的化学反应是可逆的。其化学反应过程有各种不同的理论,一般认为格拉斯顿和特拉普于 1882 年提出的双极硫酸盐化理论(简称双硫化理论)能较确切地说明蓄电池的化学反应过程。

根据双极硫酸盐化理论,蓄电池中参与化学反应的物质,正极板是二氧化铅(PbO_2),负极板上是海绵状铅(Pb),电解液是硫酸水溶液(H_2SO_4)。当蓄电池和负载接通放电时,正极板上的二氧化铅和负极板上的铅都将转变成硫酸铅($PbSO_4$),电解液中的硫酸成分减少、相对密度下降。当蓄电池接通直流电源充电时,正、负极板上的硫酸铅又将分别恢复成原来的二氧化铅和纯铅,电解液中的硫酸成分增加,相对密度增大。不考虑蓄电池化学反应中间过程,其充、放电时总的化学反应方程式如下:

$$PbO_2 + Pb + 2H_2SO_4 \underset{充电}{\overset{放电}{\rightleftharpoons}} PbSO_4 + 2H_2O + PbSO_4$$

正极　　负极　　电解液　　　　　正极板　　电解液　　负极板

三、蓄电池的工作特性

蓄电池的工作特性是指蓄电池的电动势、电压、电流和电解液密度随充放电时间而变化的规律。蓄电池的工作参数主要有电动势、内阻和容量等。

1. 电动势

根据蓄电池的工况,有静止电动势和瞬时电动势之分。

(1) 静止电动势 静止电动势 E_j 是指蓄电池在静止状态下(不充电也不放电)正负极板之间的电位差(即开路电压)。静止电动势的大小取决于极板上活性物质溶解电离达到动态平衡时,在极板单位面积上沉附的 Pb^{4+} 和 e 的数量,而这受电解液的密度和温度的直接影响。在电解液密度为 $1.050 \sim 1.300 g/cm^3$ 的范围内,静止电动势 E_j 与电解液密度及温度的关系可由如下的经验公式表示:

$$E_j = 0.84 + \gamma_{25℃} \tag{2-1}$$

$$\gamma_{25℃} = \gamma_t + 0.00075(T - 25) \tag{2-2}$$

式中 $\gamma_{25℃}$——温度为25℃时的电解液密度(g/cm^3);

γ_t——实际测得的电解液密度(g/cm^3);

T——实际测得的电解液温度(℃)。

(2) 瞬时电动势 瞬时电动势(简称电动势)是指蓄电池充、放电过程中,标准电解液渗入极板孔隙内进行电化学反应时,在正负极板上产生的电极电位差值,用 E 表示。其值仍按静止电动势公式计算。但需注意:放电时由于极板空隙内的电解液密度小于外部电解液密度,因此放电时的电动势 E 总是小于静止电动势 E_j;反之,在充电时,瞬时电动势高于静止电动势。

2. 蓄电池内阻

蓄电池内阻大小反映了蓄电池带负载能力。在相同条件下,内阻越小,输出电流越大,带载能力越强。蓄电池内阻包括极板电阻、隔板电阻、电解液电阻和串联单体电池的连条电阻等。

完全充足电的蓄电池在温度为20℃时,内阻 R_0 可按以下经验公式计算其近似值:

$$R_0 = \frac{u_e}{17.1 Q_e} \tag{2-3}$$

式中 u_e——蓄电池额定电压(V);

Q_e——蓄电池额定容量(A·h)。

极板电阻在完全充电状态下是很小的,但随着蓄电池放电程度的增加,活性物质转变成导电性能极差的 $PbSO_4$ 覆盖在极板表面,极板的电阻会显著增加。隔板的电阻主要与隔板的材料、厚度及多孔性等因素有关。电解液的电阻与其温度和密度有关。温度低、电解液密度高时,会因电解液的黏度增大,渗透能力降低而使其电阻增大。电解液密度过高或过低,还会因为 H_2SO_4 的离解度降低而增大电阻。电解液密度为 $1.208 g/cm^3$(25℃)时,电解液的离解度最高,其黏度也不大,故电阻最小。连条的电阻与单体的连接形式有关,穿壁式连条短,故其电阻较小。

3. 蓄电池的容量

蓄电池的容量是反映蓄电池对外供电能力及选用蓄电池的重要指标,是蓄电池的主要性能参数。蓄电池的容量是指在规定的放电条件下,蓄电池能够输出的电量。当恒流放电时,蓄电池的容量等于放电电流与放电时间之积,即

$$C = I_f T_f \tag{2-4}$$

式中　C——蓄电池的容量（A·h）；

　　　I_f——放电电流（A）；

　　　T_f——放电时间（h）。

蓄电池的容量与放电电流、温度及电解液的密度等因素有关,因此标称的蓄电池容量是在一定的标准规范下测得的。

(1) 额定容量 C_n　根据国标 GB/T 5008.1—2013《起动型蓄电池技术条件》规定,C_n 是指完全充足电的蓄电池,在电解液温度为 25℃±5℃ 时,以 20h 放电率（$I_f = 0.05C_n$）连续放电到 12V、蓄电池端电压下降至 10.50V±0.05V 时,蓄电池所输出的电量。额定容量是检验新蓄电池质量和衡量蓄电池能否继续使用的重要指标。新蓄电池达不到额定容量则为不合格产品;旧蓄电池的实际容量,与其额定容量之差超过某一限值时则应报废。

(2) 储备容量 $C_{r,n}$　根据国标 GB/T 5008.1—2013《起动型蓄电池技术条件》规定,$C_{r,n}$ 是指完全充足电的蓄电池,在电解液温度为 25℃±5℃ 时,以 25A 电流连续放电到 12V、蓄电池端电压下降至 10.50V±0.05V 时所持续的时间,其单位为 min。蓄电池的储备容量说明当汽车充电系失效时,蓄电池尚能持续提供 25A 电流的能力。

储备容量与额定容量有如下换算关系：

$$C_n = \sqrt{17778 + 208.3 C_{r,n}} - 133.3 \tag{2-5}$$

在 $C_n \geq 200\text{A}\cdot\text{h}$ 或 $C_{r,n} \geq 480\text{min}$ 时上式不适用。

蓄电池的容量越大,可以提供的电能就越多。影响蓄电池容量的因素主要有极板的构造、放电电流、电解液的温度和电解液的密度等四个方面。

4. 蓄电池的放电特性

蓄电池的放电特性是指以恒定电流（恒流）I_f 放电时,蓄电池端电压 U_f、电动势 E 和电解液密度 ρ 随放电时间的变化规律。图 2-9 是以 20h 放电率（$I_f = 0.05C_{20}$,C_{20} 指蓄电池额定容量）恒流放电的特性曲线。

放电时,由于蓄电池内阻 R_o 有压降,因此,蓄电池端电压 U_f 低于其电动势 E,即

$$U_f = E - I_f R_o \tag{2-6}$$

蓄电池放电时的电化学反应式在极板的空隙内进行,蓄电池放电时电动势 E 下降 ΔE 的原因是极板空隙内的密度低于容器中的电解液密度。即

$$E = E_j - \Delta E \tag{2-7}$$

随着放电程度的增加,电解液密度不断下降,电动势 E 也随着下降,同时蓄电池的内阻 R_o 增加,故端电压 U_f 将逐渐下降。

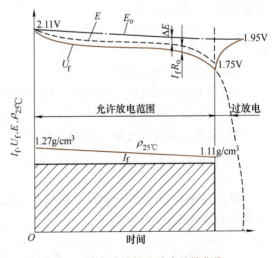

图 2-9　蓄电池的恒流放电特性曲线

放电时端电压的变化规律可分为三个阶段：开始放电阶段（2.11~2.0V）、相对稳定阶段（2~1.95V）和迅速下降阶段（1.95~1.75V）。

从放电特性曲线可知，蓄电池放电终了可由两个参数判断：

1) 电解液密度下降至最小的许可值（约为 1.11g/cm³）。

2) 单体电池电压下降至放电终止电压（以 20h 放电率放电，单体终止电压 1.75V）。

终止电压与放电电流的大小密切相关，放电电流越大，放电的时间就越短，允许放电的终止电压也越低（表 2-1）。

表 2-1 放电电流与终止电压的关系

放电电流/A	$0.05C_{20}$	$0.1C_{20}$	$0.25C_{20}$	$1C_{20}$	$3C_{20}$
连续放电时间	20h	10h	3h	30min	5.5min
单体电池终止电压/V	1.75	1.70	1.65	1.55	1.5

5. 蓄电池的充电特性

蓄电池的充电特性是指以恒流 I_c 充电时，蓄电池充电电压 U_c、电动势 E 及电解液密度 ρ 等随充电时间变化的规律。图 2-10 是以 20h 充电率（$I_c = 0.05C_{20}$）恒流充电时的特性曲线。

因为充电电压 U_c 必须克服蓄电池电动势 E 和内阻电压降 I_cR_o，才能在电路中形成电流，所以充电电压始终高于电动势，即

$$U_c = E + I_cR_o \quad (2\text{-}8)$$

而

$$E = E_j + \Delta E \quad (2\text{-}9)$$

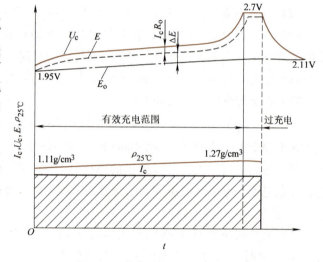

图 2-10 蓄电池恒流充电特性曲线

蓄电池充足电的特征是：

1) 蓄电池的端电压上升至最大值（单体电池电压为 2.7V），且 2h 内不再变化。

2) 电解液的密度上升至最大值，且 2h 内基本不变。

3) 电解液大量冒气泡，呈现"沸腾"。

四、蓄电池的型号

根据标准 JB/T 2599—2012《铅酸蓄电池名称、型号编制与命名办法》规定，国产蓄电池型号的含义如下：

I	II	III
串联单体电池数	蓄电池类型	蓄电池特征

（接上）蓄电池额定容量

其中 I——串联单体电池数，指一个整体壳体内所包含的单体电池数，用阿拉伯数字表示。

Ⅱ——蓄电池类型，根据蓄电池的主要用途划分，用汉语拼音字母表示，起动型蓄电池用字母 Q 表示。

Ⅲ——额定容量，用阿拉伯数字表示，其单位为 A·h。

有的蓄电池在额定容量后用一字母表示其特征性能：G 表示薄型极板，高起动率；S 表示塑料外壳；D 表示低温起动性能好。

例如，东风 EQ2102 型越野汽车用 6—QW—180 型蓄电池，表示是由 6 个单体电池组成、额定电压为 12V、额定容量为 180A·h 的起动型免维护蓄电池。

蓄电池的特征为附加说明，在同类用途的产品中具有某种特征需要在型号中加以区别时采用，特征也以汉语拼音字母表示。如果产品同时具有两种特征，原则上按表 2-2 的顺序将两个代号并列表示。

表 2-2 蓄电池产品特征代号

特征代号	蓄电池特征	特征代号	蓄电池特征	特征代号	蓄电池特征
A	干荷电	J	胶体电解液	D	带电式
H	湿荷电	M	密闭式	Y	液密式
W	免维护	B	半密闭式	Q	气密式
S	少维护	F	防酸式	I	激活式

五、蓄电池的使用与维护

1. 蓄电池的正确使用

为了延长蓄电池的使用寿命，使用中应特别注意以下几点：

1）正确使用起动机。每次起动时间不得超过 3~5s；如果第一次未能起动发动机，应休息 15s 以上再进行第二次起动；连续三次起动不成功时，应查明原因，排除故障后再进行起动。

2）定期补充充电。在汽车上使用中的蓄电池，由于发电机对蓄电池充电的电压是按基本充足电来选择的，为了防止极板硫化而缩短使用寿命，因此，每使用两个月必须进行一次补充充电；如果蓄电池加注电解液后存放备用或安装在汽车上而汽车停放不用时，因为存放过程中蓄电池会自行放电，所以每间隔一个月时间必须进行一次补充充电。

3）蓄电池在汽车上必须固定牢靠，防止汽车行驶时振动受损。搬运蓄电池应轻搬轻放，不能在地面上拖曳。

4）新蓄电池首次使用之前，需要合理选择电解液相对密度。如果干荷电和免维护蓄电池的存储时间超过规定期限（一般为 2 年），需要充电之后再装车使用，以免极板硫化而缩短蓄电池的使用寿命。电解液相对密度应根据不同的使用条件进行选择，寒冷地区应使用相对密度较高的电解液；同一地区使用的蓄电池，冬季的电解液相对密度应较夏季高 0.02~0.04。不同地区和气温条件下，电解液相对密度可参照表 2-3 或蓄电池制造厂家的规定进行选择。

表 2-3　不同地区和气温条件下电解液相对密度的选择范围

气候条件	完全充电蓄电池在 25℃时的电解液相对密度	
	冬　季	夏　季
冬季低于-40℃的地区	1.30	1.26
冬季高于-40℃的地区	1.28	1.25
冬季高于-30℃的地区	1.27	1.24
冬季高于-20℃的地区	1.26	1.23
冬季高于0℃的地区	1.23	1.23

2. 蓄电池的充电方法

蓄电池是一种能量转换装置，将充电电源的电能转换为蓄电池化学能的过程称为充电。为使蓄电池保持一定容量和延长蓄电池的使用寿命，必须对蓄电池进行充电。根据充电目的不同，蓄电池的充电可分为初充电、补充充电、间歇过充电、锻炼循环充电和去硫化充电等。

蓄电池的充电必须根据不同情况选择适当的方法，并且正确地使用充电设备，才能提高工作效率，延长蓄电池及充电设备的使用寿命。蓄电池的充电方法有恒流充电、恒压充电和脉冲快速充电。

(1) 恒流充电　在充电过程中，充电电流恒定不变（通过调整电压，保证电流不变）。它是蓄电池充电的主要方法，广泛用于初充电、补充充电和去硫化充电等。蓄电池在充电刚开始采用较大电流，经过一定时间后改用较小电流直至充足电，因此也称为分级电流充电。

恒流充电的优点是适应性强，充电电流可任意选择和调整，有益于延长蓄电池寿命；缺点是充电时间长，且需要经常调整充电电流。

(2) 恒压充电　在充电过程中，充电电压恒定不变。汽车上发电机对蓄电池充电的方法采用恒压充电，其充电电压由充电系统的电压调节器控制。

恒压充电的优点是充电初期充电电流大，充电速度快，4～5h 内即可获得额定容量的 90%～95%，因而可缩短充电时间，适于补充充电。同时，充电电流能随电动势的上升而逐渐减小到零，使充电自动停止。但由于充电电流大小不能调整，所以不能保证蓄电池彻底充足电，也不能用于初充电和去硫化充电，可用于补充充电和锻炼循环充电。

(3) 脉冲快速充电　以脉冲大电流充电来实现快速充电的方法。快速充电的原理在于如何消除充电后期出现的极化现象。所谓极化，指的是充电后期，蓄电池两极之间的电位高于两极之间的平衡电极电位（每单体电池为 2.1V）的现象。极化的原因包括欧姆极化、浓差极化和电化学极化。充电初期，极化现象不明显，可采用大电流进行恒流充电，使蓄电池在较短时间内达到额定容量的 60%左右。当蓄电池单体电池电压达到 2.4V，开始电解水时，进行脉冲充电。先停止充电（称为前停充）15～25ms。停充后随着电流的消失，欧姆极化消失，浓差极化也因扩散运动而部分消失。接着再放电或反向充电，使蓄电池反向通过一个较大的脉冲电流（脉冲宽度为 0.15～1.0ms，脉冲深度为 1.5～3.0 倍的充电电流），目的是消除电化学极化中产生的电荷积累，同时消除极板孔隙中形成的气体，也可使浓差极化进一步消失，然后再停止放电（称为后停充）25～40ms。循环上述充电过程，直到蓄电池充足为止。

脉冲快速充电的优点是充电时间大为缩短、增加蓄电池的容量提高起动性能,而且具有显著的去硫化作用。采用脉冲快速充电时,蓄电池析出气体的总量虽然减小,但其出气率高,对极板活性物质的冲刷力强,活性物质易脱落,因此对蓄电池寿命有一定的影响。

3. 蓄电池的维护

为使蓄电池经常处于完好状态,延长其使用寿命,对使用中的蓄电池需要定期(汽车行驶 6000~7500km 或 30~45 天)进行下列维护工作:

1)检查蓄电池外壳表面有无电解液漏出或渗出,擦去电池盖上的电解液。
2)检查蓄电池在车上安装是否牢靠,导线接头与极柱的连接是否紧固。
3)经常性地清除蓄电池盖上的灰尘、泥土和酸垢,清除极柱和导线接头上的氧化物。
4)检查加液孔盖或螺塞上的通气孔是否畅通。
5)定期检查并调整电解液的密度及液面高度。

第三节 交流发电机的构造、工作原理及特性

除电动汽车外,蓄电池在汽车运行中只能充当发电机起动、停运或怠速等工况下的备用电源。在发电机正常工况下,汽车的用电设备主要靠发电机供电。同时,当蓄电池存电不足时,发电机又是蓄电池的充电电源。目前,传统的整流子直流发电机已完全被硅整流发电机取代,故在此只介绍交流发电机与调节器。

一、交流发电机的构造

汽车用普通交流发电机结构大同小异,基本结构都是由转子、定子、整流器和端盖四部分组成,整体式交流发电机的不同点是在基本结构的基础上增加了电压调节器,且都采用集成电路调节器。交流发电机基本零部件组成与整体结构如图 2-11、图 2-12 所示。

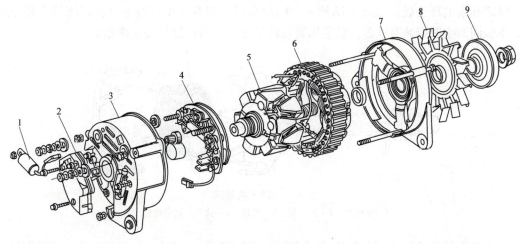

图 2-11 整体式交流发电机基本零部件组成
1—抗干扰电容器 2—集成电路调节器与电刷组件总成 3—电刷端盖 4—整流器总成
5—转子总成 6—定子总成 7—驱动端盖 8—风扇 9—驱动带轮

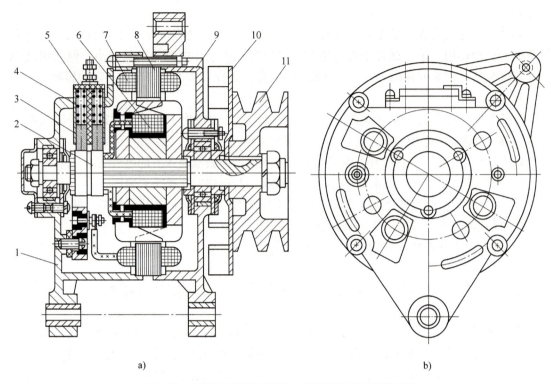

图 2-12 JFZ1913Z 型 14V90A 交流发电机的整体结构

a) 主视图 b) 侧视图

1—后端盖 2—集电环 3—电刷 4—电刷弹簧 5—电刷架 6—励磁绕组 7—电枢绕组
8—电枢铁芯 9—前端盖 10—风扇 11—带轮

1. 转子

汽车交流发电机的转子是发电机的磁极部分,其功用是产生磁场。转子由爪极、励磁绕组、铁芯和集电环组成,如图 2-13 所示。两块爪极上制有 6 个鸟嘴形磁极,压装在转子轴上,爪极间的空腔内装有铁芯,铁芯压装在转子轴上,励磁绕组绕在铁芯上。

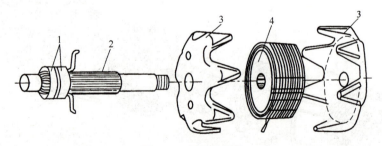

图 2-13 转子的结构

1—集电环 2—转子轴 3—爪极 4—铁芯与励磁绕组

集电环由彼此绝缘的两个铜环组成,压装在转子轴的一端并与转子轴绝缘。励磁绕组的两端分别焊接在两个集电环上,两个集电环分别与发电机后端盖上的两个电刷相接触。当两个电刷与直流电源接通时,励磁绕组中便有电流流过并产生轴向磁场,被磁化的爪极中一块为 N 极，另一块磁化为 S 极，于是就形成了 4~8 对相互交错的磁极。国产交流发电机大多是 6 对磁极。

将转子爪极设计成鸟嘴形状是为了使磁场呈正弦分布，有利于电枢绕组产生的感应电动势有较好的正弦波形。

2. 定子

交流发电机的定子是发电机的电枢部分，其功用是产生交流电。由定子铁芯与对称的三相电枢定子绕组组成。定子铁芯由相互绝缘的厚度为 0.5mm 的硅钢片叠成环状，环的内圆表面开有线槽，电枢三相绕组按一定规则对称嵌放在槽内。

三相绕组的联结方法有星形联结（简称丫联结）和三角形联结（简称△联结）两种，如图 2-14 所示。当采用丫联结时，三相绕组的 3 个末端 U_2、V_2、W_2 连接在一起，称为中性点，3 个始端 U_1、V_1、W_1 作为交流发电机的输出端，如图 2-14a 所示。当采用△联结时，一相绕组的始端与另一相绕组末端连接，共有 3 个节点，即为交流发电机的输出端，如图 2-14b 所示。三相电枢绕组一般为丫联结，也有采用△联结的。

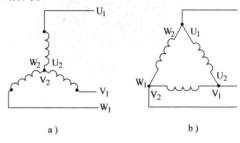

图 2-14 三相绕组的联结方法

a）丫联结　b）△联结

为保证电枢三相绕组产生大小相等、相位差 120°（电角度）的对称电动势，三相绕组的绕制应遵循下列原则：

1）每相绕组的线圈个数和每个线圈的匝数应完全相等。

2）每个线圈的节距（两个有效边所跨的定子槽数）必须相同。

3）三相绕组的始端 U_1、V_1、W_1 在定子槽内的排列必须相隔 120°（电角度）。

当采用丫联结时，定子绕组的展开图如图 2-15 所示。

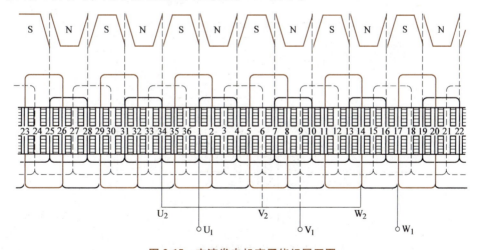

图 2-15 交流发电机定子绕组展开图

3. 整流器

交流发电机整流器的作用是将三相定子绕组产生的交流电变换为直流电。整流器一般由 6 只整流二极管和二极管的散热板组成。交流发电机整流器总成的结构如图 2-16 所示。汽车发电机上的硅整流二极管外形及符号如图2-17所示。

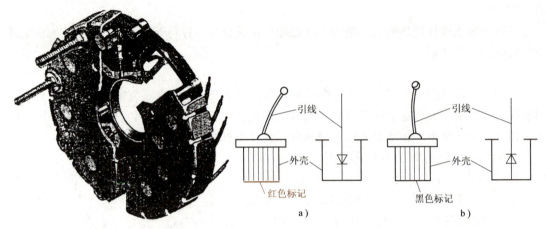

图2-16 交流发电机整流器总成的结构　　图2-17 硅整流二极管的外形及符号结构
　　　　　　　　　　　　　　　　　　　　　　a）正极管　b）负极管

汽车交流发电机用整流二极管有正极管与负极管之分。一个普通交流发电机具有3只正极管和3只负极管。引出电极为二极管正极的称为正极管，其上标有红色标记；引出电极为二极管负极的称为负极管，其上标有绿色或黑色标记。

安装整流二极管的铝质散热板称为整流板。现代汽车交流发电机的整流器多数都有两块整流板。安装3只正极管的整流板称为正整流板；安装3只负极管的整流板称为负整流板，如图2-18所示。有的交流发电机只有正整流板而没有负整流板，3只负极管直接压装在发电机的后端盖上，即后端盖相当于负整流板。由于不便维修，因此这种结构已被淘汰。

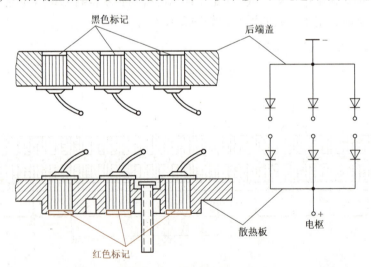

图2-18 二极管安装接线示意图

4. 端盖与电刷组件

交流发电机的前、后端盖均用铝合金压铸而成，铝合金为非导磁材料，可减少漏磁。并具有重量轻、散热性能好等优点。

在后端盖内装有电刷组件,电刷组件由电刷、电刷架和电刷弹簧组成。电刷用铜粉和石墨粉模压而成,电刷架用酚醛玻璃纤维塑料模压而成。电刷安装在电刷架的孔内,借弹簧张力使电刷与转子轴上的集电环保持良好接触。每个交流发电机有两只电刷,每只电刷都有一根引线直接引到发电机后端盖的接线端子上或后端盖上。电刷架有两种形式,一种是外装式,从发电机的外部拆下电刷弹簧盖板即可拆下电刷,如图2-19a所示,拆装检修十分方便,因此,交流发电机普遍采用。另一种是内装式,需拆开发电机后才能拆下电刷,如图2-19b所示,由于拆装不便已很少采用。

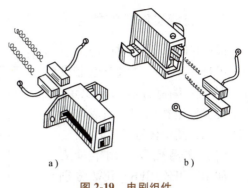

图 2-19 电刷组件
a) 外装式 b) 内装式

交流发电机有内搭铁和外搭铁之分,如图2-20所示。励磁绕组的一端经集电环和电刷,通过与发电机端盖绝缘的励磁接线柱(标"F"或"磁场")相连接,另一端通过引线与发电机外壳相接,这种搭铁方式的发电机称为内搭铁型交流发电机,如图2-20a所示,奔驰JFZ1992D发电机、东风EQ1090型货车用JF132N型交流发电机均为内搭铁型交流发电机;励磁绕组的两端经集电环和电刷,通过引线均与绝缘接线柱(标"F+"、"F-"或"F_1"、"F_2")相连,励磁绕组通过"F_1"或"F_2"接线柱经调节器搭铁的,称为外搭铁型交流发电机,如图2-20b所示。桑塔纳、捷达、红旗、奥迪、解放等大多数汽车均采用外搭铁型交流发电机。

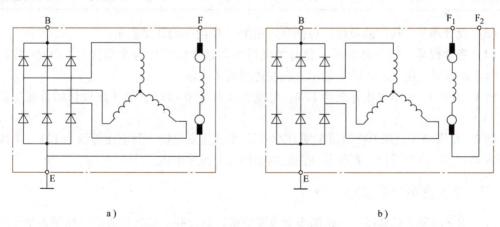

图 2-20 交流发电机的搭铁形式
a) 内搭铁型交流发电机 b) 外搭铁型交流发电机

交流发电机前端盖之前装有带轮,由发动机通过风扇传动带驱动发电机轴旋转。一般在带轮后还装有叶片式风扇,用铝合金板或钢板冲压或焊接而成。当风扇与带轮一起转动时,通过前、后端盖上的通风口,空气便从进风口流入,经发电机内部再从出风口流出,由此便将内部热量带出,达到强制通风散热之目的,这称为外装式风扇。近年来,为提高发电机的效率、减小发电机的体积,又出现了内装式风扇,即风扇叶片直接设置在发电机转子上。

二、交流发电机的型号

根据我国汽车行业标准 QC/T 73—1993（2009）《汽车电器设备产品型号编制方法》的规定，汽车交流发电机的型号组成如图 2-21 所示，图中代号含义如下：

(1) 产品代号 用字母表示，如 JF、JFZ、JFB、JFW 分别表示交流发电机、整体式交流发电机、带泵交流发电机和无刷交流发电机。

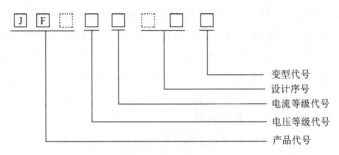

图 2-21 交流发电机型号组成

(2) 电压等级代号和电流等级代号 分别用 1 位阿拉伯数字表示，其含义分别如表 2-4 和表 2-5 所示。

表 2-4 电压等级代号

分类代号	1	2	3	4	5	6
电压等级/V	12	24	—	—	—	6

表 2-5 电流等级代号

分组代号	1	2	3	4	5	6	7	8	9
电流等级/A	~19	≥20~29	≥30~39	≥40~49	≥50~59	≥60~69	≥70~79	≥80~89	≥90

(3) 设计序号 按产品设计先后顺序，用 1~2 位阿拉伯数字表示。

(4) 变型代号 用字母表示，交流发电机用调整臂位置作为变型代号。从驱动端看，在中间不加标记，在右边时用 Y 表示，在左边时用 Z 表示。

例 1 JF153：表示电压等级为 12V、电流等级为 ≥50~59A，第 3 次设计的普通交流发电机。

例 2 桑塔纳、奥迪 100 型轿车用 JFZ1913Z 型交流发电机，其电压等级为 12V、电流等级为 ≥90A、第 13 次设计，调整臂在左边的整体式交流发电机。

三、交流发电机的工作原理

汽车用交流发电机是一个三相同步交流发电机，通过硅二极管组成的三相桥式整流电路将定子绕组所产生的交流感应电流变为直流电流输出，所以也称之为硅整流发电机。

1. 三相交变电动势的产生

交流发电机是根据电磁感应原理而产生三相交变电动势的。三相同步交流发电机的工作原理如图 2-22 所示。发电机的转子为磁极，励磁绕组通过电刷和集电环引入直流电而产生磁场；发电机的定子为电枢，三相电枢绕组按一定的规律分布在定子的槽中，彼此相差 120°电角度。

当转子旋转时，产生一个旋转的磁场，使得相对静止的定子电枢绕组切割磁力线而产生感应电动势。由于转子磁极铁芯制作成鸟嘴形特殊结构,可使定子绕组感应产生的交流电动势近似于正弦曲线波形,因此三相电枢绕组产生的感应电动势按正弦规律变化。

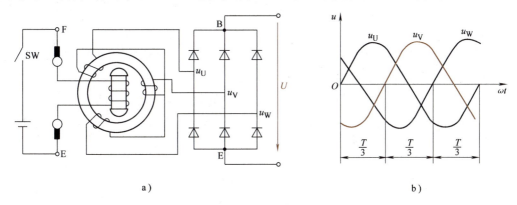

图 2-22 交流发电机的工作原理

a) 汽车交流发电机电路　b) 感应电动势输出波形

三相绕组中交流电动势瞬时值的表达式为

$$u_U = \sqrt{2}E_\phi \sin\omega t$$
$$u_V = \sqrt{2}E_\phi \sin(\omega t - 120°)$$
$$u_W = \sqrt{2}E_\phi \sin(\omega t - 240°) \tag{2-10}$$

式中　E_ϕ——每相电动势的有效值(V);

　　　ω——电角速度(rad/s),$\omega = 2\pi f$,$f = Pn/60$,P 为磁极对数,n 为发电机转速(r/min)。

交流发电机每相绕组中感应产生的电动势有效值 E_ϕ 为

$$E_\phi = 4.44 K f N \Phi = C_e \Phi n \tag{2-11}$$

式中　K——绕组系数,采用整距集中绕组时,$K=1$;

　　　f——感应电动势的频率(Hz);

　　　N——每相绕组的匝数(匝);

　　　Φ——每极磁通(Wb);

　　　C_e——发电机结构常数。

从式(2-11)可以看出,定子绕组内感应电动势的高低与每相绕组串联线圈的匝数以及感应电动势的频率成正比,即定子绕组的匝数越多、转子的转速越高,绕组内感应产生的电动势也就越高。

当定子绕组采用Y联结时,任意两个输出端之间的输出电压称为线电压,从一个线端流出的电流称为线电流,分别用 U_L、I_L 表示,每相绕组的相电压和相电流分别用 U_ϕ、I_ϕ 表示,如图2-23a 所示。它们之间的相互关系为

$$U_L = \sqrt{3} U_\phi \tag{2-12}$$
$$I_L = I_\phi \tag{2-13}$$

当定子绕组采用△联结时,电压与电流的关系如图2-24b 所示,即

$$U_L = U_\phi \tag{2-14}$$

$$I_L = \sqrt{3}\,I_\phi \tag{2-15}$$

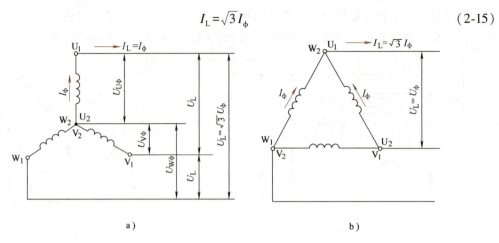

图 2-23　三相绕组接法不同时，电压与电流的关系
a）Y联结　b）△联结

从上述公式可以看出，在交流发电机转速相同的条件下，相电压相同，Y联结比△联结具有较高的输出电压；当输出线电压相同时，△联结输出电流较大。因此，采用Y联结的交流发电机在发动机转速较低时（如怠速时）便可向蓄电池充电，而采用△联结的交流发电机则需较高的发动机转速才能向蓄电池充电。所以，大多数车用交流发电机都采用Y联结，只有少数大功率交流发电机采用△联结。

2. 整流原理

汽车用的蓄电池为直流电源，考虑到发电机停转时，车用的各种电器必须能正常工作，用电设备均选用直流供电方式，这就要求交流发电机最终能提供直流电势，所以交流发电机内必须配置硅整流器。

二极管具有单向导电特性，即当给二极管加上正向电压时，二极管导通，呈现低阻状态；当给二极管加上反向电压时，二极管截止，呈现高阻状态。利用二极管的单向导电特性，便可把交流电变为直流电。

三相桥式整流电路由6只硅二极管组成，其电路原理和电压波形如图2-24所示。其中，VD_1、VD_3、VD_5的负极（壳体）压装在元件板或正整流板上，它们的正极分别

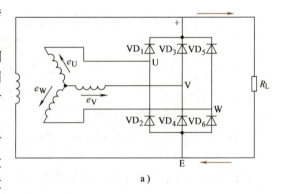

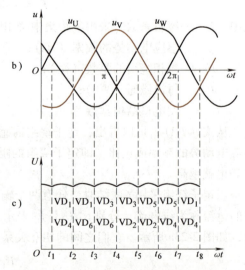

图 2-24　三相桥式整流电路原理及电压波形
a）整流电路　b）三相输出电压波形
c）整流电压波形

接在三相定子绕组始端 U、V、W，故称为正极管；另外 3 只二极管 VD_2、VD_4、VD_6 的正极（壳体）压装在后端盖或负整流板上，负极则分别接在三相绕组始端 U、V、W，故称为负极管。

(1) 二极管的导通原则

1) 正极管导通原则。因为 3 只正极管（VD_1、VD_3、VD_5）的正极分别接在发电机三相绕组的始端（U、V、W）上，它们的负极又连接在一起，所以 3 只正极管的导通原则是：在某一瞬间，正极电位最高者导通，因为正极电位最高的二极管导通后，就使另两只二极管的负极电位高于正极而不能导通。

2) 负极管导通原则。因为 3 只负极管（VD_2、VD_4、VD_6）的负极分别接在发电机三相绕组的始端，它们的正极又连接在一起，所以 3 只负极管的导通原则是：在某一瞬间，负极电位最低者导通，因为该二极管导通后，就使另两只二极管的正极电位低于负极而不能导通。

(2) 整流过程　根据上述正、负二极管的导通原则，交流发电机整流器的整流过程如下：

在 $t_1 \sim t_2$ 时间间隔内，U 相电位最高，V 相电位最低，所以二极管 VD_1、VD_4 获得正向电压而导通，电流从 U 相出发，经二极管 VD_1、负载电阻 R_L、二极管 VD_4 回到 V 相构成回路。因为二极管的内阻很小，所以 U、V 两相之间的线电压都加在负载电阻 R_L 上。

在 $t_2 \sim t_3$ 时间间隔内，U 相电位最高，而 W 相电位变为最低，所以二极管 VD_1、VD_6 获得正向电压而导通。U、W 两相之间的线电压加在负载电阻 R_L 上。

以此类推，6 只二极管在一个周期内，以 6 种不同组合两两导通依次循环，周而复始，使负载电阻两端得到一个比较平稳的直流脉动电压 U，负载电压波形及各时间间隔内二极管的导通情况示于图 2-24c 中，可以计算得到发电机输出直流电压的平均值为

$$U = 1.35 U_L = 2.34 U_\phi \quad （Y联结） \tag{2-16}$$

$$U = 1.35 U_\phi \quad （△联结） \tag{2-17}$$

式中　U——输出直流电压平均值；

U_L——定子绕组输出的线电压的有效值（$U_L = \sqrt{3} U_\phi$）；

U_ϕ——每相绕组的相电压的有效值。

实际上，车用二极管正向导通时，管压降 U_d 约为 0.2~0.6V，所以负载电压的实际值应在式（2-16）或式（2-17）所示的计算值中减去两个二极管的管压降。

由上述分析可知，三相桥式整流电路中，每只二极管在交流电的 1 个周期内，只有 1/3 时间处于导通状态，所以每只二极管的平均电流 I_d 只为负载电流的 1/3，即

$$I_d = \frac{1}{3} I \tag{2-18}$$

设每只二极管所承受的最高反向电压为 U_{DRM}，其值应为线电压 U_L 的最大值，即

$$U_{DRM} = \sqrt{2} U_L = \sqrt{2} \times \sqrt{3} U_\phi = 2.54 U_\phi \tag{2-19}$$

但我们并不能根据式（2-19）来选用整流二极管，因为交流发电机直接与用电设备相连，在用电设备接通、切断或负荷变动时，均可产生较高的自感电动势，这将直接作用在硅二极管上，所以选择二极管的允许反向电压时，为了有一定的安全系数，往往高于 U_{DRM} 计算值的十几倍到几十倍。国产交流发电机配用的 ZQ 型二极管，其最高反向工作电压

为300V。

当三相定子绕组采用Y联结时,三相绕组三个末端的公共接点,称为三相绕组的中性点,电路如图2-25所示,接线端子标记为"N"。中性点对发电机外壳(即搭铁)之间的电压,是通过VD_2、VD_4、VD_6 3只负极管三相半波整流后得到的直流电压,称为中性点电压,中性点电压的平均值等于交流发电机输出直流电压的1/2,即

$$U_N = \frac{1}{2}U \quad (2-20)$$

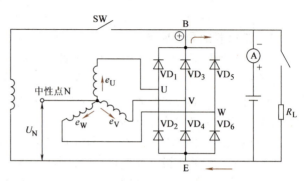

图2-25 具有中性点接线端子的交流发电机电路

式中 U_N——中性点电压;
U——发电机输出直流电压。

中性点电压,通常用于控制各种用途的继电器,如磁场继电器、充电指示继电器等。国外的部分交流发电机(如日本的电装、三菱公司及德国的Bosch公司的交流发电机),还利用中性点的输出来提高发电机的输出功率。在Y联结的交流发电机上,在中性点与输出接线柱之间增加两个二极管,称为中性点二极管。在发电机高速运转(2000r/min以上)情况下,可以提高交流发电机的输出功率10%~15%。

四、交流发电机的特性

汽车用硅整流交流发电机的工作特点是传动比大,工作转速变化范围大。对于一般汽油发动机来说,其转速变化为1∶8,对于柴油发动机,其转速变化为1∶5。因此,掌握交流发电机的输出电流、端电压随转速变化的规律十分重要。交流发电机的特性有输出特性、空载特性和外特性,其中以输出特性最为重要。

1. 输出特性

交流发电机的输出特性又称负载特性或输出电流特性。它是指发电机向负载供电时,保持发电机输出电压恒定(对12V的发电机规定为14V,对24V的发电机规定为28V)时,输出电流I与转速n之间的关系,即$I=f(n)$的函数关系。实测桑塔纳、奥迪轿车用JFZ1913Z型交流发电机的输出特性如图2-26所示。

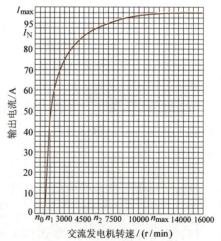

图2-26 JFZ1913Z型交流发电机的输出特性

由输出特性曲线$I=f(n)$可以看出:

1)当发电机转速过低时,其端电压低于额定电压,此时发电机不能向外供电;当转速达到空载转速n_1时,电压达到额定值;当转速高于空载转速n_1时,发电机才有能力向外供电。因此,空载转速n_1常作为选择发电机与发动机速比的主要依据。

2）当转速 $n>n_1$ 时，发电机输出电流 I 的变化规律是随转速 n 升高而逐渐增大；当转速 $n=n_2$ 时，发电机输出额定功率（额定电流 I_N 与额定电压之积），故将转速 n_2 称为满载转速。

空载转速和满载转速是交流发电机的主要性能指标，在使用过程中应定期检测这两个参数，与规定值相比较，即可判断发电机的性能是否正常。

3）当发电机转速超过一定数值后，发电机输出电流 I 不再随转速 n 升高而逐渐增大，而是逐渐趋于某一稳定电流值——最大输出电流或限流值 I_{max}。该特性表明汽车用交流发电机自身具有自动限制输出电流的自我保护能力。一般情况下，$I_{max} \approx 1.5I_N$。

交流发电机之所以能具有自我限流保护能力，不再需要限流器，其原因如下：①发电机定子绕组具有一定的感抗。当发电机的转速很高时，电动势的交变频率很高，电枢绕组的感抗作用大，阻碍交流电流的能力增强，可产生较大的内部电压降。②定子电流的增大使电枢反应增强，即定子电流形成的磁场对转子磁场产生去磁作用，反过来使定子绕组中的感应电动势下降。通过上述两种共同作用的结果，使得发电机的输出电流不再增加，因而交流发电机具有自身限制输出电流的作用。

2. 空载特性

空载特性是指发电机空载时（即负载电流 $I=0$），发电机的端电压 U 与转速 n 之间的函数关系，即 $U=f(n)$，称为发电机的空载特性，如图 2-27 所示。从曲线可以看出，随着转速的升高，端电压上升较快，由他励转入自励发电时，即能向蓄电池补充充电，进一步证实了低速充电性能好的优点。因此，空载特性是判定硅整流发电机充电性能是否良好的重要依据。

3. 外特性

外特性是指发电机转速一定时，发电机的端电压 U 与输出电流之间的关系，即 n 为某一定值时，$U=f(I)$ 的函数关系，如图 2-28 所示。从曲线可以看出，在一定转速下，输出电流增加时发电机端电压将有较大下降。反之，在发电机高速运转时，如果突然失去负载，其端电压将急剧上升，这样可能引起整流器二极管和调节器中电子元件因瞬时过电压而损坏。因此必须注意：发电机高速旋转时，避免大幅度突然减小负载。

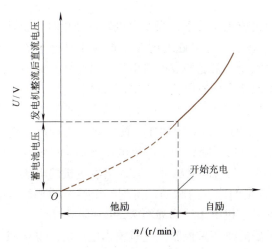

图 2-27 交流发电机的空载特性

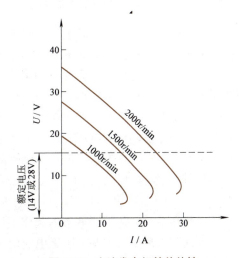

图 2-28 交流发电机的外特性

第四节　交流发电机的调节器

交流发电机调节器是把交流发电机的输出电压控制在规定范围内的控制装置，又称为电压调节器，简称调节器。汽车采用的调节器有触点式和电子式两大类。由于触点式调节器存在体积大、结构复杂、触点振动频率低、触点易烧蚀及故障率高等缺点，故因不适应现代汽车对电源系统的要求已被淘汰。取而代之的是电子调节器。本节介绍电子调节器。

一、交流发电机调节器的作用

从发电机各电枢绕组电动势与发电机的转速和磁极的磁通成正比可推出

$$E = C_e \Phi n \tag{2-21}$$

式中　E——交流发电机的等效电动势；
　　　C_e——交流发电机的结构常数；
　　　Φ——交流发电机磁极磁通；
　　　n——交流发电机的转速。

忽略发电机内阻电压降，就有

$$U \approx E = C_e \Phi n$$

汽车用交流发电机是由发动机按固定的传动比驱动旋转，其转速高低取决于发动机转速。在汽车行驶过程中，由于发动机转速随时都在发生变化，发电机转速随之改变（现代汽车发电机转速可在 0~18000r/min 范围内变化）。因此，发电机输出电压必然随转速的变化而变化。汽车用交流发电机工作时的转速很不稳定且变化范围很大，若对发电机不加以调节，其端电压将随发动机转速的变化而变化，这与汽车用电设备要求电压恒定相矛盾。因此，发电机必须有一个自动的电压调节装置。交流发电机调节器的作用就是当发动机转速变化时，自动对发电机的电压进行调节，使发电机的电压稳定，以满足汽车用电设备的要求。

二、电压调节原理与调节方法

由于发电机的电动势及端电压与磁极磁通也成正比关系，当发电机转速变化时，如果要保持发电机电压恒定，就必须相应地改变磁极磁通。磁极磁通的多少取决于励磁电流的大小，在发电机转速变化时，只要自动调节励磁电流，就能使发电机电压保持恒定。调节器的调节原理就是：通过调节励磁电流使磁极磁通改变来使发电机输出电压保持恒定。

汽车用发电机电压调节器电压调节的方法如图 2-29a 所示。调节器动作的控制参量为发电机电压，即当发电机的电压达设定的上限值 U_2 时，调节器动作，使励磁绕组的励磁电流 I_f 下降或断流，从而减弱磁极磁通，致使发电机电压下降；当发电机电压下降至设定的下限值 U_1 时，调节器又动作，使 I_f 增大，磁通加强，发电机电压又上升；当发电机的电压上升至 U_2 时又重复上述过程，使发电机的电压在设定的范围内脉动，得到一个稳定的平均电压 U_e。发电机在某一转速下，调节器起作用后的发电机电压波形如图 2-29b 所示。

各种调节器都是通过调节励磁电流使磁极磁通改变来控制发电机输出电压的。电子调节器调节励磁电流的方法是：利用晶体管的开关特性，使励磁电流接通与切断来调节发电机励磁电流。

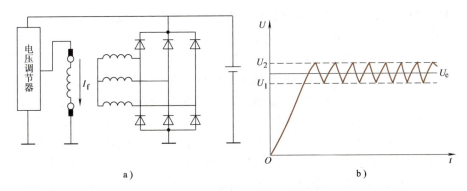

图 2-29 发电机电压调节器基本原理

a）发电机电压调节器原理　b）发电机电压调节器工作时的电压波形

三、电子调节器工作过程

不同厂家生产不同型号的电子调节器，其电路结构和元件组成各有不同，但基本原理相同。电子调节器是利用晶体管的开关特性，通过晶体管导通和截止相对时间的变化来调节发电机的励磁电流，使发电机的输出电压保持恒定。

1. 晶体管调节器

晶体管调节器的基本电路如图 2-30 所示。其中 R_1 和 R_2 构成分压器。当发电机不转动或发电机低速运转时，接通点火开关，蓄电池的端电压便加在分压器 A、C 端，R_1、R_2 有电流流过，其电流为 $U_{AC}/(R_1+R_2)$，显然电阻 R_1 分得电压 U_{BC} 为

$$U_{BC} = U_{AC} \frac{R_1}{R_1 + R_2} \tag{2-22}$$

U_{BC} 通过 VT_1 发射结加到稳压管 VS 上，是稳压管 VS 承受反向电压。由于蓄电池的电压低于发电机的调节电压，故此时分压器加在稳压管上的反向电压低于稳压管的反向导通电压，VS 截止；当发电机端电压高于蓄电池电动势时，加在分压器两端的电压即为发电机的端电压。如果发电机的端电压达到调节电压值时，在稳压管 VS 两端的反向电压便高于稳压管的反向导通电压，稳压管 VS 导通。可见稳压管 VS 是用来感受发电机的电压变化的。

小功率晶体管 VT_1 用来放大输入信号，并受稳压管 VS 控制。VS 导通时，VT_1 有基极电流流过且会使 VT_1 饱和导通，VT_1 饱和导通后，相当于一个接通的开关，而将 VT_2 短接，即 VT_2 截止。VT_2 为大功率晶体管，它串联在发电机励磁电路中，用来接通与断开发电机的励磁电路。

如图 2-30 所示，闭合点火开关，当发电机不运转或低速运转时，稳压管 VS 两端的电压低于击穿电压，稳压管 VS 截止，小功率晶体管 VT_1 也因稳压管无基极电流而截止，大功率晶体管 VT_2 在偏置电阻 R_3 的作用下，有基极电流流

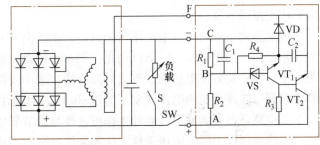

图 2-30 晶体管调节器的基本电路

过，于是 VT_2 饱和导通，励磁电路接通，发电机励磁绕组中有电流流过。此时，发电机由他励建立电动势。当发电机端电压高于蓄电池电动势而低于调节电压时，稳压管 VS、VT_1 仍截止，VT_2 继续导通，励磁绕组中有电流流过，电流流向同前，但此时由发电机供电进行自激正常发电。当发电机端电压达到调节电压值时，稳压管 VS 两端承受的反向电压达到了击穿电压导通，小功率晶体管 VT_1 有基极电流流过，基极电流流向为：发电机正极→点火开关"SW"→调节器"+"接线柱→R_2→VS→VT_1 基极、VT_1 发射极→负极。于是，VT_1 立即饱和导通，VT_2 的发射结被短路而截止，切断了发电机的励磁电路，励磁绕组中无电流流过，发电机的端电压下降。当发电机端电压降至略低于调节电压值时，VS 重新又截止，VT_1 随之也截止，VT_2 又导通，接通励磁电路，发电机端电压又升高。如此反复，将发电机电压控制在一定范围内，不随转速的升高而上升。

VD 为续流二极管，其作用是吸收 VT_2 截止时励磁绕组中产生的自感电动势，保护 VT_2 不被损坏。R_3 为 VT_2 的基极偏置电阻。R_4、C_2 构成反馈电路。当 VT_2 趋于截止时，VT_2 的发射极电位会降低，通过 R_4、C_2 将其反馈给 VS 的负极，使 VS 及时可靠地饱和导通，以提高灵敏度，改善调压质量。延时电容器 C_1 反向接于稳压管 VS 的两端，其作用是利用电容器两端的电压具有充、放电延时特性，延迟稳压管 VS 的导通于截止时间，以降低晶体管 VT_1、VT_2 的开关频率，延长其使用寿命。

将实际测量的调节电压和励磁电流与发电机转速之间的关系描绘成曲线如图 2-31 所示，图中 n_s 为开始工作转速，称为工作下限。当发电机转速超过工作下限时，开关晶体管随转速升高，相对导通率减小，励磁电流减小，从而使发电机输出电压稳定，电子调节器就是利用晶体管的开关特性来调节发电机电压的。当大功率开关晶体管截止时，励磁电流被切断，发电机仅靠剩磁发电，而交流发电机剩磁磁通很少，所以调节器的工作上限很高，调节范围很大。

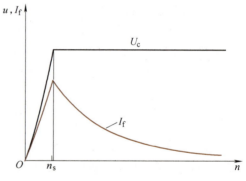

图 2-31 电子调节器工作特性曲线

2. 集成电路调节器

集成电路调节器是与发电机配装在一起的整体式交流发电机，可分为全集成电路调节器和混合电路调节器两类。前者是将晶体管、二极管、电阻、电容等元件同时制在一块硅基片上；后者是把电阻、电容、配线等元件做在绝缘膜片上，再将晶体管、二极管等装上。根据绝缘膜片的厚度，可分为薄膜混合集成电路和厚膜混合集成电路，目前使用最广泛的是厚膜混合集成电路调节器。

集成电路调节器由于一般采用树脂封装，能防潮剂防泥土与油污，并能在 130℃ 的高温环境正常工作，由于内部元、部件固化，能承受较大的振动和冲击。体积小、重量轻，可以作为一个标准件装到发电机内，省去外部接线，减小线路损失。集成电路调节器电压调节精度高，在调节转速范围内电压波动不超过 ±0.1V，且使用寿命长。

集成电路调节器的充电性能和工作可靠性与调节器信号监测电路电压采样点的选取密切相关。采样点位置不同，电压采样方法和采样电路也不相同。

集成电路式调节器根据电压信号输入的方式不同，可分为蓄电池电压检测方式和发电机电压检测方式两类。

(1) 蓄电池电压检测方式　是指调节器信号监测电路的电压采样点直接取样于蓄电池端，取样点为蓄电池正极柱，如图 2-32a 所示。

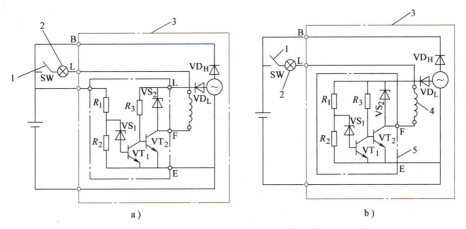

图 2-32　发电机调节器信号电压检测方式
a）蓄电池电压检测方式　b）发电机电压检测方式
1—点火开关　2—充电指示灯　3—发电机　4—励磁绕组　5—调节器
VD_H—发电机对外输出整流桥　VD_L—发电机提供励磁电流整流桥

这种检测方式的优点是没有充电电流变化带来的线路压降影响，蓄电池始终处于良好的充电状态。其缺点是当调节器端子或发电机"VD_H"端子至蓄电池正极柱"B"之间的导线接触不良或断路时，由于监测电路检测不到发电机端电压，会造成发电机电压过高或失控。因此，实际使用中一般很少采用这种取样方法。如果采用，则需在电路中进行改善处理，减少缺陷。

(2) 发电机电压检测方式　是指调节器信号监测电路的采样点直接取自发电机输出端，如图 2-32b 所示。采用发电机电压取样法时，根据调节器配用发电机的类型不同，调节器的取样电路也不相同。

发电机电压检测方式的优点是工作可靠性高，即使发电机输出端"VD_H"与蓄电池正极柱"B"之间的导线断路或接触不良时，也不会导致发电机电压失控。其缺点是调节器的负载特性较差，特别是当充电电流较大时，因为发电机"VD_H"端至蓄电池正极柱"B"之间的电压降较大，会造成蓄电池端的电压偏低而使其充电不足。因此，大功率发电机不宜采用发电机电压检测方式。

图 2-32 中 VD_H 和 VD_L 的实际电路如图 2-33 所示。VD_H 是由 $VD_1 \sim VD_6$ 组成的桥式整流电路，其输出直流电压 U_{B+} 向用电设备供电，同时向蓄电池充电。VD_L 是指由 $VD_7 \sim VD_9$ 与 VD_2、VD_4、VD_6 组成的三相桥式整流，其整流原理与整流电压与 VD_H 一样，U_{D+} 用于向励磁绕组提供励磁电流。

四、电子式调节器分类与型号

1. 电子式调节器分类

(1) 按结构分　可分为晶体管式和集成电路式两种类型。

1) 晶体管式调节器，指由分立电子元件焊接于印制电路板而制成的调节器，如解放 CA1091 型货车用 JFT106 型电子调节器和东风 EQ1090 型货车用 JFT149 型电子调节器，以及 JFT126、JFT201、JFT246 型电子调节器等。

2) 集成电路式调节器，指用若干电子元件集成在基片上，具有发电机电压调节全部或部分功能的芯片所构成的调节器，目前大多数汽车（如捷达、桑塔

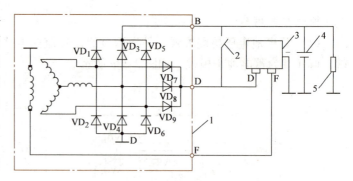

图 2-33　九管交流发电机整流电路
1—发电机和整流电路　2—点火开关　3—调节器
4—蓄电池　5—用电设备

纳、天津夏利、奥迪轿车，北京切诺基 BJ2021EY、广州标志 505、长丰猎豹 PAJERO 汽车、东风 EQ2102 型越野汽车和斯太尔 SX2190 等）都采用了集成电路调节器。

相比于分立元件的晶体管调节器，集成电路调节器具有其体积小、结构紧凑、电压调节精度高、故障率低等特点。集成电路电压调节器多装于发电机的内部，这种发电机也被称之为整体式发电机。

(2) 按搭铁形式分　可分为内搭铁型和外搭铁型两种。

1) 内搭铁型调节器，指与内搭铁型交流发电机配套使用的调节器，其特点是第二级开关电路中的晶体管 VT_2 串联在调节器的电源端子"+"与励磁绕组端子"F"之间，如 JFT146、JFT126A 型调节器。

2) 外搭铁型调节器，指与外搭铁型交流发电机配套使用的调节器，其特点是第二级开关电路中的晶体管 VT_2 串联在调节器的励磁绕组端子"F"与搭铁端子"−"之间，如 JFT106 型调节器。

内搭铁式调节器只能配用内搭铁式发电机，外搭铁式调节器只能配用外搭铁式发电机，两者不能随意互换。否则，励磁电路不通，发电机不发电。

目前，现代汽车已广泛采用整体式交流发电机，随着微机控制技术在汽车上的应用，直接利用微机控制交流发电机的输出电压是电子调节器发展的必由之路。

2. 交流发电机调节器型号

根据 QC/T 73—1993（2009）《汽车电器设备产品型号编制方法》和 QC/T 774—2006《汽车交流发电机用电子电压调节器技术条件》的规定，汽车交流发电机调节器的型号组成如图 2-34 所示，图中代号的含义如下：

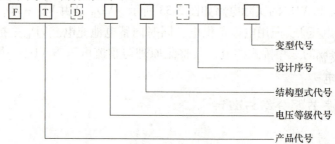

图 2-34　发电机调节器型号编制方法

(1) 产品代号　交流发电机调节器的产品代号为 FT、FTD 两种,分别表示发电机调节器和电子式发电机调节器。

(2) 电压等级代号　与交流发电机相同,参见表 2-4。

(3) 结构型式代号　调节器的结构型式代号用一位阿拉伯数字表示,其中"4"表示分立元件式,"5"表示集成电路式,见表 2-6。

表 2-6　发电机调节器的结构型式代号

结构型式代号	1	2	3	4	5
触点式调节器	单联	双联	三联	—	—
电子调节器	—	—	—	晶体管式	集成电路式

(4) 设计序号　按产品设计先后顺序,用 1~2 位阿拉伯数字表示。

(5) 变型代号　以汉语拼音大写字母 A、B、C、…顺序表示(但不能用 O 和 I 两个字母)。

例如:FT126C 表示 12V 的双联电磁振动式调节器,第 6 次设计,第 3 次变型。FTD152 表示电压等级为 12V 的集成电路式调节器,第 2 次设计。

第五节　交流发电机与调节器的使用与故障检测

一、交流发电机与调节器的正确使用

1. 交流发电机的正确使用

1) 汽车交流发电机均为负极搭铁,蓄电池搭铁极性必须与发电机一致。否则,蓄电池将正向加在整流二极管上使二极管烧坏。

2) 发电机必须与专用调节器配套使用。

3) 发电机运转时,不能短接交流发电机的"B""E"端子(即用试火花的方法)来检查发电机是否发电,否则容易烧坏整流二极管。

4) 发动机熄火后,应将点火开关(或电源开关)断开,否则蓄电池将长时间向励磁绕组和调节器磁化线圈放电,容易烧坏线圈和浪费电能(有励磁继电器者除外)。

5) 一旦发现发电机不发电或充电电流很小时,就应及时找出原因并排除故障。

6) 当整流器的 6 只整流二极管与定子绕组连接时,禁止使用 220V 交流电源检查发电机的绝缘情况,否则将会损坏二极管。

7) 交流发电机与蓄电池之间的导线一定要连接可靠,如突然断开,将会产生瞬变过电压,易损坏电子元件。

2. 交流发电机调节器的正确使用

1) 调节器与交流发电机的电压等级必须一致。否则充电系统不能正常工作。

2) 调节器与交流发电机的搭铁形式必须一致,当调节器与发电机的搭铁形式不匹配时,可通过改变发电机励磁绕组的搭铁形式来解决。

3) 调节器与发电机之间的线路连接必须正确,否则电源系统不能正常工作,甚至会损坏调节器或发电机等电器部件。

4) 交流发电机的功率不得超过调节器所能匹配的功率。调节器所能匹配的功率,取决于大功率晶体管的功率。发电机功率越大,励磁电流也越大(如 14V/750W 交流发电机的

励磁电流为3~4A，14V/1000W交流发电机，其励磁电流为4~5A）。励磁电流越大，对大功率晶体管的技术要求就越高，成本也就越高。小功率发电机的调节器不能与大功率发电机配用，因为一方面是调节器会因超负荷工作而使使用寿命大大缩短，另一方面是控制励磁电流的晶体管的管压降增大，励磁电流最大值减小，发电机空载转速和额定转速都将增高，交流发电机的输出性能将降低。

5）调节器必须受点火开关控制。因为调节器中控制励磁电流的大功率晶体管在发电机输出电压较低时就始终导通，如果不受点火开关的控制，汽车停驶时大功率晶体管始终导通会发热烧坏或使用寿命缩短，而且还会导致蓄电池亏电。因此，汽车停驶时应断开点火开关，以免蓄电池长时间向励磁绕组放电。

二、充电系统常见故障及故障诊断

充电系统由蓄电池、发电机及调节器组成，其工作情况的好坏主要靠电流表或充电指示灯来判断。充电系统常见的故障是不充电、充电电流过大或过小、充电电流不稳定等。充电系统的电路结构不同，故障现象和涉及的故障原因、故障诊断方法等不尽相同。下面以普通的充电系统为例，介绍充电系统常见故障的诊断方法。

1. 不充电故障

发动机中速运转时，电流表指示放电或充电指示灯亮即为不充电故障。其原因分析：

1）蓄电池和发电机之间的连接导线断裂或脱落。

2）发电机不发电。可能是硅二极管短路、断路，定子绕组或励磁绕组有短路、断路和搭铁故障，电刷在电刷架内卡住或励磁"F"接线柱的绝缘损坏搭铁。

3）调节器有故障。如调节不当使电压过低，低速触点氧化、烧蚀、脏污，高速触点相碰而不能励磁等。

若出现不充电故障，首先应检查发电机、调节器、蓄电池、线束之间的连接线有无松脱、断路，传动带是否过松，如过松应予调整，然后可按图2-35所示步骤进行判断。

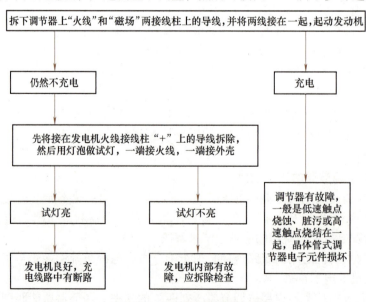

图2-35 不充电故障判断步骤

2. 充电电流过小故障

蓄电池接近充足电状态时，充电电流过小为正常现象，但若蓄电池存电不足而充电电流过小，则说明充电系统有故障。其故障原因可能为：

1）属于发电机的故障有：传动带过松，定子绕组有一相连接不良或断路，励磁绕组有局部短路；电刷与集电环接触不良；整流二极管有短路或断路。

2）属于调节器的故障有：低速触点烧蚀、脏污，造成接触不良；电压调节过低等。

判断步骤如图 2-36 所示。

3. 充电电流过大故障

充电电流过大，多是由于调节器有故障而引起的，如电压调整过高，调节器低速触点烧蚀，调节器磁化线圈补偿电阻烧断以及调节器搭铁不良等。可打开调节器盖进行调整或检修。对于晶体管调节器或集成电路调节器，应更换新品。

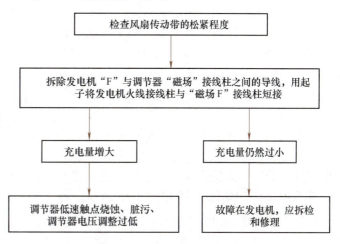

图 2-36　充电电流过小故障判断步骤

4. 充电电流不稳定故障

充电电流不稳定，表现为充电指示灯忽明忽暗变化不定（装有电流表的，电流表指针来回摆动）。其故障原因可能是：

1）电刷与集电环接触不良；内部导线连接处松动。
2）调节器故障。调节器元件松动或搭铁不良。
3）电路故障。充电系统有关线路连接处松动。
4）发电机传动带较松，时而打滑。
5）故障诊断。可按如下步骤诊断故障。

首先检查发电机传动带的松紧度及线路连接，必要时予以调节和紧固；然后拆下调节器"F"接线柱导线，连接于"D"接线柱（将调节器短路），使发动机保持高怠速运转。如果充电指示灯忽明忽暗现象消失，则说明发电机无故障，应检修或更换调节器；如果充电指示灯仍有忽明忽暗变化，则需检修发电机。

第六节　电动汽车供电系统简介

在国内，新能源汽车主要分为纯电动汽车、混合动力电动汽车和燃料电池电动汽车。电动汽车电源系统的主要任务是提供驱动电能及为照明、灯光信号装置、车载音响设备等提供电源。本节主要介绍新能源汽车的常规电气设备电源系统。

一、纯电动汽车电源系统

纯电动汽车是指由电机驱动的汽车，电机的驱动电能来源于车载可充电动力蓄电池模组或其他能量储存装置。

动力蓄电池模组是纯电动汽车的唯一能源，它除了能供给汽车驱动行驶所需的电能外，也是供应汽车上各种辅助装置的工作电源。动力蓄电池模组在安装到车上前需要通过串并联的方式组合成所要求的电压等级，电机驱动所需的等级电压往往与照明、各种灯光信号装置、车载音响设备等辅助装置的电压要求不一致，辅助装置所要求的一般为12V或24V的低压电源，而电机驱动一般要求为高压电源，并且所采用的电机类型不同，其要求的电压等级也不同。为满足该要求，常用多个12V或24V的蓄电池串成48～650V的高压直流电池组，再通过DC/DC变换器或DC/AC供给所需的不同电压类型；或按所需求的电压等级，直接由蓄电池组合成不同电压等级的电池组，但不便于充电和能源管理。

纯电动汽车电源系统主要由动力蓄电池系统（动力蓄电池模组、电池管理系统、动力蓄电池箱及辅助元器件）和辅助动力源组成。动力蓄电池系统及内部结构如图2-37和图2-38所示，辅助元器件如图2-39所示。

图2-37　动力蓄电池系统

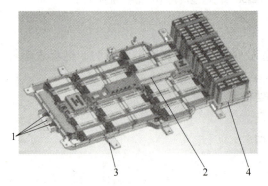

图2-38　动力蓄电池系统内部结构
1—辅助元器件　2—电池管理系统
3—动力电池箱　4—动力蓄电池模组

图2-39　辅助元器件

1. 动力蓄电池系统工作原理

动力蓄电池模组放置在一个密封并且屏蔽的动力蓄电池箱内，动力蓄电池系统使用可靠的高压接插件与高压控制盒相连，然后输出的直流电由电机控制器转变为三相脉冲高压电，驱动电机工作；系统内的BMS实时采集各电芯的电压、各传感器的温度值、电池系统的总电压值和总电流值等数据，实时监控动力蓄电池的工作状态，并通过CAN线与ECU或充电机进行通信，对动力蓄电池系统充放电等进行综合管理。

2. 车载动力蓄电池

动力蓄电池是电动汽车的动力源，是能量的存储装置。目前，电动汽车车载动力电池一般都是各式各样的蓄电池，利用周期性的充电来补充电能。

(1) 电动汽车对蓄电池的要求

1) 有持续稳定的大电流放电,能够使汽车保持一定的行驶速度。
2) 有短暂大电流放电的能力,保证汽车在加速、上坡时有足够的动力。
3) 能一次性提供足够的能量,保证汽车有一定的续驶里程。
4) 需要安装电池管理系统和热管理系统,以显示电池组的剩余电量及实现温度控制。
5) 由于动力蓄电池组体积和质量较大,故电池箱的设计及电池的空间布置和安装问题都需要认真研究。

(2) 动力蓄电池的分类 电动汽车的动力蓄电池可以分为二次蓄电池、超级电容器和飞轮蓄电池等。

1) 二次蓄电池也称可充电蓄电池,主要有铅酸蓄电池、镍氢蓄电池、锂离子蓄电池和镍-金属氢化物蓄电池。
2) 超级电容器又叫电化学电容器,是新型双电层电容器,电容量大。
3) 飞轮蓄电池也称飞轮储能器,是利用飞轮高速旋转储存和释放电能的装置。

(3) 电动汽车常用的蓄电池

1) 铅酸蓄电池。铅酸蓄电池主要优点是电压稳定、价格便宜,但同时也存在着比能量低、使用寿命短和日常维护频繁等问题。在国内,铅酸蓄电池在低速电动汽车上的应用很普遍,电池价格比其他电池低,但续航能力比较差。

目前,电动汽车常用的铅酸蓄电池主要为阀控式密封铅酸蓄电池,实现了免维护,电池可以安装在不同工作位置而不会出现漏液现象。

2) 镍氢(Ni-MH)蓄电池。镍氢蓄电池属于碱性电池,是一种新型绿色电池。由于镍氢蓄电池具有比镍镉(Ni-Cd)蓄电池高的比能量以及无毒性、无致癌物质等特点,也逐渐向动力型电池方向发展。

镍氢蓄电池的正极是 $Ni(OH)_2$,负极是采用由储氢材料作为活性物质的氢化物电极,电解质为氢氧化钾水溶液,隔膜仍沿用镍镉蓄电池使用的隔膜,主要有尼龙纤维、聚丙烯纤维和维纶纤维电池隔膜。金属氢化物能够在电池放电和充电时释放和吸收氢气,碱性氢氧化钾溶液是电解液的主要成分,电化学反应方程式为:

$$MH_x + NiO_2H_{2-x} \longleftrightarrow M + Ni(OH)_2$$

式中 M——储氢合金;

MH_x——金属氢化物。

电池充电时,水在电解质溶液中分解为氢离子和氢氧离子,氢离子被负极吸收,负极从金属转化为金属氢化物。在放电过程中,氢离子离开负极,氢氧离子离开正极。氢离子和氢氧离子在电解质氢氧化钾中结合成水并释放电能,其充放电原理如图 2-40 所示。镍氢蓄电池在充放电过程中,正负极上在进行

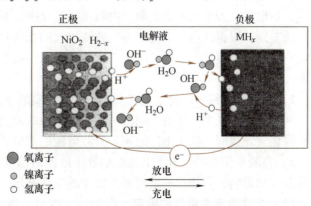

图 2-40 镍氢蓄电池充放电原理图

电化学反应时不发生任何中间态的可溶性金属离子,也没有电解液中的任何组分的消耗和生

成，因而可以做到电池全密封。

镍氢蓄电池用于电动汽车，主要优点是：起动、加速性能好，一次充电后的行驶里程较长，不会对周围环境造成污染，易维护，快速补充充电时间短。镍氢蓄电池的成本高。不同的储氢合金具有不同的储氢能力，价格也不相同，镍氢蓄电池多用于高档电动车。

3）锂离子蓄电池。锂离子蓄电池已逐渐成为电动汽车的主要能量源，其使用锂碳化合物（Li_xC）作负极，锂化过渡金属氧化物（$Li_{1-x}M_yO_z$）作正极，液体有机溶液或固体聚合物作电解液。在充放电过程中，锂离子在电池正极和负极间往返流动。电化学反应方程式为

$$Li_xC + Li_{1-x}M_yO_z \leftrightarrow C + LiM_yO_z$$

式中 M——Co、Ni、W、Mn 等金属元素。

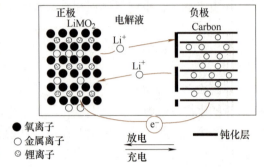

图 2-41 锂离子蓄电池充放电原理图

放电时，负极上释放锂离子，通过电解液流向正电极并被吸收。充电时，反应过程相反，如图 2-41 所示。

各种锂离子动力蓄电池性能对照见表 2-7。

表 2-7 各种锂离子动力蓄电池性能对照表

正极材料	钴酸锂	锰酸锂	磷酸铁锂
原料成本	很高	低	低
高温性能	差，0~45℃	较好，0~45℃	非常好，>70℃
比容量/(mA·h/g)	140~160	110~120	160~170
比能量/(W·h/kg)	105~140	90~120	100~105
额定电压/V	3.6~3.7	3.6~3.7	3.2~3.3
循环寿命/次	>500	>300	>2000
倍率放电	较好，10倍5min；瞬间放电值>25倍	较差	10倍>5min；瞬间放电值>20倍
安全性能	较差	较好	优异

(4) 动力蓄电池一致性 电池一致性是指同一规格型号的单体电池组成电池组后，其电压、荷电量、容量及其衰退率、内阻及其变化率、寿命、温度影响、自放电率等参数存在一定的差别。根据使用中电池组不一致性扩大的原因和对电池组性能的影响方式，可以把电池的一致性分为容量一致性、电压一致性和电阻一致性。不一致产生的原因主要有以下两个方面：

1）在制造过程中，由于工艺上的问题和材质的不均匀，使得电池极板活性物质的活化程度和厚度、微孔率、连条、隔板等存在很微小的差别，这种电池内部结构和材质上的不完全一致性，导致同一批次出厂的同一型号电池的容量、内阻等参数不可能完全一致。

2）在装车使用时，由于电池组中各个电池的温度、通风条件、自放电程度、电解液密度等差别的影响，导致在一定程度上增加的电池电压、内阻及容量等参数不一致。

(5) 电动汽车总电压的确定 电动汽车的总电压的选择与车辆的类型有关，还与车辆的行驶性能有关。电动汽车的电压等级越高，获取同等功率的电流就越小；反之，电压等级越低，获取同等功率的电流就越大。电压等级高，对车辆的绝缘要求就会增加，车辆的防

护、线路的绝缘等级及车辆的绝缘性能等要求就更加苛刻，成本相应增加。如果电流过大，则电动汽车的线路损耗越大，电能的利用率就会下降。确定一个合适的电压，有利于降低车辆成本，提高车辆的电能利用效率。

目前国内电动汽车的电压常用值较为繁多，一般来说，车辆总质量越大，电压选择相应较高，反之，可以选择较低的电压。表2-8为常用的电压等级。

表2-8 电动汽车常用电压等级

电动车类型	参考电压等级/V	常用电压/V
电动工具车	48~160	48、60、72、120
电动旅游观光车	48~220	60、72、120
小型电动轿车	150~450	180、220、300、320、400
电动客车	250~680	320、400、480、500、520、600、650
电动货车	300~720	480、500、520、600、650

3. 动力蓄电池管理系统

电池管理系统（Battery Management System，BMS）是用来对蓄电池组进行安全监控及有效管理，以提高蓄电池使用效率的装置，如图2-42所示。

电池管理系统最基本的作用是监控电池的工作状态（电池的电压、电流和温度），预测动力电池的SOC和相应的剩余行驶里程，管理电池的工作情况（避免出现过放电、过充电、温度过高和单体电池之间电压严重不平衡现象），以便最大限度地利用电池的存储能力和循环寿命。

图2-42 电池管理系统

(1) 电池管理系统的基本功能 包括实时采集电池系统运行状态参数、确定电池的SOC值、故障诊断（如短路、漏电）与报警、电池组的热平衡管理、电池一致性补偿、通过CAN总线实现各检测模块和中央处理单元的通信等。图2-43为电池管理系统功能示意图。

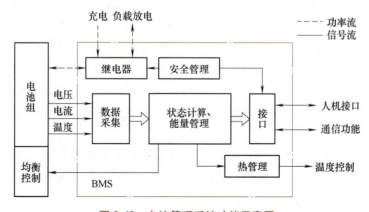

图2-43 电池管理系统功能示意图

(2) 电池管理系统的组成 基本组成如图 2-44 所示，它主要由检测模块、均衡电源模块和控制模块三部分组成。检测模块能够对电池组中各单体电池的电压、电流、温度等关键状态参数进行准确、实时的检测，并通过 SPI 上报给控制模块；均衡电源模块能够平衡单体电池间的电压差异，解决电池组"短板效应"；控制模块能够根据既定策略完成控制功能，实现 SOC 估计，同时将电池状态数据通过 CAN 总线发送给整车其他电子单元。

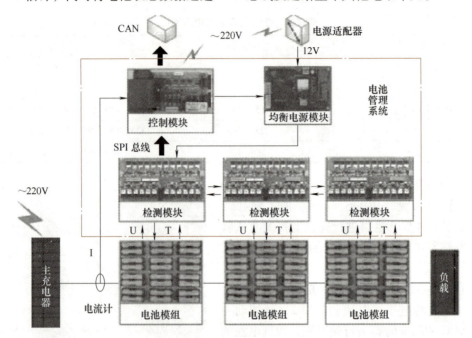

图 2-44 电池管理系统的基本组成

4. 辅助动力源

辅助动力源主要由一个辅助电源和一个 DC/DC 功率转换器组成。其主要功能是：即使当主能源如动力电池完全放完电或不能正常工作时，仍能为电动汽车的基本辅助子系统提供稳定的动力。现代电动汽车由许多子系统组成，如空调器、收音机、主控制器、EMS、喇叭、车灯系统、电动窗门、助力转向系统、液压制动或气动制动、化霜器和刮水器等。燃油车的辅助电源由与发动机相连的交流发电机来充电，而电动汽车的辅助电源则由动力电池通过 DC/DC 变换器来充电。在传统的燃油车中，所有这些辅助子系统只用一个 12V 的辅助蓄电池供电。但是由于电动汽车辅助子系统的能量消耗比燃油车大，为了节约能量，对于那些功率大的子系统，要采用较高的电压供电。因此，电动汽车辅助电源的电压等级除了常规的 12V、24V 之外，还采用 48V 甚至 120V 的次高压。这使得电动汽车的辅助电源系统比燃油车更为复杂。

(1) 辅助电源 一般采用铅蓄电池。电动汽车保留铅蓄电池有两大原因：一是保留铅蓄电池更能够降低整个车辆的成本；二是确保电源的冗余度。辅助电源的容量通常确定为在紧急负荷下连续工作 1h 的能量储存量。

(2) DC/DC 变换器 适用于电动汽车辅助子系统能量供给的两种基本的 DC/DC 变换器（非绝缘型和绝缘型）如图 2-45 所示。这两种 DC/DC 变换器的工作效率高，一般为

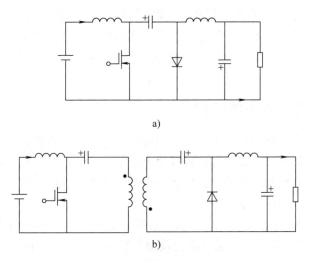

图 2-45 电动汽车用 DC/DC 变换器

a) 非绝缘型 b) 绝缘型

85%~95%，并且适于商用。非绝缘型结构简单和成本低，而绝缘型则能将主电源的高等级电压与辅助电源的低等级电压隔离开来。

图 2-46 是电动汽车辅助子系统的典型负载循环图及相应的 DC/DC 变换器的优化容量。优化容量表示电池的充电和放电过程能够相互平衡，而且辅助电源一直保持满充状态。

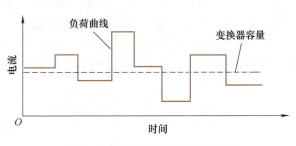

图 2-46 最佳 DC/DC 变换器容量

二、混合动力电动汽车电源系统

混合动力电动汽车是指能够至少从两类车载储存的能量（可消耗的燃料、可再充电能/能量储存装置）中获得动力的汽车。图 2-47 为混合动力电动汽车电源组成系统示意图。混合动力电动汽车电源主要由发电机、动力蓄电池系统和辅助动力源组成。混合动力电动汽车

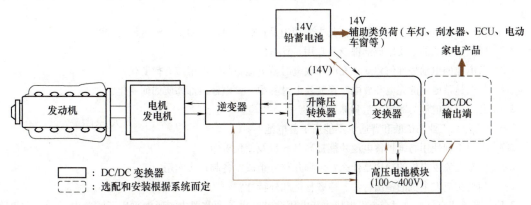

图 2-47 混合动力电动汽车电源组成系统示意图

按动力系统结构型式分类可分为串联式、并联式和混联式3种。混合动力电动汽车结构不同，电源结构及能量流动也不同。其中辅助动力源与纯电动汽车类型、原理和结构一致，部分混合动力车型，发动机保留了发电机，低压电器系统由12V蓄电池、DC/DC和发电机3个电源共同提供。

三、燃料电池电动汽车电源系统

燃料电池是直接将燃料的化学能转化为电能的发电装置。将燃料和空气分别送入燃料电池后，通过氢氧反应就可从其正极和负极输出电能驱动车辆行驶。从表面上看，燃料电池与蓄电池一样，有正、负极和电解质等，但燃料电池不能通过充电的方法"储电"，只是一个通过消耗燃料来输出电能的发电装置。

如图2-48所示，燃料电池系统作为动力系统的主动力源，而辅助动力源（蓄电池、超级电容器或蓄电池+超级电容器）通过电力辅助系统与燃料电池并网，共同作为汽车的动力源。通常情况下，燃料电池系统用于提供车辆常规速度行驶时所需的平均功率，而辅助动力源用来提供峰值功率以补充车辆在加速或爬坡时燃料电池系统输出功率能力的不足。电-电混合动力系统一方面增强了动力系统的动力性，另一方面避免了燃料电池动态响应差的不足，运行状态较稳定，能明显改善总体运行效率。

图2-48中的电力辅助系统部分主要包括DC/DC变换器和电机控制器等，DC/DC变换器与电机控制器之间因布置不同会使得燃料电池与驱动电机系统之间的连接形式不同。

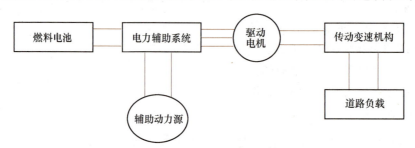

图2-48　燃料电池汽车混合动力系统一般结构示意图

思考题与习题

2-1　汽车用蓄电池的功用有哪些？其主要功用是什么？对汽车用蓄电池有何要求？

2-2　铅酸蓄电池的主要组成部件及其功用是什么？

2-3　蓄电池的电动势如何建立？充电和放电时蓄电池极板及电解液有何变化？

2-4　什么是蓄电池的充电和放电？在充放电过程中，蓄电池内部物质如何变化？

2-5　什么是蓄电池的额定容量和储备容量？

2-6　为什么工业用硫酸和普通水不能用于蓄电池？

2-7　如何正确使用与维护蓄电池才能提高其容量及使用寿命？

2-8　汽车交流发电机的功用是什么？由哪几部分组成？各起什么作用？

2-9　何谓交流发电机的输出特性、空载特性和外特性？

2-10　电子调节器如何对交流发电机进行电压调节？电子调节器中，通常采用了哪些电子元件和电路来解决基本电路中的不足？

2-11　交流发电机整流器的作用是什么？怎样将交流电变成直流电？整流二极管的导通原则是什么？

2-12　汽车交流发电机调节器的电压调节原理与调节方法是怎样的？

2-13　汽车电源系统在使用及维护中应注意些什么？

2-14　新能源汽车12V电源系统与传统汽车有哪些区别？

2-15　纯电动汽车电源系统的组成有哪些？

第三章

起动系统

发动机由静止状态转为运转状态的过程称为发动机的起动,汽车发动机自己不能起动,它必须借助外力转动曲轴才能实现起动。当发动机依靠外力拖动,使其依靠自身运转的惯性,而进入连续不断的吸气、压缩、燃烧、排气运行循环时,即可视为发动机完成起动。

常用的起动方式有人力起动和电力起动。

人力起动是指将摇把端口插入发动机前端与曲轴结合,通过人力摇动摇把使曲轴转动的一种起动方式。人力起动最简单,但不方便,劳动强度大,目前在有些农用车上还作为后备驱动方式而保留着。电力起动方式操作轻便,起动迅速可靠,且具有重复起动的能力,汽车发动机基本都采用电力起动方式。

汽车发动机的起动系统主要由蓄电池、起动开关、起动机和起动继电器等组成。图3-1所示为一汽油发动机的起动系统图,与柴油发动机起动系统不同的是,汽油机起动开关和点火开关在一起,统称点火开关,用SW表示。

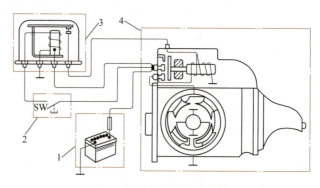

图3-1 汽油发动机起动系统图
1—蓄电池 2—起动开关 3—起动继电器 4—起动机

起动机是起动系统中的特有部件,其作用是将蓄电池的电能转变为机械能,作为起动动力将发动机起动。

起动机由直流电动机、传动机构和电磁开关三部分组成,各部分的作用如下:

直流电动机的作用是产生转矩,将蓄电池的电能转变为机械能。由于串励式直流电动机具有好的机械特性,目前汽车起动机大都采用串励式直流电动机。

传动机构的作用是在发动机起动时,单向传递转矩,使起动机驱动齿轮啮入发动机飞轮齿圈,将电动机输出转矩传给发动机曲轴。

电磁开关也称控制装置,是用来接通和切断电动机与蓄电池之间的电路,控制起动机驱动齿轮与发动机飞轮的啮合与分离的。

图3-2所示为一典型起动机的整体结构图。

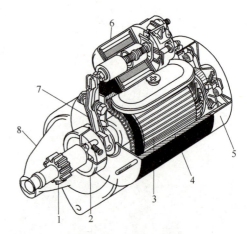

图3-2 起动机结构图
1—驱动齿轮 2—单向离合器 3—串励式直流电动机
4—电动机外壳 5—前端盖 6—电磁开关
7—拨叉 8—传动机构外壳(后端盖)

第一节 串励式直流电动机

一、电动机结构

串励式直流电动机的励磁绕组与电枢绕组串联连接,因此称其为串励式直流电动机。电动机主要由磁极、电枢、换向器、电刷以及机壳等组成,图3-3所示为其结构分解图。

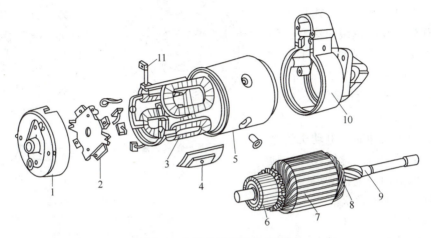

图 3-3 直流电动机结构分解图

1—前端盖 2—电刷架 3—励磁绕组 4—磁极铁芯 5—机壳 6—换向器
7—电枢铁芯 8—电枢绕组 9—电枢轴 10—后端盖 11—电刷

1. 磁极

磁极的作用是建立磁场,汽车起动机的磁极一般采用电磁场,由磁极铁芯和励磁绕组组成。当励磁绕组通电时,在磁极铁芯中就会产生电磁场。磁极用螺钉固定在电动机壳体的内壁,作为电动机的定子;励磁绕组套装在铁芯上,如图3-4所示(也可参见图3-3)。

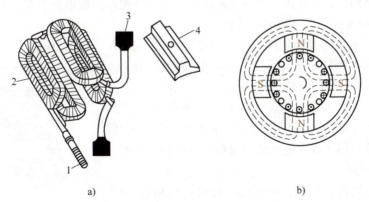

a) b)

图 3-4 磁极与磁路

a)磁极 b)磁路

1—绝缘接线柱 2—励磁绕组 3—绝缘电刷 4—磁极铁芯

磁极铁芯由低碳钢制成，其上要安放励磁绕组，因此形状如图 3-4a 所示；励磁绕组用矩形截面的裸铜条绕制而成，套在磁极铁芯外围。

汽车起动机其直流电动机的显著特点是磁极多，励磁绕组的横截面积大，目的是增大起动机的电磁转矩。它一般采用2对（4个）磁极，功率超过7kW的起动机一般采用3对（6个）磁极。但不论采用几对磁极，其励磁绕组所产生的极性必须相互交错。

励磁绕组一端接在电动机外壳的绝缘接线柱上，另一端与两个绝缘（非搭铁）电刷相连。串励式直流电动机的励磁绕组和电枢绕组串联，两个绕组的连接方式有两种，一种是4个绕组相互串联，如图 3-5a 所示；另一种是4个绕组两串两并，如图 3-5b所示。

当起动开关接通时，电动机的电路为：蓄电池正极→绝缘接线柱→励磁绕组→绝缘电刷→电枢绕组→搭铁电刷→搭铁→蓄电池负极。

2. 电枢

电枢是电动机的转子部分，它主要由电枢轴、电枢铁芯、电枢绕组及换向器等组成（图3-3 中 6、7、8、9 所示）。电枢绕组在通入电流后，在磁极磁场的作用下，电枢轴上可产生一个方向不变的电磁转矩，用于起动发动机。

电枢铁芯用多片互相绝缘的硅钢片叠加而成，其内圆制有花键槽，用于与电枢轴固定；外圆制有线槽，用于安放电枢绕组。

电枢绕组用很粗的矩形裸铜线、采用波绕法绕制在电枢铁芯的外圆线槽内，绕组两端焊接在换向器线槽内。为了获得较大的电磁转矩，流经电枢绕组的电流很大，小功率起动机在 300A 左右，大功率起动机可达 1000A 以上。

换向器的作用是连接励磁绕组、电枢绕组和电源，并保证电枢产生的电磁转矩方向不变，使电枢轴能输出固定方向的转矩。换向器的结构如图 3-6 所示，它由许多截面呈燕尾形的铜片围合而成，铜片嵌在换向器轴套和压环组成的槽中，铜片之间以及铜片与轴套、压环之间均用云母绝缘。铜片一端有用于焊接电枢绕组线头的突缘和接线槽。

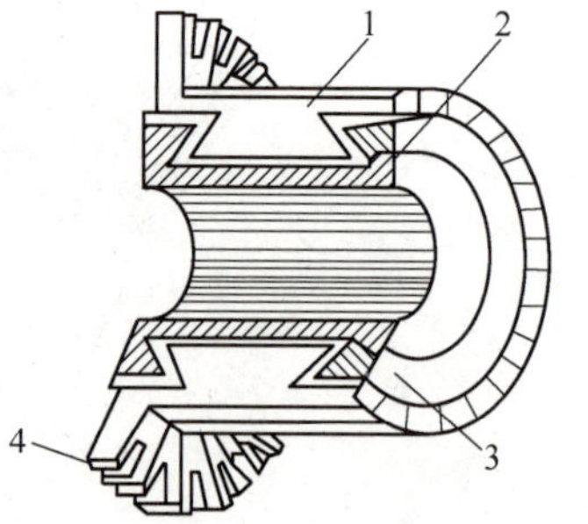

3. 电刷与刷架

电刷和换向器配合使用，用来连接励磁绕组和电枢绕组的电路，并使电枢轴上的电磁转矩保持固定方向。

电刷装在电刷架中，如图 3-7 所示。电刷 3 借助盘形弹簧 2 的压力紧压在换向器上；电刷架固定在前端盖上，电刷的个数与磁极数相同。4 个磁极的电动机，配有四个电刷架，其中两个电刷架与端盖绝缘，称为绝缘电刷架；另外两个电

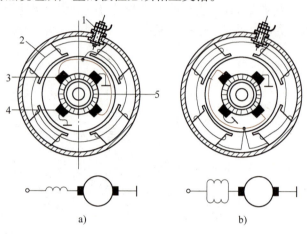

图 3-5　励磁绕组的接法

a）4个绕组相互串联　b）4个绕组两串两并
1—绝缘接线柱　2—励磁绕组
3—绝缘电刷　4—搭铁电刷　5—换向器

图 3-6　换向器构造

1—铜片　2—轴套　3—压环　4—接线槽

刷架与端盖直接铆合而搭铁，称为搭铁电刷架。也有的电动机是通过励磁绕组的一端与机壳连接实现内部电路搭铁，这种电动机的所有电刷架都与机壳绝缘。

电刷由铜和石墨粉压制而成，加入铜是为了减小电阻并增加耐磨性。

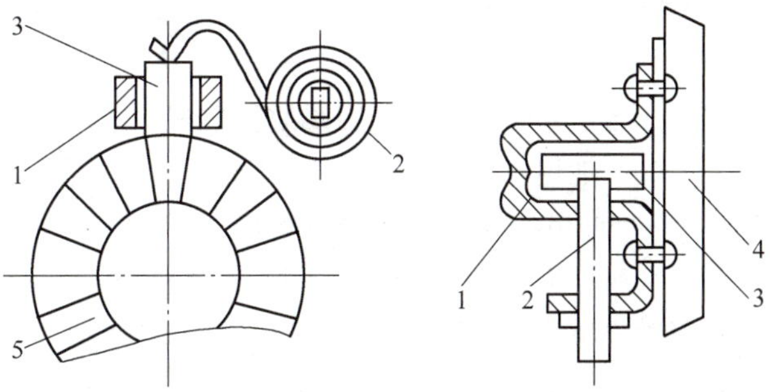

4. 壳体与端盖

起动机壳体由电动机壳体、驱动端端盖（后端盖）和换向器端盖（前端盖）三部分组成。电动机壳体用低碳钢板卷焊或铸铁浇注而成，用于固定磁极和构成导磁回路；驱动端端盖（后端盖）一般为灰铸铁浇注而成；换向器端盖（前端盖）一般用钢板压制而成。两个端盖分别装在电动机壳体两端，靠两个长螺栓与电动机壳体固定在一起；两端盖内均装有青铜石墨轴承套或铁基含油轴承套，用以支承电枢轴和单向离合器。

电动机壳体上设有一个电流输入接线端子，在机壳内部与励磁绕组的一端相接。

图 3-7 电刷与电刷架
1—框式电刷架 2—盘形弹簧 3—电刷 4—前端盖 5—换向器

二、串励式直流电动机工作原理

1. 基本原理

直流电动机是将电能转变为机械能的设备，它是根据通电导体在磁场中受到电磁力作用这一基本原理进行工作的，其工作原理如图 3-8 所示。

电动机的电刷与直流电源相接，电流由正电刷和换向片 A 输入，经电枢绕组后从换向片 B 和负电刷流出，如图 3-8a 所示。此时绕组中的电流方向为 $a \to d$，由左手定则可以确定导体 ab 受向左的作用力 F_1，cd 受向右的作用力 F_2，且 F_1 与 F_2 相等，整个绕组受到逆时针方向的转矩作用而转动。当电枢转过半周，如图 3-8b 所示，换向片 B 与正电刷接触，换向片 A 则与负电刷接触，绕组中的电流方向变为 $d \to a$，因而在 N 极和 S 极下面导体中的电流方向总是保持不变，电磁转矩的方向也就不变，使电枢受转矩作用仍按逆时针方向转动。这样在电源连续对电动机供电时，电枢就不停地按同一方向转动。

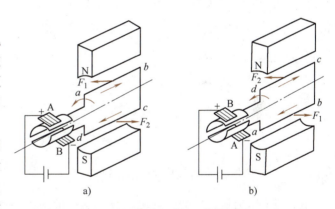

图 3-8 直流电动机工作原理图
a) 绕组中电流方向为 $a \to d$ b) 绕组中电流方向为 $d \to a$

由于一个线圈所产生的转矩太小，转速又不稳定，因此实际电动机的电枢采用多个线圈，每个线圈由多匝组成，换向片的数量随线圈数的增多而增加。

2. 直流电动机的转矩

由电磁理论可知，当电动机接上直流电源时，由于载流导体在磁场中受到电磁力的作

用，产生电磁转矩而使电枢旋转。而作用在电枢每根导线上的平均电磁力为

$$F = BIL \tag{3-1}$$

式中　B——每一磁极下的平均磁感应强度（T）；

　　　I——通电导体电流（A）；

　　　L——通电导体有效长度（m）。

设电动机中有 $2P$ 个磁极（P 为磁极对数），每个磁极的磁通为 Φ，电枢的直径为 D，则每一磁极下的电枢表面积为

$$A = \frac{\pi DL}{2P} \tag{3-2}$$

每一磁极下的平均磁感应强度为

$$B = \frac{\Phi}{A} \tag{3-3}$$

导体内的电流为

$$I = \frac{I_s}{2\alpha} \tag{3-4}$$

式中　I_s——电枢电流；

　　　α——电枢绕组的支路对数，当采用波绕法时，$\alpha=1$。

作用在电枢上的电磁转矩为

$$M = F\frac{D}{2}Z \tag{3-5}$$

式中　Z——电枢的导体总数。

将式（3-1）、式（3-2）、式（3-3）、式（3-4）、式（3-5）进行整理后，得出直流电动机转矩

$$M = \frac{PZ}{2\pi\alpha}I_s\Phi$$

式中　$\dfrac{PZ}{2\pi\alpha}$——取决于直流电动机的结构，为一常数，用 C_m 表示，称为电动机常数。

电动机通电后所产生的电磁转矩 M 与磁极的磁通量 Φ 及电枢电流 I_s 之间的关系为

$$M = C_m I_s \Phi \tag{3-6}$$

由上述推导可知，直流电动机电磁转矩的大小与电枢电流及磁极磁通的乘积成正比。欲增大电动机的转矩，应增大其电枢电流或增强其磁通。

3. 直流电动机转矩自动调节原理

直流电动机通电时，产生电磁转矩，使电枢旋转；然而电枢旋转时，其绕组又会切割磁力线，电枢绕组中又会产生感应电动势，其方向用右手定则判定。该电动势恰好与外加电枢电流方向相反，因此称为反电动势，其大小为

$$E_f = C_e n \Phi \tag{3-7}$$

式中　C_e——与电动机结构有关的常数，$C_e = PZ/(60\alpha)$；

　　　n——电动机转速（r/min）。

由于反电动势的存在，直流电源加在电枢上的电压 U，一部分用来平衡反电动势，另一

部分则降落在电枢绕组的电阻上,即

$$U = E_f + I_S R_S \tag{3-8}$$

式中 R_S——电枢回路的电阻,它包括电枢绕组的电阻以及电刷与换向器的接触电阻。

式(3-8)是电动机运行时必须满足的一个基本条件,称为电压平衡方程式。

由式(3-8)可求出电枢电流 I_S

$$I_S = \frac{U - E_f}{R_S} = \frac{U - C_e n \Phi}{R_S} \tag{3-9}$$

当电动机的负载增加时,由于电枢轴上的阻力矩增大,电枢转速降低,而使反电动势随之减小,电枢电流则增大,因此,电动机转矩将随之增大,并且直到电动机的电磁转矩增大到与阻力矩相等时为止,这时电动机将在新的负载下以新的较低的转速平稳运转。反之,当电动机的负载减小时,电枢转速上升,反电动势增大,则电枢电流减小,电动机转矩相应减小,直至电动机的转矩减小到与阻力矩相等时为止,电动机则在较高转速下稳定运转。

可见,当负载发生变化时,电动机的转速、电流和转矩将会自动地做相应的变化,以满足负载的需要,使之在新的转速稳定运转。因此直流串励式电动机具有转矩自动调节的功能,这是汽车起动机采用直流串励式电动机的原因之一。

第二节 起动机传动机构

起动机传动机构由图 3-2 中的拨叉 7、驱动齿轮 1 和单向离合器 2 构成。

拨叉的作用是与移动衬套一起使单向离合器做轴向移动,将驱动齿轮与发动机飞轮啮合。驱动齿轮用于和发动机飞轮齿圈相连,实现力的传递。单向离合器起着单向传递转矩将发动机起动,同时又能在起动后自动打滑,以防止发动机起动后飞轮带动起动机电枢高速飞转而造成事故的作用。

起动机传动机构的形式很多,但不论何种形式,都应满足下列要求:

1)齿轮啮合容易,不发生冲击现象。

2)因为起动机驱动齿轮与发动机飞轮齿圈的速比很大,所以在发动机起动后驱动齿轮应能自动打滑并能自动脱离与发动机飞轮齿圈的啮合。

3)发动机工作时,起动机驱动齿轮不能再啮入飞轮齿圈。

传动机构中驱动齿轮和拨叉的作用单一,结构简单,其最关键的部件是单向离合器。下面主要对单向离合器的结构及原理进行论述。

现代汽车上常用的单向离合器有滚柱式、摩擦片式、弹簧式和棘轮式等多种形式。

一、滚柱式单向离合器

滚柱式单向离合器是目前国内外汽车起动机中使用最多的一种。

1. 滚柱式单向离合器结构

滚柱式单向离合器有十字腔和十字块两种结构,图 3-9 所示为十字块滚柱式单向离合器的结构及原理图。

如图 3-9a 所示,驱动齿轮 1 采用 40 号中碳钢加工淬火而成,与离合器外壳连成一体,外壳内装有十字块 3 和四套滚柱 4 及弹簧 5,离合器的外壳与十字块装配后形成四个宽窄不

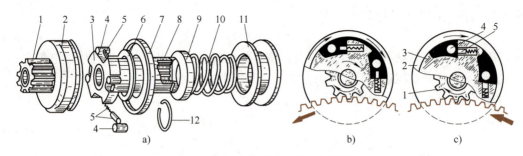

图 3-9 十字块滚柱式单向离合器
a) 结构图 b)、c) 原理图
1—驱动齿轮 2—单向离合器外壳 3—十字块 4—滚柱 5—压帽与弹簧 6—垫圈
7—单向离合器护盖 8—花键套筒 9—弹簧座 10—缓冲弹簧 11—移动衬套 12—卡簧

同的楔形槽，槽中有四个滚柱，滚柱的直径大于槽窄端又小于槽宽端；护盖7与外壳相互扣合密封成一整体。十字块与花键套筒刚性连接，整个单向离合器利用花键套筒套装在电枢轴的花键部位，使单向离合器总成可以做轴向移动和随轴转动。

在花键套筒的外面套有缓冲弹簧10及移动衬套11，移动衬套上固装着传动拨叉。

2. 滚柱式单向离合器工作原理

由于离合器外壳与十字块之间为宽窄不同的楔形槽，单向离合器的工作即是通过改变滚柱在楔形槽中的位置得以实现。发动机起动时，传动拨叉将单向离合器沿花键推出，使驱动齿轮啮入发动机飞轮齿环。同时，电枢轴通过花键带动十字块相对于外壳做顺时针转动，使滚柱滚向槽窄端而被卡紧，外壳随十字块一起转动，电动机的电磁转矩就通过单向离合器传递到驱动齿轮而驱动发动机曲轴旋转，如图3-9b所示。

发动机起动后，转速增高，飞轮齿圈有可能带动驱动齿轮旋转，当其转速大于十字块转速时，十字块相对于外壳的逆时针转动使滚柱滚向槽宽端而打滑，如图3-9c所示，从而避免了发动机飞轮齿圈带动起动机电枢高速旋转而造成"飞散"事故的危险。

滚柱式单向离合器结构简单紧凑，坚固耐用，工作可靠，在中小功率的起动机上被广泛采用，但在传递较大转矩时，滚柱容易变形而卡死。因此，滚柱式单向离合器不适用于较大功率的起动机。

二、摩擦片式单向离合器

大功率的起动机上多采用摩擦片式单向离合器，它是通过摩擦片的压紧和放松来实现离合的。

1. 摩擦片式单向离合器结构

摩擦片式单向离合器有外接合鼓驱动式和齿轮柄驱动式两种形式。

(1) 外接合鼓驱动式 图3-10所示为外接合鼓驱动摩擦片式单向离合器。螺旋花键套筒9安装在电枢轴的螺旋花键部位，外圆通过三线螺旋花键与内接合鼓8连接，当内接合鼓与螺旋花键套筒9之间有相对转动时，内接合鼓就会产生轴向移动；内接合鼓外圆上有四个轴向凹槽，与主动摩擦片6的内齿相配合；这样，螺旋花键套筒、内接合鼓以及主动摩擦片就构成了离合器的主动部分。从动摩擦片上有外突齿，插入外接合鼓1的槽中，而外接合鼓与驱动齿轮为一体；这样从动摩擦片和与驱动齿轮为一体的外接合鼓就构成了离合器的从动部分。

安装时主、从动摩擦片相间安装。

螺旋花键套筒自左向右还装有弹性圈 4、压环 11 和调整垫片 5，端部用螺母 3 轴向固定。

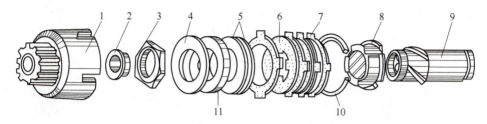

图 3-10　外接合鼓驱动摩擦片式单向离合器

1—外接合鼓　2—止推套筒　3—调整螺母　4—弹性圈　5—调整垫片　6—主动摩擦片
7—从动摩擦片　8—内接合鼓　9—螺旋花键套筒　10—卡簧　11—压环

（2）齿轮柄驱动式　图 3-11 所示为齿轮柄驱动摩擦片式单向离合器，其外接合鼓 1 用半圆键固定在电枢轴上，两个弹性圈 2 和压环 3 依次沿电枢轴装进外接合鼓中，青铜主动摩擦片 4 的外凸齿装入外接合鼓的切槽中；钢制的被动摩擦片 5 以其内齿插入内接合鼓 6 的切槽中，内接合鼓具有螺线孔并旋在起动机驱动齿轮柄 9 的三线螺纹上，齿轮柄则自由地套在电枢轴上，内垫有减振弹簧 8，并用螺母锁紧以免从轴上脱落。与外接合鼓驱动式相同，主从动摩擦片相间安装，内接合鼓 6 上有两个小弹簧 7，轻压各片，以保证它们彼此接触。

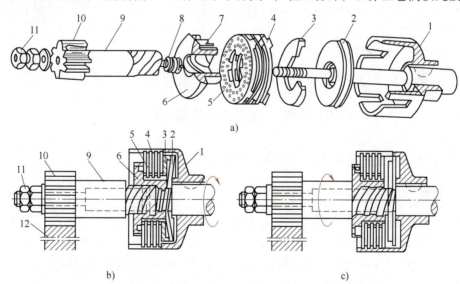

图 3-11　齿轮柄驱动摩擦片式单向离合器

1—外接合鼓　2—弹性圈　3—压环　4—主动摩擦片　5—被动摩擦片　6—内接合鼓　7—小弹簧
8—减振弹簧　9—齿轮柄　10—驱动齿轮　11—锁紧螺母　12—发动机飞轮齿圈

2. 摩擦片式单向离合器工作原理

外接合鼓驱动式和齿轮柄驱动式两种单向离合器的结构不同，但工作原理相同，下面以齿轮柄驱动摩擦片式单向离合器为例说明其工作原理。

如图 3-11b 所示，起动时起动机电枢轴带动发动机曲轴旋转，内接合鼓沿螺旋线向右移动而将主从动摩擦片压紧，通过其摩擦力将电枢的电磁转矩传递给驱动齿轮，进而传给飞轮。发动机起动后，如果忘记关断起动开关，飞轮齿圈就有带动驱动齿轮旋转的可能，当其转速超过电枢转速时（图 3-11c），内接合鼓则沿着螺旋线向左退出，主从动摩擦片松开，这时驱动齿轮虽高速旋转，但不驱动电枢轴，从而避免了电枢超速"飞散"的危险。

摩擦片式单向离合器所传递的最大转矩是由于内接合鼓 6 顶住弹性圈而被限制的，因此在压环与摩擦片之间加减薄垫片即可调整最大转矩。

三、弹簧式单向离合器

弹簧式单向离合器的结构如图 3-12 所示。驱动齿轮套在起动机电枢轴的光滑部分，联接套筒 6 装在电枢轴的螺旋花键上，两者之间由两个月牙形圈 3 连接。月牙形圈的作用是使驱动齿轮与联接套筒之间不能做轴向移动，但可相对转动。在驱动齿轮柄和联接套筒 6 上包有扭力弹簧 4，扭力弹簧的两端各有 1/4 圈内径较小，并分别箍紧在齿轮柄和联接套筒上。

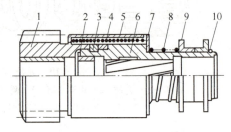

图 3-12 弹簧式单向离合器
1—驱动齿轮 2—挡圈 3—月形圈 4—扭力弹簧
5—护圈 6—联接套筒 7—垫圈
8—缓冲弹簧 9—移动衬套 10—卡簧

当起动机带动曲轴旋转时，扭力弹簧扭紧，包紧齿轮柄与联接套筒，于是电枢的转矩通过扭力弹簧 4、驱动齿轮 1 传至飞轮齿环，使发动机起动。发动机起动后，驱动齿轮的转速高于起动机电枢，则扭力弹簧放松，这样飞轮齿圈的转矩便不能传给电枢，即驱动齿轮 1 只能在电枢轴的光滑部分上空转，以避免电枢发生超速"飞散"的危险。

这种单向离合器具有结构简单、工艺简化、寿命长、成本低等优点。但因扭力弹簧圈数多，轴向尺寸较长，故只适用于大功率柴油机，而不适宜在小型起动机上装用。

第三节 起动机控制装置

起动机控制装置包括起动开关、电磁开关和起动继电器等。

一、电磁开关

电磁开关的位置一般在串励式直流电动机的上部或下部，它与电动机没有结构上的连接，可通过传动拨叉拨动套装在电枢轴上的移动套筒实现驱动齿轮的横向移动；但与电动机之间有一个开关接线柱，用以将电源的电流引入电动机的励磁绕组和电枢绕组。

图 3-13 所示为一典型电磁开关的结构图。图中，电磁开关的活动铁芯与拨叉铰接安装，用来控制电动机主电路的通断，同时控制驱动齿轮与飞轮的啮合与分离。

1. 电磁开关的结构

如图 3-13 所示，电磁开关的主要部件有活动铁芯 8、电磁线圈 6 和接触盘 4，其中电磁线圈 6 又包括保持线圈和吸引线圈；其余还有电磁开关接线柱、接触盘推杆 7、回位弹簧 9 等。电磁开关的两外部接线柱 1、13 为主接线柱，分别连接蓄电池和电动机，它们在电磁开关内部有相应的触点，可由接触盘 4 将其接通；接线柱 12 内部连接吸引线圈和保持线圈的

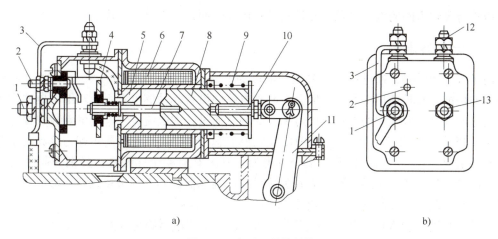

图 3-13 电磁开关的结构
a) 内部结构 b) 外观

1、13—主接线柱 2—附加电阻短路接线柱 3—导电片 4—接触盘 5—磁轭 6—吸引线圈及保持线圈
7—接触盘推杆 8—活动铁芯 9—回位弹簧 10—调节螺钉 11—拨叉 12—电磁开关接线柱

节点,外部连接起动开关或起动继电器;附加电阻短路接线柱2(柴油机和电子点火式汽油机无此接线柱)与点火线圈一次绕组相连,起动时,由接触盘将其内部的触点与主触点接通,将点火线圈附加电阻短路。活动铁芯8的右端通过螺钉连接拨叉11,左端连接接触盘推杆7(或与推杆保持一定的间隙)。

当活动铁芯被电磁线圈产生的电磁力吸动左移时,就会带动拨叉上部和接触盘同时左移;然后通过拨叉中部的铰接点使驱动齿轮右移。

2. 电磁开关的工作原理

结构上,电磁开关内的吸引线圈与电动机电枢绕组串联,保持线圈与之并联。电磁开关主要部件及其工作原理如图3-14所示。

1)起动开关接通时,电磁开关内部接线柱通电,吸引线圈8和保持线圈7同时通电,两线圈产生的磁力使活动铁芯4克服回位弹簧的弹力而左移(图示空心箭头所示),使接触盘2左移,而接通电动机主接线柱,即接通主电路;与此同时,活动铁芯带动拨叉6转动而将驱动齿轮右移(图示实心箭头所示),逐渐与飞轮齿圈啮合。

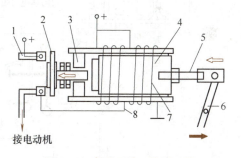

图 3-14 电磁开关工作原理图
1—电源接线柱 2—接触盘 3—磁轭
4—活动铁芯 5—拉杆 6—拨叉
7—保持线圈 8—吸引线圈

2)电动机通过接触盘接通主电路时,吸引线圈被接触盘短路,但保持线圈仍然通电,所产生的磁力使铁芯位置保持不动。

3)起动开关断开瞬间,接触盘还未来得及回位,电源通过接触盘使吸引线圈和保持线圈仍然通电,但此时吸引线圈与保持线圈的电流方向相反,所产生的电磁力相互抵消,活动铁芯在回位弹簧弹力的作用下退回,使驱动齿轮和接触盘退回原处,电动机停止工作。

这种电磁开关可以保证驱动齿轮部分啮入发动机飞轮齿圈后,才接通起动主电路,使得驱动齿轮与飞轮齿圈的啮合平顺。并且它具有操作轻便，工作可靠等优点。

二、起动继电器

由于汽车起动时，通过点火开关起动触点的电流很大（一般为35~40A），为了避免起动触点的烧蚀，延长使用寿命，一般会在起动电路中设置起动继电器。起动继电器的作用是用来接通电磁开关两线圈的电路，以避免起动触点通过较大电流，使起动触点较快损坏。

图3-15所示为带起动继电器的QD124型起动机。图中1、2和3所示即为该起动系起动继电器的组成。该继电器为常开型电磁继电器，其上共有4个接线柱，分别为起动机接线柱、电源接线柱、搭铁接线柱和点火开关接线柱。继电器铁芯上的磁化线圈一端搭铁，一端通过点火开关起动档接起动机主接线柱4，由点火开关控制。

发动机起动时，将点火开关SW旋至起动档，起动继电器磁化线圈2即有电流通过，其电路为：蓄电池正极→起动机主接线柱4→电流表→SW起动档触点→继电器"点火开关"接线柱→磁化线圈2→搭铁→蓄电池负极。继电器铁芯所产生的电磁力吸下可动触点臂，使继电器触点闭合，从而接通了电磁开关线圈的电路。

起动继电器触点闭合后，起动电流通过继电器触点到达电磁开关的吸引线圈和保持线圈，而不经过点火开关SW的起动触点，起动触点只通过很小的、保持继电器触点闭合的磁化线圈电流。

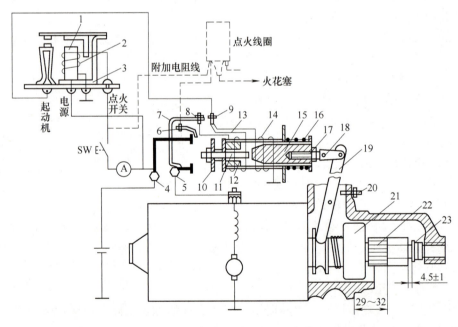

图3-15　QD124型起动机的电路

1—继电器铁芯　2—继电器磁化线圈　3—衔铁　4、5—起动机主接线柱　6—附加电阻短路接线柱
7—导电片　8、9—起动机接线柱　10—接触盘　11—推杆　12—固定铁芯　13—吸引线圈
14—保持线圈　15—可动铁芯　16—复位弹簧　17—调节螺钉　18—连接片　19—拨叉
20—定位螺钉　21—滚柱式单向离合器　22—驱动齿轮　23—限位螺母

第四节 起动机工作特性及参数选择

一、起动机工作特性

起动机的工作特性包括电动机转矩特性、机械特性和起动机功率特性，起动机功率特性实质上是综合了串励式直流电动机工作特性后形成的起动机输出转矩和功率的综合特性曲线。

1. 串励式直流电动机的转矩特性

转矩特性是指电动机的电磁转矩随电枢电流变化的关系，即：$M = f(I_s)$。

为了更深刻理解串励式直流电动机的转矩特性，将它与并励式直流电动机进行比较。

(1) 并励式直流电动机 图3-16所示为并励式直流电动机的基本电路图，由于其励磁绕组与电枢绕组并联，所以流过励磁绕组的励磁电流 I_j 为

$$I_j = \frac{U}{R_j}$$

式中　U——蓄电池电压；

　　　R_j——励磁绕组内电阻。

由上式可知，当电源电压 U 和励磁绕组 R_j 不变时，I_j 为一定值，它所产生的磁通量也是定值（忽略电枢反应的影响），即并励式直流电动机无论磁路是否饱和，其磁通量 Φ 均为常数，则其输出的电磁转矩为

$$M = C_m \Phi I_s = C I_s \tag{3-10}$$

式中　C——为一常数，$C = C_m \Phi$。

可见在并励式直流电动机中，由于磁通量 Φ 为常数，所以电磁转矩只与电枢电流成正比。

(2) 串励式直流电动机 图3-17所示为串励式直流电动机的电路图，由于串励式直流电动机的励磁绕组与电枢绕组串联，故电枢电流 I_s 与励磁电流 I_j 相等。因此在磁路未饱和时，磁通量 Φ 与电枢电流 I_s 成正比，即：$\Phi = C_1 I_s$。所以在起动开关刚接通、电动机电磁场磁路未饱和时电动机的转矩为

$$M = C_m \Phi I_s = C_m C_1 I_s^2 = C I_s^2 \tag{3-11}$$

式中　C_m、C_1——电机常数 $C = C_m C_1$。

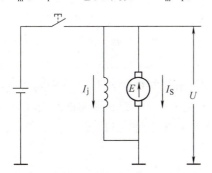

图3-16　并励式直流电动机的电路图

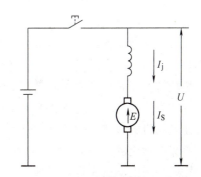

图3-17　串励式直流电动机的电路图

而当电动机电磁场的磁路饱和后其磁通量与并励式电动机一样，Φ 为常数，则电动机的转矩为

$$M = C_m \Phi I_S \tag{3-12}$$

由式（3-11）和式（3-12）可知，串励式直流电动机的电磁转矩在磁路未饱和时，其电磁转矩与电动机电枢电流的二次方成正比；在磁路饱和后，电磁转矩与电枢电流呈线性关系。这是串励式直流电动机的一个重要特点，即在电枢电流相同的情况下串励式直流电动机的电磁转矩要比并励式直流电动机的大，两者的差距如图 3-18 所示。

2. 串励式直流电动机的机械特性

电动机的机械特性是指电动机转速随电磁转矩变化而变化的关系，即：$n = f(M)$。

同样我们把串励式直流电动机与并励式直流电动机进行比较。

(1) 并励式直流电动机 根据电压平衡方程式（3-8），并励直流电动机的转速可表示为

$$n = \frac{U - I_S R_S}{C_m \Phi} \tag{3-13}$$

由于并励式直流电动机的 Φ 一直为常数，而其电枢电阻 R_S 又很小，所以当电枢电流 I_S 增大（即转矩增大）时，电机转速下降不大，具有硬的机械特性，如图 3-19 中虚线所示。

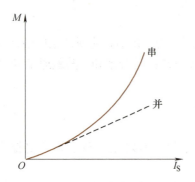

图 3-18 串励式直流电动机转矩特性

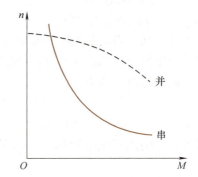

图 3-19 串励式直流电动机机械特性

(2) 串励式直流电动机 串励式直流电动机的转速根据电压平衡方程式可表示为

$$n = \frac{U - I_S(R_S + R_j)}{C_m \Phi} \tag{3-14}$$

由式（3-13）和式（3-14）可知，串励式直流电动机的 $I_S(R_S+R_j)$ 要大于并励式直流电动机的 $I_S R_S$，所以当电动机的 I_S 增加时串励式直流电动机的转速 n 相对下降明显。此外，串励式直流电动机在磁路未饱和时，由于 Φ 不是常数，I_S 增大（即转矩增大）时，其转速 n 将随 I_S 的增加而下降更加显著，又由于转矩 M 正比于电枢电流 I_S 的二次方，所以串励式直流电动机的转速随转矩的增加而迅速下降，即具有软的机械特性，如图 3-19 中实线所示。

串励式直流电动机具有软的机械特性，即轻载时转速高、重载时转速低。而重载时转速低，可使发动机的起动安全可靠，特别是对起动汽车发动机十分有利。这是汽车起动机采用串励式直流电动机的又一原因。

串励式直流电动机在轻载时转速很高，易造成电动机"飞车"事故，因此对于功率较大的串励式直流电动机，不允许在轻载或空载下运行。

3. 起动机工作特性曲线

起动机的动力装置是串励式直流电动机，因此起动机的特性曲线就是将以自变量为电枢电流 I_s 的串励式直流电动机的转矩特性、机械特性以及功率特性叠加在同一坐标内的 3 条曲线。

串励式直流电动机的功率 $P(\text{kW})$ 由下式确定

$$P = \frac{Mn}{9550} \tag{3-15}$$

式中　M——电动机转矩（N·m）；

　　　n——电动机转速（r/min）。

起动机的功率特性是指串励式直流电动机的输出功率与电枢电流的变化关系，即：$P = f(I_s)$。根据式（3-10）～式（3-15），以一典型起动机为例，说明起动机的工作特性。

图 3-20 所示为 QD124 型起动机的工作特性曲线图。图中曲线 $P = f(I_s)$ 为 QD124 型起动机的功率特性，它是一条基本对称的抛物线。曲线 $M = f(I_s)$ 为 QD124 型起动机的转矩特性，曲线 $n = f(I_s)$ 为QD124 型起动机的机械特性。

根据图 3-20 可以得出如下综合性的结论：

1）发动机即将起动时，即起动机刚接入瞬间，此时 $n = 0$，电枢电流 I_s 最大，称为制动电流；转矩也达到最大值，称为制动力矩；此时输出功率为零。

2）起动机空转时，电枢电流 I_s 最小，称为空载电流；转速 n 达最大值，称为空载转速；此时输出功率也为零。

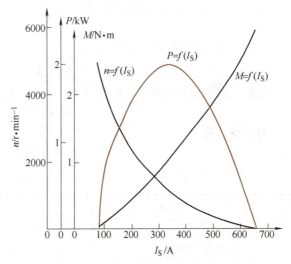

图 3-20　QD124 型起动机的特性曲线

3）在起动电流接近制动电流的一半时，起动机的输出功率最大。

由于起动机运转时间很短，允许它以最大输出功率运转，所以把起动机的最大输出功率称为起动机的额定功率。

二、起动机基本参数的选择

1. 起动机功率的选择

为了使发动机能迅速、可靠地起动，起动机必须具有足够的功率。如起动机功率不够，就会使重复起动的次数增多，起动时间延长，不仅对蓄电池不利，并且对燃料的消耗、零件的磨损以及车辆的工作都极其不利。

起动发动机所必需的功率 $P(\text{kW})$，决定于发动机的最低起动转速和发动机起动阻力矩，可按下式计算

$$P = \frac{M_Q n_Q}{9549.3} \tag{3-16}$$

式中 M_Q——发动机起动阻力矩（N·m）；

n_Q——发动机最低起动转速（r/min）。

(1) 起动阻力矩 发动机起动阻力矩是指在最低起动转速时的发动机阻力矩。发动机阻力矩包括摩擦阻力矩、压缩损失力矩和驱动发动机辅助机构的阻力矩。

摩擦阻力矩主要由活塞与气缸壁的摩擦以及曲轴轴承的摩擦所决定，另外还决定于润滑油的黏度。压缩损失力矩主要决定于气缸容积和压缩比的大小，气缸容积和压缩比愈大，则压缩损失力矩愈大。驱动发动机辅助机构的阻力矩包括驱动发电机、分电器、燃油泵、机油泵和水泵等的阻力矩。

由于柴油机压缩比高，且驱动燃油泵等辅助机构的功率较大，因此柴油机的起动阻力矩比汽油机几乎大一倍。

各型发动机的阻力矩是由试验方法来确定。

温度为0℃时发动机的阻力矩 M_Q(N·m) 可用下面的经验公式求得。

$$M_Q = C_0 L \tag{3-17}$$

式中 L——发动机的工作容积（L）；

C_0——系数，不同发动机的系数参见表3-1。

因此，起动发动机所必需的功率 P(kW)，对于汽油机

$$P = (0.18 \sim 0.22)L \tag{3-18}$$

对于柴油机

$$P = (0.74 \sim 1.1)L \tag{3-19}$$

表 3-1 不同发动机的系数

发动机/压缩比	缸数	C_0	
	4	6	8
汽油机 压缩比为5	3	3.5	3.8
汽油机 压缩比为7	3.5	4	4.2
柴油机 压缩比为15	7	7.2	7.4

(2) 最低起动转速 发动机最低起动转速是指保证发动机可靠起动的曲轴最低转速。

对于汽油机来说，要使它可靠起动，需要3个条件：

1）气缸中吸入可能着火的混合气。

2）压缩行程终了混合气要具有一定的温度和压力，使第一次爆发后发动机能够继续工作。

3）点火装置能发出可靠的电火花。

上述条件都直接与曲轴转速有关，其中第一个条件对转速的要求起着决定作用。

根据汽化条件，汽油机通常取最低起动转速为50~70r/min。

对于柴油机来说，它靠压缩点火，而压缩行程终了的空气温度则取决于周围介质的温度、气缸壁的温度和压缩时间的长短。

柴油机的最低起动转速一般为100~200r/min。

2. 传动比的选择

传动比是指起动机驱动齿轮齿数与发动机飞轮齿圈齿数的比值。

起动机与发动机之间的传动比，应能保证发动机可靠起动，同时能使起动机达到最大功率。如选择不当，则起动机的功率不能充分利用，发动机仍会起动困难。因此，必须正确选择传动比，以使起动机在发动机最低起动转速时能发出本身的最大功率。

选择传动比时，应使起动机工作在最大功率则最为有利，即最佳传动比是与起动机的最大功率相对应的。

在实际工作中，传动比选的往往比最佳值稍小，这时虽然起动机的工作电流有所增大、功率减小了一些，但起动机的转矩却增大较多，对起动非常有利。

此外传动比的选择还要受飞轮齿圈和起动机驱动齿轮齿数的限制。通常起动机驱动齿轮一般为 9~13 齿（个别情况有 5~7 齿的）。在汽油机中，起动机与曲轴的传动比一般为 13~17；柴油机因其起动转速较高，传动比较小，一般为 8~10。

3. 蓄电池容量的确定

起动机的功率 P 确定后，可按如下经验公式确定蓄电池的容量 C

$$C = (600 \sim 800)\frac{P}{U} \tag{3-20}$$

式中　C——蓄电池额定容量（A·h）；
　　　P——起动机额定功率（kW）；
　　　U——起动机额定电压（V）。

对于大功率的起动机（7.5kW 以上），蓄电池的容量可以选择比计算值小些。

第五节　典型起动机的结构及工作原理

在起动机的三个组成部分中，电动机一般没有本质的差别，控制方法目前也基本采用电磁控制装置，只有传动机构的啮入方式有较大差异，因此起动机根据传动机构啮入方式的不同分为电磁控制强制啮合式、电枢移动式、齿轮移动式等。

电磁控制强制啮合式起动机的电枢轴旋转时，驱动齿轮借助电磁力拉动杠杆，自动啮入飞轮齿圈。电枢移动式起动机是靠磁极磁通的电磁力，使电枢轴向移动，将驱动齿轮啮入飞轮齿圈。齿轮移动式起动机是靠电磁开关推动安装在电枢轴孔内的啮合杆，使驱动齿轮啮入飞轮齿圈。

电枢移动式、齿轮移动式起动机性能较好，但其结构较复杂。目前应用较多的是电磁控制磁性啮合式起动机。

除上述以外，还有磁极为永久磁铁的永磁起动机，以及内装减速齿轮的减速起动机等。

一、电磁控制强制啮合式起动机

1. 国产 QD124 型起动机

QD124 型起动机是一种有起动继电器的电磁控制强制啮合式起动机，其单向离合器为滚柱式。东风 EQ1090 系列汽油车即采用该型起动机。

QD124 型起动机的结构如图 3-15 所示，起动继电器作用、结构及基本原理前面已经论述。发动机起动时，将点火开关 SW 旋至起动档位，起动继电器线圈有电流通过，吸下可动触点臂，使继电器触点闭合，从而接通了电磁开关线圈的电路，其回路为：

蓄电池正极→起动机主接线柱4→起动继电器的电源接线柱→衔铁3→继电器触点→起动机接线柱→起动机接线柱9 ⟨ 吸引线圈13→导电片7→主接线柱5→起动机→搭铁→蓄电池负极。

保持线圈14→蓄电池负极。

由于吸引线圈13和保持线圈14的电流同方向，产生合成电磁力将可动铁芯15吸入，在起动机缓慢转动之下，拨叉19推出滚柱式单向离合器21，使驱动齿轮22柔和地啮入飞轮齿圈。当驱动齿轮与飞轮齿环接近完全啮合时，可动铁芯15推动接触盘10将起动机的主电路刚好接通。驱动齿轮与发动机齿圈的啮合，可动铁芯的位置靠保持线圈14产生的电磁力保持在原来位置，保持线圈的工作电路为：

蓄电池正极→起动机主接线柱4→起动继电器电源接线柱→触点→起动继电器的起动机接线柱→起动机接线柱9→保持线圈14→搭铁→蓄电池负极。

由于主电路接通时吸引线圈13被短接，起动机电枢电流增加，转矩增大，滚柱式单向离合器21单向传递转矩，使发动机迅速起动。

当发动机起动后，松开点火开关，钥匙自动转回到点火档位，起动继电器磁化线圈断电，触点跳开。这一瞬间，电磁开关吸引线圈和保持线圈变成串联关系，吸引线圈13的电流方向与原来电流方向相反。其电路为：

蓄电池正极→起动机主接线柱4→接触盘10→起动机主接线柱5→导电片7→吸引线圈13→起动机接线柱9→保持线圈14→搭铁→蓄电池负极。

由于吸引线圈和保持线圈电流方向相反，电磁开关的电磁力迅速消失，接触盘10即刻离开起动机主接线柱4、5，切断了起动机与蓄电池之间的主电路；可动铁芯15和推杆11也在回位弹簧作用下返回；点火线圈附加电阻也随即接入点火系；传动拨叉19将驱动齿轮拨回，脱离飞轮齿圈，起动机完成起动工作。

一旦起动机驱动齿轮没有及时脱离发动机飞轮齿圈，滚柱式单向离合器会自动打滑。

图3-15中，定位螺钉20用于调整驱动齿轮的左极限位置，保证其尺寸为29~32mm，以防驱动齿轮回位后与飞轮齿圈相碰；调节螺钉17用于调整驱动齿轮的右极限位置，保证其尺寸为（4.5±1）mm，以防止驱动齿轮伸出过多。

2. 丰田车用常规式起动机

丰田车系小轿车常用的起动机也属于电磁控制强制啮合式，其单向离合器为滚柱式。结构及原理与国产QD124型起动机基本相同，如图3-21所示。

当点火开关SW位于起动位置时，端子50将蓄电池电流传至保持线圈和吸引线圈。流经吸引线圈的电流通过端子C，流至电动机励磁线圈和电枢绕组。这时吸引线圈两端的电压降低，使通过电动机励磁线圈和电枢的电流较小，因此电动机运转速度较低。与此同时，吸引线圈与保持线圈所产生的磁场，将可动铁芯向右拉动，压住回位弹簧使驱动齿轮通过传动杆向左移动，与发动机飞轮齿圈啮合。在此阶段，直流串励式电动机低速运转，使驱动齿轮与齿圈可以平顺啮合。螺纹花键的作用也是协助驱动齿轮与齿圈平顺啮合。

当电磁开关和螺纹花键将驱动齿轮推至与发动机齿圈完全啮合的位置时，固定在可动铁芯尾端的接触片使端子30和端子C短路而接通主开关。这一短路连接，使较强的电流通过电动机电枢，从而使电动机以较大的转矩转动。螺纹花键使驱动齿轮更牢固地与发动机齿圈啮合。与此同时，吸引线圈两端的电压相等，没有电流；而可动铁芯由保持线圈所施加的电

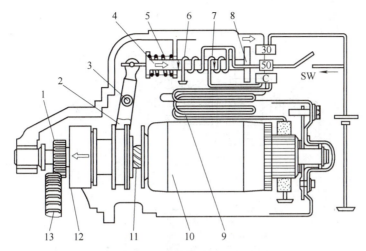

图3-21　丰田汽车常规型起动机

1—驱动齿轮　2—拨叉　3—拨叉转轴　4—可动铁芯　5—复位弹簧　6—保持线圈　7—吸引线圈
8—接触片　9—励磁线圈　10—电枢　11—螺纹花键　12—单向离合器　13—发动机飞轮齿圈

磁力保持在原位。

发动机起动后，将点火开关SW从起动位置扳回至点火位置，便切断了正作用在端子50上的电流。但此时主开关仍保持闭合状态，蓄电池电流便从端子30、端子C，经吸引线圈流至保持线圈。由于流经两线圈的电流方向相反，所产生的磁场相互抵消，使回位弹簧将可动铁芯拉回。便切断了曾经作用在电动机上的强电流，同时可动铁芯将驱动齿轮与发动机齿圈分离。

滚柱式单向离合器的作用同上，不再赘述。

二、电枢移动式起动机

电枢移动式起动机是借助磁极磁力，吸动整个电枢移动而使驱动齿轮啮入飞轮齿圈。

电枢移动式起动机的电路如图3-22所示。起动机电枢11在复位弹簧9的作用下与磁极12错开一定距离，且换向器比较长。起动机的壳体上装有电磁开关1，其磁化线圈由起动开关SW控制，活动触点为接触桥3。起动机有3个励磁绕组，主励磁绕组6由扁铜条绕制，串联辅助励磁绕组5和并联辅助励磁绕组4用细导线绕制。接触桥上端较长，下端较短，使起动机电路的接通分两个阶段进行。

这种起动机一般采用摩擦片式单向离合器。

电枢移动式起动机的工作过程分为两个阶段，串联辅助励磁绕组主要在第一阶段工作，第二阶段由于串联辅助励磁绕组与主励磁绕组并联而几乎被短路；并联辅助励磁绕组则在两个阶段中都工作，不但可以增大吸引电枢的磁力，而且可以起限制空载转速的作用。

1. 第一阶段

当接通起动开关SW时，电磁开关1的磁化线圈通电，使其电磁铁产生吸力，吸引接触桥3，但由于扣爪8顶住了挡片7，接触桥只能上端闭合，接通了串联辅助励磁绕组和并联辅助励磁绕组（图3-22b），其电路为：

蓄电池正极→静触点2→接触桥3上端⤳并联辅助励磁绕组4→搭铁→蓄电池负极。
　　　　　　　　　　　　　　　　　⤳串联辅助励磁绕组5→电枢→搭铁→蓄电池负极。

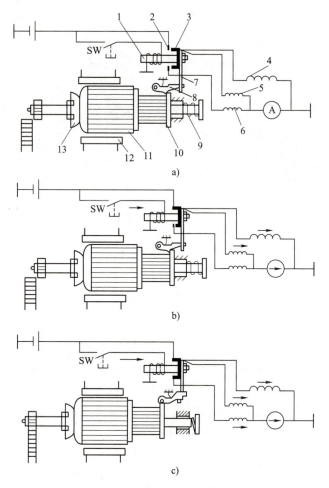

图 3-22 电枢移动式起动机的电路图

1—电磁开关 2—静触点 3—接触桥 4—并联辅助励磁绕组 5—串联辅助励磁绕组 6—起动机主励磁绕组 7—挡片 8—扣爪 9—复位弹簧 10—圆盘 11—电枢 12—磁极 13—摩擦片式单向离合器

结构上,并联辅助励磁绕组、串联辅助励磁绕组的位置对准电枢,同电动机的励磁绕组都缠绕在固定于机壳上磁极上。因此,并联辅助励磁绕组和串联辅助励磁绕组共同产生的电磁力克服复位弹簧 9 的弹力,吸引电枢向左移动。此时由于串联辅助励磁绕组的电阻大,流过电枢绕组的电流很小,起动机仅以较小的速度旋转,这样电枢低速旋转并向左移动,使驱动齿轮柔和地与飞轮齿环逐渐啮合。这是起动机工作的第一阶段。

2. 第二阶段

随着起动的进行,电枢的移动使驱动齿轮完全啮入发动机飞轮齿环,进入完全啮合阶段。与此同时,固定在换向器端面的圆盘 10 顶起扣爪 8,使挡片 7 脱扣,接触桥 3 的下端闭合,接通了起动机的主励磁绕组 6(图 3-22c),即主电路接通,起动机便以较大的转矩和工作转速驱动发动机曲轴旋转,其电路为:

蓄电池正极→静触点 2→接触桥 3 ⇒ 并联辅助励磁绕组 4→搭铁→蓄电池负极。
⇒ 起动机主励磁绕组 6→电枢→搭铁→蓄电池负极。

这时,电枢的位置以及驱动齿轮与发动机齿圈的啮合,均靠并联辅助励磁绕组4产生的电磁力保持,摩擦片式单向离合器13单向传递转矩。

当发动机起动后,松开起动开关,电磁开关1的磁化线圈断电,其电磁铁的吸力迅速消失,断开并联辅助励磁绕组4和串联辅助励磁绕组5的电流,在复位弹簧9的作用下,电枢11向右回位,接触桥3退回原位,驱动齿轮退出与发动机飞轮齿圈的啮合,起动结束。

3. 单向离合器的工作

如果由于特殊原因(比如忘记关断起动开关),起动机驱动齿轮没有及时脱离发动机飞轮齿圈,飞轮齿圈有带动驱动齿轮高速运转的趋势,这时,摩擦片式单向离合器13会自动打滑,曲轴转矩将不能传递到起动机电枢轴上。起动机会处于空载状态,转速增高,电枢中反电动势增大,使串联辅助励磁绕组5的电流减小。当电流小到磁极磁力不能克服复位弹簧9的反力时,电枢11在复位弹簧9的作用下被移回原位,于是驱动齿轮与飞轮齿圈脱开,扣爪8回到锁止位置。直到断开起动开关后,起动机才停止旋转。

电枢移动式起动机避免"飞车"的能力和反击的能力不受功率限制,因此可做成大功率起动机。它的不足之处是不宜在倾斜位置工作,结构复杂,传动比不能大。另外,当单向离合器摩擦片磨损后,摩擦力会大大降低,影响正常工作,因此需要经常调整。

三、齿轮移动式起动机

齿轮移动式起动机是靠电磁开关推动安装在电枢轴孔内的啮合杆而使驱动齿轮与飞轮齿圈啮合的。德国博世(Bosch)公司生产的TB型起动机即采用了这种结构,如图3-23所示。

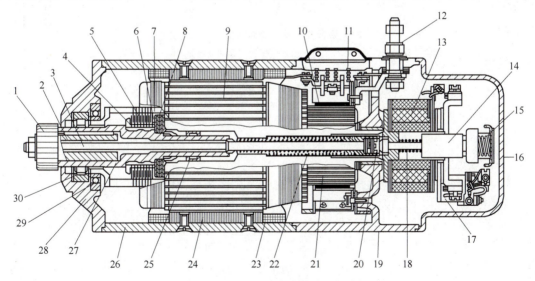

图3-23 博世TB型齿轮移动式起动机

1—驱动齿轮　2—齿轮柄　3—啮合杆　4—内接合鼓　5—摩擦片式单向离合器　6—压环　7—外接合鼓　8—弹性圈　9—电枢　10—电刷　11—电刷架　12—接线柱　13—电磁开关　14—活动铁芯　15—开关闭合弹簧　16—前端盖　17—控制继电器　18—开关切断弹簧　19—换向器端盖　20、25—滚针轴承　21—换向器　22—复位弹簧　23—励磁绕组　24—磁极　26—外壳　27—螺旋花键套筒　28—后端盖　29—滚珠轴承　30—滚柱轴承

这种起动机的电枢轴是空心的,内装啮合杆3,在啮合杆3上套有螺旋花键套筒27,其螺纹上套有摩擦片式单向离合器5的内接合鼓4。离合器从动片的内凸齿装入内接合鼓的切

槽中,主动片的外凸齿则插入外接合鼓 7 的切槽中,外接合鼓 7 与电枢轴固连在一起。起动机驱动齿轮柄 2 套在啮合杆 3 上,用锁止垫片与啮合杆固连在一起,齿轮柄 2 又用键与螺旋花键套筒 27 连接,螺旋花键套筒既能转动,又能做轴向移动。电磁开关 13 装在换向器端盖 19 的右侧,其内有吸引线圈、保持线圈和阻尼线圈。电磁开关的活动铁芯 14 与啮合杆 3 在同一轴线上,电磁开关的外侧还装有控制继电器和锁止装置。控制继电器的铁芯上绕有磁化线圈,用来控制常闭常开两对触点的开闭。

为了使驱动齿轮啮入柔和,齿轮移动式起动机的工作过程也分为两个阶段,第一阶段为进入啮合,第二阶段为完全啮合。起动机的电路如图 3-24 所示。

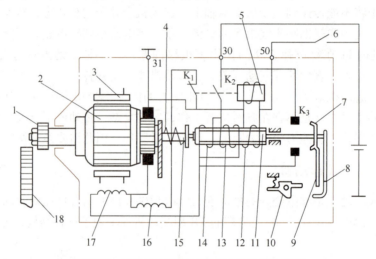

图 3-24　博世 TB 型齿轮移动式起动机电路图

1—驱动齿轮　2—电枢　3—磁极　4—复位弹簧　5—起动继电器　6—起动开关　7—接触盘
8—释放杆　9—挡片　10—扣爪　11—活动铁芯　12—保持线圈　13—阻尼线圈　14—吸引线圈
15—啮合杆　16—制动绕组　17—电动机励磁绕组　18—飞轮齿圈
K_1—常闭触点　K_2—常开触点　K_3—电磁开关主触点

发动机不工作时,起动继电器 5 的常开、常闭触点处于图 3-24 所示初始状态,电磁开关主触点 K_3 处于打开位置。

发动机起动时,接通起动开关 6,蓄电池电流经接线柱 50 流经起动继电器 5 的线圈和电磁开关的保持线圈 12,通过接线柱 31 搭铁形成回路。于是触点 K_1 打开,切断了制动绕组 16 的电路,触点 K_2 闭合,接通了电磁开关中吸引线圈 14 和阻尼线圈 13 的电路,此时,吸引线圈 14 和阻尼线圈 13 与电枢串联。在 3 个线圈磁力的共同作用下,电磁开关中的活动铁芯 11 向左移动,推动啮合杆 15 使驱动齿轮向飞轮齿圈 18 移动。由于此时吸引线圈 14 和阻尼线圈 13 与电枢串联,相当于串入一个电阻,使电枢电流很小,电枢缓慢转动,齿轮啮入柔和。

当驱动齿轮与飞轮齿圈完全啮合时,释放杆 8 立即将扣爪 10 顶开,使挡片 9 脱扣,电磁开关主触点 K_3 闭合,起动机主电路接通,通过摩擦片式单向离合器起动发动机。

发动机起动后,单向离合器打滑,起动机处于空载状态。断开起动开关 6,驱动齿轮退出啮合,起动机停止转动。此时与电枢绕组并联的制动绕组 16 起耗能制动作用,使起动机迅速停止转动。

四、减速式起动机

减速式起动机与强制啮合式起动机没有本质区别,只是在起动机的电枢和驱动齿轮之间增加一套减速机构。

根据电动机原理可知,若电磁功率不变,当转速增加时,则电动机的电枢直径及铁芯长度可相应减小。因此装用减速齿轮后,可采用小型、高速、低转矩的电动机,从而使起动机的重量与体积减小30%~35%,不仅提高了起动性能,且可减轻蓄电池的负担。

减速式起动机的缺点是机械零件增加,电动机转速高,结构及生产工艺比较复杂。

减速式起动机的减速装置有内啮合、外啮合和行星齿轮式3种,其基本啮合原理如图3-25所示。

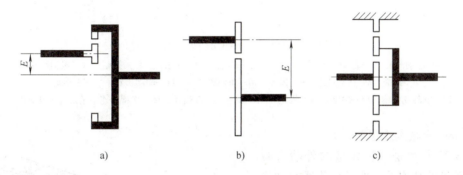

图3-25 减速式起动机减速机构的类型
a) 内啮合式 b) 外啮合式 c) 行星齿轮啮合式

下面用3个实例论述内啮合减速式起动机、外啮合减速式起动机和行星齿轮减速式起动机的结构及工作原理。

1. 内啮合减速式起动机

内啮合减速式起动机的外形与普通起动机基本相似,其驱动齿轮的轴向移动也是拨叉拨动。图3-26所示为QD254型减速起动机的结构原理图。

该起动机的结构特点是:电动机为小型高速串励式直流电动机,在电枢轴端有减速器主动齿轮15,它与内啮合减速齿轮14相啮合。内啮合齿轮与螺旋花键轴13固连,螺旋花键上套有滚柱式单向离合器10,单向离合器10固连着驱动齿轮11。基本工作原理如下:

起动时,接通起动开关1,蓄电池电流便流过起动继电器磁化线圈,继电器触点闭合,接通了电磁开关中吸引线圈6和保持线圈7的电路。在两线圈电磁吸力的共同作用下,活动铁芯8被吸入,同时带动拨叉9将单向离合器10推出,使驱动齿轮与飞轮齿圈啮合。当驱动齿轮与飞轮齿圈接近完全啮合时,活动铁芯8推动接触盘5与主触点4接通,于是起动机主电路接通,电枢开始高速旋转。电枢的旋转经减速器主动齿轮15和减速齿轮14减速,再经螺旋花键轴传给单向离合器,通过单向离合器驱动齿轮将转矩传递到发动机飞轮齿圈,使发动机起动。以后的工作过程与QD124型起动机相同。

由于内啮合式减速机构传动中心距小,可以有较大的减速比,适用于较大功率的起动机。

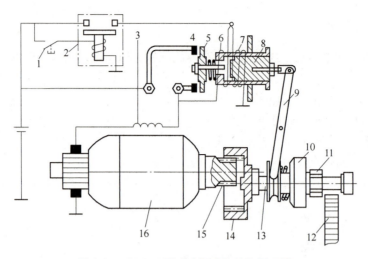

图 3-26 QD254 型减速起动机结构原理图

1—起动开关 2—起动继电器 3—电动机励磁绕组 4—主触点 5—接触盘 6—吸引线圈
7—保持线圈 8—活动铁芯 9—拨叉 10—单向离合器 11—驱动齿轮 12—发动机齿圈
13—螺旋花键轴 14—内啮合减速齿轮 15—减速器主动齿轮 16—小型高速串励式直流电动机

2. 外啮合减速式起动机

图 3-27 所示是一种典型的外啮合减速式起动机的结构图,外形与普通起动机有较大的差别。主要由电磁开关、小型高速电动机、惰轮、单向离合器和驱动齿轮等部件构成。

由图 3-27 可以看出,该起动机在结构上与普通起动机最大的差别是其电磁开关铁芯与驱动齿轮同轴,当电磁开关铁芯受电磁力作用移动时,直接推动驱动齿轮轴向移动,使其与发动机飞轮齿圈啮合;没有设置拨叉。另外,单向离合器壳体加工了外齿作为从动齿轮进行转矩的传递;在电枢轴小齿轮和单向离合器从动齿轮之间增加了一个惰轮进行过渡传动。

图 3-28 所示是上述减速式起动机的工作原理图,与图 3-27 所示结构的主要区别是设置了与离合器同轴的外齿轮作为从动齿轮。具体工作过程如下:

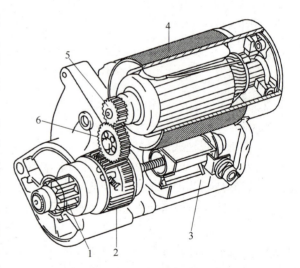

图 3-27 减速式起动机的结构

1—驱动齿轮 2—单向离合器 3—电磁开关
4—电动机 5—小齿轮 6—惰轮

点火开关位于起动位置时,端子 50 将来自蓄电池的电流传至电磁开关的保持线圈和吸引线圈;电流随后从吸引线圈,通过端子 C,流至电动机励磁线圈和电枢线圈;保持线圈和吸引线圈的电流流向如图 3-28 中箭头所示。在用于形成起动转矩的电枢电流中,由于吸引线圈造成的电压降,降低了直流电动机励磁线圈和电枢绕组的电流,这时电动机只以低速运转。同时,吸引线圈和保持线圈产生一个相同方向的磁场,克服回位弹簧 9 的弹力将可动铁芯 7 左推；驱动齿轮 1 因此向左移动，逐渐与发动机飞轮齿圈啮合。

在此阶段，电动机通过电枢轴小齿轮 3、惰轮 2 将低速运转的电枢轴转矩传递给单向离合器外齿轮 11，单向离合器单向传递转矩，使驱动齿轮 1 与发动机飞轮齿圈 13 平顺啮合。螺纹花键 10 也同时使驱动齿轮与发动机飞轮齿圈的啮合更加平顺。

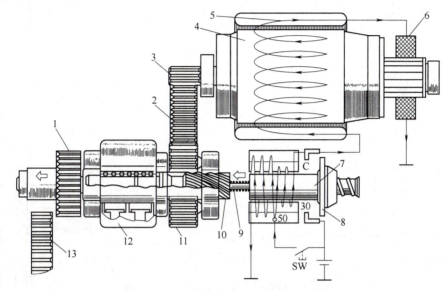

图 3-28　丰田车用减速式起动机原理示意图

1—驱动齿轮　2—惰轮　3—电枢轴小齿轮　4—电枢　5—励磁线圈　6—电刷　7—可动铁芯　8—接触片
9—回位弹簧　10—螺纹花键　11—单向离合器外齿轮　12—滚柱式单向离合器　13—发动机飞轮齿圈

当可动铁芯将驱动齿轮推至与发动机飞轮齿圈完全啮合的位置时，固定在可动铁芯 7 上的接触片 8 使端子 30 和端子 C 短路而接通主电路。这一短路连接，使较强的电流通过电动机，从而使电动机以较大的转矩转动。螺纹花键 10 也使驱动齿轮与发动机飞轮齿圈啮合得更牢固。与此同时，吸引线圈被短路，可动铁芯由保持线圈的磁力保持在原位。

起动完毕，点火开关 SW 自动从起动位置回至点火位置，切断了施加在端子 50 上的电流。之后的工作过程与丰田车用常规式起动机相同（图 3-21），不再赘述。

外啮合减速式起动机的传动中心距较大。受起动机结构的限制，其减速比不能太大，因此，一般只在小功率的起动机上应用。

与同样尺寸和重量的常规式起动机相比，这种起动机可以产生更大的转矩。

3. 永磁减速式起动机

永磁式起动机的主要特点是磁场为永久磁场，由永久磁铁产生，无须励磁绕组。具有结构简单、体积小、重量轻等优点，适合装于空间较小的车辆上。图 3-29 所示为一典型的永磁式起动机结构原理图，它是德国博世公司生产、北京 BJ2021（切诺基）吉普车上装用的 12VDW1.4 型永磁减速式起动机。

该起动机直流电动机的磁场由永久磁铁产生，共有 6 块永久磁极对称安放，用弹性保持片固定于壳体周边。传动机构由拨叉和滚柱式单向离合器组成。减速装置为行星齿轮减速装置，它以电枢轴小齿轮为太阳轮，另有 3 个行星齿轮及 1 个固定内齿圈，其啮合关系如图 3-29b 所示。

电枢轴上的太阳轮与3个行星齿轮同时啮合，3个行星齿轮的轴压装在一个圆盘上，圆盘与驱动齿轮轴制成一体。驱动齿轮轴一端制有螺旋花键，与单向离合器传动套筒内的螺旋花键配合。内齿圈由塑料注塑而成，3个行星齿轮在其上滚动，内齿圈的外缘制有定位用的槽，以便嵌放在后端盖上。

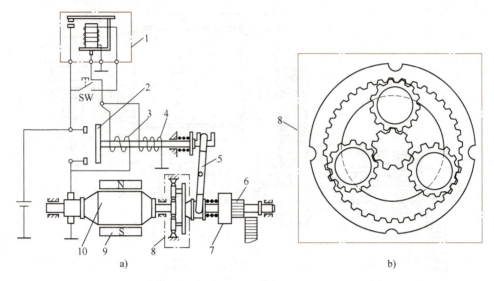

图 3-29　12VDW1.4 型永磁减速式起动机

a) 基本原理图　b) 行星齿轮减速装置啮合关系

1—起动机继电器　2—接触片　3—吸引线圈　4—保持线圈　5—拨叉　6—驱动齿轮
7—滚柱式单向离合器　8—行星齿轮减速装置　9—永久磁极　10—电枢

起动机的工作过程与 QD124 型起动机基本相同，不同之处在于电枢轴产生的转矩需经行星齿轮减速装置才能传给起动机驱动齿轮。转矩传递路径：

电枢轴小齿轮（太阳轮）→行星齿轮及支架（圆盘）→驱动齿轮轴→滚柱式单向离合器→驱动齿轮→发动机飞轮齿圈。

行星齿轮啮合式减速机构具有结构紧凑、传动比大、效率高的特点。行星齿轮啮合式起动机由于输出轴与电枢轴同心、同旋向，电枢轴无径向载荷，可使整机尺寸减小；除了增加了行星齿轮减速机构外，行星齿轮减速式起动机的其他结构与普通起动机相同，因此配件可以通用。

第六节　起动机电路保护及起动系统的检测诊断

一、起动机保护电路

当发动机起动后，若驾驶人未及时释放起动开关，就会造成单向离合器的磨损和蓄电池的消耗；而当发动机工作时，如不慎将起动开关再次接通，就会造成起动机驱动齿轮与发动机齿圈的撞击，而加速损坏。

起动机保护电路的作用就是发动机一旦起动后，能使起动机自动停止工作；发动机工作时，即使错误地接通了起动开关，起动机也不会工作。

现代汽车应用的起动机保护电路大多依靠汽车交流发电机中性点电压以及相应的继电器来完成。图3-30所示为东风EQ1090F型汽车起动机及保护电路的工作原理图,该起动机的保护装置是采用了JD136型起动复合继电器,由起动继电器和保护继电器两部分组成。起动继电器的触点常开,其作用是控制起动机电磁开关的工作;保护继电器触点常闭,磁化线圈一端搭铁,一端接至发电机中性点,承受交流发电机中性点电压,其作用是保护起动机并控制充电指示灯。

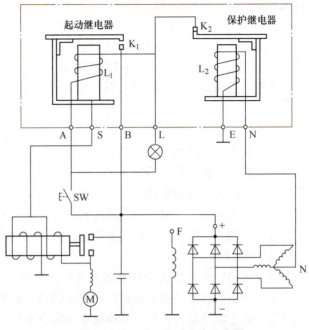

图3-30　JD136型起动复合继电器

具体工作如下:

起动时,将点火开关旋至起动档位,起动继电器的常开触点 K_1 闭合,充电指示灯亮。电路为:

蓄电池正极→点火开关
　　↗接线柱 A→线圈 L_1→K_2、磁轭→搭铁→蓄电池负极。
　　↘充电指示灯→接线柱 L→K_2、磁轭→搭铁→蓄电池负极。

线圈 L_1 产生电磁吸力,于是 K_1 闭合,将起动机电磁开关吸引线圈和保持线圈的电路接通。具体电路如下:

蓄电池正极→接线柱 B→K_1→磁轭→接线柱 S
　　↗保持线圈→搭铁→蓄电池负极。
　　↘吸引线圈→起动机励磁绕组、电枢绕组→搭铁→蓄电池负极。

在吸引线圈和保持线圈两个线圈电磁吸力的共同作用下,将起动机主电路接通,蓄电池电流流经直流电动机的励磁绕组和电枢绕组,使起动机正常起动。

发动机起动后,如驾驶人没有及时松开起动开关,由于交流发电机电压已经升高,当中性点电压达5V时,在保护继电器线圈 L_2 电磁力的作用下,使 K_2 打开,切断了充电指示灯的电路,充电指示灯熄灭;同时起动继电器线圈 L_1 电路切断,触点 K_1 打开,则起动机电磁开关释放,切断了蓄电池与起动机间的电路,起动机便会自动停止工作。

发动机工作时,在交流发电机中性点电压的作用下,K_2 一直处于打开状态,L_1 中无电流,则 K_1 始终处于打开状态,起动机电路就不能接通。所以即使驾驶人操作失误,将点火开关旋至起动档时,起动机也不会工作,这就避免了起动机驱动齿轮被打坏的危险,从而起到了保护起动机的作用。

二、起动机的试验与调整

1. 空载试验

空载试验的目的是测量起动机的空载电流和空载转速并与标准值比较,以判断起动机内部有无电路故障和机械故障。其试验方法如下：

将起动机夹在台虎钳上，按图3-31接线。接通起动机电路，起动机应运转均匀、电刷下无火花。记下电流表、电压表的读数，并用转速表测量起动机转速，其值应符合规定。

若电流大于标准值，而转速低于标准值，表明起动机装配过紧或电枢绕组和励磁绕组内有短路或搭铁故障。若电流和转速都小于标准值，则表明起动机线路中有接触不良的地方，如电刷弹簧压力不足，换向器与电刷接触不良等。

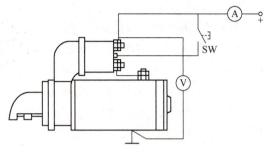

图3-31 起动机试验电路图

需要注意的是，空载试验每次不应超过1min，以免起动机过热。

2. 全制动试验

全制动试验应在空载试验的基础上进行，空载试验不合格的起动机不应进行全制动试验。全制动试验的目的是测量起动机在完全制动时所消耗的电流（制动电流）和制动力矩，以判断起动机主电路是否正常，并检查单向离合器是否打滑，其试验方法如下：

将起动机夹持在试验台上，使杠杆的一端夹住起动机驱动齿轮3个齿，如图3-32所示。

按下开关SW，起动机通电，呈现制动状态，观察单向离合器是否打滑并迅速记下电流表、电压表及弹簧秤的读数，其值均应符合规定。

若制动力矩小于标准值而电流大于标准值，则表明励磁绕组或电枢绕组中有短路和搭铁故障；若力矩和电流都小于标准值，则表明线路中接触电阻过

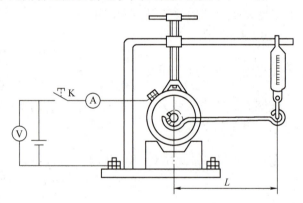

图3-32 起动机的全制动试验

大；若驱动齿轮锁止而电枢轴有缓慢转动，则说明单向离合器有打滑现象。

全制动试验应注意：每次试验通电时间不应超过5s，以免损坏起动机及蓄电池；试验过程中，工作人员应避开弹簧秤夹具，防止发生人身事故。

三、起动系统常见故障诊断

1. 起动机不转

（1）**故障现象** 起动时，接通起动开关，起动机不转动，无动作迹象。

（2）**故障原因** 以有起动继电器起动系统为例，导致起动机不转可能的故障有：

1) 电源故障。蓄电池严重亏电或极板硫化、短路等，蓄电池接线柱与线夹接触不良，起动电路导线连接处松动而接触不良等。

2) 起动机故障。换向器与电刷接触不良，励磁绕组或电枢绕组有断路或短路，绝缘电刷搭铁，电磁开关线圈断路、短路、搭铁或其触点烧蚀而接触不良等。

3）起动继电器故障。起动继电器线圈断路、短路、搭铁或其触点接触点不良。

4）点火开关故障。点火开关接线松动或内部接触不良。

5）起动系统控制线路故障。线路有断路，导线接触不良或松脱，熔丝烧断等。

(3) 故障诊断

1）按喇叭或开前照灯，如果喇叭声音小、嘶哑或不响，灯光比平时暗淡，说明电源有问题，应先检查蓄电池接线柱与线夹、起动电路导线插头处是否有松动，触摸导线连接处是否发热。若某连接处松动或发热则说明该处接触不良，若线路连接无问题，则应对蓄电池进行检查。

2）如果判断电源无问题，用工具将起动机电磁开关上连接蓄电池和连接内部电动机的两接线柱短接；如果起动机不转，则说明是电动机内部有故障，应拆检起动机；如果起动机空转正常，则进行下一步检查。

3）用工具将电磁开关接线柱与起动机电源接线柱相连，如果起动机不转，则说明起动机电磁开关有故障，应拆检电磁开关；如果起动机运转正常，则说明故障在起动继电器或有关的线路。

4）用旋具将起动继电器上连接蓄电池和连接起动机的两接线柱直接相连，如果起动机不转，则应检查连接这两个接线柱的导线；如果起动机能正常运转，则再做下一步检查。

5）将起动继电器上连接蓄电池和连接点火开关的两接线柱直接相连，如果起动机不转，则说明是起动继电器不良，应拆修或更换起动继电器；如果起动机能正常运转，则故障在起动继电器至点火开关的导线或点火开关，应对其进行检修。

2. 起动机运转无力

(1) 故障现象　起动时，驱动齿轮能啮入飞轮齿圈，但起动机转速明显偏低甚至停转。

(2) 故障原因　导致起动机运转无力的故障原因可能是：

1）电源故障。蓄电池亏电或极板硫化、短路，起动电源导线连接处接触不良等。

2）起动机故障。换向器与电刷接触不良，电磁开关接触盘和触点接触不良，电动机励磁绕组或电枢绕组有局部短路等。

(3) 故障诊断　首先应检查起动机电源，如果起动机电源无问题，则应拆检起动机。

3. 起动机空转

(1) 故障现象　起动时，起动机转动，但发动机不转。

(2) 故障原因　导致起动机空转的原因可能是单向离合器打滑、飞轮齿圈的某一部分严重缺损等。

(3) 故障诊断　将发动机飞轮转一个角度，如果故障会随之消失（但以后还会再现），则为飞轮齿圈有缺损，应焊修或更换飞轮齿圈；如果转动飞轮后起动机仍然空转，则需检修单向离合器。

4. 驱动齿轮与飞轮齿圈撞击

(1) 故障现象　起动时可听到驱动齿轮与飞轮齿圈的金属碰击声，驱动齿轮不能啮入。

(2) 故障原因　导致驱动齿轮与飞轮齿圈撞击的原因可能是电磁开关触点接通的时间过早，驱动齿轮在啮入以前就已高速旋转，飞轮齿圈磨损严重或驱动齿轮磨损严重等。

(3) 故障诊断　先适当调晚电磁开关触点的接通时间，若打齿现象不能消失，则应拆检起动机驱动齿轮和飞轮齿圈。

5. 电磁开关吸合不牢

（1）故障现象　起动时发动机不转，可听到驱动齿轮轴向来回窜动的声响。

（2）故障原因　导致电磁开关吸合不牢的故障原因可能是蓄电池亏电或起动机电源线路有接触不良之处；起动继电器的断开电压过高；电磁开关保持线圈断路、短路或搭铁等。

（3）故障诊断　先检查起动机电源线路连接是否良好，若无问题，可将起动继电器连接蓄电池的接线柱和连接起动机的接线柱短接，如果起动机能正常转动，则为起动继电器断开电压过高，应予以调整；如果故障仍然出现，则应对蓄电池进行补充充电。如果蓄电池充足电后故障仍不能消除，则应拆检起动机电磁开关。

思考题与习题

3-1　起动机一般由哪几部分组成？各部分的作用是什么？

3-2　直流电动机的基本组成是什么？工作过程如何？

3-3　串励式直流电动机负载变化时是如何自动调节输出转矩的？

3-4　汽车起动机为什么要采用直流串励式电动机？

3-5　起动机特性有哪些？影响起动机功率的因素有哪些？

3-6　试述电磁操纵强制啮合式起动机的工作原理。

3-7　起动机常见的几种单向离合器有几种？各有什么特点？

3-8　试述滚柱式单向离合器的结构与工作原理。

3-9　减速式起动机有哪几种类型？各有什么特点？

3-10　起动机运行中的常见故障有哪些？如何诊断？

3-11　如何检验起动机的性能？

第四章

点火系统

能够适时地在火花塞电极间产生电火花的全部设备称为点火系统,点火系统在发动机燃烧室内产生电火花的装置是火花塞,它装在发动机气缸盖上。

点火系统只在汽油发动机上使用,柴油发动机没有点火系统。原因是柴油发动机的压缩行程末期,气缸内压缩空气的温度已经超过柴油的燃点,从喷油器喷出的雾状柴油遇到热空气即可立即燃烧,不必设置点火装置;汽油发动机压缩行程末期的可燃混合气温度也很高,但由于汽油燃点较高,很多情况下燃烧室内混合气的温度达不到汽油混合气自燃温度,只能借助外加的电火花点火而燃烧。

1886 年,第一辆以四循环内燃机为动力的汽车是以磁发电机为电源的点火系统,其电火花是靠永磁微型发电机产生,因此称之为磁发电机点火系统。1910 年前后,美国的查尔斯·凯特林(Charies F. Kettering)试制出一种可靠而完善的点火装置,并用于凯迪拉克汽车,这种点火装置由蓄电池和发电机提供电能,称为蓄电池点火系统。

最初的蓄电池点火系统没有点火提前角调节装置。1931 年,美国人首先使用了能自动根据发动机负荷和转速来调节点火提前角的真空点火提前调节装置和离心点火提前调节装置。此后,这种点火装置迅速得到完善,在汽车上得到了广泛的应用。

随着对汽车发动机动力性、经济性及排放控制要求的日益提高,人们逐渐发现传统的蓄电池点火系统在提高二次⊖电压、燃烧稀薄混合气、精确控制点火时刻等方面存在较多缺陷,这些问题源于结构本身固有的缺陷,对于进一步提高发动机转速、降低燃油消耗和控制废气排放等都存在一定障碍,因此很长一段时间,科学家们对汽油发动机的点火系统进行了多次改进,直到 1976 年,美国通用公司首次将微处理器应用于点火时刻控制,此后微机控制的电子点火系统应用日渐增多,并与汽油喷射、怠速控制等发动机其他电子控制进行综合控制。目前微机控制的点火系统已广泛应用于各类汽油发动机。

第一节 概　述

点火系统是点燃式发动机用于提供点火能量、控制点火时刻和点火顺序的装置,其作用是把汽车电源系统的低压电转变成高压电,并按发动机气缸工作顺序适时地引入燃烧室并形成电火花,点燃可燃混合气,使发动机正常工作。图 4-1 所示为点火系统的基本组成及其与发动机、起动机之间的安装位置。

⊖ 初级、次级绕组(电压、电流、线圈),在国家及行业标准中有出入,本书中统一采用一次、二次绕组(电压、电流、线圈)。

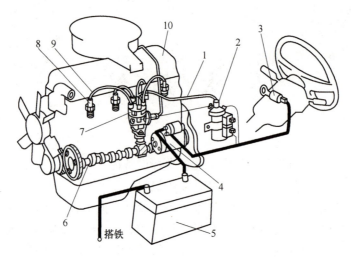

图 4-1 点火系统的组成及安装位置

1—中央高压导线　2—点火线圈　3—点火开关　4—起动机　5—蓄电池　6—凸轮轴
7—分电器　8—火花塞　9—分缸高压导线　10—发动机

一、对点火系统的要求

为了使发动机在各种工况下均能保证可靠且准确地点火,点火系统必须满足下列基本要求。

1. 击穿电压 U_j

点火系统应能产生足以击穿火花塞电极间隙的高电压。

点燃式发动机气缸中可燃混合气的电火花是由高压电击穿火花塞电极间隙而产生,能够击穿火花塞电极间隙的瞬时电压叫作击穿电压,用字母 U_j 表示。

(1) 电火花产生原理　在正常状态下,任何气体中都有少量的气体分子游离成正离子和电子,这些电子或独立存在或与中性分子结合形成负离子。当正负电极两端加有电压时,在电场力的作用下,电极间的正离子便会向负电极运动负离子和电子便会向正电极运动。离子和电子的运动会撞击中性分子,从而形成电流。当正负电极两端施加的电压较低时,离子和电子的运动速度较慢、动能较小,不能将中性分子撞破,气体中只有少量离子和电子导电,因此电流很小,正负电极之间不能形成电火花。当正负电极两端施加的电压较高时,离子和电子的运动速度加快、动能增大;当电压升到足够高时,离子和电子将中性分子撞破,使中性分子分裂成正离子和负离子,新产生的离子和电子在电场力的作用下,也以很高的速度分别向正负两极运动,并又撞击其他中性分子;如此反复,电极间隙之间的离子和电子便骤然增多,大量的离子、电子激烈地运动与碰撞就会发出大量的热,当温度达到一定值时,会产生弧光放电,放电电流急剧增大,便产生了电火花(即电弧光放电现象)。

(2) 影响击穿电压 U_j 的因素　火花塞电极间的击穿电压 U_j 一般与火花塞电极间隙和形状、气缸内混合气压力和温度、电极温度、电极极性以及发动机工况等因素有关。

1) 火花塞电极间隙。试验证明,火花塞电极间隙越大,所需击穿电压越高。这是因为当电极间隙增大时,气体中的离子和电子距离电极的路程增大,受电场力的作用减小,不易发生碰撞电离,因此需要较高的电压才能跳火。

2）气缸内混合气的压力和温度。火花塞击穿电压 U_j 与混合气的压力和温度并无直接关系，而是与混合气的密度有关。混合气的密度越大，即每单位体积中气体分子的数量越多，离子自由运动的距离（即两次碰撞之间的距离）就越短，故不易发生碰撞电离作用。只有提高加在电极上的电压，增大作用于离子上的电场力，使离子加速才能发生碰撞电离而使火花间隙击穿。因此混合气的密度越大，则所需击穿电压越高。

压力和温度的改变直接影响着混合气的密度：当混合气压力增大时，混合气密度增大，所需击穿电压增大；当混合气温度增高时，混合气密度减小，所需击穿电压降低。

火花塞击穿电压与混合气温度和压力的关系如图4-2所示。

3）电极的温度。试验证明，当火花塞电极温度高于混合气温度时，击穿电压 U_j 可降低约30%~50%。这是因为电极温度越高，包围在电极周围的气体密度就越小，容易发生碰撞电离的缘故。在发动机工作的整个过程中火花塞电极温度几乎均高于混合气温度，只有起动工况时火花塞电极温度低于混合气温度，这也是冬天发动机难以起动的原因之一。

4）电极的极性。试验证明，如果将温度高的电极作为负极，则同一火花塞所需击穿电压可降低约20%。这是因为热的金属表面比冷的金属表面更容易发射电子，发动机在工作过程中，由于绝缘层的原因，火花塞中心电极温度较侧电极温度高很多，因而电子容易从中心电极向侧电极发射，使火花塞间隙

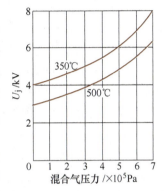

图4-2 击穿电压与混合气温度和压力的关系

处离子化程度高，火花塞容易跳火。因此目前无论是哪一种点火系统，其高压回路电流都是由侧电极流向中心电极，即高压回路的搭铁极为正极，以此来达到降低火花塞击穿电压的目的。

5）发动机的工况。发动机工作情况不同时，火花塞的击穿电压也不同，其值随发动机的转速、功率、压缩比、点火提前角以及混合气的成分而改变。发动机起动时，由于气缸壁、活塞以及火花塞的电极都处于冷态，吸入的混合气温度低、雾化不良，加之火花塞电极之间还可能积有机油或汽油，因此所需击穿电压最高。另外在汽车加速时所需击穿电压也较高；而在发动机高速或处于大负荷时所需的击穿电压则较低。

综上所述，为了保证点火可靠，点火装置必须具有一定的高压储备，使之在发动机所有工况下送往火花塞电极间的电压均大于该工况下火花塞的击穿电压值。

但是，过高的二次电压将造成绝缘困难、成本增加，因此在设计点火系统高压电路时又要尽可能地降低击穿电压。

点火系统高压回路所能产生的二次电压通常限制在10~30kV。

2. 电火花能量

用于击穿火花塞电极间隙的电火花应具有足够的能量。

当高压电在电极间隙之间跳火时，其电能将变成热能，从而点燃可燃混合气。为使混合气能可靠点燃，火花塞电极间隙的电火花必须具有足够的能量。火花能量越大，则混合气越易点燃，发动机的着火性能就越好；反之，火花能量越小，着火性能就越差。

点燃混合气必需的能量与发动机工况、混合气成分和浓度、电极间隙和形状等因素有关。当发动机正常工作时，由于压缩终了时混合气的温度已接近其自燃温度，因此所需电火

花的能量很小，一般只需 1~5mJ。但在发动机起动、怠速和加速工况时，由于混合气雾化质量较差，需要较高的火花能量。为了提高发动机的燃油经济性而燃烧稀混合气，也需要增大火花能量。

在发动机整个工作过程中，起动工况（特别是冬季）是最恶劣工况，所需点火能量最高，达 50~80mJ。因此要使混合气在任何工况都能可靠点燃，点火系统提供的电火花应保证具有大于 100mJ 的点火能量。

3. 准确的点火时刻

准确的点火时刻也称作点火正时，包括点火顺序和点火提前角两方面的内容，即点火系统应该按照发动机的做功顺序进行点火，点火系统必须在对发动机工作最有利的时刻进行点火。一般用点火提前角来描述点火时刻。

点火提前角是指从火花塞电极跳火开始到活塞运行到压缩行程上止点为止这一段时间内曲轴所转过的角度。常把能够保证发动机输出功率最大、油耗最低的点火提前角称为最佳点火提前角。点火系统必须能够随发动机运行工况的变化，自动调整点火提前角，以保证发动机的最佳性能。

发动机工作时，气缸内混合气从开始点火到完全燃烧需要一定的时间（约千分之几秒）。为了使发动机能发出最大功率，点火时刻不应在压缩行程终了，而应适当提前。如果点火过早，则燃烧的大部分在压缩行程进行，气缸内压力急剧升高，活塞上行阻力增大，虽然最大燃烧压力高，但是所做的功并非最大，不仅使发动机功率下降，油耗增加，而且发动机运行粗暴，振动和噪声大，甚至还会引起发动机的爆燃。如果点火过迟，则燃烧大部分在活塞下行时容积增大的情况下进行，燃烧压力损失太大，发动机功率下降，同时由于炽热的燃气与气缸壁的接触面积增大，热损失增多，导致发动机过热，油耗增大。

不同发动机的最佳点火提前角各不相同，即使是同一台发动机，在不同工况下的最佳点火提前角也不相同。影响最佳点火提前角的因素如下：

(1) 转速和负荷 发动机转速越高，最佳点火提前角应越大。这是因为发动机转速升高时，在同一时间内，活塞将移动较大距离，曲轴也相应地转过较大的角度；而混合气的燃烧速率却几乎不变（或略有增加）。因此当转速升高时，为使发动机同样发出最大功率，最佳点火提前角应随之增大。

此外，在同一转速下，随着发动机负荷的增大，最佳点火提前角应减小。这是由于发动机负荷大即节气门开度大时，吸入气缸的混合气量增多，压缩行程终了时的压力和温度增高，使燃烧速度加快，因此最佳点火提前角随负荷增大应减小。

(2) 起动及怠速 当发动机处于起动和怠速工况时，虽然混合气燃烧速度较慢，但混合气的全部燃烧时间却只占较小的曲轴转角。如果点火过早，则燃烧过程可能在活塞运行至上止点以前就结束而使曲轴反转，因此发动机起动和怠速时，应减小点火提前角（一般为 5°~6°）或不提前。

(3) 汽油品质 汽油发动机在一定条件下，会出现爆燃现象。爆燃是由于气体压力和温度过高，在燃烧室内离点燃中心较远处的可燃混合气自燃而造成的一种不正常燃烧。爆燃时火焰以极高的速度向外传播，在气体来不及膨胀的情况下，温度和压力急剧升高，有时还会形成压力波以音速向前推进，当这种压力波撞击燃烧室壁时就发出尖锐的敲缸声。爆燃会使机件过快磨损，热负荷增加、噪声增大、功率下降、油耗上升，对发动机极为有害。

发动机爆燃与燃料品质有关，辛烷值是评定汽油抗爆性能的指标。我国车用汽油目前采用辛烷值划分其牌号，汽油的牌号越大，辛烷值越高，其抗爆性能越好，越不容易产生爆燃；汽油牌号越小，越容易产生爆燃。

（4）其他 影响最佳点火提前角的因素还很多，如混合气空燃比、发动机进气压力和冷却液温度等。

当空燃比为理论空燃比（A/F=14.7）左右时，所需的最佳点火提前角最小，这是因为此时的燃烧速度最快。因此，当混合气变稀或变浓时，最佳点火提前角都相应增大。

进气压力减小时，由于扰流变弱，压缩终了的压力和温度也相应减少，使燃烧速度变慢，因此最佳点火提前角应增大。如在高原地区，随着海拔高度的增加，空气变稀薄，大气压力变低，应适当增大点火提前角。

发动机冷却水温低时，为尽快暖机，应适当增大点火提前角，而当水温高时，为减少NO_x和HC的排放量应适当减小点火提前角。

综上所述，点燃式发动机的点火系统，应能提供足以击穿火花塞电极间隙的高电压，且用于击穿火花塞电极间隙的电火花应具有足够的能量，还应在发动机各种工况下均能准时点火。达到这些要求，则必须从点火系统的结构上予以保证。

二、点火系统的分类

点火系统的分类方式有很多，下面根据不同的分类方式对各种点火系统的特点进行叙述。

1. 按点火系统的电源进行分类

按照点火系统的电源进行分类，有磁发电机点火系统和蓄电池点火系统两类。

磁发电机点火系统由磁发电机本身产生点火所需的电源，由于结构的原因，磁发电机点火系统目前仅适用于单缸或两缸的汽油发动机。因此磁发电机点火系统在汽车上早已不使用，目前在某些摩托车上还有少量的应用。

蓄电池点火系统的电源是蓄电池和发电机，适用于多缸发动机。目前汽车上使用的都属于此类点火系统。

2. 按点火系统储存点火能量的方式进行分类

按照点火系统储存点火能量的方式进行分类有电感储能式点火系统和电容储能式点火系统。

（1）电感储能式点火系统 电感储能式点火系统是指用于产生高压电火花的能量以磁场能的方式储存在点火线圈中，其储能元件是点火线圈。发动机工作时，点火系统将点火能量以磁场能的形式储存在点火线圈中，在需要点火时再将部分点火能量转换为电场能量并分配到火花塞电极间隙上跳火点燃混合气。

电感储能式点火系统的点火能量W_L与线圈的电感量L和线圈电流I的平方成正比

$$W_L = \frac{1}{2}I^2 L$$

电感储能式点火系统的结构简单、成本较低，广泛应用于车用汽油发动机。

（2）电容储能式点火系统 电容储能式点火系统是指用于产生高压电火花的能量以电场能的方式储存在电容器中，其储能元件是专门的储能电容器。发动机工作时，点火系统将点火能量以电场能的形式储存在专用电容器中，在需要点火时储能电容向点火线圈一次绕组放电，同时在二次绕组中感应产生高压电并加到火花塞电极上跳火，点燃混合气。

电容储能式点火系统的点火能量 W_C 与其电容器的电容值 C 和电容器电压 U 的平方成正比

$$W_C = \frac{1}{2}CU^2$$

电容储能式点火系统结构复杂、成本较高，其致命的缺点是放电持续时间较短，为 5～50μs；而电感储能式为 1～2ms，对发动机起动、低速点火和燃烧稀薄混合气极为不利，因此主要用于转速较高的赛车发动机。

3. 按照低压回路触发点火信号的装置不同进行分类

点火系统按照低压回路触发点火信号的装置不同可分为传统点火系统、普通电子点火系统和微机控制点火系统三种类型。

(1) 传统点火系统 传统点火系统是利用机械开关（即触点的闭合和打开）来控制点火线圈一次电流的通断而完成点火工作的，其控制点火线圈一次电流通断的装置是断电器触点。

传统点火系统在汽车上应用的持续时间很长。但随着对汽车发动机燃油经济性和排放指标等要求的提高，这种点火系统无法适应现代发动机的点火要求，目前已被先进的电子点火系统所取代。

(2) 电子点火系统 电子点火系统是利用半导体器件，如晶体管、晶闸管等作为开关，接通或断开点火线圈一次电流而完成点火工作的。

电子点火系统的发展经历了三个阶段，即保留触点的晶体管辅助点火系统、无触点的普通电子点火系统和现代的微机控制电子点火系统。

1) 有触点晶体管辅助点火系统。有触点晶体管辅助点火系统是一种保留机械开关（断电器触点）的电子点火系统，与传统点火系统不同的是其断电器触点不用于直接控制点火线圈的一次电流，而是用于控制点火晶体管的基极电流。这种点火系统由于无法克服机械触点存在的诸多缺点，很快就被淘汰。

2) 无触点普通电子点火系统。无触点普通电子点火系统则彻底取消了机械开关，取消了分电器内的断电器，取而代之的是装在分电器内的点火信号发生器和点火器。

无触点普通电子点火系统在控制点火线圈一次电流的过程中彻底消除了机械触点存在的问题，但是其点火提前角的控制还是由离心式点火提前调节器和真空式点火提前调节器来完成，使点火提前角的精确控制受到限制，所以很快就被微机控制点火系统所取代。

目前还有部分在用车辆的点火系统使用着无触点普通电子点火系统。

3) 微机控制电子点火系统。微机控制电子点火系统与无触点普通电子点火系统的最大区别是可以对点火时刻进行精确控制。点火工作也是由点火器来完成，但点火器接收的点火信号与普通电子点火系统相比有了很大的差异，是由发动机电子控制单元（ECU）产生点火信号，控制点火线圈一次电流的通断而完成点火工作。

发动机的最佳点火提前角不仅决定于发动机的工作转速和负荷，还与发动机冷却液温度、进气温度、可燃混合气的空燃比、燃油的油品等多种运行参数和使用因素有关。前述传统点火系统和普通电子点火系统的点火时刻均由机械式和真空式点火提前装置完成，而且只能在发动机转速和负荷发生变化时,对点火提前角做范围有限的、粗略的线性调节,不能保证发动机在真正的最佳时刻点火。微机控制电子点火系统其点火提前角的控制是由电子控制单元(ECU)根据发动机各种传感器的信号进行三维的精确控制,使发动机在任何工况下都能处于最佳的点火时刻,最大限度地改善了发动机的动力性和经济性,降低了排气污染。

目前,微机控制的电子点火系统已经基本普及。

第二节 点火系统的组成及工作原理

一、点火系统的组成

1. 传统点火系统

传统点火系统在汽车上应用较早,它是一种电感储能、机械触点式的点火系统。主要由电源、点火开关、点火线圈、分电器和火花塞等组成,如图4-3、图4-4所示。

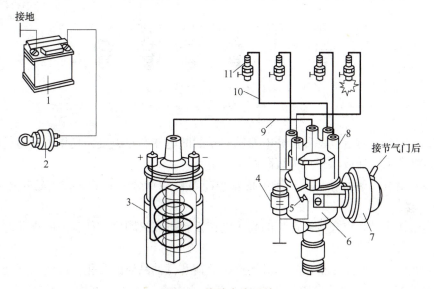

图4-3 传统点火系统

1—蓄电池 2—点火开关 3—点火线圈 4—电容器 5—断电器(触点) 6—分电器
7—真空点火提前调节器 8—配电器 9—中心高压导线 10—分缸高压导线 11—火花塞

(1) 电源及点火开关 传统点火系统的电源为蓄电池或发电机,标称电压多为12~14V,其作用是供给点火系统所需的电能。

点火开关也叫点火钥匙。用来接通或断开点火系统的一次电路,控制发动机起动、工作或熄火。点火开关断开,发动机会立即熄火。点火开关至少有起动、工作和熄火三个档位,大型载货汽车的点火开关有四档位式和五档位式等多种。

(2) 点火线圈 点火线圈就像一个变压器,其作用是将电源供给的低电压转变为点火所用的高压电。在图4-3中,点火线圈3中的粗线为一次绕组、细线为二次绕组,它们共同缠绕在同一个铁芯上,是点火线圈实现升压的主要结构。

(3) 分电器 传统点火系统的分电器由断电器、配电器、电容器和点火提前机构等构成。

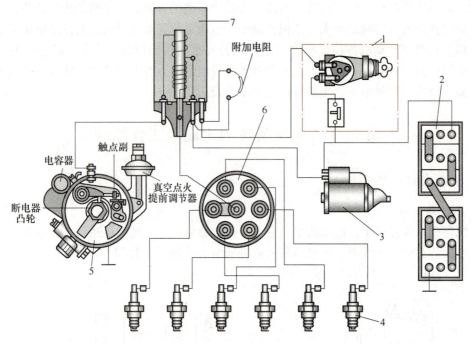

图 4-4 传统点火系统的组成

1—点火开关（起动开关） 2—蓄电池 3—起动机 4—火花塞 5—断电器 6—配电器 7—点火线圈

断电器主要由一对触点副和由分电器轴驱动的断电器凸轮组成，其作用是通过断电器触点的闭合和打开来接通或切断点火线圈的一次电路。

电容器与断电器触点并联，其作用是减小断电器触点分开时的火花，延长触点的使用寿命。

配电器的作用是将点火线圈产生的高压电按发动机点火顺序送往各缸的火花塞，主要由配电器盖和分火头组成。

点火提前机构的作用是根据发动机转速、负荷和汽油品质的变化而改变点火提前角。

（4）火花塞 火花塞的作用是产生电火花点燃混合气。点火线圈二次绕组产生的高压电通过配电器按照点火顺序引入各缸燃烧室的火花塞，击穿其电极使之跳火。

2. 普通电子点火系统

在电子点火系统的发展过程中，电感储能式无触点电子点火系统应用时间较长、功能比较完善，下面即以该种点火系统为例进行介绍。

普通电子点火系统又称半导体点火系统或晶体管点火系统，其组成与传统点火系统基本相同，由电源、点火开关、点火线圈、分电器和火花塞等组成，所不同的是增加了点火器，而且分电器的内部结构也有变化，如图 4-5、图 4-6 所示。

（1）分电器 分电器内部取消了断电器和电容器，由点火信号发生器、配电器和点火提前调节器组成，其中配电器和点火提前调节器的结构和功能，与传统点火系统的完全相同。

点火信号发生器装在分电器内，其功用是根据各缸发动机点火时刻要求，产生控制点火时刻的脉冲信号，触发点火器内部的末级大功率晶体管导通或截止。

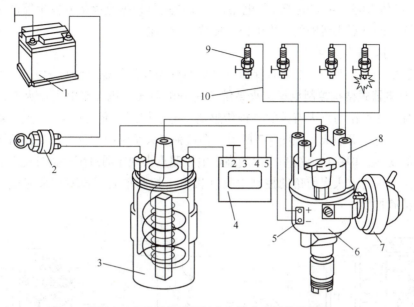

图 4-5　电感储能式无触点电子点火系统的组成
1—蓄电池　2—点火开关　3—点火线圈　4—点火器　5—点火信号发生器　6—分电器
7—真空点火提前调节装置　8—配电器　9—火花塞　10—分缸高压导线

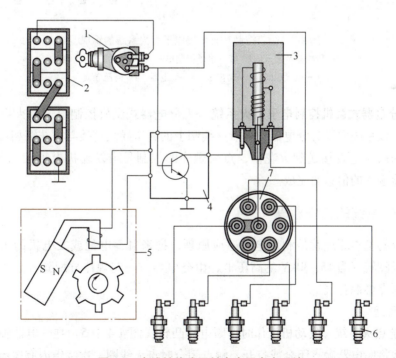

图 4-6　电感储能式无触点电子点火系统
1—点火开关　2—蓄电池　3—点火线圈　4—点火器　5—点火信号发生器　6—火花塞　7—配电器

（2）点火器　点火器 4 设置在分电器和点火线圈之间，并有若干接线柱分别与点火开关、点火线圈、分电器相连接。点火器又称点火电子组件或点火控制器，由半导体器件

（如二极管、晶体管等）组成电子开关电路，主要作用是根据点火信号发生器产生的点火脉冲信号，接通或断开点火线圈的一次电路，完成点火工作。

3. 微机控制电子点火系统

微机控制电子点火系统按照是否保留分电器而分为有分电器式和无分电器式两种。

(1) 有分电器式微机控制电子点火系统　有分电器式微机控制电子点火系统又称为非直接点火系统，主要由与点火有关的各种传感器、电子控制单元（ECU）、点火器、点火线圈、分电器、火花塞等组成，如图4-7所示。在这种点火系统中，分电器只保留了前述分电器中配电器的功能，即将点火线圈产生的高压电按照点火顺序通过配电器分配至各缸，使各缸火花塞依次点火。点火提前角的控制由发动机电子控制单元（ECU）来完成，可以对点火时刻实现精确控制。

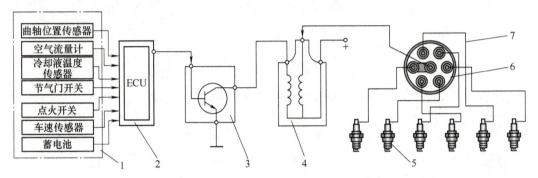

图4-7　微机控制有分电器电子点火系统的组成

1—传感器及输入信号　2—电子控制单元（ECU）　3—点火器
4—点火线圈　5—火花塞　6—分电器　7—高压导线

(2) 无分电器式微机控制电子点火系统　无分电器式微机控制电子点火系统又称为直接点火系统，该系统中没有分电器，其点火线圈上的高压导线直接与火花塞相连，工作时点火线圈产生的高压电直接送到火花塞，点火顺序的控制是由发动机电子控制单元（ECU）根据各传感器输入的信息而完成。

二、点火系统的工作原理

点火系统的基本原理就是利用电磁感应原理，把来自蓄电池或发电机的12～14V低压电，经点火线圈转变为15～30kV的高压电，由分电器按一定规律分配到各缸火花塞，击穿其电极间隙而点燃混合气。

1. 基本原理

(1) 传统点火系统　发动机工作时，断电器凸轮（图4-4中5）在分电器轴的驱动下而旋转，交替地将断电器触点闭合或打开。触点闭合时点火线圈一次绕组内有电流流过，并在线圈铁芯中形成磁场；触点打开时，一次电流被切断，线圈铁芯磁场迅速消失，此时在一次绕组和二次绕组中均会产生感应电动势。由于二次绕组匝数多，可感应出高达15～30kV的高电压。该高电压即为用于击穿火花塞间隙、形成火花放电的二次电压。

图4-8所示为传统点火系统的工作原理示意图，其具体工作过程如下：

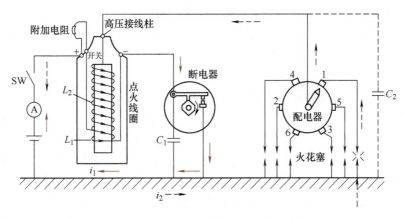

图 4-8 传统点火系统工作原理示意图

在点火开关 SW 接通的情况下,断电器触点闭合,点火系统低压电路中一次电流 i_1(图中实线箭头所示)的回路为:蓄电池正极→电流表→点火开关 SW→点火线圈"+"接线柱→附加电阻→点火线圈"开关"接线柱→点火线圈一次绕组 L_1→点火线圈"-"接线柱→断电器触点→搭铁→蓄电池负极。随着分电器轴的旋转,断电器触点打开,此时二次绕组产生的高压电流 i_2(图中虚线箭头所示)的回路为:二次绕组 L_2→点火线圈"开关"接线柱→附加电阻→点火线圈"+"接线柱→点火开关 SW→电流表→蓄电池→搭铁→火花塞侧电极、中心电极→配电器旁电极(一缸)、分火头、中央电极→点火线圈高压接线柱→二次绕组 L_2。

(2) 电子点火系统 电子点火系统与传统点火系统的工作原理基本相同,各种电子点火系统的工作原理也基本相同,只是触发一次绕组导通的方式不同。发动机工作时,电子点火系统的信号发生器或电子控制单元(ECU)输出的信号电压以方波形式输入点火器,控制点火器末级大功率晶体管的导通或截止,进而控制点火线圈一次电流的通断,完成点火工作。

图 4-9 所示为电子点火系统的工作原理示意图,其具体工作过程如下:

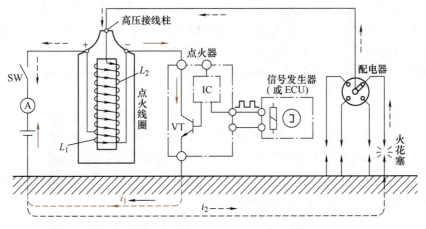

图 4-9 电子点火系统工作原理示意图

在点火开关 SW 接通的情况下，点火器接收信号电压或 ECU 的指令，当点火器末级大功率晶体管 VT 导通时，点火线圈一次绕组中有一次电流 i_1 流过（图 4-9 中实线箭头），其回路为：蓄电池正极→电流表→点火开关 SW→点火线圈"+"接线柱→点火线圈一次绕组 L_1→点火线圈"-"接线柱→点火器末级大功率晶体管 VT→搭铁→蓄电池负极。电流流过点火线圈一次绕组时，在铁芯中形成磁场。

当点火器大功率晶体管 VT 截止时，一次电路被切断，一次电流迅速消失，铁芯中的磁通迅速变化，在一次绕组 L_1 和二次绕组 L_2 中分别产生自感电动势和互感电动势。二次绕组 L_2 中产生的自互感电动势即为用于产生电火花的高压电，达 15~30kV，足以击穿火花塞的电极间隙。其高压电流的路径（图 4-9 中虚线）为：二次绕组 L_2→点火线圈"+"接线柱→点火开关 SW→电流表→蓄电池→搭铁→火花塞侧电极→中心电极→配电器旁电极、分火头、中央电极→点火线圈高压接线柱→二次绕组 L_2。点火器大功率晶体管每截止一次，点火线圈就产生一次高压电；分电器轴每转一圈，配电器就按发动机点火顺序轮流向各缸火花塞输送一次高压电。

综上所述，发动机的点火系统有两个回路，一次电流 i_1 流经的电路称为低压电路或一次电路；高压电流 i_2 流经的电路称为高压电路或二次电路。

不论是哪一种点火系统，其工作过程都可分为三个过程，即：一次电路接通，一次电流 i_1 增长过程；一次电路切断，二次绕组产生高电压的过程；火花塞电极之间产生火花放电的过程。

2. 点火系统工作过程分析

（1）一次电路接通，一次电流 i_1 按指数规律增长 为分析方便，根据图 4-8 和图 4-9 制作点火系统一次电路的等效电路如图 4-10 所示。

图 4-10a 为传统点火系统一次电路，包括蓄电池、点火开关、附加电阻 R_f、点火线圈一次绕组 L_1、

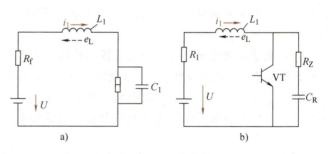

图 4-10 点火系统一次电路等效电路
a）传统点火系统 b）电子点火系统

断电器触点和电容器 C_1；图 4-10b 为电子点火系统一次电路，其中的大功率晶体管 VT 取代了断电器触点和电容器。图中 R_1 为点火线圈一次绕组的内电阻，R_Z 和 C_R 是设置在点火器内部的阻容保护电路，作用是防止大功率晶体管 VT 被点火线圈产生的感应电动势击穿而损坏。

随着发动机的运转，当点火线圈一次绕组 L_1 接通（断电器触点闭合或大功率晶体管 VT 导通）时，流过 L_1 的一次电流 i_1 会由 0 迅速增加到稳定值，在点火线圈铁芯中产生磁场。由于铁芯中磁通量随电流的增加而增大，则在一次绕组中产生自感电动势 e_L，由楞次定律可知，自感电动势 e_L 的方向与一次电流 i_1 的方向相反，即阻碍一次电流磁场的增长。

根据基尔霍夫定律可得电压平衡方程式

$$U + e_L = i_1 R \tag{4-1}$$

式中 U——电源电压；

i_1—— 一次电流；

R—— 一次电路电阻值,包括一次绕组内电阻 R_1、电源内阻以及线路电阻等,传统点火系统还包括附加电阻 R_f;

e_L—— 一次绕组 L_1 中的自感电动势,其值

$$e_L = -L\frac{di_1}{dt} \qquad (4\text{-}2)$$

式中　L——一次绕组电感;

$\dfrac{di_1}{dt}$——一次电流 i_1 的增长率。

将式(4-2)代入式(4-1)得

$$U - i_1 R = L\frac{di_1}{dt} \qquad (4\text{-}3)$$

将式(4-3)整理、积分后得

$$i_1 = \frac{U}{R}(1 - e^{-\frac{R}{L}t}) \qquad (4\text{-}4)$$

式中　t——晶体管 VT 导通时间(传统点火系统为断电器触点闭合时间)。

由式(4-4)可知,当一次电路接通后,一次电流 i_1 将按指数规律增长,并逐渐趋于极限值 $I_{max}(\approx \dfrac{U}{R})$。理论上,当 $t \to \infty$ 时,一次电流 i_1 达到极限值 I_{max},对于汽车上的点火线圈而言,在一次电路导通约 20ms(电子点火系统发动机 5000r/min 时,晶体管 VT 导通时间只需 4~5ms),即可达到满足点火需要的一次电流值 I_P。我们把 I_P 称为一次断电电流。

在一次电路导通(一次电流增长)过程中,不仅在点火线圈一次绕组 L_1 中感应产生自感电动势 e_L(约 20V),在二次绕组 L_2 中也会产生约 1.5~2kV 的互感电动势,用 U_2 表示。但一次电路导通过程中的 U_2 较小,不能击穿火花塞电极间隙放电。

一次电路接通时一次电流 i_1 的波形变化如图 4-11a 所示;所对应的在二次绕组 L_2 中感应的互感电动势 U_2 的波形如图 4-11b 所示。

(2) 一次电路切断,二次绕组产生高电压　随着发动机的运转,当点火线圈一次电流 i_1 增长到 I_P、一次绕组导通时间为 t_b 时,一次电流断开(传统点火系统为触点被断电器凸轮顶开,电子点火系统为大功率晶体管 VT 截止),此时

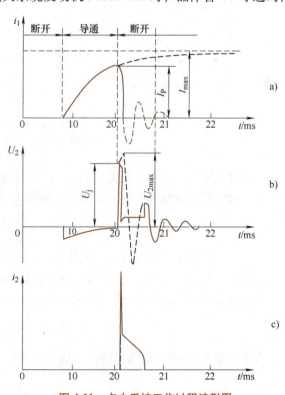

图 4-11　点火系统工作过程波形图
a) 一次电流波形　b) 二次电压波形　c) 二次电流波形

一次断电电流 I_P 可用数学公式表达为

$$I_\text{P} = \frac{U}{R}(1 - \text{e}^{-\frac{R}{L}t_\text{b}}) \qquad (4\text{-}5)$$

一次电路被突然切断后，I_P 将迅速降到零，点火线圈铁芯的磁通量迅速减少，这时在一次绕组和二次绕组中都将产生感应电动势：在一次绕组 L_1 中，由于绕圈匝数少而产生约 200~300V 的自感电动势 e_L；在二次绕组 L_2 中，由于线圈匝数多，产生的互感电动势 $e_\text{M}(U_2)$ 很高，最高可达 30kV。这个互感电动势（U_2）就是用于击穿火花塞间隙产生电火花的高压电，也称为二次电压。

点火系统能够产生二次电压最大值 $U_{2\max}$ 的大小对发动机能否可靠点火影响很大，下面我们就对 $U_{2\max}$ 进行分析。

为了分析方便，做一次电流断开后点火系统的等效电路，如图 4-12 所示。图 4-12a 为传统点火系统等效电路，其中 C_1 为与断电器触点并联的电容器容值，C_2 为高压回路中的二次分布电容，包括绕组的匝间电容、高压线与发动机机体之间所具有的电容、火花塞中心电极与侧电极之间所具有的电容等。图 4-12b 为电子点火系统等效电路，C_1 为一次电路中的分布电容，包括一次绕组匝间电容、阻容保护电路中所设电容 C_R 的容值之和；C_2 为高压回路二次分布电容，与传统点火系统中的内涵一致。

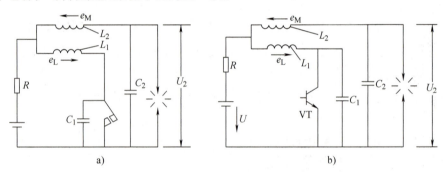

图 4-12　一次电路断开后点火系统等效电路
a）传统点火系统　b）电子点火系统

二次绕组输出二次电压最大值 $U_{2\max}$ 可以根据能量守恒定律推导求得。

在一次电路导通期间，点火线圈一次绕组 L_1 储存的磁场能 W_P 为

$$W_\text{P} = \frac{1}{2}I_\text{P}^2 L \qquad (4\text{-}6)$$

在一次电路被突然切断后，一次绕组 L_1 中所产生的自感电动势 e_L 将向电容器 C_1 充电，二次绕组 L_2 中所产生的互感电动势 e_M 也向高压电路的分布电容 C_2 充电。

当电容器 C_1 的充电电压达到最大值 $U_{1\max}$ 时，在电容器 C_1 中储存的电场能 W_{C1} 为

$$W_{C1} = \frac{1}{2}C_1 U_{1\max}^2 \qquad (4\text{-}7)$$

当电容器 C_2 的充电电压达到最大值 $U_{2\max}$ 时，在电容器 C_2 中储存的电场能 W_{C2} 为

$$W_{C2} = \frac{1}{2}C_2 U_{2\max}^2 \qquad (4\text{-}8)$$

根据能量守恒定律，如果忽略热损耗和电磁能量损失，那么在一次电流截止前一次绕组

中储存的磁场能 W_P 将全部转化为一次电流截止后电容器 C_1 和 C_2 中的电场能

$$W_P = W_{C1} + W_{C2}$$

即
$$\frac{1}{2}I_P^2 L = \frac{1}{2}C_1 U_{1\max}^2 + \frac{1}{2}C_2 U_{2\max}^2 \tag{4-9}$$

假设一次绕组 L_1 和二次绕组 L_2 之间具有完全的磁路联系,即无磁损失,且耦合系数等于 1,则根据法拉第电磁感应定律和理想变压器电压比的计算公式可得

$$\frac{N_1}{N_2} = \frac{U_{1\max}}{U_{2\max}}$$

即
$$U_{1\max} = \frac{N_1}{N_2}U_{2\max} \tag{4-10}$$

式中 N_1、N_2——分别为一次和二次绕组的匝数。

将式(4-10)代入式(4-9),并整理后得

$$U_{2\max} = I_P \sqrt{\frac{L}{C_1\left(\dfrac{N_1}{N_2}\right)^2 + C_2}} \tag{4-11}$$

考虑到有热损失和磁损失,故

$$U_{2\max} = \eta I_P \sqrt{\frac{L}{C_1\left(\dfrac{N_1}{N_2}\right)^2 + C_2}} \tag{4-12}$$

式中 η——效率系数,一般为 0.75~0.85。

由式(4-12)可知,当点火线圈结构一定时,二次电压的最大值 $U_{2\max}$ 与一次断电电流 I_P 成正比,并随电容量 C_1、C_2 的增大而减小。

设计制作点火系统时,在发动机工作的任何工况,点火系统二次电压最大值 $U_{2\max}$ 必须大于火花塞击穿电压 U_j。当二次电压 U_2 在上升的过程中一旦达到 U_j,火花塞电极间隙即被击穿而形成电火花,此时二次电压 U_2 突然下降,其波形如图 4-11b 中实线所示。

讨论:①一次回路中,由电感 L、电阻 R 和电容 C 组成振荡回路,一次电流 i_1 被突然切断后,会产生衰减振荡,其波形如图 4-11a 中虚线所示。②如果点火系统所能产生的二次电压最大值 $U_{2\max}$ 小于火花塞击穿电压 U_j,将不能击穿火花塞间隙,二次电压 U_2 将按图 4-11b 中虚线变化,在几次振荡之后消失。③一次电路被突然切断后,二次绕组中感应出的互感电动势在高压回路中也会形成高压放电电流 i_2,i_2 的波形如图 4-11c 所示。

二次电压上升的时间对火花塞工作性能的影响很大,电压上升时间越短,则损失越小,用于点火的能量就越多。

(3)火花塞电极间火花放电过程 火花塞电极间火花放电过程一般有电容放电和电感放电两部分。

1)电容放电。电容放电过程是指火花塞间隙被击穿时,储存在 C_2 中的电场能维持的放电过程,其特点是放电时间极短,只有 1μs 左右,放电电流大,可达几十安培,放电电压高。由于电火花是在二次电压达到最大值 $U_{2\max}$ 以前发生,所以电容放电仅消耗线圈磁场能 W_P 的一部分。

电容放电时,伴随有迅速消失的高频电磁振荡波,频率约为 $10^6 \sim 10^7$ Hz,是产生无线电干扰的主要因素,因此,必须采取抑制措施。

2) 电感放电。火花塞电极之间跳火以后,随着电容放电的进行,火花塞间隙的放电电阻减小,线圈磁场的其余能量将沿着电离的火花间隙缓慢放电,通常将点火线圈剩余磁场能量维持的放电过程称为电感放电过程,又称为火花尾。其特点是放电时间持续较长,达几毫秒,但放电电流较小,几十毫安,放电电压较低,约 600V。

试验证明,电感放电可以起到预热作用,因此,持续时间越长,点火性能越好。

火花塞电极间火花放电过程二次电压的实际波形如图 4-13 所示。图中波形上各点的含义:

a 点:一次电路断开瞬间;

a-b:二次电压急剧上升段,U_{ab} 为击穿电压值;

b-c:电容放电阶段;

c-d:电感放电阶段;

e 段:火花消失后,剩余磁场所维持的衰减振荡(第一次振荡);

f 点:一次电路导通瞬间;

g 段:一次电路刚刚导通时,由于电路突然接通而引起的少许振荡(第二次振荡);

a-f:一次电路断开的全部时间;

f-a:一次电路导通的全部时间。

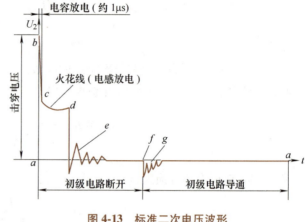

图 4-13 标准二次电压波形

三、点火系统工作特性分析

研究点火系统的工作特性以及影响二次电压的因素,对点火系统的设计和使用具有重要的指导意义。

1. 工作特性

点火系统的工作特性是指点火系统所能产生的最大二次电压 $U_{2\max}$ 随发动机转速变化的规律,即 $U_{2\max}=f(n)$。

由式(4-11)可知,二次电压的最大值 $U_{2\max}$ 与一次断电电流 I_P 成正比。当电源电压和点火线圈匝数一定时,I_P 与一次电路导通时间 t_b 有关。因此,研究发动机转速 n 对 $U_{2\max}$ 的影响,首先应确定发动机转速 n 与一次电路导通时间 t_b 的关系。

对于四冲程发动机,其点火周期 $T(s)$ 为

$$T = \frac{30k}{zn} = \frac{120}{zn}$$

式中 k——发动机行程数,四冲程发动机 $k=4$;

z——发动机气缸数;

n——发动机转速(r/min)。

设 τ_b 为一次电流相对导通率,是指在一个点火信号周期内,一次电路导通时间 t_b 所占

的比率，即

$$\tau_b = \frac{t_b}{T}$$

可以得出发动机转速 n 与一次电路导通时间 t_b 的关系

$$t_b = \tau_b \frac{120}{zn} \quad (4\text{-}13)$$

将式（4-13）代入式（4-5）得出一次断电电流的值为

$$I_P = \frac{U}{R}(1 - e^{-\frac{R}{L}\frac{120}{zn}\tau_b}) \quad (4\text{-}14)$$

又根据式（4-11），即可得出点火系统最大二次电压 U_{2max} 与发动机转速的关系

$$U_{2max} = \frac{U}{R}(1 - e^{-\frac{R}{L}\frac{120}{zn}\tau_b})\sqrt{\frac{L}{C_1\left(\frac{N_1}{N_2}\right)^2 + C_2}} \quad (4\text{-}15)$$

根据式（4-15）作点火系统的工作特性曲线如图 4-14 所示。

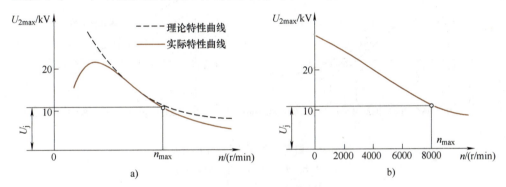

图 4-14　点火系统工作特性曲线图
a) 传统点火系统　b) 电子点火系统

2. 影响二次电压最大值 U_{2max} 的因素

(1) 发动机转速　发动机转速对点火系统最高二次电压的影响很大。由式（4-15）可知，二次电压的最大值随发动机转速的升高而降低，这是因为一次电流是按指数规律增长，当转速升高时，一次电路导通时间缩短，一次电流 i_1 来不及上升到较大数值，致使一次断电电流 I_P 减小，二次电压最大值 U_{2max} 降低。

在图 4-14 中，根据发动机所用火花塞的击穿电压作一条水平虚线，水平虚线与工作特性曲线的交点即为该发动机的极限转速 n_{max}，超过此转速发动机将不能保证可靠点火。因此二次电压最大值随发动机转速升高而降低是发动机高速时容易断火的主要原因。

电子点火系统在设计时其大功率晶体管的相对导通率是按发动机的极限工作转速来选定，可以保证晶体管具有足够的导通时间，从而保证发动机高速时能可靠点火。另一方面，为防止大功率晶体管在发动机低速时导通时间过长和一次电流过大而导致点火线圈、大功率晶体管过热损坏，在点火器（或 ECU）中一般都有导通角控制电路和限流控制电路，将导通率控制在 15%~75%，使一次断电电流控制在某一稳定值。这样使发动机在高速和低速时

都能稳定、可靠地点火。

传统点火系统由于其一次电路的导通是靠断电器的机械触点完成，在发动机高转速时，触点开闭运动速率高，容易形成颤动，造成触点的机械滞后和磁滞后，限制了发动机的极限转速 n_{max}。另一方面，在发动机低转速范围，由于低速时触点闭合时间长，一次电流较大，触点开启速率低，使触点间容易形成较强的触点火花，造成点火能量损失和一次电流下降速率减小，也使 U_{2max} 下降，如图 4-14a 所示。

(2) 发动机气缸数 同样根据式（4-15），当同一只点火线圈用于四缸或六缸发动机时，作点火系统二次电压最大值 U_{2max} 与发动机转速 n 的关系曲线，如图 4-15 所示。不难看出，在使用相同火花塞的情况下，发动机同一转速下其气缸数越多，二次电压最大值 U_{2max} 越低，发动机的极限转速 n_{max} 越低。这是因为发动机曲轴每转两转，点火的次数与发动机气缸数相等。发动机的气缸数越多，发动机曲轴每转两转点火的次数就越多，一次回路导通的时间缩短，一次断电电流减小，使二次电压降低。

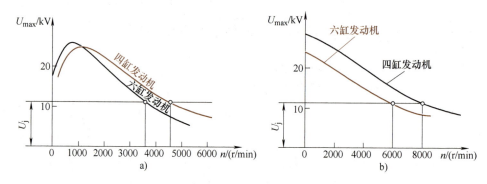

图 4-15 缸数不同时 U_{2max} 与 n 的关系
a) 传统点火系统　b) 电子点火系统

(3) 火花塞积炭 积炭是指燃料和机油在高温和氧的作用下所形成的产物。发动机工作时，如果可燃混合气过浓、雾化不良或窜入燃烧室的机油过多，燃烧时就会在火花塞电极间以及绝缘体裙部上形成积炭。火花塞的积炭层其实是一种具有一定电阻的导体，因此当火花塞间隙形成积炭时，相当于在火花塞电极间并联了一个分路电阻，使二次电路形成闭合回路，如图 4-16 所示。这样当一次电路断开，二次电压增长时，在所形成的二次电路闭合回路内会产生泄漏电流，消耗部分电磁能，从而使 U_{2max} 降低。当积炭严重，导致泄漏电流严

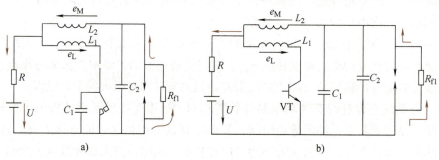

图 4-16 火花塞积炭形成分路电阻
a) 传统点火系统　b) 电子点火系统

重时，会使 U_{2max} 低于火花塞击穿电压而不能点火，迫使发动机停止工作。

遇此情况，可将火花塞接线端子上的高压导线吊起 3~4mm 间隙，使火花塞重新跳火，这种方法称为"吊火"。这是因为"吊火"后，相当于在火花塞电路中增加了一个附加间隙，使泄漏电流不能产生，只有当二次电压升高到较高值时，才能同时击穿附加间隙和火花塞间隙跳火，并产生电火花点着可燃混合气。

火花塞积炭严重时，可以采用"吊火"的方法，应急改善点火状况。但这种方法不能长时间使用，只能作为临时应急措施，原因是击穿两个串联间隙所需的电压比击穿一个间隙所需的电压要高很多，会给点火线圈、火花塞等部件的绝缘负荷加重。此外使用"吊火"时还应注意防火安全。

为了避免火花塞积炭对二次电压产生影响，目前国内外生产的大多数火花塞在中心电极的上端都预留有 2.54~6.35mm 的附加间隙或设置有较大阻值的抗干扰电阻。

(4) 其他因素 使用中影响二次电压的因素还很多，比如点火线圈过热时，由于一次绕组的电阻增大，使一次断电电流减小，会使二次电压降低。此外传统点火系统中电容器的容值、断电器触点间隙等都对二次电压有所影响，但由于目前使用的点火系统都取消了电容器和断电器，所以在此不作论述。

第三节　点火系统的主要部件

点火系统的主要部件有点火线圈、火花塞、分电器，电子点火系统还包括点火器。其中点火线圈、火花塞、点火器的结构及组成没有太大区别，而分电器的结构及组成相差较大，不同类型的点火系统其分电器各不相同。

一、点火线圈

点火线圈是点火系统的重要部件，主要由一次线圈、二次线圈和铁芯等组成。

按照磁路结构的形式不同，点火线圈分为开磁路式点火线圈和闭磁路式点火线圈。

1. 开磁路式点火线圈

如图 4-17 所示为开磁路式点火线圈，其中图 4-17a 和图 4-17b 为三接线柱式点火线圈，图 4-17c 为两接线柱式点火线圈。

传统点火系统大都使用三接线柱式点火线圈，因此图 4-17 中序号 8、10、13、14、15、16 只在传统点火系统中所特有。而电子点火系统普遍采用两接线柱式点火线圈。

(1) 结构 点火线圈铁芯由浸有绝缘漆的硅钢片叠成，铁芯外面套有绝缘的纸板套管，二次绕组分层绕在绝缘纸套上。

二次绕组为直径 0.06~0.10mm 的漆包铜线，传统点火系统为 11000~23000 匝，20℃下内电阻约为 6000~8000Ω；电子点火系统为 25000~30000 匝，20℃下内电阻约为 2500~4000Ω。为了提高绝缘强度，每层绕组之间都用绝缘纸隔开。

一次绕组采用直径为 0.5~1.0mm 的高强度漆包铜线，一次绕组的线圈匝数一般为 230~370 匝，20℃下传统点火系统线圈内电阻约为 1.5~3Ω；电子点火系统线圈内电阻约为 0.5~1Ω。因为一次绕组流过电流较大，通电时间较长，产生热量较多，为了有利于散热，一次绕组分层绕在二次绕组的外面。为了增强绝缘性，绕组绕好后在真空中浸以石蜡和松香

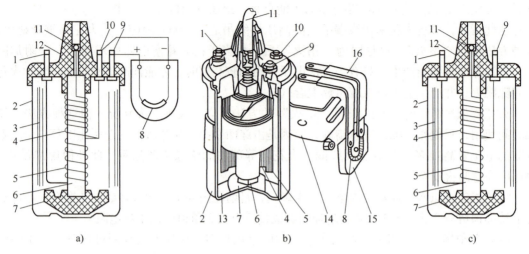

图 4-17 开磁路式点火线圈
a）三接线柱式 b）结构图 c）两接线柱式
1—"-"接线柱 2—外壳 3—导磁钢套 4—二次绕组 5—一次绕组 6—铁芯 7—绝缘座
8—附加电阻 9—"+"接线柱 10—"开关"接线柱 11—高压接线柱 12—胶木盖
13—封料 14—附加电阻固定架 15—附加电阻架 16—瓷质绝缘体

混合物中。

绕组和外壳之间装有导磁钢套，用来构成导磁回路。瓷质绝缘座装在壳内底部，以防止高压电向外壳放电。为了提高绝缘强度和防止潮气浸入点火线圈，在壳内装好胶木盖、瓷质绝缘座、带铁芯的绕组总成和导磁钢套之后，再用沥青与变压器油的混合物填充密封。胶木绝缘盖及接线端子采用热模压铸工艺制成，中央铸有高压线插孔；胶木盖与外壳之间采用卷压工艺封装。

两接线柱式点火线圈的绝缘盖上有"+"接线柱、"-"接线柱和高压接线柱。"+"接线柱连接点火开关，"-"接线柱连接点火器。高压接线柱连接配电器中央电极。

三接线柱式点火线圈绝缘盖上有"+"接线柱、"-"接线柱、"开关"接线柱和高压接线柱，它们分别连接点火开关、断电器、起动机附加电阻短路接线柱和配电器中央电极。

三接线柱式与两接线柱式点火线圈的主要区别是外壳上装有一个附加电阻，为固定该电阻，增加了一个"开关"接线柱。附加电阻用低碳钢丝、镍铬丝或纯镍丝制成，具有受热时电阻迅速增大，冷却时电阻迅速降低的特性。附加电阻与点火线圈一次绕组串联，在发动机工作时，可自动调节一次电流，改善起动和高速时的点火特性。

(2) 磁路 开磁路式点火线圈的磁路如图 4-18 所示。当一次电流流过点火线圈的一次绕组时，使铁芯磁化，磁通由铁芯经导磁钢套构成回路，其磁路由于磁路的上、下部分都是从空气中通过，一次绕组在铁芯中产生的磁通需经壳体

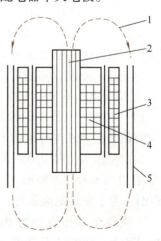

图 4-18 开磁路式点火线圈磁路
1—磁力线 2—铁芯 3—一次绕组
4—二次绕组 5—导磁钢套

内的导磁钢套形成回路，铁芯与导磁钢套没有构成闭合磁路，所以将这种点火线圈称为开磁路式点火线圈。

开磁路式点火线圈磁路的磁阻大，漏磁较多，能量损失多。

2. 闭磁路式点火线圈

闭磁路点火线圈的优点是漏磁少、磁路磁阻小。它与开磁路式点火线圈的主要区别是铁芯形状的改变导致磁损失减小。

闭磁路点火线圈的铁芯有"口"字形或"日"字形，其磁路如图4-19a和图4-19b所示，在铁芯内分别绕有二次绕组和一次绕组。从图中可以看出，不论是哪一种形状的铁芯，其磁路几乎都是闭合的，所以称这种点火线圈为闭磁路式点火线圈。为了减少磁滞现象，"日"字形点火线圈的铁芯设有一个微小的气隙（图4-19中7）。

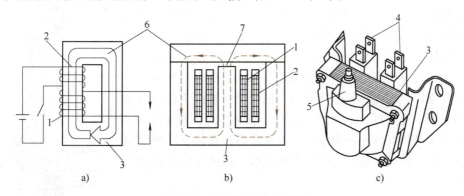

图4-19 闭磁路式点火线圈
a)"口"字形铁芯磁路图 b)"日"字形铁芯磁路图 c) 结构图
1—二次绕组 2——次绕组 3—铁芯 4——次绕组接线柱 5—高压插孔 6—磁力线 7—气隙

图4-19c为闭磁路点火线圈的结构图。铁芯由浸有绝缘漆的导磁钢片叠合成"口"字形或"日"字形。壳体采用热熔性塑料注射而成，填充剂采用热熔性树脂作为绝缘填充物，其绝缘性、密封性均优于开磁路式点火线圈。

由于闭磁路点火线圈漏磁少、能量损失小，与开磁路式点火线圈相比，在产生相同二次电压的条件下，绕组匝数可大大减少，而且体积小，结构紧凑。目前，国内外生产的小轿车普遍采用闭磁路式点火线圈。

闭磁路点火线圈的能量转换效率可达75%，开磁路点火线圈只有60%左右。

二、火花塞

火花塞的作用是将点火线圈产生的高压电引入发动机燃烧室，在其电极间隙中产生电火花点燃混合气。

1. 火花塞工作条件及其要求

火花塞的工作条件十分恶劣，发动机工作时它将承受很大的机械负荷、化学负荷、热负荷及电负荷。而火花塞工作的好坏对发动机的工作影响极大，因此对火花塞具有较高的要求。

1) 混合气燃烧时气缸内最高压力可达5.8~6.9MPa，火花塞在气缸内的部分将受到如此高气体压力的冲击，因此要求火花塞在气缸内的主要零件应有足够的机械强度。

2)发动机工作时,火花塞裙部将受到高温燃烧产物的作用,由于燃烧产物中含有多种活性气体和物质(如臭氧、氧、一氧化碳、氧化硫和氧化铅等),会使火花塞电极腐蚀,因此火花塞的电极应采用难熔、耐蚀的材料制作。

3)混合气燃烧时火花塞下部受到1500~2000℃的高温燃气作用,而进气时又要受到0~600℃混合气的突然冷却,因此要求火花塞在气缸内的部分能承受温度剧烈变化引起的热应力;且要求火花塞有适当的热特性,使其裙部保持一定的温度,既不能有局部过热,也不可温度过低。

4)发动机工作时,产生电火花的电压最高可达3×10^4V以上,这就要求火花塞应能承受冲击性的高电压作用,火花塞的绝缘体应有足够的绝缘强度。

2. 火花塞的构造

火花塞的结构如图4-20所示。在钢制壳体5的内部固定有高氧化铝陶瓷绝缘体2,使中心电极与侧电极之间保持足够的绝缘强度。绝缘体孔的上部装有金属杆3,通过接线螺母1与高压分线相连,下部装有中心电极10。金属杆与中心电极之间加装电阻填料或氧化铝陶瓷绝缘材料进行密封。铜质密封垫圈7起密封和导热作用。为了便于拆装,壳体上部制有六角体,下部制有固定螺纹,螺纹下端焊有弯曲的侧电极。火花塞借助壳体下部的螺纹旋入气缸盖中,旋紧时密封垫圈7受压变形,保证壳体与缸盖之间密封良好。

火花塞的电极一般用镍锰合金制成,具有良好的耐高温、耐腐蚀和导电性能。为了提高耐热性能,有的采用镍包铜电极。普通火花塞的电极间隙(中心电极与侧电极之间的间隙)为0.6~0.8mm,采用高能电子点火时,电极间隙可增大至0.8~1.2mm。

3. 火花塞的热特性

火花塞的热特性是指火花塞绝缘体裙部的温度和热传导性能。为了适应不同发动机的需要,火花塞因侧电极的形状和绝缘体裙部长度的不同有多种类型。

火花塞工作时,周期性地受到高温燃气作用,使绝缘体裙部温度升高,这部分热量主要通过壳体、绝缘体、中心电极、金属杆等传至气缸体散发到空气中。当吸收和散发的热量达到平衡(实践证明,当火花塞绝缘体裙部的温度保持在500~600℃)时,落在绝缘体上的油滴能立即烧去,不易形成积炭,这个温度称为火花塞的自净温度。低于这个温度,火花塞常因产生积炭而漏电,导致不点火;高于这个温度,当混合气与炽热的绝缘体接触时,可能早燃而引起爆燃,甚至在进气行程中燃烧而引起回火现象。

绝缘体裙部温度取决于裙部受热和散热情况。要使裙部经常保持在自净温度,就必须使火花塞吸收的热量与散发的热量趋于平衡状态,并在发动机转速和功率正常变化的范围内保持稳定。火花塞壳体下部的内径越大、绝缘体裙部越长,吸收的热量就越多。绝缘体吸收的热量,除一小部分被进气时的新鲜混合气带走外,其余大部分都要经火花塞壳体与绝缘体之间的密封垫圈传给火花塞壳体,然后再传给发动机气缸盖,还有一小部分则由中心电极传

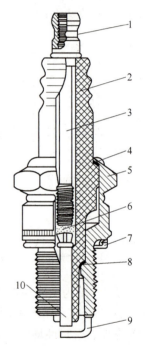

图4-20 火花塞结构

1—接线螺母 2—绝缘体
3—金属杆 4、8—内垫圈
5—壳体 6—导体玻璃
7—多层密封垫圈 9—侧电极
10—中心电极

出。所以裙部越长，传热路径就越长，散热就越困难。

影响火花塞裙部温度的主要因素是绝缘体裙部长度。绝缘体裙部长的火花塞，受热面积大，传热距离长，散热困难，裙部温度高，称为热型火花塞；反之，裙部短的火花塞，受热面积小，传热距离短，容易散热，裙部温度低，称为冷型火花塞；介于二者之间的称为中热型火花塞。

火花塞裙部温度高低还与气缸工作温度有关。对于大功率、高压缩比和高转速发动机，由于其燃烧室温度相对较高，为了防止产生炽热点火，应当采用"冷型"火花塞；对于小功率、低压缩比和低转速发动机，由于其燃烧室温度相对较低，为了防止形成积炭，应采用"热型"火花塞。

火花塞的热特性常用热值或炽热数表示，其标定方法各国不尽相同。我国是以绝缘体裙部长度标定的热值（1~11）表示火花塞的热特性。热值代号1~3为低热值火花塞，称为热型火花塞；热值代号4~6为中热值火花塞，称为中热型火花塞；热值代号7~11为高热值火花塞，称为冷型火花塞。即数字越小，表示火花塞越热；数字越大，表示火花塞越冷。

现代汽车使用的火花塞还有能抑制电磁干扰的电阻型和屏蔽型火花塞、具有多个旁电极的多电极火花塞以及采用贵金属制作电极的贵金属电极火花塞等。火花塞的发展方向是提高着火性能、延长电极寿命、提高抗污染能力和抗干扰能力。

三、分电器

传统点火系统的分电器主要由断电器、电容器、配电器和点火提前调节装置组成；普通电子点火系统的分电器由点火信号发生器、配电器和点火提前调节装置组成；微机控制点火系统的分电器则只有配电器，有时将曲轴位置传感器安装在分电器内。

1. 传统点火系统用分电器

传统点火系统用分电器的结构如图4-21所示。

分电器外壳由铸铁制成，下部压有石墨青铜衬套。分电器轴由配气机构凸轮轴上的斜齿轮驱动，利用速比为1∶1的斜齿轮由发动机配气凸轮轴经机油泵轴驱动。发动机曲轴与分电器轴转速比为2∶1，即曲轴每转两转分电器轴转一转。

（1）配电器 配电器的功用是分配高压电，安装在分电器的上方（图4-21中1~6），由分电器盖4和分火头5组成，分电器盖和分

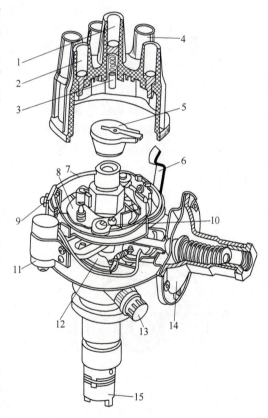

图4-21 传统点火系统用分电器的构造

1—中央电极高压线插孔 2—旁电极高压线插孔
3—中心电极 4—分电器盖 5—分火头 6—弹簧夹
7—分电器外壳 8—断电器底板 9—断电器接线柱
10—断电器触点调整螺钉 11—电容器
12—离心点火提前调节器 13—辛烷选择器
14—真空点火提前调节器 15—固定销及联轴器组件

火头一般用胶木粉热模压铸而成。分电器盖的中央压铸有中央高压线插孔 1 和中心电极 3，中心电极 3 下部装有带弹簧的炭精柱，可使中心电极弹性地压在分火头 5 的导电片上。分火头插装在断电器凸轮顶端，和断电器凸轮一起旋转。沿分电器盖内圆周上压铸有与发动机气缸数相等的旁电极，这些旁电极分别与盖上的旁电极高压插孔相通，用于插接各缸高压分线。

当分火头旋转时，它上面的导电片轮流和各旁电极相对，将点火线圈产生的高压电按气缸的工作顺序送往各缸火花塞。

导电片距离旁电极有 0.2~0.8mm 的间隙，当一次电流切断时，二次电路的高压电流将以火花的形式跳过该间隙。

（2）断电器 断电器的功能是周期性地接通或切断点火系统的一次电路，其结构如图 4-22 所示。它是由一对触点副和断电器凸轮组成。固定触点与支架 3 安装在能相对分电器外壳转动的活动底板 6 上，固定触点搭铁。活动触点固定在触点臂的一端，活动触点与壳体之间是绝缘的，它通过触点臂经触点弹簧片与分电器低压接线柱相通。活动触点臂有孔端松套在活动底板的销轴上，通过触点臂弹簧片的弹力使其靠向断电器凸轮的轴心，活动触点臂中部连有夹布胶木顶块，靠弹簧片 13 压紧在凸轮上。

断电器凸轮的凸角数与气缸数相等，当断电器凸轮旋转至凸轮平面时，断电器触点闭合，一次绕组中有电流流过；当断电器凸轮旋转使凸角顶开触点时，一次电路便被切断。断电器凸轮周而复始地转动，断电器触点就会周期性地开闭。

断电器触点间隙可借助转动偏心调整螺钉 5 进行调整。

图 4-23 所示为离心点火提前调节器的结构图。断电器凸轮与拨板制成一体套装在分电器轴上，经离心点火提前调节器的离心重块由分电器轴驱动旋转。

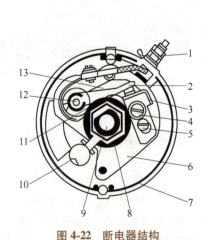

图 4-22 断电器结构

1—接线柱 2—活动触点臂与活动触点 3—固定触点与支架
4—固定螺钉 5—偏心调整螺钉 6—活动底板
7—分电器壳 8—断电器凸轮 9—分电器轴 10—油毡
11—胶木顶块 12—销轴 13—活动触点臂弹簧片

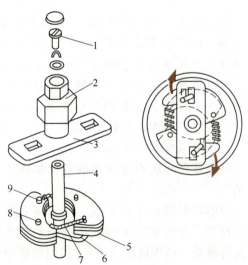

图 4-23 离心点火提前调节器结构

1—固定螺钉 2—断电器凸轮 3—拨板 4—分电器轴
5—重块 6—托板 7—弹簧 8—销钉 9—销轴

(3) 点火提前调节器　分电器内装有离心点火提前调节器和真空点火提前调节器。

1）离心点火提前调节器。离心点火提前调节器的作用是发动机转速变化时，根据需要自动改变点火提前角。调节器的离心重块、托板等主要零件装在断电器的下方，其立体位置可参见图 4-21。

如图 4-23 所示，托板 6 固定在分电器轴上，两个离心重块 5 分别套在托板的销轴 9 上，离心重块可绕销轴转动，其另一端由弹簧拉着，可使重块向分电器轴靠拢。与断电器凸轮为一体的拨板 3 松套在分电器轴 4 上，而拨板的长方形孔槽则插在重块的销钉 8 上。重块随分电器轴一起转动，而断电器凸轮则是通过插入拨板孔槽内重块上的销钉带动。

发动机转速增高时，离心块的离心力逐渐增大，自某一转速开始，离心块的离心力便克服弹簧拉力，使离心块向外甩开，离心块上的销钉便推动拨板连同凸轮顺着原来旋转方向相对于分电器轴转过一个角度，使凸轮提前顶开触点使点火提前角增大。随发动机转速的不断提高，点火提前角不断加大；当转速超过一定值时，销钉靠在拨板长方孔槽的外缘上，重块不能继续甩开，点火提前角达到最大值。即使发动机转速继续升高，点火提前角也将不再增大。当发动机转速降低时，重块的离心力相应减小，弹簧将重块拉回，使点火提前角自动减小。

对于普通电子点火系统，离心块上的销钉推动拨板带着信号发生器的转子，沿原来旋转的方向相对于分电器轴转过一个角度，以同样道理实现发动机转速变化对点火提前角的调整。

两个重块的弹簧一般由两种不同粗细的钢丝绕成，弹力不同。低速范围内只有细弹簧起作用，点火提前角增大得较快；高速范围内两根弹簧同时工作，点火提前角的增大比较平稳。

2）真空点火提前调节器。真空点火提前调节器的作用是当发动机负荷（即节气门开度）发生变化时，自动改变点火提前角。它装在分电器壳体的外侧（图 4-21），主要由外壳、膜片、弹簧、拉杆等部件组成，其基本原理如图 4-24 所示。

真空点火提前调节器的壳内固定有膜片 5，膜片将其内部分成两个腔室：位于分电器壳体一侧的腔室与大气相通，另一个腔室用管子与节气门下方的小孔连接。膜片中心固装着拉杆 4，拉杆的一端固装一销钉，断电器（或信号发生器）活动底板就套装在拉杆的销钉上，因此拉杆运动可带动断电器（或信号发生器）活动底板转动，使点火提前角改变。平时膜片 5 在弹簧 6 的作用下拱向分电器壳体一侧，并通过拉杆，带动断电器（或信号发生器）活动底板处于某一位置。

当发动机负荷很小时，节气门开度小（图 4-24a），小孔处的真空度较大，吸动膜片向右拱曲，拉杆 4 拉动活动底板带着断电器的触点副逆分电器轴旋转方向转动一定角度，使触点提前开启，点火提前角增大；当发动机负荷加大即节气门开度增大时（图 4-24b），小孔处真空度减小，膜片在弹簧作用下向左拱曲，使点火提前角自动减小。

怠速时，节气门接近全闭，此时节气门下方的小孔处于节气门上方，该处的真空度几乎为零，于是弹簧推动膜片使点火提前角减小或基本不提前。发动机全负荷工作时，节气门全开，小孔处的真空度也很小，点火提前调节器几乎不起作用，点火提前角调节量很小。

对于电子点火系统，真空点火提前调节器的拉杆拉动信号发生器的活动底板，带着信号发生器转子逆分电器轴旋转方向转动一定角度，信号发生器转子角度的变化，致使输出的信

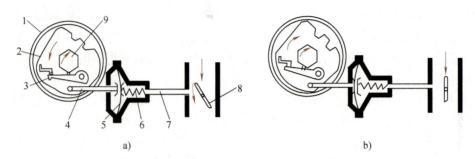

图 4-24 真空点火提前调节器工作原理图
a) 节气门开度小　b) 节气门开度大
1—分电器壳体　2—活动底板　3—触点副　4—拉杆　5—膜片
6—弹簧　7—真空连接管　8—节气门　9—凸轮

号发生变化,使点火器功率晶体管提前截止时刻发生变化。

真空式点火提前调节器有多种形式,但其点火提前角调节原理基本相同。

3) 辛烷选择器。为了适应不同汽油的不同抗爆性能,在换用不同品质的汽油时,应适当调整点火时刻,为此在早期的分电器上装有辛烷选择器(图4-21中13)。

辛烷选择器装在分电器的外壳上,可以转动分电器壳体。不同形式的分电器。辛烷选择器逆着凸轮旋转方向转动分电器壳体,点火提前角增大;反之,点火提前角则减小。

更换汽油品质时,辛烷选择器壳体转动的多少,可从刻度板上看出。

(4) 电容器　电容器与断电器触点并联,其作用是减小断电器触点分开时的火花,减少触点积炭,延长触点寿命。

电容器装在分电器壳体上(图4-21),结构如图4-25所示。它由两条铝箔或锡箔组成,在两条箔带之间夹以绝缘蜡纸,然后卷成筒状在真空中抽去层间空气,再经浸蜡处理后装在金属外壳3中。其中一条箔带的底部与外壳紧密接触;另一条箔带则通过与外壳绝缘的导电片由导线引出。电容器工作时要承受触点打开时一次绕组产生的 200～300V 自感电动势,因此要求其耐压为500V。

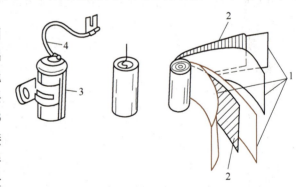

图 4-25　电容器
1—蜡纸　2—铝箔　3—外壳　4—引出线

2. 电子点火系统用分电器

普通电子点火系统用分电器由点火信号发生器、配电器和点火提前调节装置组成,微机控制电子点火系统的分电器则只有配电器。

无论哪种点火系统其配电器的结构和工作原理都基本一致;普通电子点火系统和传统点火系统中点火提前调节装置的结构和工作原理也都基本一致,前已述及,这里都不再赘述。

与传统点火系统分电器所不同的是:普通电子点火系统中由点火信号发生器和点火器的共同作用来完成控制一次电流通断的任务,取代了传统点火系统中的断电器。微机控制电子点火系统控制一次电流通断的任务由电子控制单元（ECU）和点火器来完成。因此下面只介绍普通电子点火系统分电器中的信号发生器。

点火信号发生器一般安装在分电器内，也有少数发动机直接装于配气机构凸轮轴前端或后端。

常见的点火信号发生器有磁感应式、霍尔式和光电式三种。

（1）磁感应式点火信号发生器　图4-26所示为日本丰田汽车20R型发动机所装用的磁感应式点火信号发生器，它装在分电器内的活动底板上。主要由装在分电器轴上的信号转子、永久磁铁、铁芯（支座）和绕在铁芯上的传感线圈组成。信号转子由分电器轴驱动，转子上的凸齿数与发动机气缸数相等。

磁感应式点火信号发生器是利用电磁感应原理工作的。当通过传感线圈的磁通量发生变化时，在传感线圈内便产生交变的感应电动势，该感应电动势即为信号发生器的信号电压。

信号发生器永久磁铁的磁路如图4-26所示：由永久磁铁N极→空气隙→信号转子→空气隙→铁芯→永久磁铁S极。

图4-27所示为磁感应式点火信号发生器的工作原理图，图4-28所示为传感线圈中磁通量和感应电动势的变化情况图。具体工作过程如下：

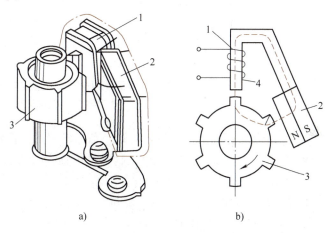

图4-26　磁感应式点火信号发生器
a）结构图　b）磁路图
1—传感线圈　2—永久磁铁　3—信号转子　4—铁芯

当发动机工作时，信号转子由分电器轴带动旋转，这时信号转子的凸齿与铁芯间的空气隙不断发生变化，使通过传感线圈的磁通量发生变化，在传感线圈内便不断产生交变电动势。

1）当信号转子的两个凸齿中央正对铁芯的中心线时（图4-27a），磁路中凸齿与铁芯间的空气隙最长，通过传感线圈的磁通量最小，且磁通量变化率为零，如图4-28中的A点。

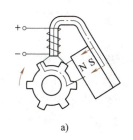　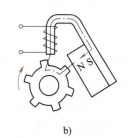　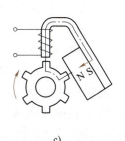　

a）　　　　　　　　b）　　　　　　　　c）　　　　　　　　d）

图4-27　磁感应式点火信号发生器工作原理图
a）第一阶段　b）第二阶段　c）第三阶段　d）第四阶段

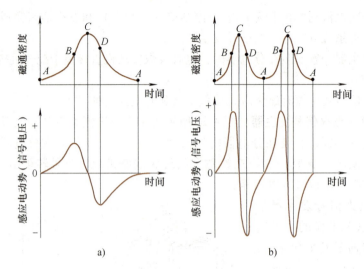

图4-28 传感线圈中磁通量及感应电动势变化情况
a）低速时 b）高速时

2）信号转子不断地做顺时针转动，信号转子的凸齿逐渐接近铁芯，凸齿与铁芯间的空气隙越来越小（即磁阻逐渐变小），则穿过传感线圈的磁通量逐渐增多，在传感线圈中便产生感应电动势。根据楞次定律，其感应电动势的方向总是阻碍磁通量的增长，其大小与磁通量变化率 $d\Phi/dt$ 成正比。此时的磁通量和感应电动势如图4-28中的 AB 段。信号转子继续转动，信号转子凸齿的齿角逐渐与铁芯接近，到图4-27b所示位置时，传感线圈的磁通量急剧增加，磁通量的变化率 $d\Phi/dt$ 最大，则所对应的感应电动势最大，如图4-28中的 B 点，即信号发生器的信号电压有正的最大值。

3）信号转子继续顺时针转动，当信号转子转过图4-27b所示位置后，磁通量仍在增加，但磁通量变化率开始降低，如图4-28中 CD 段；当信号转子的凸齿正好与铁芯对正时（图4-27c），转子凸齿与铁芯间空气隙最小，穿过传感线圈的磁通量最大（即磁阻最小），但此时磁通量的变化率 $d\Phi/dt$ 为0，故传感线圈中的感应电动势为零，如图4-28中 C 点。

4）信号转子继续旋转，转子凸齿逐渐转离铁芯对正位置，转子凸齿与铁芯间的空气隙越来越大，磁通量减少，如图4-28中 CD 段。当信号转子另一凸齿的齿角正对铁芯的边缘时（图4-27d），磁通量急剧减少，其减少的磁通量变化率最大，故线圈中的感应电动势最高，信号电压呈负的最大值，如图4-28中 D 点。此后，由于磁通量减少的速率变慢，故线圈中的感应电动势呈负值减小，如图4-28中的 DA 段。

信号转子继续旋转，转子凸齿又回到图4-27a所示位置。

由此可见，信号转子每转过一个凸齿，传感线圈中就会产生一个周期的交变电动势，即电动势出现一次最大值和一次最小值，传感线圈相应地输出一个交变电压信号。信号转子每转一圈（发动机曲轴转两转），传感线圈就会产生与发动机气缸数相同个数的交变电压信号输入点火器。每当信号电压达到一定值时，传感线圈的两个端子将信号电压作为点火触发信号，切断点火线圈一次电流，完成点火工作。

当发动机转速发生变化时，转子凸齿转动的速度相应发生变化，铁芯中的磁通量变化率也将随之发生变化。转速越高，磁通量变化率就越大，传感线圈中的感应电动势也就越高。

转速不同时，磁通量和感应电动势的变化情况如图 4-28 所示。

磁感应式点火信号发生器的突出优点是不需要外加电源，永久磁铁起着将机械能变换为电能的作用，没有磁能损失。

（2）霍尔式点火信号发生器

1）霍尔效应。霍尔式点火信号发生器根据霍尔效应制成，霍尔效应（Hall effect）是由美国物理学家爱德华·霍尔（Edward H. Hall）在 1879 年发现的。霍尔效应的原理如图 4-29 所示，把一个通有电流的长方体白金导体放入垂直于磁力线、磁感应强度为 B 的磁场中时，在白金导体的两个横向侧面上就会产生一个垂直于电流方向和磁场方向的电压。当取消磁场时电压立即消失。该电压被称为霍尔电压 U_H。

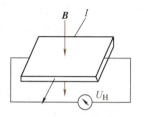

图 4-29 霍尔效应原理

霍尔电压 U_H 与通过白金导体的电流 I 和磁感应强度 B 成正比，即

$$U_H = \frac{R_H}{d} IB \qquad (4-16)$$

式中　R_H——霍尔系数；

　　　d——白金导体（或半导体基片）厚度；

　　　I——电流；

　　　B——磁感应强度。

由式（4-16）可知，当电流 I 为定值时，霍尔电压 U_H 随磁感应强度 B 的大小而变化。

霍尔效应原理在电子控制技术领域的应用由于受其导体材质昂贵的影响，直到 1947 年发现半导体器件之后才得以广泛应用。试验证明，半导体材料也存在霍尔效应，且霍尔系数远远大于金属材料的霍尔系数，而且价格低廉，因此目前都用半导体基片作为霍尔元件。

2）点火信号发生器组成。霍尔式点火信号发生器的基本结构如图 4-30 所示，主要由触发叶轮 1、霍尔集成块 2、带导磁板的永久磁铁 3 等组成。触发叶轮与配电器分火头制成一体，由分电器轴带动，其叶片数与气缸数相等。霍尔集成块的外层为霍尔元件，与同一基板的其他部分制成霍尔集成电路。触发叶轮的叶片在霍尔集成块和永久磁铁之间转动。

点火信号发生器工作时，由于霍尔元件产生的霍尔电压 U_H 是 mV 级，信号很微弱，需要进行信号处理，霍尔集成块的集成电路就是用来完成信号放大的。

霍尔集成电路由放大电路、稳压电路、温度补偿电路、信号变换电路和输出电路等组成，如图 4-31 所示。霍尔元件产生的霍尔电压（U_H）信号，经过放大、脉冲整形，最后以整齐的矩形脉冲（方波）信号 U_G 输出。

霍尔式点火信号发生器是一个有源器件，它需要提供电源才能工作，霍尔集成块的电源由点火器提供；根据图 4-29，霍尔式点火信号发生器应该有四个端子，即电源输入输出端子和信号电压的正负端子，把电源输出端子和信号电压负端子

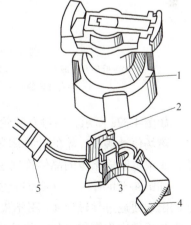

图 4-30 霍尔式点火信号发生器

1—触发叶轮　2—霍尔集成块
3—带导磁板的永久磁铁
4—固定底板　5—专用插接器

统一设为搭铁端子,这样霍尔信号发生器就有三个对外端子,即三根引出线,用专用插接器与点火器相连接,其中一根是电源输入线("+"端子),一根是霍尔信号电压输出线("0"端子),一根是接地线("-"端子)。

3) 点火信号发生器工作原理。图 4-32 所示为霍尔式点火信号发生器的工作原理图,图 4-32a 和图 4-32b 为触发叶轮叶片与空气隙的相对位置图;图 4-32c 为整个点火系统的工作波形图。

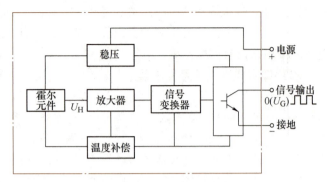

图 4-31 霍尔集成电路原理框图

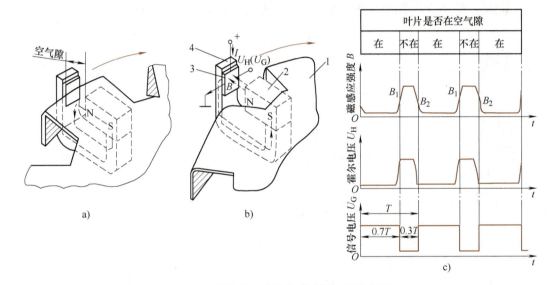

图 4-32 霍尔式点火信号发生器工作原理图
a) 触发叶轮叶片进入空气隙 b) 触发叶轮叶片离开空气隙 c) 霍尔式电子点火系统工作波形图
1—触发叶轮的叶片 2—永久磁铁 3—霍尔元件及集成电路 4—导磁板

如图 4-32a 所示,当触发叶轮转动时,每当叶片进入永久磁铁与霍尔元件之间的空气隙时,磁场便被触发叶轮的叶片阻隔,霍尔元件没有磁场通过,这时霍尔元件不产生霍尔电压,集成电路输出级的晶体管处于截止状态,信号发生器信号电压 U_G 输出高电位。

如图 4-32b 所示,当触发叶轮的叶片离开永久磁铁与霍尔元件之间的空气隙时,永久磁铁的磁通便通过导磁板 4、霍尔集成块构成回路,其磁路见图 4-32b 中虚线和箭头所示。这时霍尔元件产生霍尔电压,集成电路输出级的晶体管处于导通状态,信号发生器信号电压 U_G 输出低电位。

霍尔元件的磁感应强度和霍尔电压、霍尔信号发生器的信号电压,各种波形如图 4-32c 所示。

分电器不停地转动,叶片进入空气隙时信号发生器输出信号 U_G 为高电位,叶片离开空气隙时信号发生器输出信号 U_G 为低电位。这样周而复始,信号电压以方波的形式不断产生,触发点火器末级大功率晶体管不断地导通和截止，完成点火工作。

信号发生器输出波形中，高低电位的时间比由触发叶轮叶片的分配角（叶片宽度）决定，如桑塔纳轿车用分电器高低电位的时间比为7∶3。

霍尔式电子点火系统与磁感应式电子点火系统相比，其突出的优点是点火信号发生器输出的信号幅值、波形不受发动机转速的影响，即使发动机转速很低时，也能输出稳定的点火信号，因此，低速性能好，有利于发动机的起动。在发动机任何工况下，信号发生器均能输出高低电位时间比一定的方波信号，故点火正时精度高，易于控制。另外，霍尔式点火信号发生器无需调整，不受灰尘、油污的影响，使得霍尔式电子点火系统的工作性能更加可靠、耐久、寿命长，因此应用非常广泛。

（3）光电式点火信号发生器 光电式点火信号发生器是利用光敏器件（光敏晶体管或光敏二极管）的光电效应原理制成的，它安装在分电器内，通常都由光源、光接收器和遮光盘三部分组成，如图4-33所示。

点火信号发生器光源一般为砷化镓发光二极管，它发出红外线光束，可用一只近似半球形的透镜聚焦。发光二极管比白炽灯灯泡耐震，并能够耐较高的温度，在150℃的环境温度下能连续工作，工作寿命很长。

光接收器一般为硅光敏晶体管，它与光源相对，并相距一定距离，以使红外线光束聚焦后，照射到光敏晶体管上。光敏晶体管与普通晶体管的不同之处，是它的基极电流由光产生，因此不必在基极上输入电信号，也无需基极引线。

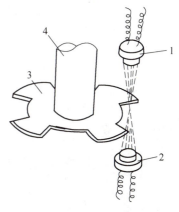

图4-33 光电式点火信号发生器
1—光源　2—光接收器
3—遮光盘　4—分电器轴

遮光盘用金属或塑料制成，装在分电器轴上，位于分火头下面，盘的外缘伸入光源与光接收器之间，外缘上开有缺口，缺口数与气缸数相等。缺口处允许红外线光束通过，其余实体部分则能挡住光束，当遮光盘随分电器轴转动时，即按一定位置产生光电点火信号。当点火器接收到由光敏晶体管产生的触发信号后，控制点火系统的工作。

四、点火器

点火器是电子点火系统的核心部件，其基本功能是根据点火信号发生器送来的脉冲电信号，或者根据发动机ECU输出的电压信号，通过内部大功率晶体管的导通和截止，控制点火线圈一次电流的通断，完成点火工作。

各种点火器的内部结构差异很大，有的只有大功率晶体管，单纯起开关作用；有的除开关作用外，还有恒流控制、闭合角控制、停车断电控制和过电压保护控制等功能。对于全电子控制的发动机，点火器是发动机集中电子控制中的执行器之一，除了上述功能外，还有气缸判别、点火监视等功能。也有很多先进的发动机不另设点火器，大功率晶体管就设在ECU内部，由ECU直接控制点火线圈一次电流的通与断。

点火器的壳体一般用铝材模铸而成，利于散热；内部电路用导热树脂封装，壳体上封装有一个插座，用以与点火系统线路的线束插头连接。

点火器的电路结构多种多样，但基本功能几乎相同，图4-34所示为其基本功能电路图。

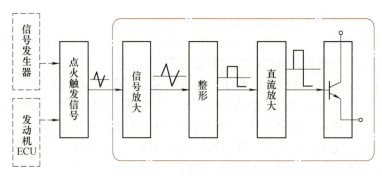

图 4-34 点火器基本功能电路图

下面介绍几种较典型点火器的工作原理。所介绍的点火器都为普通电子点火系统所用，微机控制电子点火系统的点火器其结构和工作原理都大同小异，后面将用一节内容专门介绍微机控制电子点火系统的控制及点火原理。

1. 与磁感应式点火信号发生器相匹配的点火器

图 4-35 所示为丰田汽车 20R 型发动机所用点火系统基本电路图，图 4-36 所示为其结构图。

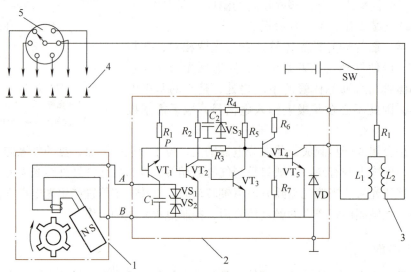

图 4-35 磁感应式普通电子点火系统电路图

1—磁感应式点火信号发生器　2—点火器　3—点火线圈　4—火花塞　5—分电器

点火器组装在一个小盒内（图 4-36 中 5），其基本电路为图 4-35 中 2 所示。它由点火信号检出电路（晶体管 VT_2），开关放大电路（晶体管 VT_3、VT_4）和大功率晶体管 VT_5 三部分组成。主要有 5 只晶体管：其中 VT_1 起温度补偿作用，其发射极与基极相接，相当于一个二极管，只有当图 4-36 中 P 点电位高于 A 点电位时，VT_1 才导通；VT_2 为触发管；VT_3 和 VT_4 起放大作用，将 VT_2 的输出进行放大以驱动 VT_5；VT_5 为大功率晶体管，与点火线圈一次绕组 L_1 串联，控制一次电流的通断。具体工作原理如下：

将点火开关接通后：

1) 当发动机未工作，信号发生器的信号转子不动时，点火器 AB 端无输入信号，这时点火线圈的一次绕组有电流流过。电路为：蓄电池"+"极→点火开关SW→R_4→R_1→P点→$VT_{1(b,c)}$→A点→传感线圈→B点→搭铁→蓄电池"-"极。这时电路中P点的电位较高，使VT_2管的发射极加正向电压而导通，故其集电极电位降低到约等于0，使VT_3截止。VT_3截止时，蓄电池通过R_5向VT_4提供偏流使之导通，此时，R_7上的电压加到VT_5（b、e;），使VT_5导通。这样一次电路接通，电路为：蓄电池"+"极→点火开关SW→附加电阻R_1→点火线圈一次绕组L_1→$VT_{5(c,e)}$→搭铁→蓄电池"-"极。此时一次绕组中有电流通过，在点火线圈中形成磁场。

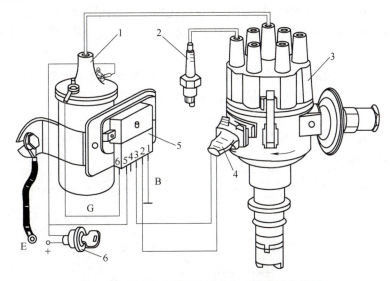

图 4-36　磁感应式普通电子点火系统电路结构图
1—点火线圈　2—火花塞　3—分电器　4—信号发生器输出插座　5—点火器　6—点火开关

2）起动发动机，分电器开始转动，信号发生器开始产生交变电动势信号，当传感线圈输出"+"信号（即A端为"+"、B端为"-"）时，由于VT_1的集电极加反向偏压而截止（此时的VT_1与二极管的反向截止相同），故P点仍保持较高的电位，使VT_2导通。于是，VT_3截止，VT_4和VT_5导通，点火线圈一次绕组仍有电流流过。

3）当传感线圈输出"-"信号（即A端为"-"、B端为"+"）时，VT_1则加正向电压而导通。此时P点电位降低，于是VT_2截止。当VT_2截止时，蓄电池通过R_2向VT_3提供偏流，使VT_3导通，VT_4和VT_5立即截止，点火线圈一次电流被切断，磁场迅速消失，二次绕组L_2产生高电压。此高电压再由配电器分配至各缸火花塞使之跳火，点燃可燃混合气。

发动机不断转动，周而复始重复上述过程，点火线圈不断产生高压电。信号发生器的信号转子每转动一周，各个气缸便轮流点火一次。

由上述可知，该点火器工作中，只要点火开关处于接通状态，尽管发动机还未转动，由于VT_2、VT_5导通，点火线圈中就有一次电流，因此停车时，不要忘记关断点火开关。

4）其他元器件的作用。VT_1起温度补偿作用，使VT_2的导通与截止时间不受温度影响。

稳压管的作用：VS_1、VS_2两个稳压管反向串联后，与点火信号发生器的传感线圈并联，其作用是当传感线圈产生的信号电压高于稳压管的反向击穿电压时，稳压管立即导通，将传感线圈输出的正向和负向信号电压波峰全部削平，使其稳定在某一数值，保护VT_1和VT_2

不受损害。VS_3 与 R_4 组成稳压电路,其作用是保证 VT_1 和 VT_2 在稳定的电源电压下工作,因为电源电压升高时,会使 P 点电位升高,造成 VT_2 导通时间增长,点火时间延迟。VD 的作用是保护 VT_5:当 VT_5 截止时,VD 可将一次绕组的自感电动势限制在某一值之内,保护 VT_5 不致被击穿。

C_1 的作用是消除点火信号发生器传感线圈输出电压波形上的毛刺,使电压平滑稳定,防止误点火,使点火时间准确无误。C_2 与 R_4 组成阻容吸收电路,其作用是吸收瞬时过电压,防止误点火。电阻 R_3 为正反馈电阻,加速 VT_2(也即 VT_5)翻转。

根据图 4-35 所示,点火器的周边共有 5 个接线端子,而图 4-36 中的点火器共有 6 个端子。在实际使用中,配用磁感应式点火信号发生器的点火器一般都设有 6 个端子,增加了一个备用端子。

图 4-36 所示点火器的 6 个端子分别是:端子 1 为搭铁端子,端子 2 和端子 3 是信号发生器信号电压输入端子,端子 4 为备用端子,端子 5 接点火开关,端子 6 接点火线圈。

2. 与霍尔式点火信号发生器相匹配的点火器

图 4-37 所示为德国博世公司生产的一种霍尔式电子点火系统的电路图,图 4-38 为其点火系统线路连接结构图。

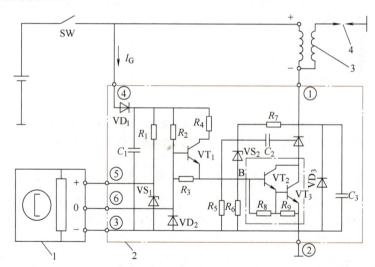

图 4-37 德国博世公司霍尔式电子点火系统电路图

1—霍尔式信号发生器 2—点火器 3—点火线圈 4—火花塞

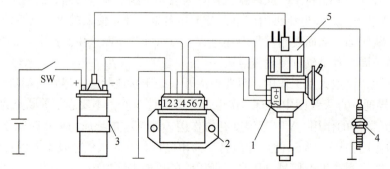

图 4-38 德国博世公司霍尔式电子点火系统线路连接结构图

1—信号发生器 2—点火器 3—点火线圈 4—火花塞 5—分电器

如图4-37所示，2是该点火系统匹配霍尔式点火信号发生器的点火器，其内部电路主要由晶体管VT_1、VT_2、VT_3及相应的阻容元件组成。具体工作原理如下：

接通点火开关SW，当霍尔式点火信号发生器触发叶轮的叶片进入永久磁铁与霍尔元件之间的空气隙时（参见图4-32c），霍尔式点火信号发生器"0"端子输出信号U_G为高电平，这时点火器中的晶体管VT_1导通，由VT_2和VT_3组成的复合管得到基极电流而饱和导通，点火线圈一次绕组电路接通，一次电流i_1将按指数规律增长；当霍尔式点火信号发生器触发叶轮的叶片离开空气隙时，霍尔式点火信号发生器"0"端子输出的点火信号U_G由高电平下跳为低电平，晶体管VT_1因基极电压下降而截止，VT_2、VT_3因失去基极电流而迅速截止，从而切断了点火线圈一次电流i_1，使二次绕组产生高压电，完成点火工作。

图4-37中，点火器周边共有6个接线端子，而图4-38中的点火器共有7个端子。实际使用中，配用霍尔式点火信号发生器的点火器一般都设有7个端子，同样也增加了一个备用端子。图4-38中点火器的7个端子分别是：端子1接点火线圈；端子2为接搭铁端子；端子3、端子5和端子6接信号发生器信号电压输入端子，其中端子5是信号发生器电源输入端子；端子4接点火开关；端子7为备用端子。

对比图4-35和图4-37两种点火系统的电路图不难发现，装有磁感应式点火信号发生器的点火器对外端子有5个，装有霍尔式点火信号发生器的点火器对外端子有6个。这是因为霍尔式信号发生器是有源器件，其信号发生器需要外加电源，所以霍尔式信号发生器比磁感应式信号发生器多了一个电源输入端子5。

3. 由混合集成电路组成的点火器

目前单一功能的点火器已被由混合集成电路组成的点火器所取代。

意大利生产的以L497集成电路为核心组成的点火器较为著名，它功能较全、性能优越、工作可靠，且价格低廉。我国较早期生产的上海桑塔纳、奥迪100、高尔夫、捷达等轿车均采用这种点火器。

专用点火集成电路L497为双列16脚集成电路，它是一种典型的多功能专用点火集成块。该点火器在完成基本点火功能的同时，还具有点火线圈限流保护功能、闭合角控制功能、电流上升率控制功能、停车慢断电保护功能及过电压保护等功能。图4-39所示为其点火系统的组成及电路连接图，图中IC即为L497芯片，共有16个引出脚，IC芯片框图及各引出脚含义如图4-40所示。

该点火系统匹配的是霍尔式点火信号发生器，信号电压产生原理与上述博世公司霍尔式点火系统基本相同，均采用霍尔点火信号方波后沿（下降沿）触发点火的方式。

(1) 基本原理 霍尔式点火信号发生器输出的脉冲信号输入给L497芯片的脚5，经过内部的放大、驱动电流由脚14输出，再控制大功率晶体管VT的导通与截止。

接通点火开关，发动机曲轴带分电器转动时，信号发生器转子叶片交替穿过霍尔元件的空气隙。当转子叶片进入空气隙时，霍尔信号发生器输出11.1～11.4V的高电压（高电平），通过点火器中的集成电路使大功率晶体管导通饱和，接通点火线圈一次电路；当转子叶片离开霍尔元件的空气隙时，霍尔信号发生器输出0.3～0.4V的低电压（低电平），通过点火器使大功率晶体管截止，一次电流的骤然消失使得二次线圈感应出大于20kV的高压电；配电器将此高压电按点火顺序分配给各工作缸火花塞。

(2) 通电时间控制 通电时间控制也称闭合角控制。L497的脚10是控制定时器的定时端，可利用对其外接电容 C_T 的充放电来控制大功率晶体管 VT 的导通时间，C_W 上的电压 U_W 决定于发动机的转速，从而使一次电流的通电时间随发动机转速的变化而保持相应的值，保证了高速时的点火性能。

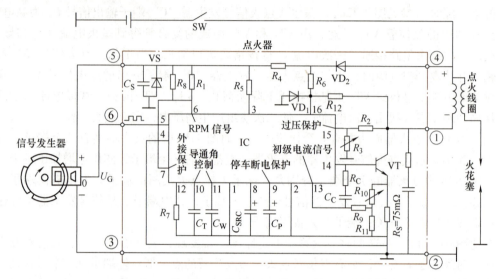

图 4-39　L497 集成电路点火系统的组成及电路连接图

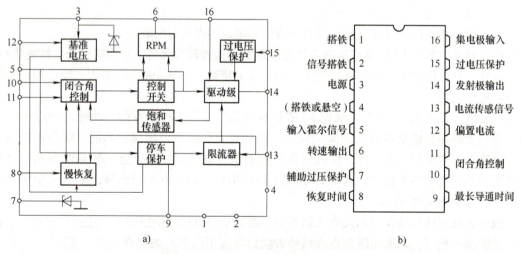

图 4-40　L497 双列 16 脚专用点火集成块
a）IC 芯片内部框图　b）各引出脚

（3）一次电流上升率控制　点火线圈一次电流上升率的控制由 L497 芯片上的电容 C_{SRC}、脚 12 上的偏置电阻 R_7 组成一次电流上升率控制电路，它可调整点火线圈一次电流上升的速率。如果检测到一次绕组中的电流小于其额定值的 90% 时，该控制电路便在输入信号向低电平转换前加大其电流上升速率，使一次绕组中的电流加大。

（4）停车断电保护　电路工作时，保护电路不停地检测输入的信号发生器信号电压电平的高低。若输入高电平，电路即以恒定的充电电流向电容器 C_P 充电，若输入为低电平，

则 C_P 向外放电。一旦汽车熄火，霍尔式点火信号发生器给出的高电平时间超过一定值，此时 C_P 上的电压值即达到限流回路的正常工作电压，因而控制电路工作，使一次绕组内的电流逐渐下降为零。当霍尔输入信号再次降为低电平时，C_P 又迅速放电，电流控制回路便又恢复到正常的工作电流值。

L497 芯片还有过电压保护功能，以使点火器的工作更加稳定，性能更强。

4. 与光电式点火信号发生器相配的点火器

图 4-41 所示为与光电式点火信号发生器相配的点火器内部电路，它由晶体管 VT_1、VT_2、VT_3、大功率晶体管 VT_4 及相应的阻容元件组成，该点火器的作用是把光接收器 P_e 的信号电流放大，从而通过大功率晶体管接通和切断点火线圈的一次电流。其工作原理如下：

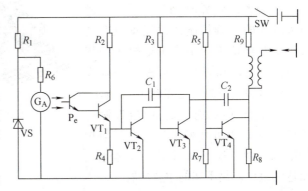

图 4-41 光电式电子点火系统电路

砷化镓红外线二极管 G_A 为红外线光源，通过稳压管 VS 使它在固定的电压下工作，硅光敏晶体管 P_e 为光接收器。发动机工作时，遮光盘随分电器轴转动，当遮光盘上的缺口通过光源时，则红外线通过缺口照到硅光敏晶体管 P_e 上，使其导通，VT_1 也随之导通。VT_1 导通后，给 VT_2 提供基极电流，使 VT_2 导通。VT_2 导通时，VT_3 由于发射极被短路而截止。VT_3 截止时，VT_4 由于 R_5、R_7 的分压获得基极电流而导通，于是接通了点火线圈的一次电路。当遮光盘的实体部分遮住红外线时，VT_1、VT_2 立即截止，VT_3 导通，VT_4 截止，使一次电流中断，在点火线圈的二次绕组中产生高压电动势。

稳压管 VS 使 G_A 工作电压维持在 3V 左右。R_8 的作用是当 VT_4 截止时，给一次绕组中的自感电动势提供回路，起保护 VT_4 的作用。

该点火系统统二次电压可达 $28\sim30\text{kV}$，二次电压上升时间只有 $25\mu s$，每个电火花输入能量为 50mJ。

光电式普通电子点火系统的最大优点是触发器的触发信号完全由遮光盘的位置（也即曲轴的位置）所决定而与转速无关，故在分电器转速很低时仍能正常发出触发信号，保证正常工作。此外，结构简单，对制造精度要求不高且成本低；缺点是脏污后灵敏度将会降低。

第四节　微机控制电子点火系统

前面所介绍的各种点火系统对点火提前角的控制均采用离心式或真空式点火提前装置。由于机械系统的滞后效应、磨损以及装置本身的机械记忆量等因素的影响，机械式点火提前装置不能保证点火时刻处于最佳值，因此逐渐被微机控制的电子点火系统取代。1976 年，美国通用汽车公司首次将微机应用于点火时刻控制，微机控制的燃油喷射系统出现后，点火提前角控制功能通常作为发动机集中电子控制的一部分，由发动机电子控制系统协调控制。

目前微机控制的电子点火系统已在汽车上得到了广泛的应用。

微机控制电子点火系统的基本工作原理与前述各种点火系统相同，但其控制点火时刻的方法截然不同，可以实现对点火时刻最精确地控制。因此下面将主要对微机控制电子点火系统对点火时刻的控制方法进行论述。

理论和实践证明，发动机的最佳点火时刻是在发动机燃烧临近爆燃又不产生爆燃的临界时刻为最佳，因此点火时刻的精确控制是以发动机在各种工况变化范围内不产生爆燃为前提进行的。发动机最佳点火提前角随发动机转速和负荷的变化如图4-42所示，它是一个不规则的曲面。微机控制电子点火系统是如何实现对点火提前角的精确控制，使点火时刻接近爆燃区而达到最佳，是下文的主要内容。

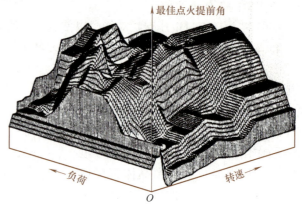

图 4-42 最佳点火提前角曲面

一、微机控制电子点火系统的分类

微机控制电子点火系统有多种结构型式，下面以不同的分类方法予以概括。

1. 按是否保留配电器分类

微机控制电子点火系统按照是否保留配电器可分为有分电器式和无分电器式两种。

有分电器式微机控制电子点火系统又称为非直接点火系统，点火线圈产生的高压电是经过分电器中的配电器按照点火顺序分配至各气缸，使各缸火花塞依次点火完成点火工作。系统中还保留了分电器，但只相当于前述分电器中配电器的功能。

无分电器微机控制电子点火系统又称直接点火系统，也叫作全电子点火控制系统。该系统中没有配电器，其点火线圈中央电极的高压线直接与火花塞相连。工作时，由发动机电控单元（ECU）根据各传感器输入的工况信息，直接控制各缸点火顺序，将点火线圈产生的高压电依次送到相应气缸的火花塞，完成点火工作。

无分电器点火系统按点火方式的不同又分为同时点火式和单独点火式，同时点火式又分为二极管分配同时点火式和点火线圈分配同时点火式。各种无分电器点火系统的点火方式如图 4-43 所示。

同时点火方式是指两个气缸合用一个点火线圈，即将各缸火花塞分成两组，每次点火都是同组的两缸火花塞同时进行。一个点火线圈有两个高压输出端，分别与一个火花塞相连，负责对两个气缸进行点火；同时点火的两个气缸一个在排气行程末期，另一个在压缩行程末期；其中一缸为有效点火，排气行程的另一缸为无效点火。

单独点火方式是指每个气缸的火花塞上配用一个点火线圈，单独对本缸进行点火。点火线圈可通过高压线与火花塞相连接，也可以直接安装在火花塞上面，省去高压导线。

2. 按是否有反馈控制分类

微机控制电子点火系统按是否有反馈控制分为开环控制方式和闭环控制方式。

开环控制是指 ECU 根据有关传感器提供的发动机工况信息，在对点火提前角进行控制

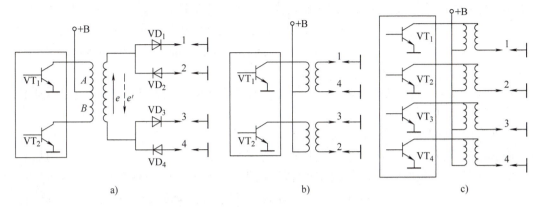

图 4-43 无分电器点火系统点火方式
a) 二极管分配同时点火式　b) 点火线圈分配同时点火式　c) 单独点火式

后对控制结果不予考虑的控制方式。

闭环控制方式是指在电子点火控制系统中设有发动机爆燃传感器，通过发动机爆燃传感器反馈发动机爆燃情况，进而对点火提前角进行修正的控制方式。

闭环控制方式可使点火提前角控制更接近爆燃区，可更有效地发挥发动机的功率。

二、微机控制电子点火系统的组成

微机控制电子点火系统主要由与点火有关的各种传感器、电子控制单元（ECU）、点火器、点火线圈、配电器、火花塞等组成（图 4-44）。

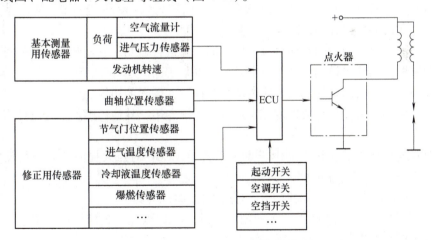

图 4-44 微机控制电子点火系统的组成

1. 传感器

传感器用来不断地检测与点火有关的发动机工况信息，并将检测结果输入 ECU，作为运算和控制点火时刻的依据。

微机控制电子点火系统中所用的传感器主要有以下几种：

(1) 曲轴位置传感器 该传感器输出包括曲轴转角和曲轴位置信号两部分，它可将发动机曲轴转过的角度变换为电信号输入 ECU，即曲轴每转过一定角度发出一个脉冲信号，微机不断地检测脉冲个数。曲轴位置传感器既可以判断曲轴转过的角度，也可计算出发动机的转速；还可在曲轴转至某一特殊位置，如1缸上止点或上止点前某一确定的角度时，输出一个脉冲信号，ECU将这一脉冲信号作为计算曲轴位置的基准点，与曲轴转角信号一起计算曲轴任一时刻所处的具体位置。

发动机曲轴位置传感器有磁脉冲式、光电式和霍尔效应式三大类，其基本原理同前面介绍的信号发生器原理相同。

曲轴位置传感器的安装部位有曲轴前端、凸轮轴前端、飞轮上和分电器内四种。同样类型的传感器在不同车型中的结构和安装位置也有很大区别。

（2）进气压力传感器 进气压力传感器可以将节气门后进气管的负压（真空度）变换为电信号输入ECU，ECU以此信号作为发动机的负荷信号，读取或计算基本点火提前角。

（3）空气流量计 空气流量计也是计量发动机负荷的传感器，空气流量计输出的负荷信号作为计算基本点火提前角的主要依据。

（4）进气温度传感器 进气温度传感器信号可反映发动机吸入空气的温度，在微机控制电子点火系统中，ECU以此信号对基本点火提前角进行修正。

（5）冷却液温度传感器 该传感器信号可反映发动机工作温度的高低。在微机控制电子点火系统中，ECU以此信号对发动机起动和暖机期间的基本点火提前角进行修正。

（6）节气门位置传感器 节气门位置传感器可以把节气门打开的角度信号转化为电信号，ECU以此信号来判断发动机所处的工况（怠速、中等负荷或大负荷），然后对基本点火提前角进行修正。

（7）爆燃传感器 爆燃传感器是点火系统实现闭环控制的专用传感器，点火过程中，爆燃传感器不断地监测发动机有无爆燃现象，并将信号送入发动机ECU，从而对点火提前角进行修正，实现对点火提前角的闭环控制。

爆燃传感器一般采用检测发动机机体振动的方法进行监测，它安装在发动机机体上。发动机工作时爆燃传感器将检测到的振动频率转换成电压信号反馈给ECU，ECU用以判断是否爆燃，以实现对点火结果的监测，使燃烧总是控制在爆燃的边缘。

上述7种传感器中，只有爆燃传感器是点火系统专用，其他传感器都与电控汽油喷射系统共用。

（8）开关量输入 在微机控制电子点火系统中，ECU对点火提前角的控制及修正还需知晓一些开关的工作状态。

1）起动开关信号：用于起动时ECU对点火提前角的修正。

2）空调开关信号：在怠速工况下使用空调时，ECU以此开关信号作为依据判断空调的使用状况，以对点火提前角进行必要的修正。

3）空档开关信号：在使用自动变速器的汽车中，ECU以此开关信号判断汽车处于空档停车状态还是行驶状态，然后对点火提前角进行修正。

2. 电子控制单元（ECU）

电子控制单元（ECU）又称电子控制器，与发动机电控汽油喷射系统共用，是发动机的一种综合电子控制装置。其在点火系统的作用是根据发动机各种与点火有关的传感器输入信息及内存数据，进行运算、处理、判断，然后输出点火信号，控制点火器动作，完成点火工作。

在 ECU 的只读存储器（ROM）中，存放着各种程序和该车在各种工况下最优化的点火提前角等数据。由于影响点火提前角的因素很多，且关系复杂，因此通常用试验的方法确定发动机在各种工况下的最佳点火时间。通过试验确定的数据作为最佳点火提前角的标准参数存入 ECU 的 ROM 中。在 ROM 中，还储存有根据试验确定的各种修正和控制程序，用于在发动机温度变化、起动工况、爆燃情况下点火提前角的修正控制。

发动机工作时，ECU 根据各种与点火有关的传感器及开关信号输入的发动机信息，时刻检测曲轴（或活塞）位置和发动机的负荷和转速。然后在 ECU 的 ROM 中查出此时此刻的基本点火提前角，并根据此时工况下各传感器的信息进行修正，计算出最佳点火提前角。此后，ECU 一直在判断点火时刻是否到来，当 ECU 检测出曲轴转角等于此时的最佳点火提前角时，立即向输出回路发出指令，控制点火器切断点火线圈一次电流，产生高压电，并按发动机的点火顺序将其分配到各缸火花塞进行点火。

3. 点火器

点火器的作用是根据 ECU 输出的指令（信号），通过内部大功率晶体管的导通和截止，控制一次电流通断，完成点火工作。

点火器又称为点火电子组件，是发动机集中电子控制中的执行器之一。

三、微机控制电子点火系统点火提前角的控制

（一）点火提前角的确定

1. 起动时的点火提前角

发动机起动时转速较低（一般在 500r/min 以下），转速变化大，进气流量信号或进气歧管绝对压力信号不稳定，故点火时刻一般都固定在某一个初始点火提前角，值的大小因发动机而异。除此之外，有的发动机起动时的点火提前角还考虑冷却液温度的影响。例如，日本日产汽车 TCCS 系统，当发动机在冷却液温度 0℃ 以上起动时，其点火提前角固定在上止点前 16°；发动机在冷却液温度低于 0℃ 时，TCCS 会适当增大起动时的点火提前角。

起动工况时发动机点火提前角的主要控制信号是发动机转速、起动开关和冷却液温度。

2. 起动后的点火提前角

发动机起动后，当转速超过一定值（如 500r/min）时，ECU 会自动转换为相应工况的控制模式。这时 ECU 根据发动机转速和负荷信号，从 ROM 的标定数据中找到相应工况的最佳基本点火提前角，再根据有关传感器信号值加以修正，得出实际点火提前角。此时的实际点火提前角等于初始点火提前角、基本点火提前角及修正点火提前角之和，即

实际点火提前角 = 初始点火提前角 + 基本点火提前角 + 修正点火提前角

发动机起动后又分为怠速工况和正常运行工况，ECU 会根据节气门位置传感器怠速触点的通断进行判断。

（1）基本点火提前角 当节气门位置传感器中的怠速触点闭合时，发动机处于怠速工况，ECU 将根据发动机的转速和空调开关是否接通确定其基本点火提前角，如图 4-45 所示。

当节气门位置传感器中的怠速触点断开时，发动机处于正常运行工况，ECU 将根据发动机的转速和负荷信号，从设定在 ECU 内的存储器（ROM）中查找相应工况的 MAP 图，选出相应的基本点火提前角，如图 4-46 所示。

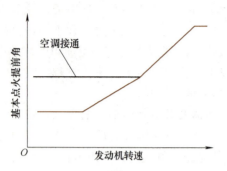
图 4-45　怠速工况基本点火提前角的确定

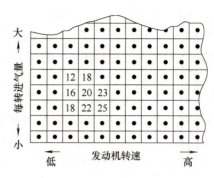
图 4-46　正常运行时的基本点火提前角

(2) 点火提前角修正值　点火提前角的修正值一般是 ECU 根据基本点火提前角乘以适当的系数而得到。不同型号的发动机，其修正系数各不相同，所修正的项目也不尽相同，大致有如下几项修正项目。

1）暖机修正。发动机冷车起动后，当冷却液温度较低时，应增大点火提前角；相反则应减小点火提前角。随冷却液温度升高，点火提前角的变化趋势如图 4-47 所示。

暖机修正曲线的形状与提前角的大小因车型而异。

2）怠速稳定性修正。每一款发动机都有标定的怠速转速。发动机在怠速运行期间，由于负荷变化而使转速突然改变偏离怠速目标转速时，ECU 会随之调整点火提前角，使发动机在规定的怠速转速下稳定运转。

发动机怠速运行期间负荷的变化主要与空调是否接入有关，如图 4-48 所示。

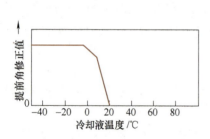
图 4-47　暖机时点火提前角的修正

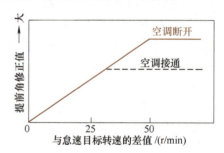
图 4-48　点火提前角怠速稳定性修正

发动机工作时，ECU 会不断地计算发动机瞬时平均转速，当平均转速低于规定的怠速目标转速时，ECU 根据两者的差值大小相应地增大点火提前角；当平均转速高于规定的怠速目标转速时，相应地减小点火提前角。

3）过热修正。在 ECU 内部 ROM 中存有类似图 4-49 所示的图表，ECU 得到工况信息后，即可得出相应的发动机过热时点火提前角的修正值。

发动机在正常运行工况（怠速触点 IDL 断开）：当冷却液温度过高时，为了避免爆燃发生，ECU 会自动将点火提前角减小。

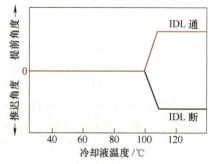
图 4-49　点火提前角的过热修正

发动机在怠速运行工况（怠速触点 IDL 接通）：当冷却液温度过高时，为了避免发动机长时间过热，ECU 会自动将点火提前角增大。

4）空燃比反馈修正。装有氧传感器的电控燃油喷射系统，ECU 会根据氧传感器的反馈信号对空燃比进行修正。随着修正喷油量的增加和减少，发动机的转速在一定范围内波动。为了提高发动机转速的稳定性，在反馈修正喷油量减少、混合气变稀时，会适当地增大点火提前角。

综上，发动机从起动到正常运行期间，修正点火提前角是各种因素导致的修正值的总和。发动机基本点火提前角脉谱图以及各类点火提前角修正值的图表、曲线一起保存在 ECU 的只读存储器（ROM）中，发动机每转一转，ECU 就计算并输出一次点火提前角的调整数据，使点火提前角随着发动机工况的变化做出相应的改变。

每款发动机大都在其 ECU 内部设有点火提前角极限值，当 ECU 计算出的实际点火提前角超过允许的最大或最小点火提前角时，则 ECU 就以允许的最大或最小点火提前角进行控制。

（二）通电时间（闭合角）控制

本书中的微机控制电子点火系统属于电感储能式点火系统，根据式（4-4）和式（4-11），电感储能式点火系统的一次电路被断开瞬间，一次断电电流 I_P 与电源电压 U 成正比，并与一次电路导通时间 t 有关；而二次电压最大值 U_{2max} 与 I_P 一次断电电流成正比，所以要保证点火系统有足够的二次电压和点火能量，必须有足够的一次电流通电时间 t 才能使一次断电电流达到饱和。但是，如果通电时间过长，点火线圈会发热，使点火系统电能消耗增大。

然而，供给点火系统一次绕组电流的电源是蓄电池或发电机，在两个电源切换时，往往有至少 2V 的电压波动，而蓄电池的电压又会随着使用时间和使用条件的变化而变化，导致供给点火系统的电源电压经常不是常数。因此，点火线圈通电时间控制的作用就在于电源变化时进行通电时间的调整，以保证能够形成足够大的一次断电电流 I_P，又不至于增加点火系统的电能消耗和点火线圈的热负荷。

图 4-50 所示为通电时间随蓄电池电压变化的修正曲线。在发动机工作期间，ECU 根据蓄电池电压信号从 ECU 只读存储器（ROM）中查得所需的通电时间，再根据发动机转速换算成曲轴转角，以决定闭合角的大小，由点火正时信号的上升沿来控制一次电路的导通时刻，保证在一次电路断开时达到所必需的一次断开电流。

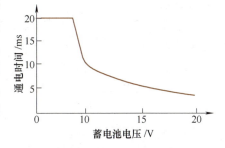

图 4-50 通电时间随蓄电池电压变化修正曲线

（三）点火提前角的控制方式

前已述及，微机控制电子点火系统同电控汽油喷射系统一样，点火提前角的控制也有开环控制和闭环控制两种方式。开环控制方式运算程序简单、运算速度快、控制系统也简单，但是现代汽车微机控制电子点火系统大都采用闭环控制方式，其原因如下。

1. 开环控制方式存在的问题

在 ECU 只读存储器（ROM）中的最佳点火提前角值是通过试验确定的、具有代表性的、特定工况下的数值，而特定工况以外的点火提前角值则是由插值法计算得到。这样，如果试验确定特定工况的点火提前角太靠近爆燃区，其他通过插值计算得到的点火提前角就有可能过大而进入爆燃区，使发动机产生爆燃，如图 4-51 中的点 1 折线；为了避免发动机产生爆燃，由试验确定特定工况下的点火提前角就得离爆燃区远一些，如图 4-51 中的点 2 折线；这样就使发动机在许多工况下的点火提前角都偏小于最佳值，致使发动机的功率不能充分发挥。

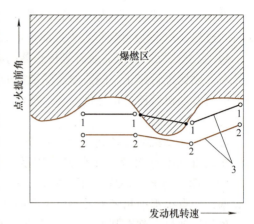

图 4-51 插值法计算点火提前角示意图
点 1—特定工况 点 2—开环控制避免产生爆燃的工况
线 3—插值法计算所得的点火提前角线

另外，点火提前角的控制精度还取决于各传感器的精度等因素，传感器所产生的任何偏差都有可能使发动机偏离最佳点火时刻工作；还有一些使用因素对发动机点火提前角的控制精度也会造成很大的影响，如积炭增多、使用辛烷值较低的燃料所造成的爆燃、怠速时由于负荷不稳定造成发动机转速波动以及发动机使用中的磨损、调整的不同对点火提前角的影响等。开环控制方式很难对这些影响因素及时调整，从而影响其控制精度。

2. 闭环控制

在汽油发动机中，爆燃是增大发动机压缩比、提高热效率的最大障碍。剧烈的爆燃会使发动机的动力性和经济性严重恶化。但当发动机工作在爆燃的临界点或有轻微的爆燃时，发动机热效率却最高，动力性和经济性最好。因此，利用点火提前角的闭环控制方式可有效地控制点火提前角使发动机工作在爆燃的边缘。

闭环控制方式在控制点火提前角的同时，不断地通过传感器检测发动机的有关工作状况（如发动机是否发生爆燃、怠速是否稳定等），然后将检测到的信息反馈给 ECU，ECU 及时对点火提前角进行修正，使发动机始终处于最佳点火状态，其控制电路如图 4-52 所示。而且，采用闭环控制，由试验确定的特定工况下的点火提前角值就可以尽量地靠近爆燃极限点，其他工况

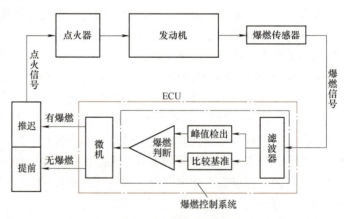

图 4-52 爆燃信号判别电路

通过插值计算得到的点火提前角若进入了爆燃区而使发动机产生爆燃时，则可通过推迟点火时刻及时消除爆燃，使发动机的功率得以充分发挥。

3. 爆燃的判别

闭环控制方式检测发动机爆燃的部件是爆燃传感器。

其实在发动机工作中，爆燃传感器输出的电压信号中，也包含各种其他振动频率引起的

电压波形，因此一般在 ECU 中设有爆燃识别电路来进行爆燃的鉴别。

如图 4-52 所示，爆燃判别电路在进行是否爆燃的判别时，首先用滤波器滤波，将非爆燃振动电压波滤掉，进一步提高信噪比，使爆燃判别更为准确；爆燃判别电路中的比较基准电路可根据滤波器滤波后输入的信号产生一个比较基准值，利用比较器将信号电压波形的峰值与基准值比较，判断是否发生爆燃；信号峰值超过基准值的，比较器就会有爆燃信号输出，送入微机。

由于当发动机接近爆燃极限工作时，排气中的 NO_x 含量较高，因此，在微机控制的电子点火系统中，ECU 会根据实际工况多在大负荷、中低转速（如小于 3000r/min）工况时采用闭环控制，而在部分负荷和高转速工况时采用开环控制。

四、微机控制电子点火系统的工作过程

电控汽油发动机的点火系统有多种，其工作原理也不尽相同，下面以丰田和日产两种车系使用的微机控制点火系统进行介绍，并对无分电器单独点火方式进行介绍。

（一）丰田车系微机控制点火系统

丰田车系电子控制系统（Toyota Computer Controlled System，TCCS）是集燃油喷射控制（简称 EFI）、点火时刻控制（简称 ESA）、怠速控制、自动变速器控制和自诊断（故障）控制等为一体的发动机集中电子控制系统。

1. 有分电器式点火系统

(1) 系统构成 图 4-53 所示为丰田车系有分电器式微机控制点火系统组成框图，该系统保留了分电器中的配电器，即点火线圈产生的高压电，经配电器送至各缸火花塞。

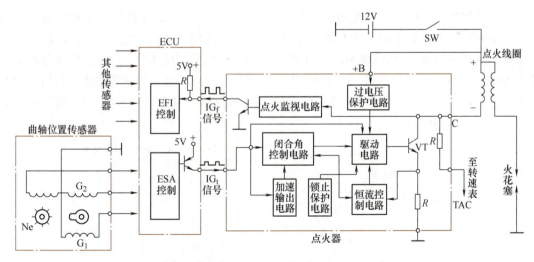

图 4-53 丰田车系有分电器式点火系统电路图

1）曲轴位置传感器。曲轴位置传感器又称为发动机转速与曲轴转角传感器，其功用是采集并向 ECU 输入活塞（上止点）位置、曲轴转角和发动机转速等信息。丰田车系 TCCS 的曲轴位置传感器为磁感应式，安装在分电器内，其结构如图 4-54 所示。图 4-54 中，上部是配电器，下部是曲轴位置传感器。

磁感应式曲轴位置传感器的基本原理同前面所述磁感应式点火信号发生器相同（图 4-26

和图 4-27），只是信号转子的齿数、传感线圈的结构和位置稍有差异。

如图 4-54 所示，传感器的上部为曲轴位置（G）信号发生器，用于产生曲轴位置信号，判别及检测活塞上止点的位置；下部为曲轴转角（Ne）信号发生器，用于产生曲轴转角信号和转速信号。G 信号转子 2 和 Ne 信号转子 4 同轴，同由分电器轴驱动。

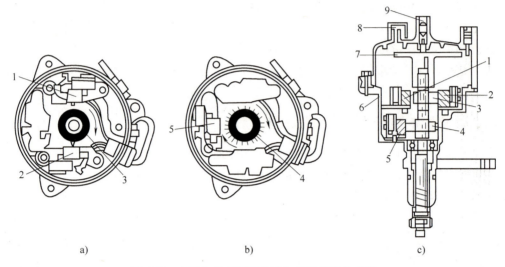

图 4-54 丰田车系 TCCS 转速与曲轴位置传感器

1—G_1 感应线圈 2—G 转子 3—G_2 感应线圈 4—Ne 转子 5—Ne 感应线圈
6—分电器壳 7—分火头 8—配电器旁电极 9—中央电极

G 信号装置由带有一个凸缘的信号转子 2 及相对的 G_1、G_2 两个传感线圈组成，如图 4-54a、c 所示。当 G 信号转子 2 上的凸缘通过 G_1 传感线圈铁芯凸缘时，产生 G_1 信号；当转子 2 上的凸缘通过 G_2 传感线圈铁芯凸缘时，产生 G_2 信号。G_1 信号与 G_2 信号在分电器内相差 180°。分电器轴每转一圈，G_1 信号和 G_2 信号分别出现一次，传感器输出位置信号的波形如图 4-55a 所示。对于六缸发动机，G_1 信号用来检测第六缸上止点位置，G_2 信号用来检测第一缸上止点的位置。

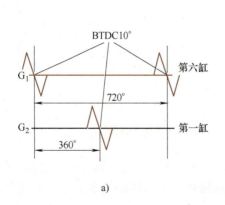 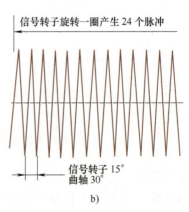

图 4-55 曲轴位置传感器输出信号波形

a) G 信号装置的输出信号波形 b) Ne 信号装置输出信号波形

Ne 信号装置也是由信号转子与传感线圈组成，如图 4-54b、c 所示。信号转子 4 上有 24 个轮齿，固定在分电器轴上，传感线圈固定在外壳内。当 Ne 信号转子随分电器轴旋转时，其轮齿与传感线圈凸缘部的空气隙交替发生变化，导致传感线圈内磁通量变化而产生交变电动势信号 Ne。因 Ne 信号转子上有 24 个轮齿，所以转子转一圈时，传感线圈中将产生 24 个交变信号，每产生一个交变信号相当于曲轴转角 30°。传感器输出的转角信号波形如图 4-55b 所示，ECU 通过内部特设的转角脉冲发生器，将 30°转角均匀等分，使转角的步长成为 1°信号，以满足使用精度的需要。

发动机转速的获得，是由 ECU 依据 Ne 信号中两个脉冲波所经过的时间，准确计算而得。

不同车型，G 转子和 Ne 转子凸齿的齿数以及 G 感应线圈的个数有可能不同，ECU 采用的计算方法也不同，图 4-56 列出了几种常见的形式。

2）电子控制单元 ECU。在丰田 TCCS 的 ECU 存储器（ROM）中，存储着很多有关点火控制的程序和点火提前角的数据。各种数据都是在各种工况下，通过大量试验获得的，它可使发动机在任何工况下，都能得到理想的或者说最佳的点火时刻和喷油数据。

工作中，ECU 根据各传感器输入的发动机信息，经过处理再从 ROM 中选择出最佳点火提前角。然后根据曲轴位置传感器输入的 G_1、G_2 和 Ne 信号，判断出发动机曲轴（活塞）到达规定的位置时，适时地输出点火控制信号 IG_t 到点火器。

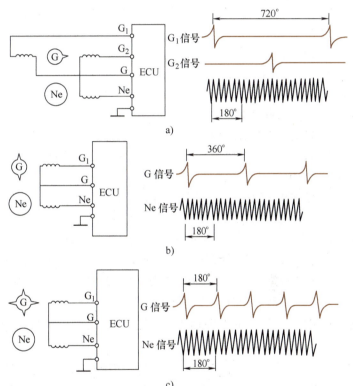

图 4-56　磁感应式发动机转速与曲轴位置传感器的不同形式
a) G 信号装置 1 个凸缘　b) G 信号装置 2 个凸缘　c) G 信号装置 4 个凸缘

在发动机起动时，不经过微机计算，点火时刻直接由传感器信号控制一个固定的初始点火提前角（BTDC10°）。在发动机转速超过一定值时，自动转换成由微机输出的点火信号（IG_t）进行控制。

3）点火器。点火器的控制电路如图 4-53 中间框图所示。

点火器接收 ECU 输入的 IG_t 信号，其内部的大功率晶体管 VT 会适时地导通或截止。

该点火器除具有闭合角控制、恒流控制、点火监视、加速检出、锁止保护和过电压保护等功能外，还有向 ECU 输入安全监视信号 IG_f 的功能。IG_f 也叫点火确认信号，是根据点火线圈中一次电流被切断时产生的自感电动势而确定，并以方波的形式反馈给 ECU，由 ECU

对点火系统的工作状况进行检测，使点火器具有安全功能。因为在电控燃油喷射发动机中，喷油器的驱动信号来自曲轴位置传感器。如果点火系统出现故障使火花塞不点火，而曲轴位置传感器工作正常时，喷油器会照常喷油，造成气缸内喷油过多，出现再起动困难或行车时三元催化器过热等问题。为避免这种现象发生，当 IG_f 信号连续 3~5 次不送入 ECU 时，则 ECU 判断点火系统有故障，停止喷油工作。

不同的发动机，点火器的位置也不尽相同，有安装在分电器内部的，也有的点火器所涉及的功能电路全部在 ECU 内部。该系统的点火器与点火线圈安装在一起，如图 4-57 所示。

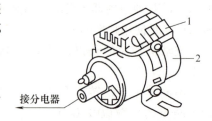

图 4-57 丰田车系点火器安装位置
1—点火器 2—点火线圈

（2）点火时刻（提前角）的控制 丰田车 TCCS 点火时刻的确定也包括三部分。

1）初始点火提前角。初始点火提前角也称固定点火提前角。丰田许多发动机的固定点火提前角都为上止点前（BTDC）10°。TCCS 认定在下列情况时，实际点火提前角为固定点火提前角，即：

① 发动机起动时。

② 发动机转速在 400r/min 以下时。

③ 检查点火初始角时。此时有三个条件：T 端头（诊断通信接口"TDCL"）短路、怠速触点（IDL）闭合（ON）、车速在 2km/h 以下。

④ 发动机 ECU 的后备系统工作时。

2）基本点火提前角。基本点火提前角数据存储在微机的 ROM 中。基本点火提前角分为怠速时基本点火提前角和平常行驶时基本点火提前角。

怠速时的基本点火提前角，是指节气门位置传感器怠速触点（IDL）闭合（ON）时的基本点火提前角。其值又根据是否使用空调而略有不同，如表 4-1 所示。在同样的怠速运转状态下，空调不工作时，其点火提前角为上止点前（BTDC）14°；空调工作时，其点火提前角从 BTDC 14°增加到 BTDC18°，以防止因发动机负荷增加引起发动机运转不稳。

表 4-1 怠速时的基本点火提前角

空调器状态	基本点火提前角
OFF	4°
ON	8°

平常行驶时基本点火提前角，是指节气门位置传感器怠速触点（IDL）打开（OFF）时的基本点火提前角。其值是根据发动机转速和负荷从 ROM 中查脉谱图，选出相应的点火提前角数值作为基本点火提前角，图 4-46 所示即为丰田车系平常行驶时基本点火提前角的脉谱图。

3）修正点火提前角。为使实际点火提前角符合发动机实际运转状况，丰田车系主要对暖机过程和怠速目标转速进行点火提前角的修正。

在暖机过程中，点火提前角的修正值随冷却液温度的变化趋势如图 4-58 所示。节气门位置传感器怠速触点闭合，当冷却液温低时，必须增大点火提前角，以促使发动机尽快暖机。当冷却液温较高时，为避免发动机过热，其点火提前角应相应减小。

发动机在怠速运行期间，由于发动机的负荷变化，会使设定的发动机怠速转速（目标转速）改变，如动力转向等作用时，会引起发动机转速下降，此时 ECU 不断地计算发动机平均转速，当发动机转速低于规定的怠速时，ECU 根据实际转速与怠速目标转速的差值（降低转速值），相应地增大点火提前角，使怠速转速保持稳定，有效地防止发动机出现怠速熄火现象（图 4-48）。

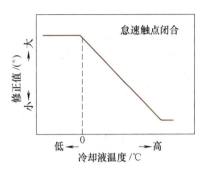

(3) **点火系统的工作过程** 在发动机工作中，ECU 根据各传感器输入的发动机信息，经过运算处理得出最佳点火提前角。然后根据曲轴位置传感器输入的 G_1 信号、G_2 信号和 Ne 信号，判断出发动机曲轴（活塞）到达规定位置时，适时地输出控制信号 IG_t 到点火器。当 IG_t 信号变成低电位时，点火器中大功率晶体管截止，点火线圈的一次绕组电路被切断，二次绕组产生约 20~35kV 的高压电，通过配电器分至火花塞处产生电火花。

图 4-58 暖机时点火提前角修正

发动机每转一周，ECU 经过计算、处理，输出一次点火提前角调整数据；当传感器测出发动机转速、负荷、水温等变化时，ECU 就会使点火提前角做出相应改变。

如果 ECU 计算出的实际点火提前角超过允许的最大点火提前角，或小于允许的最小的点火提前角数值时，ECU 将以最大或最小点火提前角的允许值进行调整。

2. 无分电器式点火系统

图 4-59 所示为丰田皇冠汽车六缸发动机所采用的微机控制无分电器电子点火系统的原理图。该点火系统完全取消了分电器，点火线圈产生的高压电直接送到火花塞，其具体的点火方式属于点火线圈分配同时点火方式（图 4-43b），即采用一个点火线圈直接供给成对的两缸火花塞进行点火。

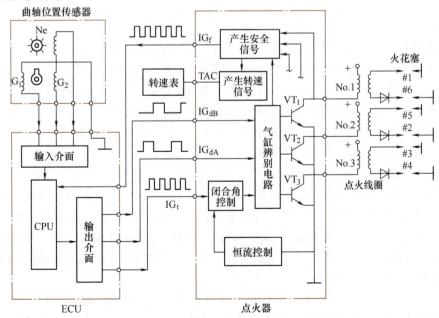

图 4-59 丰田皇冠汽车无分电器电子点火系统

该系统点火提前角的确定和控制方法与前述丰田车系有分电器点火系统完全相同，只是增加了判缸信号 IG_{dA} 和 IG_{dB}，判缸信号 IG_{dA} 和 IG_{dB} 也是由曲轴位置传感器产生。

(1) 曲轴位置传感器 曲轴位置传感器的结构如图 4-54 所示，工作原理相同，但是取消了用于配电器功能的分火头、旁电极和中央电极（图 4-54c）。

(2) IG_t 信号 IG_t 信号是点火正时信号。ECU 根据各传感器输入的发动机信息，确定了最佳点火提前角后，会根据曲轴位置传感器输入的 G_1 信号、G_2 信号和 Ne 信号，判断出活塞到达规定曲轴位置时，适时地输出 IG_t 信号到点火器。

在这个过程中（参照图 4-54 和图 4-55），当 G_1 或 G_2 信号产生时，ECU 即以此信号为基准，根据 Ne 信号控制其后的三次点火信号，即每 4 个 Ne 信号产生一次点火信号（4 个 Ne 信号为 60°，相当于曲轴转角 120°），而每产生三次点火信号后，再经 G 信号重新设定其后的三次点火信号。

(3) 判缸信号 IG_{dA}、IG_{dB} IG_{dA}、IG_{dB} 信号是 ECU 输送给点火器的判缸信号，在 ECU 的 ROM 中存储着图 4-60 所示的 IG_{dA}、IG_{dB} 与 IG_t 信号电压波形的相对位置图，发动机工作过程中，ECU 根据 G_1、G_2 及 Ne 信号在 ROM 中查得 IG_{dA}、IG_{dB} 的信号状态，并将信号 IG_t、IG_{dA}、IG_{dB} 适时地输入到点火器中相应的大功率晶体管。

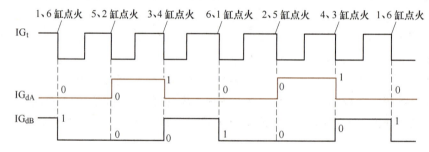

图 4-60 ECU 输出的 IG_{dA}、IG_{dB} 及 IG_t 信号电压波形

(4) 点火器 点火器是发动机集中电子控制系统中的执行器之一。

点火器的工作与上述 TCCS 有分电器式的相同，只是在其内部增加了气缸判别电路，气缸判别电路的主要功能是接收 ECU 发出的 IG_t、IG_{dA}、IG_{dB} 信号，见图 4-59 中点火器框图所示。发动机工作时，点火器中的气缸判别电路根据判缸信号 IG_{dA}、IG_{dB} 的信号状态，判定三个点火线圈所对应的三只大功率晶体管哪一只先导通，并将点火正时信号 IG_t 送往与此驱动电路相连接的点火线圈，完成对某两缸的点火。

(5) 点火线圈 无分电器微机控制电子点火系统的点火线圈大多采用闭磁路式结构。

丰田 TCCS 无分电器式点火系统（图 4-59）属于点火线圈分配同时点火方式，点火线圈二次绕组的两端分别与两个气缸上的火花塞相连接。气缸的组合为一缸处于压缩行程末期，另一缸处于排气行程末期，曲轴旋转 360°后两缸所处的行程正好相反。对于六缸发动机来讲，其气缸的组合为一、六缸、二、五缸、三、四缸，即每两缸一个点火线圈，两缸的火花塞串联并同时点火。

在图 4-59 中，三个点火线圈高压回路中均串联了一只二极管，这个二极管叫作高压二极管。其作用是防止在点火线圈一次绕组通路瞬间，二次绕组中产生的较高电压（互感电动势）造成误点火。由于这种点火方式点火线圈与火花塞直接连接，一次绕组通路瞬间二次绕组中会产生约 1kV 左右的互感电动势，如果没有高压二极管，约 1kV 的电压就直接加在了火花塞电极两端，如果火花塞所处的气缸又恰好是进气行程终了或压缩行程开始等气缸压力较低、又有可燃混合气的行程时，相应气缸的火花塞就可能跳火造成误点火。在点火线圈二次回路中串联一个高压二极管，利用其单向导电性，使一次绕组通路的瞬间二次回路产生的电压不能加在火花塞电极上，从而避免了误点火。

在一些无分电器电子控制点火系统中，点火线圈与火花塞的连接电路中，有 3~4mm 的间隙，其目的也是为了防止点火线圈一次绕组通路瞬间的误点火。

点火线圈分配同时点火方式的点火线圈有独立安装和组合安装两种形式，现在多采用组合形式。图 4-61 所示为一典型的点火线圈分配同时点火方式所用的六缸发动机的组合式点火线圈结构。

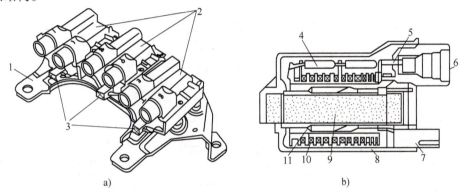

图 4-61　点火线圈分配同时点火方式的点火线圈
a）点火线圈外形　b）点火线圈内部结构
1—支架　2—点火线圈　3—低压插座　4—高压二极管　5—高压引线　6—盖
7—低压接线柱　8—外壳　9—铁芯　10—二次绕组　11—一次绕组

（二）日产车系微机控制点火系统

在日本，日产汽车最先采用的微机控制电子点火系统。

日产车系的发动机集中电子控制系统（Electronic Concentrated Engine Control System，ECCS），是集燃油喷射控制、点火时刻控制、怠速控制、排气再循环控制、自诊断系统等为一体的发动机集中电子控制系统。图 4-62 所示为日产车系一典型的发动机集中电子控制系统中的点火控制系统框图。

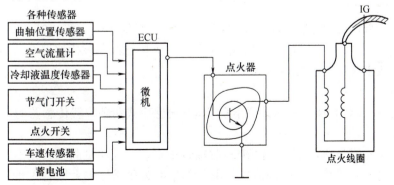

图 4-62　ECCS 点火控制系统组成

ECCS点火系统与大多微机控制点火系统的工作原理基本相同,只是曲轴位置传感器的结构不同,所输出的信号形式也不同。

1. 曲轴位置传感器

下面对日产车系常见的两种曲轴位置传感器进行介绍。

(1) 转盘型磁感应式曲轴位置传感器 日产车系采用的转盘型磁电式曲轴位置传感器一般装在曲轴前端带轮的后面,它由信号转子(信号盘)和传感器(信号发生器)组成,如图4-63所示。

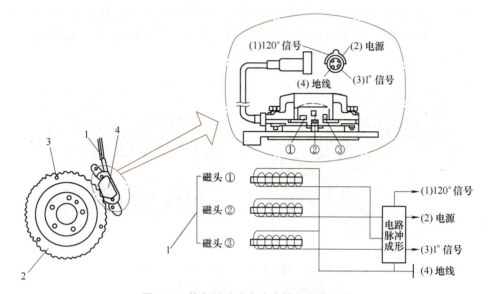

图 4-63 转盘型磁感应式曲轴位置传感器
1—传感器引出线 2—信号转子 3—曲轴位置凸缘 4—传感器

1)基本结构。如图4-63所示,信号转子为一带齿的薄圆盘,和带轮一起固装在曲轴前端,随曲轴一起转动。信号转子外缘齿数为90,每隔4°均匀分布;信号转子稍靠内侧的同一圆周上均布着相隔120°的3个凸缘,叫作曲轴位置凸缘。

传感器固定在传感器盒内,传感器盒安装在信号转子边沿。主要由三个在永久磁铁上绕有线圈的磁头和信号整形放大电路组成。其中②号磁头对着信号转子的120°凸缘,用于产生位置信号,即120°信号;①号磁头和③号磁头对着信号转子外圆的齿圈,共同产生曲轴转角信号,也叫作1°信号。

传感器盒外部设有四孔插接器,孔"1"为120°信号输出线,孔"2"为信号整形放大电路的电源线,孔"3"为1°信号输出线,孔"4"为接地线。该插接器会将曲轴位置传感器的信号通过线束适时地输入ECU。

2)基本工作原理。

① 转角信号。图4-64所示为日产车系ECCS磁感应式曲轴位置传感器的1°信号产生原理图。

设计时将①号磁头和③号磁头相隔3°曲轴转角安装。发动机曲轴转动时,①号磁头和③号磁头都是每隔4°产生一个脉冲信号,由于①号磁头和③号磁头相隔3°曲轴转角,就使①号传感线圈和③号传感线圈产生的信号在相位上正好相隔1°曲轴转角。这样,两个脉冲信号经整形放大电路合成后，输出的即是1°曲轴转角信号（4-64b）。

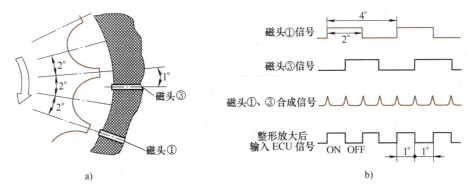

图4-64　1°信号产生原理

② 位置信号。图4-65所示为日产车系ECCS磁感应式曲轴位置传感器的120°信号产生原理图。

如图4-65所示，发动机每转一圈，②号磁头会产生3个120°脉冲信号。由于安装位置的关系，信号转子上的凸缘与②号磁头在上止点前70°位置相遇，则在发动机曲轴转动过程中，当各缸活塞行至上止点前70°时，②号磁头即产生120°信号。因此120°信号有时也叫作上止点前70°信号。

在发动机曲轴转动时，信号转子上的齿和凸缘分别交替地切割三个磁头的磁力线，使各

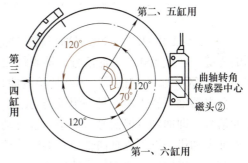

图4-65　②号磁头与曲轴位置的关系

线圈内磁场周期地发生变化。各线圈产生的交变感应电动势合成后经整形放大电路以脉冲信号输入发动机的ECU。

（2）分电器内置型光电式曲轴位置传感器

1）基本结构。光电式传感器是根据光电效应原理制成的，与普通电子点火系统光电式信号发生器的工作原理完全相同。日产车系采用的光电式曲轴位置传感器安装在分电器内，主要由传感器、发光二极管、光敏二极管、信号盘、整形电路等组成，如图4-66所示。两只发光二极管分别正对着两只光敏二极管，发光二极管以光敏二极管为照射目标；信号盘位于发光二极管和光敏二极管之间。

信号盘的实质是一个遮光盘，固装在分电器轴上，在它外围同一圆周上均布着360个缝隙，也称为漏光缝或光孔（图4-66c），用于产生曲轴转角信号，即1°信号。信号盘外围稍靠内侧的同一圆周上均布着与气缸数相同的光孔（如六缸发动机则有6个光孔），用于产生曲轴位置信号，即120°信号；其中较宽的一个光孔是曲轴位置信号的基准孔（图4-66c），相当于一缸上止点位置信号。

传感器盒内装有两组二极管，当信号盘随分电器轴转动时，因信号盘上的光孔会产生透光和遮光的交替变化，使光敏二极管产生一系列脉冲信号，经整形电路整形放大后，就可以输出表征曲轴位置和转角的120°信号和1°信号。

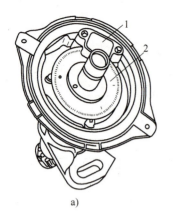 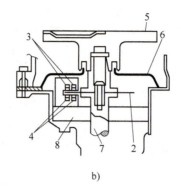 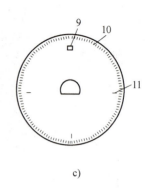

图 4-66　光电式发动机转速传感器和曲轴位置传感器

a）分电器结构　b）分电器剖视图　c）信号盘

1—传感器盒　2—信号盘　3—发光二极管　4—光敏二极管　5—分火头　6—密封盖
7—分电器轴　8—整形电路　9—第一缸位置信号光孔　10—转角信号光缝　11—位置信号光孔

2）基本工作原理。分电器轴每转 1 圈，离分电器轴远的一组发光-光敏二极管通过外圆的光缝，产生 360 个脉冲信号，即表征曲轴转角的 1°信号，1°信号的每个脉冲周期占曲轴转角 2°。ECU 通过 1°信号，不断地检测曲轴的转角和转速，以此作为控制点火时刻的依据。

分电器轴每转 1 圈，另一组发光-光敏二极管则通过内圆的光孔，产生与气缸数相同的脉冲信号，即曲轴位置信号。对于六缸发动机来说，分电器轴转 1 圈、曲轴转 2 圈时产生 6 个表征发动机一缸到六缸曲轴位置的脉冲信号，即 120°信号。

和前述磁感应式曲轴位置传感器一样，由于传感器安装位置的关系，120°信号的产生是在各缸活塞行至压缩行程上止点前 70°时，因此 120°信号标志着各缸活塞到达压缩行程上止点前 70°的时刻。

当发光二极管的光束穿过信号盘的光孔时，输入 ECU 的信号电压为 5V；当发光二极管的光束被信号盘遮挡时，输入 ECU 的信号电压为 0.3V。ECU 根据信号电压的方波来确定曲轴位置、曲轴转角和发动机的转速。

2. 点火控制原理

在日产 ECCS 的点火控制系统中，点火器是个较单一的部件，内部只有一个大功率晶体管，起开关作用（图 4-62）。

同样，为了实现点火时刻的精确控制，ECCS 对点火系统的控制也是从点火提前角（即大功率晶体管的导通截止时刻）和闭合角控制（即大功率晶体管导通时间）两个方面进行。

(1) 点火提前角的确定　日产 ECCS 点火时刻的确定也包括三部分。

1）起动时的点火提前角。当 ECU 收到起动开关闭合（ON）的信号，即进入起动时点火提前角的控制模式。

ECCS 起动时的点火提前角基本都为上止点前（BTDC）16°，但是当冷却液温度在 0℃以下时，ECU 会根据冷却液温度适当增加点火提前角。即当冷却液温度在 0℃以上起动时，无论任何工况，其点火提前角均为 BTDC 16°；冷却液温度在 0℃以上起动时，在 ECU 的 ROM 中存储着如图 4-67 所示的图表，ECU 会根据冷却液温度传感器的信号进行选择。

此外，当起动转速极低（低于 100r/min）时，为了有利于起动，使活塞上行到接近上

止点时点火，ECU 会根据起动转速降低的程度适当推迟其点火提前角，此时的点火提前角 θ 为

$$\theta = 起动时的点火提前角 \times \frac{起动转速}{100}$$

2）正常运行状态的点火提前角。当节气门位置传感器怠速触点打开（OFF）时，ECU 进入正常运行状态时点火提前角的控制模式。此时的点火提前角为

$$\theta = 基本点火提前角 + 冷却液温度修正系数$$

基本点火提前角的数值存储在 ECU 的 ROM 中，如图 4-68 所示，图中数据是根据大量试验获得的。在正常运行状态，ECU 会根据当时的燃油喷射脉冲宽度（喷射时间长度 ms）和发动机转速（r/min）在图中查表确定。

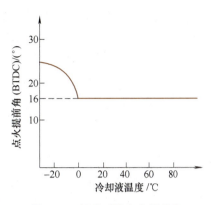

图 4-67 起动时的点火提前角

冷却液温度修正系数是在发动机温度变化时，ECU 根据冷却液温度传感器输入的信息，对点火提前角进行修正的系数，如图 4-69 所示，这些图表也存储在 ECU 的 ROM 中。

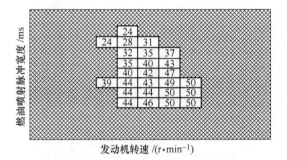

图 4-68 基本点火提前角

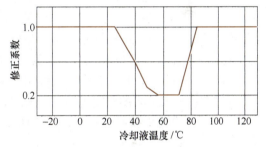

图 4-69 冷却液温度修正系数

3）怠速和减速时的点火提前角。当节气门位置传感器怠速触点闭合（ON）时，即进入怠速或减速时点火提前角的控制模式，此时 ECU 会根据发动机转速、冷却液温度及车速等信号在 ECU 的 ROM 中查找确定点火提前角，所依据的数据如图 4-70 所示。

若冷却液温度在 50℃ 以下，且车速不超过 8km/h，发动机转速在 1200r/min 以上时，点火提前角几乎保持在 BTDC10°。其目的是推迟点火，以加速使发动机和催化转化器达到正常工作温度。

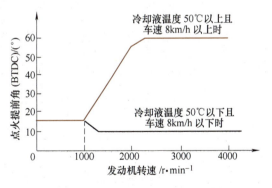

图 4-70 怠速及减速时的点火提前角

(2) 通电时间（或闭合角）的控制 由上述已知，点火提前角的控制，由 ECU 控制点火器大功率晶体管适时截止来实现，但在电源电压变化时，相同的导通时间会引起点火线圈一次电流峰值及点火能量的变化。为了确保点火能量和二次电压不受电源电压变化的影响，在电源电压变化时，ECU 从 ROM 中的图表查出并控制导通时间（图 4-50）。为了实现控制，ECU 还将导通时间转换成曲轴转角。

(3) 点火系统的工作过程　在发动机运转时，ECU 根据各传感器输入的信息，从 ROM 中选择并确定符合当时发动机工况的最佳点火提前角，经过计算处理，断续输出（ON、OFF）点火控制信号，然后 ECU 根据曲轴位置传感器输入的 120°信号和 1°信号，使点火器中大功率晶体管适时地导通或截止，进而控制点火系统的工作。

ECU 接收到 120°信号时，标志着某缸活塞处于压缩行程 BTDC70°位置。此处需要说明的是，在日产车系多数发动机的 ECCS 中，ECU 是在 120°信号输入 4°后才开始计数，因此实际上微机控制的点火时刻是以 BTDC66°开始计数，即 ECU 以此时作为控制点火的基准信号，然后借助 1°信号，在达到实际的点火提前角时，输出控制信号，使点火器大功率晶体管立即截止，切断点火线圈的一次电流，保证火花塞在相应气缸的压缩行程上止点前某一时刻即时跳火，进行点火时刻最精确地控制。

比如 ECU 确定的最佳点火提前角是 BTDC30°，那么，ECU 根据基准信号（BTDC66°）经计算在 36°（66°-30°=36°）后是 BTDC30°，然后借助 1°信号，在 1°信号出现 36 次后，在第 37 个 1°信号输入时，ECU 输出控制信号，使点火器大功率晶体管立即截止，就可保证火花塞在压缩行程 BTDC30°时跳火。

3. 无分电器单独点火方式

单独点火方式是指每一个气缸的火花塞单独配一个点火线圈的点火方式。与同时点火方式相比，单独点火方式的点火系统结构与控制电路要复杂一些。这种点火方式气缸的识别由 ECU 完成，点火器根据 ECU 送入的点火控制信号，按点火顺序轮流触发点火器中各大功率晶体管的导通和截止，控制各个点火线圈轮流产生高压，并直接输送给与之连接的火花塞。

各种单独点火方式的控制电路一般大致相同，但随车型不同也存在一些差异。

（1）无分电器单独点火方式典型结构之一　图 4-71 所示为一典型的无分电器单独点火方式点火系统的电控原理图，主要由 ECU、点火器、各缸分别独立的点火线圈、火花塞以及各传感器及开关输入信号等组成。

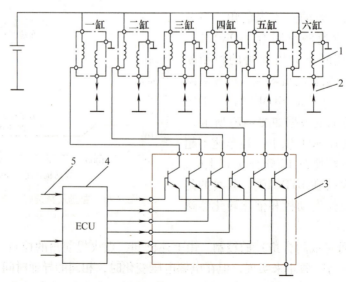

图 4-71　无分电器单独点火系统电控原理图

1—点火线圈　2—火花塞　3—点火器　4—ECU　5—各传感器及开关输入信号

各缸点火线圈一次绕组的通断分别由点火器中的一个大功率晶体管控制,整个点火系统的工作由 ECU 进行控制。发动机工作时,ECU 根据曲轴位置传感器、空气流量传感器、冷却液温度传感器、爆燃传感器以及相应的开关输入信号,在 ROM 中选择合适的控制数据或程序,经过分析计算得出最佳控制数据,适时地输出点火信号至点火器,由点火器中的大功率晶体管分别接通或切断相应各缸点火线圈的一次电路,完成点火工作。

ECU 的主要功能有:判断点火气缸、计算点火提前角和闭合角以及将点火信号分配到指定的气缸。

(2) 奥迪汽车四气门五缸发动机点火系统 图 4-72 所示为奥迪汽车四气门(每缸两进气门两排气门)五缸发动机点火系统的电控原理及点火线圈安装位置图。火花塞安装在两根凸轮轴的中间(图 4-72a),每缸火花塞上直接压装一个点火线圈,在布置上很容易实现。图 4-72b 所示为其四气门五缸发动机点火线圈的安装情况;图 4-56c 所示为其点火系统原理图。

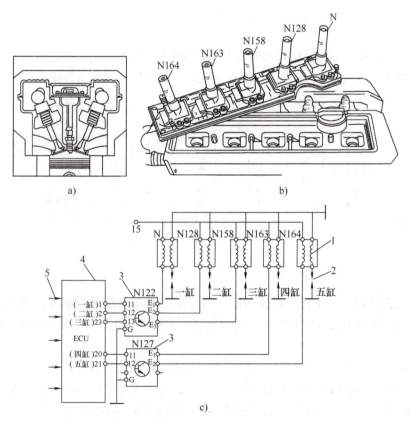

图 4-72 奥迪汽车四气门五缸发动机无分电器单独点火系统
1—点火线圈 2—火花塞 3—点火器 4—ECU 5—各传感器及开关输入信号

该点火系统设置了两个点火器,与上述图 4-71 所示的结构又有区别,五个点火线圈分别接两个点火器 N122、N127 上,其中 N122 控制 1、2、3 缸的点火线圈,N127 控制 4、5 缸的点火线圈。两个点火器分别用点火信号输出线与 ECU 相连。发动机工作时,ECU 通过 1、2、23、20、21 各接线柱上的点火信号输出线,适时对各缸输出点火信号,通过点火器,完成点火工作。

这种单独点火方式突出的优点是由于无机械分电器和高压导线，因而能量传导损失、漏电损失小，机械磨损或破坏的机会均减少，加之各缸的点火线圈和火花塞均由金属罩包覆，其电磁干扰大大减小；由于采用了与气缸数相同的特制的点火线圈，该点火线圈的时间常数比传统的点火线圈小，因而线圈充电时间极短，能在高达0～9000r/min的宽广转速范围内，提供足够点火能量和高电压。

第五节　电容放电式点火系统

电容放电式点火系统的基本特点是它用于产生电火花的能量不是以磁场能的形式储存在点火线圈中，而是以电场能的形式储存在专门的储能电容中。在需要点火时，储能电容向点火线圈的一次绕组放电，同时在二次绕组中感应出高压电，使火花塞跳火，完成点火工作。

一、电容放电式点火系统组成

电容放电式点火系统的结构及基本工作原理如图4-73所示，它由直流升压器、储能电容器、开关器件（晶闸管）、触发器以及点火线圈、分电器、火花塞等组成。

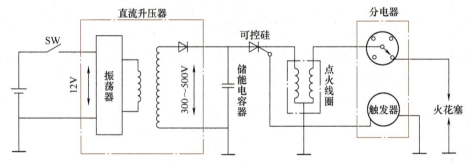

图4-73　电容放电式点火系统

（1）直流升压器　直流升压器包括振荡器、变压器和整流器三部分，其作用是将蓄电池12V的低电压转变为交流电并升压，再经整流器整流为300～500V的直流电，向储能电容充电。

1) 振荡器：将电源12V的直流电转变成交流电，以供变压器工作。

2) 变压器：将振荡器产生的低压交流电升压，转变成为300～500V左右的交流电。

3) 整流器：将变压器输出的交流电整流为300～500V的直流电，用以对储能电容器充电。

（2）储能电容器　储能电容器的容值一般为0.5～2μF，用于储存产生电火花的能量。

（3）晶闸管　晶闸管的作用是在非点火时间里，隔断储能电容与点火线圈的连接，以使直流升压器能迅速为电容器充足电；在点火触发信号输入时，则迅速导通，让储能电容及时向点火线圈一次绕组放电，同时使点火线圈二次绕组产生高压电。

晶闸管是一个开关器件，由触发器在规定的点火时间触发导通。

（4）触发器　触发器按获得触发信号的不同，又可分为有触点式和无触点式两类。有触点式一般采用断电器触点进行触发；无触点式采用类似信号发生器的触发器进行触发，使晶闸管及时导通或截止。

无论是什么样的触发器，一般都和分电器同轴，装于分电器内。

二、电容放电式点火系统工作原理

电容放电式点火系统的基本工作原理是：触发器发出指令信号使晶闸管关断时，直流升压器输出的 300~500V 直流高压电向储能电容器充电；触发器发出指令信号使晶闸管导通时，储能电容器向点火线圈的一次绕组放电，与此同时，在二次绕组中感应出约 20~30kV 的高压电，使火花塞跳火，完成点火工作。

电容放电式点火系统的储能过程不受点火信号控制，只要点火开关接通，直流升压器便开始工作，储能过程就已开始进行。电容放电式点火系统与电感放电式点火系统不同，它点火线圈一次电流增长和二次线圈产生高压电同步，即储能电容放电的过程就是一次电流 i_1 增长的过程，同时也是在二次绕组感应出高压电（约 15~30kV）使火花塞跳火的过程。

电容放电式点火系统的工作过程可分下面两个阶段进行分析。

1. 触发器发出指令使晶闸管关断时，储能电容的充电过程

此时的等效电路如图 4-74 所示。其中 U_B 为直流升压器的输出电压；R_0 为直流升压器的内阻，C_1 为储能电容器的电容值。

当储能电容 C_1 充电时，还是根据基尔霍夫电压定律，其端电压 U_{C1} 将按指数规律增长

$$U_{C1} = U_B\left(1 - e^{-\frac{1}{R_0 C_1}}\right) \tag{4-17}$$

式中 $R_0 C_1$——为充电电路的时间常数，用字母 τ 来表示。

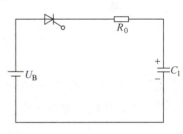

图 4-74 晶闸管关断、储能电容充电时等效电路

当充电时间 $t = 3R_0 C_1$ 时，储能电容 C_1 的电压即可上升到接近于稳定值 U_B，这时 C_1 储存的电场能为

$$W_{C1} = \frac{1}{2} C_1 U_B^2 \tag{4-18}$$

保证电容放电式点火系统正常工作的条件是：当发动机以最高转速运转时，储能电容 C_1 能够在极短的、连续产生两次火花的时间间隔内充足电。也就是说，在连续两次跳火的时间间隔内，C_1 上的电压应来得及充到和直流升压器输出电压 U_B 相等的数值。即时间常数 τ 应满足如下要求

$$\tau = R_0 C_1 \leq \frac{20W}{z n_{\max}} \tag{4-19}$$

式中 z——发动机的气缸数；

$n_{\max}$——发动机最高转速。

W——冲程系数，二冲程发动机 $W=1$；四冲程发动机 $W=2$。

储能电容器的电容量 C_1 常选 0.5~2μF；直流升压器的内阻 R_0 由其输出电阻决定，一般来说，直流升压器的功率越大则其输出电阻越小。

因此，只要正确选择 C_1 和 R_0，使其满足式（4-19）的要求，则在发动机高速时也能确

保把储能电容 C_1 的电压值充到 U_B。

2. 触发器发出指令使晶闸管导通时，储能电容放电的过程

假设点火线圈中的一次绕组和二次绕组间没有直接耦合，且耦合系数为1，二次电路的分布电容以一个集中电容 C_2 代替，则此时的等效电路如图 4-75 所示。其中 $C_2\left(\dfrac{N_2}{N_1}\right)^2$ 是二次电路分布电容折算到一次电路上的电容，L_1 为一次绕组的电感，R_1 为一次电路的电阻。

晶闸管即将导通的瞬间，储能电容上储存的电荷量为

$$Q = C_1 U_B \qquad (4\text{-}20)$$

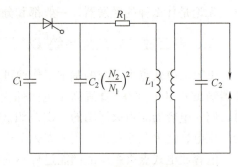

图 4-75　晶闸管导通、储能电容放电时等效电路

晶闸管导通后，由于附加电容 $C_2\left(\dfrac{N_2}{N_1}\right)^2$ 被并联到储能电容 C_1 上，使 C_1 电压下降，其值为 $U_{1\max}$

$$U_{1\max} = \dfrac{Q}{C_1 + C_2\left(\dfrac{N_2}{N_1}\right)^2} = \dfrac{C_1 U_B}{C_1 + C_2\left(\dfrac{N_2}{N_1}\right)^2} \qquad (4\text{-}21)$$

即晶闸管导通后，储能电容的端电压最大值为 $U_{1\max}$，它将向一次绕组放电，同时在二次绕组中感应出高压的互感电动势，该二次电压的最大值为

$$U_{2\max} = U_{1\max}\dfrac{N_2}{N_1} = \dfrac{C_1 U_B}{C_1 + C_2\left(\dfrac{N_2}{N_1}\right)^2}\dfrac{N_2}{N_1} \qquad (4\text{-}22)$$

一般 $C_1 \gg C_2\left(\dfrac{N_2}{N_1}\right)^2$，所以

$$U_{2\max} \approx U_B \dfrac{N_2}{N_1} \qquad (4\text{-}23)$$

由此可得出结论：只要适当选择 C_1，即可使 C_2 对二次电压最大值的影响减小到最低限度，且可认为点火系统二次电压的最大值基本不受转速和二次分布电容的影响。

3. 电容储能式点火系统的优缺点

电感放电式点火系统是利用点火线圈一次绕组储能且在一次电流断开时产生高压电火花，而电容放电式点火系统则是利用电容器储能，在储能电容器向一次绕组放电的同时产生高压电火花，因此电容放电式点火系统的能量利用率较高。

由于储能电容器充电、放电的时间极短，且晶闸管的动作极快（5~10μs），所以二次电压几乎不受发动机转速的影响，而且在发动机高速情况下，二次电压也不降低，可保证在转速高达 10000r/min 的四冲程四缸发动机和转速高达 5000r/min 的四冲程八缸的发动机上可靠工作。

电容放电式点火系统的主要缺点是火花放电时间过短，仅 5~50μs，而电感储能式可达

1~2ms。由于火花持续时间太短，不能确保气缸内混合气的充分燃烧，尤其是燃气混合不良及燃用稀混合气时更是如此，使得发动机在起动和低速工况下点火不良，同时，还会使排放增加。

电容放电式点火系统的另一个缺点是由于高的二次电压上升率，会对无线电产生严重的干扰。此外，该系统结构复杂，体积较大，成本高。

由于上述缺陷，限制了电容放电式点火系统在一般汽油机上的推广使用，而仅用于转速较高的汽油机，如赛车发动机等。电子控制的电容放电式点火系统，可以以霍尔效应式（或其他形式）的传感器作为点火参考信号，用微机控制点火时刻，发送点火触发信号，采用储能电容放电的方式使点火线圈一次绕组通过电流，并在二次绕组感应出高电压，使火花塞间隙放电。这种电容放电式点火方式越来越多地被用于汽油机的稀薄燃烧和代用燃料发动机的高能点火系统。由于电容放电式的点火系统存在火花持续时间短的缺点，同时它的二次电压又上升极快，所以为了保证可靠点火和提高发动机的性能，这种电控电容放电式点火系统多采用顺序多次点火或多火花塞的方式解决。

第六节　点火系统的使用与检测

一、点火正时

点火正时就是让分电器轴的位置与发动机活塞的位置相匹配，使点火系统能有正确的初始点火提前角。发动机实际工作时，真空点火提前调节器和离心点火提前调节器是在此点火提前角的基础上调节点火提前角的。因此，点火正时的准确与否对发动机能否在适当的时间点火影响很大。为了保证发动机气缸中的混合气在正确的时刻被点燃，在安装分电器总成或更换燃油品质时，应进行点火正时。

点火正时均以第一缸为基准，不同的发动机，其调整方法略有差异，但基本步骤相似。一般步骤如下：

1. 传统点火系统的点火正时

（1）检查断电器触点的间隙　断电器触点间隙的大小不仅影响最高二次电压，对点火时刻也有较大的影响，如果点火正时调整完以后再调整触点间隙，就会使调整好的基本点火提前角又有所变化。因此，应首先检查触点的间隙，若不在规定的范围内，应调整至规定值。

（2）找出第一缸压缩终了上止点　可用如下方法找出第一缸压缩终了上止点：

先拆下第一缸的火花塞，用干净的棉纱（或用拇指）堵住火花塞螺孔，顺着发动机旋转方向摇转曲轴，当棉纱被冲出时（或拇指感觉气缸内有较大的气体压力时），即为第一缸压缩行程，再慢慢转动曲轴，使飞轮上的第一缸上止点记号与飞轮壳或曲轴带轮上的标记对正，然后装回火花塞。

（3）确定断电器触点刚刚打开的位置　松开分电器紧固螺钉，先顺分电器轴旋转方向转动分电器外壳，使断电器触点处于闭合状态，然后拔出中央高压导线，使高压导线端距缸体3~4mm，接通点火开关，慢慢地逆分电器轴旋转方向转动分电器外壳至高压线端跳火，此时分电器的位置就是断电器触点刚刚打开的位置。

如有辛烷选择器时,应先将辛烷选择器调整至"0"的刻度位置上。

(4) 按点火顺序接好高压导线 分火头所对的分电器盖旁电极插孔插第一缸高压导线,然后顺着分电器轴旋转的方向,按点火顺序插好其他各缸的高压导线。

(5) 检查点火正时

1) 发动机空转检验。起动发动机,使冷却液温度升到70~80℃,在发动机怠速运转时突然加速,如发动机转速能迅速增加,并伴有轻微的敲缸声随后立即消失,表明点火时间正确;如果在急加速时发动机出现了爆燃(尖锐的金属敲击声),说明点火时间过早,应顺分电器轴旋转方向转动分电器外壳,使点火提前角适当减小;如发动机转速不能随节气门打开而立刻升高,并有发"闷"之感,排气管出现"突突"声且冒黑烟,则为点火过迟,应逆分电器轴旋转方向转动分电器外壳,适当调大初始点火提前角。

2) 汽车在行驶中进行检查。在平直路面汽车以20km/h行驶时(发动机走热至70~80℃),挂直接档突然加速(将加速踏板踩到底),如果在车速急增时能听到微弱的敲击声,但很快消失,表明点火时间正确;如果急加速时发动机爆燃较为严重(明显的金属敲击声),表示点火过早;如果急加速时虽无爆燃发生,但加速感到沉闷,则说明点火时间过迟,应对其再进行调整,直至适当为止。

2. 电子点火系统的点火正时

1) 找到第一缸压缩终了上止点:方法同传统点火系统。

2) 调整分电器。转动分电器轴或分电器外壳,使分电器上的分火头指向分电器壳体上的标记,或分电器壳体上的标记与缸体上的标记对准,装入分电器,并旋紧固定螺钉。

3) 将机油泵的驱动轴旋至规定位置。如桑塔纳轿车要求机油泵驱动轴上的扁平部与曲轴方向平齐;切诺基轿车2.5L发动机要求机油泵驱动轴上的扁槽定位在时钟11点钟稍前位置。

4) 安装分火头,并转动分电器轴使分火头指向分电器壳体上的标记或规定方向,或者使信号转子与传感器部分的相对位置符合要求。如桑塔纳轿车要求分火头指向分电器壳体上的第一缸标记,切诺基轿车2.5L发动机要求分火头的位置位于2点钟的位置。

5) 慢慢装入分电器,分电器完全装入正确位置后,分火头应指向规定位置。如桑塔纳轿车分火头指向分电器壳体上的第一缸标记;切诺基轿车2.5L发动机要求分火头的位置应位于刚过3点钟的位置。将分电器固定螺钉按规定扭矩紧固。

6) 插好中央高压导线,按发动机的点火顺序,插接好分缸高压导线。插接时,第一缸的高压导线应插接在正对分火头的旁电极插座孔内,然后顺分火头的旋转方向,按点火次序插接好其余各缸的高压导线。

7) 检查点火正时。检查电子点火系统的点火正时和检查传统点火系统的点火正时一样,有发动机空转时检验和行驶过程中检验两种,检验方法相同。除此之外,电子点火系统还可用发动机点火提前角检测仪检测其规定转速下的点火提前角,并通过与标准的点火正时参数比较,来判断点火正时正确与否。以正时灯校正点火正时为例:

安装正时灯,把正时灯的红色和黑色导线分别接至蓄电池的正、负极上,把正时灯的传感器信号接至第一缸火花塞上,如果是氖虹灯,则可将其红线接至第一缸火花塞上,黑色线接在火花塞高压线上。连接转速表,将转速表的红线接点火线圈负接线柱,黑线接机体

（搭铁）。用粉笔或白漆在点火标记上划上细线，并在相应的指标上涂上白色记号。发动发动机，调整发动机转速至规定值（一般为650~750r/min），用正时灯照射正时标记，每次第一缸点火时，正时灯发出的光正好照射点火正时记号。预涂的白色细线与白色指标刚好对正，说明点火正时；如与指标不能对正，说明点火过早或过迟，便要调整分电器的位置，达到点火正时的要求。

二、点火系统的试验

点火系统的试验实质上主要是对点火线圈和分电器进行试验，试验内容包括跳火性能试验、点火配角试验和点火提前角性能试验等。试验一般在电器万能试验台上进行，也可在自制的分电器试验台上进行。下面以霍尔式电子点火系统的试验为例进行说明。

1. 点火线圈发火强度试验

点火线圈发火强度试验是通过跳火间隙的测量来判断点火线圈在不同转速下产生的二次电压，检查其工作性能是否良好。试验点火线圈的发火强度，是在万能试验台上利用三针放电装置进行，如图4-76所示。

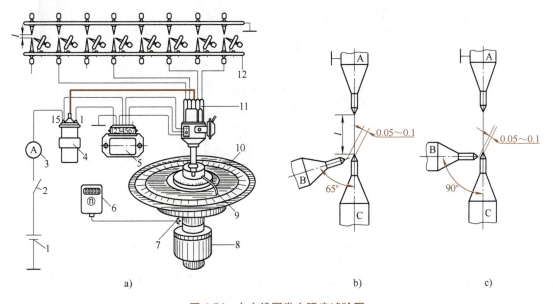

图4-76 点火线圈发火强度试验图

a) 试验原理电路 b) 65°形三针放电器 c) 垂直形三针放电器
1—蓄电池 2—点火开关 3—电流表 4—被测点火线圈 5—点火器
6—转速表 7—转速传感器 8—调速电动机 9—旋转放电针 10—刻度盘
11—分电器 12—三针放电器 l—放电电极间隙

三针放电器有两个主电极A、C和一个辅助电极B。电极A搭铁、电极C接分高压导线，辅助电极B不与其电路连接，它和主电极C之间有0.05~0.1mm的间隙（图4-76b、c所示）。增加辅助电极B的目的是使它和主电极C之间形成小火花，促使主电极间隙中气体电离，从而使击穿电压比较稳定。移动主电极A可以改变A、C之间的电极间隙l。

将待测分电器固装在试验台上，并配用相应的电源和待测点火线圈；用高压导线将分电器的旁电极插孔与电器万能试验台上三针放电器的主电极C连接；将三针放电器的电极间

隙 l 调到 7mm[注]，然后起动试验台的调速电动机使分电器低速运转，待点火线圈温度升高到工作温度（60~70℃）时，将分电器的转速调节到规定数值（一般为 3000r/min，传统点火系统为 1500r/min）。然后调整三针放电器的搭铁极 A，使跳火间隙逐渐增大，直到点火线圈能在 30s 内连续地发出蓝色火花，且跳火响声清脆、无断火现象。此时，测量间隙的大小（毫米数），计算试验所求得的二次电压值，并将求得的二次电压值与标准规范作比较，即可知道该点火线圈性能的好坏。

2. 点火配角试验

点火配角通常称为电火花间隔角度。发动机工作时，点火配角应均匀，否则，点火时刻就会提前或推迟。对四缸发动机而言，点火信号发生器转子每旋转 90°就应跳火一次；对六缸发动机而言，信号转子每旋转 60°应跳火一次，否则，说明分电器轴磨损或凸轮磨损不均匀等，应进行修理。

试验仍在电器万能试验台上进行，试验线路如图 4-77 所示，具体方法如下：

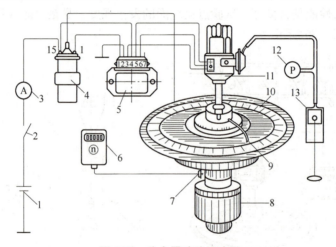

图 4-77 分电器试验线路图

1—蓄电池 2—点火开关 3—电流表 4—点火线圈 5—电子控制器 6—转速表 7—转速传感器
8—电动机 9—旋转放电针 10—刻度盘 11—分电器 12—真空表 13—真空泵

1）将点火线圈上的中央高压导线连接到刻度盘旁边的插孔中，旋转放电针尖端与刻度盘之间设有 2~3mm 的间隙，放电针搭铁极与蓄电池负极相通。

2）起动试验台调速电机，并将分电器转速调到 50~100r/min，观察旋转放电指针与刻度盘之间出现电火花的间隔角度是否均匀。以任意一缸为基准，其余各缸在刻度盘上跳火间隔角度偏差值应不大于±1°。如角度偏差超过标准，通常是分电器轴松动、弯曲所致。

3. 点火提前角性能试验

点火提前角性能试验的目的是检查离心提前装置和真空提前装置的调节性能。试验还是在电器万能试验台上进行，试验线路与电火花间隔角度试验相同（图 4-77）。具体方法如下：

(1) 离心提前性能试验 进行离心提前性能试验时，真空提前装置上的真空管必须拆

[注] 采用 65°形三针放电器（图 4-76b），电极间隙每 7mm，约需击穿电压 15kV；采用垂直形三针放电器（图 4-76c），每击穿 10mm 间隙，所需击穿电压 15kV。

下。先将分电器转速调到最低转速（50~100r/min），然后将刻度盘上的"0"对准某一个电火花，再逐渐升高分电器轴转速，同时观察规定转速时的点火提前角是否符合规定标准。如不符合标准，可通过改变离心弹簧的弹力进行校正。如校正无效，则需更换离心弹簧。

（2）真空提前性能试验 进行真空提前性能试验时，将分电器转速保持在1000r/min，使离心提前装置调节的点火提前角保持不变。然后抽动真空泵使真空度均匀地增大，再使真空度均匀地减小，同时观察规定真空度时的点火提前角是否符合规定标准。如不符合，可通过增减真空提前装置插头处的垫圈使弹簧的弹力改变进行校正。

三、点火系统的故障检查

汽车运行期间，发动机不能起动或起动后运转不均匀以及中途熄火等，问题大都出在点火系统或燃油供给系统。一般来说，若发动机在运行中突然熄火，再次起动仍无法起动，多为电路故障。若发动机在运行中逐渐熄火多为油路故障。当确定发动机是由于点火系统故障而不能起动时，必须首先判断出故障所在部位，然后再逐步查找故障的具体位置。一般可遵循如下步骤：

点火系统的电路由电源线路、低压线路和高压线路三部分组成。

1）检查蓄电池供电是否正常：可按喇叭或开大灯检查，如喇叭不响，大灯不亮，则故障在电源部分，如蓄电池搭铁不良，或者是蓄电池电压过低容量不足等。

2）根据跳火情况进行判断：拔出分电器的中央高压导线，使其端头距气缸体6~8mm。接通点火开关，摇转曲轴，观察高压导线端头的跳火情况，我们称之为"试火"。

如电火花强烈，表示低压电路和点火线圈良好，故障在高压电路部分；如无电火花或电火花弱，表示故障在低压电路或点火线圈。

1. 高压电路故障判断

判断高压电路故障可以采用第二次试火的方法，即装回中央高压导线，从火花塞上拆下高压线头，使其端头距气缸体2~4mm，摇转曲轴，对缸体进行试火。如跳火很强，表示分电器和高压线正常，故障在火花塞或点火正时不准；如无电火花，则应更换所测气缸的高压导线再行试验，如果均无电火花，则表示故障在分电器盖、分火头或高压导线（绝缘损坏或潮湿漏电）。

2. 点火线圈、高压导线和分火头的检查

点火线圈的检查主要通过测量点火线圈一次绕组和二次绕组的电阻值进行，其值应符合规定值。如丰田汽车20R型发动机所装用点火线圈一次绕组的电阻值应为1.3~1.7Ω，二次绕组的电阻值应为10~15kΩ；早期桑塔纳轿车的点火线圈一次绕组电阻值为0.52~0.76Ω，二次绕组的电阻值为2.4~3.5kΩ。测量前应拆除点火线圈上的导线。测量一次绕组电阻值时，表头应接在点火线圈"+"、"-"接线柱之间；测量二次绕组电阻值，表头应接在点火线圈"+"接线柱与高压插孔之间。

高压导线和分火头的检查，都是通过测量其电阻值进行判断的，其值应符合规定值。在检查高压导线时，为防止把高压导线折断，一般应连同橡皮套一起拔出。如高压导线断裂、电阻值不符合规定或变形则应更换。

3. 低压电路故障判断

经过对高压部分和点火线圈检查后确认是低压部分故障时，则应对低压线路进行检查。

各种点火系统高压电路和点火线圈的结构和原理基本都相同,而低压电路的结构及原理区别较大,所以进行低压电路的故障判断时,应视电路结构的不同而分别对待。由于传统点火系统已基本淘汰,微机控制点火系统设计先进、工作可靠,使用中一般很少发生故障,所以我们以普通电子点火系统为例进行说明。

普通电子点火系统的低压部分包括电源、信号发生器和点火器三部分。进行故障判断时也应分三部分进行。电源电路的检查前已述及,也是通过开大灯、按喇叭的方法检查,低压部分主要是判断问题出在点火信号发生器还是点火器。下面分别对磁感应式电子点火系统和霍尔式电子点火系统低压部分故障的诊断方法加以说明。

(1) 磁感应式 仍以日本丰田汽车 20R 型发动机所装用的无触点式磁感应电子点火系统为例加以说明。

对这种点火系统进行第一次试火时,一般采用如图 4-78 所示的跨接线进行,具体方法是:关断点火开关,拆掉点火线圈 "-" 接线柱上的全部导线以防止损坏点火器。将跨接线 1 端搭铁,3 端接点火线圈 "-" 接线柱。拔出分电器盖上的中央高压导线,使其端部离气缸体 5~7mm。然

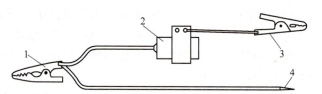

图 4-78 检查点火线圈跳火能力的专用跨接线
1—搭铁夹子 2—电容器 3—接点火线圈 "-" 接线柱
4—间断碰触点火线圈 "-" 接线柱

后,接通点火开关,用跨接线端部 4 间断地碰触点火线圈 "-" 接线柱。每当拿开时,高压导线的端部应产生一个电火花。检查中跨接线用的电容器的作用和传统点火系统中与触点并联的电容器作用相同。因跨接线碰触点火线圈 "-" 接线柱时,通过的电流较大,为防止烧坏点火线圈,要求每次接触时间不超过 1s。

1) 信号发生器的检查:用非磁性材料制成的塞尺,测量信号转子凸齿与传感线圈铁芯间的间隙,应在 0.2~0.4mm 范围内。用万用表测量点火信号发生器传感线圈的电阻,其电阻值应为 (160±20)Ω。

2) 点火器的检查:拆开点火器与分电器之间的插接件。在点火器的两根信号输入线(粉红线与白线)间,接一只 1.5V 的干电池,如图 4-79 所示。

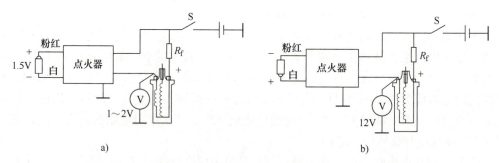

a)   b)

图 4-79 点火器的检查
a) 大功率晶体管导通 b) 大功率晶体管截止

干电池用来模拟信号发生器的输出电压信号。然后打开点火开关,用万用表电压档测试点火线圈 "-" 接线柱与搭铁之间电压值,以判断点火器是否有故障。当干电池正向连接时,

如图4-79a所示，点火器内大功率晶体管应处于导通状态，其测试电压值约为1~2V；当干电池反向连接时，如图4-79b所示，点火器内大功率晶体管应处于截止状态，其测试电压值约为12V。如两次测试电压值均正确，说明点火器正常，否则说明点火器有故障。

注意：每次加干电池测试的时间应尽可能缩短，一般不要超过10s。

（2）霍尔效应式 以早期桑塔纳轿车霍尔电子点火系统为例进行叙述，检查时应参照其基本电路进行分析（参见图4-39）。

这种点火系统进行第一次试火时，一般采用如图4-80所示的方法：

断开点火开关，拆下点火线圈"1"端子上的导线；拔出分电器盖上的中央高压导线并将其端头距发动机缸体5~7mm；另取一根跨接线并将其一端接到点火线圈"1"端子上，另一端在接通点火开关时短时搭铁（每次搭铁时间不得超过1s），然后断开（不搭铁），同时观察高压电火花跳火情况。如有电火花跳火，说明电源和点火线圈工作良好，故障可能发生在点火控制部件（包括信号发生器和点火器），可继续进行检查；如无电火花跳火，说明点火线圈、点火开关、蓄电池或低压线路有故障，应分别进行检查。

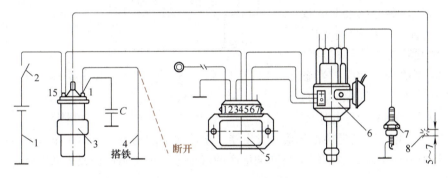

图4-80 检查电源供电能力

1—蓄电池 2—点火开关 3—点火线圈 4—跨接线 5—电子控制组件
6—内装霍尔传感器的分电器 7—火花塞 8—发动机缸体
C—一次电容（$0.25\mu F\pm0.10\mu F$）

电子点火系统一般都采用高能点火线圈，没有设置一次电容。因此，间断搭铁的速度将直接影响跳火电火花的强弱。为了防止人工操作跨接线使一次电流切断速度过慢而影响诊断结果，一般在点火线圈"1"端子与搭铁之间连接一只$0.25\mu F\pm0.10\mu F$的电容器C，以便提高一次电流的切断速度。

1) 点火器的检查。

确认点火器电源电路是否正常：关断点火开关，拔下点火器的插接件，将万用表（电压档）两触针接在点火器线束插头的4和2接线柱（图4-80）上。接通点火开关，电压表测得的电压值应约为蓄电池电压。否则，应找出电源断路故障并予以排除。

确认点火器工作性能：关断点火开关，连接好点火器插接件，拔下分电器霍尔信号发生器插接件。将电压表两触针接在点火线圈的15和1接线柱（图4-80）上。当接通点火开关时，电压表的电压值应为2~6V，并在1~2s后必须降为零值，否则应更换点火器。

确认点火器向信号发生器输出电压值是否正常：关断点火开关，将电压表的两触针接在霍尔信号发生器线束插头"+"和"-"接线柱上。接通点火开关时，电压表测得的电压值应为 5~11V。如低于 5V 或为 0V，再用同样方法对点火器插接件中的接线柱 5 和 3 进行测试，若电压值为 5V 以上，则说明点火器与信号发生器之间的线束有断路故障，应予以排除；若点火器插接件接线柱 5 与 3 之间电压值也为 5V 以下，则应更换点火器。

2）霍尔信号发生器的检查。

为了排除干扰因素，该项内容应在点火线圈、点火器及连接导线检查正常的基础上进行。其方法是：

测量信号发生器的输出电压：关断点火开关，打开分电器盖，拔出分电器盖上的中央高压导线并搭铁，将电压表的两触针接在插接件信号输出线（0）和接地线（-）接线柱上，如图 4-81 所示。然后按发动机转动方向转动发动机，同时观察电压表上的读数。其值一般在 0~9V 之间变化。当分电器触发叶轮的叶片在空气隙时，其电压值为 2~9V；当触发叶轮的叶片不在空气隙时，其电压值约 0.3~0.4V。若电压不

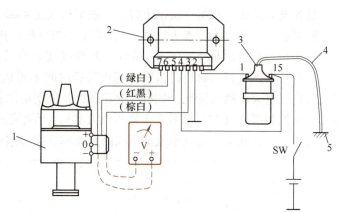

图 4-81　霍尔信号发生器输出电压的检查
1—分电器　2—点火器　3—点火线圈
4—中央高压导线　5—发动机机体

在 0~9V 之间变化，则应更换霍尔信号发生器（电压表显示的数值，由于车型或生产年代不同，其电压值有所不同，测试时应与同期生产的汽车进行对比判定，或根据维修资料规定数据进行判定）。

模拟信号发生器：如图 4-82 所示。关断点火开关，打开分电器盖。转动曲轴，使分电器触发叶轮的叶片不在空气隙中。拔出分电器盖上的中央高压导线，使其端部离气缸体保持 5~7mm。然后接通点火开关，用小螺钉旋具（或薄铁板）在信号发生器的空气隙中轻轻插入和拔出，模拟触发叶轮叶片在空气隙动作。如此时高压线端部跳火，说明霍尔信号发生

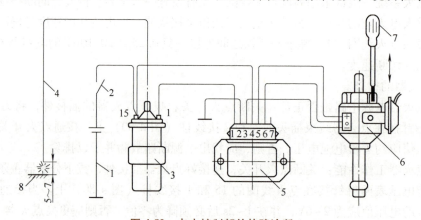

图 4-82　点火控制部件故障诊断
1—蓄电池　2—点火开关　3—点火线圈　4—中央高压导线
5—点火器　6—分电器　7—螺钉旋具　8—缸体

器、点火器、点火线圈及连接导线性能良好；如不跳火，在点火线圈、点火器及连接导线正常的情况下，说明信号发生器有问题，应予以更换。

4. 发动机个别缸不着火故障的判断

发动机个别缸不着火时，运转就不均匀，排气管冒黑烟，并发出有节奏的"突突"声，甚至"放炮"或回火。其检查方法和步骤如下：

1）找出不着火的气缸。用螺钉旋具将火花塞接线柱逐个搭铁短路。如果短路后，发动机振动加大，从排气管也能听到更加明显的异响，则说明此缸工作；若发动机并没有任何反应，则说明此缸不着火。

另外，根据火花塞的温度也可以判断，不着火气缸的火花塞温度常低于正常工作气缸的火花塞。

2）找出不着火的原因。将不着火气缸火花塞的高压导线拆下，使线端离火花塞接线柱3~4mm。发动机工作时，如有连续的电火花，说明故障在火花塞。如有了这个附加间隙后，火花塞开始正常工作，表示火花塞原来有积炭，加了间隙后，使火花塞电压提高，工作后绝缘体温度提高，积炭被烧去而变得清洁了；如有了附加间隙，而工作无变化，则应拆下检查或更换。

如无连续电火花，表明高压导线或分电器盖有故障。这时应将高压导线一端装回火花塞，而从分电器盖侧接线柱孔中拔出它的另一端，把线端放在距插座孔2~3mm处。如果发动机工作时火花塞间隙中有连续电火花，表示高压导线的绝缘有损坏；如无电火花，则分电器盖漏电。

如有几个缸同时不着火，应从分电器盖中央极柱孔中拆下高压导线，使线端离插座孔2~3mm，进行跳火试验。如有电火花，表示高压正常，而分电器盖绝缘不良，或几个火花塞有故障；如跳火有断续现象，表明低压部分或点火线圈有故障。

有时发动机在汽车行驶中缺火，而在空转时则正常，不能用搭铁的方法检查。这时只能依次换上良好的火花塞进行比较观察或拆下全部火花塞，用仪器检验。

思考题与习题

4-1 汽油发动机对点火系统的基本要求是什么？
4-2 传统点火系统的基本组成部件有哪些？其各部分的作用是什么？它们的工作原理如何？
4-3 简述传统点火系统的工作原理、工作过程及工作特性。
4-4 影响最高二次电压的因素有哪些？
4-5 点火线圈附加电阻起什么作用？点火线圈有几种类型？
4-6 分电器上电容器的作用是什么？
4-7 发动机转速与负荷变化时，传统分电器是如何自动调整点火提前角？
4-8 火花塞的电极间隙大小对点火性能有何影响？
4-9 传统点火系统主要有哪些缺陷？造成这些缺陷的根本原因是什么？
4-10 简述点火正时的调整及检查方法。
4-11 电子点火系统有哪些种类？
4-12 电子点火系统的基本组成部分有哪些？其控制原理是什么？
4-13 无触点电子点火系统其点火信号的产生方式有哪些？各有什么特点？

4-14 普通电子点火系统点火器的作用及工作原理是什么？

4-15 磁感应式、霍尔效应式、光电式点火信号发生器的组成、工作原理是什么？

4-16 电容储能式电子点火系统的组成部件有哪些？其基本工作原理如何，具有哪些特点？

4-17 点火系统可能会出现的故障有哪些？如何诊断点火系统的故障？

4-18 微机控制电子点火系统的组成及点火器的作用是什么？

4-19 微机控制电子点火系统的控制方式有几种，各是什么？

4-20 微机控制电子点火系统的点火提前角如何确定？

4-21 了解日产车系、丰田车系曲轴位置传感器结构及工作原理。

4-22 无分电器点火系统有几种点火方式，各自的含义是什么？

4-23 无分电器点火系统同时点火方式高压二极管的作用是什么？

4-24 了解丰田车系无分电器点火系统中 ECU、曲轴位置传感器、点火器各端子的含义。

第五章

仪表、照明及信号系统

第一节 仪表系统

为了正确使用发动机并了解其主要部分的工作情况,及时发现、排除和避免可能出现的故障,汽车上装有多种检查测量仪表。较常用的一般有五种仪表和三种相应的传感器,即电流表、机油压力表、冷却液温度表、燃油表及车速里程表等指示仪表和机油压力传感器、冷却液温度传感器、油量传感器等。在新型车辆上还装有电压表和发动机转速表。

对汽车仪表的一般要求是:结构简单,工作可靠,显示数据准确、清晰;当电源的电压出现波动和环境温度发生变化时,数据显示的变化应尽可能小;除此之外,仪表的抗振、耐冲击性能也要好。

汽车仪表是为驾驶人提供汽车运行重要信息的装置,用来指示汽车运行与发动机的运转状况,以便及时发现问题、采取措施、避免事故,保证车辆正常运行,同时也是维修人员发现和排除故障的重要工具。

现代汽车电气仪表一般包括电流表、机油压力表、冷却液温度表、燃油表和车速里程表等,有的汽车还装有发动机转速表。汽车电气仪表均集中安装在驾驶室转向盘仪表板上。常用的形式有组合式仪表板与组合仪表。不同汽车装用的仪表个数及结构类型不同,如图5-1所示。汽车仪表应结构简单、工作可靠、耐振、抗冲击性好,在电源电压允许变化的范围内,仪表示值应准确,且不随周围温度的变化而变化。

图 5-1 汽车典型仪表

汽车仪表按其结构型式可分为独立式和组合式两种。独立式仪表是将各独立的仪表固定在同一块金属板上;而组合式仪表是将各仪表封装在一个壳体内,具有结构紧凑、美观大方的特点,故为现代汽车广泛采用。

一、电流表

电流表又称安培表,汽车上用的是直流电流表。电流表多以双向工作方式串接在蓄电池充电电路中，用于表示蓄电池充电或放电的电流值，同时还检视电源工作是否正常。刻度盘上中间的示值为"0"，两侧分别标有"+"、"-"标记，其最大读数为20A或30A。指针指向"+"侧时，表示蓄电池充电；否则，表示蓄电池放电。

目前国产汽车均装用电流表，但国外汽车大都未装电流表而用充电指示灯，有些汽车如CA141型货车则两者都具备。

电流表的作用：

1）指示蓄电池充放电情况。

2）指示发电机工作情况。

当电流表的指针指向"+"侧时，表示蓄电池充电；当电流表的指针指向"-"侧时，表示蓄电池放电。

根据结构型式，电流表可分为电磁式和动磁式两种。国产汽车多使用电磁式电流表，东风牌汽车装有动磁式电流表。

1. 电磁式电流表

图5-2所示为电磁式电流表的工作原理。黄铜板条4固定在绝缘底板上，接线柱1和3分别连接在黄铜板条4的两端。黄铜板条的下面装有永久磁铁6，在磁铁内侧的转轴7上装有带指针2的软钢转子5。

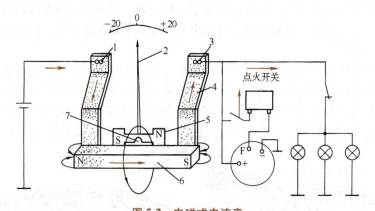

图5-2　电磁式电流表

1、3—接线柱　2—指针　4—黄铜板条　5—软钢转子　6—永久磁铁　7—转轴

无电流通过电流表时，软钢转子5在永久磁铁6的作用下被磁化，并与永久磁场的方向相反，使指针2保持在中间位置，示值为零。

当蓄电池放电时，电流由电流表接线柱1经过黄铜板条流向接线柱3，此时流经黄铜板条上的电流产生的环形磁场垂直于永久磁铁的磁场，形成合成磁场，使磁场发生偏转，并带动软钢转子偏转同样的角度，也就是转到合成磁场的方向。电流越大，合成磁场就越强，指针偏转角度也就越大。

当蓄电池充电时，电流方向相反，磁场方向偏转也相反，带动指针反向偏转指示充电。

当充电电流通过黄铜板条时，在黄铜板条周围产生磁场，与永久磁场合成一个磁场，使软钢转子向"+"方向偏转一个角度，充电电流越大，偏转角度就越大，电流表的读数也越大；当放电时，指针则反向偏转，指示蓄电池放电电流的大小。

2. 动磁式电流表

动磁式电流表的结构如图 5-3 所示。黄铜导电板 2 固定在绝缘底壳上，两端分别与正、负接线柱 1、3 相连，中间有磁轭 6。永磁转子 4 和指针 5 浮装在黄铜导电板的中部，刻度盘的量程为 -30~+30A，显示蓄电池的充、放电情况。

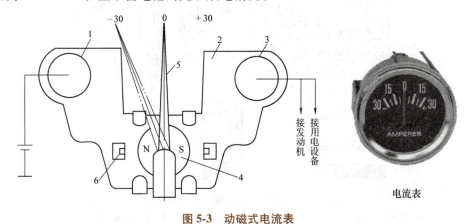

图 5-3 动磁式电流表
1、3—接线柱 2—黄铜导电板 4—永磁转子 5—指针 6—磁轭

动磁式与电磁式电流表的主要区别在于其转子是永久磁铁，量程较大。

无电流流过电流表时，永磁转子经磁轭构成回路，使指针保持在"0"位。放电时，电流由接线柱 1 经黄铜导电板 2 流向接线柱 3，黄铜导电板周围产生磁场，使永磁转子带动指针向"-"方向偏转一定角度，放电电流越大，偏转角度就越大，电流表的读数也越大；充电时，则指针反向偏转。

二、机油压力表

机油压力表由拧装在发动机主油道上或粗滤器壳上的油压表传感器和仪表板上的油压指示表两部分组成，用于指示发动机机油压力的大小，以便了解发动机润滑系统工作是否正常。

机油压力表按工作原理可分为双金属片式、电磁式和动磁式几种。通常，双金属片式油压表与双金属片电热脉冲式传感器配套使用；电磁式、动磁式油压表与可变电阻式传感器配套使用。

图 5-4 所示为双金属片式油压表与双金属片电热脉冲式传感器的结构。

油压表传感器内部装有膜片 2，膜片下的油腔 1 与发动机主油道相通，机油压力可直接作用到膜片 2 上使其变形，膜片 2 另一侧的中心与弹簧片 3 相接触。弹簧片 3 的一端与外壳固定并搭铁，其另一端的触点可以与双金属片 4 端部的触点接触。双金属片上绕有与其绝缘的加热线圈，校正电阻 8 与双金属片 4 上的线圈并联。

机油压力表中的双金属片 11，一端固定在调节齿扇 10 的端部，另一端与指针 12 相连，其上也绕有加热线圈，线圈的两端分别与油压表接线柱 9、14 相连。

机油压力表的工作原理为：仪表电路不通时，指示表靠双金属片保持在"0"位置。发动机运转，当机油压力很低时，膜片 2 几乎没有变形，作用在触点上的压力较小，电流通过不久，双金属片受热变形，将触点分开；触点分开后，电路被切断，双金属片 4 又逐渐冷却

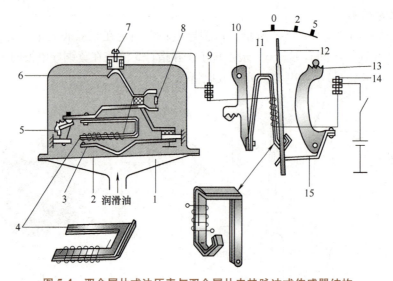

图 5-4 双金属片式油压表与双金属片电热脉冲式传感器结构
1—油腔 2—膜片 3、15—弹簧片 4、11—双金属片 5—调节齿轮 6—接触片
7、9、14—接线柱 8—校正电阻 10、13—调节齿扇 12—指针

伸直,使触点重新闭合;线圈再次通电发热,使其再次变形,触点分开。如此循环,触点处于开闭交替的状态。但由于触点接触压力较小,极易分开,故触点闭合时间较短,分开的时间相对较长,使得电路中的有效电流值较小,故油压表内的双金属片 11 受热变形小,指针的偏转角小,油压指示值就低。

机油压力增大时,传感器油腔内的油压也增大,压迫膜片向上拱曲,使触点的闭合压力增大。此时加热线圈必须经过较长时间通电后,使双金属片得到较大的弯曲,才能将触点分开;触点分开后,只需较短的时间冷却,触点重新闭合。于是,在触点闭合时间长,断开时间短的不断开闭动作下,由于频率增高,使通过指示表中的脉冲电流平均值增大,加热线圈使双金属片变形大,带动指针向右偏转,指示出较高的油压值。

因此,这种油压表主要靠脉冲电流大小的变化,达到相应指示油压值的目的,所以又可称为电热脉冲式油压表。脉冲电流的波形如图 5-5 所示。

一般油压在 0.491MPa 时,传感器触点的振动频率可达 100~130 次/min;油压为 0.196MPa 时,振频只有 40~70 次/min。发动机低速运转时,油压最低不应小于 0.147MPa,正常压力应为 0.196~0.392MPa,最高压力不应超过 0.491MPa。

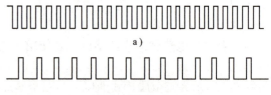

图 5-5 油压表中脉冲电流的波形
a) 高油压时 b) 低油压时

三、冷却液温度表

冷却液温度表的形式有指针式和屏断码式两种,指针式一般标示出 "C"("Cool") "1/4" "1/2" "3/4" "H"("High")等冷却液温度位置,屏断码式采用 LCD 笔段式方式显示,可采用多个矩形符号或长圆孔符号显示,相比而言屏断码式较指针式更加直观、形象。

冷却液温度表的信号来源有两种，一种是硬线，由冷却液温度传感器输入；一种是 CAN 线，由发动机 EMS 模块输入。

冷却液温度报警策略一般设计为：冷却液温度表标度盘上红色细刻度线至满刻度 H 间的区域为红色报警区域。当冷却液温度表的指针进入区域，冷却液温度报警指示灯根据报警点和解报点的定义点亮或熄灭。

冷却液温度表可分为电热式和电磁式两种类型，冷却液温度传感器有双金属片式和热敏电阻式两种。

1. 电热式冷却液温度表

图 5-6 所示为电热式冷却液温度表和双金属片式冷却液温度传感器的结构。

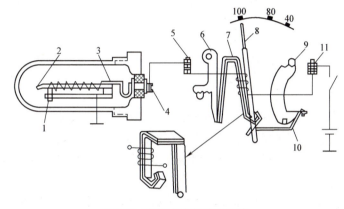

图 5-6 电热式冷却液温度表

1—可调触点　2—传感器双金属片　3—导电片　4—接线螺母　5、11—指示表接线柱
6、9—扇形调整齿　7—指示表双金属片　8—指针　10—弹簧片

电热式冷却液温度表与双金属片式机油压力表的构造相同，仅示值刻度不同。其工作原理与双金属片式机油压力表也相似。

当电路接通且冷却液温度较低时，传感器双金属片 2 主要依靠线圈来加热变形，故双金属片需经一段较长的时间加热，才能使触点分开。由于冷却液温度较低，传感器双金属片 2 易冷却，触点稍一冷却即很快闭合，所以触点闭合的相对时间长，使得电路中的有效电流值较大，故指示表内的双金属片 7 受热变形大，指针 8 的偏转角大，指示较低的冷却液温度。

当冷却液温度升高时，由于温度的影响，冷却液温度传感器双金属片 2 加热所需时间变短而冷却时间加长，即触点的闭合时间相对缩短，使电路中的电流有效值减小，指示表双金属片 7 变形量减小，指针 8 偏转角小，指示高温。发动机正常工作时，冷却液温度应在 75~85℃。

2. 电磁式冷却液温度表

图 5-7 所示为电磁式冷却液温度表的结构原理。电磁式冷却液温度表壳内固装有互成一定角度的两个铁芯，铁芯上分别绕有电磁线圈，其中一个与传感器串联，另一个与传感器并联，两个铁芯的下端设置带指针的偏转衔铁。传感器一般配用热敏电阻冷却液温度传感器，该传感器也可与电热式冷却液温度表配用，但同时要增加一个电源稳压器，东风牌汽车即采用这种冷却液温度表。

热敏电阻是一种半导体材料，对热和温度有高度的灵敏性，体积可以做得很小，不需要冷却，构造简单、寿命长。通常用来制造热敏电阻的材料有：二氧化钛和氧化镁的混合物；

氧化镍和氧化锰的混合物；氧化锰、氧化镍和氧化钴的混合物等。热敏电阻的材料一般具有负温度系数，图5-8所示就是负温度系数热敏电阻的基本特性曲线。

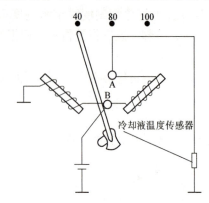

图5-7　电磁式冷却液温度表
A、B—指示表接线柱

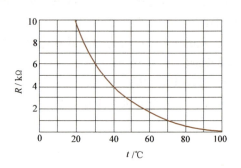

图5-8　负温度系数热敏电阻的基本特性曲线

热敏电阻的基本特性是：在温度低的部分，曲线的斜率比较陡；在温度高的部分，曲线的斜率就逐渐平直。这说明每增高单位温度，在低温部分电阻显著下降，而在高温部分电阻下降较慢。因此，在低温时，热敏电阻对周围介质温度的变化显得尤其灵敏，测量精度也比较高。

电磁式冷却液温度表的等效电路如图5-9所示。串联电阻 R，用以限制流经线圈 W_2 的电流。当冷却液温度低时，热敏电阻传感器阻值增大，流经 W_1 和 W_2 两个线圈的电流相差不多，但 W_1 匝数多，产生磁场强，吸引衔铁使指针向低温指示方向偏转，指示低温；当冷却液温度增高时，热敏电阻阻值减小，分流作用增强，流经 W_1 的电流减小，磁力减弱，衔铁被 W_2 吸引，指针向右偏转，指向较高温度。

一般为了消除电源电压的影响，冷却液温度表电路中串联了一个电源稳压器，其主要作用就是当电源电压波动时，起稳定电路电压的作用，从而保证冷却液温度表的读数准确。稳压器采用双金属片，工作原理如图5-10所示。

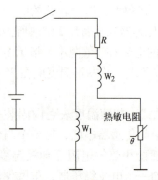

图5-9　冷却液温度表的等效电路

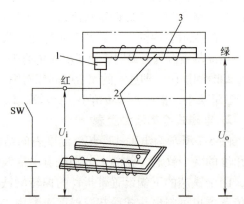

图5-10　稳压器的工作原理图
1—触点　2—双金属片　3—加热线圈

当触点 1 闭合时，其输出电压与输入电压相等，即等于电源电压，此时，加热线圈 3 有电流通过，双金属片 2 受热变形，使触点张开；当触点 1 张开后，电路被切断，稳压器的输出电压为"零"，双金属片因不再受热而逐渐冷却复原，于是触点重新闭合。如此反复，故稳压器的输出电压实质上是脉冲电压。当电源电压升高时，闭合阶段流过加热线圈 3 的电流相应增大，加速了双金属片的受热变形，使触点的相对闭合时间变短；反之，当电源电压变低时，同理分析，触点的闭合时间相对变长，如此利用脉宽调制方式可使得稳压器输出电压的有效值保持不变。该电源稳压器的输出电压为 8.64V±0.15V。

四、燃油表

燃油表的形式有指针式和屏断码式两种，指针式一般标示出"E"（"0"）"1/4""1/2""3/4""F"（"1"）等油位。相比而言屏断码式较指针式更加直观，容易让驾驶人更明确地感受的燃油的消耗过程。

燃油表的信号来源一般为硬线，由燃油传感器提供。燃油位置传感器是非线性的，所以需要进行线性化处理。燃油表的指针显示策略与转速表、车速表一致。

燃油量低的报警策略一般设计为：燃油表标度盘上 E 刻度下边缘至 E 刻度上边缘的区域为红色报警区域，当燃油表指针进入该区域内时，燃油报警指示灯应当根据报警和解报的定义点亮或熄灭。

1. 电磁式燃油表

电磁式燃油表的构造与工作原理如图 5-11 所示。

燃油表中安装有左线圈 1 和右线圈 5，两线圈之间有一个铁质的转子 10，转子与指针 2 固定在一起。传感器由可调电阻 6、滑动臂 9 和浮子 8 组成。浮子漂浮在油面上，当浮子随油面的高低而改变位置时，可以带动滑动臂 9 做相应的滑动。

当电路接通后，左线圈 1 和右线圈 5 均产生电磁吸力，并形成一个合成磁场，吸动转子 10 偏转一定的角度，带动指针指示一定的数值。当油箱中无油时，浮子 8 下沉，可调电阻 6 被滑动臂 9 短路，右线圈被同时短路搭铁，无电流通过。此时，电源电压直接加到了左线圈 1 的两端，电流达到最大值，使其产生的电磁吸力最强，吸动转子 10，使指针 2 指示在"0"的位置；当油箱中的燃油增加时，浮子 8 上浮，带动滑动臂 9 滑动，可调电阻 6 的阻值变大，使接线柱 4 处的电位升高，导致左线圈 1 的电流减小，右线圈 5 的电流增加，在左、右线圈的合成磁场的作用下，转子 10 带动指针向右偏转，指示出油箱中的燃油量；当油箱

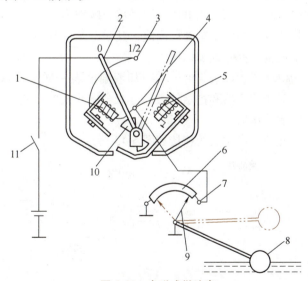

图 5-11 电磁式燃油表

1—左线圈 2—指针 3、4—指示表接线柱 5—右线圈
6—可调电阻 7—传感器接线柱 8—浮子 9—滑动臂
10—转子 11—点火开关

装满燃油时，右线圈 5 的电磁吸力最大，指针的偏转角度最大，示值为"1"。当油箱为半满时，指针 2 指在"1/2"的位置。

需要注意的是，滑动臂 9 与可调电阻 6 接触不良时会产生火花，容易产生火灾。因此，传感器可调电阻 6 的末端搭铁。

2. 电热式燃油表

电热式燃油表又称双金属片式燃油表，它的传感器与电磁式燃油表相同。另外，为了稳定电源电压，在电路中串接了一个稳压器，其结构如图 5-12 所示。

当油箱中无油时，传感器浮子 10 在最低位置，而将传感器可调电阻 8 全部接入电路，加热线圈 5 中电流最小，所以双金属片 6 几乎不变形，指针指在"0"处，表示无油；当油箱的油量增加时，传感器的浮子 10 上浮，滑片 9 移动，使部分电阻被接入电路，于是流入加热线圈 5 的电流增大，双金属片 6 受热弯曲变形带动指针向"1"移动，指示出油量的多少。

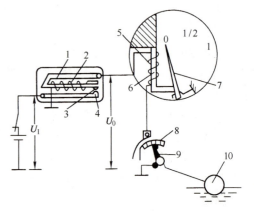

图 5-12 双金属片式燃油表

1、6—双金属片 2—加热线圈 3—动触点
4—静触点 5—指示表加热线圈 7—指针
8—传感器可调电阻 9—滑片 10—浮子

流经加热线圈的电流除与可调电阻值有关外，还与供电电压有关。汽车的电源是蓄电池与发电机并联，两者的电位差一般为 2V 左右，且发电机的端电压虽经调节器调整，但受负载电流的影响较大，而电源电压变化必然影响双金属片电热式仪表的测量精度。因此，凡是双金属片做指示表的，都必须加稳压器。

电热式燃油表与电磁式冷却液温度表一样采用双金属片式稳压器，稳压器工作原理相同。对于传感器和指示仪表都是双金属片式的，其本身就具有稳定电压的功能，所以不需要用电源稳压器。

油箱与燃油表的连接如图 5-13 所示。

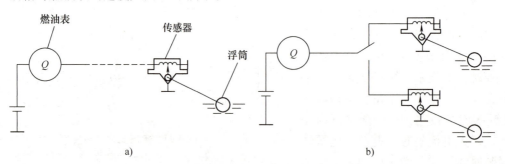

图 5-13 油箱与燃油表的连接

a）单油箱的燃油表与浮筒 b）双油箱的燃油表与浮筒

五、车速里程表

车速表的形式可分为指针式和液晶屏式，目前市场上普遍使用的还是指针式，液晶屏式

也称为数字仪表,多在电动汽车上使用。指针式的机芯采用步进电机,阻尼由软件实现,可根据要求对它进行编程设置,采用微步的技术使指针运动平滑。

车速表的显示范围一般为 0~220km/h,最小分度值一般设计为 1km/h、2km/h、5km/h、10km/h。设计时需要对车速表的整个角度范围进行定义,标出"0"刻度线和最大刻度线的设计角度值。

车速表的信号来源是轮速传感器、ABS 控制模块或 ESP 控制模块输入,采用电线和 CAN 线两种方式。电线输入为 TTL 电平,一般采集的脉冲量有车速和发动机转速,里程由车速累积得到。CAN 线对具体转速值对应的 CAN 值进行定义。图 5-14 所示为磁感应式车速里程表的结构简图。

图 5-14 所示车速表是由与主动轴固定在一起的 U 形永久磁铁 1、带有转轴与指针 6 的铝罩 2 以及磁屏 3 和固定在车速里程表外壳上的刻度盘 5 等组成,主动轴由变速器或分动器传动蜗杆经软轴驱动。

汽车不行驶时,游丝 4 使指针 6 位于刻度盘的零位;当汽车行驶时,主动轴带动永久磁铁 1 旋转,永久磁铁的磁力线在铝罩上产生涡流,涡流产生的磁场与旋转的永久磁铁磁场相互作用产生转矩,使铝罩克服游丝的弹力朝永久磁铁 1 转动的方向旋转,直至与盘形弹簧弹力相平衡。铝罩 2 转动角度的大小与主动轴转速成一定的比例。车速越高,永久磁铁 1 旋转越快,铝罩 2 上产生的涡流越大,转矩越大,使铝罩 2 带动指针 6 偏转的角度就越大,即指示的车速的示值越高。

里程表由蜗轮、蜗杆机构和数字轮组成。汽车行驶时,主动轴经三对蜗轮、蜗杆驱动里程表最右边的第一数字轮。第一数字轮上所刻的数字表示 1/10km。每两个相邻的数字轮之间,又通过本身的内齿和进位数字轮传动齿轮,形成 1:10 的传动比。当第一数字轮转动一周,行驶满 1km 时,由内传动齿拨动第二个数字轮转动,计量单位为 1km;行程达 10km 时,第三个数字轮转动,计量单位为 10km,其余数字轮,由低位到高位的显示、计数方式均依此类推,按十进位逐步依

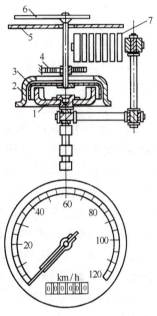

图 5-14 磁感应式车速里程表
1—永久磁铁 2—铝罩 3—磁屏
4—游丝 5—刻度盘
6—车速表指针 7—数字轮

次拨动下去,就能累计汽车行驶里程数,从标度盘上的小窗口显示出来。汽车停驶时,由于蜗轮蜗杆也停止传动,且不会倒转,所以能间歇地不断累计总里程数,当计满 999999.9km 后,又重新由 0 开始。这样就能累计汽车自投入使用后的总行驶里程数。

除了上述的磁感应式车速里程表外,目前有些汽车还装有电子车速里程表,由车速传感器(即测速发电机,由变速器驱动)、电子电路、步进电动机、车速表和里程计数器等组成。图 5-15 所示即为美国通用汽车公司所采用的一种电子车速里程表的结构框图。

六、发动机转速表

转速表的形式与车速表相同,分为指针式和液晶屏式。

转速表的显示范围一般为 0~8000r/min,其中,6000~8000r/min 采用红色刻度线显示,

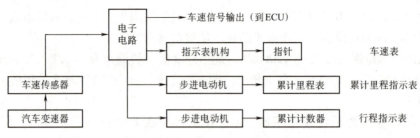

图 5-15 电子车速里程表结构框图

最小分度值为 500r/min。设计时需要对转速表的整个角度范围进行定义，标出"0"刻度线和最大刻度线的设计角度值，以及每 500r/min 对应的角度值。

转速表信号来自发动机 EMS 控制模块，可采用电线和 CAN 线两种方式接入，电线输入为 TTL 电平，CAN 线对具体转速值对应的 CAN 值进行定义。

发动机转速表有机械式和电子式两种。电子式转速表具有指示平稳、结构简单、安装方便等优点，所以被广泛采用。以下就介绍其中的几种。

1. 电容充放电式电子转速表

图 5-16 是利用电容器充放电的脉冲式电子转速表。电子转速表的转速信号取自点火系统的分电器触点。当发动机工作时，分电器触点不断开闭，其开闭次数与发动机转速成正比（四冲程四缸发动机，曲轴转一圈，触点开闭两次；六缸发动机曲轴转一圈，触点开闭三次）。触点开闭产生断续电流，经积分电路 R_1、R_2、C_1 整形送至晶体管 VT，从而取得一个具有固定幅值（电流值）和脉冲宽度（时间）的矩形波电流，此电流通过电流表 PA。

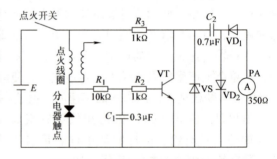

图 5-16 电容充放电式电子转速表

当触点闭合时，晶体管 VT 无偏压而处于截止状态，电容 C_2 被充电，充电电路为蓄电池正极→电阻 R_3→电容 C_2→二极管 VD_1→蓄电池负极，构成回路。

当触点分开时，晶体管 VT 的基极电位接电源正极，VT 由截止转为导通。此时电容 C_2 所充满的电荷经电流表 PA 放电。放电电路为电容器 C_2→晶体管 VT→电流表 PA→二极管 VD_2，再回到电容 C_2 的负极，从而驱动电流表。触点如此开闭，重复以上动作，使电流表示出通过电流的平均值。稳压管 VS 在电路中起稳压作用，并为电容 C_2 提供充电电路。二极管 VD_1 为电容 C_2 提供放电电路。

2. 单稳态多谐振荡式转速表

图 5-17 所示为 VT_1、VT_2 组成的单稳态多谐振荡式转速表电路。R_1、R_3、C_1、C_2 组成滤波器网络。振荡器由断电器触点打开进行触发，当打开点火开关，发动机未转动时，VT_2 通过 R_5 处于正向偏置而导通，VT_2 集电极的饱和电压不足以使 VT_1 和 VD_2 导通，因此，转速表读数为零。

当第一个断电器触点脉冲经滤波网络到达 VT_1 的基极，使 VT_1 导通后，给 C_4 提供了一个放电通路，VT_2 的基极电位下降，VT_2 瞬时截止（非稳态），VT_2 的集电极电位迅速升高

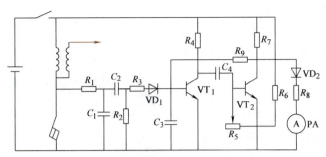

图 5-17　单稳态多谐振荡式转速表电路

到电源电压，通过 R_9 使 VT_1 进一步导通，在 C_4 上的电压达到 VT_2 的导通电压以前，VT_1 保持导通。在这段时间内，一个已知的振幅脉冲出现在 VT_2 的集电极上，并经 VD_2 和 R_8 加在表 PA 上。该脉冲的振幅和持续时间是转速表精度的关键参数。由于断电器触点脉冲宽度随转速而变，而单稳态多谐振荡器的输出不随转速而变。因此，VT_2 集电极上的平均电压与转速成正比。可利用一个精确的转速表对该转速表进行核准，也可以使用一个可变频率的矩形波发生器，对表进行校准。转速表的校准频率 f（Hz）为

$$f = nz/(60W) \tag{5-1}$$

式中　n——发动机转速（r/min）；

　　　z——发动机气缸数；

　　　W——冲程系数：四冲程机 $W=2$，二冲程机 $W=1$。

其测量量程为 8000r/min。

3. 感应式电子转速表

图 5-18 所示为感应式电子转速表原理。在电子转速表的线路中增加了一个磁性较强的环状磁体。这个磁环上绕有 W_1、W_2 和 W_3 三个绕组。W_1 为和点火线圈一次绕组串联的信号源绕组（转速信号取自此处），W_2 为输出信号绕组（它和晶体管的基极、发射极组成回路）；W_3 是为了加速晶体管工作而设置的，绕向与 W_1、W_2 相反的绕组。

当分电器的触点开闭时，在 W_1 中就有一个脉动的电流信号产生，同时在绕组 W_2 的上端就感应出一个脉动的电压信号。当绕组 W_2 的 A 端得到信号呈正时，晶体管便导通，电流表中就有电流通过；当 A 端的信号电位低于 B 端时，则晶体管截止，电流表中也就没有电流通过。因此，通过电流表的电流平均值与绕组 W_1 中脉动电流信号的频率成正比，即与分电器触点的开闭数成正比，也就是与发动机的转速成正比。

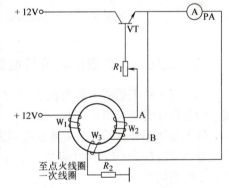

图 5-18　感应式电子转速表原理

七、新能源汽车仪表

1. 丰田 RAV4 纯电动 SUV 组合仪表

丰田纯电动 SUV 的 RAV4 汽车的组合仪表如图 5-19 所示。其设计风格比较简洁，左边

是速度表，中间是档位显示表，其中 P 代表驻车，R 代表倒车，N 代表空档，D 代表前进档，B 代表再生制动档（主要用于下坡情况下，电机工作在发电机模式起制动作用）。右边仪表的 2 个指针分别指示电池组荷电状态（F 和 E 分别代表 100% 和 0）和电压（HI 和 LO 分别代表充满电电压和放完电电压）。

2. 纯电动乘用车 e Box

美国 AC Propulsion 公司的纯电动乘用车 e Box 的组合仪表有两块显示区域，如图 5-20 所示。圆形表内采用指针式的白色速度表（包括外圈的 MPH 和内圈的 km/h）、电机电流表（包括红色的放电区域和绿色的充电区域）和电池荷电状态（E 表示空，F 表示满）；方形绿色显示屏上显示能量消耗、效率、充电控制功能、电池组电压和温度等信息。

图 5-19　丰田 RAV4 纯电动汽车组合仪表

图 5-20　AC Propulsion 公司的纯电动乘用车 e Box 的组合仪表

八、现代汽车仪表照明及智能仪表简介

现代汽车仪表照明主要指仪表的背光，即液晶显示屏背光灯、仪表背光灯，背光的区域、颜色设计需要与整车效果一致。

仪表照明的背光信号是由液晶屏触发信号、点火开关档位信号、小灯信号输入，液晶屏的触发信号设计为 OFF 档时液晶屏仍需指示工作的内容，如开门信号、PEPS 系统信息等。基本工作原则如下：

1）当仪表接收到该背光信号后，根据需要来调节组合仪表刻度盘背光亮度、指针亮度、液晶屏背光亮度，指针导光和液晶屏背光调节与整车的背光一致。

2）当点火开关位于Ⅱ档（IG1）时，液晶屏背光灯、仪表背光灯点亮。

3）当小灯打开时，液晶屏背光灯、仪表背光灯点亮。

4）蓄电池闭合，当小灯打开时，仪表的背光亮度可调；当小灯关闭时，仪表的背光不可调。

智能仪表可以提高汽车仪表性能、增强仪表功能，它应用新的处理技术和新的硬件平台，提高仪表的精度、可靠性、可维护性和可测试性，能有效避免错误结果的输出。通过编写合理的控制策略，智能仪表可以对其内部主要元器件进行自动检测，对故障进行定位和自动修复，在修复不了时可对故障部分进行隔离，提高了仪表的容错性和可靠性。

智能仪表具有自动处理功能，按照设计的控制策略自动进行量程转换，实现测量特性的自动校准，并能按照一定的规律自动寻找最优算法参数，达到提高仪表性能的目的。智能仪表利用其内部嵌入的数据处理算法（比如数字滤波等）来减小测量误差，以提高仪表精度。另外，智能仪表相对于传统仪表而言，使用了多种智能处理算法，如模糊识别与模糊控制、人工神经网络建模与识别、专家系统、多传感器信息融合处理方法等，使其具有"智能"特性。

第二节　照　明　系　统

一、概述

汽车上安装有各种照明设备和灯光信号设备（俗称灯系），主要用于保证汽车夜间行车的安全及提高其行驶的速度。

汽车灯具按功能可分为照明灯和信号灯两类；汽车的灯系按其安装位置和用途不同可分为外部照明设备和内部照明设备，分别如图 5-21、图 5-22 所示。外部照明设备包括前照灯、雾灯、示廓灯（示宽灯、示高灯）、转向信号灯、危险报警信号灯、牌照灯（尾灯）等。内部照明设备包括室内灯（顶灯）、仪表照明灯（仪表灯）、工作灯等。汽车灯具的发展目前主要有三种，一种是卤素汽车灯泡，一种是 HID 汽车灯泡，还有就是新兴的 LED 汽车灯泡。

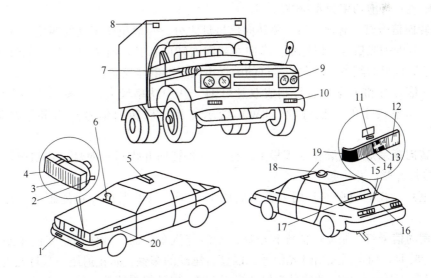

图 5-21　汽车外部照明灯具

1—前转向灯　2—前示位灯　3—前照灯　4—前雾灯　5—出租车标志灯　6—出租车空车灯
7—转向示位组合灯　8—示廓灯　9—前照灯　10—前雾灯　11—行李舱灯　12—倒车灯　13—后雾灯
14—后示位灯　15—制动灯　16—牌照灯　17—高位制动灯　18—危险报警信号灯　19—后转向灯　20—侧转向灯

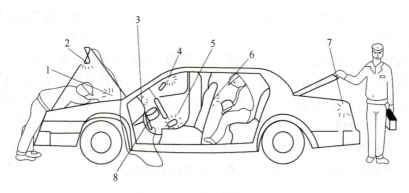

图 5-22 汽车内部照明灯具

1—工作灯 2—其他辅助用灯 3—仪表灯 4—顶灯 5—指示灯
6—阅读灯 7—行李舱灯 8—警告灯

（1）前照灯 前照灯俗称大灯、头灯，一般安装在汽车头部的两侧，给汽车在夜间或光线昏暗的路面上行驶时提供照明。每车 2 只或 4 只，亮度较大，其包含近光灯和远光灯，功率远光灯 40~60W，近光灯 35~55W。

（2）雾灯 是在有雾天气使用的照明灯，又称防雾灯。装于车头的雾灯称为前雾灯，装于车尾的雾灯称为后雾灯。雾灯的光色为黄色或橙色，因为这两种光的波长较长，穿透性能好，在有雾、下雪、暴雨或沙尘暴等恶劣天气条件下使用，能有效改善道路的照明情况和指示车辆的位置。雾灯的功率一般为 45~55W。

（3）示廓灯（俗称前小灯） 用于夜间行驶或停车时，标示车辆的存在和轮廓。示廓灯一般装在汽车前、后、左、右侧的边缘。前示廓灯的灯光为白色或橙色，后示廓灯的灯光为红色或橙色，灯泡功率为 8~10W。

（4）转向信号灯 有前、后、侧转向信号灯之分，一般位于车辆的四角。汽车转弯时，发出明暗交替的闪光信号，以标示汽车向左或向右转向行驶，前转向信号灯的灯光为橙色，后转向信号灯也可为红色。转向信号灯的闪烁由闪光继电器控制。

前转向信号灯和示宽灯通常制成双丝灯泡，其中功率较大的一根灯丝（20W）做转向信号用，功率较小的一根灯丝（8W）做示宽用。后转向信号灯常和尾灯制成双丝灯泡。

（5）转向指示灯 安装在仪表板上，标志汽车转向并指示转向灯工作情况的灯具，它与转向信号灯并联，并一起工作。

（6）尾灯 夜间行驶时，用来警示后面的车辆，以便保持一定的距离，装在汽车的尾部。

（7）制动信号灯 制动俗称刹车灯，安装与汽车后面，其作用是在汽车制动停车或制动减速行驶时，向车后发出灯光信号，以警告尾随的车辆，防止追尾。其灯光为红色，一般功率为 20~25W。红色制动信号应保证夜间 100m 以外能看清楚。

制动信号灯开关通常有两种形式：一种是装在制动踏板后面，由制动踏板直接控制的开关。另一种为液压或气压式开关，一般装在制动控制阀上或制动总泵出口处，由制动系统的液压或气压控制。

（8）危险报警信号灯 用于车辆遇到紧急危险情况时，同时点亮前后左右转向灯以发出警告信号，提醒后方车辆避让。与转向信号灯有相同的要求。

（9）**门灯** 指示车门关闭状况的信号灯。通常受控于门轴处的控制开关。

（10）**倒车灯** 倒车时，用来照亮车后路面，并警告车后的车辆和行人，表示该车正在倒车。

目前多将汽车后部的尾灯、后转向信号灯、制动灯、倒车灯等组合起来称为组合后灯。而将前照灯、雾灯或前转向信号灯等组合在一起称为组合前灯。

（11）**停车灯** 夜间停车时，用来标志汽车的存在。

（12）**牌照灯** 用来照亮汽车牌照。

（13）**顶灯** 装在车厢或驾驶室内顶部，用于夜间或光线昏暗时汽车车内的照明，顶灯的功率一般为5~15W。

（14）**仪表灯** 装在仪表板上，用来照明仪表。

（15）**其他辅助用灯** 工作灯，为了夜间检修而设，经插座与电源相接。有的在发动机罩下面还装有发动机罩下灯，其功用与工作灯相同。

上述的各种照明灯中，除了前照灯和防雾灯应用光学原理特制外，其他的均属普通照明灯具，仅因用途的不同，在照明的亮度和光的颜色上有不同的要求和规定。

二、前照灯

为了保证夜间行车安全，世界各国一般都以法律的形式规定了车辆前照灯的照明标准。其基本要求如下：

1）前照灯应保证车前有明亮而均匀的照明，使驾驶人能看清车前100m以内路面上的任何障碍物。随着车辆行驶速度的提高，前照灯的照明距离也相应要求越来越远，现代高速汽车的照明距离应达到200~250m。

2）前照灯应能防止眩目，确保夜间两车迎面会车时，不使对方驾驶人因眩目而造成交通事故。

1. 前照灯的构造

前照灯一般由配光镜、灯泡、反射镜、插座及灯壳等组成，如图5-23所示。通常将反射镜、配光镜及灯泡这三个光学组件合称为光学系统。

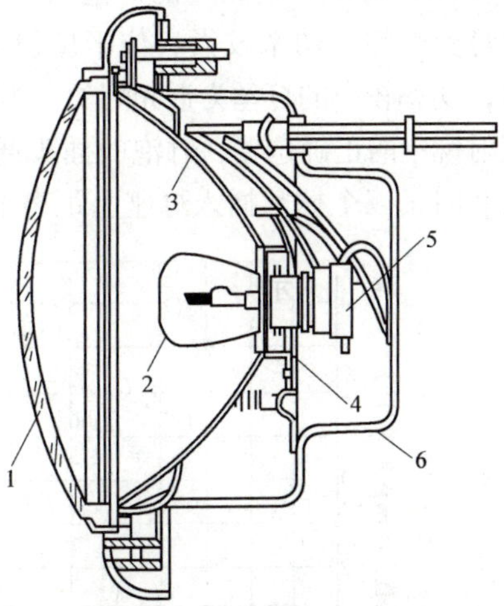

（1）**反射镜** 反射镜俗称反光镜，其作用是尽可能地将灯泡发出的光线聚合成很强的光束射向远方，达到车前一定范围内的光照度要求。反射镜一般用0.6~0.8mm的薄钢板冲压而成，反射镜的表面形状呈旋转抛物面，如图5-24所示。其内表面镀银（或镀铬、镀铝）并经抛光。从光学角度讲，银是反射镜最好的镀料，镀银层的反射系数高达90%~95%，但是银层质软，容易被擦伤，且易受氧化作用而发黑，此外银的成本也高。镀铬层的机械强度较高，不易擦伤或损坏，但其反射系数仅为60%~65%。镀铝层具有较好的反射系数（高达94%左右）和较高的机械强度，成本适宜，所以国产前照灯的反射

图 5-23 半封闭式前照灯

1—配光镜 2—灯泡 3—反射镜
4—插座 5—接线盒 6—灯壳

镜目前大多采用真空镀铝。

反射镜的聚光情况如图 5-25 所示。位于反射镜焦点上的灯丝的绝大部分光线向后射在立体角 ω 范围内，经反射镜反射后将平行于主光轴的光束射向远方，使光度增强几百倍，甚至上千倍。试验证明，一个装有 45~60W 灯泡的前照灯，如果不使用反射镜，只能照清车前 6m 左右的路面，加装反射镜后，能照亮车前 100~150m 内的路段。

图 5-24 前照灯的反射镜

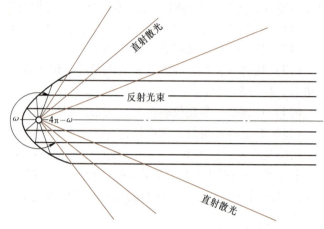

图 5-25 反射镜的聚光作用

(2) 配光镜 配光镜又称散光玻璃，它是用透明玻璃压制而成，是很多块特殊的棱镜和透镜的组合体，如图 5-26 所示。它将反射镜反射出的集中光束进行折射与散射，使其成为具有一定分布的灯光光束，如图 5-27 所示，均匀照亮车前的路面。同时，它还能保护反射镜及灯泡，防止雨、雪及灰尘的侵蚀。

(3) 灯泡 前照灯的灯泡有单灯丝和双灯丝两种。对于双灯丝灯泡，功率较大、位于反射镜焦点上的灯丝为远光灯丝，功率较小的灯丝为近光灯丝。为了拆装方便及保证灯丝在反射镜中的正确位置，灯泡的插头通常制成插片式（图5-28）。安装时，三个插片插入灯座上距离不等的三个插孔中。

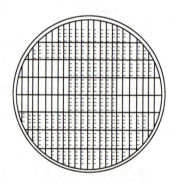

图 5-26 配光镜的几何形状

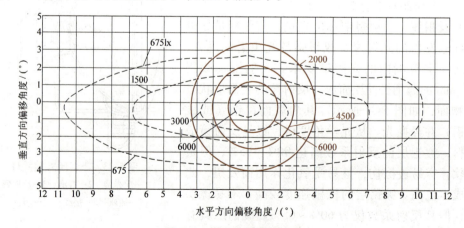

图 5-27 前照灯的光束分布

前照灯的灯泡为充气灯泡，灯丝用钨丝制成。在制造时先将玻璃泡内的空气抽出，然后充以约96%的氩和约4%的氮的混合惰性气体。充入灯泡的惰性气体在灯丝受热时膨胀，使压力增大，从而可减少灯丝钨的蒸发，提高灯丝的温度和发光效率，节省电能，延长灯泡的使用寿命。

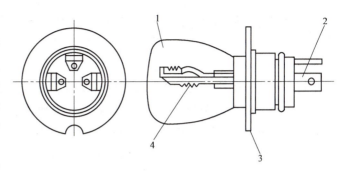

图 5-28 前照灯的灯泡结构
1—玻璃泡　2—插片　3—插头凸缘　4—灯丝

虽然灯泡内已被抽成真空并充满惰性气体，但灯丝的钨仍然会蒸发并沉积在灯泡上，使灯泡发黑。近年来，国内外使用了一种新型的卤钨灯泡，其结构如图 5-29 所示。

卤钨灯泡是在灯泡内所充的惰性气体中渗入某种卤族元素（碘、溴、氯、氟等），目前灯泡使用的卤族元素一般为碘或溴，使用这两种元素的灯泡分别称为碘钨灯泡和溴钨灯泡。我国目前生产的是溴钨灯泡。

卤钨灯泡是利用卤钨再生循环反应的原理制成的。其再生过程是：从灯丝上蒸发出来的气态钨与卤族元素反应生成一种挥发性的卤化钨，它扩散到灯丝附近的高温区又受热分解，使钨重新回到灯丝上，被释放出来的卤素继续扩散参与下一次循环反应，如此周而复始地循环下去，从而防止了钨的蒸发和灯泡的发黑。

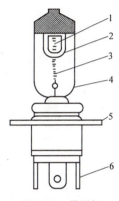

图 5-29 前照灯的卤钨灯泡
1—近光灯丝
2—远光灯丝
3—定焦盘　4—配光屏
5—凸缘　6—插片

卤钨灯泡的尺寸较小，玻璃泡用耐高温、机械强度很高的石英玻璃或硬质玻璃制成，因此可提高充入惰性气体的压力。这种灯泡的工作温度高，灯内的工作气压比其他灯泡高得多，从而使钨的蒸发受到更大的抑制。

前照灯按光学组件的结构不同可分为可拆式、半封闭式和全封闭式三种。

可拆式前照灯因气密性不良，反射镜易受潮气和灰尘污染而降低反射能力，目前已很少采用。

半封闭式前照灯的结构见前面的图 5-23，其配光镜靠卷曲反射镜边缘上的牙齿而固定在反射镜上，两者之间垫有橡胶密封圈，灯泡从反射镜后端装入。这种前照灯的光学组件密封性较好，大大地减少了反射镜的污染，延长了使用寿命，而且制造简单，价格便宜，维修方便，目前被广泛应用。

全封闭式前照灯的配光镜和反射镜用玻璃制成一体，形成灯泡，里面充以惰性气体，灯丝焊在反射镜底座上，反射镜的反射面经真空镀铝，其结构如图 5-30 所示。这种前照灯可以完全避免反射镜被污染及遭受大气的影响，因此，反射效率

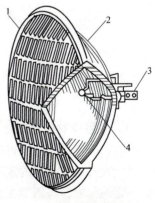

图 5-30 全封闭式前照灯
1—配光镜　2—反射镜
3—接头　4—灯丝

高，照明效果好，使用寿命长。但灯丝烧坏后，需要换整个前照灯总成，这就限制了其使用范围。

2. 前照灯的防眩目措施

眩目，是指人的眼睛突然被强光照射时，由于视神经受刺激失去对眼睛的控制，本能地闭合眼睛，或只能看清亮处而看不见暗处物体的生理现象。如果夜间两车迎面相会，对方驾驶人因前照灯的光束而产生眩目，那将影响正常的驾驶操作，从而造成交通事故。因此，前照灯必须采取有效的防眩目措施。常用的防眩目措施如下：

(1) 采用双丝灯泡 其功率较大的远光灯丝位于反射镜的焦点，功率较小的近光灯丝在焦点上方。夜间迎面会车时，通过变光开关将远光改为近光，经反射镜反射的光线绝大部分投向路面，从而具有一定的防止眩目的作用，如图 5-31 所示。

(2) 在近光灯丝下方设配光屏 如图 5-32 所示，这种双丝灯泡的结构特点是在近光灯丝的下面装有一金属配光屏，它挡住了灯丝 1 射向反射镜下半部的光线，从而消除了近光灯光束向斜上方照射的部分，使防眩目效果得到进一步提高。

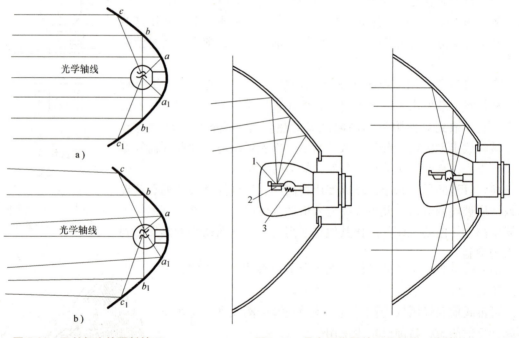

图 5-31 双丝灯泡的照射情况
　　a) 远光　b) 近光

图 5-32 具有配光屏的双丝灯泡工作情况
1—近光灯丝　2—配光屏　3—远光灯丝

(3) 采用非对称近光光形 近光灯加装配光屏后，眩目问题基本解决了，但使用近光灯会车时，由于近光灯照射距离较近，势必降低车速，影响运输效率。为了既能达到防眩目的，又能改善近光会车的照明条件，国内生产了一种新型的防眩目前照灯。其配光屏安装时偏转一定的角度，与新型配光镜配合使用后，其近光的光形分布不对称，符合欧洲经济委员会制订的 ECE 配光标准，如图 5-33 所示（图中单位：cm，测定距离 25m）。其光形有一条明显的明暗截止线，即上方（区域Ⅲ）是一个明显的暗区。该点 B50L 表示相距 50m 处对方驾驶人眼睛的位置。下方（区域Ⅰ、Ⅱ、Ⅳ）及右上方 15°内是一个亮区，可将车前路面和右方人行道照亮。这是一种比较理想的配光,我国现已采用。

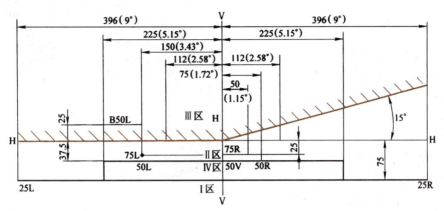

图 5-33 非对称近光配光图

3. 前照灯的检验与调整

前照灯光束调整不当或失调将严重影响行车安全、运输效率以及驾驶人的疲劳程度,因此国内外对前照灯的检测与调整均十分重视。前照灯的检测是对前照灯光束的照射方向和照射距离(发光强度)进行检验。目前的检验方法有两种,即仪器检验法和屏幕检验法。仪器检验法就是用前照灯检验仪进行检验,对光束的照射方向或位置以及发光强度都能进行检验。目前前照灯检验仪的种类较多,结构和原理也有较大区别,具体的使用操作方法参见产品说明书。屏幕检验法只能检验光束的照射方向或位置,检验的方法和要求如下:

将轮胎气压符合规定的被检车辆(空载)停放在平整的地面上,环境光线应较暗,在距前照灯 10m 远处挂置一屏幕(或用墙壁代替),使屏幕与被检车辆中心轴线垂直,如图 5-34 所示。接通前照灯,远光光束应分别对准交点 a 和 b,近光明暗截止线的转折点应分别对准交点 c 和 d。不合要求时,可松开前照灯的紧固螺母,扳动前照灯进行调整,或通过前照灯的上下、左右调整螺钉进行调整,如图 5-35 所示。装用远、近光双丝灯泡的前照灯应以近光为主进行调整。

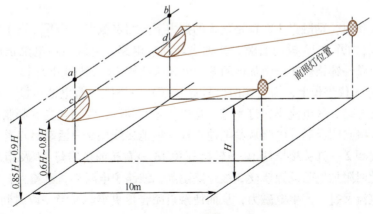

图 5-34 前照灯的屏幕检验法

前照灯的发光强度应保证当车速超过 30km/h 时,远光光束能照明车前 100m 内的路面,近光应能照射30m左右。

三、闪光继电器

闪光继电器简称闪光器，其作用是使转向信号灯按一定的频率闪烁，以指示转弯方向。闪光器目前常用的有电热式、电容式和晶体管式三种类型。

1. 电热式闪光器

常用的电热式闪光器的结构如图5-36所示，在胶木底板上固定着工字形的铁芯1，上面绕着线圈2，线圈2的一端与固定触点3相联，另一端固定

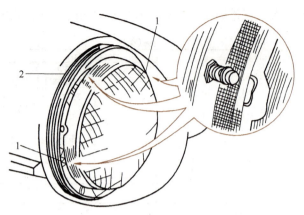

图 5-35　前照灯调整螺钉
1—左、右调整螺钉　2—上、下调整螺钉

在开关接线柱10上。附加电阻8由镍铬丝绕制而成，又和镍铬丝5串联。镍铬丝5与调节片6之间用玻璃球7绝缘。

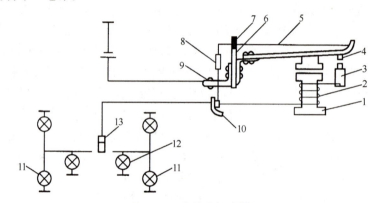

图 5-36　电热式闪光器
1—铁芯　2—线圈　3—固定触点　4—动触点　5—镍铬丝　6—调节片　7—玻璃球
8—附加电阻　9—电池接线柱　10—开关接线柱　11—转向指示灯　12—指示灯　13—转向开关

闪光器不工作时，动触点4在镍铬丝5的拉力下与固定触点3分开。当车辆转弯时（例如右转向），将转向开关13扳向右侧，接通右转向灯电路，电流从蓄电池正极→电池接线柱9→活动触点臂→镍铬丝5→附加电阻8→开关接线柱10→转向开关13→右转向信号灯11及指示灯（位于仪表板上，与右转向信号灯并联）→搭铁→蓄电池负极。由于附加电阻接入转向信号灯电路，故电流小，灯光暗。通电一定时间后，镍铬丝受热膨胀而伸长，使触点3和4闭合。触点闭合后，电流从蓄电池正极→电池接线柱9→活动触点臂及动触点4→固定触点3→线圈2→开关接线柱10→转向开关13→右转向信号灯11及指示灯→搭铁→蓄电池负极。此时附加电阻及镍铬丝5被短路隔除，线路中电阻小，电流大，灯光较亮。由于线圈2中有电流通过，产生电磁力，从而使触点闭合得更牢。又经一段时间后，镍铬丝5冷却复原，使触点重新打开，电流又流经附加电阻，灯光变暗。如此循环，触点反复开闭，附加电阻不断被接入和短路，使通过转向信号灯丝的电流忽大忽小，转向信号灯和指示灯就发出一明一暗的闪烁光。

转向信号灯的闪光频率应为 60～120 次/min。当频率过高或过低时，可扳动调节片 6，改变镍铬丝 5 的拉力及触点间隙进行调整。

2. 电容式闪光器

电容式闪光器根据衔铁线圈接法不同分为电流型和电压型。所谓电流型，就是衔铁线圈与转向信号灯串联。电压型是闪光器的衔铁线圈与转向信号灯并联。

根据触点数量的不同，电容式闪光器又可分为单触点式和双触点式两种。

各种电容式闪光器都是利用电容器的充电和放电来控制转向信号灯闪烁的。如图 5-37 所示，以单触点电流型电容式闪光器为例说明其工作过程。

当车辆向右转弯时，接通转向信号灯开关 8，右转向信号灯和指示灯 10 就被串入电路中，电流从蓄电池正极→电源开关 11→接线柱 B→串联线圈 3→触点 1→接线柱 L→转向信号灯开关 8→右转向信号灯和指示灯 10→搭铁→蓄电池负极，形成回路。此时并联线圈 4、电解电容器 7 及灭弧电阻 5 被触点 1 短路，而电流通过串联线圈 3 产生的电磁吸力大于弹簧片 2 的作用力，触点 1 迅速被打开，转向信号灯处于暗的状态。

触点 1 打开后，蓄电池向电容器 7 充电，其充电电流由蓄电池正极→电源开关 11→接线柱 B→串联线圈 3→并联线圈 4→电容器 7→转向信号灯开关 8→右转向信号灯和指示灯 10→搭铁→蓄电池负极，形成回路。由于线圈 4 电阻较大，充电电流小，不足以使转向信号灯亮，则转向信号灯仍处于暗的状态。同时，充电电流通过串联线圈 3 和并联线圈 4 产生的电磁吸力方向相同，使触点继续打开。随着电容器的充电，电容器两端的电压逐渐升高，其充电电流逐渐减小，串联线圈 3 和并联线圈 4 的电磁吸力减小，使触点 1 闭合。触点 1 闭合后，转向信号灯和指示灯处于亮的状态，此时电流由蓄电池正极→接线柱 B→

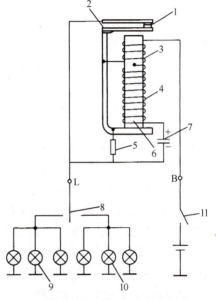

图 5-37 电容式闪光器

1—触点　2—弹簧片　3—串联线圈
4—并联线圈　5—灭弧电阻　6—铁芯
7—电解电容器　8—转向信号灯开关
9—左转向信号灯和指示灯
10—右转向信号灯和指示灯　11—电源开关

串联线圈 3→触点 1→接线柱 L→转向信号灯开关 8→右转向信号灯和指示灯 10→搭铁→蓄电池负极。与此同时，电容器放电在线圈 4 中产生的磁场方向与线圈 3 的磁场方向相反，使电磁吸力减小，故触点仍保持闭合，右转向信号灯和指示灯 10 继续发亮。随着电容器的放电，电容器两端的电压逐渐下降，其放电电流减小，并联线圈 4 的退磁作用减弱，串联线圈 3 的电磁吸力增加，触点 1 又打开，灯光变暗。如此反复，继电器的触点不断开闭，使转向信号灯和指示灯闪烁。灭弧电阻 5 与触点并联，用来减小触点火花，延长触点的寿命。

3. 晶体管式闪光器

晶体管式闪光器又称电子闪光器，它具有闪光频率稳定，灯光亮暗分明、清晰，无发热元器件，节约电能，工作可靠，使用寿命长等优点。

晶体管式闪光器分有触点式和无触点式两种。有触点式闪光器工作时，继电器触点可以发出有节奏的响声，借以判断工作是否正常，所以使用较多。

有触点式晶体管闪光器的电路如图 5-38 所示，它主要由晶体管开关电路和继电器所组成。晶体管开关电路是由晶体管、电阻、电容器等组成的自励振荡电路。继电器的触点 S_1 为常闭触点，与自励振荡电路中的 R_2、R_3 和 C 并联。

当车辆向左转弯时，接通电源开关 SW 和转向灯开关 S_2，电流由蓄电池正极→接线柱 B →R_1→继电器的常闭触点 S_1→接线柱 S →转向灯开关 S_2→搭铁→蓄电池负极，

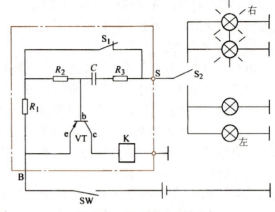

图 5-38 晶体管式闪光器

左转向信号灯亮。当电流流过 R_1 时，在 R_1 上产生电压降，晶体管 VT 因正向偏压而导通，集电极电流 I_c 通过继电器 K 的线圈，使继电器常闭触点 S_1 立即断开，左转向信号灯熄灭。

在晶体管导通的同时，其基极电流向电容器充电，其充电电路是：蓄电池正极→电源开关 SW →接线柱 B →VT 的发射极 e、基极 b →电容 C→R_3→接线柱 S →转向灯开关 S_2→左转向信号灯→搭铁→蓄电池负极。在充电过程中，随电容器电荷的积累，充电电流 I 逐渐减小，晶体管 VT 的集电极电流 I 也随之减小，当此电流不足以维持衔铁的吸合而释放时，继电器的常闭触点又重新闭合，转向信号灯再次发亮。这时电容 C 通过电阻 R_2，继电器的常闭触点、电阻 R_3 放电。放电电流在 R_2 上产生的电压降为晶体管 VT 提供反向偏压，加速了晶体管 VT 的截止。当放电电流接近零时，R_1 上的电压降又为晶体管 VT 提供正向偏压使其导通。这样，电容 C 不断地充电和放电，晶体管 VT 不断地导通与截止，控制继电器的触点反复闭合与断开，使转向信号灯发出一明一暗的闪光。

四、LED 灯具

1. 汽车低照度照明 LED 灯

低照度 LED 在汽车照明系统中主要应用于仪表盘、操作开关、阅读灯、示宽灯、牌照灯、顶灯、门锁灯等。

将 LED 组合到背光照明中，从仪表盘到整个娱乐、导航、行程计算以及信息中心控制显示等方面逐渐成熟应用。LED 用于 LCD 背光照明主要有三种方式：

1）LED 灯直接安装在 LCD 散射膜的后面。

2）边缘光 LCD 背光照明。

3）将 LED 发出的光导入光纤束之中，光纤束的散射膜后面构成一个平坦的薄片，通过不同的方法将光从薄片中取出作为 LCD 的背光照明。

当多个 LED 一同用于汽车仪表盘照明或娱乐系统控制时，颜色和亮度的一致性很重要，保持被照区域的亮度均匀一致，不应有任何阴影。

2. 汽车高照度照明 LED 灯

(1) 汽车 LED 信号灯 汽车信号灯的照度及颜色均有明确规定。超高亮度 LED 用于汽车信号灯，与传统的白炽灯相比，具有许多优点。LED 能够经受较强的机械冲击和振动，

平均工作寿命（MBTF）比白炽灯高出几个数量级，远远高出汽车本身的工作寿命。因此 LED 制动灯可封装成一个整体，而不必考虑维修。转向信号灯分装在车身前端和后端的左右两侧。LED 制动灯和方向灯就能够在较低的驱动电流下工作，典型的驱动电流只有白炽灯的 1/4。较低的功率可降低汽车内部线路系统的体积和重量，也可减小集成化 LED 信号灯内部温升，允许透镜和外罩使用耐温性能较低的塑料。LED 制动灯的响应时间比白炽灯的响应时间短得多，给驾驶人留下更多反应时间，提高行车安全性。

(2) 汽车 LED 前照灯 LED 前照灯的结构基本上与目前传统的前照灯结构一致，通过反射或透镜结构聚光，不同的是 LED 前照灯往往是多个 LED 元件构成，需要有一个控制模块对整个系统进行控制。LED 元件对温度变化比较敏感，因此 LED 前照灯对散热的要求较高，需要良好的散热设计保证 LED 元件的温度稳定，LED 前照灯中 LED 元件的后面往往都安装着散热片甚至风扇。

图 5-39 所示为 LS600h 的 LED 前照灯结构示意图，通过合成横向并置三联式投射灯（投射灯分别使用了 1 个 4 片型的白色 LED 灯）和小型反射镜得到的光（使用了 1 个 4 片型和 1 个 2 片型的白色 LED 灯）来制成配光图案，提高了驾驶人的视认性，体现 LED 前照灯设计灵活性。

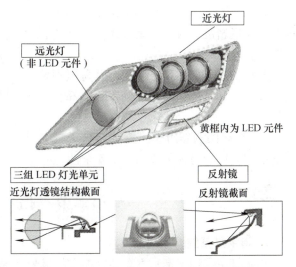

图 5-39　LS600h 的 LED 前照灯结构示意图

五、智能前照灯系统

当夜间汽车在弯道上行驶，由于传统的前照灯无法及时调节照明角度，常常会在弯道内侧出现"盲区"，极大地威胁了驾驶人夜间的安全驾车。80%以上的车祸发生在夜间和恶劣天气，为了在夜间或者恶劣天气时达到更好的视觉效果，要求前照灯光线随不同的驾驶环境而改变。需要设计一种灵活的前照灯系统，这个系统能根据行车的方向及速度、驾驶人的驾驶习惯、天气状况的变化自动调整，车辆感应装置会监控这些变化并启动灯光自动控制，将前照灯的灯光调整成远光、近光或是适合转弯时的灯光，即智能前照灯照明系统 AFS（Advanced Front-Lighting Systems）。

1. AFS 的工作原理

当车辆进入弯道或其他特殊道路状况时，由于转向盘角度和速度发生变化，角度传感器和速度传感器传输到电控单元（ECU）的信号就相应发生变化，ECU 检测到这些信号后，判断车辆进入了哪种弯道，发出相应指令给前照灯的操控单元，由操控单元来改变前照灯的照射位置。图 5-40 所示为 AFS 在车上安装示意图。

2. AFS 组成及其功用

1）基本前照灯。这些前照灯可以是卤素灯或 HID 灯或 LED 前照灯，也可加上前雾灯。

2）通过使用不同的传感器获得驾驶环境以改善灯光照明。ECU 依据所有传感器数据，进行理论计算，给出最合理的光分布控制参数控制灯具实施照明。目前增加了由 GPS 信号连接到导航系统，尽可能预测前方道路结构和曲率，为光分布控制提供预先改变的功能。

3）根据周围照明环境的改变，ECU 发出信号控制近/远光灯的开启和关闭。

4）结合自适应巡航控制系统，AFS 可根据行驶车辆密度，自动控制灯光亮度和优化可见距离。

5）与夜间可视系统组合，提高识别障碍物、步行者和其他物品的准确率，提高行车安全性。

6）与雾探测器组合，提高恶劣天气条件下的照明亮度、可视距离和行车安全性。

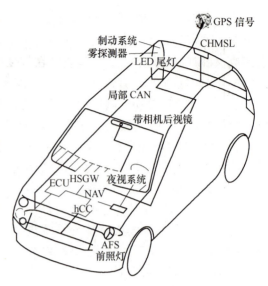

图 5-40　AFS 在车上安装示意图

第三节　指示灯系统

1. 指示灯系统的组成及要求

指示灯主要用于指示汽车某些参数的极限情况和某些非正常情况的报警。汽车指示灯系统通常设有冷却液温度过高指示灯、机油压力过低指示灯、气压过低警告灯、充电指示灯、燃油液面过低指示灯、制动液位面过低指示灯、驻车制动器未松警告灯等。在一些汽车上还装有制动蹄片磨损警告灯、空气滤清器堵塞警告灯等。使用了电子控制装置的汽车上还装有各种电控装置故障警告灯。

由于指示灯系统用来指示汽车某系统或部件的极限情况或异常情况报警，因此要求指示系统的各种灯光必须醒目，以便容易引起驾驶人的注意。指示灯系统的灯光一般为红色，少数指示灯则采用黄色。为提高警示作用，有的指示灯还同时配有蜂鸣器协助工作。

2. 机油压力过低指示灯

在多数现代汽车上，除机油压力表之外，还配有一个红色指示灯，用来表示机油压力低于安全值的情况。图 5-41 所示为薄膜式机油压力指示灯原理。

当机油压力正常时，机油压力推动薄膜向上拱曲，推杆将触点打开，指示灯不亮；当机油压力过低时，薄膜在弹簧压力作用下下移，从而触点闭合，红色指示灯亮，以示警告。

3. 气压过低警告灯

在采用气制动的汽车上，当制动系统气压过低时，气压过低警告信号灯便发亮报警。报警装置由安装在制动系统储气筒或制动阀压缩空气输入管路中的气压过低警告灯开关4

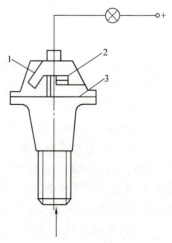

图 5-41　机油压力指示灯原理
1—弹簧片　2—触点开关　3—薄膜

（即传感器）和安装在仪表板上的警告灯 3 组成。连接电路如图 5-42 所示，气压过低警告灯开关的构造如图 5-43 所示。电源总开关接通后，当制动系统储气筒内的气压降低到 0.34~0.37MPa，由于作用在气压警告灯开关膜片 4 上的压力减小，膜片 4 在回位弹簧 3 的作用下移动，接通了警告灯电路，令其发光报警。当储气筒中的气压升高到 0.4MPa 以上时，警告灯开关中膜片 4 上所

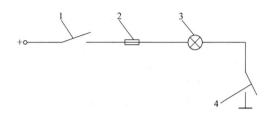

图 5-42 制动系统气压过低警告信号电路
1—电源总开关　2—熔断器　3—警告灯　4—警告灯开关

受的气体压力增加，压缩回位弹簧 3，使触点 5 与 6 分开，将电路切断，气压过低警告灯熄灭，表明气压在正常范围。

4. 制动液面警告灯

制动液液面警告灯用来在制动液液面降到规定值时，液面灯亮，警告驾驶人进行维护。制动液面指示灯的传感器，装在制动液贮液罐中，如图 5-44 所示。

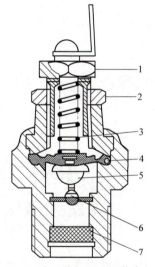

图 5-43 制动系统气压过低警告灯开关
1—调整螺钉　2—锁紧螺母　3—回位弹簧
4—膜片　5—动触点　6—固定触点　7—滤清器

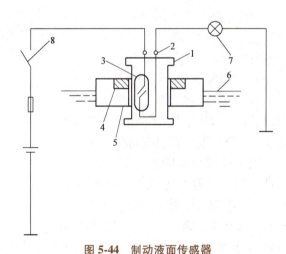

图 5-44 制动液面传感器
1—舌簧开关外壳　2—接线柱　3—舌簧开关　4—永久磁铁
5—浮子　6—制动液面　7—警告灯　8—点火开关

在制动液充足时，浮子的位置较高，此时永久磁铁高于舌簧开关的位置，舌簧开关处于断开状态，警告灯电路断开，警告灯不亮。当浮子随着液面下降到限定值以下时，永久磁铁就接近了舌簧开关，吸动开关使之闭合，接通警告灯电路，警告灯发光报警。

5. 制动信号灯监视电路

因为制动灯在汽车尾部，信号灯丝烧断不易被驾驶人发现，而一旦制动灯丝烧断，在紧急制动时制动灯不亮，失去了对后面车辆驾驶人的警告作用，很容易发生追尾事故，因此危险性很大。

图 5-45 所示为制动灯监视电路，用以监视制动灯的工作情况，其工作原理如下：

当踩下制动踏板时,电源经熔丝,线圈 W_2 到制动信号灯搭铁成回路,制动灯亮;但电流经过线圈 W_2 所产生的磁场,还不足以闭合干簧管继电器触点。但在点火开关接通的情况下,经可调电阻 R、线圈 W_1、搭铁成回路,使 W_1 中也产生磁场。这两个磁场叠加时,干簧管继电器触点才闭合,12V 电压加在指示灯上,表示制动灯的工作正常。当一只制动灯损坏时,流过 W_2 的电流减小一半,磁场减弱,干簧管继电器触点不闭合,指示灯不亮,表示制动灯有故障。

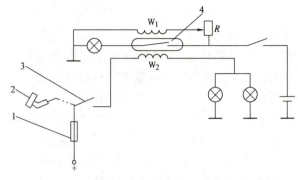

图 5-45 制动灯监视电路
1—熔丝 2—制动踏板 3—制动灯开关 4—干簧管继电器

监视指示灯的灵敏度可一次调整好,踏下制动踏板时,制动灯开关接通,调整可调电阻 R,直到干簧管触点闭合为止。为了模拟故障,可将一个制动灯拆下,这时,再踏下制动踏板时,指示灯应不亮。

在制动灯电路中,短路的情况比较少见,由于制动灯电路有熔丝,短路时熔丝烧断,这时,踏下制动踏板指示灯也不亮。

6. 驻车制动器未松警告灯

近年来,一些汽车上出现了驻车制动指示灯,该指示灯指示出点火开关已接通,而驻车制动器仍在制动位置。

图 5-46 所示为其结构示意图。指示灯通过两个并联的开关与点火开关串联。当驻车制动器处于制动位置时,若接通点火开关,则指示灯亮(通常用自闪灯),提醒驾驶人在挂档起步之前松开驻车制动器;松开驻车制动后,指示灯即熄灭。

7. 制动蹄片磨损警告灯

制动蹄片磨损警告灯的作用是当制动摩擦片磨损到使用极限厚度时,发出警告信号。图 5-47 所示为监测装置结构原理。

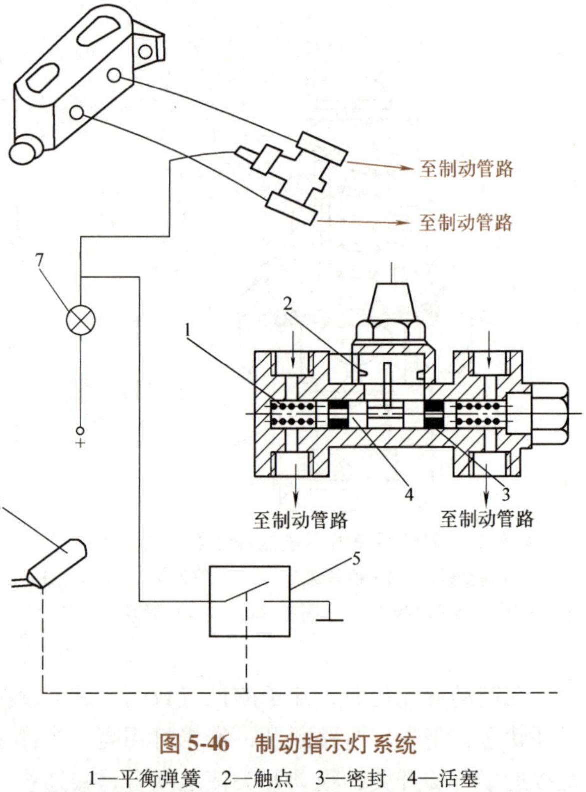

在图示装置中,是将一段导线埋设在摩擦片内部,该导线与电子控制装置 7 相连。当摩擦片磨损到使用极限厚度时,导线便被磨断,使电路中断。当接通点火开关后,电子控制装置 7 便向摩擦片内埋设的导线通电数秒钟进行检查,若摩擦片已磨损到使用极限厚度,并且埋设的导线被磨断,电

图 5-46 制动指示灯系统
1—平衡弹簧 2—触点 3—密封 4—活塞
5—驻车制动开关 6—驻车制动手柄 7—指示灯

子控制装置则使警告灯 10 发出警告，表示制动摩擦片需要更换。

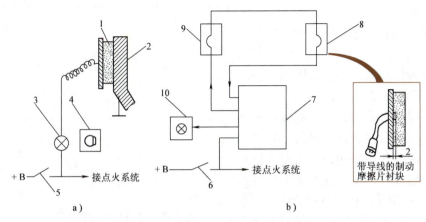

图 5-47　制动蹄片磨损警告装置结构原理
1—摩擦片衬块　2—制动盘　3、10—警告灯　4—警告灯图像标志
5、6—点火开关　7—电子控制装置　8、9—摩擦片

8. 空气滤清器堵塞警告灯

空气滤清器堵塞警告灯用来在进气管堵塞时，点亮警告灯，以示警告，主要用在货车上。图 5-48 所示为空气滤清器堵塞警告灯传感器内部结构，由外壳 6、膜片 7、触点 4、5、弹簧座 10、导电插片 2 等组成。外壳的前部装有感受压力差的膜片 7，并靠底板 8 压固，底板上开有三个小孔与大气相通，外壳的后部设有通气管，通过输气管与空气滤清器的下部相通，从而使其壳内成为一个气盒。

9. 危险警告装置

现代汽车已经越来越多地安装了危险警告灯系统。当汽车发生故障或遇其他紧急危险状况时，用来向周围行人、车辆或交警发出警告。

接通警告灯电路开关，所有的转向信号灯均同时闪烁，仪表板上的转向指示灯也同时点亮，以向周围行人和交警发出警告。

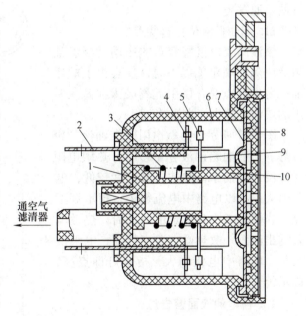

图 5-48　空气滤清器堵塞警告灯传感器内部结构
1—螺栓　2—导电插片　3—弹簧　4、5—触点　6—外壳
7—膜片　8—底板　9—导电片　10—弹簧座

危险警告灯系统主要采用转向信号灯进行警告。当遇到上述危险情况时，拉动警告开关，前后左右 4 个转向信号灯作为危险警告信号将同时闪烁。

一般来说，危险警告信号灯、指示灯及闪光器均与转向灯系统同用，只是通过不同的控制电路进行控制。典型的警告灯电路如图 5-49 所示。当发生危险时，只要拉动警告开关 2，所有的转向信号灯及指示灯将同时接通并闪烁,以示警告。

由于闪光器直接通过警告开关与蓄电池连接,因此,无论点火开关是否接通,只要接通警告灯开关,即可发出警告信号。

10. 冷却液温度警告灯

冷却液温度警告灯在冷却液温度不正常时,发出灯光信号,以示警告。其传感器与冷却液温度传感器相似,由双金属片作为温度敏感元件,冷却液温度警告灯的电路如图 5-50 所示。在传感器的密封套管 1 内装有条形双金属片 2,双金属片 2 自由端焊有动触点,而静触点 4 直接搭铁。当温度升高到 95~98℃时,双金属片 2 向静触点方向弯曲,使两触点接触,红色警告灯便接通发亮。

11. 燃油低液位报警装置

燃油低液位报警装置的作用是当燃油箱液位降到规定值以下时,仪表板上的燃油量警告灯点亮,以引起驾驶人注意。常用的燃油量警告灯为热敏电阻式。

图 5-51 所示为热敏电阻式燃油液位警告灯。当燃油箱油液存量多时,热敏电阻元件浸在燃油中散热快,其温度较低,电阻值大,所以电路中电流很小,指示灯不亮;当燃油减少到规定值以下时,热敏电阻露出油面,散热慢,温度升高,电阻值减小,电路中电流增大,指示灯即点亮,以示警告。

12. 蓄电池液面警告灯

蓄电池液面警告灯用来当蓄电池液面下降时向驾驶人报警,以便维护。蓄电池液面报警系统利用电极式液面高度传感器测量液面高度,如图 5-52 所示,该传感器由装在蓄电池盖板上作为电极的铅棒构成。蓄电池液量低于规定量时警告灯点亮,从而向驾驶人发出蓄电池液量不足的报警信号。

13. 安全带未系警告灯

安全带提醒装置是指驾驶人或前排乘员在没有系安全带的情况下起动汽车或者汽车达到

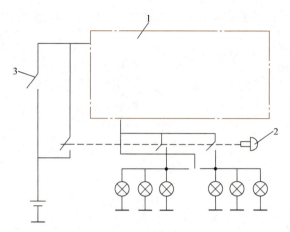

图 5-49 转向灯用做危险警告器时的电路

1—警告闪光器　2—警告开关　3—点火开关

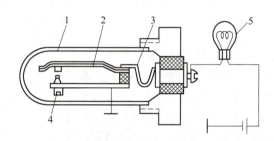

图 5-50 冷却液温度警告灯

1—密封套管　2—双金属片　3—导电片
4—静触点　5—警告灯

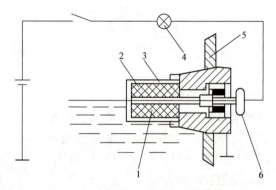

图 5-51 热敏电阻式燃油液位警告灯

1—热敏电阻　2—防爆金属丝网　3—外壳　4—警告灯
5—油箱外壳　6—接线柱

一定速度时,一种可以发出声音和闪烁灯来提醒驾驶人或前排乘员系好安全带的装置。

基本原理:发动机点火后,控制系统上电工作,报警器打开,进行短时间(7s)报警后停止,控制系统不停地检测车速信号和安全带信号,当安全带未系而车速达到20km/h时,报警器打开,持续报警;当系上安全带后,电源被断开,控制系统停止工作,报警停止,从而完成提示工作。另外,当关闭点火钥匙3s后,报警声音打开,持续8s,以提醒驾驶人不要忘记拔钥匙。

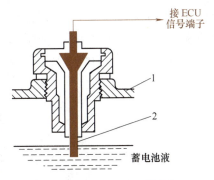

图 5-52　蓄电池液面警告灯

1—蓄电池上盖板　2—电极

第四节　电　喇　叭

喇叭是汽车安全系统中不可缺少的电器部件,喇叭声音作为一种汽车特有的语言用于车辆之间以及车人之间的交通信息沟通。国家《机动车安全管理条例》中明确规定每台机动车至少配备1只功能良好的喇叭,一般汽车均配备高低音共2只喇叭,共同发声时产生悦耳的混响声音。其作用是警告行人和其他车辆,以引起注意,保证行车和作业安全。

汽车喇叭主要性能参数一般包括声压级、振动基频、耐久性、额定电流以及适用电压范围等几个指标。

喇叭的装车状态主观评价主要包含以下几项:

1)喇叭音色:喇叭发声柔和、圆润、有力度。

2)喇叭音质:喇叭工作时无杂音、颤音、变音,无共振现象。

3)喇叭基频:频段在200~600Hz,此范围内是人声和主要乐器主音区基音的频段,该频段音色比较丰满、圆润、有力度。

例如:音质、音色评价:等级可分为ABCD四级。其中,A级音质清脆、悦耳;B级沉闷、略有杂音;C级轻微振绕;D级声音沙哑、振绕、断续。车内共振评价也可分为ABCD四个等级。其中,A级无振动、振动较小;B级仪表板轻微振动、地板略有振动;C级踏板振动;D级转向盘振动。

喇叭有气喇叭和电喇叭两种,目前装车的大部分喇叭为电喇叭,按外形的不同,电喇叭分筒形、螺旋形和盆形三种。

1. 筒形、螺旋形电喇叭

筒形、螺旋形电喇叭的结构如图5-53所示,主要由山形铁芯5、线圈9、衔铁8、膜片3、共鸣板2、扬声筒1、触点以及电容器16等组成。膜片3和共鸣板2借中心杆13与衔铁8、调整螺母11、锁紧螺母12联成一体。当按下喇叭按钮19时,电流由蓄电池正极→线圈9→触点→按钮19→搭铁→蓄电池负极,电流流过线圈9产生电磁吸力,吸下衔铁8,中心杆上的调整螺母11压下活动触点臂,使触点分开而切断电路。此时线圈9中的电流中断,电磁吸力消失,在弹簧片7和膜片3的弹力作用下,衔铁又返回原位,触点闭合,电路又接通。此后,上述过程反复进行,膜片不断振动,从而发出一定音调的声波,由扬声筒1加强后传出。共鸣板与膜片刚性连接,在振动时发出声响,使喇叭声音更加悦耳。

为了减小触点火花而保护触点,在触点间并联一个电容器(或消弧电阻)。

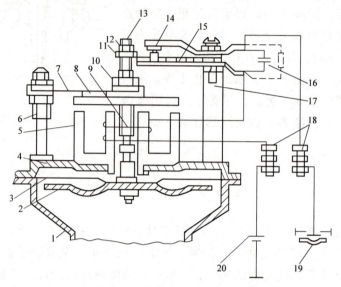

图 5-53 筒形、螺旋形电喇叭

1—扬声筒 2—共鸣板 3—膜片 4—底板 5—山形铁芯 6—螺柱 7—弹簧片
8—衔铁 9—线圈 10、12—锁紧螺母 11—调整螺母 13—中心杆 14—固定触点臂
15—活动触点臂 16—电容器 17—触点支架 18—接线柱 19—按钮 20—蓄电池

2. 盆形电喇叭

图 5-54 所示为盆形电喇叭的结构。电磁铁采用螺管式结构,铁芯 9 上绕有线圈 2,上、下铁芯间的气隙在线圈 2 中间,因此能产生较大的吸力。它没有扬声筒,而是将上铁芯 3、膜片 4 和共鸣板 5 固定在中心轴上。当电路接通时,线圈 2 产生吸力,上铁芯 3 被吸下与下铁芯 1 碰撞,产生较低的基本频率,并激励与膜片固定在一起的共鸣板产生共鸣,从而发出比基本频率强得多,且分布又比较集中的谐音。

3. 喇叭继电器

为了得到更加悦耳动听的声音,有些汽车装有两个不同音调(高、低音)的电喇叭。当装用双喇叭时,因消耗的电流较大(约 15~20A),若用按钮直接控制,按钮容易烧坏,所以常采用喇叭继电器控制,其结构和接线如图 5-55 所示。当按下按钮 3 时,电流从蓄电池正

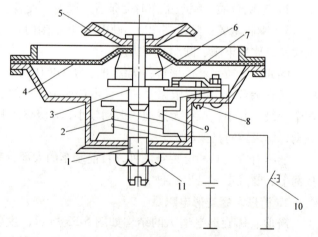

图 5-54 盆形电喇叭

1—下铁芯 2—线圈 3—上铁芯 4—膜片 5—共鸣板 6—衔铁
7—触点 8—调整螺钉 9—铁芯 10—按钮 11—锁紧螺母

极→线圈 2→按钮 3→搭铁→蓄电池负极。由于线圈的电阻很大,通过按钮的电流很小。线圈 2 通电后产生吸力,使触点 5 闭合,蓄电池通过磁轭、触点臂 1 及触点 5 向喇叭提供大电流。当松开按钮时,线圈 2 内的电流中断,磁力消失,触点在弹簧的作用下打开,切断喇叭电路,使喇叭停止发声。

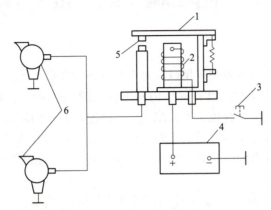

图 5-55 喇叭继电器

1—触点臂 2—线圈 3—按钮 4—蓄电池 5—触点 6—喇叭

思考题与习题

5-1 冷却液温度表的组成? 结构形式有哪两种?

5-2 燃油表有哪几种? 其结构和原理是怎样的?

5-3 车速里程表的原理是怎样的?

5-4 发电机转速表有几种? 各有什么特点?

5-5 前照灯的组成? 对前照灯的基本要求?

5-6 卤钨灯再生循环原理是什么?

5-7 闪光器作用有哪些? 有哪些种类?

5-8 照明系统指哪些灯? 信号系统指哪些灯?

5-9 指示灯有哪些?

5-10 电喇叭的工作原理是怎样的? 电喇叭按外形分为哪几种?

第六章 附属设备

汽车上的许多附属电器设备主要用以满足汽车的各种需要，以提高其安全性、舒适性和实用性。本章主要介绍汽车附属设备的结构和工作原理，通过本章学习，在了解电动刮水器、电动车窗、天窗、电动后视镜、中央门锁、电动座椅结构的基础上，重点掌握这些附属设备的控制电路工作原理。本章介绍的各附属设备结构较简单，大多数控制电路也较简单，因此，学生较易掌握，仅有间歇式电动刮水器控制电路的工作原理较难掌握。

第一节 电动刮水器与清洗器

一、电动刮水器

为了提高汽车在雨天和雪天行驶时道路的能见度，专门设置了风窗玻璃刮水器。刮水器有真空式、气动式和电动式三种。气动式只适用于具有压缩空气气源的汽车，电动式刮水器则应用广泛。本书只介绍电动刮水器的基本知识。

1. 电动刮水器的基本结构

电动刮水器是由微型直流电动机驱动，通过联动机构，使风窗玻璃外表面上的刮水片来回摆动，从而扫除风窗玻璃上的雨水或雪。

电动刮水器由刮水电动机和一套传动机构组成，如图6-1所示。电动机11转动时，通过蜗杆蜗轮减速，使与蜗轮上偏心相连的拉杆8做往复运动，通过拉杆7、3和摆杆2、4、6带动左、右两刷架1、5做往复摆动，橡胶刷便刷去风窗玻璃上的雨水、雪或灰尘。

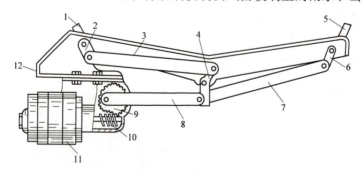

图6-1 电动刮水器

1、5—刷架 2、4、6—摆杆 3、7、8—拉杆 9—蜗轮 10—蜗杆 11—电动机 12—底板

刮水电动机为微型直流电动机，有励磁式和永磁式两种，其工作电压为12V或24V。永磁式刮水电动机与励磁式刮水电动机的结构基本相同，只是永磁式刮水电动机的磁场由永久磁铁产生。

汽车风窗玻璃刮水器的电动机一般采用永磁三刷电动机，其上装有三只电刷。

永磁式三刷电动机的磁极为铁氧体永久磁铁。铁氧体具有陶瓷的脆性、硬性和不耐冲击的特点，但它不易退磁且价廉，所以在汽车上得到广泛使用。

为了不影响驾驶人的视线，要求刮水器片能够自动复位，即不管在什么时候切断电源，刮水器的橡胶刷都能自动停止在风窗玻璃的下部。

图 6-2 所示是一双速刮水电动机的控制电路示意图。刮水器工作时，利用电动机的三个电刷来改变正负电刷之间串联的线圈数，以实现电动机的变速，即当对称电刷（图 6-2 中的 B、B_1）通电时，电动机为低速；当偏置电刷（图 6-2 中的 B_2）通电时，电动机为高速。刮水器的不同工作速度就是由电动机的高低转速来实现的。通过控制开关，可实现刮水器的低速运转、高速运转及停机复位等功能。

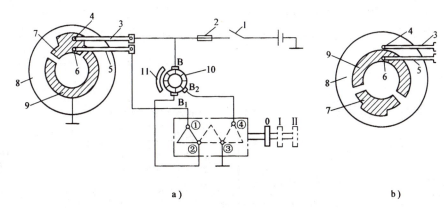

图 6-2 永磁式电动机自动复位装置

a）复位位置 b）运转位置

1—电源总开关 2—熔丝 3、5—触点臂 4、6—触点 7、9—铜环 8—蜗轮 10—电枢 11—永久磁铁

在图 6-2 中，直流电动机减速器的蜗轮 8（由尼龙制成）上，嵌有铜环 9，此铜环分为两个部分，其中面积较大的一片与电动机外壳相连接而搭铁。触点臂 3、5 用磷铜片制成（有弹性），其一端分别铆有触点 4、6 与蜗轮端面或铜环 7、9 接触。

2. 电动刮水器的工作原理

如图 6-2 所示，当电源开关 1 接通，把刮水器开关拉到"Ⅰ"档（低速）时，电流从蓄电池正极→开关 1→熔丝 2→电刷 B→电枢绕组→电刷 B_1→接线柱②→接触片→接线柱③→搭铁→蓄电池负极，形成回路，电动机以低速运转。

当刮水器开关拉到"Ⅱ"档（高速）时，电流从蓄电池正极→开关 1→熔丝 2→电刷 B→电枢绕组→电刷 B_2→接线柱④→接触片→接线柱③→搭铁→蓄电池负极，形成回路，电动机以高速运转。

当刮水器开关推到"0"档（停止）时，如果刮水器的橡胶刷没有停到规定的位置，由于触点 6 与铜环 9 接触，如图 6-2b 所示，则电流继续流入电枢。此时电流从蓄电池正极→开关 1→熔丝 2→电刷 B→电枢绕组→电刷 B_1→接线柱②→接触片→接线柱①→触点臂 5→触点 6→铜环 9→搭铁→蓄电池负极，形成回路，电动机以低速运转，直至蜗轮转到如图 6-2a 所示的特定位置。触点 4 和 6 通过铜环 7 接通，由于电枢转动时的惯性，电动机不能立即停下来，电动机以发电机方式运行而发电。因为电枢绕组所产生的反电动势的方向与外加电压的方向相反,所以电流从电刷 B →触点臂 3 →触点 4 →铜环 7 →触点 6 →触点臂 5 →接线柱①→接触片→接线柱②→电刷 B_1,形成回路,产生制动转矩,电动机迅速停止转动,使橡胶刷复位到风窗玻璃的下部。

3. 间歇式电动刮水器

汽车在毛毛细雨或雾天、小雪天气中行驶时,如按上述刮水器速度进行刮拭,那么风窗玻璃上的微量水分和灰尘就会形成一个发黏的表面,不仅不能将风窗玻璃刮拭干净,反而会使玻璃模糊不清,留下污斑,影响驾驶人的视线。因此,现代汽车上一般都增设了电子间歇刮水系统。在碰到上述情况时,开动间歇开关,使刮水器按一定周期自动停止和刮拭,即每刮水一次停止 2~12s,这样可使驾驶人获得良好的视野。

刮水系统的间歇功能主要靠间歇控制器来实现。现以奥迪 100 型轿车间歇控制器为例加以说明。图 6-3 所示为奥迪 100 型轿车刮水系统电路原理图,它由间歇控制器 1、刮水器开关 2、洗涤电动机 3、刮水电动机 4 等组成。间歇控制器由电子元件与小型继电器组合而成,其工作电压为 12V。

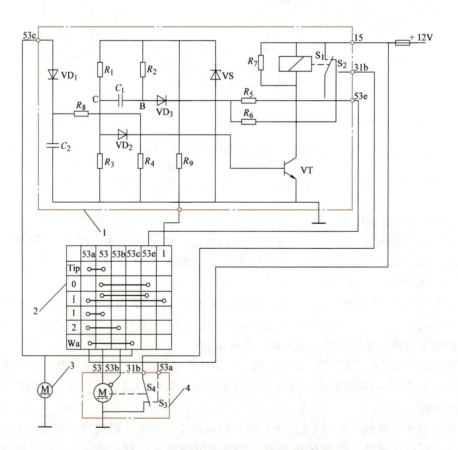

图 6-3 奥迪 100 型轿车刮水系统电路原理
1—间歇控制器 2—刮水器开关 3—洗涤电动机 4—刮水电动机
刮水器开关:Tip—点动 0—停 Ⅰ—间歇 1—慢速 2—快速 Wa—洗涤

间歇控制器的工作原理为:当刮水器开关置于间歇档(Ⅰ档)时,电源便经熔断器、刮水器开关53a端、刮水器开关内部Ⅰ档接入间歇控制器的"1"端，C_1 被充电。C_1 的充电电路为：蓄电池正极→熔断器→刮水器开关53a→Ⅰ档→间歇控制器"1"端→R_9→R_2→C_1→VD_2→晶体管VT的基极、发射极→搭铁→蓄电池负极。此时C点的电位为1.6V，B点的电位为5.6V，C_1 两端有4V的电位差。

C_1 充电时，其充电电流为晶体管提供偏流，使晶体管导通，接通了继电器线圈的电路，继电器的常开触点 S_1 闭合、S_2 打开，电流经 S_1、53e、开关内的"Ⅰ"档、53端进入刮水电动机的电枢，使刮水电动机慢速旋转，刮水器开始工作。

当橡胶刷往返一次又回到风窗玻璃最下位置、刮水电动机也旋转至自动复位时，S_3、S_4 接通，使31b端搭铁，为 C_1 的放电提供了通路。

C_1 放电回路主要有两条：一条经 R_2、R_1 放电，另一条经 VD_3、R_6、31b、电动机自动复位触点 S_3、S_4、搭铁、稳压管VS、R_1 放电。放电瞬间B点电位突然降到2.8V。由于 C_1 原有4V电位差，使C点电位降为-1.2V，晶体管VT的基极电位翻转为低电平，于是晶体管截止，切断了继电器线圈的电路，则其常开触点 S_1 又断开，常闭触点 S_2 又闭合，恢复到自然状态时的31b与53e接通，将电阻 R_5、R_6 并联，加速 C_1 放电，为 C_1 的再充电做准备。

随着 C_1 放电时间的增加，C点电位逐渐升高，当C点电位接近2V时，晶体管又导通，C_2 又恢复为充电状态。

可见，只要刮水器开关置于间歇档，电源便接入间歇控制器的"1"端，C_1 就会不间断地充、放电，晶体管就会导通、截止反复翻转，使继电器反复接通与断开，如此形成了间歇刮水的工作状态，直到断开刮水器开关。

二、清洗器

为了及时消除风窗玻璃上的尘土和污物，使驾驶人有良好的视线，在有些汽车上还装有风窗玻璃洗涤器、后窗玻璃除霜装置等清洗设备。

1. 风窗玻璃洗涤器

图6-4所示为桑塔纳轿车的洗涤器，由储液箱1、洗涤泵2、输水软管3和喷嘴4等组成。储液箱由塑料制成，其内装有洗涤液，洗涤液一般由水或水与适量的添加剂组成，添加剂有助于清洁或降低冰点，如在水中加入5%的氯化钠（食盐）可提高洗涤液的润湿与清洁能力，在寒冷地区为了防止洗涤液冻结，可在水中加入50%的甲醇或异丙基酒精。洗涤泵由一只微型永磁直流电动机和离心泵组成。该电动机是封闭式、短时定额工作的高速电动机，空载转速为20000r/min。当风窗玻璃上有灰尘或污物时，先开动洗涤泵，将洗涤液以一定压力（88kPa）经喷嘴喷到刮片的上部，湿润玻璃；然后再开动刮水器，将风窗玻璃上的灰尘或污物刮掉，完成洗涤工作。

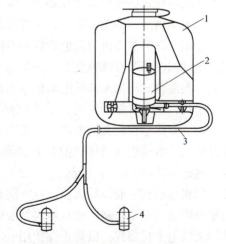

图6-4 桑塔纳轿车风窗玻璃洗涤器
1—储液箱 2—洗涤泵（直流电动机与泵）
3—输水软管 4—喷嘴

使用洗涤器时,应注意先开动洗涤泵,然后开动刮水器,并注意洗涤泵连续工作的时间不得大于 5s,使用间歇时间不得少于 10s。无洗涤液时,不要开动洗涤泵。

2. 后窗玻璃除霜装置

冬季风窗玻璃上易结冰霜,用刮水器是无法清除的,目前最有效的办法是将玻璃加热进行除霜。

装有空调或暖风装置的汽车上,通过风道将热风吹向前面或侧面的风窗玻璃就可避免结冰,而后窗玻璃常利用电热丝加热的方法来除霜,如图 6-5 所示。在后窗玻璃的内表面上镀有数条导电膜,形成电热丝,通电加热,即可防止结霜。这种装置的耗电量为 30~50W,故在轿车上应用广泛。

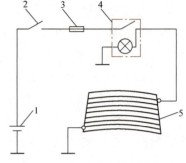

图 6-5 后窗玻璃除霜装置

1—蓄电池 2—点火开关 3—熔断器
4—除霜器开关及指示灯 5—除霜器(电热丝)

第二节 电动车窗、天窗

一、电动车窗

电动车窗可使驾驶人或乘客坐在座位上,利用开关自动升降门窗玻璃,即使在行车过程中,也能安全方便地开、关门窗。

1. 电动车窗的结构

电动车窗主要由车窗玻璃、车窗升降器和电子控制电路组成,电子控制电路主要由控制开关、断路器、安全开关等组成。

根据车窗升降器的类型不同,电动车窗分为机械式和液压式两种。机械式电动车窗的结构型式有绳轮式、交臂式和软轴式三大类。我国引进的轿车中大部分采用绳轮式,如一汽奥迪、上海桑塔纳、神龙富康等,少部分是交臂式(广州标致)和软轴式(北京切诺基)。

车窗升降器主要由门窗电动机和升降机构组成。门窗电动机是一个永磁、两极直流电动机,电动机内部装有减速装置。为了与不同升降机构相匹配,电动机输出部分的结构也有所不同。与绳轮式结构配套的电动机输出部分是一个塑料绳轮,绳轮上绕有钢丝绳,钢丝绳上装有滑块,电动机驱动绳轮,带动钢丝绳卷绕,钢丝绳上的滑块带动玻璃沿导轨做上下运动。与交臂式结构配套的电动机输出部分是一个小齿轮,经啮合的扇形齿轮片,通过交臂式升降机构,带动玻璃沿导轨做上下运动。与软轴式结构配套的电动机输出部分也是一个小齿轮,通过与软轴上的齿(近似于齿条)相啮合,驱动软轴卷绕,带动玻璃沿导轨做上下运动。门窗电动机一般设计成能正反方向旋转,具有较高输出转矩、较低噪声、较小的体积、扁平外形和短时工作制,并对尘埃及洗涤剂具有密封防护性能。门窗电动机内部一般都装有抑制无线电干扰装置,以防止在使用电动车窗时对车内无线电的接收形成干扰。电动机内部还装有过电流保护装置,电动机运动受阻时能自动切断电源,从而避免电动机的烧毁。

2. 电动车窗的工作原理

在每个车门内设置一个可变换运转方向的直流串励电动机,通过转换开关,使电动机运转,在电动机的主轴上安装一个蜗轮,经蜗轮减速后,通过转筒和钢丝使玻璃平行地上下滑动。其上端和下端分别设计有挡块，用张紧筒和弹簧保持钢丝的一定拉力，以便机构正常运行。除钢丝式玻璃升降装置外，还有杠杆操纵式。在每个车门上均装有一个控制开关称分开关，驾驶人所在的车门上装有总开关，总开关一般安装在驾驶人容易操作的位置上。总开关上设计一个锁定开关，在锁定开关接通的情况下，分开关均能操纵所在车门的门窗玻璃；在锁定开关断开的情况下，分开关便失去作用，此种设计的目的是为了增加乘坐人员的安全性。

3. 电动车窗的控制电路

图6-6所示是一种具有4个车门汽车的电动车窗控制电路，除具有驾驶座主开关外，它还由各个车门开关、乘客门窗电动机以及前驱动器（包括开关、电动机）等组成。

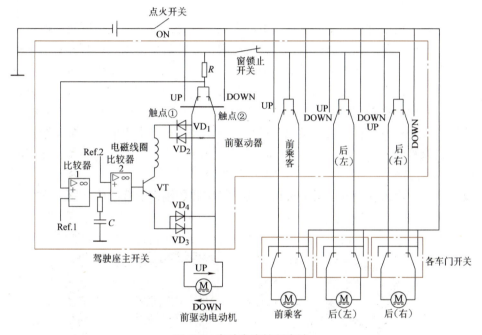

图 6-6 电动车窗控制电路

（1）手动操作控制玻璃升降 当把手动旋钮推向车辆前方时，门窗玻璃即上升。此时，触点①与 UP（向上）侧相连，触点②处于原来状态，电动机按 UP 箭头方向通过电流，门窗玻璃上升且关闭；当把手离开旋钮时，利用其开关自身的回复力，此时开关回到中立位置。若把手动旋钮推向车辆后方，触点①保持原位不动，而触点②则与 DOWN（向下）侧相接，电动机通过的电流按 DOWN 箭头所示的方向流动，电动机反转，以实现门窗玻璃向下移动，直至下降到底。

（2）自动控制玻璃升降 当把自动旋钮压向车辆前方时，触点①与 UP 侧相接，电动机按 UP 箭头方向通过电流，门窗玻璃上升且关闭；与此同时，电阻 R 上电压降低，此电压加于比较器1的一端，它与参考电压 Ref.1 进行比较。Ref.1 的电压值设定为相当于电动机锁止电流值约15A，通常为比较器1的低电位端（"-"端）；而比较器2的参考电压 Ref.2 通常设定为小于比较器1的输出，且为高电位端（"+"端）。所以，比较器2的输出为高电位，故使晶体管 VT 正向具有偏流而导通，电磁线圈通过较大的电流。其路径为：蓄电池的

"+"极→点火开关→UP→触点①→二极管 VD_1→电磁线圈→晶体管 VT→二极管 VD_4→触点②→电阻 R→搭铁→蓄电池"-"极。当门窗玻璃上升至终点位置,在电动机上有锁止电流流动,电阻 R 上的压降增大,当此电压超过参考电压 Ref.1 时,比较器 1 的输出由低电位转变为高电位,此时,电容器 C 开始充电,当电容器 C 两端电压上升至超过比较器 2 的参考电压 Ref.2 时,比较器 2 则输出低电位,晶体管 VT 立即截止,电磁线圈中的电流被切断,自动旋钮自动回复到中立位置,触点①搭铁,电动机停转。

门窗玻璃自动下降的工作情况与上述情况相反,操作时只需将自动旋钮压向车辆后方即可。

二、电动天窗

汽车的电动天窗通常称为太阳车顶或电动车顶,这是汽车移动式车顶的一种。天窗的特殊结构能使混浊的空气迅速排出车外,同时又能阻挡车外灰尘的进入;新鲜的空气从天窗进入车厢,没有摇下车窗换气产生的风噪;辅助调节温度,减少空调使用时间,降低油耗;车厢内光线明亮,亲近自然。按开闭能量来源天窗可分为手动天窗和电动天窗。一般大客车采用手动天窗,有向上平升、斜升和关闭三种状态。小轿车多采用电动车窗,依靠电动机的动力完成天窗的开闭,有滑移开启、倾斜开启和关闭三种状态。由于电动车窗操作方便,功能强大,深受大众喜爱。

1. 电动天窗的结构

电动天窗主要由天窗组件、滑动机构、驱动机构和控制系统等组成(图 6-7)。

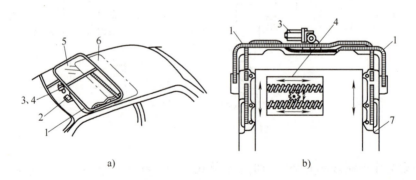

图 6-7 电动天窗的结构
a) 外观结构 b) 内部结构
1—滑动螺杆 2—ECU 3—电动机 4—驱动齿轮 5—天窗玻璃 6—遮阳板 7—后枕座

1) 天窗组件包括天窗框架、天窗玻璃、遮阳板、导流槽、排水槽等部分。
2) 滑动机构包括导向块、导向销、连杆、托架、前枕座和后枕座等部分。
3) 驱动机构包括双向电动机、传动机构和滑动螺杆等部分。
4) 控制系统包括天窗开关、限位开关、电控单元(ECU)和继电器等部分。

2. 电动天窗的控制电路

电动天窗的控制电路如图 6-8 所示。

(1) 天窗滑移开启 将天窗控制开关 SA1 拨至 OPEN 侧,此时天窗控制继电器①触点搭铁,天窗控制继电器⑥—⑤触点和④—⑪触点接通,电流经蓄电池正极→120A 熔断器→

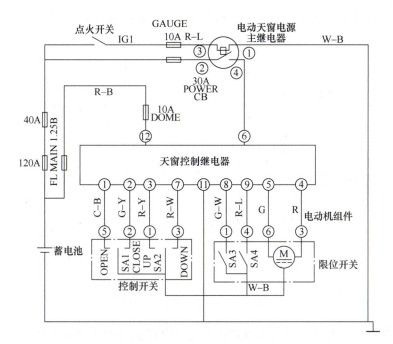

图 6-8 电动天窗的控制电路

40A 熔断器→POWER CB 30A 熔断器→电动天窗电源主继电器②、④触点间的闭合触点→天窗控制继电器⑥、⑤触点→电动机组件⑥触点→天窗电动机 M→电动机组件③触点→天窗控制继电器④、⑪触点→搭铁→蓄电池负极构成回路。天窗电动机 M 中的电流从左流向右，电动机 M 正向转动，使天窗滑移开启。

（2）天窗倾斜开启　将天窗控制开关 SA2 拨至 UP 侧，此时天窗控制继电器③触点搭铁，天窗控制继电器⑥—④触点和⑤—⑪触点接通，电流经蓄电池正极→120A 熔断器→40A 熔断器→POWER CB 30A 熔断器→电动天窗电源主继电器②、④触点间的闭合触点→天窗控制继电器⑥、④触点→电动机组件③触点→天窗电动机 M→电动机组件⑥触点→天窗控制继电器⑤、⑪触点→搭铁→蓄电池负极构成回路。天窗电动机 M 中的电流从右流向左，电动机 M 反向转动，使天窗倾斜开启。

第三节　电动后视镜

汽车上的后视镜位置直接关系到驾驶人能否观察到车后的情况，与行车安全有着密切的联系。而后视镜的调整一般来说比较麻烦。采用电动后视镜后，可通过开关控制后视镜位置，以便驾驶人观察到车后的情况。

电动后视镜的调整机构是由两套电动机和驱动器组成，可操纵后视镜上下及左右转动，通常一套电动机控制上下方向的转动，另一套电动机控制左右方向的转动。改变电动机的电流方向，即可完成后视镜的上下及左右调整。

有的电动后视镜还带有伸缩功能，由伸缩开关控制伸缩电动机工作，使整个后视镜回转伸出或缩回。

图 6-9 所示为日本丰田皇冠轿车可伸缩式电动后视镜控制系统电路图。

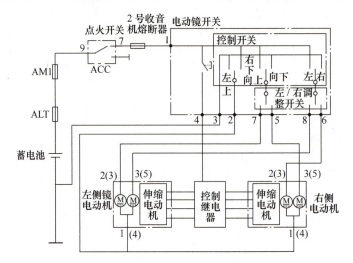

图 6-9　丰田皇冠轿车可伸缩式电动后视镜控制系统电路图

该电动后视镜的调整开关又称为电动镜开关，内有左/右调整开关和控制开关。左/右调整开关为左/右后视镜的选择开关，选择左镜时开关扳向左侧，接通触点 7 和 8；选择右镜时开关扳向右侧，接通触点 5 和 6。控制开关中有三组开关，分别为左/右转动开关、上/下转动开关和左上/右下配套开关。

若需调整左镜向下转动，应将左/右调整开关扳左侧，控制开关中左上/右下配套开关接通右下触点，上/下转动开关接通向下触点。电路为由蓄电池正极→点火开关→控制开关右下触点→触点 2→左镜电动机触点 1→左镜上下调整电动机→触点 2→电动镜开关触点 7→左调整开关→控制开关向下触点→触点 3→蓄电池负极，形成回路，左镜上下调整电动机运转，完成调整过程。其他调整过程与向下调整过程类似，通过接通不同的开关即可完成。

第四节　中央门锁

现代汽车都安装了中央门锁控制系统，使汽车的使用更为方便和安全。中央门锁系统的功用是：当驾驶人锁住驾驶人侧车门时，其他所有车门（包括后车门或行李舱门等）都能同时自动锁住；当解锁驾驶人侧车门时，其他几个车门能同时解锁；另外，为了方便和安全，除中央系统外，乘客仍可利用各车门的机械式弹簧锁开关车门。

一、中央门锁系统的结构

中央门锁系统结构如图 6-10 所示，主要由门锁开关、门锁控制器和门锁执行机构等组成。

1. 门锁开关

门锁开关用来控制门锁控制器的工作状态，有按钮式控制开关和钥匙控制开关两种。按钮式门锁开关安装在左前门和右前门的内侧扶手上，钥匙控制开关装在左前门和右前门的外侧门锁上。

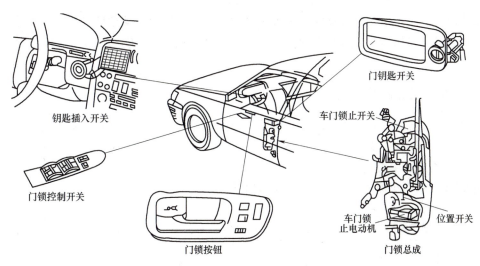

图 6-10 中央门锁系统结构

2. 门锁控制器

门锁控制器用来控制门锁执行机构动作，使门锁打开或锁止。常用的有电子式、车速感应式、电控单元控制式等。电子式门锁控制器内部有两个继电器，一个控制锁门，另一个控制开门，继电器由晶体管开关控制，通常利用电容器的充放电特性使执行机构完成锁门和开门动作。车速感应式门锁控制器加载了车速感应开关，当车速超过某值时，若车门未上锁，驾驶人不必动手也会自动将门锁止。电控单元控制式门锁控制器是接收中央门锁遥控器发出的信号后，输入到车身电控单元，信号被确认后再做出指令，通过执行器实现开锁或锁门的相应操作。

3. 门锁执行机构

门锁执行机构能根据电路中电流方向的不同进行开锁和闭锁。常用的类型有电动机式、电磁式、真空式和电子式。

电动机式门锁执行机构主要由门锁电动机、门锁开关、连杆执行机构、导线、继电器等组成，如图 6-11 所示。利用控制门锁电动机的电流方向使电动机正反向运转来完成门锁的

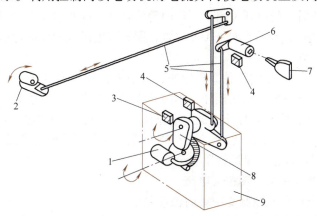

图 6-11 电动机式门锁执行机构

1—门锁电动机 2—门锁按钮（车厢内） 3—位置开关 4—门锁开关
5—连接杆 6—门钥匙孔 7—钥匙 8—锁杆 9—门锁总成

开、关动作。当门锁电动机转动时,蜗杆带动蜗轮转动,蜗轮推动锁杆再通过两组连接杆使车门锁上或打开,然后蜗轮在回位弹簧的作用下返回原位置,防止操作门锁按钮时电动机工作。

二、中央门锁的控制电路

不同的门锁控制器具有不同的控制电路,目前比较先进的是车速感应式中央门锁控制电路和电控单元控制式中央门锁控制电路。

1. 车速感应式中央门锁控制电路

图6-12所示为车速感应式中央门锁控制电路。

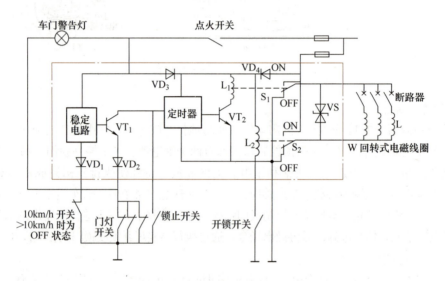

图6-12 车速感应式中央门锁控制电路

1)汽车停驶,车速感应开关闭合,蓄电池电流经熔断器、稳定回路、VD_1、车速开关后搭铁构成回路,此时VT_1截止,VT_2也截止,车门锁止继电器L_1断电,车门处于开锁状态。若有车门未锁止时,门灯开关闭合,车门警告灯亮,提醒驾驶人注意。此时,接通开锁开关,则继电器L_2通电,开关S_2处于ON位置,回转式电磁线圈反向通电工作,提拉车门锁扣杠杆,车门锁被打开。

2)若按下锁止开关,定时器使VT_2导通,L_1通电,开关S_1处于ON位置,回转式电磁线圈正向通电工作,拉下车门锁扣杠杆,车门被锁止。而当汽车行驶时,车门未锁,则当车速超过10km/h,车速感应开关打开,稳定电路使VT_1导通,定时器触发端经VT_1和车门警告灯开关搭铁,使VT_2导通,L_1通电,S_1处于ON位置,回转式电磁线圈正向通电工作,拉下车门锁扣杠杆,车门被锁止,保证行车安全。

2. 电控单元控制式中央门锁控制电路

图6-13所示为电控单元控制式中央门锁控制电路。

(1) 用门锁控制开关锁门和开门 当驾驶人侧或副驾驶人侧门锁控制开关15推向锁门侧时,信号"1"由端子⑯和反相器A送给或门A,或门A的输出从"0"变为"1"。锁门定时器供给晶体管VT_1基极电流约0.2s并使其导通,No.1继电器接通,电流从蓄电池正极

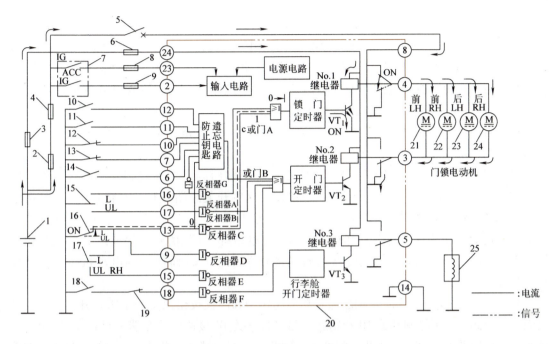

图 6-13 电控单元控制式中央门锁控制电路

1—蓄电池 2—熔断器（ALT） 3—熔断器（MAIN） 4—熔断器（AMI） 5—断路器 6—DOME 熔断器 7—点火开关 8—CIG（点烟器）熔断器 9—EUC-LG 熔断器 10—左前门锁控制开关 11—右前门锁控制开关 12—左前位置开关 13—右前位置开关 14—钥匙开门警告开关 15—门锁控制开关（双向） 16—左前钥匙控制开关 17—右前钥匙控制开关 18—行李舱门开启器开关 19—主开关 20—防盗和门锁控制 ECU 21—左前门锁电动机 22—右前门锁电动机 23—左后门锁电动机 24—右后门锁电动机 25—行李舱门开启器电磁阀

→端子⑧→No.1 继电器开关→端子④→门锁电动机→端子③→No.2 继电器开关→搭铁→蓄电池负极，电动机锁上全部车门。当门锁控制开关 15 推向开门侧，"1" 信号经端子⑰和反相器 B 送到或门 B，或门 B 输出从 "0" 变为 "1"。因此，开门定时器供给晶体管 VT_2 基极电流约 0.2s 并使其导通，No.2 继电器接通，电流从蓄电池正极→端子⑧→No.2 继电器开关→端子③→门锁电动机→端子④→No.1 继电器开关→搭铁→蓄电池负极，门锁电动机将全部车门打开。

（2）用钥匙锁门和开门 当钥匙插进驾驶人侧或副驾驶人侧钥匙门内并向锁门方向转动时，钥匙控制开关 16 向锁门侧接通。此时 "1" 信号经端子⑬和反相器 C 送给或门 A，或门 A 输出从 "0" 变为 "1"。锁门定时器供给晶体管 VT_1 基极电流 0.2s 并使其导通，No.1 继电器接通，电流从蓄电池正极→端子⑧→No.1 继电器开关→端子④→门锁电动机→端子③→No.2 继电器开关→搭铁→蓄电池负极，门锁电动机将全部车门锁上。当用钥匙开门时，钥匙开关向开门侧接通，"1" 信号经端子⑨和反相器 D 送到或门 B，或门 B 输出从 "0" 变为 "1"。开门定时器供给晶体管 VT_2 基极电流 0.2s 并使 No.2 继电器接通。因此，电流从蓄电池正极→端子⑧→No.2 继电器开关→端子③→门锁电动机→端子④→No.1 继电器开关→搭铁，门锁电动机将全部车门打开。

（3）防止钥匙遗忘功能 该门锁系统的防止钥匙遗忘功能可防止锁门时将点火钥匙遗

忘在钥匙门内。

1) 推动锁钮锁门时。当点火钥匙插在钥匙门内，驾驶或副驾驶侧门开着，门锁开关 10 和钥匙开门警告开关 14 都接通。这些开关经端子⑫和⑥将"0"信号送给防止钥匙遗忘电路。此时，将锁钮推向锁门侧，则门立刻被锁上。但由于位置开关 12 断开，信号"1"经端子⑩送给防止钥匙遗忘电路并使其输出信号"1"送给或门 B，使或门 B 的输出从"0"变到"1"。同时开门定时器供给晶体管 VT_2 基极电流约 0.2s 并使其导通。电流在系统中的流动路径与用门锁控制开关开门一样。门锁电动机由 No.2 继电器供电而工作，打开全部车门。

2) 用门锁控制开关锁门时。当点火钥匙插在钥匙门内，驾驶或副驾驶侧门开着，门锁控制开关 10 和钥匙开门警告开关 14 都接通。这些开关经端子⑫和⑥将"0"信号送给防止钥匙遗忘电路。此时，当用门锁控制开关锁门时，门立刻被锁上。但由于信号"1"经端子⑯送给防止钥匙遗忘电路和反相器 G，使电路将"1"信号送给或门 B 并使其输出从"0"变为"1"。同时开门定时器接通晶体管 VT_2 约 0.2s 而使门锁电动机接通，全部车门打开。

3) 车门全关闭时。当防止钥匙遗忘功能起作用和门锁按钮保持向下阻止开门时，门被立刻锁上。此时门锁控制开关 10 和钥匙开门警告开关 14 接通，并经端子⑫和⑥将"0"信号送给防止钥匙遗忘电路。若此时门处于关闭状态，则门锁开关断开，并且输入到防止钥匙遗忘电路的信号由"0"变为"1"。约 0.8s 后，防止钥匙遗忘电路输出"1"信号给或门 B，或门 B 输出信号从"0"变为"1"。因此开门定时器接通晶体管 VT_2 使门锁电动机接通，全部车门打开。若此时车门不能全部打开，则开门定时器再次起动 0.8s 后，使全部车门打开。

(4) 行李舱门开启器控制 当行李舱门开启器开关 18 接通，"1"信号经端子⑱和反相器 F 送给行李舱门开启定时器。开启定时器供给晶体管 VT_3 基极电流约 0.2s 使其导通，No.3 继电器也导通，电流从蓄电池正极→端子⑧→No.3 继电器开关→端子⑤→行李舱门开启器电磁阀→搭铁→蓄电池负极，从而打开行李舱门。

第五节 电动座椅

汽车座椅的主要功能是为驾驶人提供便于操作、舒适而又安全的驾驶位置；为乘客提供不易疲劳、舒适而又安全的乘坐位置。

座椅调节的目的就是使驾驶人和乘客乘坐舒适。通过调节还可以改变坐姿，减少乘客长时间乘车的疲劳。

座椅的调节正向多功能化发展，使座椅的安全性、舒适性、可操作性日益提高。其种类很多，还可以有不同的组合方式。如具有八种调节功能的电动座椅，其动作方式有座椅的前后调节、上下调节、座椅前部的上下调节、靠背的倾斜调节、侧背支撑调节、腰椎支撑调节以及靠枕上下、前后调节。

电动座椅前后方向的调节量一般为 100~160mm，座位前部与后部的调节量约为 30~50mm。全程移动所需时间约为 8~10s。

一、电动座椅的构造及工作原理

电动座椅一般由双向电动机、传动装置和座椅调节器等组成。电动机的数量取决于电动座椅的类型。通常两向移动座椅装有两个电动机，四向移动座椅装有四个电动机。大多数电动座椅使用永磁式电动机，通过开关来操纵，使电动机按不同方向运转。为防止电动机过载，大多数永磁式电动机内装有短路器。图 6-14 所示为雷克萨斯 LS400 轿车驾驶人电动座椅控制线路图。

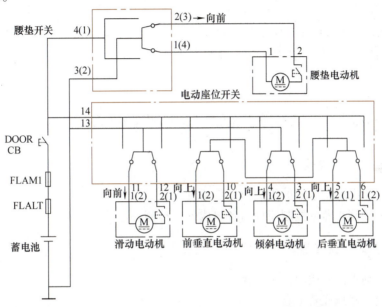

图 6-14　雷克萨斯 LS400 轿车驾驶人电动座椅控制线路图

通过电动座椅开关，即可完成不同的调节功能，如座椅的向前调节，按下电动座椅开关中的向前调节开关，其电流由蓄电池正极→熔断器→门锁电路断路器→开关 14 接线柱→向前调节开关→开关 11 接线柱→滑动电动机→开关 12 接线柱→开关 13 接线柱→搭铁→蓄电池负极，形成回路，滑动电动机工作，座椅向前移动。其他调整过程与向前调整过程类似，通过接通不同的开关即可完成。

另外，通过控制腰垫开关可调节座椅腰垫位置，座椅腰垫的向前调节，按下腰垫开关中的向前调节开关，其电路由蓄电池正极→熔断器→门锁电路断路器→开关 4 接线柱→向前调节开关→开关 2 接线柱→腰垫电动机→开关 1 接线柱→开关 3 接线柱→搭铁→蓄电池负极，形成回路，腰垫电动机工作，座椅腰垫向前移动。座椅腰垫向后调节只需接通腰垫开关的向后调节开关即可完成。

电动座椅的传动装置包括变速器、联轴装置和电磁阀。座椅调节器是由螺旋千斤顶和齿轮传动机构组成，电动机和变速器之间装有联轴节，传动装置和座椅调节器之间用软轴连接。

二、带存储功能的电动座椅

带存储功能的电动座椅采用了微机控制，它能将选定的座椅调节位置进行存储，使用时只要按指定的按键开关，座椅就会自动地调节到预先设定的座椅位置上。图 6-15 所示为带存储功能的电动座椅控制示意图。

该系统有一个存储器，存储装置通过 4 个电位计来控制座椅的调定位置。只要座椅调定后，驾驶人按下存储器按钮，电子控制装置就把这些电压信号存储起来，作为重新调整位置时的基准。使用时，只要一按按钮，就能按存储的状态来调整座椅位置。

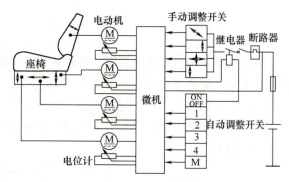

图 6-15　带存储功能的电动座椅控制示意图

第六节　汽车电动刮水器试验

一、试验目的与要求

1）掌握汽车电动刮水器的组成与工作原理。
2）掌握电动刮水器的控制原理与各组成件的检测方法。

二、试验设备及仪器

1）带电动刮水器总成的汽车一辆。
2）电动刮水器总成若干套。
3）常用的电器拆装工具、量具若干套。

三、试验技术标准及规范

1）GB/T 15746—2011《汽车修理质量检查评定方法》。
2）GB 7258—2017《机动车运行安全技术条件》。
3）GB/T 3798—2005《汽车大修竣工出厂技术条件》。

四、试验内容与方法

图 6-16、图 6-17 所示为刮水器与清洗系统的电路图。

1. 电动机的检测

（1）刮水器电动机的检测　拔下刮水器电动机 5 芯插头，检测刮水器电动机工作状态。

1）将 4 号端子接电源正极，分别将 1、2 号端子接地；分别观察电动机是否高、低速运转，且运转平稳，无机械摩擦声。是则正常，否则电路或控制系统有故障。另外，在电动机运转过程中，3 号端子与 5 号端子间的电压应为 4V 以下。
2）观察换向器表面有无烧蚀。
3）观察电刷高度。一般电刷的标准高度为 12.5mm。
4）观察蜗轮、蜗杆配合副工作表面状况（有无磨损）。

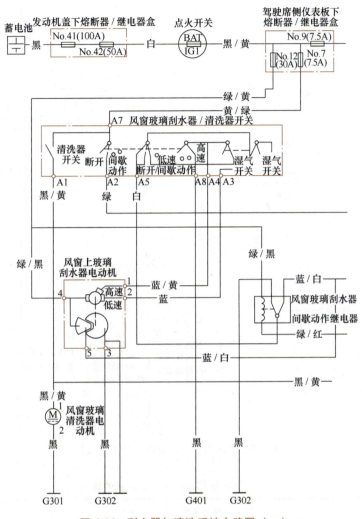

图 6-16 刮水器与清洗系统电路图（一）

5）检查电枢轴与轴承的配合间隙，间隙一般不应超过 0.1mm，电动机摇臂的轴向间隙应在 0.03~0.17mm 范围内。

6）检查定位开关的触点有无烧蚀、脏污。

7）用万用表检查电枢绕组、励磁绕组有无搭铁、短路和断路。

(2) 洗涤电动机的检测 拔下洗涤电动机的两芯插头，端子 1 接电源正极，端子 2 接负极，电动机应能运转。

2. 控制装置的检测

(1) 刮水器开关试验 用万用表测试开关在各种状态下各接线端子间的状态是否正常。常态下，A3—A5 导通；在间歇位置，A2—A7 导通，A3—A5 导通；在低速位置，A3—A8 导通；在高速位置，A4—A8 导通；清洗开关接通，A1—A7 导通；湿气开关接通，A4—A8 导通；转动间歇控制电阻，B1—B2 之间电阻为 0~30kΩ。

(2) 刮水器间歇多路控制装置的检测 拔下控制器插头，用万用表验证、测试表 6-1 中各端子的电压。

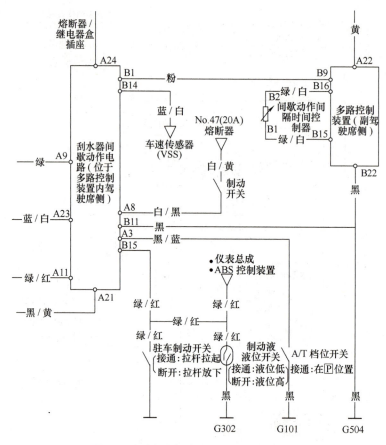

图 6-17 刮水器与清洗系统电路图（二）

表 6-1 刮水器间歇多路控制装置的检测

端子	检查条件	正常结果
A9	接通点火开关，刮水器开关处于间歇位置，检查与地间电压	12V
A23	接通点火开关，检查与地间电压	12V
A11	接通点火开关，检查与地间电压	12V
A21	接通点火开关和洗涤器开关，检查与地间电压	12V
B15	拉紧驻车制动器，检查与地间电压	低于1V
A3	A/T 置于 P 档位，检查与地间电压	低于1V
B11	检查与地间的通路情况	导通
A8	踩下制动，检查与地间电压	12V
B14	转动车轮，检查与地间电压（插上控制器插头）	0~5V 间摆动
A24	接通点火开关，检查与地间电压	12V
A22	接通点火开关，检查与地间电压	12V
B22	检查与地间的导通情况	导通
B16 B15	转动间歇时间控制开关，检查 B16 与 B15 间的电阻	0~30kΩ

(3) 除霜装置的检测 打开点火开关和除霜器开关，用万用表检测除霜器正极端子与接地端间的电压，检验是否为蓄电池电压。若没有电压，可从终端向始端逐段检查，找出短路点，逐段检查车窗天线线圈 A1 处的电压、除霜继电器触点前后的电压、电路中各熔断器前后的电压，直到检测到电压。若继电器触点前端有电压而后端无电压，则应检查继电器线圈前后端有无电压，同时还应检查除霜器开关的好坏；关闭点火开关和除霜器开关，检查除霜器负极端子与搭铁间的导通情况，导通则正常，不导通则说明搭铁回路断路；保持点火开关和除霜器开关打开状态；检查除霜器每条导线中点与地间的电压，应为 6V，若不为 6V 则说明除霜器导线有断路现象；高于 6V，则是中点到负极端子间有断路；低于 6V，则是中点到正极端子间有断路。

3. 刮水器系统故障诊断

汽车刮水器系统常见的故障有刮水器不工作、刮水器速度不够、刮水器的速度转换不正常等。导致刮水器系统发生故障的部位大多在刮水器电动机、刮水器开关、间歇刮水继电器、电压继电器的线路或熔丝上。

当刮水器系统出现故障时，应先判断发生故障的大概部位，然后根据故障车型刮水器线路的设计特点，逐步查找，找到故障部位。如刮水器不工作，在打开刮水器开关后，应首先通过看、听、摸等方法检查刮水器电动机是否转动。

(1) 确定是否为连杆不良 如经检查刮水器电动机已经转动，而摆臂不摆，说明故障在连杆部分，原因可能是连杆固定螺钉松动或滑脱。

(2) 确认故障在刮水开关还是在电动机 如果打开刮水器开关后，电动机不转，就从检查电动机入手对各部件进行检查。不管是何种车型，不管开关控制的是正极线俗称（火线）还是搭铁线，在刮水器开关打开后，电动机插头上都应有一根火线和一根搭铁线。如果在打开刮水器开关后，检测发现电动机插头有断路或缺线现象，说明在开关或线路上存在故障，下一步查找的重点就应是刮水器开关和电源线路。

(3) 确认故障是否在刮水电动机 如通过检测，插头上的火线和零线均正常，说明故障在刮水器电动机。为了准确判断，此时可再采取送电法对电动机单独进行检查。具体方法为：去掉电动机与导线连接插头，去掉连杆，取一根电源线连通刮水器电动机的正电刷，另取一根连线使另外两电刷分别搭铁。如果刮水器电动机转动，说明电动机良好，故障在开关或线路上。如果刮水器电动机不转，刮碰时无火花，说明电刷接触不良；刮碰时有较大的火花，说明刮水器电动机线圈烧毁短路。

4. 洗涤器系统故障诊断

检测电动洗涤器性能好坏时，可向储液罐中充入洗涤剂，合上开关，观察喷嘴喷出的液流是否有力，喷射方向是否适当，电动油泵的接线是否正常。如不正常，应检测电动机、喷嘴、连接管、储液罐及密封装置的技术状况。

(1) 电动机不转 原因为电动机及泵不良，洗涤器开关失灵，熔丝熔断，电源或线路有故障。可通过修复线路或修理、更换损坏的元器件解除该故障。

(2) 喷嘴工作异常 原因可能为洗涤液导管压扁、弯折或接头泄漏，喷嘴堵塞，电动机及泵有故障。可通过校正、平直或更换压扁变形的洗涤液导管，紧固导管接头，使之无泄漏现象；对已堵塞的喷嘴应清除阻塞物；对有故障的电动机及泵应修理或更换，解决故障。

五、试验注意事项

1) 严格按照操作规程进行,注意用电安全。
2) 注意测试各端子时应切断发动机 ECU 电源,不要刮、擦,以免产生电火花。
3) 在使用万用表时,注意档位的选择。

思考题与习题

6-1 试分析电动刮水器的工作原理。
6-2 试分析奥迪 100 型轿车刮水系统的调速与间歇摆动原理。
6-3 试分析门窗升降器的工作过程。
6-4 试分析电动后视镜的控制过程和电流回路。
6-5 试分析车速感应式中央门锁的控制过程。
6-6 试分析电控单元控制式中央门锁的控制过程。
6-7 试分析雷克萨斯 LS400 轿车驾驶人电动座椅控制过程。

第七章

汽车电气设备总线路

对于汽车电气设备,可根据其用途和工作性能归纳为:电源系统、起动系统、点火系统、电子控制系统、照明、信号、仪表、报警系统和辅助电气设备等部分。而汽车电气设备总线路,就是通过开关、熔断器、导线等,将上述电气系统合理地连接而组成的总体。汽车电气设备线路的特点参见第一章第三节相关内容。

总线路的布置因车而异,但都存在一定的规律。为了掌握电气设备总线路的规律性,以及汽车电器故障诊断和排除的基本方法,下面以一种典型汽车电气设备总线路为例,进行简单明了的剖析。

第一节 汽车电气设备线路分析

一、汽车电气设备线路类型

汽车线路有部分线路和整车线路之分。部分线路即局部线路也叫单元线路,通常有电源线路、起动线路、点火线路、照明线路、信号及仪表线路等;整车线路即汽车电气设备总线路。通常将汽车上各种电气设备按照它们各自的工作特点和相互联系,通过各种开关、熔断器等装置,用导线把它们合理地连接起来而构成的一个整体线路。

常见的整车线路有三种:一种是汽车电气设备线路图(也称布线图),通常根据汽车电器的外形,用相应的图形符号进行合理布线;另一种是汽车线路原理图,根据国家或有关部门制定的标准,用规定的图形符号绘制的较简明的线路;第三种是汽车线束外形图,主要说明哪些电器的导线汇合在一起组成线束,与何处进行连接等。

1. 汽车电气设备线路图

汽车电气设备线路图是电气设备之间用导线相互连接的真实反映,它所连接的电气设备的安装位置、外形和线路与实际情况一致,便于对汽车电器故障进行判断与排除。

汽车电气设备线路图在图面上比较注意各电器设备在汽车上的实际位置。例如,通常图的左边一般代表汽车的前部,图的右边则代表汽车的尾部。同时,图中的电气设备大多以实物轮廓的示意形状表示,给人以真实感。对那些实际安装位置走向相同的连接导线也尽可能画在一起。

电气设备线路图类似于无线电设备的实物接线图。其优点是较好地再现了线路的实际连接情况,缺点是识读比较困难。

2. 汽车线路原理图

线路原理图也称线路简图,通常是根据电气设备线路图简化而来的。这种图的作用是表达线路的工作原理和连接状态,不讲究电气设备的形状、位置和导线走向的实际情况。

汽车电气设备线路简图类似于无线电设备的电路原理图。图中电气设备均采用符号表示（较特殊的符号则辅以图例说明）。这种图对于了解汽车电气设备的工作原理或工作过程，以及分析判断故障的大概部位很有用处。

3. 汽车线束外形图

汽车上导线的种类和数量较多，为保证安装可靠，走向相同的各类导线常被包扎成电缆，又称其为线束。

线束外形图反映的是已制成的线束外形，故也叫作线束包扎图。图中一般都标明线束中每根导线所连接的电气设备的名称，有的还标注了每根导线的长度。

线束外形图类似于无线电设备中的印制电路板图。在制作或安装线束时，使用这类图极为方便。

线束外形图通常又分为主线束图和辅助线束图。主线束图又分为底盘线束图和车身线束图。辅助线束类型较多，多用于主线束的支路并与各种辅助电器相连（通过插接器），如空调线束、车顶线束、电动车窗线束、ABS 线束、自动变速器线束、电动座椅线束、电动门线束等。

二、汽车电气设备线路原理图组成与分析

汽车电气设备线路原理图一般由电源线路、起动线路、点火线路（柴油机除外）、照明线路、仪表与信号线路、空调音响与电视、其他辅助机构等组成。

汽车电气设备线路原理图也叫汽车电气设备线路简图，是读识汽车电气设备线路图、线束图以及分析汽车线路工作原理和判断故障大概部位的基础图。

图 7-1 所示是一种较典型的汽车电气设备基本线路，许多汽车线路原理图都与该线路图类似或大同小异。识图时，可采用一个单元线路一个单元线路地找出其相应的元器件，并读通其电流走向，最终使整个原理图一目了然。

1. 起动系统

(1) 找出与起动系统有关的元器件 与起动系统有关的元器件有蓄电池、总熔断器、电流表、起动机、起动继电器、点火开关。将所找到的元器件以及它们之间的连接关系按原理图上的画法单独画出，就得到了如图 7-2 所示的起动线路简化原理图。查找元器件时，可围绕起动机进行，与起动机有联系的就属起动系统元器件。

(2) 读通起动系统电源电流通路 如图 7-2 所示，当驾驶人把点火开关旋至第 3 档位置时，形成的电路为：蓄电池正极→总熔断器→电流表→点火开关第 3 档→起动继电器线圈→蓄电池负极。

当起动继电器线圈通电后，其常开触点闭合，接通了起动机的电磁开关线圈线路，其主触点也闭合（图中未单独画出，见图 7-3 中的开关接触盘）。这时，起动电流从蓄电池的正极进入起动机，经其内部的线圈回到蓄电池的负极，起动机开始带动发动机的曲轴旋转。

发动机被起动后，点火开关在自身回位弹簧的作用下，自动退回到第 2 档位置，从而完成了起动任务。

2. 点火系统

(1) 找出与点火系统有关的元器件 可围绕点火线圈、分电器查找有关的元器件。除点火线圈、分电器（包括断电器触点）之外，与它们有联系的元器件还有火花塞、电容器、附加电阻、点火熔丝、点火开关、电流表、总熔断器以及蓄电池。

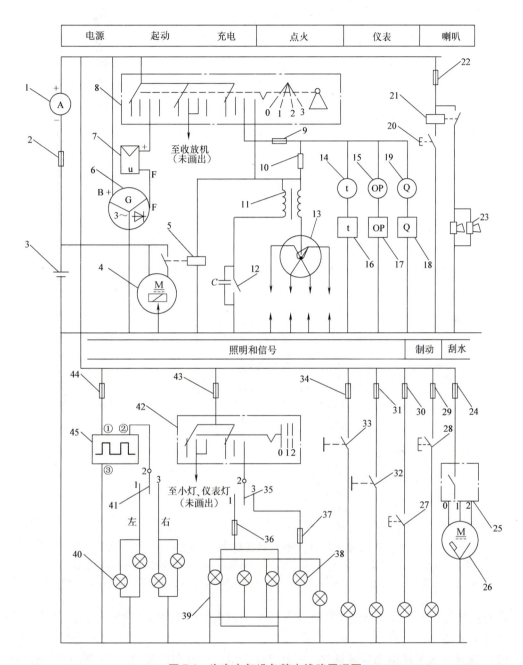

图 7-1 汽车电气设备基本线路原理图

1—电流表 2—总熔断器 3—蓄电池 4—起动机 5—起动继电器 6—交流发电机 7—电压调节器 8—点火开关 9—点火及仪表熔丝 10—附加电阻 11—点火线圈 12—断电触点 13—分电器 14—冷却液温度表 15—油压表 16—冷却液温度传感器 17—油压传感器 18—燃油传感器 19—燃油表 20—喇叭按钮 21—喇叭继电器 22—电喇叭熔丝 23—电喇叭 24—刮水器熔丝 25—刮水器开关 26—刮水器电动机 27—倒车灯开关 28—制动灯开关 29—制动灯熔丝 30—倒车灯熔丝 31—室内灯熔丝 32—室内灯开关 33—雾灯开关 34—雾灯熔丝 35—变光开关 36—近光灯丝 37—远光灯丝 38—远光指示灯 39—前照灯 40—转向灯 41—转向开关 42—灯光开关 43—前照灯熔丝 44—转向灯熔丝 45—闪光器

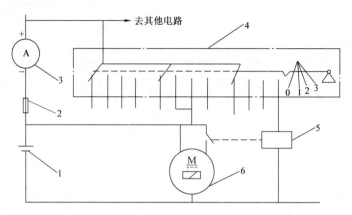

图 7-2 起动线路简化原理图

1—蓄电池　2—总熔断器　3—电流表　4—点火开关　5—起动继电器　6—起动机

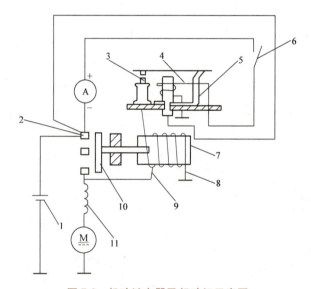

图 7-3 起动继电器及起动机示意图

1—蓄电池　2—电磁开关接线柱　3—起动继电器触点　4—电压线圈　5—起动继电器
6—点火开关　7—开关铁芯　8—保位线圈　9—吸引线圈　10—开关接触盘　11—起动机绕组

将所找到的元器件按原理图中的连接关系单独画出，就得到了如图 7-4 所示的点火系统线路简化原理图。

(2) 读通点火系统电源电流通路　如图 7-4 所示，当发动机起动后，点火开关退回到第 2 档。这时就形成了如下的点火电路：蓄电池正极→总熔断器→电流表→点火开关的第 2 档→点火熔丝→附加电阻 R →点火线圈一次绕组→断电器触点→蓄电池的负极。

当发动机带动分电器旋转时，分电器内部的断电器触点一开、一闭，使通过点火线圈一次绕组中的电流也时通时断。在触点断开的瞬间，点火线圈的二次绕组感应出上万伏的高压。此高压经分电器按照发动机的点火顺序送至气缸内的火花塞，在电极间隙处产生电火花，点燃气缸内的可燃混合气。

点火线圈中的附加电阻 R 是一个 PTC 正温度系数的热敏电阻，附加电阻 R 通过的点火电流越大，其阻值越大；反之其阻值越小。由于发动机转速不是恒定的，转速高时通过的点火电流小，转速低时通过的点火电流大。因此，附加电阻 R 起着恒定点火电流、改善高速时的点火特性、防止断电器触点烧蚀以及防止点火线圈损坏的作用。但在起动点火时，为使点火电流足够大，应把它短路。图 7-4 中的点火开关在第 3 档起动时就把它短路了。

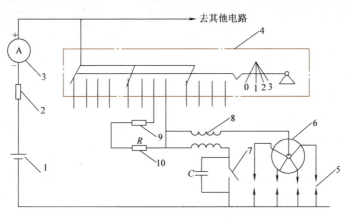

图 7-4 点火系统简化原理图
1—蓄电池　2—总熔断器　3—电流表　4—点火开关　5—火花塞
6—分电器　7—断电触点　8—点火线圈　9—点火熔丝　10—附加电阻

另外，图 7-4 中与断电器触点并联的电容 C 可防止点火线圈一次自感电动势烧蚀断电器触点，还可提高点火线圈二次绕组的电压。

3. 充电系统

（1）找出与充电系统有关的元器件　找出与充电系统有关的元件时，应围绕交流发电机进行。与交流发电机有联系的元器件有电压调节器、点火开关、电流表、总熔断器及蓄电池。将所找到的元器件按原理图中的连接关系单独画出，就得到了如图 7-5 所示的充电系统简化原理图。

（2）读通充电系统电流通路　如图 7-5 所示，发动机运转后带动

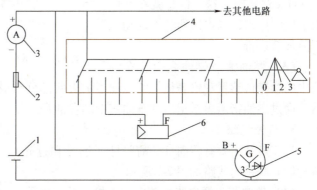

图 7-5 充电系统简化原理图
1—蓄电池　2—总熔断器　3—电流表　4—点火开关
5—交流发电机　6—电压调节器

交流发电机旋转，从而形成了下面的励磁电路：蓄电池正极→总熔断器→电流表→点火开关第 2 档→电压调节器的+端和 F 端→交流发电机的磁场接线柱 F 端→交流发电机内部的磁场线圈→经交流发电机外壳搭铁回到蓄电池的负极。

当交流发电机达到一定的转速（约 1000r/min）时就开始发电，经自身内部的整流元器件整流后，变为直流电从发电机的 B+端输出。

从发电机 B+端输出的电压，一部分经电流表给蓄电池充电，另一部分提供给车上其他用电设备，同时也给自己提供励磁电流，即交流发电机的励磁电流此时由原来的他励（蓄

电池供给）变为自励。

电压调节器能自动调节发电机输出电压的高低。发电机输出电压高（>14.5V）时，电压调节器减小或切断发电机的励磁电流；发电机输出电压低（<13.5V）时，增加其励磁电流。

4. 仪表线路

仪表线路通常是指冷却液温度表、油压警告灯、发动机转速表、燃油表以及油压表。图7-1仅使用了冷却液温度表、油压表和燃油表，与这几只表有联系的元器件还有点火及仪表熔丝、点火开关、电流表、总熔丝以及蓄电池。

图7-6所示为仪表线路的简化原理图。该线路用以指示发动机的工作状态，并与点火系统线路同步工作。

（1）冷却液温度表 发动机工作时的最佳冷却液温度为75~90℃，通过冷却液温度表可监控发动机工作时的热状况，使汽车具有良好的动力性与经济性。

（2）油压表 发动机正常工作时的油压为0.15~0.4MPa（1.5~4kgf/cm²）。当油压传感器检测到机油压力低于0.03~0.05MPa（0.3~0.5kgf/cm²）时，这一信息就在油压表上反映出来，以告知驾驶人发动机不能加载运行。

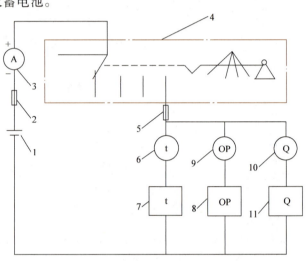

图7-6 仪表线路简化原理图

1—蓄电池 2—总熔断器 3—电流表 4—点火开关
5—点火及仪表熔丝 6—冷却液温度表 7—冷却液温度传感器
8—油压传感器 9—油压表 10—燃油表 11—燃油传感器

（3）燃油表 燃油表由装在油箱中的油量传感器和仪表板上的燃油指示表两部分组成。由油量传感器检测油箱中的油量，然后通过燃油指示表指示出汽车油箱中的存油量。

5. 灯光线路

汽车灯系主要有转向灯、前照灯（远光和近光）、雾灯、倒车灯、室内灯及制动灯等，与它们有联系的线路如图7-7所示。

（1）转向灯电源电路 蓄电池正极→总熔断器→电流表→转向灯熔丝→闪光器的①脚、②脚→转向灯开关②接线柱→转向灯开关③接线柱→右转向灯→搭铁→蓄电池负极。

↓

转向灯开关①接线柱→左转向灯→搭铁→蓄电池负极。

（2）前照灯电路 蓄电池正极→总熔断器→电流表→前照灯熔丝→灯光开关第2档→变光开关②接线柱，由变光开关选择是使用近光灯还是远光灯，其电路为：

变光开关②接线柱→近光灯熔丝→近光灯→搭铁→蓄电池负极。

↓

远光灯熔丝→远光前照灯及指示灯→搭铁→蓄电池负极。

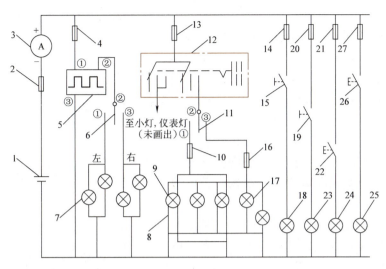

图 7-7 灯光线路简化原理图

1—蓄电池 2—总熔断器 3—电流表 4—转向灯熔丝 5—闪光器 6—转向灯开关 7—转向灯 8—前照灯 9—近光指示灯 10—近光灯熔丝 11—变光开关 12—灯光开关 13—前照灯熔丝 14—雾灯熔丝 15—雾灯开关 16—远光灯熔丝 17—远光指示灯 18—雾灯 19—室内灯开关 20—室内灯熔丝 21—倒车灯熔丝 22—倒车灯开关 23—室内灯 24—倒车灯 25—制动灯 26—制动灯开关 27—制动灯熔丝

(3) 雾灯电路 雾灯分为前雾灯和后雾灯，前雾灯通常用两只，左右各一只，后雾灯通常用一只。图 7-7 中雾灯电路为（接通雾灯开关时）：蓄电池正极→总熔断器→电流表→雾灯熔丝→接通的雾灯开关触点→雾灯→搭铁→蓄电池负极。

(4) 室内灯电路 室内灯供车内照明用。当接通室内灯开关后，就形成了如下的电路：蓄电池正极电流→总熔断器→电流表→室内灯熔丝→室内灯开关接通的触点→室内灯→搭铁→蓄电池负极。

(5) 制动灯电路 制动灯与汽车制动系统同步工作，它通常由装在制动系统管路中的制动信号灯开关控制。当制动灯开关接通后，制动灯点亮，其电路为：蓄电极正极→总熔断器→电流表→制动灯熔丝→制动灯开关接通的触点→制动灯→搭铁→蓄电池负极。

(6) 倒车灯电路 倒车灯的作用是在倒车时提醒车后的行人和车辆驾驶人，以保证倒车的安全性。

倒车灯一般与各种倒车报警器共同受倒车灯开关的控制。倒车灯开关通常装在变速器盖上，当变速杆把倒档变速叉轴拨到倒档位置时，就会使倒车灯点亮（图 7-7 中未画出倒车报警器，如与倒车灯两端并接有倒车报警器，则此时倒车报警器也同时发响），其电路为：蓄电池正极→总熔断器→电流表→倒车灯熔丝→倒车灯开关接通的触点→倒车灯（并接倒车报警器）→搭铁→蓄电池负极。

6. 辅助线路

图 7-1 中的辅助线路只有电喇叭和刮水器两种。实际上，现代汽车上的辅助电器较多，例如还有点烟器、安全气囊、电动燃油泵、预热起动装置、巡航电子控制系统及防盗报警系统等。图 7-1 中的辅助线路简化原理图如图 7-8 所示。

(1) 电喇叭电路 汽车上均装有电喇叭，用来警告行人和其他车辆，以引起注意，保证交通安全。

当按下喇叭按钮时，就会使喇叭继电器线圈中有电流通过。其电路为：蓄电池正极→总熔断器→电流表→电喇叭熔丝→喇叭继电器线圈→喇叭按钮开关接通的触点→搭铁→蓄电池的负极。

这时继电器因有电流通过而产生电磁力，使继电器的常开触点闭合，就又形成了如下的电路：蓄电池正极→总熔断器→电流表→电喇叭熔丝→喇叭继电器的闭合触点→电喇叭→搭铁→蓄电池负极。

这一电流回路使电喇叭发声。松开喇叭按钮时，喇叭继电器线圈断电，其触点断开，喇叭电流回路断开，电喇叭发声停止。

(2) 刮水器电路 为了确保汽车驾驶人在雪、雾、雨天气行驶时有良好的视觉，汽车前风窗玻璃上都装设了电动刮水器。它与洗涤液喷射器相结合，还可以清洁风窗玻璃。

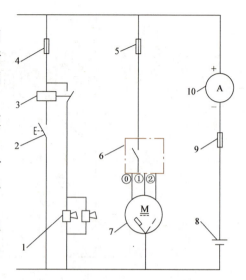

图 7-8 辅助线路简化原理图
1—电喇叭 2—喇叭按钮 3—喇叭继电器
4—电喇叭熔丝 5—刮水器熔丝
6—刮水器开关 7—刮水器电动机
8—蓄电池 9—总熔断器 10—电流表

刮水器线路如图 7-8 所示。刮水器电动机受刮水器开关的控制。刮水器开关有三档，"⓪"档为停止档，"①"为低速档，"②"为高速档。刮水器电路为：蓄电池正极→总熔断器→电流表→刮水器熔丝→刮水器开关选择低速档或高速档→搭铁→蓄电池负极。

7. 基本线路识图说明

以上介绍的仅是汽车最基本和必备的线路，实际的汽车线路（尤其是现代高档轿车）比此复杂得多。在读识复杂的汽车线路原理图时，可先找出最基本的线路，剩下的线路再结合已经看懂的基本线路来逐一识别。

第二节　汽车电气系统的导线和线束

一、汽车电气设备线路的导线

汽车电气系统的导线有低压线和高压线两种。低压线中又有普通线、起动电缆和蓄电池搭铁电缆之分；高压线又有铜芯线和阻尼线之分。

1. 低压导线

(1) 普通低压导线 为铜质多丝软线，根据外皮绝缘包层的材料不同，又分为 QVR 型（聚氯乙烯绝缘包层）和 QFR 型（聚氯乙烯-丁腈复合绝缘包层）两种。

导线的截面主要根据用电设备的工作电流进行选择，但是对功率很小的电器，仅从工作电流的大小来选择导线，其截面将太小，强度差，易拆断，因此汽车电气系统中所用的导线截面至少不得小于 0.5mm^2。汽车用低压导线的结构与规格见表 7-1，其允许载流量见表 7-2，汽车 12V 电气系统主要线路导线截面的推荐值见表 7-3。

表 7-1　低压导线的结构与规格

标称截面/mm²	线芯结构		绝缘层标称厚度/mm	电线最大外径/mm
	根数/根	单根直径/mm		
0.5			0.6	2.2
0.6			0.6	2.3
0.8	7	0.39	0.6	2.5
1.0	7	0.43	0.6	2.6
1.5	17	0.52	0.6	2.9
2.5	19	0.41	0.8	3.8
4	19	0.52	0.8	4.4
6	19	0.64	0.9	5.2
8	19	0.74	0.9	5.7
10	49	0.52	1.0	6.9
16	49	0.64	1.0	8.0
25	98	0.58	1.2	10.3
35	133	0.58	1.2	11.3
50	133	0.68	1.4	13.3

表 7-2　低压导线允许载流量

导线标称截面/mm²	0.5	0.8	1.0	1.5	2.5	3.0	4.0	6.0	10	13
允许载流量/A			11	14	20	22	25	35	50	60

表 7-3　12V 电气系统主要线路导线截面的推荐值

线路名称	标称截面/mm²
尾灯、顶灯、指示灯、仪表灯、牌照灯、刮水器电动机、电钟	0.5
转向灯、制动灯、停车灯、分电器	0.8
前照灯的近光、电喇叭（3A 以下）	1.0
前照灯的远光、电喇叭（3A 以上）	1.5
其他 5A 以上的线路	1.5~4
电热塞	4~6
电源线	4~25
起动线路	16~95

随着汽车电器的增多，导线数量也不断增加，为了便于维修，低压导线常以不同的颜色加以区分。其中截面积在 4mm² 以上的采用单色，而 4mm² 以下的均采用双色。搭铁线均用黑色。

汽车用低压导线的颜色与代号见表 7-4。汽车电气系统中各系统的主色见表 7-5。汽车用低压线的颜色，必须符合国家有关规定。单色线的颜色由表 7-4 所示的颜色组成，双色线的颜色由表 7-4 所示的两种颜色配合组成。双色线的主色所占的比例大些，辅助色所占的比例小些。辅助色条纹与主色条纹沿圆周表面的比例为 1∶3~1∶5。双色线的标注第一色为主色，第二色为辅助色。电线颜色的选用程序，应符合表 7-6 的规定。

表 7-4　汽车用低压导线的颜色与代号

导线颜色	黑	白	红	绿	黄	棕	蓝	灰	紫	橙
代　号	B	W	R	G	Y	Br	BL	Gr	V	O

表7-5 汽车电气系统中各系统的主色

序号	系统名称	主色	颜色代号
1	电源系统	红	R
2	点火、起动系统	白	W
3	雾灯	蓝	BL
4	灯光、信号系统	绿	G
5	车身内部照明系统	黄	Y
6	仪表、报警系统、喇叭系统	棕	Br
7	收音机、电钟、点烟器等辅助系统	紫	V
8	各种辅助电动机及电器操纵系统	灰	Gr
9	搭铁线	黑	B

表7-6 电线颜色的选用程序

选用程序	1	2	3	4	5	6	选用程序	1	2	3	4	5	6
电线颜色	B	BW	BY	BR			电线颜色	Y	YR	YB	YG	BrB	YW
	W	WR	WB	WBL	WY	WG		Br	BrW	BrR	BrY	BLB	
	R	RW	RB	RY	RG	RBL		BL	BLW	BLR	BLY	GB	BLO
	G	GW	GR	GY	YBL	GBL		Gr	GrR	GrY	GrBL	GrB	GrB

线路图中导线的表示方法。在汽车电器设备的线路图中,导线上一般都标注有符号,该符号用来表示电线的截面积和颜色。如 1.5RW,其中 1.5 表示电线的截面积(mm^2),R 表示电线的主色,W 表示电线上的辅助色(即呈轴向纹状或螺旋状的颜色)。

(2) 起动电缆 它用来连接蓄电池与起动机开关的主接线柱,截面有 25、35、50、70mm^2 等多种规格,允许电流达 500~1000A。为了保证起动机正常工作,并发出足够的功率,要求在线路上每 100A 的电流电压降不得超过 0.1~0.15V。

(3) 蓄电池的搭铁电缆 它是由铜丝编织而成的扁形软铜线,国产汽车常用的搭铁线长度有 300、450、600、760mm 四种。

2. 高压导线

高压导线用来传送高电压。由于工作电压很高(一般在 15kV 以上),电流较小,因此高压导线的绝缘包层很厚,耐压性能好,但线芯截面积很小。

国产汽车用高压导线有铜芯线和阻尼线两种,其型号和规格见表7-7。

表7-7 高压点火线的型号和规格

型号	名称	线芯结构		标称外径/mm
		根数/根	单线直径/mm	
QGV	铜芯聚氯乙烯绝缘高压点火线	7	0.39	7.0±0.3
QGXV	铜芯橡胶绝缘聚氯乙烯护套高压点火线			
QGX	铜芯橡胶绝缘氯丁橡胶护套高压点火线			
QG	全塑料高压阻尼点火线	1	2.3	

注:QG 全塑料高压阻尼点火线线芯系聚氯乙烯塑料加炭黑及其他辅料混炼塑料经注塑成型。

为了衰减火花塞产生的电磁波干扰，目前已广泛使用了高压阻尼点火线。高压阻尼点火线的制造方法和结构亦有多种，常用的有金属阻丝式和塑料芯导线式。

金属阻丝式又有金属阻丝线芯式和金属阻丝线绕电阻式两种。金属阻丝线芯式是由金属电阻丝疏绕在绝缘线束上，外包绝缘体制成阻尼线；金属丝线绕电阻式是由电阻丝绕在耐高温的绝缘体上制成电阻，再与不同形式的绝缘套构成。塑料芯导线式是用塑料和橡胶制成直径为2mm的电阻线芯，在其外面紧紧地编织着玻璃纤维，外面再包有高压PVC塑料或橡胶等绝缘体，电阻值一般在6~25kΩ/m。这种结构型式导线的制造过程易于自动化，成本低且可制成高阻值线芯，美、日等国已大量生产，我国也已小批量生产。

二、汽车电气设备线路的线束

汽车上的全车线路（除高压线以外），为了不零乱、安装方便和保护导线的绝缘，一般都将同路的不同规格的导线用棉纱编织或用薄聚氯乙烯带半叠缠绕包扎成束，称为线束。一辆汽车可以有多个线束。

汽车线束在汽车电器中占有重要位置，尤其是近年来，随着汽车电器与电子设备的增多，线束总成的结构与线路也越来越复杂，因此对线束的结构、功能、适用性、可靠性都提出了更高的要求。

现代汽车的线束总成由导线、端子、插接器，护套等组成。

端子一般由黄铜、纯铜、铝材料制成，它与导线的连接均采用冷铆压合的方法。

线路间的连接采用插接器，现代汽车线束总成中有很多个插接器。为了保证插接器的可靠连接，其上都有一次锁紧、二次锁紧装置，极孔内都有对端子的限位和止退装置。为了避免装配和安装中出现差错，插接器还可制成不同的规格型号、不同的形体和颜色，这样不仅装拆方便又不易出现差错。

安装汽车线束，一般都事先将仪表板和车灯总开关、点火开关等连接好，然后再往汽车上安装。

安装线束注意事项：

1）线束应用卡簧或绊钉固定，以免松动磨坏。

2）线束不可拉得过紧，尤其在拐弯处更要注意。在绕过锐角或穿过金属孔时，应用橡胶或套管保护，否则容易磨坏线束而发生短路、搭铁，并有烧毁全车线束、酿成火灾的危险。

3）连接电器时，应根据插接器的规格以及导线的颜色或接头处套管的颜色，分别接于电器上。若不易辨别导线的头尾时，一般可用试灯区分，最好不用刮火法。

第三节　汽车总线路图应用实例

为了进一步掌握和使用汽车线路，现以上海桑塔纳轿车线路系统为例，简要分析它的工作原理。

上海桑塔纳轿车电气系统主电源分三路，如图7-9a所示。A路是与蓄电池直接相连即平时一直有电的12V电源线，即使在停车或发动机熄火状态下均有电，接线图上编号30。B路电源是在点火开关D处于1档或2档时，第四掷开关将B路电源接通，它主要向小功率用电设备供电，接线图上编号15。C路电源是在点火开关D处于1档时，第三掷开关接通中间继电器K59，由A路电源经K59的触点向大功率用电设备输电，线路图编号X，如图7-9b所示。

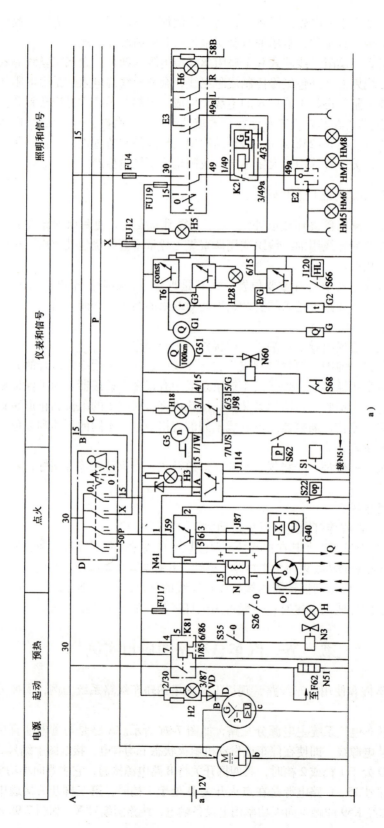

a)

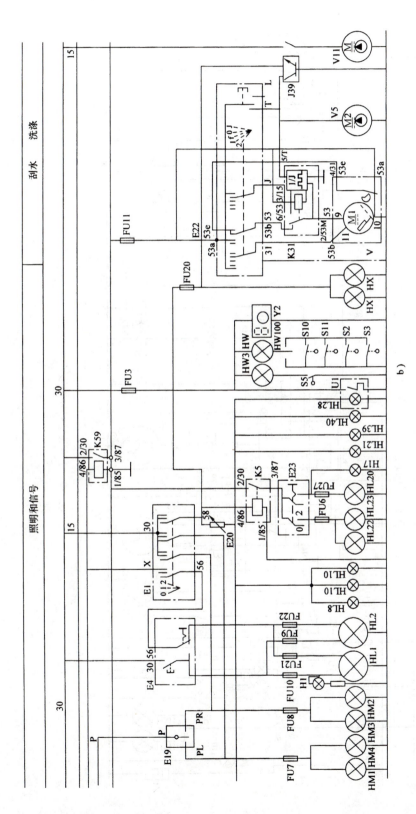

图 7-9 上海桑塔纳轿车线路原理
b)

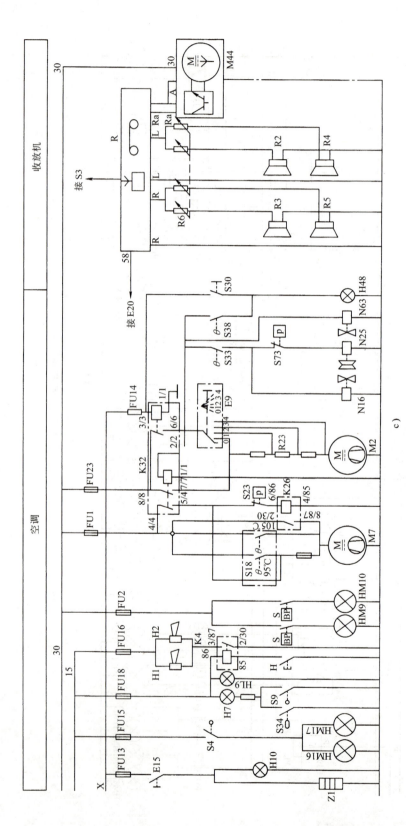

图 7-9 上海桑塔纳轿车线路原理（续）

一、电源线路

桑塔纳轿车的电源由负极接地的 12V 蓄电池 a（电池容量 54A·h），与内装电子调节器的硅整流交流发电机 c 并联组成。当点火开关 D 置于 1 档，发动机转速低于 1200r/min 时，其电流回路：蓄电池正极→点火开关 D 第四掷触点→充电指示灯 H2→发电机励磁绕组→控制励磁绕组励磁电流的大功率晶体管→搭铁→电池负极。在发动机转速达到或高于 1200r/min 时，发电机电压大于蓄电池电压，并向电池充电。由于发电机与蓄电池间的电位差减少，则充电指示灯 H2 熄灭，指示发电机工作状况良好。

二、发动机点火系统、仪表及起动线路

当带有转向锁的四掷三位点火开关 D 转至 1 档时，电气图编号 15 的 B 路电源即可供电，如图 7-9a 所示。

1. 点火系统线路

点火开关 D 置于 1 档，点火系统一次线路通电，其电流回路：蓄电池正极→点火开关 D 第四掷触点→编号 15 的线路→点火线圈 N→一次线圈→点火开关放大器 N41→搭铁→蓄电池负极。当发动机曲轴驱动霍尔式传感器 G40 的转子转动时，传感器发出电脉冲信号，控制点火放大器 N41 周期地接通与切断点火线圈 N 中的一次电流，并在二次线圈中感应高压电，按照点火次序在相应气缸上的火花塞 Q 电极间隙中跳火。

2. 仪表与指示灯线路

在点火系统工作的同时，指示发动机技术状况的仪表与指示灯线路同步工作，电流由电池正极流入以下线路：

发动机油压指示灯 H3 →油压检查控制器 J114 →高压油压开关→S1 搭铁。

↓

低压油压开关 S22 →搭铁。

当低压油压开关处油压低于 30kPa 时，S22 仍然闭合搭铁；而发动机正常工作时的高压油压达不到 180kPa 时，高压油压开关 S1 仍然断开，油压警告灯 H3 亮，指示润滑系统有故障。若加大节气门，使发动机转速≥2000r/min，油压仍不正常，则油压检查控制器 J114 发出蜂鸣警告声，应停车检查。

稳压器 T6 →燃油表 G1 →油量传感器 G →搭铁。

稳压器 T6 →冷却液温度表 G3 →温度传感器 G2 →搭铁。

稳压器 T6 →液位警告灯 H28 →温度传感器 G2 →搭铁。

↓

液位控制器 J120 →冷却液不足指示器开关 S66 →搭铁。

当冷却液温度超过 124℃或冷却液液位低于限定值时，警告灯 H28 亮。

当点火系统与仪表线路通电工作时，通过点火开关 D 的第四掷触点、经熔丝 FU17 怠速截止阀 N3 通电，打开怠速量孔，使发动机能怠速稳定运转。在点火开关 D 置于空档时，怠速截止阀 N3 断电，怠速量孔关闭，保证发动机很快熄火，并能减少发动机各燃烧室的积炭和排气污染。当发动机冷却液的出口温度低于 65℃时，安装在发动机出水管的温控开关 S35

闭合，进气预热继电器 K81 工作，位于进气管内的进气预热器 N51 通电加热混合气，改善发动机冷车工作状态。在发动机冷却液出口温度高于 65℃ 时，温控开关 S35 自动断开，进气预热器 N51 断电停止工作。

3. 起动线路

950W 串励式直流起动机 b 由点火开关 D 直接控制。当点火开关处于图 7-9a 的 2 档时，点火开关的第一掷将起动机的电磁开关线圈与 A 路电源接通，活动铁芯带动传动叉使电动机驱动齿轮与发动机飞轮齿圈相啮合，与此同时蓄电池正极向起动机输入强大电流，产生大转矩，通过单向离合器驱动发动机。发动机工作后，单向离合器开始打滑，此时点火开关 D 应立即回到 1 档，起动机的电磁开关断电，切断了起动机电源，起动机驱动齿轮在传动叉销回位弹簧的作用下脱开发动机的飞轮齿圈而复位。

三、灯光线路

上海桑塔纳轿车采用二灯式前照灯，如图 7-9b 所示。

1. 前照灯

前照灯 HL1、HL2 受车灯开关 E1 及变光和超车灯组合开关 E4 控制。当向上拨动 E4 组合开关手柄时，开关 E4 接通 A 路电源即电器图编号 30 线路，经熔丝 FU9、FU10 接通前照灯远光灯丝，此时远光及远光指示灯 H1 亮，在松开组合开关手柄时，开关 E4 在弹簧的作用下自动断电，E4 为点动作用，以示超车。

车灯开关 E1 处在图 7-9b 的 2 档时，A 路电源经点火开关 D 的第三掷→编号 X 的线路→车灯开关 E1 第一掷→变光开关 E4，接通近光或远光。

2. 小灯与尾灯及停车灯

车灯开关在 E1 档或 2 档时，A 路电源通过车灯开关 E1 的第二掷、第三掷，点亮小灯与尾灯共用的 HM1、HM4、HM3、HM2，如图 7-9b 所示。开关 E1 在空档位置，小灯与尾灯灭。

当车辆停驶时，点火开关 D 处在空档的 0 位（图 7-9b），A 路电源经点火开关 D 的第二掷传到一掷三位的停车开关的 E19，如图 7-9b 所示。开关 E19 拨至左侧时，点亮左小灯 HM1 和左尾灯 HM4；拨至右侧则点亮右小灯 HM3 和右尾灯 HM2，此时均当停车灯用。

3. 警告灯和转向灯

上海桑塔纳轿车的警告灯和转向灯合用一组灯泡，左前右前灯 HM5、HM6、HM7、HM8 共 4 灯，如图 7-9b 所示。当灯光开关 E1 置于 1 档或 2 档时，E1 的第四掷将 A 路电源引到灯光亮度调节电位器 E20 及开关 E3 接线柱，点亮警告指示灯 H6。危险警告灯开关 E3 在空档 0 位时，经转向灯开关 HM5~HM8 起转向灯作用，其电流回路：A 路电源正极→点火开关 D 第四掷→熔丝 FU19→开关 E3 第一掷→闪光继电器 K2→转向灯开关 E2→转向灯 HM5、HM6 或 HM7、HM8→搭铁→电池负端，此时转向指示灯 H5 工作。当危险警告灯开关 E3 在 1 档时，A 路电源通过熔丝 FU4 开关 E3 第一掷→闪光器 J2→开关 E3 的第二、三、四掷→闪光灯 HM5、HM6、HM7、HM8→搭铁→蓄电池负极。4 灯同时闪光，以示警告，警告指示灯 H6 和转向前指示灯 H5 也工作。

4. 牌照灯与雾灯

车灯开关 E1 处于空档 0 位时（图 7-9b），牌照灯 HX 灭；开关 E1 在 1 档或 2 档时，A

路电源通过开关 E1 的第四掷、熔丝 FU20，牌照灯 HX 亮。

开关 E1 置 1 档或 2 档时，第四掷接通雾灯继电器 K5，A 路电源通过中间继电器 K59、雾灯继电器 K5 的触点传到雾灯开关 E23。开关 E23 在空档 0 位时，雾灯灭；在 1 档时，经开关 E23 的第一掷、熔丝 FU6，点亮雾灯 HL22、HL23；开关 E23 在 2 档时，雾灯 HL22 及 HL23 仍亮，且经开关 E23 的第二掷、熔丝 FU27，点亮后雾灯 HL20 和雾灯指示灯 H17。

5. 车顶灯与行李舱照明灯

接通电池正极的 A 路电源，经过熔丝 FU3 到顶灯 HW，由一掷三位的顶灯开关控制（图 7-9b）。顶灯开关拨至左侧位置时，顶灯 HW 亮；拨至右侧位置顶灯灭。拨在中间位置，由四个并联的门控开关 S10、S11、S2、S3 控制。当任一扇门打开时，相应的门开关闭合，顶灯亮，唯有全部车门关则顶灯灭。

行李舱照明灯 HW3 由行李舱盖结合处的开关 S5 控制，如图 7-9b 所示。在行李舱盖打开时，开关 S5 闭合，行李舱照明灯 HW3 亮，反之则灭。

6. 仪表板、时钟、点烟器、除霜器开关、空调开关板照明灯

如图 7-9b 所示，仪表板照明灯两只（HL9、HL10）、时钟照明灯（HL8）、点烟照明灯（HL28）、除霜器开关照明灯（HL39）、雾灯开关照明灯（HL40）、空调开关板照明灯（HL21）均由车灯开关 E1 控制，由 A 路电源供电。在车灯开关 E1 处于 1 档或 2 档时，经过与 E1 开关第四掷相连的电位器 E20 的调压，获得所需的亮度。

四、喇叭与冷却风扇线路

喇叭与冷却风扇的线路如图 7-9c 所示，由点火开关 D 控制 B 路电器图编号 15 的线路，通过熔丝 FU16 给喇叭 H1、H2 通电发声。冷却风扇电动机 M7 为双速直流电动机，位于冷凝器、散热器之后。当冷却液温度高于 95℃时，温控开关 S18 闭合（图 7-9c），A 路电源经熔丝 FU1、冷却风扇电动机 M7 低速接线柱通电，M7 以 1600r/min 中速运转。在冷却液温度高于 105℃时，温控开关 S18 的高温触点闭合，风扇电动机 M7 的高速接线柱通电，冷却风扇以 2400r/min 高速运转。接通空调开关 S30、环境温度开关 S38 时，空调继电器 K32 通电吸合，空调系统工作，电器图编号 30 的 A 路电源熔丝 FU1、风扇电动机 M7 的低速接线柱通电，冷却风扇中速旋转。当高压管路中的制冷剂压力高于 1500kPa 时，位于储液罐上的高压开关 S23 闭合，冷却继电器 K26 吸合，使冷却风扇电动机 M7 的高速接线柱通电，冷却风扇高速运转，加强冷凝器的冷却效果，提高制冷系的制冷效率。

五、空调系统线路

上海桑塔纳轿车的空调系统由取暖和制冷两部分组成。发动机的冷却液为取暖热源，由手动把手开关控制采暖。新鲜空气鼓风机 M2 的通电回路：A 路电源正极（电器图编号 30）→熔丝 F23→由 C 路电源（电器图编号 X）控制的空调继电器 K32 的触点→单掷 5 位鼓风机开关 E9→调速电阻 R23 及鼓风机 M2→搭铁→蓄电池负极，如图 7-9c 所示。经开关 E9 控制串入鼓风机不同数值的电阻，获得 4 种不同的速度。

在外界气温高于 10℃时，位于新鲜空气入口处的环境温度开关 S38 闭合，新鲜空气电磁阀 N63 通电工作，关闭新鲜空气的进口，车内空气进入内循环，为使用制冷系统自动做好准备。按下空调开关 S30，空调开关指示灯 H48 亮，新鲜空气电磁阀 N63 通电，强制车内空气进入内循环。空调开关 S30 闭合时，C 路电源（电器图编号 X）经熔丝 FU14、开关 S30 触点、环境温度开关 S38、蒸发器温控开关 S33 及位于储液罐上的低压开关 S73，给压缩机的电磁离合器 N25 通电，压缩机运转，制冷系统工作。当冷风口的温度降到 0℃时，位于蒸发器表面冷风口的温控开关 S33 断开，电磁离合器 N25 断电分离、压缩机停止运转。在冷风口温度高于 2℃时温控开关 S33 闭合，压缩机又工作，维持一定的制冷温度并防止蒸发器结霜。在温控开关 S33 闭合时，怠速稳定电磁阀 N16 与电磁离合器一起通电，适当增加怠速供油量，提高发动机的转速，增大驱动空调压缩机所需的发动机功率，避免发动机超负荷而熄火。当制冷系统低压侧管路压力低于 200kPa 时，低压开关 S73 断开，压缩机电磁离合器断电分离，空调压缩机停止工作，以免因制冷剂泄漏而损坏压缩机。

思考题与习题

7-1 简述汽车电气设备线路的特点。
7-2 汽车电气设备线路通常包括哪些部分？
7-3 桑塔纳轿车电源部分主要由哪些部分构成？简述其电流回路。
7-4 汽车线束用导线主要分为哪两类？
7-5 汽车低压电缆线常用在哪些部位？
7-6 汽车用高压导线有几种类型？各自有什么特点？
7-7 普通低压导线有哪几种？简述其结构特点及选用原则。
7-8 安装线束时应注意哪些方面的问题？

第八章

发动机综合控制系统

发动机电子控制系统的主要控制功能是控制燃料喷射，因此又将其称为发动机电子控制燃料喷射系统。目前，按发动机所用燃料可分为电控汽油喷射系统、电控柴油喷射系统和气体燃料发动机控制系统。电控汽油喷射系统的主要功用是对燃油喷射和点火进行控制。除此之外，还控制发动机的起动、怠速转速、空燃比、爆燃、减速断油、燃油蒸发、排气再循环（EGR）、发动机输出电压、电动燃油泵等，具有系统自诊断等辅助功能。电控柴油喷射系统对喷油量、喷油时间、喷油压力、喷油率进行控制，同时，也进行变速器控制、EGR控制、进气量控制等，还具有故障自诊断、故障应急处理、数据通信等功能。气体燃料发动机的控制包括双燃料发动机控制、单燃料发动机控制和两用燃料发动机控制。

第一节 电控汽油喷射系统的分类

电控汽油喷射系统可按喷射位置、控制方式、喷射方式、空气流量测量方式和有无反馈信号等进行分类。

1. 按喷油器的喷射位置分类

根据汽油的喷射位置，汽油喷射系统可分为两大类：缸内喷射和进气管喷射。

(1) 缸内喷射 缸内喷射系统又称为缸内直接喷射系统，喷油器安装在气缸盖上，喷油器以较高的燃油压力（约3~4MPa）把汽油直接喷入发动机气缸内，并与空气混合形成可燃混合气。这种喷射技术使用特殊的喷油器，燃油喷雾效果更好，并可在缸内产生浓度渐变的分层混合气（从火花塞往外逐渐变稀）。因此可以用超稀的混合气（高速时空燃比可达40:1）工作，油耗和排放也远远低于普通汽油发动机。此外这种喷射方式使混合气体积和温度降低，爆燃的倾向减小，发动机的压缩比可比进气道喷射时大大提高。但喷油器直接安装在缸盖上，必须能够承受燃气产生的高温、高压，且受发动机结构限制，采用较少。比较典型的缸内喷射系统有福特PROCO缸内喷射系统、丰田D-4缸内喷射系统和三菱4G缸内喷射系统。后面两种缸内喷射系统如图8-1所示。

(2) 进气管喷射 进气管喷射是将喷油器安装在进气总管或者进气支管上，汽油由喷油器喷入进气总管（或进气歧管的进气门前）。进气管喷射按喷油器的安装部位又可分为单点喷射和多点喷射，如图8-2所示。

1) 单点喷射（SPI、TBI或CFI）。在节气门体上只装1~2只喷油器，向进气总管内喷油，形成可燃混合气。这种喷射系统因喷油器位于节气门体上集中喷射，故又称为节气门体喷射或集中喷射，也称中央燃油喷射（CFI）。这种方式对混合气的控制精度比较低，多个气缸混合气的均匀性也较差，现已很少使用。

2) 多点喷射（MPI）。在每一缸的进气门前均安装一只喷油器，汽油直接喷射到各缸的

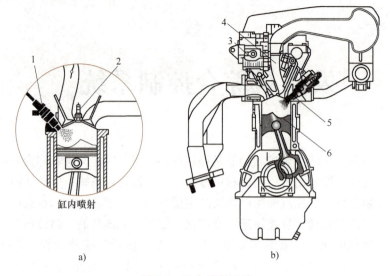

图 8-1 缸内喷射系统
a）丰田 D-4 缸内喷射系统　b）三菱 4G 缸内喷射系统
1—高压喷油器　2—火花塞　3—高压燃油泵　4—垂直进气管　5—高压喷油器　6—活塞（顶部成碗状）

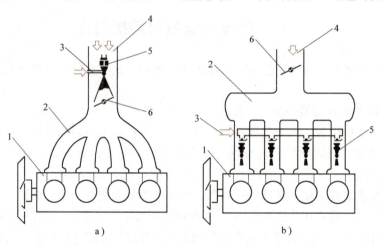

图 8-2 单点喷射和多点汽油喷射系统示意图
a）电控单点喷射系统　b）电控多点喷射系统
1—发动机　2—进气歧管　3—燃油入口　4—空气入口　5—喷油器　6—节气门

进气门附近并与空气混合形成混合气。多点喷射由于每一缸都有一个喷油器，因此各缸混合气的均匀性得到很大的改善。多点喷射系统是目前使用较为普遍的喷射系统。

2. 按汽油喷射系统的控制方式分类

汽油喷射系统按其控制方式分为机械式、机电混合式和电子控制式三种。

(1) 机械式汽油喷射系统　机械式汽油喷射系统将空气流量计与燃油计量分配器组合在一起，空气流量计检测空气流量的大小后，靠连接杆（杠杆）传动操纵燃油计量分配器的柱塞动作，以燃油计量槽孔开度的大小控制喷油量，以达到控制混合气空燃比的目的。由德国博世（Bosch）公司 1967 年研制成功，在早期的轿车上采用，如 Bosch 公司的 K-Jetronic 系统即为这类汽油喷射系统，如图 8-3 所示。

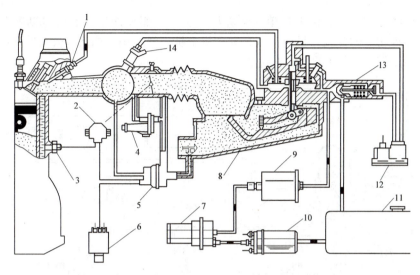

图 8-3 K-Jetronic 机械式汽油喷射系统

1—喷油器 2—节气门位置开关 3—热限时开关 4—辅助空气阀 5—最高转速切断阀 6—速度继电器 7—蓄能器 8—混合气控制器 9—燃油滤清器 10—电动燃油泵 11—油箱 12—暖机调节器 13—燃油分配器 14—冷起动喷油器

(2) 机电混合式汽油喷射系统 机电混合式汽油喷射系统虽然在机械式汽油喷射系统的基础上有所改进,但仍为连续喷射系统,它与机械式汽油喷射系统的主要区别在于:在燃油计量分配器上安装了一个由 ECU 控制的电液式压差调节器,电控单元根据冷却液温度、节气门开度等传感器的输入信号控制电液式压差调节器的动作。通过改变燃油计量分配器燃油计量槽孔进出口油压差,以调节燃油供给量,达到对不同工况混合气空燃比修正的目的,如 Bosch 公司的 KE-Jetronic 系统即为这类汽油喷射系统,如图 8-4 所示。

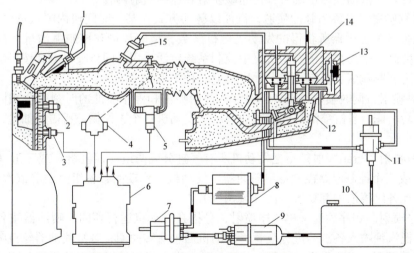

图 8-4 KE-Jetronic 机电混合式汽油喷射系统

1—喷油器 2—热限时开关 3—温度传感器 4—节气门位置开关 5—怠速空气调节器 6—电子控制器 7—蓄能器 8—燃油滤清器 9—电动燃油泵 10—油箱 11—油压调节器 12—混合气控制器 13—电液式压差调节器 14—燃油分配器 15—冷起动喷油器

(3) 电子控制式汽油喷射系统 电子控制式汽油喷射系统是根据各种传感器送至 ECU

的发动机运行状况的信号,由电控单元运算后,发出控制喷油量和点火时刻等多种执行指令,实现了多种功能的控制,目前在汽车发动机上被广泛应用。如博世公司的 Motronic 系统(也称为 L 型系统)即为这类汽油喷射系统,如图 8-5 所示。

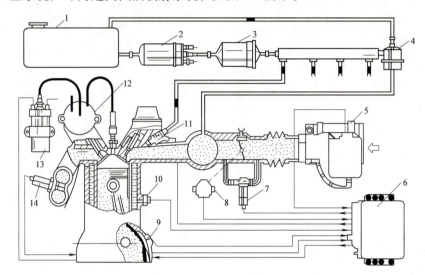

图 8-5　Motronic 电子控制式汽油喷射系统
1—油箱　2—燃油泵　3—燃油滤清器　4—油压调节器　5—空气流量计　6—ECU　7—怠速空气调节器
8—节气门位置开关　9—曲轴转角传感器　10—冷却液温度传感器　11—喷油器
12—高压电分电盘　13—点火线圈　14—氧传感器和发动机速度传感器

3. 按喷射方式分类

按喷射方式,汽油喷射系统可分为间歇喷射和连续喷射两种。

(1) 间歇喷射　又称为脉冲喷射,汽油以脉冲方式在某一时间段内喷入进气管。因此,ECU 可以根据各种传感器所获得的发动机运行参数,精确计量和控制喷油量。由于这种方式的控制精度高,因而被现代发动机集中控制系统广泛采用。间歇喷射方式按各缸喷油器工作顺序又分为同时喷射、分组喷射、顺序喷射三种类型。

1) 同时喷射。同时喷射是指各缸喷油器开始喷油和停止喷油的时刻完全相同。一般发动机曲轴每转一圈,各缸喷油器同时喷油一次,发动机一个工作循环所需的油量,分两次喷入进气管。

2) 分组喷射。分组喷射是指把发动机所有气缸分成两组(四缸机)或三组(六缸机),ECU 用两个或三个控制电路控制各组喷油器。发动机工作期间,各组喷油器依次交替喷射,每个工作循环各组喷油器都喷射一次(或两次)。

3) 顺序喷射。顺序喷射又称次序喷射,是指在发动机运行期间,喷油器按各缸的工作顺序,依次把汽油喷入各缸的进气歧管。发动机曲轴每转两圈,各缸喷油器轮流喷油一次。

(2) 连续喷射　又称为稳定喷射,其特点是在发动机运转期间汽油连续不断地喷射到进气歧管内,其喷油量的多少不是取决于喷油器,与发动机的工作顺序没有关系,而是取决于燃油分配器中燃油计量槽孔的开度及计量槽孔内外两端的压差。连续喷射大多应用于机械式或机电结合式汽油喷射系统中,如德国博世公司的机械式(K 型)和机电式(KE 型)喷射系统。

4. 按空气流量测量方式分类

按空气流量的测量方式,汽油喷射系统可分为以下三种。

(1) 质量流量方式 利用空气流量计直接测出吸入的空气量（L 型、LH 型）。

(2) 速度密度方式 根据进气管压力和发动机转速，推算吸入的空气量，并计算燃油流量（D 型）。

(3) 节流速度方式 根据节气门开度和发动机转速，推算吸入的空气量并计算燃油流量。这种形式比较少用，在赛车中见过使用实例。

5. 按控制系统有无反馈信号分类

按空燃比的控制有无反馈信号，电控汽油喷射系统可分为开环控制和闭环控制两类。

(1) 开环控制 把根据试验确定的发动机各种工况最佳参数，事先存入电控单元（ECU）；当发动机运行时，电控单元根据各传感器的输入信号判断发动机的运行工况，从内部存储器中查出相应的控制参数，输出信号对执行机构进行控制。

汽油喷射系统开环控制是电控单元给喷油器发出事先设定的指令（喷油脉冲），对控制结果（空燃比）不予以反馈，即不能检测、分析和调节控制结果，所以控制精度和抗干扰能力比较差。

(2) 闭环控制 闭环控制是 ECU 以事先设定的控制参数控制发动机工作，同时还不断地检测发动机相关工作参数，根据检测到的信号对控制参数进行修正。

汽油喷射系统闭环控制是利用在排气管上安装的氧传感器，根据废气中氧含量的变化计算出燃烧过程中混合气的实际空燃比，并将其与电控单元中预设的目标值比较，以便发出指令改变喷油脉冲，修正供油量，使实际空燃比保持在目标值附近，达到最佳的控制效果。因此，闭环控制可以达到较高的空燃比控制精度，可以消除因产品差异和磨损等引起的性能变化对空燃比的影响，工作的稳定性好，抗干扰能力强。

汽油喷射系统闭环控制可以使汽油机的空燃比控制在理论空燃比 14.7 附近很窄的范围内，使三元催化转化器对排气净化的处理效果达到最佳。

图 8-6 所示为典型的电子控制汽油喷射 D 系统。

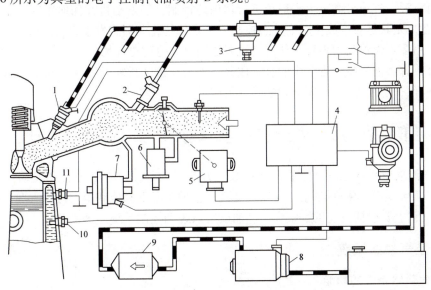

图 8-6 D 型电子控制式汽油喷射系统

1—喷油器　2—冷起动喷油器　3—油压调节器　4—ECU　5—节气门位置传感器　6—怠速空气调节器
7—歧管压力传感器　8—燃油泵　9—燃油滤清器　10—冷却液温度传感器　11—热限时开关

汽车发动机燃油喷射的分类情况如下所示。

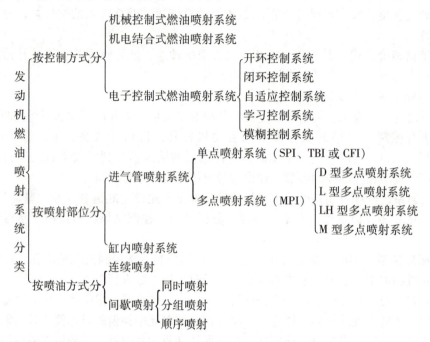

与传统化油器式发动机相比，装用电控汽油喷射系统的发动机具有下列优点：
1) 提高了发动机的充气效率，从而增加了发动机的输出功率和转矩。
2) 因进气温度较低而使爆燃得到有效控制，因而可采用较高的压缩比。
3) 由于采用高能点火装置，因此发动机可燃用稀薄混合气。
4) 提高了发动机的冷起动性和加速性。
5) 可对混合气成分和点火提前角进行精确地控制，使发动机在任何工况下都处于最佳的工作状态，尤其是对过渡工况的动态控制，更是传统化油器式发动机所无法做到的。
6) 采用多点汽油喷射系统可使发动机各缸混合气分配更加均匀。
7) 可节省燃油并减少废气中的有害成分，因为在市区行驶的一些工况中（例如汽车制动、向前滑行、下坡等），可完全切断燃油供应。

第二节　发动机电控汽油喷射系统组成和工作原理

电控汽油喷射系统是以电控单元（ECU）为控制核心，以空气流量和发动机转速为控制基础，以喷油器等为控制对象，保证发动机在各种工况下都能获得与所处工况相匹配的最佳空燃比。它主要包括空气供给系统、燃油供给系统和控制系统三个部分。

一、空气供给系统

1. 空气供给系统的功能

空气供给系统的功能是测量和控制汽油燃烧时所需的空气量，为发动机可燃混合气的形成提供必需的空气；在进气歧管内，喷油器喷出的汽油与空气混合后被吸入气缸。行驶时，空气量由节气门来控制；怠速时，节气门关闭，空气量由旁通气道或节气门间隙控制。

2. 空气供给系统的组成

空气供给系统由空气滤清器、进气总管、空气流量计（进气压力传感器）、进气温度传感器、节气门体及节气门位置传感器、进气歧管等组成。

（1）空气流量计 空气流量计是测量发动机进气量的装置，用于 L 型 EFI 系统，安装在空气滤清器与节气门体之间，作为电控燃油喷射系统的主控信号。根据测量原理不同，空气流量计有叶片式、卡门涡旋式、热线式及热膜式几种。叶片式、卡门涡旋式空气流量计检测空气的体积流量，需要对进气温度和大气压力做修正，已逐渐被淘汰，目前应用较多的是热线式、热膜式空气流量计，它们直接检测空气的质量流量，测量精度高。桑塔纳 2000GSi 轿车 AJR 发动机采用了热膜式空气流量计。

1) 叶片式空气流量计。叶片式空气流量计又称活门式或翼片式空气流量计。叶片式空气流量计安装在空气滤清器与节气门之间的进气管路上，它由叶片部分、电位计部分和接线插头三部分组成，如图 8-7 所示。翼片组件和电位计组件是同轴结构，轴端有盘形回位弹簧。

叶片组件主要由计量翼片和缓冲翼片构成。调整齿轮用来调整回位弹簧的预紧力矩，对流量传感器的输出特性进行调整。旁通气道的流通截面积可由一个调节螺钉进行调整。汽油泵开关设置在空气流量传感器内，由滑臂控制。在空气流量传感器内还设有进气温度传感器。

空气通过空气流量计主通道时，翼片将被推开；空气流量增大，则气流压力增大，使转角增大。同时，电位计中的滑臂与翼片转轴同轴偏转，使接线插头间的电阻减小，输出电压值降低，电控单元根据空气流量计送入的信号，感知空气流量的大小。

2) 卡门涡旋式空气流量计。如图 8-8 所示，卡门涡旋式空气流量计通常与空气滤清器外壳安装成一体，在空气通道中央设置一个锥状的涡旋发生器。当空气流过卡门涡旋发生器时，涡旋发生器后部产生卡门涡旋，测出卡门涡旋的频率即可感知空气流量的大小。

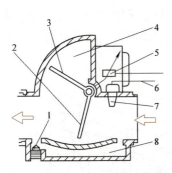

图 8-7 叶片式空气流量计的结构
1—怠速混合气调节螺钉 2—挡流板 3—补偿板
4—阻尼腔 5—电位计 6—电气连接线
7—进气温度传感器 8—旁通道

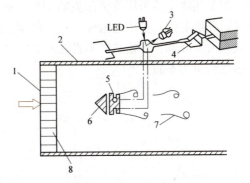

图 8-8 卡门涡旋式空气流量计工作原理及结构简图
1—空气进口 2—管路 3—光敏晶体管
4—板弹簧 5—导孔 6—涡旋发生器
7—卡门涡旋 8—整流栅

按照涡旋频率检测方式不同，可分为反光镜检测方式和超声波检测方式两种。反光镜检测方式是把涡旋发生器两侧的压力变化，通过导压孔引向薄金属制成的反光镜表面，使反光镜产生振动，反光镜振动将发光二极管投射的光反射给光敏晶体管，对反光信号进行检测，即可求得涡旋的频率。超声波检测方式是利用卡门涡旋引起的空气密度变化进行测量。在空气流动方向的垂直方向安装超声波信号发生器,在其对面安装超声波接收器。从信号发生器发出的超声波因受卡门涡旋造成的空气密度变化的影响,到达接收器时有相位差,利用放大器使之形成矩形波,则矩形波的脉冲频率即为卡门涡旋的频率。

3)热线式空气流量计。主流测量式热线式空气流量计应用较广,它的基本构成如图 8-9 所示,主要由感知空气流量的铂金热线和对进气温度进行修正的温度补偿电阻(冷线)、控制热线电流并产生输出信号的控制电路板以及空气流量计壳体等组成。

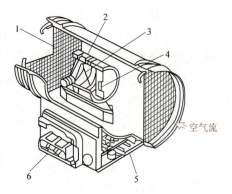

图 8-9 热线式空气流量计
1—防止回火的滤网 2—取样管
3—铂热线 4—上流温度传感器
5—电子电路 6—电源接线盒

热线式空气流量计是利用热线与空气之间的热传递现象进行空气质量流量测定。如图 8-10 所示,当空气质量流量增大时,由于空气带走的热量增多,为保持热线温度,混合集成电路使热线 R_H 通过的电流增大,反之则减小。这样就使得通过热线 R_H 的电流是空气质量流量的单一函数,即热线电流 I_H 随空气质量流量增大而增大,随空气质量流量减小而减小。输出信号是单臂电桥中电阻 R_1 上的电压降,在电桥的另一臂上有温度补偿电阻 R_2 和电桥电阻 R_3。为了减小电损耗,其电阻值较高,电流较小。

为提高测量精度,内部设有稳压电路,以便控制热线两端电压保持恒定,使其不受外部电源变动的影响;又由于热线电流 I_H 是空气质量流量的单一函数,所以在测量中无需对进气密度进行修正。

4)热膜式空气流量计。热膜式空气流量计的结构和工作原理与热线式空气流量计基本相同,但发热体不是采用价格昂贵的铂丝。如图 8-11 所示,将发热体由热线改为热膜,即将热线、补偿电阻、精密电阻等镀在一块陶瓷片上或将发热金属铂固定在薄的树脂膜上,使制造成本大为降低,且发热体不直接承受空气流动所产生的作用力,从而提高了空气流量计的可靠性和使用寿命。

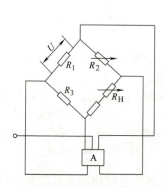

图 8-10 热线式空气流量计基本原理

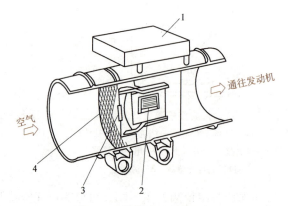

图 8-11 热膜式空气流量计
1—控制回路 2—热膜 3—上流温度传感器 4—金属网

四种空气流量计的性能比较见表8-1。

表8-1 四种空气流量计性能对比

性能 \ 种类	叶片式	卡门涡旋式	热线式	热膜式
响应特性	◆	●	●	●
怠速稳定性	●	●	●	●
排气再循环适用性	●	●	●	●
发动机性能随时间的变化	★	★	★	★
海拔修正	▲	▲	■	■
进气温度修正	▲	▲	■	■
安装性	●	●	●	●
成本	●	●	●	★

注：★优，●良，◆差，■有，▲无。

(2) 进气压力传感器 进气压力传感器是一种间接检测空气流量的传感器，其作用与空气流量计相当，用于 D-Jetronic 汽油喷射系统中。

进气压力传感器位于节气门体的后方，安装位置较灵活，在有的车型上通过真空软管与进气总管连接；有的车型则将进气歧管绝对压力传感器直接安装在进气总管上。

进气压力传感器由压力转换元件和放大压力转换元件输出信号的混合 IC 构成，如图 8-12 所示。压力转换元件是利用半导体的压电效应制成的硅（膜）片。在进气管压力作用下，硅片将产生变形，使硅片的电阻阻值发生变化，从而使电桥电压变化。电桥电压值很小，在通过 IC 放大后输出，送到 ECU 的 PIM 端，ECU 的 VCC 为 IC 提供一个 5V 的电源。

(3) 节气门体 节气门体装在空气流量计与发动机进气总管之间的进气管上。其结构如图 8-13 所示，它由节气门、怠速旁通气道、怠速调节螺钉、附加空气阀组成。节气门与加速踏板联动，驾驶人通过加速踏板控制节气门开度，对发动机的输出功率进行控制。

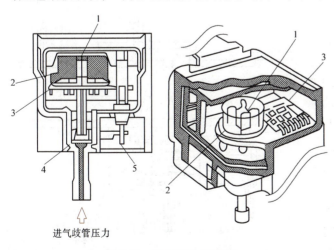

图 8-12 进气压力传感器
1—硅片 2—绝对真空室 3—IC 4—滤清器 5—接线端

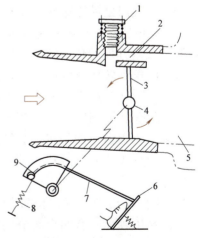

图 8-13 节气门体的结构
1—怠速调节螺钉 2—旁通气道 3—节流阀
4—轴 5—稳压箱 6—加速踏板
7—加速踏板拉索 8—回位弹簧 9—操纵臂

1）怠速旁通气道和调节螺钉。发动机怠速时，节气门处于关闭位置。怠速运转所需的空气量由旁通气道或者节气门间隙提供。在旁通气道中，安装了能改变通道截面积的怠速调节螺钉，通过旋进或旋出怠速调节螺钉，调节进入的空气量以控制发动机怠速转速。

2）附加空气阀。附加空气阀常用的有双金属片式和石蜡式两种。双金属片式是根据发动机温度和电热丝加热使双金属片弯曲的程度改变阀板孔位置，如图 8-14 所示。石蜡式是根据冷却液温度使恒温石蜡热胀冷缩的程度改变锥阀的开度，它们都是根据发动机温度变化，自动改变旁通阀的流通截面大小，调节旁通道的附加空气流量，如图 8-15 所示。

在冷机起动时，为了克服较大的摩擦阻力，并使发动机较快地升温，旁通阀的开启截面较大，发动机以"快怠速"稳定运转。随着发动机温度的升高，旁通阀的开启截面逐渐减小，使附加空气量随之减少，发动机怠速转速就逐渐下降。当发动机暖机结束时，发动机温度达到发动机正常的工作温度，附加空气阀关闭，发动机恢复正常怠速运转，其转速取决于怠速调节螺钉所设定的旁通气道截面的大小。

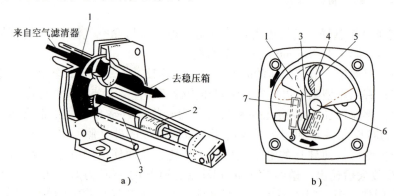

图 8-14　双金属片式怠速附加空气阀的结构和工作原理

1—回转空气阀　2—加热线圈　3—双金属　4—通过截面积（起动前）　5—通过截面积（暖机中）　6—销　7—螺旋弹簧

（4）节气门位置传感器（TPS）

节气门位置传感器安装在节气门体上，是检测节气门开度的传感器。它把节气门打开的角度转换成电压信号送到 ECU，在节气门不同开度下进行喷油量控制。怠速触点（IDL）信号用于断油控制和点火提前角的修正。节气门位置传感器有线性输出型和开关量输出型两种。

1）线性输出型节气门位置传感器。如图 8-16 所示，有两个与节气门联动的可动电刷触点，一个触点可在位于基板上的电阻体上滑动，利用变化的电阻值，测得与节气门开度相对应的线性输出电压，根据输出的电压

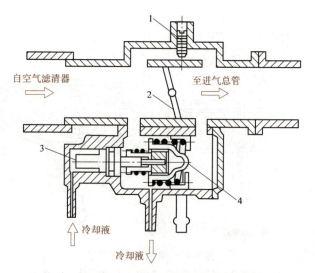

图 8-15　石蜡式怠速附加空气阀结构

1—怠速调节螺钉　2—节气门　3—感温器　4—阀门

值，就可知道节气门的开度；另一个为怠速触点，它只在节气门处于全关闭状态时才被接通。线性输出型节气门位置传感器的特性如图8-17所示。

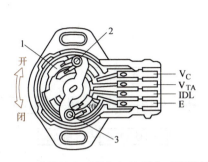

图8-16 线性输出型节气门位置传感器的结构
1—电阻体 2—检查节气门开度的电刷
3—检查节气门全闭的电刷 V_{TA}—电源
V_C—节气门开度输出信号 IDL—怠速触点 E—地线

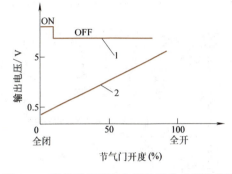

图8-17 线性输出型节气门位置传感器的特性
1—怠速触点信号 2—节气门开度输出电压

2）开关量输出型节气门位置传感器。如图8-18所示，该传感器主要由沿导向凸轮沟槽移动的可动触点、全开触点和怠速触点构成。节气门关闭时，可动触点和怠速触点接触；节气门全开时，可动触点和全开触点接触。其特性如图8-19所示。

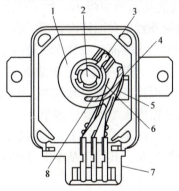

图8-18 开关量输出型节气门位置传感器结构
1—导向凸轮 2—节气门轴 3—控制杆 4—可动触点
5—怠速触点 6—全开触点 7—联接装置 8—导向凸轮槽

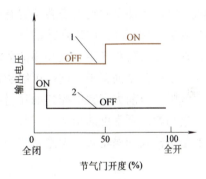

图8-19 开关量输出型节气门
位置传感器特性
1—全开触点 2—怠速触点

开关量输出型节气门位置传感器与线性输出型节气门位置传感器相比，结构简单且价格低廉，但检测性能差。

二、燃油供给系统

1. 燃油供给系统的功能

燃油供给系统的功能是向气缸内供给燃烧所需要的汽油。汽油由电动燃油泵从油箱中泵出，经燃油管、燃油滤清器，由压力调节器调压，然后经燃油分配管配送给各个喷油器和冷起动喷油器，喷油器根据ECU发出的指令，将适量的燃油适时喷入各进气歧管或进气总管。

2. 燃油供给系统的组成

燃油供给系统由燃油箱、电动燃油泵、燃油滤清器、油压调节器、喷油器及燃油分配管等组成，组成及工作流程如图 8-20 所示。

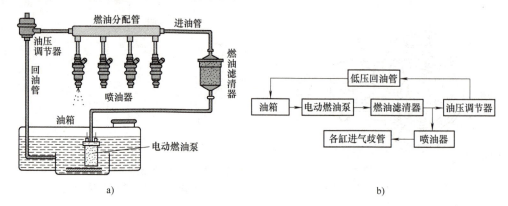

图 8-20 燃油供给系统结构原理图及其工作流程
a) 燃油供给系统结构原理图　b) 燃油供给系统工作流程

有些发动机的燃油供给系统采用了无回油管系统来减少燃油蒸发排放，将燃油滤清器、燃油压力调节器与燃油泵一体装入油箱，形成了单管路燃油系统。

（1）电动燃油泵　电动燃油泵的功能是将汽油从油箱中吸出，加压后经喷油器供给发动机。电动燃油泵常见的安装位置有两种，即油箱外置型和油箱内置型。油箱外置型电动燃油泵安装在油箱外，串连在输油管上；油箱内置型电动燃油泵安装在油箱内部，浸泡在燃油里，这样可以防止产生气阻和燃油泄漏，且噪声小。此外内置式还在油箱中设一个小油箱，将燃油泵放在小油箱中，这样可以防止在燃油不足而汽车转弯或倾斜时，燃油泵吸入空气而产生气阻。目前大多数电控燃油喷射系统均采用油箱内置型电动燃油泵。

电动燃油泵常见的结构型式有 4 种，即滚柱式、涡轮式、转子式和侧槽式，目前应用较多的是滚柱式和涡轮式。无论是哪种形式的电动燃油泵，其结构基本上是相同的，如图 8-21

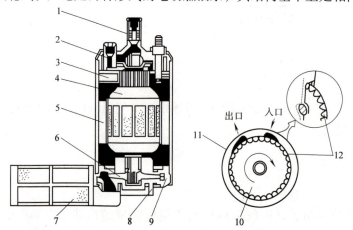

图 8-21 电动燃油泵的结构示意图
1—单向阀　2—溢流阀　3—电刷　4—电枢　5—磁极　6、10—叶轮
7—滤网　8—泵盖　9—泵壳　11—壳体　12—叶片

所示，电动燃油泵由永磁式电动机、泵体、单向阀、溢流阀、滤网等组成。永磁电动机带动泵体旋转，将汽油从进油口吸入，流经电动燃油泵内部，再从出油口压出。汽油流经电动燃油泵内部，对永磁电动机的电枢起到冷却作用，故又称湿式电动燃油泵。

电动燃油泵的附加功能由溢流阀和单向阀完成。溢流阀可避免因燃油管路阻塞时压力过高造成油管破裂或燃油泵损坏的现象发生。通常汽油产生的蒸气会引起电动燃油泵及喷油器工作性能下降，其结果会造成发动机在高温情况下不易起动；单向阀可防止燃油倒流，使发动机熄火后管路内仍保持一定压力，减少了气阻现象，使发动机高温起动容易。

（2）压力调节器 压力调节器的功能是使燃油分配管油压与进气歧管压力差保持恒定，一般为 250~300kPa。喷油器的喷油量取决于喷油器的喷孔截面、喷油时间和喷油压差（即燃油分配管内的油压与进气歧管内的气体压力之差）。在 EFI 系统中，ECU 通过控制喷油器的喷油时间来实现对喷油量的控制。要保证燃油喷射量的精确控制，在喷油器的结构尺寸一定时，必须保持恒定的喷油压差，才能使喷油器喷出的燃油量唯一地取决于喷油器的开启时间。

燃油压力调节器一般安装在燃油分配管上，由金属壳体以及中间通过卷边的膜片将壳体内腔分成两个腔室，一个是弹簧室，内装带预紧力的螺旋弹簧，弹簧预紧力作用在膜片上，弹簧室由真空软管连接至进气歧管；另一个室为燃油室，通过两个管接头与燃油分配管及回油管相连。如图 8-22 所示，进气歧管压力（真空度）和弹簧的压力作用在膜片上，膜片控制着回油孔。当喷油器工作时，燃油同时输往喷油器和燃油压力调节器的燃油室，此时膜片将回油孔堵塞。当燃油压力超过预定的数值时，燃油将推动膜片，打开回油孔，从电动燃油泵来的燃油经回油孔、回油管流回油箱，保持喷油器内的压力恒定。

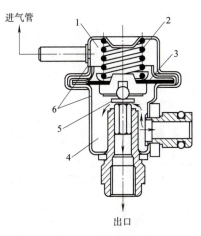

图 8-22 燃油压力调节器结构
1—弹簧室 2—弹簧 3—膜片
4—燃油室 5—阀 6—壳体

电动燃油泵停止工作时，膜片在弹簧力作用下将回油孔关闭，使电动燃油泵单向阀和燃油压力调节器之间油路内保持一定的残余压力。

（3）喷油器 喷油器的功能是根据 ECU 送来的喷油脉冲信号将适量的燃油喷入进气歧管中，能精确地进行燃油喷射。喷油器是发动机电子控制系统中一个关键的执行元件，因此，它是一种加工精度非常高的精密偶件，要求其动态流量范围大，雾化性能好以及抗堵塞、抗污染能力强。

电控汽油喷射系统用喷油器有几种不同的形式：

1）按用途可分为 SPI 用喷油器和 MPI 用喷油器。SPI 式汽油喷射系统的喷油器位于节气门体空气入口处；MPI 式汽油喷射系统的喷油器通过绝缘垫安装在各进气歧管上，并与输油管路固定。

2）按燃料的送入位置可分为上部给料式和下部给料式。

3）按喷口的形式可分为轴针式和孔式（球阀式、片阀式）等；目前常用的是轴针式喷油器。

4）按电磁线圈阻值可分为低阻式和高阻式。

发动机电子控制系统用喷油器有多种形式，无论哪一种，其构成基本相同，如图8-23所示，喷油器由电磁线圈、铁芯、针阀、阀体、壳体、调整垫片等组成。当发动机工作时，ECU根据有关传感器输入的信号，经运算判断后输出控制信号，控制大功率晶体管导通与截止。当大功率晶体管导通时，即接通喷油器电磁线圈电路，产生电磁吸力。当电磁吸力超过针阀弹簧力和燃油压力的合力时，铁芯被吸起，阀针离开阀座，喷油器开始喷油；当大功率晶体管截止时，喷油器电磁线圈电路被切断，电磁吸力消失；当针阀弹簧力超过衰减的电磁吸力时，弹簧力又使针阀返回阀座上，使阀门关闭，喷油器停止喷油。

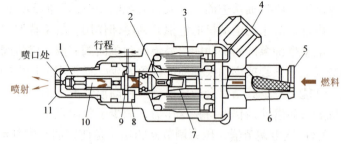

图8-23 喷油器的基本结构

1—阀体 2—铁芯 3—电磁线圈 4—电器接头 5—燃料接头 6—滤网
7—弹簧 8—调整垫片 9—凸缘部 10—针阀 11—壳体

喷油器的喷油量还取决于针阀行程、喷口面积及喷射环境压力与燃油压力的压差等因素。上述因素一旦确定，喷油量就取决于针阀的开启时间，即电磁线圈的通电时间。

三、控制系统

控制系统的功能是根据发动机工况和车辆运行状况确定汽油的最佳喷射量，使发动机既可获得较大的动力，又可具备良好的经济性，同时又能满足对排放的要求。该系统由传感器、ECU和执行器组成，其功能如表8-2所示。电子控制系统部件总体构成如图8-24所示，

表8-2 电子控制燃油喷射系统组成部件及其功能

分类	部件名称	功能
传感器	进气管压力传感器	检测发动机的进气压力，用以计算空气量
	空气流量传感器（空气流量计）	检测发动机吸入的空气量
	空气温度传感器	检测进气温度，用以计算空气量
	冷却液温度传感器	检测发动机冷却液温度
	转速与曲轴位置传感器	检测发动机转速及曲轴位置
	节气门位置传感器	检测节气门开度
	氧传感器	检测发动机空燃比
	车速传感器	测量汽车车速
	爆燃传感器	检测发动机有无爆燃产生
	开关量及其信号发生装置	检测各用电设备的开关状态，向ECU提供信号
	电子控制单元（ECU）	系统控制的核心，根据由传感器确定的发动机运行工况，计算喷油量的大小，并对喷油器进行控制
执行器	主继电器	控制电控燃油喷射系统总电源
	断路继电器	控制燃油泵电源
	冷起动喷油器定时开关	控制冷起动喷油的喷油时间

电控汽油喷射系统中电子控制系统原理框图如图 8-25 所示。传感器是检测发动机工作状态的元件，ECU 是电控汽油喷射系统的核心，发动机工作状态通过传感器感知并传递给 ECU。在 ECU 内，存储器储存喷射持续时间、点火时刻、怠速和故障诊断等数据，这些数据与发动机工况相匹配。ECU 经过逻辑运算，输出控制信号给执行器，通过执行器控制发动机工作状态。

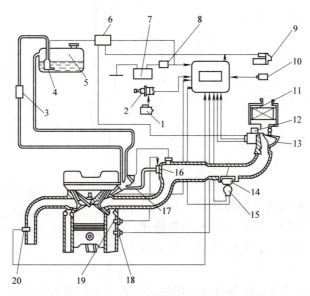

图 8-24 电子控制系统部件总体结构示意图

1—点火开关 2—曲轴位置传感器（分电器） 3—燃油滤清器 4—电动燃油泵 5—油箱 6—断路继电器
7—蓄电池 8—主继电器 9—起动装置 10—大气压力传感器 11—空气滤清器 12—进气温度传感器
13—空气流量计 14—空气阀 15—节气门位置传感器 16—冷起动喷油器 17—燃油压力调节器
18—冷却液温度传感器 19—温度时间开关 20—氧传感器

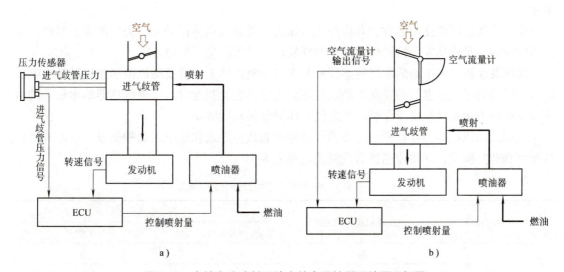

图 8-25 电控汽油喷射系统中的电子控制系统原理框图
a) D 型电控系统原理框图 b) L 型电控系统原理框图

1. 传感器

(1) 温度传感器　冷却液温度传感器的功能是检测发动机冷却液温度，安装在发动机冷却液通路上，将冷却液温度的信号输入 ECU。进气温度传感器的功能是检测发动机吸入空气的温度，通常将进气温度传感器安装在空气流量计的空气测量部位。温度传感器主要有绕线电阻式、热敏电阻式和热电偶式等。目前用得较多的是热敏电阻式温度传感器。

热敏电阻式温度传感器是利用半导体的电阻随温度变化而改变的特性制作而成，有 NTC（负温度系数）和 PTC（正温度系数）两种。它们灵敏度高，但线性差，使用温度一般限于 300℃ 以内；也有像氧化锆那样的高温型热敏电阻式传感器。负温度系数热敏电阻式温度传感器的结构与特性如图 8-26 所示。

热敏电阻式温度传感器的响应特性比绕线电阻式温度传感器好，因而被广泛地运用于检测冷却液和进气温度。

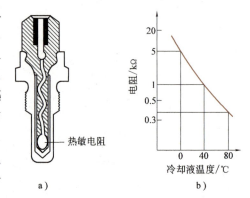

图 8-26　负温度系数热敏电阻式温度传感器的结构与特性
a）温度传感器的结构　b）温度传感器的特性

(2) 发动机转速和曲轴位置传感器　发动机转速和曲轴位置传感器的功能是检测发动机转速和曲轴转角的位置，是发动机集中控制系统中最重要的传感器。

发动机转速和曲轴位置传感器可分为电磁式、光电式和霍尔效应式三大类，在电控点火系统章节已经做了详细介绍。车辆不同，所采用的结构型式不完全一样；安装部位有曲轴前端、凸轮轴前端、飞轮上和分电器内。

(3) 爆燃传感器　发动机电控系统应用了点火闭环控制，有效地抑制了发动机爆燃现象的发生。爆燃传感器的功用是检测发动机有无爆燃现象，并将信号传送给发动机电控单元。

检测发动机爆燃使用的方法有检测气缸压力、发动机机体振动及燃烧噪声等。目前，最常用的检测法是根据发动机机体振动来判断发动机是否产生了爆燃。

检测发动机机体振动的爆燃传感器安装在发动机机体上，将发动机振动频率转换成电压信号，以检测爆燃强度。当发动机的运行达到设定的爆燃强度时，爆燃传感器输出最大的电压信号用以表示发动机由于爆燃而产生使机体异常振动的频率。

采用发动机机体振动检测法的爆燃传感器有磁致伸缩式和压电式两种类型，压电式又分共振型和非共振型，这些传感器的性能比较见表 8-3。

表 8-3　爆燃传感器的性能比较

类型与特性	磁致伸缩式（共振型）	压 电 式	
		共振型	非共振型
外形	稍大	小	小
结构	复杂	较复杂	简单
机电变换效率	小	大	大

（续）

类型与特性	磁致伸缩式（共振型）	压 电 式	
		共振型	非共振型
阻抗	小	大	大
爆燃信号判别	传感器输出信号可以识别	←	回路中需滤波器
调整	需要调整共振点	←	不要
适应性	随发动机而变更	←	适用各种发动机
采用车厂	通用、日产	丰田	三菱、雷诺

(4) 大气压力传感器 当使用叶片式和卡门涡旋式空气流量计时，随着大气压力的变化，吸入空气的密度发生变化，从而影响燃料的空燃比。为此，需要检测大气压力，以便对燃油喷射量进行修正。

2. 执行器

执行器主要使用继电器。

(1) 主继电器 主继电器一般采用滑阀型，当接通点火开关时，电流通过主继电器线圈，滑阀被吸引，触点闭合，于是电源向 EFI 供电。当断开点火开关时，主继电器断开，EFI 的供电电源被切断。主继电器的结构如图 8-27 所示，电源供给回路如图 8-28 所示。

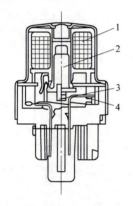

图 8-27 主继电器的结构

1—线圈 2—可动铁芯（滑阀） 3—调整块 4—触点

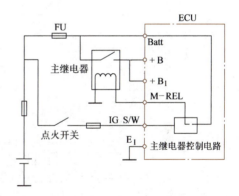

图 8-28 电源供给回路

(2) 断路继电器 控制电动燃油泵电源的继电器，通常仅在发动机运转时接通电路。断路继电器的构造与回路如图 8-29 所示。

用晶体管来控制电动燃油泵的供电情况，采用输入 ECU 的发动机曲轴的转动信号来检测发动机的运转状态，如果发动机曲轴没有运转，则断开该晶体管，即可停止向电动燃油泵供电。电动燃油泵电源供给回路如图 8-30 所示。

3. 电子控制单元

电子控制单元（ECU）是电子控制系统的核心部件，其基本功能如下：

(1) 接收传感器或其他装置输入的信息 给传感器提供参考（基准）电压，将输入的信息转变为电控单元所能接受的信号。

(2) 存储、计算和分析处理信息 存储该车型的特点参数、运算中的数据（随存随取）以及故障信息。

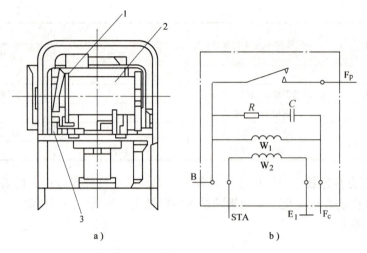

图 8-29 断路继电器的构造与回路
a) 断路继电器的构造 b) 断路继电器的回路
1—可动片 2—线圈 3—触点

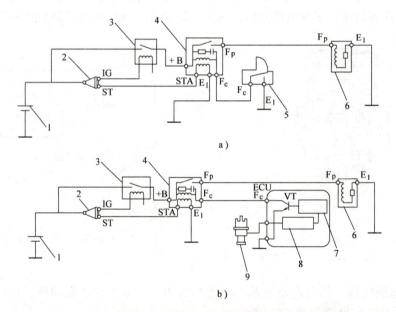

图 8-30 电动燃油泵电源供给回路
a) 采用叶片式空气流量计控制 b) 采用 ECU 控制
1—蓄电池 2—点火线圈 3—主继电器 4—断路继电器 5—空气流量计
6—燃油泵 7—后备集成电路 8—输入回路 9—分电器

(3) 运算分析 根据信息参数求出执行命令数值；将输出的信息与标准值对比，查出故障。

(4) 输出执行命令 把弱信号变为强信号的执行命令；输出故障信息。

(5) 自我修正功能（自适应功能） 汽车电控单元 ECU 主要由输入回路、A/D 转换器（模/数转换器）、微型计算机和输出回路四部分组成，如图 8-31 所示。

输入回路的作用是将系统中各传感器检测到的信号经过 I/O（输入/输出）接口送入微型计算机，使计算机能对汽油机运行工况进行实时检测和控制。信号的类型不同，输入 ECU 后的处理方法也不一样。

1) 输入的模拟信号有：空气流量、空气温度、发动机冷却液温度、发动机负荷、电源电压等多个信号；在闭环控制系统中，还有来自氧传感器反馈的电压信号。它们通常都是随时间缓慢变化的连续信号，必须事先转换为数字量后，才能输入 ECU 进行处理。

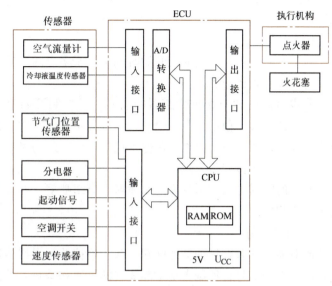

图 8-31　ECU 的基本结构

2) 输入的数字信号有：来自曲轴位置传感器、车速传感器等脉冲信号。这些脉冲信号经过输入回路后整形成有规则的脉冲，通过 I/O 接口可直接送入微机。由于这些传感器输出信号的幅值均是随发动机转速变化的，当发动机转速升高时，输出电压的幅值就增大；反之减小。这样在低速时，电压信号就显得较弱，需要放大和整形，为此设有信号整形电路，将这些脉冲信号整形成有规则的脉冲，然后送入微机。

A/D 转换器的作用是将微机不能直接处理的模拟信号转换成数字信号，再输入微机。

微机的作用是根据汽车运行工况，把各种传感器送来的信号进行运算处理，并把处理的结果送往输出回路。微机由中央处理器（CPU）、存储器、输入/输出装置（I/O）及总线等构成，如图 8-32 所示。

输出回路的作用是：微机输出数字信号电压较低，用这种输出信号一般不能直接驱动执行元件工作，需采用输出回路将其转换成可以驱动执行元件按要求工作的信号。在汽油机电控系统中，经输出回路输出的控制信号有喷油器驱动信号、点火控制信号和电动燃油泵驱动信号。

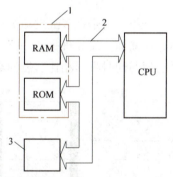

图 8-32　微型电子计算机的构成
1—存储器　2—信息传输通道（总线）
3—输入/输出装置

四、汽油喷射控制

ECU 通过空气流量计或进气歧管绝对压力传感器的信号计量空气流量，根据计算出发动机的进气量和转速再计算出基本喷油脉宽（喷油持续时间）；再根据冷却液温度、进气温度、节气门开度等与发动机工况有关的参数，对基本喷油脉宽进行修正，确定最佳喷油脉宽，以获得该工况下所需的最佳空燃比。而喷油定时则是由 ECU 根据转速和曲轴位置传感器检测到的上止点位置曲轴转角和判缸等信号确定的。

汽油喷射控制包括三个方面：即喷油正时控制、喷油持续时间（喷油量）控制和断油控制。

（一）喷油正时控制

喷油正时是喷油器喷油的开始时刻。对于多点间歇喷射发动机，按照喷油时刻可分为异步喷射与同步喷射两类。

异步喷射是 ECU 根据传感器的输入信号控制开始喷油时间，与曲轴的转角位置无关。起动、急加速等非稳定工况，喷油系统以异步喷射方式工作。同步喷射指汽油的喷射与发动机旋转同步，ECU 根据曲轴转角位置控制开始喷射的时刻。在发动机稳定工况的大部分运转时间，喷油系统以同步方式工作。

燃油的喷射方式，可分为同时喷射、分组喷射、顺序喷射三种类型，它们对喷油正时的要求各不相同。

1. 同时喷射

同时喷射的各缸喷油器并联在一起。电控单元根据曲轴位置传感器送入的基准信号，发出喷油器控制信号，控制大功率晶体管的导通和截止，从而控制各喷油器电磁线圈电路的接通和切断，使各缸喷油器同时喷油和断油。曲轴每转一圈，各缸喷油器同时喷油一次，一次喷油量为发动机一次燃烧需要燃油量的 1/2，喷油正时与发动机工作循环无关。同时喷射正时情况如图 8-33 所示。

同时喷射的缺点是由于各缸对应的喷射时间不可能最佳，有可能造成各缸的混合气形成不均匀。但这种喷射方式不需要气缸判别信号，而且喷射驱动回路通用性好，其电路结构和控制程序都较简单。

2. 分组喷射

分组喷射是把多缸发动机的喷油器分成 2~3 组。发动机工作时，由 ECU 控制各组喷油器轮流喷油。发动机每转一圈，只有一组喷油器喷油。分组喷射方式虽然不是最佳的喷油方式，但与同时喷射相比，燃油雾化质量有所改善。分组喷射正时情况如图 8-34 所示。

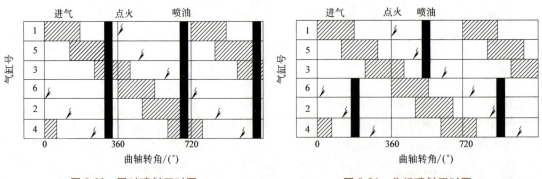

图 8-33　同时喷射正时图　　　　　图 8-34　分组喷射正时图

3. 顺序喷射

顺序喷射也叫独立喷射，按照各缸的工作顺序依次进行喷射。各缸喷油器分别由电控单元进行控制，驱动电路的通道数与气缸数目相等。

由于顺序喷射是按各缸的工作顺序进行的，因此电控单元必须通过传感器获得基准气缸的有关信息，即所谓的判缸信号。对于顺序喷射控制，一般需要正时和缸序两个输入信号，电控单元才能对喷射过程进行准确的控制。燃油喷射的正时大多在排气行程上止点前 60°～70°左右，如图 8-35 所示。

由于顺序喷射可以根据发动机的运行工况设定最佳的喷射时刻，对混合气的形成有利，也对提高燃油经济性和降低有害物的排放等都有好处，已普遍采用。

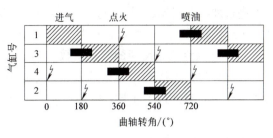

图 8-35 顺序喷射正时图

（二）喷油持续时间（喷油量）控制

电控燃油喷射系统的发动机具有良好的动力性、经济性，排放污染大为降低，这都源于对空燃比的精确控制。这种对空燃比的控制是通过对汽油喷射持续时间的控制实现的，汽油喷射持续时间实际上就是由 ECU 运算后输送给喷油器的喷油脉冲信号的宽度。电控汽油喷射系统对喷油量控制的核心是精确地确定和控制喷油的持续时间。根据发动机的运行特点，喷油持续时间可分为两大类，即起动时喷射持续时间和起动后喷射持续时间。另外，还包括起动后异步喷射。

1. 起动时喷射持续时间

在发动机起动时，转速波动大，无论是空气流量计还是进气歧管绝对压力传感器，其检测精度都偏低，输出的信号误差较大，不能精确计量进气量。因此，在起动时，ECU 按特定程序对喷油量进行控制。发动机起动时，ECU 根据起动装置的开关信号和发动机转速，判定发动机是否处于起动工况，以便决定是否按起动程序控制喷油。起动时的基本喷射持续时间是 ECU 根据当时的冷却液温度，从存储器中的冷却液温度-喷油时间 MAP 图中找出相应的基本喷油时间，然后进行进气温度和蓄电池电压修正，得到起动时的喷油持续时间。

在起动过程中，有些电控汽油机中的 ECU 还能根据发动机冷却液温度同时进行一定量的异步喷射，或控制冷起动喷油器进行异步喷射，以补充冷起动过程对燃油量的额外要求。

2. 起动后喷射持续时间

（1）基本喷射持续时间 基本喷射持续时间是为了实现目标空燃比控制，利用空气流量计和曲轴位置传感器等输入信号计算求得的喷射持续时间。空气流量计种类不同，进行计算的方式、方法也不同。

采用叶片式空气流量计时，在标准大气状态下，基本喷射持续时间是根据空气流量计和发动机转速以及设定的空燃比确定的。

采用热线式空气流量计时，由于它是质量流量计，不需像使用叶片式空气流量计和卡门涡旋式空气流量计时那样必须进行温度及大气压力修正。

（2）温度修正系数 发动机进行冷起动时或夏天在高温行驶后发动机熄火 10～30min，都需要增加燃油喷射量。

低温起动时之所以要求燃油增量修正，主要原因是温度低时汽油汽化不良，气缸内满足要求的可燃混合气量少，使得燃油基本喷射量形成的混合气比目标空燃比时的混合气稀，如果不进行燃油增量修正，就会发生怠速运转不稳、发动机熄火、振动等现象。

（3）加减速运转时的燃油修正系数 在汽车进行加速、减速等过渡工况时，如果只有燃油基本喷射量，混合气的空燃比相对于目标值会产生一定偏移。一般情况下，偏移的趋向是：加速时混合气变稀，减速时混合气变浓。因此，需分别进行燃油增量和减量的修正。如果不进行加减速时燃油量的修正，发动机就会发生"喘振"，车辆产生前后方向的振动，起动时出现倒转等现象；此外，排气中的有害成分也会增加。

(4) 理论空燃比反馈的修正系数 为了适应排放法规提出的排放要求，汽车上都装用了三元催化转化器。三元催化剂仅在理论空燃比附近，才能使 CO、HC 的氧化作用与 NO_x 的还原作用同时进行，才具有向 CO_2、H_2O、O_2、N_2 无害化充分转化的能力。如果实际空燃比偏离理论空燃比，则转化能力降低。混合气变稀时，排出的 NO_x 增多；混合气变浓时，排出的 CO 和 HC 增多。

为了有效地利用三元催化剂，充分净化排气，就要提高空燃比的控制精度，使其尽量维持在以理论空燃比为中心的非常狭窄的范围内，这就要求十分精确地控制喷油量。解决的办法是借助安装在排气管中的氧传感器送来的反馈信号，对理论空燃比进行反馈控制。

(5) 学习空燃比控制产生的修正系数 学习空燃比控制目的是为了进一步提高空燃比的控制精度。对于某型号的发动机，各种工况下的基本喷射持续时间是标准数据，它们都按照 ECU 只读存储器（ROM）中存储的数据进行。在实际运行过程中，由于发动机性能的变化，如空气系统、供油系统的性能变化，可能会造成实际空燃比相对于理论空燃比的偏离不断增大。虽然空燃比的反馈修正可以修正空燃比的偏差，但是修正范围是有限的，一般闭环控制空燃比修正系数为 0.8~1.2。如果反馈修正时，反馈修正值的中心偏向稀或浓的一边，就会造成控制上的困难。为了使修正值回到可以控制的修正范围内，并使反馈值的中心回到理论空燃比的位置上，ECU 根据反馈修正值的偏离情况，设定一个学习修正值（学习修正系数），以实现燃油喷射持续时间的总修正。

(6) 大负荷、高转速运转时的修正系数 发动机在部分负荷下工作时，空燃比的调整是在考虑保持一定排放性能的前提下，尽量提供经济混合气成分，以得到最低油耗。当汽车在节气门全开情况下大负荷行驶时，要求发动机输出更大转矩。根据转矩随空燃比的变化规律，应将空燃比设定在与转矩峰值相对应的 12.5 附近，可采用开环控制。

由于基本喷射持续时间可以实现理论空燃比在 14.7 附近，所以可将基本喷射时间乘以增量修正系数 1.18。节气门位置传感器是传送发动机负荷状态的传感器，通过节气门位置可把全负荷信号输入 ECU。实现大负荷控制为开环控制，氧传感器的反馈控制停止起作用。

(7) 怠速稳定化的修正系数 如果不进行稳定化修正，在装有速度密度式（D 型 EFI）汽油喷射装置的发动机处于怠速工况时，将产生周期性波动，在质量流量方式（L 型 EFI）中没有这种现象。这是因为在过渡工况时，决定基本喷油持续时间的进气管压力相对发动机转速将产生滞后。节气门以下的进气管容积越大，怠速时的发动机转速越低，这一滞后时间越长，怠速变动幅度也越大。进气管内压力变动，发动机转矩也变动，所以转矩变动相对于发动机转速也呈现滞后。因此，发动机转速上升时转矩随之上升，发动机转速下降时转矩随之下降，使转速波动持续发生。为了解决上述转速波动问题，要进行与转矩变动反向的空燃比修正。

(8) 无效喷射时间修正系数 当 ECU 输出信号驱动喷油器工作时，喷油器动作滞后，即阀开启有动作滞后期。动作滞后时间，开阀时比闭阀时长。其中，喷油器不喷射的时间称为无效喷射时间。在用 ECU 计算燃油喷射持续时间时，需针对这一情况进行加法修正。当蓄电池电压降低时，无效喷射时间增长；当蓄电池电压升高时，无效喷射时间变短。

3. 起动后异步喷射

起动后异步喷射是指与曲轴转动角度不同步的喷射。加速时的燃油量修正，是与曲轴转角同步的燃油增量喷射，而急加速时的燃油量修正属于异步喷射。在急加速工况下，汽油来不及供给，需要施加临时性的燃油增量喷射。

为了有效地进行异步喷射，需要快速地检测加速工况。在表征发动机状态的各种参数点，利用节气门开度可以最快地检测加速工况。图8-36所示是异步喷射的时间图。

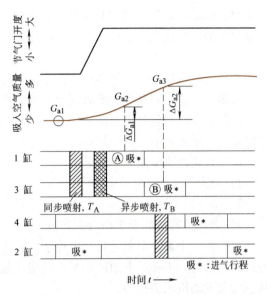

图8-36 异步喷射的时间图

（三）断油控制

断油控制是指ECU停止给喷油器发送燃油喷射信号，喷油器停止喷油。断油控制可分为两种情况：第一种是减速时以降低燃油消耗和改善排气净化为目的的减速断油控制；第二种是发动机高转速时以防止发动机损坏为目的的发动机超速断油控制。

1. 减速时断油控制

发动机在高速下运行急减速时，节气门完全关闭，而发动机在设定转速以上工况时，发动机不再需要供应燃油，为避免混合气过浓、燃油经济性和排放性能变坏，ECU控制停止喷油。当发动机转速降到预定转速或节气门重新打开时，喷油器再投入工作，恢复供油。

ECU根据节气门位置、发动机转速和冷却液温度传感器信号判断是否满足以下减速断油的条件：

1）节气门位置传感器的怠速触点闭合。
2）冷却液温度已经达到正常温度。
3）发动机转速高于某一转速。

该转速称为燃油停供转速，其值由ECU根据发动机冷却液温度、有无空调负荷等因素，确定燃油停供范围。当三个条件全部满足时，ECU立即发出停止喷油指令，控制喷油器停止喷油。当喷油停止、发动机转速降低到燃油复供转速或怠速触点断开时，ECU即发出指令，控制喷油器恢复供油。所谓复供转速，就是在汽车持续惯性行驶时，开始恢复喷射燃油的转速。复供转速是在停供情况下转速下降到一定程度时开始的。发动机冷却液温度越低，燃油停供转速越高，这是因为发动机在冷态下工作时，怠速设定的转速比较高，以防止发动机在怠速状态下进入燃油停供状态。另外，在燃油停供期间，一旦节气门被打开，就能立即开始喷射燃油。

2. 超速断油控制（最高转速限制）

为了防止发动机转速过高而引起发动机损坏，要对发动机的最高转速进行限制。当发动机转速超过允许的最高转速时，及时停供燃油，以防止发动机转速继续上升引起事故。目前，多采用切断燃油供给的电子转速限制装置。

ECU将根据发动机的实际转速与ECU内存储的最高转速进行比较，当达到设定的最高转速时，ECU 立即停止输出喷油信号，使喷油器停止喷油；当发动机转速降低到规定值时，又恢复喷油，如此反复循环，以防止转速继续上升。

3. 清除溢流控制

装备电控汽油喷射式发动机的汽车，当发动机多次起动未成功，淤积在缸内的浓混合气就会浸湿火花塞，使其不能跳火而导致发动机不能起动。

清除溢流控制就是将发动机加速踏板踩到底，接通起动开关起动发动机时，ECU 自动控制喷油器中断喷油，以便排除气缸内的燃油蒸气，使火花塞干燥，从而能够跳火。

电控系统清除溢流的条件是：

1) 点火开关处于起动位置。
2) 节气门全开。
3) 发动机转速低于 500r/min。

只有在三个条件都满足时，电控系统才能进入清除溢流状态。由此可见，在起动燃油喷射式发动机时，不必踩下加速踏板直接接通起动开关即可。否则电控系统可能进入清除溢流状态而使发动机无法起动。

第三节　发动机怠速控制

所谓怠速控制（Idle Speed Control，ISC），通常是指发动机在无负荷（对外无功率输出）情况下的稳定运转状态，即发动机在试验台上，且外界阻力恒定的情况。在汽车正常运行工况下，驾驶人通过加速踏板来控制节气门开度、调节进气量，以控制发动机的输出功率；而在发动机怠速时，加速踏板完全松开，节气门关闭，空气通过节气门缝隙或者节气门旁通的怠速调节通路进入发动机，由空气流量计（或进气歧管压力传感器）检测进气量，并根据转速及其他修正信号控制喷油量，保证发动机在怠速下稳定运转。当发动机的内部阻力矩发生变化时，怠速运转转速将会发生变化。怠速控制（ISC）是通过调节空气通路面积以控制空气流量的方法来实现的，如图 8-37 所示。

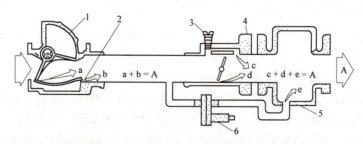

图 8-37　节气门旁通的怠速空气流量的控制

1—空气流量计　2—旁通调节螺钉　3—怠速调节螺钉　4—节流阀体　5—稳压管　6—空气阀

汽车在交通密度大的道路上行驶时，约有 30% 的燃油消耗在怠速工况。因此，发动机怠速转速的高低，不但对油耗有严重的影响，对发动机的排放污染、暖机时间和使用寿命等都有一定程度的影响。另外，还应考虑如冷车运转、空调及电器负荷、自动变速器、动力转向伺服机构的接入等情况都会引起怠速转速变化，使发动机运转不稳甚至引起熄火。

一、怠速控制系统组成

发动机怠速控制系统主要由发动机主控制器 ECU、执行器和各种传感器等组成,具体组成部分及其功能见表 8-4。

表 8-4 怠速控制系统的组成及其功能

组成部件	组 件	功 能
传感器	转速传感器（Ne 信号）	检测发动机转速
	节气门位置传感器	检测发动机处于怠速状态
	冷却液温度传感器	检测发动机冷却液温度
	起动开关信号	检测发动机正在起动中
	空调开关（A/C）	检测空调的工作状态（ON、OFF）
	空档起动开关信号（P/N）	检测变速杆位置
	液力变矩器负荷信号	检测液力变矩器负荷变化
	动力转向开关信号	检测动力转向工作状态
	发电机负荷信号	检测发电机负荷的变化
	车速传感器	检测车速
执行器	怠速控制阀（ISCV）	控制节气门旁通空气通道
控制单元（ECU）		根据从各传感器输入的信号,将实际转速和目标转速相比较。比较的差值,确定相当于目标转速的控制量,以驱动控制空气量的执行机构,使怠速转速保持在目标转速上

发动机怠速控制的内容随车型的不同而有较大差异。一般 ECU 对怠速进行控制的内容如下。

1）起动控制。为了改善发动机的再起动性能,在上次发动机点火开关断开后,ECU 控制怠速控制机构回位或机械弹簧拉动怠速控制机构在全开位置,这样保证在下一次起动期间,经过怠速控制机构的旁通空气量最大,发动机能克服阻力起动。

2）起动后控制。在发动机起动后,若怠速控制机构仍保持在全开状态,怠速转速会升得过高。所以在起动期间或起动后,发动机转速达到规定值（由冷却液温度确定）时,ECU 开始控制怠速机构,将阀门关小到冷却液温度确定的阀门。

3）暖机过程控制。

4）转速反馈控制。在怠速运转时,如果发动机的实际转速与 ECU 存储器存储的目标转速相差超过一定值时,ECU 将通过控制怠速控制机构,增减怠速空气量,使发动机的实际转速与目标转速相同。

5）负荷变化的控制。发动机在怠速运转时,当发动机负荷发生变化,为了避免发动机怠速时转速波动或熄火,在发动机转速出现变化前,ECU 控制怠速控制机构开大或关小一个固定值。

6）学习控制。ECU 通过怠速机构的伸缩,确定怠速控制机构的位置,达到调整发动机怠速控制转速的目的。在发动机使用期间,其性能变化会影响在同样怠速控制机构开度下的发动机转速,如果怠速控制机构的位置不跟随改变,怠速转速会变得和初设的数值不同。为防止这种情况发生，ECU 利用反馈控制的方法，使发动机转速达到目标值。与此同时，ECU 将怠速控制机构的开度存储在存储器中，在以后的怠速控制中使用。

7）减速控制。

二、怠速控制执行机构及控制方法

怠速转速控制的实质是对怠速进气量进行控制，以获得适宜的空燃比，使发动机在不同怠速工况时都在最佳转速下稳定运转。

怠速控制的方式随车型有所不同，对电控汽油喷射系统来说，目前可分为两种：一种是控制节气门最小开度的节气门直动式；另一种是控制节气门旁通通路中空气流量的旁通空气式。

1. 节气门直动式控制

节气门直动式是直接通过控制节气门开度，调节空气通路的截面，达到控制进气量，从而实现怠速控制。如图 8-38 所示，电控单元根据输入信号确定目标怠速转速，发出指令调节节气门的偏转量，以控制空气的流通面积，保证与目标怠速转速相适应的空气量。

2. 旁通空气式怠速控制执行机构

控制怠速旁通空气量的怠速控制阀的结构型式有：真空控制式、步进电动机式、旋转滑阀式、电磁控制式、占空比控制式和开关控制式等，其主要的控制项目见表 8-5。

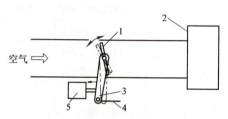

图 8-38　怠速空气量的节气门直动式控制方式

1—节气门　2—发动机　3—节流阀操纵臂
4—加速踏板拉线　5—执行元件

表 8-5　控制信号及主要控制项目

控制信号	控制形式	主要控制项目
发动机转速 节气门位置 车速 冷却液温度 空档起动开关 起动开关 空调开关 电气负载 动力转向开关	步进电动机式 真空控制式	1. 怠速 2. 快怠速 3. 空调高怠速 4. 电气负载高怠速
	旋转滑阀式 电磁控制式	1. 怠速 2. 快怠速 3. 电气负载高怠速
	占空比控制式 开关控制式	1. 怠速 2. 快怠速 3. 电气负载高怠速

（1）真空控制式　怠速转速控制常采用真空控制，主要工作部件由旁通空气阀和真空控制阀组成。其控制原理如图 8-39 所示。

旁通空气阀的作用是增大或减小旁通空气道的截面，以改变怠速时旁通空气道的空气流量。旁通空气阀中间有膜片分开，膜片下侧与大气相通；膜片上侧称为膜片室，通过管路与真空控制阀相通。膜片室的负压大，膜片吸向上方，阀门的开度越小，旁通空气道流过的空气量越小；反之，膜片室的负压减小，在膜片弹簧的作用下，膜片下移，阀门开度增大，旁通空气道中流过的空气量增多。因此，控制膜片室的真空度（负压）就可以改变阀门的开闭程度，也就可以控制旁通道的空气流量。

(2) 步进电动机式 如图 8-40 所示，步进电动机式怠速控制阀由永久磁铁构成的转子、励磁线圈构成的定子和把旋转运动变成直线运动的进给丝杠及阀门等组成。它利用步进转换控制，使转子可正转，也可反转，从而使阀芯移动，达到调节旁通空气道截面的目的。

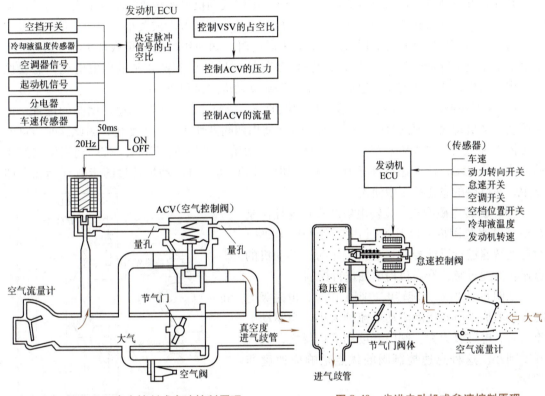

图 8-39 真空控制式怠速控制原理　　图 8-40 步进电动机式怠速控制原理

步进电动机式怠速控制阀的控制方法如下：与冷却液温度、空调工作状态等相对应的目标怠速转速储存在 ECU 的存储器中。ECU 根据节气门开启角度和车速信号判断发动机处于怠速工况时，按一定顺序使晶体管依次导通，分别向怠速步进电动机四个线圈供电；驱动步进电动机旋转，调节旁通空气道的开度，从而调节旁通空气量，使发动机转速达到所要求的目标值。其控制项目主要有：

1) 起动初始位置的确定。为了保证怠速控制阀在发动机下次起动时处于全开位置，在发动机点火开关断开后，ECU 的 M-REL 端继续向主继电器供电，使它继续保持接通状态，为下次起动作好准备，然后主继电器才断电。

2) 起动控制。发动机起动时，由于怠速控制阀预先设定在全开位置，发动机起动后，若怠速控制阀仍保持在全开状态，怠速转速会升得过高。因此，在转速达到规定值（此值由冷却液温度确定）时，ECU 开始控制步进电动机转动，将阀门关小到与冷却液温度对应的阀门位置。

3) 暖机控制（快怠速）。在暖机时，根据冷却液温度所确定的位置，怠速控制阀开始逐渐关小，当冷却液温度达到70℃时，暖机控制结束。

4）反馈控制。当发动机处于怠速工况运转时，ECU将发动机实际转速与存储器中预先设定的目标转速进行比较。如果发动机的实际转速低于目标转速超过一定值，ECU控制怠速空气阀开大；反之，如果发动机的实际转速高于目标转速时，将阀门关小。

5）发动机负荷变化的预控制。发动机在怠速运转时，如空档起动开关、空调开关等接通或断开，都将使发动机的怠速负荷发生变化，引起发动机怠速转速波动或熄火。为了避免这种情况，在发动机转速出现变化前，ECU控制怠速空气阀开大或关小一个固定值。

6）电器负载增大时的怠速控制。在怠速运转时，如使用的电器负载增大到一定程度，蓄电池电压就会降低。为了保证ECU的+B端和点火开关IGS/W正常的供电电压，需要控制步进电动机，相应地增加旁通道空气量，提高发动机怠速转速。

7）学习控制。ECU通过控制步进电动机的正、反转步数，控制怠速控制阀的位置，达到调整发动机怠速转速的目的。由于发动机在使用期间其性能会发生变化，因此这时步进电动机控制阀门的位置虽然未变，怠速转速也会和初始设置的数值不同，ECU利用反馈控制的方法，使发动机转速达到目标值。与此同时，ECU将步进电动机转过的步数存储在存储器中，在以后的怠速控制中使用。

(3) 旋转电磁阀式 旋转电磁阀式怠速控制是在整个怠速范围内，ECU通过占空比（0~100%）对怠速转速进行反馈控制；空调工作时，发动机的怠速转速通过怠速升高机构单独进行控制。

如图8-41所示，旋转电磁阀工作时，电磁吸力的大小取决于电磁线圈驱动电流的大小。当驱动电流大时，电磁吸力大，阀门开度则大；反之，阀门开度则小。这种怠速控制阀的优点是响应速度非常快。

1）起动控制。在发动机起动时，ECU根据发动机运行条件，在存储器中取出预存的数据，控制怠速控制阀的开度。

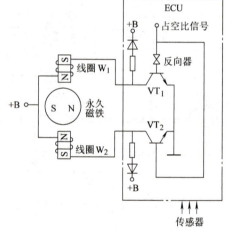

图8-41 旋转电磁阀式怠速控制

2）暖机控制。在发动机起动后，ECU根据冷却液的温度，控制发动机在暖机过程中怠速转速的变化。

3）反馈控制。发动机起动后，当所有反馈条件都满足时，ECU将发动机实际转速与ECU存储器中预先设定的目标转速进行比较。如果实际转速低于目标转速，ECU将控制怠速控制阀将阀门开大；如果发动机实际转速高于目标怠速转速，则将阀门关小。

反馈控制的条件为：节气门位置传感器怠速触点（IDL）关闭；车速低于2km/h；空调开关A/C关断（OFF）。

目标转速随发动机工况而定，如空档起动开关是否接通或断开、电器负载信号（ELS）的通断、动力转向开关的通断等。

4）发动机转速变化预测控制。当空档起动开关、尾灯继电器或除雾继电器等接通或关断时，将会使发动机的负荷改变。为避免由此引起发动机转速的波动，在发动机转速出现变化前，ECU控制怠速控制阀开大或关小一定的角度。

5）学习控制。旋转电磁阀式怠速控制阀是根据占空比控制阀门的转动角度，调节发动机的怠速转速。

发动机在整个使用过程中性能将发生变化，虽然占空比相同，但是发动机的怠速转速将和使用初期的数值不同。用反馈控制的方法，ECU 输出怠速控制信号，将性能发生变化后的发动机怠速转速调整到目标怠速值。当怠速值达到目标怠速后，ECU 将此时的占空比存入备用存储器中，在以后的怠速控制中作为这一工况下占空比的基准值。

(4) 占空比控制式 占空比是 ECU 输出的控制信号在一个周期内，通电时间与通电周期的比值，如图 8-42 所示。

ECU 输出的脉冲控制信号，控制怠速控制阀从而控制流过节气门旁通空气道的空气量。控制信号的频率一定时，ECU 通过改变控制信号的占空比来控制电磁阀开度大小，调节流过旁通空气道的空气量，保持怠速稳定运转，实现怠速控制。

在空调开关、空档起动开关、电器负载、动力转向开关等接通与断开，从而使发动机负荷发生变化时，将引起发动机转速的波动。此时，ECU 改变控制脉冲信号的占空比去控制阀的开度，占空比大，在一个周期内线圈通电时间长，阀门开度大，旁通空气量大。由于该阀控制的空气调节量较少，在暖机期间，快怠速由辅助空气阀控制。

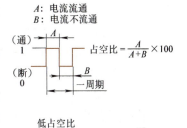

图 8-42　占空比原理

1）起动控制。为了改善起动性能，在点火开关位于起动档时，ECU 控制阀全开。

2）发动机转速变化预测控制。当空调开关、动力转向开关或空档起动开关接通时，ECU 将改变控制脉冲信号的占空比，保持发动机怠速稳定运转。

3）固定占空比控制。当节气门位置传感器怠速触点断开或空调开关闭合时，ECU 将输出一固定占空比信号，VSV 阀保持一定开度，流过旁通空气道的空气量保持不变。

4）反馈控制。当发动机实际怠速转速与 ECU 存储器中预设的目标转速的差值超过一定值时，ECU 改变控制脉冲信号的占空比，使实际怠速转速和预设的目标转速一致。

第四节　发动机排放控制

为了减少汽车的排气污染，现代汽车采取了多种排气净化措施。

一、三元催化转化器、氧传感器与闭环控制

1. 三元催化转化器

为了对排气中的 CO、HC、NO_x 三种成分同时获得高净化率，采用了三元催化转化器。三元催化转化器是利用转化器中的三元催化剂（铂（或钯）和铑的混合物），促使 HC、CO 和 NO_x 发生氧化和还原反应，将发动机排出废气中的有害气体转变为无害气体。三元催化转化器一般安装在排气消声器前面。三元催化转化器的转化效率与空燃比之间的关系如图 8-43 所示。

由图可以看出，只有当发动机混合气的浓度在理论空燃比 14.7 附近时，三元催化转化

器的转化效率最佳。为此,必须对空燃比进行精确的控制,使空燃比保持在理论空燃比附近很窄的范围内。

在发动机开环控制过程中,ECU 根据发动机转速、进气量、进气压力、温度等信号确定喷油量,即控制混合气空燃比。在实际使用过程中,对实际空燃比很难控制在理论空燃比附近很窄的范围内。为了精确控制实际空燃比,在发动机控制系统中普遍采用由氧传感器采集的信号为反馈信号的闭环控制方式。

2. 氧传感器

氧传感器安装在三元催化转化器前面的

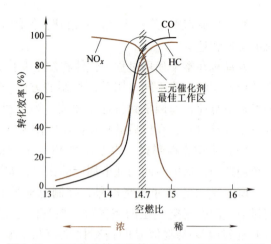

图 8-43 三元催化转化器转化效率与空燃比的关系

排气歧管或排气管内,用来检测排气中的氧含量,以确定实际空燃比与理论空燃比相比较是大还是小,并向 ECU 反馈相应的电压信号;ECU 根据氧传感器反馈的空燃比大小信号,控制喷油量的减少或增加。氧传感器有氧化锆(浓度型)式和氧化钛(电阻型)式两种。

(1)氧化锆式传感器 如图 8-44 所示,在敏感陶瓷材料元件(氧化锆陶瓷体)的内外表面上覆盖薄层铂,作为电极同时起催化作用。传感器内侧通大气,外侧直接与排气接触。在 400℃ 以上的高温时,若氧化锆内表面气体中氧的浓度与外表面排气中氧的浓度有差别,则在氧化锆元件内外侧两铂电极之间产生电压。

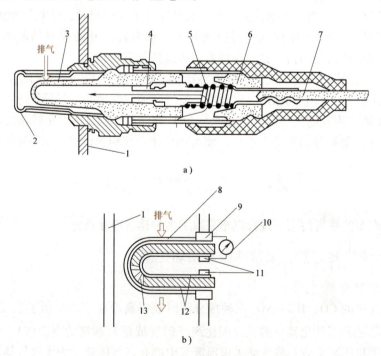

图 8-44 氧化锆式氧传感器结构和工作原理

a)结构 b)工作原理

1—排气管 2—导入排气孔罩 3—锆管 4—电极 5—弹簧 6—线头支架(绝缘) 7—导线
8—陶瓷防护层 9、11—电极引线触点 10—气压表 12—铂电极 13—氧化锆陶瓷体

当混合气稀时，排气中氧的含量高，传感器元件内外侧氧浓度差小，氧化锆元件内外侧两电极之间产生的电压很低；反之，混合气浓时，在排气中氧的含量低，传感器元件内外侧氧浓度差很大，内外侧电极之间产生的电压高。在理论空燃比附近，氧传感器输出电压信号值有一突变，如图 8-45 所示。

氧化锆式氧传感器输出信号的强弱与工作温度有关，氧化锆只有在 400℃ 以上的温度时才能正常工作，在 600℃ 左右时输出信号最明显，所以采用加热的方法来保证其工作温度，称之为加热式氧化锆式氧传感器。为保证发动机在进气量小、排气温度低时也能正常工作，有的氧传感器中还装有对氧化锆元件进行加热的加热器，加热器受 ECU 控制。氧传感器与 ECU 的连接线路如图 8-46 所示。

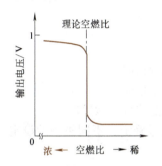

图 8-45 氧传感器输出电压特性

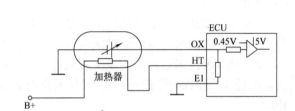

图 8-46 氧传感器与 ECU 的连接线路

不论排气温度是多少，只要不超过工作极限温度，陶瓷体温度变化不大。其优点是氧传感器安装灵活，不受极端升温的影响，同时，也扩大了混合气闭环控制的工作范围。

(2) 氧化钛式氧传感器 其特性与温度和氧含量有关，可在 300~900℃ 的排气温度中连续使用，必须做温度补偿。与空燃比相对应的传感器电阻值的变化特性，以理论空燃比为界，电阻值产生跃变。与氧化锆式氧传感器相比，结构简单，造价便宜，抗腐蚀抗污染能力强，经久耐用，可靠性高。但其电阻随温度变化大，故需增设温度修正回路；其内装加热器，使氧化钛式氧传感器在高温下以比较稳定的检测特性工作。

3. 空燃比的反馈控制过程

ECU 利用空燃比反馈信号，将其信号电压与基准电压进行比较，判断混合气的浓度，对空燃比进行反馈控制，如图 8-47 所示。

当混合气空燃比低于理论空燃比时，氧传感器输出高电位信号，ECU 收到这一信号后，使反馈修正系数减小（开始骤降，然后缓降），控制喷油器减少喷油量；由于喷油量减少，又很快使混合气变稀。当混合

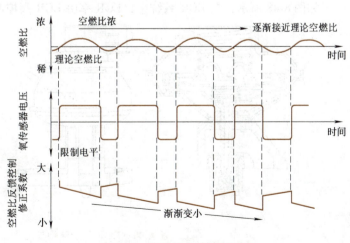

图 8-47 空燃比反馈控制过程

气空燃比高于理论空燃比时,氧传感器输出低电位信号,ECU 收到这一信号后,又使反馈修正系数增大(开始猛升,然后缓升),结果又使喷油器增加喷油量,致使混合气又很快变浓。如此循环,空燃比不断地被反馈控制。

当系统进入空燃比闭环反馈控制时,原则上供给的混合气是在理论空燃比附近。但发动机起动时以及起动后的暖机过程,由于发动机冷却液温度低,这时需要较浓的混合气,此时进行闭环控制,就会造成起动困难或熄火。在下列情况下需要采用开环控制:

1) 发动机起动时。
2) 起动后加浓修正时。
3) 暖机加浓修正时。
4) 节气门全开、大负荷高转速时。
5) 加减速燃油量修正时。
6) 燃油停供时。
7) 从氧传感器送来的空燃比过稀信号持续时间大于规定值时。
8) 从氧传感器送来的空燃比过浓信号持续时间大于规定值时。
9) 氧传感器温度未达到工作温度或氧传感器失效、其配线发生故障时。

发动机进入开环或闭环控制,由 ECU 根据有关输入信号确定,不同机型的设定条件也不尽相同。

二、排气再循环控制

排气再循环(EGR)是在发动机工作过程中,将一部分废气引入进气管,与新鲜空气(或混合气)混合进入燃烧室燃烧,降低最高燃烧温度,减少 NO_x 生成量。过度的排气再循环会影响发动机的正常运行,特别是在怠速、低速小负荷及发动机处于冷态运行时,再循环的废气将会明显降低发动机的性能。因此,应根据工况条件的变化自动调节参与再循环的废气量。根据发动机的结构型式以及使用工况的不同,EGR 量一般控制在 6%～13%。

排气再循环的控制指标用 EGR 率表示,其定义为

$$EGR\ 率 = \frac{EGR\ 量}{吸入空气量 + EGR\ 量} \times 100\% \tag{8-1}$$

如图 8-48 所示,在 EGR 系统中,EGR 率由 EGR 阀控制,即通过控制 EGR 阀的开度来

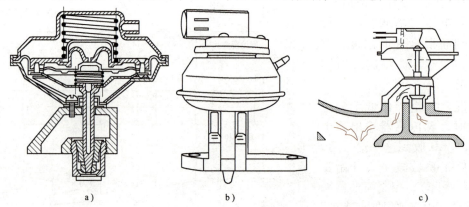

图 8-48 EGR 阀的结构与工作原理
a) 结构 b) 外形 c) 原理

控制 EGR 量。由于高温废气要流经 EGR 阀，因此除阀本身要能承受高温外，EGR 阀通常是通过真空度间接控制的。

三、活性炭罐蒸发污染控制

为防止燃油箱向大气排放燃油蒸气而产生的污染，在发动机控制系统中普遍采用了由 ECU 控制的活性炭罐蒸发污染控制装置，如图 8-49 所示。

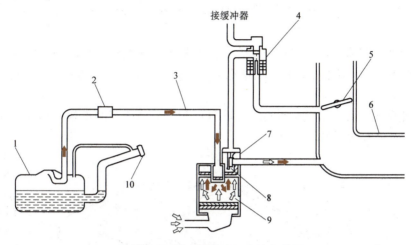

图 8-49 活性炭罐蒸发污染控制装置

1—油箱　2—燃料单向阀　3—蒸气通气管路　4—EGR 和炭罐控制电磁阀　5—节气门　6—进气歧管
7—排放控制阀　8—定量排放小孔　9—活性炭罐　10—油箱盖附真空泄放阀

油箱的燃油蒸气通过单向阀进入活性炭罐上部，空气从活性炭罐下部进入清洗活性炭。在炭罐右上方有排放小孔以及受真空控制的排放控制阀，排放控制阀上部的真空度由 ECU 控制的炭罐控制电磁阀控制。

发动机工作时，ECU 根据发动机转速、温度、空气流量等信号，控制炭罐电磁阀的开闭来控制排放控制阀上部的真空度，从而控制排放控制阀的开度。当排放控制阀打开时，燃油蒸气通过排放控制阀被吸入进气歧管，进入燃烧室参与燃烧。

第五节　燃油喷射系统实例

广州本田雅阁 2.3L VTi 轿车使用配有 PGM-FI 电控系统的 2.3L F23A3 发动机。PGM-FI 电控系统（Programmed-fuel Injection）为 D 型多点顺序喷射系统，该系统由发动机控制模块（ECM）和动力系统控制模块（PCM）实现对发动机和自动变速器的控制。

1. 系统控制功能

1）汽油多点顺序喷射及空燃比闭环控制。
2）点火控制及爆燃控制。
3）怠速控制。
4）空调控制。
5）燃油蒸发排放（EVAP）控制及排气再循环（EGR）控制。

6）可变配气正时及气门升程控制（VIEC）。

7）故障自诊断。

8）失效保护与备用功能。

此外，PGM-FI 系统还将实现对 MAXA 型自动变速器的控制。

2. 系统的组成

(1) 传感器 有进气歧管压力传感器、上止点位置及曲轴位置传感器、判缸传感器、节气门位置传感器、冷却液温度传感器、进气温度传感器、EGR 阀升程传感器、氧传感器、爆燃传感器等。

(2) 执行器 有喷油器、点火模块、怠速控制阀、活性炭罐控制阀、EGR 阀、燃油泵继电器等。除此之外，还有空调压缩机继电器、自动变速器换档电磁阀、锁止电磁阀、离合器压力控制阀等。

(3) 电控单元 由发动机控制模块（ECM）和动力系统控制模块（PCM）组成。系统各部件在车上的位置如图 8-50 所示。

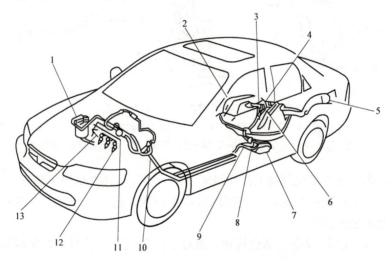

图 8-50　2.3L F23A3 型电控发动机 PGM-FI 系统部件分布图

1—燃油蒸发排放（EVAP）控制活性炭罐　2—燃油箱　3—燃油蒸发排放双通阀
4—燃油泵　5—燃油加注口盖　6—燃油管/快速连接接头　7—燃油滤清器　8—燃油供给管
9—燃油回流管　10—燃油蒸气管　11—燃油压力调节器　12—喷油器　13—分油器

3. 系统工作情况

(1) 燃油喷射系统 F23A3 发动机 PGM-FI 系统为 D 型多点顺序喷射系统，其主要控制功能是燃油喷射正时与喷油持续时间的控制、闭环控制、燃油泵控制、减速断油及限速断油等。

(2) 怠速控制系统 F23A3 发动机 PGM-FI 系统的怠速控制采用节气门旁通气道控制方式，怠速控制阀采用旋转电磁阀型。怠速控制阀除受 PCM 控制外，还直接受发动机冷却液温度控制。冷却液温度低时，怠速阀打开较大的开度，以保证发动机实施快怠速运转，如图 8-51 所示。

发动机标准怠速转速为（770±50）r/min（换档操纵手柄在 P 或 N 位，所有用电设备不

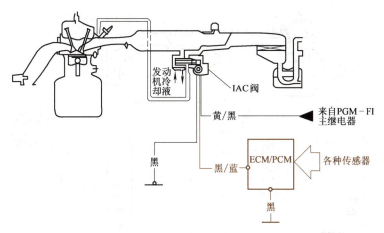

图 8-51　F23A3 发动机怠速控制系统的构成

工作），若怠速过高或过低，可按照 Honda PGM 检测仪的操作步骤调整怠速。

（3）排气再循环（EGR）系统　F23A3 发动机 PGM-FI 系统由 EGR 阀、EGR 真空控制电磁阀、EGR 升程传感器等组成，如图 8-52 所示。

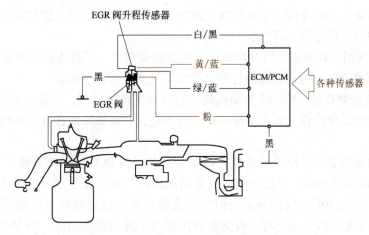

图 8-52　排气再循环（EGR）系统的构成

EGR 阀靠近节气门体，上部装有 EGR 升程传感器向 ECM/PCM 传送 EGR 阀实际开度的位置信号。EGR 阀为膜片式控制阀，由膜片上的真空度来控制阀的开启与关闭，以控制参与再循环的废气量。EGR 阀膜片上的真空度由 EGR 真空控制电磁阀控制，EGR 真空电磁阀受 ECM 控制。

（4）燃油蒸发排放（EVAP）控制系统　F23A3 发动机的 EVAP 控制系统由活性炭罐、EVAP 阀、EVAP 双通阀、EVAP 排放控制膜片阀、EVAP 排放控制电磁阀和软管组成，如图 8-53 所示。

车辆运行或发动机熄火时，燃油蒸气通过燃油箱 EVAP 阀和 EVAP 双通阀进入活性炭罐上部，新鲜空气从活性炭罐下部进入活性炭罐。发动机工作时，EVAP 排放控制膜片阀受 EVAP 排放电磁阀所控制的真空度控制，EVAP 排放电磁阀受 ECM/PCM 指令控制 EVAP 排放控制膜片阀上方的真空。当 EVAP 电磁阀通电时，真空阀打开，真空引入 EVAP 膜片阀上

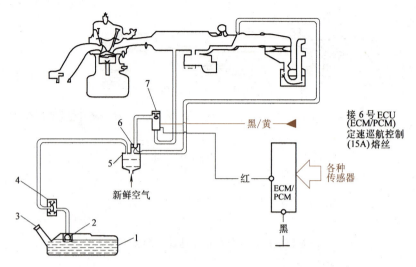

图 8-53 燃油蒸发排放（EVAP）控制系统的构成

1—油箱　2—油箱 EVAP 阀　3—燃油加注口盖　4—EVAP 双通阀　5—EVAP 控制活性炭罐
6—EVAP 排放控制膜片阀　7—EVAP 排放控制电磁阀

方，打开活性炭罐上部的片阀，于是炭罐上部的定量排放小孔打开，储存在活性炭罐中的燃油蒸气和新鲜空气一同被吸入进气管中。

EVAP 双通阀用以控制进入活性炭罐上方的燃油蒸气量。当燃油箱内的燃油蒸气压力高于 EVAP 双通阀的设定值时，双通阀打开，燃油蒸气便导入活性炭罐。

（5）**故障自诊断功能**　F23A3 发动机故障自诊断系统可监测、存储、显示系统的故障，一旦判定系统故障，便将仪表板上的故障指示灯点亮，并将故障信息以故障码的形式储存于 ECM/PCM 中。

为防止发生错误显示，ECT 传感器、EGR 系统以及其他自诊断功能使用"两次行驶循环检测方式"，即在发动机工作过程中，如果偶然出现一次不正常信号，ECM/PCM 将不会判定其为故障，以免 MIL 出现误显示，但仍将会将该故障信息储存于存储器中；当点火开关再次接通 ON（Ⅱ）或关闭之后，若又重新出现与上述相同的故障，ECM/PCM 才将点亮故障指示灯，以提醒驾驶人。

当仪表板上故障指示灯点亮时，可进行人工读码，也可用 Honda PGM 专用检测仪读取故障码。人工读取故障码的方法是将位于驾驶人侧仪表板下方的维修检查插头（2 芯）跨接短路，如图 8-54 所示，通过仪表板上故障显示灯闪烁故障码。故障码及其内容见表 8-6。

当排除了任何与 PGM-FI 系统有关的故障后，都必须对 ECM/PCM 进行重新设置，以清除存储在存储器中的故障码。

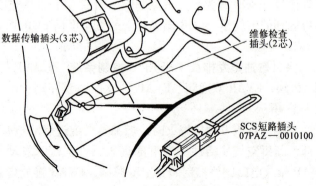

图 8-54 人工读取故障码的操作

表 8-6　广州本田雅阁轿车 PGM-FI 系统故障码

故障码	故障内容	故障原因
MIL 灯亮	ECM/PCM 工作不良	ECM/PCM 损坏
1	加热型氧传感器（HO_2S）工作不良	（HO_2S）故障，配线不良，ECM/PCM 故障
3	进气歧管绝对压力（MAP）传感器信号不良	MAP 传感器故障，MAP 配线不良，ECM/PCM 故障
4	曲轴位置（CKP）传感器信号不良	CKP 传感器故障，CKP 传感器配线不良，ECM/PCM 故障
6	冷却液温度（ECT）传感器信号不良	ECT 传感器故障，ECT 传感器配线不良，ECM/PCM 故障
7	节气门位置（TP）传感器信号不良	TP 传感器故障，TP 传感器配线不良，ECM/PCM 故障
8	上止点位置（TDC）传感器信号不良	TDC 传感器故障，TDC 传感器配线不良
9	第 1 缸位置（CYP）传感器信号不良	第 1 缸 CYP 传感器故障，第 1 缸 CYP 传感器配线不良，ECM/PCM 故障
10	进气温度（IAT）传感器信号不良	IAT 传感器故障，IAT 传感器配线不良，ECM/PCM 故障
13	大气压力（BARO）传感器信号不良	BARO 传感器故障，BARO 配线不良，ECM/PCM 故障
14	急速空气控制（IAC）阀工作不良	IAC 阀故障，IAC 阀配线不良，ECM/PCM 故障
15	点火输出信号不良	点火线圈、点火模块故障，点火输出信号配线不良，ECM/PCM 故障
21	VTEC 电磁阀工作不良	VTEC 电磁阀故障，VTEC 电磁阀配线不良，ECM/PCM 故障
23	爆燃传感器（KS）信号不良	KS 故障，KS 配线不良，ECM/PCM 故障

第六节　气体燃料发动机及其电子控制

近年来，石油短缺及全球日益严重的环境污染问题迫切地要求人们寻求更经济、清洁和安全的燃料替代石油燃料，这就使得气体燃料得到快速发展。

一、两用燃料发动机

两用燃料发动机是在汽油机的基础上，保留原有的发动机燃油供给系统，另外再加一套气体燃料供给系统。这样，既可以用原有的燃油供给系统，也可以用现有的气体燃料供给系统。发动机工作时只燃用其中一种燃料，即要么燃用汽油，要么燃用气体燃料。

目前，气体燃料供给形式有两大类：缸外供气形式和缸内供气形式。缸外供气形式主要有混合器预混合供气和缸外进气阀处喷射供气；缸内供气形式主要有缸内高压喷射供气和低压喷射供气。

1. CNG/汽油两用燃料发动机的燃料供给系统

根据 CNG（压缩天然气）/汽油两用燃料汽车按燃气混合供给控制装置的不同，可分为开环混合器供给系统和闭环带电控动力阀的混合器供给系统，装置的不同之处主要体现在混合气的形成方式、混合气浓度控制方式、单点喷气控制还是多点顺序喷气控制等少数部件，其他基本相同，如图8-55所示。

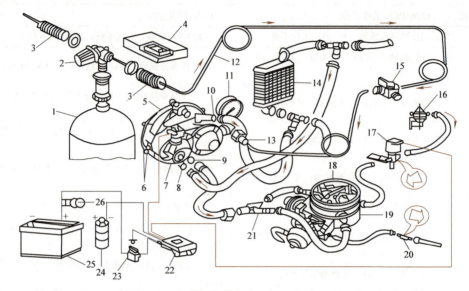

图8-55 原车为化油器改装为两用燃料CNG汽车的专用装置系统原理
1—气瓶 2—气瓶阀 3—外套管 4—点火提前调节器 5—减压器 6—怠速调节螺钉 7—减压器电磁阀
8—加热水入口 9—CNG输出口 10—恒温器 11—压力表（选购件） 12—高压管路 13—CNG进气口
14—散热器 15—充气阀 16—汽油泵 17—汽油电磁阀 18—混合器 19—化油器 20—回油单向阀
21—低压管路（供气三通管） 22—燃料转换开关 23—熔断器 24—高压线圈 25—蓄电池 26—点火开关

当使用天然气作燃料时，就将油气燃料转换开关22打开；此时，汽油电磁阀17关闭。天然气从储气瓶（充满的储气瓶压力为20MPa）中流出，通过气瓶阀2、高压管路12进入减压器5减压。通过减压器对压缩天然气的逐级减压形成低压天然气，低压天然气通过低压管路21进入混合器18，并与经空气滤清器进入的空气混合，经化油器通道进入发动机气缸燃烧。

当需要使用汽油作燃料时，驾驶人将油气燃料转换开关转到"汽油"一侧，此时天然气电磁阀关闭。汽油就通过汽油电磁阀进入化油器，并吸入气缸燃烧。燃料转换开关22有三个档，当拨到中间位置时，汽油、天然气电磁阀均关闭，该功能是专门用来由汽油转换用天然气时，烧化油器室里残存汽油而设置的，以免发生油气混烧现象。图8-56为两用燃料开环供给系统工作原理框图。

在开环系统中，空燃比是一个固定值，因此不能兼顾到各种工况对空燃比的要求。根据降低排放的要求，提高三元催化转化器转换效率，应采取闭环控制系统，如图8-57所示。

闭环控制的CNG气路和汽油油路在进入歧管之前仍是两个并行的燃料供给系统。由于只允许一种燃料通过化油器进入发动机气缸燃烧做功，油气燃料的转换是由转换开关27控制；与前面不同是，采用闭环控制，油气转换由控制系统根据发动机工况自由转换，并且从用油转到用气的延时过程，也由ECU自动控制，因而其油气转换开关只有两个档位。燃气空燃比的闭环控制由CNG控制器、传感器、电控调节阀来实现。

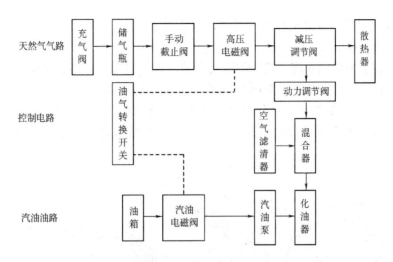

图 8-56 两用燃料开环供给系统工作原理框图

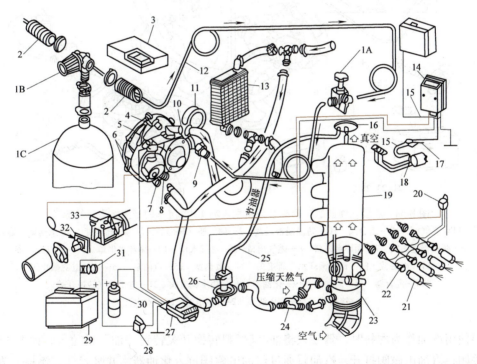

图 8-57 原电控燃油喷射燃油供给系统改装为闭环两用燃料的 CNG 汽车的专用装置系统原理
1A—充气阀 1B—气瓶阀 1C—气瓶 2—外套管 3—点火提前调节器 4—减压器 5—天然气电磁阀
6—怠速调节螺钉 7—加热水入口 8—CNG 输出口 9—CNG 进气口 10—恒温器 11—压力表
12—高压管路 13—散热器 14—控制器（燃气 ECU） 15—氧传感器信号线 16—真空稳定器
17—氧传感器加热电源线 18—氧传感器 19—进气歧管 20—模拟器 21—喷油器
22—喷油器转接插座 23—混合器 24—供气三通管 25—真空管 26—电控调节阀
27—燃料转换开关 28—熔断器 29—蓄电池 30—高压线圈 31—点火开关
32—空气测量叶片强制开启器 33—空气流量计

2. LPG/汽油两用燃料发动机的燃料供给系统

LPG/汽油两用燃料发动机按燃气混合控制装置不同，有开环混合器供给系统和带电控动力阀的闭环混合器供给系统。

(1) 开环混合器供给系统　当使用液化石油气做燃料时，将安装在驾驶室内的油/气燃料转换开关转到"气"的位置，如图8-58所示，LPG蒸发减压器电磁阀6打开，汽油电磁截止阀16关闭。储气瓶2内的LPG通过组合阀，经过高压管路进入蒸发减压器，再通过低压管路、功率调节阀进入混合器，并与经空气滤清器进入的空气混合后进入发动机气缸燃烧。

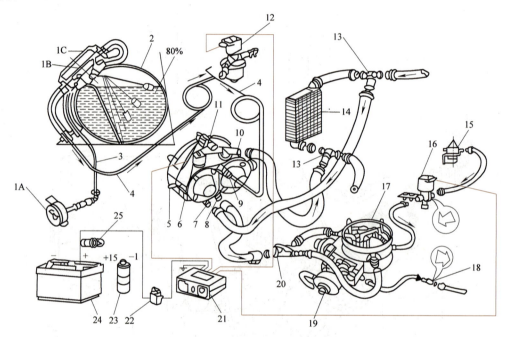

图8-58　原装化油器的车辆改装为两用燃料LPG汽车的专用装置系统原理
1A—LPG充气阀　1B—组合阀　1C—防泄漏密封盒　2—储气瓶　3—充气管　4—高压管　5—急速调节螺钉
6—减压器电磁阀　7—循环水入口　8—燃气出口　9—燃气入口　10—循环水出口　11—蒸发减压器
12—LPG电磁截止阀　13—循环水三通接头　14—散热器　15—汽油泵　16—汽油电磁截止阀
17—混合器　18—回油阀　19—化油器　20—功率调节阀　21—电子油气转换开关
22—熔断器　23—高压线圈　24—蓄电池　25—点火开关

当使用汽油作为燃料时，驾驶人将油/气燃料转换开关转到"油"的位置，此时LPG电磁阀关闭，汽油电磁阀打开，汽油就通过汽油电磁阀进入化油器，并吸入气缸燃烧。为了防止油气混烧现象，燃料转换开关有三个档位，当扳到中位时，油、气电磁阀均关闭。这样就有利于残存的汽油或石油气烧完。

(2) 带电控动力阀的闭环混合器供给系统　液化石油气与天然气的物理、化学性质不同，储气瓶、减压阀、充气阀等元件结构有所差异；但作为两用燃料闭环供给系统的工作原理与CNG/汽油闭环控制系统则基本一致，如图8-59所示。

3. 液化石油气/汽油两用燃料发动机的性能

(1) LPG发动机着火特性和起动性能　由于LPG的汽化潜热比汽油高30%，在相同压缩比下，燃用LPG的发动机在压缩终点附近的温度和压力比燃用汽油时有所下降。如果使用混合器式燃料供给系统，由于LPG占去一部分进气空间，就使得进入的空气量减少，LPG发动机气缸内压缩终点的温度会进一步降低；并且，LPG辛烷值比汽油高，着火温度比汽油高约200℃以上，这些都导致发动机着火性能、冷起动性能和加速性能变差。

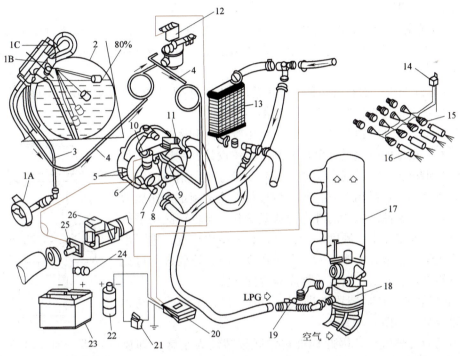

图 8-59 原装电控燃油喷射的燃油供给系统的车辆改装为开环两用燃料的LPG汽车的专用装置系统原理
1A—充气阀　1B—组合阀　1C—防泄漏密封盒　2—LPG气瓶　3—充气管　4—高压管　5—怠速调节螺钉
6—减压器　7—加热水入口　8—LPG输出口　9—LPG进气口　10—减压器电磁阀　11—加热水出口
12—LPG电磁截止阀　13—散热器　14—模拟器　15—喷油器转换插座　16—喷油器
17—进气歧管　18—混合器　19—功率调节阀　20—电控燃料选择开关　21—熔断器
22—高压线圈　23—蓄电池　24—点火开关　25—空气测量叶片强制开启器　26—空气流量计

（2）LPG发动机的动力性能和经济性能　　发动机燃用LPG时，动力性能较燃用汽油时有所下降。原因是：汽油在化油器中只有部分蒸发，进一步蒸发在进气管和气缸内完成，混合气温度低、密度大；LPG燃料在进入混合器与空气混合前，已被预热汽化，以气态进入发动机，燃料所占的容积大，容积利用率低，混合气温度高、密度小，导致实际进入气缸的混合气质量小，输出功率小。

（3）LPG发动机的排气和噪声　　两用燃料发动机在燃用LPG时，标定工况发动机功率下降，最高燃烧温度下降，使NO_x排放量下降。但在中间工况，由于LPG量进一步增加，缸内温度升高，高温持续时间加长，NO_x产生量会增加。

二、单燃料发动机

单燃料气体燃料发动机是仅使用CNG（压缩天然气）或LPG（液化石油气）中的一种作为发动机的燃料而不再使用其他燃油或代用燃料的发动机。

1. 压缩天然气发动机

车用压缩天然气装置由以下两个系统组成：天然气储气系统和天然气供给系统。天然气储气系统主要由充气阀、高压截止阀、天然气储气瓶、高压管线、高压接头、传感器及气量显示器等组成；天然气供给系统主要由天然气滤清器、减压阀、混合器等组成；以下是主要设备的结构和原理。

(1) 储气瓶　天然气储气瓶有钢质瓶、铝合金轻质瓶和由内胆加碳素纤维或玻璃丝增强纤维缠绕的复合材料瓶。我国目前主要使用钢质气瓶，该气瓶生产成本较低、安全耐用，但重量大。

1）天然气钢瓶。钢瓶由两种生产工艺制造，一种为无缝钢管两端收口，尾部一般为凸状；另一种是由钢坯直接冲压而成，尾部一般为凹状。

标准规定，天然气钢瓶必须由经省级主管部门和锅炉压力容器安全监察局批准的钢瓶设计单位和制造单位设计和制造，质量符合 GB/T 5099—2017《钢质无缝气瓶》要求。车用钢瓶额定工作压力为20MPa。产品出厂时，每件均进行 1.5 倍额定工作压力的水压试验、气密性试验及内外表面缺陷检验。每批产品均进行材料的拉力、冲击强度、硬度试验，进行金相组织检查，进行水压爆破等试验，合格后才能出厂。钢瓶在鉴定时，还要进行过充气状态下的火烧、撞击、枪击、爆炸等特种试验。

2）瓶口装置。瓶口装置由进气口、出气口、手动截止阀和安全装置等组成（图8-60）。

天然气为可燃气体，因此标准规定联接螺纹为左旋（即反扣）。安全装置有膜片式和膜片与易熔合金复合式两种。当遇到意外时，高温将易熔合金熔化，高压将膜片爆破，气瓶内的高压天然气泄放，以保护气瓶。易熔合金熔化温度为（100±5）℃，膜片爆破压力为 1.2~1.6 倍额定充气压力。

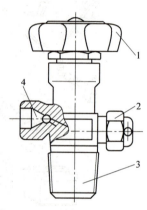

图 8-60　瓶口装置
1—手动截止阀　2—安全装置
3—进气口　4—出气口

(2) 减压阀　减压阀又称减压调节器，是 CNG 汽车的核心和关键部件，其性能好坏直接影响整车的性能。该装置按结构分为组合式和分体式两种，NCNG 型减压调节器为三级减压组合式结构（图 8-61）。20MPa 高压天然气经一级减压后压力为 0.35~0.4 MPa，二级减压后压力为 0.15~0.19MPa，三级调节后压力减为负压。

1）一级减压阀。该减压阀为常开式减压阀，如图8-62 所示。该阀在未通入高压气体时，在压力弹簧的作用下，使膜片向下运动，带动杠杆转动，使阀芯与阀口保持一定间隙，阀口处

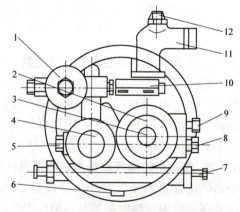

图 8-61　NCNG 型减压调节器示意图
1—高压电磁阀　2—怠速电磁阀　3—怠速调节旋钮
4—一级减压阀　5—溢流阀（一级测压口）　6—放油螺钉
7—加热水道　8—二级测压端头　9—三级阀调节旋钮
10—压力传感器　11—低压出气管　12—动力调节阀

于常开状态。当通入高压气体时，减压室的压力逐步增高，达到额定输出压力时，气体作用在膜片下方的压力克服弹簧的弹力，使膜片向上动作，从而带动杠杆转动，使阀口关闭。当减压室的气体向二级阀输出后，压力降到额定输出压力以下，在压力弹簧的作用下又使阀口打开。如此反复，使减压阀在保证流量的基础上，出口压力稳定在一个数值内。

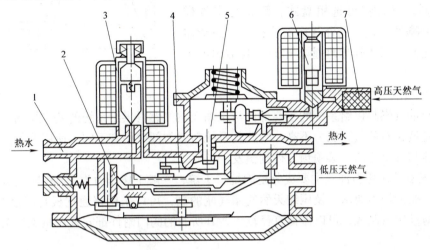

图 8-62 减压调节器工作原理

1—加热水道　2—三级调节阀　3—怠速电磁阀　4—二级减压阀　5——级减压阀　6—高压电磁阀　7—天然气滤清器

该阀压力弹簧设计为不可调节式，如要调节出口压力和流量，可调节杠杆上的调节螺钉或更换压力弹簧。一般阀口间隙保持在 0.5~1mm 左右。测试压力时，可将溢流阀拆下，装上压力表接头和压力表即可。根据车型不同，压力可调到 0.35~0.4MPa。

2）二级减压阀。二级减压阀也属于常开式减压阀，其与一级减压阀的不同点之一，在于压力弹簧为可调节式扭簧。根据不同的车型，出口压力调节到 0.15~0.19MPa。另一个不同点是，杠杆为不可调节式，阀芯可微调，其调节目的是调节阀口的啮合线，保持良好的密封性能。测试压力时，可将二级出口管堵头拆去，装上压力表接头和压力表即可。

3）三级调节阀。该阀为常闭阀，当阀室内真空度为零时，在压力弹簧的作用下，阀口处于关闭状态。当阀室处于负压时，由于膜片上方与大气相通，膜片两边出现压力差，膜片向阀里运动，带动杠杆克服弹簧压力，使阀口打开供气。当减压室负压减小时，在压力弹簧作用下，阀口又处于关闭状态。如此反复，就使减压阀出口压力稳定在一个数值内。

(3) 高压电磁阀　在一级减压阀之前，有高压电磁阀，以控制供、断天然气。由于高压电磁阀控制的最高压力为 20MPa，并保证最大体积流量 40m³/h，如直接关闭需要很大的功率，所以该阀设计为先导式二位二通常闭式电磁阀，电功率为 16W，工作电压为 DC12V。

(4) 怠速电磁阀　在发动机不运转时，三级阀关闭；发动机起动和怠速运转时，真空度较小，又无法打开三级阀，因而设置了一套供发动机起动和怠速供气的怠速电磁阀。

该阀为常闭式二位二通电磁阀，功率 14W，工作电压 DC12V。怠速电磁阀由二级减压阀直接供气，输出的天然气由怠速管流入减压阀低压出气管。当电磁阀未通电时，在回位弹簧的作用下，电磁铁芯将阀座孔关闭。当电磁线圈通电时，阀芯产生磁力，克服回位弹簧弹力，使阀座孔打开通气。起动、怠速的供气量，可由调节手柄改变阀芯的运动行程来调节，其方法为先将调节螺钉旋到底,然后倒退 1～1.5 圈。

(5) 混合器 为与减压阀相匹配,混合器设计为文丘里管结构。根据发动机化油器和空气滤清器型号的不同,混合器可选用盘式、筒式等多种样式;但不管哪种样式,混合器均安装在空气滤清器与化油器之间,其工作原理基本相同,其结构如图 8-63 所示。

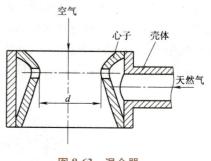

图 8-63 混合器

2. 液化石油气发动机

液化石油气燃料供给系统的主要部件与压缩天然气燃料供给系统的基本相同。但储气瓶内装用的是液化石油气,压力不高,因此其系统布置与部件稍有不同。使用液化气体时,在进入混合器与气缸之前,必须预先得到蒸发。

(1) 气瓶 液化石油气主要成分是丙烷、丁烷,一般工作压力为 1.6MPa 就可以液化装瓶。对储气瓶的压力要求不及压缩天然气储气瓶的高,可以采用普通钢板材料经焊接成形,也可以用薄壁钢管制成,可以做得直径较大,其所有的阀门附件都安置在瓶罐的头部,如图 8-64 所示。

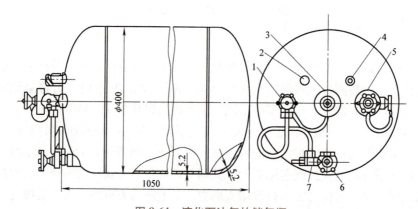

图 8-64 液化石油气的储气瓶
1—蒸气输出阀 2—溢流阀 3—液面指示器 4—最大充量液面监视器
5—充气阀 6—液态气输出阀 7—三通输出阀

在瓶罐制成出厂之前,应该逐个地进行超高压试验检测,检验其可靠性。

(2) 蒸发器 为了能稳定连续地供给发动机混合气,液化石油气必须在进入气缸之前预先得到蒸发器的蒸发汽化。图 8-65 所示是利用发动机冷却液加热的液化石油气蒸发器。

蒸发器是一种热交换器,螺旋管的一端流入液化石油气液体,另一端流出蒸发后的液化石油气体。蒸发器壳体 2 与发动机的冷却系统管路相连接,当发动机的热水经气缸盖从进水管 1 流入壳体内时,把水的热量传给螺旋管内的液化气体,使之蒸发以后从另一端流出。这种管式蒸发器一般置于发动机机体进、排气管的上侧。当发动机的冷却液温度高于 60℃ 时,可以保证发动机在任何负荷下,都能使液化石油气得到充分的蒸发。

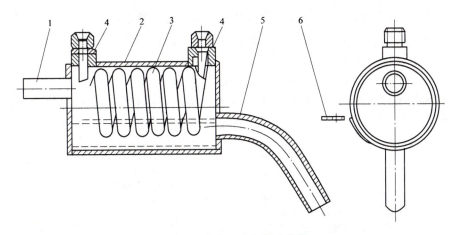

图 8-65　液化石油气的蒸发器

1—进水管　2—蒸发器壳体　3—螺旋管　4—进、出气的接头　5—出水管　6—支架

三、双燃料发动机

双燃料发动机是指气缸内的气体燃料通过少量喷入的柴油经压燃后引燃，即采用柴油引燃方式，发动机工作时同时燃烧两种燃料。

1. 双燃料发动机的分类

双燃料发动机气体燃料供气方式主要有两种：缸内直接喷射供气和缸外供气；缸外供气分为进气管混合器供气和进气歧管喷射两种形式。

在混合器供气方式中，混合器控制气体燃料与空气的混合浓度以及混合气的流量。其工作原理是利用混合器喉口形成的真空度，使一定量的气体燃料与空气在混合器中混合，形成可燃混合气。混合器供气形式简单，对于用柴油机改造成的双燃料发动机，结构变动小。

根据控制方式的不同，又可分为机械控制式混合器双燃料发动机和电子控制式混合器双燃料发动机。

（1）机械控制式混合器双燃料发动机　这是一种早期的方案，现在仍使用广泛，主要特点是利用混合器前后的空气压差来控制气体燃料流量阀的开度，使它与一定比例的空气在混合器中混合，形成可燃混合气。此方案不足之处在于：影响空气充量，气体燃料占据空气充量的 10%～15%，使发动机动力性下降；不能准确地控制空燃比，发动机的排放性能改观不大。

（2）电子控制式混合器双燃料发动机　采用了电子控制式混合器，避免了机械控制式混合器系统的缺点。它的主要特点是：气体燃料和空气的混合仍然采用混合器，但是气体燃料供给量由电子控制单元（ECU）直接通过电磁式流量控制阀来控制，提供引燃油量的喷油泵的齿条由电子控制单元通过电磁铁来控制。这种控制方式可以在一定程度上提高空燃比的控制精度，降低双燃料发动机的排放，提高气体燃料的替代率。

进气歧管喷射方式采用喷射阀直接向进气道内喷射气体燃料，而喷射阀采用电子控制方式。其优点：采用电子控制气体燃料喷射技术可以使空气和气体燃料分开测量，在各种工况下都能精确地计量气体燃料量，在整个使用期内可以保持高精度和高稳定性。

由于可以严格控制气体燃料喷射量和喷射始点与进、排气门及活塞运动的相位关系，易于实现定时供气及层状供气,可根据发动机转速与负荷更准确地控制空燃比。电子控制的灵活性和高速处理能力,使得电控系统可以根据发动机的各种运行工况的变化,使发动机优化运行,从而取得良好的排放性能。

2. 柴油/天然气双燃料发动机结构与工作原理

(1) 机械控制混合器式双燃料发动机 这种发动机由燃料供给系统、发动机控制保护系统、天然气供给和调节系统、天然气储存系统四部分组成,如图 8-66 所示。

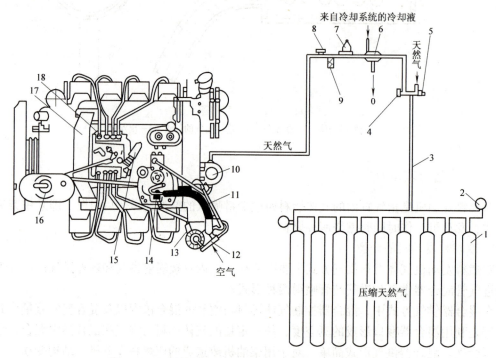

图 8-66 机械控制混合器式双燃料发动机的构造和原理

1—车载压缩天然气气瓶 2—气瓶压力表 3—高压输气管路 4—气瓶供气阀 5—气瓶充气阀
6—天然气加热器 7—高压减压阀 8—天然气中压管路警告装置 9—中压管段限压阀
10—天然气滤清器及开关阀 11—天然气低压供气管 12—天然气流量控制阀 13—混合器
14—低压减压阀 15—高压油泵供油量限位器 16—燃料转换开关 17—发动机 18—高压油泵

1) 燃料供给系统。包括天然气的混合器 13、天然气流量控制阀 12 以及柴油供给系统(与柴油机相同);根据发动机的最高转速和空气滤清器的污染堵塞程度,可由机械气动综合阀门对天然气量进行校正。

2) 发动机控制保护系统。包括天然气供给控制阀门的传动装置、发动机从燃用柴油转换为燃用双燃料的转换系统;发动机不工作时,两种燃料不能同时供给发动机的天然气供给闭锁装置;当天然气气瓶压力不足时,自动转换发动机燃用柴油的自动转换装置。

3) 天然气供给和调节系统。包括压缩天然气的高压减压阀、低压减压阀、天然气滤清器及开关阀以及天然气加热器(由发动机冷却液提供热源加热天然气)。

4) 天然气储存系统。包括压缩天然气气瓶(气瓶数与汽车的布置空间和行驶里程有关)、压力表、气瓶充气供气阀等。此外,还有限压阀和中压管路压力不足警告装置,主要是为防止高压减压阀失常造成中压管路压力超过允许值,或压力过低而使后端系统元器件损坏、中压管路断裂等。

燃料供给系统的工作原理：打开气瓶供气阀4，气瓶中的天然气向发动机供气。由于进入发动机的是经过减压的低压天然气，有一个膨胀、吸热的过程，会造成输气管路及其他零部件的冻结，使供气系统不能正常供气，所以在供气系统中加设了天然气加热器6，由发动机的冷却液提供热源，加热天然气，被加热的天然气经过高压减压阀使其压力降低到 1~1.2MPa。

由于双燃料发动机的工作过程是主燃料天然气由柴油着火引燃，所以发动机在工作时除了要有天然气的供气系统参加工作外，柴油供油系统也要参与，供给发动机一定量的引燃柴油。但其供油量要受到一定的限制，为了便于驾驶人操作，在原发动机的供油系统高压油泵18上加装了高压油泵供油量限位器15，以此来控制发动机柴油量的供给。

当发动机处于双燃料工作状态时，高压油泵供油量限位器限制高压油泵的供油量。驾驶人踩加速踏板时，主要控制天然气供给量，而柴油供给量限制在引燃油量的范围内。当天然气气瓶中天然气压力低于1MPa时，系统的工作难以正常进行，需要加气。由加气站提供的 20~25MPa 压缩天然气通过气瓶的加气嘴和气瓶充气阀5注入气瓶。

(2) 电控混合器式双燃料柴油机 Caterpillar3208 柴油/天然气双燃料发动机，是对自然吸气式柴油机进行双燃料改装，采用电控混合器，如图8-67所示。系统由三个部分组成：天然气供给系统、引燃柴油供给系统和电子控制单元（ECU）。

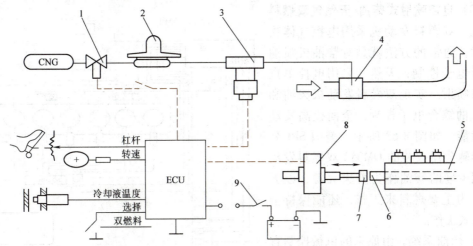

图 8-67 Caterpillar3208 电控混合器式柴油/天然气双燃料发动机系统示意图
1—电磁阀 2—减压器 3—天然气流量控制阀 4—天然气混合器 5—油泵
6—套筒控制杠杆 7—滑动挡板 8—齿杆执行器 9—点火开关

1）天然气供给系统　包括下列部件：高压气瓶、切断电磁阀、减压器、天然气流量控制阀、天然气混合器。天然气流量控制阀是一种锥形量孔式的流量阀，通过一个线性执行器来控制锥形量孔的大小。天然气混合器的功能是将从流量控制阀出来的天然气和空气流混合，形成均匀的混合气再供入进气歧管。

2）引燃柴油供给系统　是对原有的柴油机供给系统进行改动，把由踏板控制油泵的齿条或套筒改成由执行器来控制。引燃柴油供给系统包括：齿条执行器、油泵和滑动挡板。齿条执行器用来控制喷油泵齿条的位置，从而控制引燃油量，油泵内部不需要改动。采用执行器控制齿条套筒位置,从而控制引燃油量,可以实现油量分配从零到某一最大值的连续变化,还可实现超速控制等。

对执行器的要求是能产生足够的驱动力,并能对发动机负荷突变做出足够快速的反应,即瞬态响应时间短。

3)发动机电控单元的主要功能是根据发动机的运行工况来确定柴油泵齿条、套筒和天然气流量控制阀的位置。为此,要测定发动机的一系列参数:加速踏板的位置、发动机转速、柴油或双燃料选择开关的状态、发动机的冷却液温度等。其中,加速踏板的位置通过节气门位置传感器输入,冷却液温度传感器只显示高/低两个状态。ECU 接收并处理这些输入信息后,将给出天然气通路电磁开关、天然气流量控制阀的位置开度大小及齿条执行器的位置等信号。

该系统有一系列的安全管理,如超速断电模块(OST),看门狗定时中断程序(WDT)系统等。对发动机的运行控制和调整由两个模块完成,第一个模块包括处理中断、确定执行器位置、执行模数转换、均化输入信号以及管理和控制每部分的通信联络;第二个模块是计算发动机在任何一种工况条件下所需的柴油和天然气执行器的位置,是 ECU 软件的核心。

发动机燃料供给的 MAP 图存在两个查找表中,主查找表是一个依赖于发动机转速和负荷的三维表,z 轴为齿杆套筒位置(即柴油量),另一个查找表只是 z 轴换成了天然气流量控制阀的位置(即天然气量)。

(3) 电控喷射式柴油/天然气双燃料发动机 双燃料发动机采用电控气体喷射技术,通常的方法就是对柴油机喷油泵进行电子控制;天然气采用电控单点或多点喷射,实现双燃料发动机柴油和天然气的综合电子控制,全面提高发动机的性能。如图 8-68 所示,美国 SPI 公司为奔驰公司改装的 OM352 双燃料发动机,用少量的柴油作为着火火源,以天然气作为主要燃料来工作,还能保持全柴油方式工作。

1)燃油系统。由原来的机械控制直列式喷油泵改成电子控制式喷油泵,可以获得良好的性能,也可以优化各工况下的引燃油量,从而确保燃用天然气时

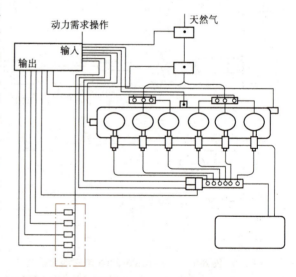

图 8-68 电控喷射式 OM352 双燃料发动机系统构成

获得优良的排放性能;天然气供给系统采用开关式高速电磁阀(其响应速度快、体积小、寿命长、结构简单、具有较强的抗污染能力)作为气体喷射器,定时定量地直接向进气歧管喷射天然气,采用电控多点喷射方式。电控气体燃料喷射器采用两位三通的高速数字开关电磁阀,该电控气体燃料喷射器起着计量、定时、分配和喷射的作用,采用脉宽调制控制方式。

2)电控单元。双燃料发动机燃油控制和天然气控制共用一个电控单元。控制功能有:起动、喷射定时、急速控制、空燃比控制、引燃油量控制、速度调节控制等。

3)工作原理。天然气经过加热和减压后,由电子控制器根据发动机的工况通过指令定时定量向相应缸的进气歧管喷射天然气,喷射出的天然气与进入发动机的空气混合后进入气缸。同时,引燃柴油的供给量也由电子控制器控制高压油泵齿条驱动器,依照发动机的MAP图供给各缸合理的引燃柴油量。将发动机进气压力、冷却液温度、喷油泵齿条位置、发动机转速及上止点和天然气供给压力信号等,全部输入控制器中。依据这些传感器信号和驾驶人的操作要求,综合输出油量控制和天然气量供给控制,可得到较佳的发动机动力性、经济性和天然气对柴油的替代率。

天然气供气可以不在整个进气过程中,而在进气过程的后期喷射。其好处是不仅避免了扫气过程未燃HC随排气排出,而且有利于燃料的稀薄燃烧,可大大地改善燃烧性能,扩大发动机的双燃料使用工况范围。预混合机械控制式转换系统,相对比较简单,难以在双燃料运行时得到最高的效率。

第七节　发动机电控系统教学试验

1. 试验目的

1)掌握发动机电控系统的基本组成,熟悉电控单元、输入/输出部分的外形和安装位置,了解单点喷射系统和多点喷射系统的结构区别。

2)掌握电控发动机空气供给系统的进气流向和燃油供给系统油路流向以及两系统中各传感器的安装位置、结构特点及拆装方法、电控单元对喷油的控制方法和信号数值;了解燃油泵控制电路及电控单元控制电路与各引线的作用。

3)掌握点火系统的组成与结构特点,熟悉拆装方法,能用万用表检测各种点火线高压线圈的电阻,根据电路图分析、检查点火电路。

4)熟悉废气排放控制系统的组成,各部件的结构、安装位置和工作原理。

5)掌握发动机控制单元通过控制怠速执行机构实现怠速转速控制的原理。

6)熟练使用汽车万用表、示波器及故障诊断仪,掌握人工读码与清码方法,掌握OBD-Ⅱ故障码的读取与清除方法。

2. 试验仪器设备

电控发动机及其台架、信号检测与显示设备、万用表、示波器、故障诊断仪、导线等。

3. 试验内容

(1) 发动机电控系统组成　观察各传感器和信号开关的外形与安装位置,燃油泵和喷油器的外形与安装位置;观察点火系统各部件的外形与安装位置,怠速控制系统各部件的外形与安装位置;观察单点喷射系统和多点喷射系统的区别以及发动机控制单元的安装位置。

(2) 点火系统的结构　观察微机控制有分电器点火系统各组件安装位置、结构特点并拆装,与无分电器双缸独立点火及单缸独立点火进行分析比较;测量点火线圈一次、二次线圈和高压线的电阻;根据电路图查看实际电路。

(3) 怠速控制系统的结构认识及怠速执行机构的检查　观察怠速执行机构的安装位置、结构特点和工作原理;用万用表检测电磁阀线圈电阻,用示波器观察控制信号波形。

(4) 电控发动机废气排放控制系统的认识与检测　观察油蒸气挥发控制系统、排气再循环控制系统组成与各部件的安装位置,观察PVC阀的外形与安装位置,观察三元催化转化器的安装位置和内部结构；检测活性炭罐电磁阀和活性炭罐，检测 PVC 阀，用诊断仪、示波器检测氧传感器信号，判断三元催化转化器的转换效率。

（5）发动机故障码的读取与清除 设置故障，用人工方法和解码器分别读取故障码，排除故障码后，再用人工方法和解码器分别读取故障码；清除故障码（用人工方法和解码器）。

（6）电控发动机维修仪器设备的使用 汽车专用万用表的使用；示波器的使用；诊断仪的使用。

（7）发动机电控系统部件检测 传感器信号和开关信号的检测；执行器的检测；综合故障判断。

思考题与习题

8-1　化油器式和燃油喷射式燃油供给系统混合气形成的特点各是什么？
8-2　装有电控燃油喷射系统的发动机具有哪些优点？
8-3　发动机电子控制系统主要控制内容和功能有哪些？
8-4　简述电控汽油喷射系统的基本工作原理是什么？
8-5　燃油压力调节器功能是什么？
8-6　温度时间开关控制冷起动喷油器的方式的基本原理是什么？
8-7　振动检出型爆燃传感器的种类和特点是什么？
8-8　发动机电子控制单元的功能是什么？
8-9　发动机传感器的信号中哪些是模拟信号？哪些是数字信号？模拟信号为什么要转换为数字信号？
8-10　发动机的总喷油量是由哪些因素决定的？
8-11　发动机为什么要进行断油控制？
8-12　为什么要进行怠速控制？
8-13　三元催化转化器的功能和工作条件是什么？
8-14　简述空燃比的反馈控制过程。

第九章

汽车自动变速器

汽车行驶过程中，驾驶人根据行驶需要控制加速踏板，变速器即可依据发动机负荷及车速等参数的变化，自动换入不同档位工作，这种变速器称为自动变速器。20世纪60年代左右的自动变速器换档主要基于电子元器件的模拟信号控制方式。随着计算机技术的高速发展，数字控制器技术应用于自动变速系统。1982年丰田公司将微机技术应用于自动变速器电子控制系统，成功实现了自动变速器换档过程的智能控制。

自动变速器具有显著优势，在现代汽车工业中广泛使用。装有自动变速器的车辆不仅换档快且平稳，减少了换档过程动力损失，提高了乘坐舒适性，而且换档准确，让发动机动力总成常处于经济和高效率工作区，提高了整车动力性和燃料经济性。另外，自动变速器通过电液系统控制方式，有效消除或降低动力传动过程中的冲击和动载，提高了动力系统零部件的使用寿命和可靠性。

第一节 自动变速器的分类

自动变速器种类很多，主要有液力自动变速器（Automation Transmission，AT）、电控机械式自动变速器（Automated Manual Transmission，AMT）、无级自动变速器（Continuously Variable Transmission，CVT）。从技术发展角度看，自动变速器的关键技术是电子技术、电液控制技术和传感技术。

1. 液力自动变速器（AT）

液力自动变速器（AT）通常采用液力变矩器和行星轮变速器的串联结构。它能平稳地传递发动机的机械能，具有良好的乘坐舒适性、方便的操纵性、优越的动力性、良好的安全性能等，在汽车工业中处主导地位，但AT传动效率偏低、制造困难、成本相对较高。

图9-1和图9-2分别是典型AT的结构图和实物示例图。AT主要包括液力变矩器、行星轮变速机构和电液式自动控制系统等。液力变矩器从根本上简化了操纵，它既具有离合器的功能，又使发动机与传动系统之间实现柔性连接，可以在一定的范围内实现无级变速，对外负载有良好的自动调节和适应性。齿轮

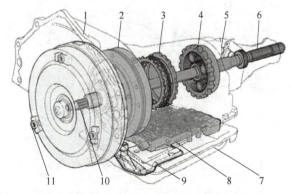

图9-1 液力自动变速器组成
1—壳体 2—油泵 3—离合器片 4—行星轮变速器
5—速度传感器 6—输出轴 7—底壳 8—电子-液压控制系统
9—过滤器 10—输入轴 11—变矩器

变速器主要由套在轴上的若干个行星排和换档元件组合而成，通过不同换档元件的分离或者接合，可以实现多个传动比，从而达到变速的目的。

2. 电控机械式自动变速器（AMT）

电控机械式自动变速器（AMT）是在传统干式离合器和手动齿轮变速器的基础上增加换档驱动机构实现自动换档。AMT能够自动变速，又保留了原手动变速器传动效率高、成本低、易维护的优势。需要协同控制发动机转速、离合器状态等以提高换档质量。

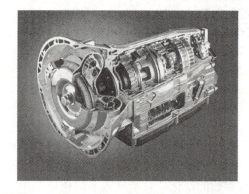

图9-2　Mercedes-Benz SLK350 2005 自动变速器

广义的AMT包含自动离合手动变速器（Auto-clutch Manual Transmission，AcMT）、单离合器手自一体变速器（Single Clutch Automated Manual Transmission，AMT）以及双离合器手自一体变速器（Dual Clutch Automated Manual Transmission，DCT）等，其中变速器主要采用平行轴式齿轮结构。

AMT主要由自动离合器、齿轮式机械变速器和自动变速控制系统等组成。在AMT的电控系统（TCU）的控制下，模拟驾驶人的操纵动作，通过控制离合器、换档和加速执行机构，自动完成离合器的分离与接合、选档、换档操作以及发动机转速的调节，以实现起步和换档过程的自动操纵。AMT离合器和换档控制可通过液压系统或电机驱动来实现，在商用车中也有采用气压驱动实现的。

为了充分解决AMT换档期间动力中断问题，一种采用双离合器结构的自动变速器（DCT）应运而生。DCT在手动变速器的基础上，增加电子控制和液压驱动机构，让两个离合器交替工作，不间断地输出动力。DCT继承了手动变速器传动效率高、安装空间紧凑、质量轻等优势，同时实现了换档过程中动力不中断，有效改善了换档品质。图9-3和图9-4分别是大众6速DCT的结构图和实物示例图。

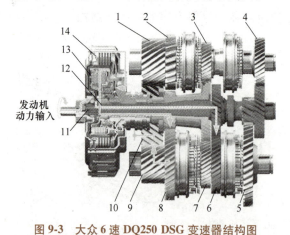

图9-3　大众6速DQ250 DSG变速器结构图

图9-4　大众6速DQ250 DSG变速器实物图

1—动力输出　2—倒档　3—6档　4—5档　5—1档　6—3档
7—3档　8—2档　9—动力输入　10—分动器　11—输入轴1
12—输入轴2　13—离合器2　14—离合器1

3. 无级自动变速器（CVT）

无级自动变速器（CVT），又称为机械无级变速器，主要靠主动轮、从动轮和传动带或传动链来实现速比的无级变速。无级变速器速比变化光滑，传递转矩连续，加速性能和燃料经济性高，乘坐舒适。目前实际应用的无级自动变速器主要有带式、链式及锥盘滚轮式无级变速器等。

带式 CVT 如图 9-5 所示，只采用了两组带轮来进行变速传动。与有级式自动变速器相比，它可以消除换档调速时的跳动与冲击，降低了噪声，提高了行车舒适性与安全性。理论上，CVT 可以

图 9-5　日产 Xtronic 带式无级变速器

使发动机始终在其经济区域内运行，从而显著改善整车燃料经济性。但由于 CVT 是摩擦传动，与齿轮传动相比效率并不高，但节省燃油 10%～20% 是可能实现的。另外，CVT 在加速中不需切断动力，容易获得较高的换档品质和较强的加速性能。但是，由于传动带很容易损坏，因此目前 CVT 主要应用于中、小排量的低功率和低转矩汽车上。

目前还有一些新型的自动变速器结构出现，如图 9-6 所示的 Lineartronic 链式无级变速器和图 9-7 所示的无限变速式机械无级变速器（Infinitely Variable Transmission，IVT），由英国的 Toro-trak 公司研发。IVT 与其他自动变速器最显著的差别之一是不使用变矩器，Toro-trak 公司开发的 IVT 使用了两套离合器。

图 9-6　Lineartronic 链式无级变速器

图 9-7　Toro-trak 公司的无限变速式机械无级变速器

第二节　自动变速器的组成与工作原理

一、自动变速器的组成

典型自动变速器的组成如图 9-8 所示，主要由带锁定离合器的变矩器、齿轮变速机构、换档执行机构、油泵、液压控制系统和电子控制系统组成。液力变矩器和齿轮变速机构组成了液力自动变速器的机械变速系统，它们是液力自动变速器的结构基础，而自动换档控制系统则是液力自动变速器的控制中枢，可将其分为换档执行机构、液压控制系统、电子控制系

统和冷却装置等。

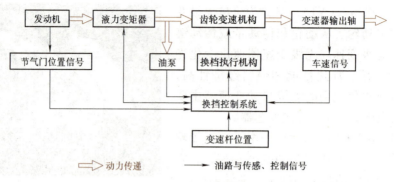

图 9-8　自动变速器的组成

带锁定离合器的变矩器一般安装在变速器的前端，并与发动机飞轮凸缘相连接。它的作用与手动变速器的离合器相似。液力变矩器都由泵轮、涡轮和导轮三元件组成。利用液力传动把发动机的动力传递给变速器的输入轴，当变矩器锁定时，发动机的动力直接传递给齿轮变速器。

油泵安装在液力变矩器后面，由飞轮通过变矩器壳体来驱动。油泵用来为变矩器、液压控制系统和换档执行机构提供油压。

齿轮变速机构主要负责变速，由换档执行机构操纵换档。这些档位与液力变矩器相匹配，可以使车辆从起步到最高车速范围内自动进行档位切换。

换档执行机构主要指位于自动变速器中的换档离合器、制动器、停车锁止机构等，其功能是接受控制器指令，在液压系统的作用下，具体完成变速器中档位的变换及锁止输出轴实现驻车（停车）。

换档控制系统主要有液控液压式和电控液压式两种形式，目前自动变速器已普遍采用电控液压式。通过采集各种传感器信号，把发动机转速、节气门位置、车速、冷却液温度、液压油温度等参数告知自动变速器电控单元 ECU；ECU 根据这些信号，按预先设定好的换档规律，向换档电磁阀、油压电磁阀发出信号，当需要锁定时还要向锁定电磁阀发出电信号。换档电磁阀和油压电磁阀将 ECU 输入的电信号转变成液压系统控制信号，液压阀体中的各个换档阀根据液压控制信号，控制换档执行机构进行换档。

一般在自动变速器外部安装有散热器，有的安装在水箱处，有的安装在自动变速器上，通过管路与阀板连接，用于散发自动变速器内液压油在工作过程中产生的热量。

二、自动变速器的工作原理

汽车自动变速系统的工作原理是，首先由电子控制系统接收反映汽车运行状况、驾驶人意愿的车速和节气门开度等传感器的信号，分析确定档位和换档点，输出换档指令，通过电磁阀将电信号转换为液压信号，由液压控制装置控制各种液压阀的动作，进而控制换档执行元件，使得机械变速系统组成不同传动比的动力传递路线，实现自动换档过程。电子控制机械式自动变速器（AMT）的基本控制原理如图 9-9 所示。

驾驶人通过加速踏板和变速杆向电子控制单元 ECU 传递操作意图，各种传感器检测车辆行驶状态，ECU 接收和处理信号，并按存储于其中的最佳控制参数，如最佳换档规律、离合器最佳控制规律、发动机节气门的自适应调节规律等，通过电动、液压或气压分别对发

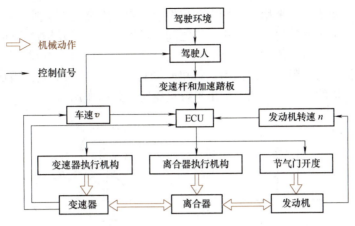

图 9-9 AMT 的基本控制原理

动机节气门开度、离合器接合与分离、变速器换档三者进行控制,实现三者的动作与时序的最佳匹配,从而实现平稳起步和迅速换档,使汽车获得优良的燃油经济性与动力性。

液力自动变速器控制原理如图 9-10 所示。通过各种传感器将发动机转速、节气门开度、车速、发动机冷却液温度、自动变速器油温度等参数转变成电信号,并送入自动变速器 ECU 进行处理和分析,自动变速器 ECU 依据分析结果,按照设定(存储)的换档规律,向换档电磁阀、油压电磁阀等发出电子控制信号,换档电磁阀、油压电磁阀再将 ECU 的控制信号转变为液压控制信号,阀体中各个控制阀根据这些液压控制信号,控制换档执行机构的动作,从而实现自动换档。

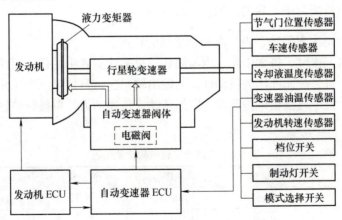

图 9-10 液力自动变速器控制原理图

第三节 自动变速器行星轮机构

一、行星轮变速原理

与液力变矩器配合使用的机械变速器多数是行星轮变速器,行星轮变速器虽结构复杂、制造和安装比较困难,但是由于行星机构传动是共轴式多点常啮合传动,尺寸小、重量轻,且因径向力平衡,而使运动平稳、抗冲击和抗振能力强、寿命长。另外,通过增减行星排内行星轮的数目、行星排的数目,改变排与排之间的排列、组合以及构件之间的连接和控制方式等,既可得到较为理想的传动比,也为积木式的系列设计创造了有利条件。

单排行星轮机构由太阳轮、内齿圈、行星轮和行星架4个基本元件组成。如图9-11所示是单排行星轮机构的示意图,图上标出了行星轮所受到的作用力。

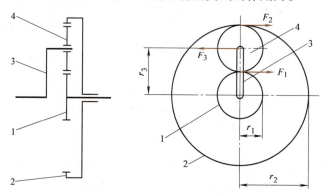

图 9-11　单排行星轮机构及作用力示意图
1—太阳轮　2—内齿圈　3—行星架　4—行星轮

根据图9-11中各构件力的平衡条件及能量守恒定律,可推导出由太阳轮1、内齿圈2和行星架3所组成的行星轮系统的运动规律方程式为

$$n_1 + \alpha n_2 - (1 + \alpha) n_3 = 0$$

式中　α——内齿圈与中心轮的齿数比,即 $\alpha = \dfrac{z_2}{z_1} = \dfrac{r_2}{r_1}$;

n_1、n_2、n_3——分别为太阳轮、内齿圈和行星架的转速。

当行星轮机构工作时,将太阳轮、内齿圈和行星架这三者中的任一元件作为主动件,使它与输入轴相连;将另一元件作为被动件,与输出轴相连;再将第三个元件加以约束,使其转速为零。这样,整个行星轮机构即以一定的传动比传递动力。单排行星轮机构传动情况见表9-1所示。

表 9-1　单排行星轮机构传动情况

序号	太阳轮 z_1	行星架	内齿圈 z_2	传动比 i	档位说明
1	主动件	从动件	固定件	$i_{13} = 1 + \alpha$	减速增矩,前进档、低档
2	固定件	从动件	主动件	$i_{23} = \dfrac{1 + \alpha}{\alpha}$	减速增矩,前进档、高档
3	主动件	固定件	从动件	$i_{13} = -\alpha$	减速增矩,倒档
4	固定件	主动件	从动件	$i_{13} = \dfrac{\alpha}{1 + \alpha}$	超速传动,前进档
5	从动件	主动件	固定件	$i_{13} = \dfrac{1}{1 + \alpha}$	超速传动,前进档
6	从动件	固定件	主动件	$i_{13} = -\dfrac{1}{\alpha}$	增速减矩,倒档
7	三元件任何两个连成一体、第三元件与前两个转速相等			直接传动	直接档
8	三元件都不受约束			自由转动	无法传递动力

从表9-1可以看出，单个行星排配以各种离合器和制动器的不同组合工作，能够实现4个前进档和1个倒档的齿轮变速系统，但这种结构使用速比范围很有限，在实际中普遍采用的是多个行星排组合。现代液力自动变速器上使用的行星轮机构，用得最多的是辛普森和拉威娜两种行星轮机构。

二、换档执行机构

在行星轮式自动变速器中，因为所有齿轮均处于常啮合状态，其档位变换是以对行星机构的基本元件进行约束来实现的。自动变速器中的约束元件，即换档执行机构通常有换档离合器、换档制动器和停车锁止机构等，分别具有连接、固定和锁止功能，使变速器获得不同的传动比。

(1) 换档离合器 在自动变速器换档执行机构中，换档离合器一方面能将行星轮机构中某一元件与主动部分相连，使该元件成为主动部件，另一方面能将行星轮机构中任意两个元件连锁为一个刚性整体，实现直接传动。换档离合器通常采用圆盘式多片湿式离合器。这是由于该种离合器摩擦片的接触表面积较大，摩擦片表面单位面积压力分布均匀，摩擦材料磨损均匀，主、被动片间的运转间隙不需要因磨损或相配衬面的啮合不良而进行调整。另外，所传递转矩也大，且通过增减片数和改变接合压力的大小，即可按要求调节工作转矩，便于系列化和通用化。

(2) 换档制动器 换档制动器在自动变速器中起制动约束作用，它通过将行星轮机构中某一元件与变速器壳体相连，使该元件约束制动而固定。在液力自动变速器中，制动器有两种形式，即全盘式多片湿式制动器和带式制动器。全盘式多片湿式制动器实际上与多片离合器具有相似结构，两者的区别在于离合器的壳体是一个主动部件，而制动器的液压缸和壳体是固定不动的。当多片制动器的钢片和摩擦片处于结合状态时，即对与摩擦片联结的构件起到制动作用。

与多片式制动器相比，带式制动器虽然存在易使变速器壳体上产生局部的高应力区和制动带磨损后需要调整间隙等缺点，但因其具有结构简单、便于安装和可以缩短变速器长度等优点，所以被广泛用于轿车自动变速器中。

(3) 停车锁止机构 停车锁止机构是在自动变速器中防止汽车溜车的保护装置。它是变速杆通过变速杆拉索、换档轴、带销子的连杆机构和压缩弹簧的机械操作机构。

汽车的驻车制动器手柄采用棘轮机构作为锁止机构，由此对停车锁止机构进行分析。在机械运动中，当机构的主动件连续运动或者摆动时，从动件做周期性的时动、时停运动，称为间歇运动，汽车上较为常见的间歇运动机构是棘轮运动机构。棘轮机构基本结构由棘轮、驱动棘爪、制动棘爪与摇杆、弹簧等组成。摇杆空套在与棘轮固联的从动轴上，驱动棘爪与摇杆用转动副相连，制动棘爪与机架用转动副相连，弹簧可保证棘爪与棘轮啮合。当摇杆逆时针摆动时，驱动棘爪插入棘轮的齿槽中，推动棘轮转动过一定的角度，而此时的制动棘爪，则在棘轮的齿上滑过；当摇杆顺时针摆动时，驱动棘爪在棘轮的齿上滑过，而此时的制动棘爪将阻止棘轮做顺时针转动，故棘轮静止不动。因此，摇杆做连续的往复运动时，棘轮做单向间歇转动。

棘轮机构结构简单、制造方便、运动可靠，可实现步进运动、分度、超越运动和制动等。棘轮转动的角度可在较大范围内改变或调节，棘轮每次运动与停止的时间比，可以通过选择适当的驱动机构来改变，比较灵活。但是棘轮机构在工作时，棘爪在棘轮齿背滑行时，在运动开始和终止的瞬间将引起刚性冲击、噪声和磨损，运动精度不高，平稳性差，常用于载荷不大、转速不高的场合。

三、行星轮变速器的工作情况

汽车自动变速器采用的行星轮变速机构有两种：一种是两排行星轮机构共用一个太阳轮的辛普森式行星轮机构；另一种是两排行星轮机构共用一个齿圈的拉威娜式行星轮机构。拉威娜式行星轮机构虽具有传动比变化范围宽及传递转矩相对较大的优点，但与辛普森行星齿轮机构相比，其结构较复杂，传动效率也略低，在市场上占主导地位的是辛普森式行星轮机构。目前，欧、美、日等国家采用的自动变速器大多数都是辛普森式行星轮变速器，因此，本书主要介绍辛普森式行星轮变速器。

1. 辛普森式行星轮变速器的结构特点

辛普森式行星轮机构是一种双排行星轮机构，它由两个内啮合式单排行星轮机构组合而成。其结构特点是：前、后两个行星排的太阳轮连接为一个整体，称为前后太阳轮组件；前一个行星排的行星架和后一个行星排的齿圈连接为另一个整体，称为前行星架和后齿圈组件；输出轴通常与前行星架和后齿圈组件连接。经过上述的组合后，该机构成为一种具有4个独立元件的行星轮机构。其中这4个独立元件是：前齿圈、前后太阳轮组件，后行星架，前行星架和后齿圈组件。

下面以丰田A341E型自动变速器为例，通过对其部分档位的介绍来说明现代行星轮式自动变速器工作过程中的动力传递路线。A341E型电控自动变速器由辛普森式行星轮机构、超速行星轮机构和10个换档执行元件组成，如图9-12所示。

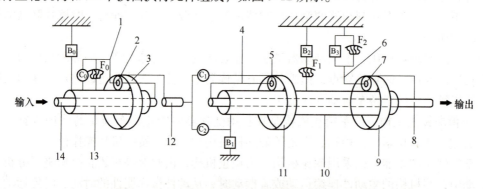

图9-12　丰田A341E型自动变速器行星轮变速系统

1—超速行星排行星架　2—超速行星排行星轮　3—超速行星排齿圈　4—前行星排行星架
5—前行星排行星轮　6—后行星排行星架　7—后行星排行星轮　8—输出轴　9—后行星排齿圈
10—前后行星排太阳轮　11—前行星排齿圈　12—中间轴　13—超速行星排太阳轮　14—输入轴
B_0—超速制动器　B_1—2档滑行制动器　B_2—2档制动器　B_3—低、倒档制动器　C_0—超速离合器
C_1—前进离合器　C_2—直接档离合器　F_0—超速单向离合器　F_1—1号单向离合器　F_2—2号单向离合器

超速O/D行星排位于变速器前端靠近液力变矩器的位置，变速器输入轴与超速行星架连接成一体。超速离合器C_0连接超速太阳轮和超速行星架。超速单向离合器F_0在发动机驱动变速器时，连接超速太阳轮和超速行星排，防止超速行星架逆时针转动。超速制动器B_0

连接变速器壳体和太阳轮，用于固定超速太阳轮。超速齿圈与中间轴连成一体，将发动机输出的动力从超速行星排传递到辛普森式行星轮机构的输入轴。在辛普森式行星轮变速机构中，前进离合器 C_1 连接输入轴与后齿圈。直接档离合器 C_2 连接输入轴与前后太阳轮。输出轴与后行星架和后排齿圈连成一体。2 档滑行制动器 B_1 为带式制动器，连接变速器壳体和太阳轮，用于固定太阳轮。2 档制动器 B_2 连接变速器壳体和 1 号单向离合器 F_1，用于固定 F_1 的外座圈。F_1 连接 B_2 和太阳轮，其功用是 B_2 工作时防止太阳轮逆时针转动。低、倒档制动器 B_3 和 2 号单向离合器 F_2 均连接变速器壳体和后排行星架，B_3 用于同定后排行星架，F_2 用于防止后排行星架逆时针转动。后行星架和后排齿圈与输出轴连成一体而成为输出元件。

2. 辛普森式行星轮变速器的工作情况

以丰田 A341E 型自动变速器为例，它是一个三行星轮机构四速智能型电控自动变速器。它的液力变矩器为三元件单级二相式，动力由超速行星轮机构中的超速行星架及行星轮组件与后行星轮机构中的齿圈输出。工作档位见表 9-2。

表 9-2　A341E 型自动变速器各档位与换档执行元件的工作情况对照表

手柄位置	档位	C_0	C_1	C_2	B_0	B_1	B_2	B_3	F_0	F_1	F_2	发动机制动
P	驻车档	○						○	○			
R	倒档	○		○				○	○			○
N	空档								○			
D	1 档	○	○						○		○	
D	2 档	○	○				○		○	○		
D	3 档	○	○	○					○			○
D	O/D 档		○	○	○							○
2	1 档	○	○						○	○		
2	2 档	○	○			○	○		○			○
L	1 档	○	○					○	○			○

注："○" 表示相应换档元件处于工作状态

(1) P 位（驻车档）　当变速杆拨到"P"位置时，C_0、B_3、F_0 投入工作，如表 9-2 所示。在电子控制系统和液压控制系统的控制下，超速离合器 C_0 因油路接通而接合，C_0 的接合使超速太阳轮和超速行星架联锁，将超速行星排联锁成一体，由于 C_1、C_2 等其他换档元件不工作，因此，超速行星排空转，辛普森式行星排不传递动力，变速器处于空档。此时停车锁止机构工作，将变速器输出轴锁止而不能转动，汽车处于驻车工况。

(2) R 位（倒档）　当变速杆拨到"R"位置时，C_2、C_0、B_3、F_0 工作，如表 9-2 所示。动力从输入轴→中间轴→直接档离合器 C_2→前后排太阳轮（前后排太阳轮随输入轴一齐顺转）→后排齿圈→输出轴。因 B_3 工作行星架固定，行星轮被带动逆转并使齿圈逆转输出。超速排的 C_0、F_0 工作，使得超速排行星架与前后排太阳轮连成一体，输入等于输出，此时超速排不起作用。

(3) D 位（1 档）　当变速杆拨到"D"位置时，如果发动机负荷很小或行驶阻力很大，电子控制系统和液压控制系统将自动接通该位置第 1 档的控制油路，使换档元件 C_0、C_1、F_0、F_2 投入工作，如表 9-2 所示。超速离合器 C_0 接合将超速太阳轮和超速行星架联锁成一体转动，超速单向离合器 F_0 防止超速太阳轮逆时针旋转。前进离合器 C_1 接合把中间轴与输出轴连接成一体按顺时针方向转动，动力由液力变矩器传递到后排齿圈。此时，如果汽车正在起步，则输出轴及其一体的后行星架将因阻力较大而不能转动（即后行星轮不能公转），后排齿圈只能带动后行星轮沿顺时针方向自转，并带动太阳轮沿逆时针方向转动。太阳轮沿逆时针方向转动时，就会驱动前行星轮在沿顺时针方向自转的同时，并沿前排内齿圈行走（即公转）。但是，由于行星架受 F_2 作用而不能逆时针转动，因此，后行星轮顺时针自转时将强迫后排齿圈沿顺时针方向转动，即将传递到输出轴的转速降低、扭矩增大使汽车起步。

汽车起步后，输出轴转动，与其连成一体的前行星架一同沿顺时针方向转动，前排齿圈一边带动前行星轮沿顺时针方向自转，一边带动前行星架沿顺时针方向转动，将一部分动力由前传动轴传递到输出轴。此时变速器为 D_1 档，前、后行星排都传递动力，传递到输出轴的转速降低、转矩增大，汽车能以较大转矩克服行驶阻力而低速行驶。此时的动力传递路线是液力变矩器→超速行星排（由于超速离合器 C_0 接合，直接传动）→中间传动轴→前进离合器 C_1→前排齿圈（顺转）→前行星轮（逆转）→前后排太阳轮（逆转）→后行星轮（顺转的同时又具有逆转的趋势）→后排齿圈。超速排 C_0、F_0 工作，输入等于输出，超速排不起作用。当 L 位为 1 档时，B_3 参与工作，使后行星架固定，后轮的动力可反向传回，也就是具有发动机制动作用。

根据上述分析方法，可对该种变速器其他档位的传动路线作出相似分析。

第四节 自动变速器的液压控制系统

一、液压控制系统的组成

在液力自动变速器的自动换档系统中，换档离合器的接合和分离、制动器的制动和释放都最终由液压控制系统的控制动作来完成。液压控制系统的基本组成包括供油调压和流量控制系统、换档操控系统、液力变矩器供油闭锁控制和冷却润滑系统。

液压控制系统是根据电磁阀和控制阀的工作状态，控制换档元件（离合器、制动器）的油路接通与切断，使齿轮变速机构的额定传动比改变，从而实现自动换档。

自动变速器液压控制系统的组成因车型不同而异，但其基本组成与原理是相似的。图 9-13 所示为丰田 A34D 的自动变速器液控液压式自动换档系统的基本组成。丰田 A34D 的自动变速器由液力变矩器、双排行星轮变速器及液控液压式自动换档系统组成。当起动发动机后，油泵 26、主油压调节阀 27 和副油压调节阀 25 正常工作，油液不停地流向变矩器和润滑油路；主控油压直接给 C_1 蓄压器 11、C_2 蓄压器 9 和 B_2 蓄压器 12 的阀口加压。主控油压经 3-4 换档阀 23 给 O/D 档离合器 C_0 加压，C_0 结合，使 O/D 档行星轮组件的转速比为 1∶1，O/D 档行星轮组件在发动机带动下空转。变速杆放在 D 位，手动阀 13 在 D 位，两个阀口相通，主控油压由阀口送往前离合器 3，由于设置了 C_1 蓄压器 11，缓缓结合；此时主控油压会送往车速油压调节阀 34 和 1-2 换档阀 28 的阀口待用，其中阀口被阀塞堵塞。踩下加速踏板，由于前离合器 3 的结合，带动辛普森式复合行星轮组件转动，2 号单向离合器起作用，使其转速比约为 2.5∶1，车辆起步缓行。因 O/D 档行星轮组件的转速比为 1∶1，整

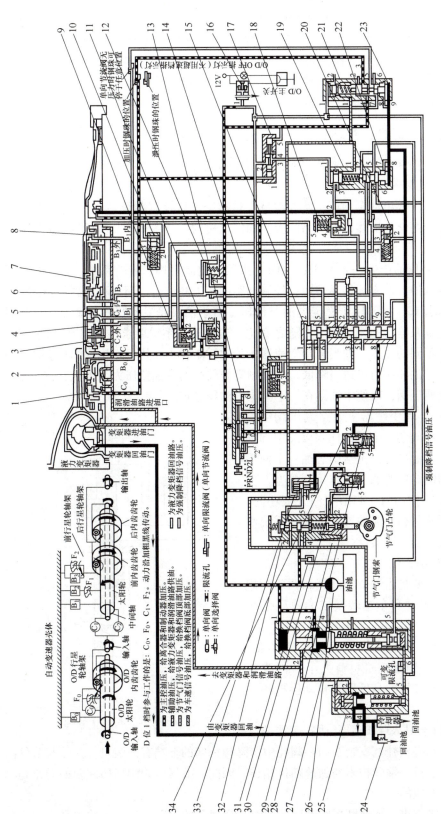

图 9-13 丰田 A34D 自动变速器液控液压式自动换档换档系统（前进位低速档）

1—超速档离合器 2—超速档制动器 3—前离合器 4—后离合器 5—1 号制动器 6—2 号制动器 7—3 号制动器 8—3-号制动器活塞 9—C_2 蓄压器 10—B_3 顺序阀 11—C_1 蓄压器 12—B_2 蓄压器 13—手动阀 14—L 位滑行油压调节阀 15—L 位闭锁阀 16—O/D 电磁阀 17—D_2 延时阀 18—2 位滑行油压调节阀 19—2 位 2 档闭锁阀 20—C_2 顺序阀 21—1-3 换档阀 22—2-3 换档阀 23—3-4 换档阀 24—旁通阀 25—副油压调节阀 26—油泵 27—主油压调节阀 28—1-2 换档阀 29—强制降档阀 30—强制降档油压调节阀 31—节气门油压调节阀 32—节气门凸轮 33—反向阀 34—车速油压调节阀

个变速器的转速比也为 2.5∶1。车速油压调节阀 34 产生车速信号油压（以下简称车速油压），车速油压分别加在 1-2 换档阀 28、2-3 换档阀 22 和 3-4 换档阀 23 的柱塞底端。节气门油压分别加在 1-2 换档阀 28、2-3 换档阀 22 和 3-4 换档阀 23 的柱塞顶端。由于车速油压小，3 个换档阀的柱塞都仍停于底部。车速油压调节阀 34 输出的油压也小于节气门油压，反向阀的柱塞仍停于底部。

二、液压控制系统的主要装置

自动变速器液压控制系统的主要装置有：液压传动装置和液压控制装置。

1. 供油和调压装置

供油和调压装置主要由油泵和调压阀等组成，是整个液压控制系统各个机构的动力源，向各个机构提供压力足够的液体，且压力的大小同发动机的负荷、车速及档位等不同而相应变化。

（1）**油泵** 使液压油产生一定的压力，向变矩器、控制机构、齿轮系统、油液冷却器等部件提供足够的油液，以实现传递转矩、控制油路的压力和流向、润滑和降温等目的。

（2）**主油路调压阀** 主要用于稳定主油路油压。由于油泵是发动机直接驱动的，因此发动机转速变化使油泵输出的流量和压力随之变化。自动换档系统要求主油路在不同工况、不同档位时能提供不同的油压：如当自动变速器所传递转矩较小，执行机构中的离合器、制动器不易打滑时，主油路压力可适当降低，反之则需要较高的主油路压力。因此，在主油路中必须设置主油路调压阀，以使主油路在一定范围内油压稳定。

丰田 A341E 型自动变速器主油路调压阀结构见图 9-14，它由上部阀芯、下部的柱塞以及中部的调压弹簧组成。来自油泵的油压给阀芯加一个向下的作用力；节气门阀输出的油压力作用到柱塞，使阀芯受到一个向上的作用力。当节气门开度小时，节气门油压低，阀芯下移，泄油缝隙增大，系统油压减小；反之，系统油压增大。

2. 节气门阀和调速阀

自动换档系统主要是通过节气门阀和调速阀把节气门（即油门）开度和车速转换成的液压信号实现自动换档。

（1）**节气门阀** 受发动机加速踏板所控制，随节气门开度大小（即发动机负荷大小）而改变其输出油压力，输出油压的高低即为自动换档的一个信号。

图 9-14 典型主油路调压阀结构示意图
1—柱塞 2—弹簧 3—阀芯

图 9-15 所示的丰田 A341E 型自动变速器节气门阀中，节气门阀和降档柱塞安装在同一阀孔中。降档柱塞的下端有一滚轮，滚轮与节气门阀凸轮接触，凸轮通过一钢丝拉索与加速踏板相连，因此，节气门阀和降档柱塞的动作是与加速踏板的开度相对应的。

节气门阀压力既取决于加速踏板的开度，同时与变速器的工况也有一定的关系。加速踏板开度越大,节气门阀压力也越大,从而使整个液压油路的压力也增大。

(2) 调速阀 又称速控阀、速度调压阀、调速器等,它通常安装在自动变速器的输出轴上,与输出轴一起转动。调速阀的作用是将汽车车速转换为相对应的油压信号输出,此压力将作用在换档阀上。自动变速器常用调速阀有复锤式离心调速阀、双锤式离心调速阀以及中间传动复合式双级调速阀(常用于变速驱动桥中)。图 9-16 是典型的复锤式调速阀结构简图,它由调速阀轴、离心重块、滑阀、壳体和弹簧等组成。

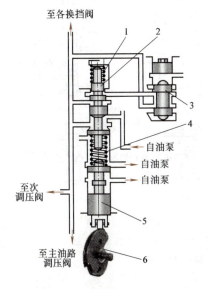

图 9-15 节气门阀结构简图

1—弹簧 A　2—节气门滑阀　3—反向阀
4—弹簧 B　5—降档柱塞　6—凸轮

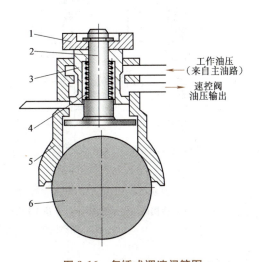

图 9-16 复锤式调速阀简图

1—离心重块　2—调速阀轴　3—滑阀
4—弹簧　5—壳体　6—变速器输出轴

3. 手控制阀和换档控制阀

自动换档控制系统是自动换档操纵系统中的核心构件。它接受来自车速、节气门及变速杆位置所传来的信号,并按预定的换档规律选择档位,选择换档时刻,发出相应的换档油压指令,使换档执行机构(换档离合器和制动器)动作,实现换档。

(1) 手控制阀 供驾驶人手动选择档位。驾驶室内置有变速杆,驾驶人根据各种行驶的需要把变速杆置于各个位置。变速杆的动作带动变速器液压控制系统中换档阀位置的改变,从而选定不同的自动换档范围。手动换档阀是一种典型的具有多个位置的滑阀。各种不同形式的自动变速器其原理一致。图 9-17 是某 6 位手动换档阀,其位置为 P、R、N、D、2、L。当其中的滑阀处于不同位置时,液控系统通过换档阀分别接通主油路与各档的换档执行机构。

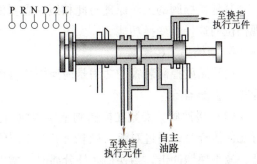

图 9-17 手控制阀结构示意图

(2) 换档控制阀 是自动换档操纵系统中的核心构件。其主要任务是:按照换档规律的要求,随着控制参数(节气门开度、车速)的变化,选择最佳换档时刻,发出换档信号操纵换档执行机构（换档离合和换档制动器）的分离或接合动作。图 9-18 所示为丰田 A341E 型自动变速器 1-2 档换档阀的结构与工作原理图，它主要由阀芯、低倒档柱塞以及弹簧组成。

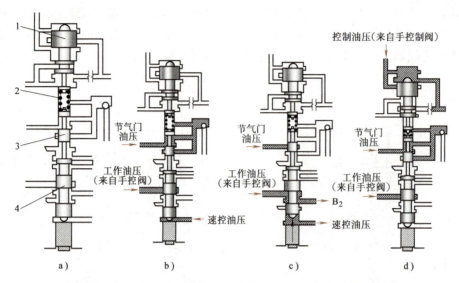

图 9-18　丰田 A341E 型自动变速器 1-2 档换档阀结构与工作原理
a）换档阀结构示意图　b）D 位 1 档油路　c）D 位 2 档油路　d）L 位 1 档油路
1—低、倒档柱塞　2—弹簧　3—阀芯　4—柱塞

其工作过程如下：

D 位 1 档：节气门开度大、车速低时节气门油压与弹簧力之和大于速控油压，阀芯下移，自动变速器处于 1 档。

D 位 2 档：节气门开度小、车速高时节气门油压与弹簧力之和小于速控油压，阀芯上移，接通制动器 B_2 油路，自动变速器处于 2 档。

L 位 1 档：选档手柄处于 L 位置时，来自手控阀的控制油压作用于低-倒档柱塞上，阀芯始终处于下端，不能上移，自动变速器锁止在 1 档上，不能升 2 档。

其他换档阀的工作原理与此相似，需要说明的是各换档阀相互连通，组合工作，共同实现档位的选择及变换功能。

4. 换档品质控制装置

换档品质控制装置的功用是使换档执行机构接合柔和、换档平稳、无冲击。常用的有缓冲阀和蓄能器等。

（1）缓冲阀　安装在换档阀至换档执行元件之间的油路中，其工作原理是：当换档执行元件接合时，通过对流入换档元件的压力油节流，来延缓换档元件接合时油压上升的速度，减小换档冲击；当换档元件分离时，增大换档元件的泄流量，加速泄流过程，使换档元件迅速分离。图 9-19 所示为弹簧式缓冲阀的结构示意图，进排液口 1 连接控制油路，进排液口 2 连接换档元件。当控制油路向换档执行元件的液压缸充油时，在弹簧力作用下，阀芯左移将阀门关闭，传动液从阀芯上的节流口中通过，如图 9-19a 所示，在节流口的节流效应作用下，液体流量小，油压上升速度慢，换档元件接合柔和。当换档元件的液压缸回油

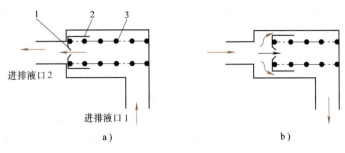

图 9-19 弹簧式缓冲阀工作原理
a) 慢速充油　b) 快速回油
1—节流孔　2—阀芯　3—弹簧

时,液压油液推动阀芯右移,阀门开启泄流,如图 9-19b 所示,泄流量增大,加速回油过程,使换档元件迅速分离。

(2) 蓄能器　又称为蓄能减振器,其功用是:防止换档元件接合时产生冲击现象。蓄能器由活塞和弹簧等组成,其进、排液口与换档阀至换档执行元件之间的油路相通,如图 9-20 所示。

当变速器换档时,换档阀输出的主油路液压油输入到换档执行元件的液压缸和蓄能器的液压缸。在换档元件接合初期,油压迅速升高,使换档执行元件迅速接合。传动液压力 F_1 作用到换档执行元件的活塞 A 和蓄能器的活塞 B 上。当传动液压力升高到一定程度时,作用力 F_1 就会克服蓄能器弹簧的预紧力使活塞 B 向下移动,部分传动液随之流入蓄能器的液压缸,使活塞 A 和活塞 B 上的油压升高速度减慢,从而防止换档元件件接合时产生冲击现象。

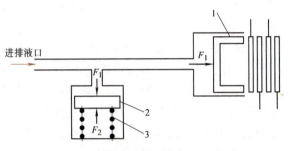

图 9-20 蓄能减振器工作原理
1—活塞 A　2—活塞 B　3—弹簧

三、自动换档规律

换档规律是指根据车辆的运行工况,变速器应处于的档位,即应升档、降档和保持当前档位,获取档位随控制参数变化的规律,即换档时刻与控制参数之间的关系。自动换档规律是自动换档系统的基本特性,它是按车辆动力性和经济性对自动换档系统的要求来设计的,较常用的自动换档规律一般按节气门、车速两个参数来控制。

图 9-21 所示为按节气门开度与车速信号两个参数控制的换档规律示意图,它表明换档时刻与节气门开度 α 和车速 v 之间的关系。图中曲线 AA' 决定了从 1 档换入 2 档的时刻,曲线 BB' 是从 2 档换回 1 档时刻。在这两条曲线之间,升档时 1 档工作,降档时 2 档工作。AA' 线的右边

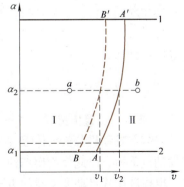

图 9-21 两参数换档规律示意图

只能用 2 档工作，而 BB'线左方则只能用 1 档工作。水平线 1 表示节气门全开，水平线 2 相当于发动机怠速时的节气门开度。

自动换档系统都有相应的换档规律，它的曲线形状取决于车辆传动系统的要求，由自动换档系统的结构和参数来实现。在图 9-21 所示的例子中，节气门开度不变（设为 α_2）：当车速小于 v_1 时（如 a 点），则以 1 档行驶；当行驶阻力减小，车速增加超过 v_2 时，自动换入 2 档（如 b 点）。如果车速 v_2 减小，则当车速降至 v_1 时才重新换入 1 档。驾驶人可以控制节气门开度 α 来干预自动换档，松加速踏板提前换高档，猛踩加速踏板强制换低档。

在控制参数相同的情况下，升档和降档的换档时刻不同，降档的换档时刻比升档时刻晚，这种现象称为换档延迟。延迟的程度根据传动性质要求确定，由换档机构的结构参数来保证。换档延迟的设置对自动换档系统是的主要作用是：

1) 保证自动换档系统的稳定性。如果升、降档点重合在一条曲线上，那么车速以此曲线附近的参数行驶时，行驶阻力的偶然增减使车速升降，就会出现在两相邻排档之间重复往返换档的现象。当有了换档延迟，自动换上新档后，不会由于加速踏板振动或车速稍降而重新换回原来排档。

2) 使驾驶人可以对自动换档进行干预，可以提前升档或强制降档。

3) 变化换档延迟，改变换档规律，以适应动力性、经济性、使用性等方面的要求。

自动换档规律现已经在汽车行业推广，但是自动变速器换档规律设定后不会根据驾驶人的习惯所改变，这就需要有一种智能化换档规律。采集驾驶人对于汽车节气门的控制行为，随之分析，对于驾驶人的驾驶意愿推理，建立一种基于驾驶人风格的换档规律，能够满足不同风格的驾驶人对于换档规律的需求。

第五节　自动变速器的电子控制系统

一、电子控制系统基本组成

在电控液压式自动变速器中，其电子控制系统的信号发生装置由各类传感器组成，换档控制系统为自动变速器电子控制单元 ECU，而执行元件由各类电磁阀组成，见图 9-22。

传感元件提供车速、节气门开度等信号。电子控制单元以此为根据确定换档或锁止时机，然后，将相应的控制信号输送给换档电磁阀。电磁阀作为电子系统的执行元件，同时也作为液压换档系统的起始信号发生元件，控制液压换档阀的动作完成电子控制单元下达的换档、锁止等命令。电子控制系统还带有自诊断装置，并且具有在发生故障使车辆继续行驶的失效防护功能。

二、传感器和控制开关

1. 节气门位置传感器

安装在发动机节气门体上并与节气门联动，其作用是测量发动机节气门的开度，实时监控发动机负荷，以此作为换档的一个主要依据。

电控液压式自动变速器的电子控制系统常用线性节气门位置传感器，在第八章中已经介绍，其结构如图 8-16 所示。那些反映节气门开度位置及变化速率的电信号为车辆在不同行

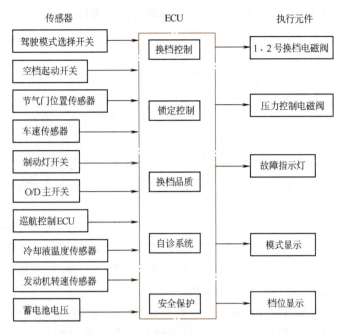

图 9-22　液力自动变速器电子系统基本组成

驶条件下控制换档的主要依据之一。

此类传感器的工作特点是由计算机发送一个参考电压给传感器，接收该类传感器的反馈电压。计算机通过程序进行比较运算，可以重新了解电压的改变所表示的工作状态。即当节气门转动时，电位器的电阻发生改变，节气门开度连续变化，反馈到计算机的信号也连续发生变化。

2. 车速传感器

用于检测自动变速器输出轴转速，检测到的输出轴转速信号处理后成为车速信号，是控制换档的另一个主要依据。最常见的电磁感应式车速传感器主要由永久磁铁和电磁感应线圈两部分组成，如图 9-23a 所示。当输出轴转动时，停车锁止齿轮或感应转子的齿轮使感应线圈内的磁通量发生变化，从而产生交流感应电压，如图 9-23b 所示。车速越高，输出轴转速

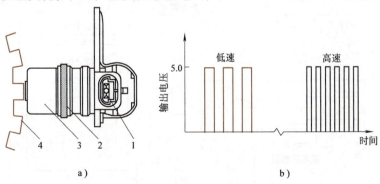

图 9-23　电磁感应式车速传感器

a) 车速传感器的结构与安装位置　b) 传感器发生至 ECU 的电信号

1—电插座　2—O 形体　3—磁电传感器　4—变速器输出轴齿轮

就越高，感应电压的脉冲频率也就越高。在电磁感应式车速传感器工作过程中，脉冲电压作为电信号直接转换为变速器输出轴转速，再进一步转换为车速。

3. 控制开关

自动变速器控制开关中常用的有超速档开关、模式选择开关、档位开关、空档起动开关和强制降档开关等。

超速档开关打开时，作用在 3-4 档换档阀阀芯高档端的压力油泄荷，油压足够高时，3-4 档换档阀被推至 4 档位置。即超速档开关打开，且变速器变速杆又处于 D 位时，自动变速器随着车速的提高最高可升至 4 档。超速档开关关闭时超速档电磁阀断电，主油路压力油作用 3-4 档换档阀阀芯高档端，阀芯不能移动到 4 档位置，此时无论车速怎样提高，自动变速器最多只能升至 3 档。

模式选择开关用于选择自动变速器的换档模式，即换档规律（通常存储于 ECU 的存储器中）。通常在开关上的标注有：P(POWER 动力模式)、E(ECONOMY 经济模式)、N(NORMAL 普通模式)、M(MANUAL 手动模式) 等，某些车型还包括 S(SNOW 雪地模式) 等。ECU 根据模式选择开关的具体位置选择相应的换档规律。

档位开关由变速杆控制。变速杆的位置信号通过档位开关的编码线路将信息传给变速器控制系统。空档起动开关向自动变速器 ECU 提供空档起动信号和变速杆的位置信号。ECU 根据空档起动开关信号区别变速器是否处于 P 或 N 位（停车或空档）。ECU 控制只有在 P 或 N 位时，发动机才能起动。

强制降档开关安装在加速踏板下方，当踩下加速踏板并使节气门达到全开位置时，强制降档开关接通并向 ECU 发送信号。此时，ECU 按照急加速的程序控制换档，在车速不高时，ECU 会使变速器降一档，以提升车辆的加速性能。

这些开关元件工作时与节气门位置传感器类似，也需要由计算机发送一个参考电压给传感器，并且接收该类传感器的反馈电压。计算机通过程序进行比较运算，可以重新了解电压的改变所表示的工作状态。自动变速器各类信号输入元件的线路图如图 9-24 所示。

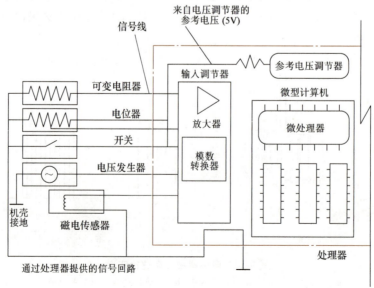

图 9-24　自动变速器电控系统传感元件的一般线路图

三、执行器

在电控液力自动变速器中,电磁阀作为电子控制系统的执行元件。换档电磁阀可控制液压系统中的换档阀的油路接通位置,使相应的换档离合器、制动器等执行元件工作,从而实现自动换档、调节主油路压力及液力变矩器的锁止等功能。

1. 开关式电磁阀

负责开启和关闭变速器油路,主要用于控制换档阀。开关式电磁阀通常由电磁线圈、衔铁及阀芯等组成(见图9-25)。它只有两种工作状态:全开或全关。当线圈不通电时,阀芯被油压推开,打开泄油孔,该油路的压力油经电磁阀泄荷,油路压力为零;当线圈通电时,电磁力使阀芯左移,关闭泄油孔,油路压力上升。

2. 脉冲式电磁阀

其结构与开关式电磁阀基本相似,也是由电磁线圈、衔铁及阀芯等组成,如图9-26所示,其作用是控制油路中油压的大小。控制脉冲式电磁阀工作的电信号是一个频率固定的脉冲电信号,电磁阀在此信号的作用下不断反复地开启和关闭泄油孔,ECU通过改变脉冲的宽度,即所谓占空比(在一个脉冲周期内,通电的时长与脉冲时长之比)来改变电磁阀开启和关闭的时间比例,而达到控制油路压力的目的。占空比越大,经电磁阀泄出的变速器油就越多,油路压力就越低;占空比越小,油路压力就越高。

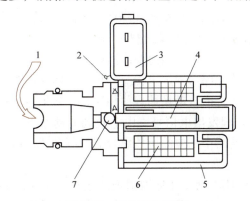
图9-25 开关式电磁阀
1—液压油入口 2—泄压口 3—接线插座
4—衔铁及阀芯 5—骨架 6—电磁线圈 7—限流钢球

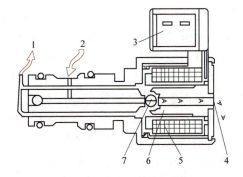
图9-26 脉冲式电磁阀
1—液压油出口 2—液压油入口 3—接线插座
4—泄压口 5—线圈 6—衔铁及阀芯 7—限流钢球

脉冲式电磁阀一般安装在主油路或减振器背压油路中,通过ECU控制,在变速器自动升档或降档瞬间,或者在闭锁离合器闭锁及解锁动作开始时使油压下降,以减少换档和闭锁冲击,使车辆行驶更平稳。

四、电子控制单元ECU

自动变速器的电子控制单元ECU主要部件是中央处理器(CPU),用于完成相关的各种运算;随机存储器RAM和只读存储器ROM用于存储程序和数据;输入/输出接口(I/O)用于与外部传感器、控制开关和执行元件进行数据交换。自动变速器的电子控制单元ECU根据各个传感器和控制开关的信号和其他内部设定的控制程序,通过运算与分析,向各个执行元件输出控制信号,从而实现对变速器的自动换档控制。

电子控制单元 ECU 的微处理器普遍采用 32 位单片机，其他元件可分为电源管理模块、信号处理模块、CAN 总线通信模块、故障诊断模块等。

ECU 对自动变速器最基本的控制为换档控制及必要的自诊断、安全保护功能。随着电子控制技术的发展，对自动变速器的控制逐渐增加了模式转换控制、液力变矩器的锁止控制以及主油路压力控制等内容，以改善自动变速器的工作性能，充分发挥汽车的动力性与经济性。现代自动变速器的电子控制单元 ECU 主要工作内容如图 9-22 所示。

1. 自动变速器换档时刻控制

换档时刻控制是电子控制单元 ECU 最重要的控制内容之一。下面以丰田 A340E 变速器为例来说明。变速器 ECU 为每一个档位（D，2，L 等）和驱动模式（普通模式或者动力模式）都存储了最优的换档图。汽车向前行驶时，ECU 读取汽车车速传感器上的车速信号和节气门传感器上的节气门信号，根据存储的换档图，操作电磁阀打开或关闭。用这种方式，ECU 控制着每一个换档阀，对离合器和制动器打开或关闭油压，来实现变速器的升档或降档操作。而当汽车倒车、驻车或空档时，变速器 ECU 并不参与控制，整个变速器是完全机械实现的。

自动变速器在模式开关处于不同位置时，其换档规律也不同，一般有普通、经济、动力等几种形式的换档规律。通常，ECU 将汽车在不同使用要求下的最佳换档规律以自动换档图的形式储存在存储器中。当变速杆在前进档 D 位且节气门开度相同时，依据动力型换档模式换档的各档升档车速及降档车速都要比经济型各档升档车速及降档车速高。升档车速越高加速性能就越好，反之，升档车速越低则燃油经济性就越好。图 9-27a、图 9-27b、图 9-27c 分别为某自动变速器在 D 位时的普通型、经济型和动力型换档规律。

汽车在行驶过程中，ECU 根据模式开关信号从存储器中选出相应的自动换档规律图，再将由各类传感器测得的车速、节气门位置信号与所选的自动换档规律相比较，如果达到相应的换档车速时，电子控制单元 ECU 将向换档电磁阀发出电信号，由电磁阀的动作决定压力油通往各换档阀元件的流向，直至作用于自动变速器中相应的换档离合器、制动器等执行元件上，以最终实现档位的自动变换。

新型的自动变速器电子控制单元 ECU 还可以使自动变速器取消模式选择开关而由 ECU 进行自动模式选择控制。此时，主要参考变速杆的位置、车速、节气门的位置及其变化的速率等因素，自动选择控制模式。如当变速杆位于前进低档时，ECU 只选择动力模式。在前进档 D 位时，节气门变化速率低，即加速踏板被踩下的速率低时，选择经济模式，反之，节气门的变化速率超过一定范围时，则变换为动力模式（节气门开度过低则换档规律仍选择经济模式）。

2. 电控液压式与液控液压式自动换档系统

它们对于主油路压力控制的目的是一致的，即满足主油路油压应能随发动机的变化而变化，特别是满足自动变速器在传递大功率、大转矩时对换档离合器、制动器等执行元件液压缸工作压力较大的要求。两种系统不同之处在于，电控液压式控制系统取消了液控液压式控制系统中由节气门拉索或节气门真空罐控制的节气门阀，而以一个脉冲式油压电磁阀来产生节气门油压。电子控制单元 ECU 根据节气门位置传感器测得的节气门开度信号，控制发往油压电磁阀的脉冲信号的占空比，以改变油压电磁阀排油孔的开度，使主油路油压随节气门的开度而变化。一般地，节气门开度越大，主油路油压也越大。除此之外，当主油路压力受

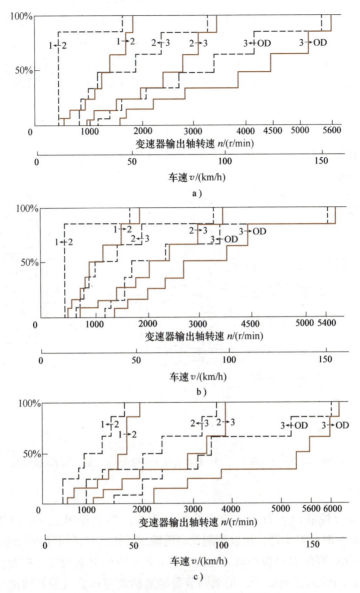

图 9-27 选档手柄在 D 位时的换档规律
a) 普通型换档规律　b) 经济型换档规律　c) 动力型换档规律

到档位、大气压力、液压油温度等因素的影响时，通过脉冲式电磁阀对其采取进一步的微细控制，还可以达到减少换档冲击，改善换档品质的目的。

3. 锁止电磁阀

采用脉冲式电磁阀，微机可以利用脉冲电信号占空比大小来调节锁止电磁阀的开度，以控制作用在闭锁离合器控制阀右端的油压，由此调节闭锁离合器控制阀左移时排油孔的开度，从而控制闭锁离合器活塞右侧油压的大小（见图9-28）。当作用在锁止电磁阀上的脉冲电信号的占空比为零时，电磁阀关闭，没有油压作用在闭锁离合器控制阀右端，此时闭锁离合器活塞左右两侧的油压相同，闭锁离合器处于分离状态；当作用在锁止电磁阀上的脉冲电信号的占空比较小时,电磁阀的开度和作用在闭锁离合器控制阀右端的油压以及闭锁控制阀左移打开的排油孔开度均较小,闭锁离合器活塞左右两侧油压差以及由此而产生的闭锁离合器接合力也较小,使闭锁离合器处于半接合状态。脉冲信号的占空比越大,闭锁离合器左右两侧的油压差以及闭锁离合器的接合力也越大。当脉冲电信号的占空比达到一定数值时,闭锁离合器即可完全接合。这样,ECU 在控制闭锁离合器接合时,通过电磁阀调节其接合速度,让接合力逐渐增大,使接合过程更加柔和。

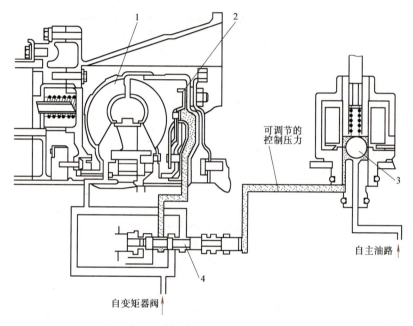

图 9-28 变矩器锁止控制示意图
1—变矩器 2—锁止离合器 3—脉冲式锁止电磁阀 4—锁止离合器控制阀

4. 其他控制

除了前述的部分控制内容有助于改善换档品质外,当电控单元 ECU 判断需要换档时,ECU 会使点火时间暂时延迟少许,用以控制发动机输出转矩,从而可使换档的动作更加平稳。

当电控单元 ECU 判断需要换档时,在向 1 号、2 号换档电磁阀发出控制信号的同时,也向蓄能器背压电磁阀输出控制信号,用来调节蓄能器活塞背压,使换档时离合器、制动器的结合更加柔和,从而使换档动作更加平稳。

某些自动变速器的 ECU 还可以控制超速档,如果 O/D 主开关打开,并且变速杆置于 D 位,汽车将按超速档行驶。然而,当汽车正在使用定速巡航系统驾驶时,如果 O/D 主开关打开,但真实的车速下降到设置值的 4km/h 以下时,定速巡航将向 ECU 发送信号,松开超速档,在真实车速达到定速巡航存储车速之前,防止变速器档位跳回超速档。

5. 自诊断

当自动变速器控制系统中各传感器、电磁阀或开关发生故障,ECU 通过指示灯的闪烁输出故障码,以指示故障所发生的部位,并将之存储在存储器中,由于有备用电压,即使发动机熄火也不会消失。所以,排除故障后要进行专门的故障码消除程序才能将之从存储器中抹去。

失效保护功能的目的是在传感器或电磁阀出现故障时，仍可以使汽车继续行驶。例如，若1号或2号换档电磁阀出故障，ECU可以通过控制剩下的一个电磁阀使汽车仍能继续行驶。即使1号和2号电磁阀都出故障，仍可以通过手动变速使汽车行驶。

五、典型自动变速器电液式控制系统

大众宝来电子控制自动变速驱动桥，有四个前进档和一个倒档，该变速器变速杆具有 P、R、N、D_1、D_2、D_3、D_4 七个位置。图9-29所示为大众宝来自动变速驱动桥的电子控制

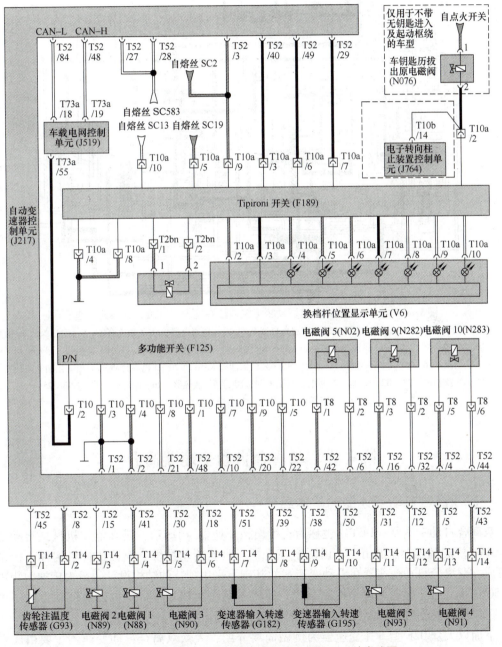

图9-29 大众宝来自动变速驱动桥的电子控制系统电路图

系统电路图。该电控液压式自动变速器的各项控制是由电子控制系统和液压控制系统的协调工作共同完成的。图9-30所示为大众宝来自动变速驱动桥电控液压系统D位1档工作中电磁阀、各换档阀动作及其工作油路示意图。

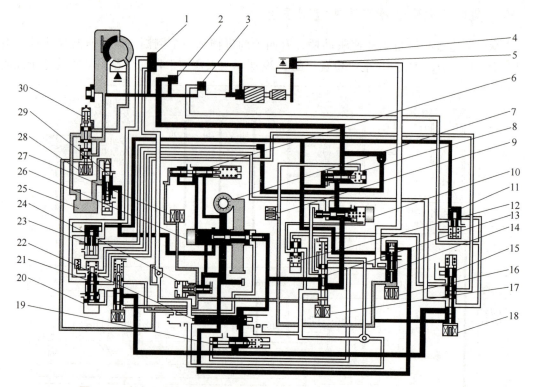

图9-30 大众宝来自动变速驱动桥电控液压系统D位1档工作油路示意图

1—控制制动器B2 2—控制离合器K1 3—控制离合器K3 4—4档离合器 5—3档离合器 6—增压阀 7—油泵 8—K1协调阀 9—N94 10—K1供油泄油转换阀 11—K3协调阀 12—防4挂1阀 13—K1换档阀 14—换档平顺阀 15—K3换档阀 16—N92 17—N88 18—N90 19—高档供油阀K3B 20—3档离合器 21—B2供油泄油转换阀 22—B2换档阀 23—B2协调阀 24—电磁阀压力调节阀 25—散热器 26—调压阀 27—N93 28—N91 29—变矩器压力调节阀 30—锁止离合器控制阀

第六节 双离合自动变速器简介

一、双离合自动变速器的基本组成

双离合自动变速器（DCT）也称为直接换档变速器（DSG），是在电控机械式自动变速器（AMT）的基础上发展衍生，由两个离合器、齿轮传动系统、换档执行机构和电控系统所组成。双离合自动变速器在手动变速器的基础上采用独特的结构设计，最大传递力矩可高达350N·m，加上精密的电子控制系统，使得车辆在换档过程中既可以保证动力的不中断性又可以保证换档时基本上没有冲击，传动效率更高。

下面以大众02E型6速变速器为例做简要介绍，大众双离合自动变速器主要由离合器1、离合器2、输入轴1、输入轴2、变速器ECU、变速器输出轴、差速器和换档电磁阀构成。其中 6 个前进档分别置于两边各自的从动轴上，如图 9-31 所示。

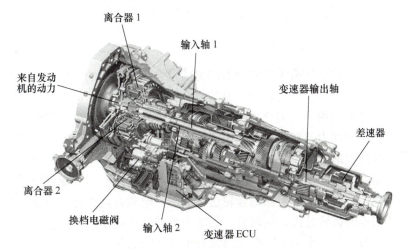

图 9-31 大众 DSG 变速器的结构简图

二、双离合自动变速器特点

双离合自动变速器相比于其他类型的变速器，具有油耗低、加速性能好、换档顺畅的优点，并加速时间比手动离合器更加敏捷。以 Golf GTI 为例，带有 DSG 的车型从 0 到 100km 加速只需 6.9s，这个成绩比手动档的车型更快。同时配备 DSG 的车型百公里油耗只有 8.0L，与手动档车型相当。

1. 双离合变速器的优点

1）换档快。双离合变速器的换档时间非常短，比手动变速器的速度还要快，只有 0.2s 不到。

2）省油。双离合变速器因为消除了转矩的中断，一直利用发动机的动力，保证其始终在最佳工作，所以可以大量节省燃油。相比传统行星轮式自动变速器更利于提升燃油经济性，油耗大约能够降低 15%。

3）舒适性更好。因为换档速度快，所以双离合变速器的每次换档都非常平顺，顿挫感已经小到了人体很难察觉的地步。

4）在换档过程中，几乎没有转矩损失。

5）当高档齿轮已处于预备状态时，升档速度极快，可达到 8ms。且无论处于何种状况，换档时间低至 600ms。

2. 双离合变速器的缺点

1）成本问题。双离合变速器的结构复杂，制造工艺要求的也比较高，所以成本也较高。一些中高档的车型才会配备双离合变速器。

2）转矩问题。虽然在可以承受的转矩上，双离合变速器已经能满足一般的车辆的要求，但是对于剧烈变化的工况还是不够。因为如果是干式的离合，则会产生太多的热量，而湿式的离合，摩擦力又会不够。

3）虽然有电控系统和液压系统，双离合器变速器的效率仍然不及传统手动变速器，特别是用于传递大转矩的湿式双离合器变速器。

4）双离合器变速器相比传统手动变速器重量大，显得笨重。

三、双离合自动变速器的工作原理及过程

双离合自动变速器除了拥有手动变速器的灵活及自动变速器的舒适外，它更能提供无间断的动力输出，这完全有别于两台自动控制的离合器。

传统的手动变速器使用一台离合器，当换档时驾驶人必须踩下离合器踏板，令不同档的齿轮作出啮合动作，而动力就在换档其间出现间断，令输出表现有所断续。双离合自动变速器是将两台手动变速器的功能合二为一，并建立在单一的系统内。其内含两台自动控制的离合器，由电子控制及液压推动，能同时控制两组离合器的运作。当变速器运作时，一组齿轮被啮合，而接近换档之时，下一组档的齿轮已被预选，但离合器仍处于分离状态；当换档时一具离合器将使用中的齿轮分离，同时另一具离合器啮合已被预选的齿轮，在整个换档期间能确保最少有一组齿轮在输出动力，令动力没有出现间断的状况。要配合以上运作，双离合自动变速器的传动轴被分为两条，一条是放于内里实心的传动轴，而另一条则是在外面套着的空心传动轴；内里实心的传动轴连接了1、3、5及后档，而外面空心的传动轴则连接2、4及6档，两具离合器各自负责一条传动轴的啮合动作，发动机动力便会由其中一条传动轴作出无间断的传送。

图9-32所示为大众6速DSG双离合变速器的传递动力路线原理图。两个离合器与变速器装配在同一机构内，其中一个离合器1负责挂1、3、5和倒档；另一个离合器2负责挂2、4、6档。当驾驶人挂上1档起步时，换档拨叉同时挂上1档和2档，但离合器1结合，离合器2分离，动力通过1档的齿轮输出动力，2档齿轮空转。当驾驶人换到2档时，换档拨叉同时挂上2档和3档，离合器1分离的同时离合器2结合，动力通过2档齿轮输出，3档齿轮空转。其余各档位的切换方式均与此类似。这样就解决了换档过程中动力传输中断的问题。

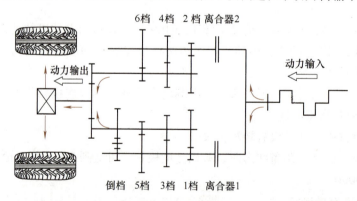

图9-32 大众DSG变速器动力传递路线

在实际驾驶中，双离合自动变速器在整个换档过程几乎感觉不到顿挫或推拉，仅仅从转速表上可以反映出档位在变动。并且加速踏板踩到底时，双离合自动变速器不进行换档操作，转速高达至6000r/min时才进行换档，提供更高的驾驶安全性和乐趣。此外，双离合自动变速器还有多种驾驶模式，比如运动模式，在电子程序的帮助下该模式的加档迟缓等有了很大改进，换档时间也调得更短。转向盘两边的换档拨片使驾驶人在不触动变速杆的情

第九章 汽车自动变速器

况下可以随意进行加档或减档的操作,在 F1 赛车中使用该技术。在复杂的驾驶环境下,例如高速弯道时,手动换档往往显得非常有必要,使用双离合自动变速器可以帮助驾驶人在高速转弯时进行换档,并且还能体验到节气门自动增加的特殊乐趣。

第七节 自动变速器的故障自诊断与试验

一、自动变速器的故障自诊断

现代轿车的电控液压式自动变速器都有故障自我诊断功能。如果电控系统内发生故障时,自诊断系统会通过超速档指示灯(O/D OFF)或换档模式指示灯的闪烁来提醒驾驶人,同时 ECU 控制单元将故障记忆并以代码形式存储在存储器中。每一个故障码表示一种故障现象。不同公司汽车的故障码编码及读取方法不尽相同,一般有人工及专用检测仪器两种读取方法。采用人工读取故障编码的方法有:丰田汽车的故障码可通过"O/D OFF"指示灯来读取、本田汽车通过 D_4 档档位灯来读取、马自达通过"HOLD"(保持)指示灯来读取、三菱和现代汽车用电压表或发光二极管来读取故障码。近年出产的部分汽车采用 OBD-II 自诊接头并要用专用检测仪器来读取故障码。

以奥迪 A6 汽车自动变速器故障自诊断为例,打开点火开关,正常情况下:其"O/D OFF"开关在 OFF 的位置,该指示灯亮;"O/D OFF"开关在 ON 的位置,该指示灯灭。如果不是这样,需检查此开关的电路,如果正常,则可进行故障码读取。方法是打开点火开关,将"O/D OFF"开关置于 ON 位,短接自诊断接头 TDCL 的端子 TE1 和 E2,从"O/D OFF"指示灯的闪烁读取故障码。当"O/D OFF"指示灯连续地每秒闪烁 2 次,表示无故障。

故障码一般为两位数,代码闪亮间隔为 0.5s,十位数与个位数间隔 1.5s,先读出的数为十位数。当存储器中存在两个以上故障码时,前、后两个代码间隔 2.5s,首先显示较低数码的代码。图 9-33 所示为奥迪 A6 自动变速器部分故障码示例。如果无故障码输出或未进

00260(P0758) 电磁阀 2-N89 断路或对地 短路或对正极短路	● 断路或对地/正极短路 ● 电磁阀 2-N89 损坏	● 根据电路图检查线路和插头连接 ● 读测量数据流 ● 测试执行元件 ● 进行电气检查
00262(P0763) 电磁阀 3-N90 断路或对地 短路或对正极短路	● 断路或对地/正极短路 ● 电磁阀 3-N90 损坏	● 根据电路图检查线路和插头连接 ● 读测量数据流 ● 测试执行元件 ● 进行电气检查
00264(P1813) 电磁阀 4-N91 断路或对地 短路或对正极短路	● 断路或对地/正极短路 ● 电磁阀 4-N91 损坏	● 根据电路图检查线路和插头连接 ● 读测量数据流 ● 测试执行元件 ● 进行电气检查
00266(P1818) 电磁阀 5-N92 断路或对地 短路或对正极短路	● 断路或对地/正极短路 ● 电磁阀 5-N92 损坏	● 根据电路图检查线路和插头连接 ● 读测量数据流 ● 测试执行元件 ● 进行电气检查

图 9-33 奥迪 A6 自动变速器部分故障码示例

行故障码操作而输出故障码,则应检查电路故障。

排除完故障之后,在关断点火开关的情况下,将熔断器盒内 EFI 熔丝拆下 10s 以上,即可将 ECU 存储器中的故障码清除掉。

二、自动变速器的试验

1. 手动换档试验

手动换档试验一般是在读取故障码和完成变速器基本常规检查后,人为地使电子控制自动变速器脱离电子控制单元 ECU 的控制,由测试人员手动进行各档位的试验。其基本试验过程如下:

1)拨下自动变速器电控单元 ECU 线束插头或脱开电磁阀线束插头,这样电磁阀都处于关闭状态。

2)手动操纵变速杆换档,检查车辆行驶速度的变化。不同自动变速器的手动换档位置与行驶档位的关系不完全相同,因此手动换档试验时应根据具体手册要求进行,不同档位时发动机转速和车速的关系如图 9-34 所示。

转速/r·min⁻¹ 车速/km·h⁻¹ 档位	750	1000	1500	1750	2000	3000	3500	4000	5000
1 档	5.3	7.1	10.7	12.5	14.3	21.4	25.0	28.5	35.7
2 档	8.9	11.8	17.7	20.7	23.6	35.4	41.4	47.3	59.1
3 档	13.2	17.5	26.3	30.7	35.1	52.6	61.4	70.1	87.7
4 档	18.0	23.9	35.9	41.9	47.9	71.8	83.8	95.8	119.7
5 档	23.5	31.4	47.1	54.9	62.8	94.2	109.9	125.5	156.9
6 档	29.1	38.8	58.2	67.9	77.6	116.4	135.8	155.2	194.1
7 档	34.8	46.4	69.6	81.2	92.9	139.3	162.5	185.7	232.1

■ 半离合临界转速　　■ 磨合期全工作转速　　■ 可用手动模式的车速区间

图 9-34　不同档位、不同转速和车速的关系

3)试验结束应插好 ECU 线束插头和电磁阀线束插头,并清除故障码。

手动换档试验可在试验台架上做,也可通过道路试验进行。若 1 档、2 档和 D 档的行驶档位难以区分,应按上表进行道路试验,若每一档动作都正常,但接回电磁阀配线时换档不正常,则说明故障出在电子控制系统,应进行电子控制系统故障的诊断检查。若有一档位动作异常,则说明故障可能是变速器机械或液压部分,包括液力变矩器、行星变速系统和液压控制系统,应进行机械试验。

2. 油压试验

油压试验是在自动变速器工作时,通过测量液压控制系统各油路的压力来判断液压控制系统及电子控制系统各零部件的功能是否正常,目的是检查油泵、油压调节阀、节气门阀、油压电磁阀、调速阀及变速器油等的工作状况,是变速器性能分析和故障判断的主要依据。

油压测试主要包括:系统油路压力测试、各离合器和制动器的蓄压器油压测试、各档离合器

油压测试、调速阀油压测试和节气门阀油压测试等。

油压测试也是先预热油温至正常工作温度，确认检查过油面高度、油质状况、变速杆及节气门拉索已调整正常。系统油压测试的一般方法如下：

1）首先检查节气门拉索的调整情况，必要时重新调整。
2）拆下变速器壳体上的油路压力测试螺塞，装上油压表。
3）用三角木塞住前、后轮，将驻车制动器（手刹）拉到底，起动发动机预热。
4）在怠速情况下，将变速杆拨入 D 位置，读出压力值。
5）将制动踏板踩到底，然后同时将加速踏板也踩到底，即在失速情况读出压力值。
6）将变速杆拨入 R 位，做同样试验。

由于各汽车厂家的自动变速器不同，虽然试验原理相同，但具体调试项目和标准油压却不一样。因此，具体的测试及结果分析应根据具体的自动变速器标准油压要求进行，以判定相应与管路连接的密封、离合器、制动器等是否失效。除了系统油压测试外，还可进一步试验调速阀油压、各档离合器油压、蓄压器背压等项目，以判定局部故障。

3. 时滞试验

在发动机怠速运转时将变速杆从空档（N）位置拨到前进档（D）或倒档（R）位置后，需要有一段短暂时间的迟滞或延时才能使自动变速器完成档位的结合（此时汽车会产生一个轻微的振动），这一短暂的时间称为自动变速器换档的迟滞时间。

时滞试验就是测出汽车自动变速器的迟滞时间，根据迟滞时间的长短来判断主油路油压及换档执行元件的工作是否正常。迟滞时间的大小取决于自动变速器油路油压，油路密封情况以及离合器和制动器的磨损情况。

时间滞后试验是为了在利用挂档后，施力装置接合的时间差来分析判断故障。在检修自动变速器时，既可以先做时间滞后试验，然后根据结果分析出故障的位置，再决定下一步是做失速试验还是做主油压试验；也可以先做主油压试验或速度油压试验，然后再利用时间滞后试验对其结果进行进一步的验证。通过时间滞后试验可以检查：施力装置的工作间隙是否过大；施力装置的工作油路是否完全密封；怠速时的主油压是否正常。

进行时滞试验时，应把变速器油温升到正常工作温度。每次测试时间至少间隔 1min 以上，取 3 次测试的平均值，具体测试方法如下：

1）进行停车制动（拉紧驻车制动或踏停车制动）。
2）起动发动机，在 N 位（空档）和关空调时检查和调整发动机至正常怠速。
3）将变速杆从 N 位换到 D 位，同时按下秒表计时，当感到振动时，停在秒表记录时刻。
4）间隔 1min 测一次，测量 3 次，取 3 次试验的平均值，延时时间不应大于 1.2s。
5）将变速杆推入"R"位，作同样试验，延时时间不应大于 1.5s。

延时过大的原因主要是工作的离合器和制动器磨损失效，或者因密封不良而导致的油路压力过低等原因。

4. 失速试验

失速试验是指测试当变速杆拨到 D 位或 R 位，发动机节气门全开（即加速踏板踩到底),液力变矩器涡轮转速为零(即踩下制动踏板)时发动机转速(此转速也称为"失速转速")的试验。失速试验的目的是通过测量 D 位和 R 位发动机的失速转速来检查发动机和变速器的全面功能,主要包括液力变矩器导轮和单向离合器功能,以及换档离合器和制动器是否打滑等。

进行失速试验时应把变速器油温升到并保持在正常工作油温(50~80℃),每次连续试验时间不超过 5s。具体试验方法如下:

1)固定前后轮,拉紧停车制动器,将刹车踏板踩到底,起动发动机并预热。

2)换到 D 位,将加速踏板迅速踩到底,迅速读出稳定时发动机转速(即失速转速),立即松开加速踏板。

3)换到 R 位,做同样的试验。

自动变速器匹配不同型号的发动机时具有不同的失速规定转速。试验结束后,参照随车手册查看失速转速是否符合规定,比较结果,分析可能原因。具体分为以下四种情况。

1)如果 D 位和 R 位的失速转速相同,且都低于规定值,说明发动机功率不足。如果失速转速比规定值低 600r/min 时,说明变矩器导轮的单向离合器打滑。

2)如果 D 位和 R 位的转速都超过规定值,可能是油量不足、油泵油压过低、油质过差、主油压力低等原因,造成离合器打滑。如果转速过高,高于规定值 500r/min 时,可能是变矩器叶片损坏。

3)如果 D 位的转速高于规定值,而在 R 位的转速正常,说明前离合器或制动器打滑,可能是离合器摩擦片磨损或控制油压过低,油泵或调压阀故障所致。

4)如果在 R 位的转速高于规定值,而 D 位的转速正常,说明后离合器或制动器打滑,原因也是摩擦片磨损或油压过低。

做上述试验时,由于变矩器的涡轮已制动,发动机的全部机械能都转变为变矩器内自动变速器油的动能,冲击和摩擦很大,故时间不要超过 5s,试验次数不多于三次,以防油温急剧升高损坏变矩器。

如上所述,失速试验是检查发动机和自动变速器的全面功能的试验。

5. 道路试验

自动变速器的道路行驶试验是自动变速器各项性能的综合试验测试,包括机械变速器内部的各离合器和制动器的工作情况,液压控制系统和电子控制系统控制的自动换档点速度是否正确,换档时车辆的平顺性,行驶时变速器内有无异常响声,各种行驶模式时车辆的行驶性能、液力变矩器的锁止、变速杆在各位置时的换档范围和发动机制动状况等。道路试验是检验自动变速器性能、发现故障现象及判断故障部位的最主要手段。

进行道路试验要严格遵照自动变速器的操作规程来驾驶车辆,确信油面高度、油质状况都正常,变速杆、节气门拉索及发动机怠速都已检查且正常,变速器无漏油。道路试验需对车辆各种状况都进行试验,对于包括不同档位、不同换档模式、O/D 开关的不同状态、发动机冷却液温度及变速器油温的高低、变矩器的锁止等状态下的车辆换档性能(指各换档点的车速是否正常、换档平顺性是否良好、加速性能、变矩器是否正常锁止、是否存在打滑现象等)均需密切考察和记录。道路试验的一般方法如下:

1）D 位试验。

① 检查升档及降档动作换档点。将变速杆拨至 D 位置，用节气门半开或全开来加速汽车。检验 1↔2、2↔3 和 3↔O/D 档的升档和降档，换档点必须符合自动换档表的规定值。在中等车速（40~80km/h）时，节气门全开，检验 O/D→3、O/D→2、O/D→1 的强制降档，并且换档车速须与规定值相符。

② 检查换档的平顺性和有无打齿。

③ 检查是否有异常噪声的振动。汽车行驶过程中，传动系统不正常的噪声和振动可能由液力变矩器、变速器内部机械的旋转部件、传动轴、差速器或驱动轮等引起，试验和检查时需格外仔细。

④ 检查变矩器的锁止。在 D 位的 O/D 档时，固定在 60~80km/h 的某一车速行驶，然后轻踏加速踏板，若发动机转速有较大跳跃，说明没有锁止，锁止机械或控制系统不正常，反之，若发动机转速变化甚微，则锁止正常。

⑤ 按下模式选择开关，分别在不同换档模式下进行上述试验。

2）将变速杆拨入 2 位置，保持节气门全开，进行 2 档位试验，检查下列项目：

① 1→2 档是否顺利升档，升档点是否正确。

② 在 2-2 档行驶时，松开加速踏板，检查发动机是否起制动作用。如果发动机不起制动作用，则是 2 档滑行制动带有故障。

③ 检查加速和减速时是否有不正常噪声，升档和降档时是否冲击过大。

3）L 位置试验。

① 检查是否能升入 2 档。

② 行驶中松开加速踏板，检查发动机是否起制动作用。如果发动机不起制动作用，则是低档-倒档制动器有故障。

③ 检查加速和减速时是否有不正常噪音，升档和降档时是否冲击过大等。

4）R 位置试验时，将加速踏板踩到底，检查是否打滑。

5）P 位置试验，将汽车停在坡度大于 5°的坡道上，变速杆拨入 P 位，松开驻手制动，自动变速器中的停车锁止机构应将汽车停在原地，如果不能则说明停车锁止机构失效。

6）升档检查。

① 将变速杆拨至前进档"D"位置，踩下加速踏板，使节气门保持在 1/2 开度左右，让汽车起步加速，检查自动变速器的升档情况，包括变速杆和车速两方面。

② 自动变速器在升档时发动机会有瞬时的转速下降，同时车身有轻微的闯动感。正常情况下，汽车起步后随着车速的升高，试车者应能感觉到自动变速器能顺利地由 1 档升入 2 档，随后再由 2 档升入 3 档，最后升入超速档。若自动变速器不能升入高档（3 档或超速档），说明控制系统或换档执行元件有故障。

③ 当察觉到自动变速器升档时，记下升档车速。一般 4 档自动变速器在节气门开度保持在 1/2 时由 1 档升至 2 档的升档车速为 25~35km/h，由 2 档升至 3 档的升档车速为 55~70km/h，由 3 档升至 4 档（超速档）的升档车速为 90~120km/h。由于升档车速和节气门开度有很大的关系，即节气门开度不同时，升档车速也不同，而且不同车型的自动变速器各档

位传动比的大小都不相同,其升档车速也不完全一样,因此,只要升档车速基本保持在上述范围内,而且汽车行驶中加速良好,无明显的换档冲击,可认为其换档车速基本正常。

思考题与习题

9-1 自动变速器的换档控制系统主要有哪两种?其组成及工作原理有何异同?

9-2 自动变速器可采用哪些行星轮变速机构?简述其区别和各自基本原理。

9-3 自动变速器电子控制系统的基本组成部件有哪些?各部件起什么作用?

9-4 电子控制自动变速器的基本控制内容有哪些?简述其控制原理。

9-5 双离合自动变速器的优缺点是什么?简述其组成及工作原理。

9-6 简述自动变速器的故障自诊断内容和具体步骤。

第十章

汽车电子控制助力转向系统

本章首先介绍了助力转向系统的基本知识,然后简单介绍了液压式电子控制助力转向系统的各种类型及其结构原理,详细介绍了电动助力转向系统的结构、特点、工作原理、控制方法、性能试验及检测试验。学习本章后,要求能了解助力转向系统的基本知识,掌握电动助力转向系统的结构和工作原理,重点掌握电动助力转向系统的控制方法,了解液压式电子控制助力转向系统和电动助力转向系统的应用,掌握电动助力转向系统的性能试验。

第一节 概 述

汽车转向系统是用于改变或保持汽车行驶方向的专门机构。其作用是使汽车在行驶过程中能按照驾驶人的操纵要求而适时地改变行驶方向,并在受到路面传来的偶然冲击及汽车意外地偏离行驶方向时,能与行驶系统配合共同保持汽车继续稳定行驶。因此,转向系统的性能直接影响着汽车的操纵稳定性和安全性。

一、对助力转向系统的要求

对转向系统的要求,主要可以概括为转向的灵敏性和操纵的轻便性。高的转向灵敏性,要求转向器具有小的传动比,以小的转向盘转角获得迅速转向。好的操纵轻便性,则要求转向器具有大的传动比,这样才能以较小的转向盘操纵力获得大的转向力矩。

可见,上述两个要求是矛盾的。因此在实际设计中,一般规定:当转向轮达到最大设计转角时,转向盘总转数不宜超过5圈,而转向盘操纵力最大不超过250N。

为满足以上要求,除采取尽量减轻自重、选择最佳轴荷分配;提高转向系统传动效率;减小主销后倾角;选择最佳转向器速比曲线等措施外,通常都采用助力转向方式。尤其对中、重型车,由于轴荷重,助力转向几乎是唯一的选择。近年来,随着对小轿车舒适性要求的提高,助力转向的应用也比较普遍。

助力转向系统应达到如下要求:
1) 能有效减小操纵力,特别是停车转向操纵力。而行车转向的操纵力应不大于250N。
2) 转向灵敏性好。助力转向的灵敏度是指在转向器操纵下,转向助力器产生助力作用的快慢程度。助力作用快,转向就灵敏。
3) 具有直线行驶的稳定性,转向结束时转向盘应可自动回正;驾驶人应有良好的"路感"。
4) 要有随动作用。转向车轮的偏转角和驾驶人转动转向盘的转角保持一定的关系,并能使转向车轮保持在任意偏转角位置上。
5) 工作可靠。当动力转向失效或发生故障时,应能保证可通过人力进行转向操纵。

二、助力转向系统的功用

助力转向系统是指在驾驶人的控制下,借助于汽车发动机产生的液体压力或电动机驱动力来实现车轮转向。助力转向是一种以驾驶人操纵转向盘(转矩和转角)为输入信号,以转向车轮的角位移为输出信号的伺服机构。助力部分跟踪手动操作,产生与转向阻力相平衡的辅助力,使车辆进行转向运动。与此同时,把部分输出力反馈给驾驶人,使其获得适当的手感,构成所谓的助力转向双动伺服机构,如图10-1所示。

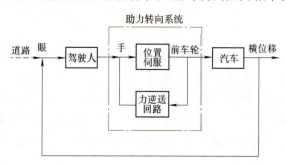

图10-1 助力转向双动伺服机构

助力转向系统由于使转向操纵灵活、轻便,在设计汽车时对转向器结构型式的选择灵活性增大,能吸收路面对前轮产生的冲击等优点,因此已在汽车制造中普遍采用。但是,具有固定放大倍率的助力转向系统的主要缺点是:如果所设计的固定放大倍率的助力转向系统是为了减小汽车在停车或低速行驶状态下转动转向盘的力,则当汽车以高速行驶时,这一固定放大倍率的助力转向系统会使转动转向盘的力显得太小,不利于对高速行驶的汽车进行方向控制;反之,如果所设计的固定放大倍率的助力转向系统是为了增加汽车在高速行驶时的转向力,则当汽车停驶或低速行驶时,转动转向盘就会显得非常吃力。电子控制技术在汽车助力转向系统的应用,使汽车的驾驶性能达到令人满意的程度。电子控制助力转向系统在汽车低速行驶时可使转向轻便、灵活;在汽车中高速区域转向时,又能保证提供最优的动力放大倍率和稳定的转向手感,从而提高了高速行驶的操纵稳定性。

三、助力转向系统的类型

1. 传统液压助力转向系统(HPS)

传统液压助力转向系统一般按液流的形式可分为常流式和常压式两种类型。常压式是指在汽车行驶中,无论转向盘是否转动,整个液压系统总是一直保持高压。常流式是指汽车在行驶中,不转动转向盘时,流量控制阀在中间位置,油路保持常通。

随着高速公路的不断延伸与轿车车速的不断提高,传统的液压动力转向暴露出一个致命的缺点,即若要保证汽车在停车或低速掉头时转向轻便,那么当汽车在高速行驶时就会感到有"发飘"的感觉;反之,若要保证汽车在高速行驶时操纵有适度手感,那么当其要停车或低速掉头时就会感到转向太重,两者不能兼顾,这是由传统液压助力转向的结构所决定的。

2. 液压式电子控制助力转向系统(EHPS)

该转向系统在传统液压助力转向系统的基础上增设了控制液体流量装置及车速传感器和电子控制单元等,使转向动力放大倍率实现连续可调,从而满足高、低速时的转向助力要求。

3. 电动助力转向系统(EPS)

该转向系统在传统的机械式转向系统的基础上,利用直流电动机作为动力源,电子控制单元根据转向参数和车速等信号，控制电动机转矩的大小和转动方向。电动机的转矩经电磁离合器通过减速机构减速增矩后，加在汽车的转向机构上，使之得到一个与工况相适应的转向作用力。

第二节　液压式电子控制助力转向系统

液压式电子控制助力转向系统可实现在低速时减轻转向操纵力，以提高转向系统的操纵轻便性；在高速时则可适当加重转向操纵力，以提高操纵稳定性。根据其控制方式的不同，液压式电子控制助力转向系统可分为流量控制式、反力控制式、阀灵敏度控制式三种。

一、流量控制式 EHPS

1. 阀控流量控制式 EHPS

阀控流量控制式 EHPS 结构如图 10-2 所示。该系统主要由车速传感器、电磁阀、整体式动力转向器、助力转向泵和电子控制单元（ECU）等组成。电磁阀安装在通向助力缸活塞两侧油腔的油道之间，当电磁阀的阀芯完全打开时，两油道就被电磁阀旁路。电子控制单元根据车速传感器的信号，控制电磁阀阀芯的开启程度，从而控制转向助力缸活塞两侧油腔的旁路液压油流量来改变转向助力。当车速低时，电子控制单元输出的脉冲控制信号占空比很小，通过电磁阀线圈的平均电流很小，电磁阀阀芯的开度也很小，旁路液压油流量小，液压助力作用大，使转向盘操纵轻便。当车速提高时，电子控制单元输出的脉冲控制信号占空比变大，使通过电磁阀线圈的平均电流增大，电磁阀阀芯的开度也增大，旁路液压油流量增加，从而使液压助力作用减小，以提高操纵稳定性。

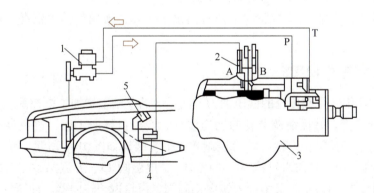

图 10-2　典型阀控流量控制式 EHPS 结构

1—转向助力泵　2—电磁阀　3—整体式动力转向器　4—ECU　5—车速传感器

阀控流量控制式 EHPS 通过控制进入转向助力缸的液压油流量以控制转向力的大小，其优点是在原来的液压助力转向系统上增加液压油流量控制功能，结构简单，成本较低。但是，当流向助力转向机构的液压油降低到极限值时，对于快速转向会产生压力不足、响应较慢等缺点，故使它在推广使用中受到限制。该系统曾在日产蓝鸟轿车上得到应用。

2. 电动流量控制式 EHPS

电动流量控制式 EHPS 结构如图 10-3 所示。该系统主要由车速传感器、转向盘转角传感器、带储油罐的电动转向泵、转向控制阀、助力缸和电子控制单元等组成。该系统结构与其他液压式电子控制助力转向系统的不同点在于存在电动转向泵。电动转向泵是由直流电动机驱动转向油泵构成，工作时只需改变直流电动机驱动电流的大小，即可改变其转速，使转向泵的流量发生变化，从而改变系统压力并改变助力大小。电子控制单元根据车速传感器和转向盘转角传感器获得的信号，经运算处理后输出脉宽调制（PWM）的占空比信号，以控制直流电动机的转速。当低速行驶、转向盘快速转动时，电子控制单元输出大电流信号，控制电动机驱动转向泵高速运转，输出流量大，系统油压升高，提供大助力，保证转向轻便；当高速行驶、转向盘慢速转动时，电子控制单元输出小电流信号，控制电动机驱动转向泵低速运转，输出流量小，系统油压降低，提供小助力，保证驾驶人获得较强的路感，安全性提高。

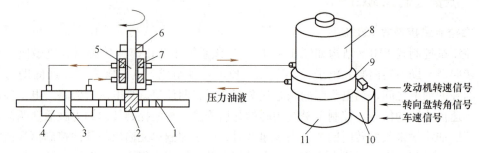

图 10-3　典型电动流量控制式 EHPS 结构

1—转向齿条　2—转向齿轮　3—活塞　4—助力缸　5—扭杆　6—转角传感器　7—转向控制阀
8—储油罐　9—转向泵　10—电子控制单元　11—直流电动机

电动流量控制式 EHPS 利用电动机直接驱动转向泵，与发动机不发生机械连接关系，减少了发动机的负荷，且在直线行驶时可使转向泵不工作，无额外动力消耗，可降低发动机油耗。

二、反力控制式 EHPS

反力控制式 EHPS 是在传统的液压助力转向系统的基础上增加了电控系统，对车速的高低有更好的感知能力，并反馈调节转向助力油压，产生良好的手感，避免高车速下转向发飘，提高车辆行驶的操纵稳定性。反力控制式 EHPS 结构如图 10-4 所示，该系统主要由储油罐 15、转向油泵 14、转向齿轮箱 10、助力缸 6、电磁阀 13、分流阀 16、ECU、车速传感器等组成。其中，转向齿轮箱又由助力转向控制阀、齿轮齿条转向器、油压反力室等组成。

工作时，ECU 根据从轮速传感器传来的信号，判别汽车是处于停止状态还是处于低速行驶或高速行驶工况，再根据判别出的汽车状态，对电磁阀线圈的电流进行线性控制，从而达到控制助力转向的目的。当汽车低速行驶时，ECU 给电磁阀线圈输送较大电流，电磁阀阀口开大，经分流阀分流后的油液通过电磁阀返回储油罐，因此，作用在柱塞上的油压（油压反力室的压力）较小，这时作用在控制阀轴上的压力（反力）也就小，在转向盘的转向力作用下，扭杆就能产生较大的扭转变化，控制阀的阀口开度大，进入助力缸的油压提高，产生较大的液压助力，从而增大了转向力。

当汽车中高速直行时转向角较小，扭杆产生的扭转变形也很小，控制阀的阀口开度也减

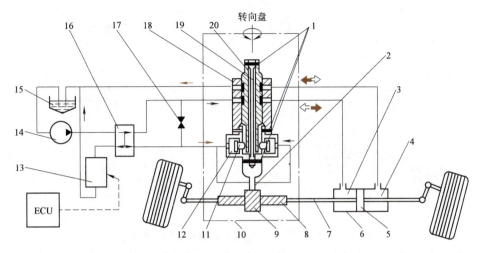

图 10-4 反力控制式 EHPS 结构

1—锁销 2—小齿轮轴 3—左腔 4—右腔 5—活塞 6—助力缸 7—横拉杆 8—齿条
9—小齿轮 10—转向齿轮箱 11—柱塞 12—油压反力室 13—电磁阀 14—转向油泵
15—储油罐 16—分流阀 17—阻尼孔 18—旋转阀 19—扭杆 20—控制阀轴

小,使控制阀内的油压上升,由于分流阀的作用,此时电磁阀一侧的油量会增加。同时,伴随着车速的提高,ECU 给电磁阀线圈的电流会减小,电磁阀的节流开度也会缩小,使作用在油压反力室的反力油压增加,柱塞作用到控制阀轴上的压力也随之增大,因此增加了转向操纵力,使驾驶人的手感增强,从而获得良好的转向路感。开始转向时,扭杆的扭转角会进一步减小,控制阀的阀口开度继续减小,使控制阀内的油压继续上升,通过固定阻尼孔的油液也供给到油压反力室。通过分流阀向油压反力室供给的一定量的油液和通过固定阻尼孔的油液相加,进一步加强了柱塞的压紧力。使得此时的转向力相应于转向角呈线性增加,从而获得在高速行驶时的稳定转向操纵感。

三、阀灵敏度控制式 EHPS

阀灵敏度控制式 EHPS 是根据车速控制电磁阀,直接改变动力转向控制阀的油压增益(阀灵敏度)来实现转向助力放大倍率的控制。这种转向系统结构简单、部件少、价格便宜,还具有较大的选择转向力的自由度,与反力控制式 EHPS 相比,转向刚性差,但可以通过最大限度提高原系统的弹性刚度来加以克服,从而获得自然的转向手感和良好的转向特性。典型的阀灵敏度控制式 EHPS 结构及原理图如图 10-5 所示。该系统以传统的液压助力转向系统为基础,对转向控制阀做了局部改进,并增加了电磁阀、车速传感器和助力转向 ECU 等。

转向控制阀由外体和内体构成,两者间构成了通孔截面可变的低速专用小孔(1R、1L、2R、2L)和高速专用小孔(3R、3L),在高速专用可变孔的下方设有旁通电磁阀回路。转向控制阀的等效液压回路如图 10-6 所示。

在车辆停驶或低速行驶时,助力转向 ECU 发出指令使电磁阀关闭,如果此时转向(设向右转动转向盘),较小的转向力就可使低速专用小孔 1R 和 2R 关闭,转向泵的液压油经低速专用小孔 1L 流向动力缸右腔,其左腔的液压油经小孔 3L 和 2L 流回储油箱,助力缸活塞

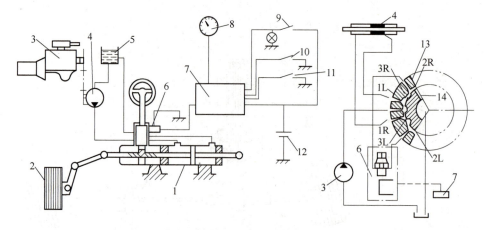

图 10-5 典型阀灵敏度控制式 EHPS 结构及原理图

1—助力缸　2—转向轮　3—发动机　4—转向泵　5—储油箱　6—电磁阀　7—助力转向 ECU　8—车速传感器
9—车灯开关　10、11—空档开关　12—蓄电池　13—转向控制阀外体　14—转向控制阀内体

在左右腔压差的作用下移动,使转向器获得转向助力。此时阀灵敏度高,具有转向轻便的特性。

当车辆行驶速度提高时,助力转向 ECU 输出的控制信号使电磁阀的开度增大。如果此时转向(设向右转动转向盘),转向泵的液压油经开启的小孔 1L、3R、旁通电磁阀及 2L 流回储油箱。经旁通电磁阀旁路的液流不仅降低了动力缸右腔的油压,还通过小孔 2L 的节流作用使动力缸左腔的油压上升,因而使动力缸左右腔压差减小,转向器获得的转向动力相应减小。车速越高,电磁阀的开度越大,旁路流量大,助力转向控制阀的灵敏度低,转向器获得的助力作用小,其转向特性可使驾驶人操纵转向盘具有良好的路感。

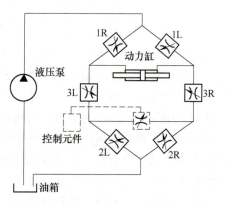

图 10-6 转向控制阀等效液压回路

第三节　电动助力转向系统

电动助力转向系统(EPS)是利用电动机作为助力源,根据车速和转向参数等,由电子控制单元(ECU)完成助力控制。它能节约燃料,提高主动安全性,且有利于环保,是一项紧扣现代汽车发展主题的高新技术,所以一经出现就受到高度重视。

EPS 与传统助力转向系统相比,具有很多优点:

(1) 助力性能优　EPS 能在各种行驶工况下提供最佳助力,减小由路面不平所引起的对转向系统的扰动,改善汽车的转向特性,减轻汽车低速行驶时的转向操纵力,提高汽车高速行驶时的转向稳定性,进而提高汽车的主动安全性。并且可通过设置不同的转向手力特性来满足不同使用对象的需要。

(2) 效率高　HPS 为机械和液压连接,效率较低,一般为 60%~70%;而 EPS 为机械与电动机连接,效率高,有的可高达 90% 以上。

(3) 耗能少 汽车在实际行驶过程中,处于转向的时间约占行驶时间的 5%。对于 HPS,发动机运转时,油泵始终处于工作状态,油液一直在管路中循环,从而使汽车燃油消耗率增加 4%～6%;而 EPS 仅在需要时供能,使汽车的燃油消耗率仅增加 0.5% 左右。

(4)"路感"好 由于 EPS 内部采用刚性连接,系统的滞后特性可以通过软件加以控制,且可以根据驾驶人的操作习惯进行调整。

(5) 回正性好 EPS 结构简单,内部阻力小,回正性好,从而可得到最佳的转向回正特性,改善汽车操纵稳定性。

(6) 对环境污染少 HPS 液压回路中有液压软管和插头,存在油液泄漏问题,而且液压软管不可回收,对环境有一定污染;而 EPS 对环境几乎没有污染。

(7) 可以独立于发动机工作 EPS 以电池为能源,以电动机为动力元件,只要电池电量充足,不论发动机处于何种工作状态,都可以产生助力作用。

(8) 应用范围广 EPS 可用于各种汽车,目前主要用于轿车和轻型载货汽车上;而对于环保型纯电动汽车,由于没有发动机,EPS 为最佳选择。

(9) 装配性好易于布置 因为 EPS 系统零部件数目少。主要部件均可以组合在一起,所以整体外形尺寸比 HPS 小,这为整车布置带来方便,且易于在装配线上安装。

一、电动助力转向系统结构

根据电动机布置位置不同,EPS 可分为:转向柱助力式、齿轮助力式、齿条助力式三种。转向柱助力式 EPS 的电动机固定在转向柱一侧,通过减速机构与转向轴相连,直接驱动转向轴助力转向;齿轮助力式 EPS 的电动机和减速机构与小齿轮相连,直接驱动齿轮助力转向;齿条助力式 EPS 的电动机和减速机构则直接驱动齿条提供助力。

有些 EPS 中电动机、离合器与减速机构往往结合成一个整体与转向轴成垂直布置,这类 EPS 有两种形式:转向轴助力式——减速器被直接安装在转向盘下方;小齿轮(齿条)助力式——减速器安装于齿轮齿条机构的小齿轮上。

EPS 主要由转矩传感装置、车速传感器、电子控制单元、电动机、离合器、减速机构、转向轴及手动齿轮齿条式转向器等组成。其结构示意图如图 10-7 所示。

1. 转矩传感器

转矩传感器用于检测作用于转向盘上的转矩信号的大小与方向。目前采用较多的转矩传感器是扭杆式电位计传感器。在转向轴位置加一扭杆,通过扭杆检测输入轴和输出轴的相对扭转位移得到转矩。图 10-8 所示为转矩传感器的基本原理图。用磁性材料制成的定子和转子可以形成闭合的磁路。线圈 A、B、C、D 分别绕在极靴上,接成一个桥式回路。转向盘杆扭转变形的扭转角与转矩成比例,所以只要测定杆的扭转角,就可间接地知道转向力的大小。

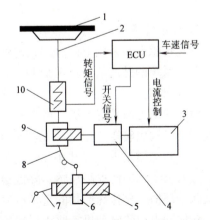

图 10-7 电动助力转向系统结构示意图
1—转向盘 2—转向轴 3—电动机 4—离合器
5—齿条 6—小齿轮 7—横拉杆 8—输出轴
9—减速机构 10—转矩传感器

在线圈的 U、T 两端施加连续的脉冲电压信号 U_i，当转向杆上的转矩为零时，定子与转子的相对转角也为零。这时转子的纵向对称面处于图 10-8 所示定子 AC、BD 的对称平面上，每个极靴上的磁通是相同的，因而电桥是平衡的，在 V、W 两端的电位差 $U_o = 0$。如果转向杆上存在转矩时，定子与转子的相对转角不为零，此时转子与定子间产生如图 10-8 所示的角位移 θ。极靴 A、D 间的磁阻增加，B、C 间的磁阻减少，各个极靴的磁通产生差别，电桥失去平衡，在 V、W 之间出现电位差。这个电位差与杆的扭转角 θ 和输入电压 U_i 成比例。若比例系数为 k 则有

$$U_o = kU_i\theta \tag{10-1}$$

由 V、W 两端的电位差 U_o 就可以知道转向轴的扭转角，从而便可以知道转向轴的转矩。

另外也有采用非接触式的转矩传感器，图 10-9 所示的非接触式转矩传感器中有一对检测环，其原理是：当输入轴与输出轴之间发生相对扭转位移时，检测环之间的空气间隙发生变化，从而引起检测线圈电磁感应系数变化。非接触式转矩传感器的优点是体积小，精度高，缺点是成本较高。

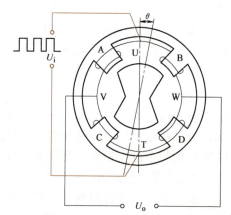

图 10-8 转矩传感器基本原理图

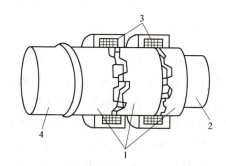

图 10-9 非接触式转矩传感器

1—检测环 2—输入轴 3—检测线圈 4—输出轴

2. 车速传感器

车速传感器常采用电磁感应式传感器，安装在变速器上。该传感器根据车速的变化，把主副两个系统的脉冲信号传送给 ECU，由于是两个系统，因此信号的可靠性提高了。

3. 电动机

EPS 的动力源是电动机，通常采用无刷永磁式直流电动机，其功能是根据 ECU 的指令产生相应的输出转矩。电动机是影响 EPS 性能的主要因素之一，不仅要求低转速大转矩、波动小、转动惯量小、尺寸小、质量轻，而且要求可靠性高、控制性能好。在电动机设计时，应着重考虑如何提高路感、降低噪声和振动。比如通过在电动机转子周缘开设不对称或螺旋状的环槽、靠特殊形状的定子产生不均匀磁场等来提高电动机的性能。

转向助力用的电动机需要正反转控制。一种比较简单适用的转向助力电动机正反转控制电路如图 10-10 所示。图中 a_1、a_2 为触发信号端，从微机系统的 D/A 转换器得到的直流信号输入到 a_1、a_2 端，用以触发电动机产生正反转。当 a_1 端得到输入信号时，晶体管 VT_3 导通，VT_2 得到基极电流而导通，电流经 VT_2 的发射极和集电极、电动机 M、VT_3 的集电极和

发射极搭铁，电动机有电流通过而正转。当 a_2 端得到输入信号时，晶体管 VT_4 导通，VT_1 得到基极电流而导通，电流经过 VT_1 的发射极和集电极、电动机 M、VT_4 的集电极和发射极搭铁，电动机有反向电流通过而反转。控制触发信号端的电流大小，就可以控制电动机通过电流的大小。

4. 离合器

离合器采用干式电磁式离合器，其功能是保证 EPS 在预先设定的车速范围内闭合。当车速超出设定车速范围时，离合器断开，电动机不再提供助力，转入手动转向状态。另外，当电动机发生故障时，离合器将自动断开。为了提高性能，离合器设计成具有磁滞特性，并可实现无级离合。干式单片电磁离合器的工作原理如图 10-11 所示。工作电压为 DC12V，额定转速时传递的转矩为 15N·m，线圈电阻（20℃时）为 19.5Ω。当电流通过滑环进入离合器线圈时，主动轮产生电磁吸力，带花键的压板被吸引与主动轮压紧，电动机的动力经过电动机轴、主动轮、压板、花键、从动轴传给执行机构。

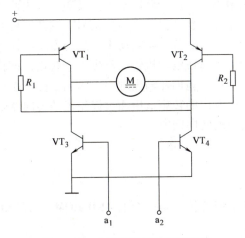

图 10-10 电动机正反转控制电路

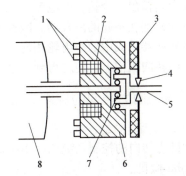

图 10-11 电磁离合器工作原理
1—集电环 2—线圈 3—压板 4—花键
5—从动轴 6—主动轮 7—滚子轴承 8—电动机

由于转向助力的工作范围限定在某一速度区域内，所以离合器一般设定一个车速范围，例如当车速超过 30km/h 时，离合器便分离，电动机也停止工作，这时就没有辅助转向的作用。当电动机停止工作时，为了不使电动机和离合器的惯性影响转向系统的工作，离合器也应及时分离，以切断辅助动力。当系统中电动机等发生故障时，离合器会自动分离，这时仍可以恢复手动控制转向。为了减少与不加转向助力时驾驶车辆感觉的差别，离合器不仅具有滞后输出特性，同时还具有半离合器状态区域。

5. 减速机构

减速机构用来增大电动机的输出转矩，主要有两种形式：蜗轮蜗杆减速机构和双行星齿轮减速机构。前者主要用于转向柱助力式转向系统，后者主要用于齿轮助力式和齿条助力式转向系统。为了抑制噪声和提高耐久性，减速机构中的齿轮有的采用树脂材料制成，有的采用特殊齿形。

6. 电子控制单元（ECU）

EPS 的电子控制单元通常是一个 8bit 单片机系统，是由一个 8bit 单片机，另加一个

256KB 的 RAM、4KB 的 ROM 及一个 D/A 转换器组成。其工作过程是当转矩信号和车速信号输入单片机后，单片机根据这些信号计算出最优化助力转矩，然后输出此值给 D/A 转换器，输出电流指令信号给电动机控制电路，由控制电路决定电动机作用的大小和方向。此外，ECU 也有采用数字信号处理器（DSP）作为控制单元的。控制系统与控制算法也是 EPS 的关键之一，控制系统应具有强抗干扰能力，控制算法应快速准确，以满足实时控制的要求。ECU 还具有安全保护和故障诊断功能。ECU 通过采集电动机电压、转速等信号判断其系统工作状况是否正常，一旦系统工作异常，ECU 将进行故障诊断分析，单片机将记录下故障类型，点亮仪表板上的故障灯，同时 ECU 上的故障码显示灯点亮，离合器断开，助力被取消，系统转入人工转向状态。

二、电动助力转向系统工作原理

如图 10-7 所示，电动助力转向系统的工作原理是：不转向时，助力电动机不工作；而当转向盘转动时，与转向轴相连的转矩传感器不断地测出作用于转向轴上的转矩，并由此产生一个电压信号；同时，由车速传感器测出的汽车车速，也产生一个电压信号。这两路信号均被传输到电子控制单元（ECU），经过其运算处理后，由 ECU 向电动机和离合器发出控制指令，即向其输出一个适合的电流，在离合器结合的同时使电动机转动产生一个转矩，该转矩经与电动机连在一起的离合器、减速机构减速增矩后，施加在输出轴上，输出轴的下端与齿轮齿条转向器总成中的小齿轮相连，于是由电动机发出的转矩最后通过齿轮齿条转向器施加到汽车的转向机构上，使之得到一个与工况相适应的转向助力。

三、电动助力转向的控制方法

1. 电动助力转向的控制原理

电动助力转向的控制系统如图 10-12 所示。该系统的核心是一个有 4KB ROM 和 256KB RAM 的 8bit 微机。

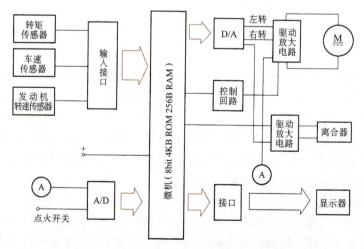

图 10-12　电子控制电动助力转向的控制系统

转向盘转矩信号和车速信号经过输入接口送入微机，随着车速的升高，微机控制相应地降低助力电动机电流，以减少助力转矩。发动机转速信号也被送入微机，当发动机处于怠速时，由于供电不足，助力电动机和离合器不工作。点火开关的通断（ON/OFF）信号经 A/D 转换接口送入微机。当点火开关断开时，电动机和离合器不能进入工作。微机控制指令经 D/A 转换接口送入电动机和离合器的驱动放大电路中，控制电动机的旋转转向和离合器的离合。电动机的电流经驱动放大回路、电流表 A、A/D 转换接口反馈给微机，将电动机的实际电流与按微机指令应给的电流相比较，调节电动机的实际电流，使两者接近一致。随着汽车车速和转向转矩的变化，助力电动机通过的电流也应变化。

2. 电动助力转向的控制策略

EPS 系统可以对转向过程中的每个环节（转向、回正、中间位置）进行精确控制，从而提高汽车转向助力性能。微机可以根据各种传感器的信号，判断转向状态，选择执行不同控制模式，根据这些要求，制定 EPS 的控制策略。

(1) 助力控制 助力控制是在转向过程（转向角增大）中为减轻转向盘的操纵力，通过减速机构把电动机转矩作用到机械转向系统（转向轴、齿轮、齿条）上的一种基本控制模式。助力控制的驱动方式为（参见图 10-10 电动机正反转控制电路）：使晶体管 VT_1 导通，VT_2、VT_3 截止，VT_4 斩波。该控制利用电动机转矩和电动机电流成比例的特性，由转向盘转矩传感器检测的转矩信号和由车速传感器检测的车速信号输入控制器单片机中，根据预制的不同车速下"转矩-电动机助力目标电流表"，确定出电动机助力的目标电流，通过对反馈电流与电动机目标电流相比较，利用 PID 调节器进行调节，输出 PWM 信号到驱动回路以驱动电动机产生合适的助力。

(2) 回正控制 回正控制是为改善转向回正特性的一种控制模式。汽车在行驶过程中转向时，由于转向轮主销后倾角和主销内倾角的存在，使得转向轮具有自动回正的作用，随着车速的提高，回正转矩增大，而轮胎与地面的侧向附着系数却减小，二者综合作用使得回正性能提高。根据转向盘转矩和转动的方向可以判断转向盘是否处于回正状态。回正控制主要用于低速行驶，此时电动机控制电路实行断路，即四个晶体管均处于截止状态，保持机械系统原有的回正特性。对于高速行驶，为防止转向回正超调，采用阻尼控制方式。

(3) 阻尼控制 阻尼控制是汽车运行时为提高高速直线行驶稳定性的一种控制模式。汽车高速行驶时，如果转向过于灵敏，会影响汽车的行驶稳定性，为提高直线行驶的稳定性，在死区范围内进行阻尼控制。

电动机理想模型的基本方程为

$$u(t) = R_a i_a(t) + K_E \omega(t) + L_a \frac{di_a}{dt} \tag{10-2}$$

式中　$u(t)$、$i_a(t)$——分别为电动机的端电压和电枢电流；

$\omega(t)$——电动机转速；

R_a、L_a——分别为电动机等效内阻和电感；

K_E——电动势常数。

EPS 系统中所用电动机的电枢电感很小，产生的感应电动势可忽略不计。若将电动机两端短路，则有

$$i_a(t) = \frac{-K_E \omega(t)}{R_a} \tag{10-3}$$

因此，用一定占空比的 PWM 信号在电动机控制电路内部使电动机短路，电动机旋转产

生的反电动势形成阻碍电动机继续旋转的阻尼转矩，改变占空比，即改变了阻尼转矩的大小。

3. 电动助力转向的控制逻辑

目前一般由计算机控制的电动助力转向系统为车速感应控制型。根据汽车理论，随着车速的提高给以转向盘的辅助助力应该相应地减小。也就是说，随着车速的升高，助力电动机的电流应该减小。然而在实际的控制中，电动机电流是按阶梯状态下降的。在起动和低速时电动机电流的变化比较大，因为在车速极低时，转向盘上所需的转矩比中速时大得多。当车速超过 30km/h 时，转向盘上的操纵力很小，为了保持一定的操作手感，这时助力电动机和电磁离合器停止工作。另外，助力电动机的电流还随着转向盘转矩的增加而增加，当转向盘转矩增加到一定程度后，在一定的车速范围内，电动机电流就维持不变。因为更大的转向盘转矩出现的概率很小，所以从整体上说对驾驶人的转向操纵力影响不大。助力电动机的控制逻辑如图 10-13 所示。

4. 电动助力转向的控制流程

根据控制策略和控制算法，设计相应的控制软件，控制软件流程图如图 10-14 所示。

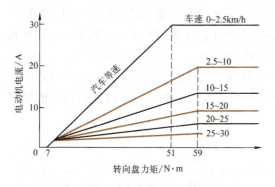

图 10-13 助力电动机控制逻辑

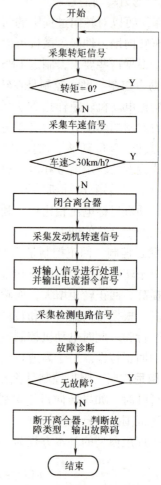

图 10-14 控制软件流程图

第四节 电动助力转向系统性能台架试验

进行电动助力转向系统性能台架试验的目的是求出在变负载条件下描述电动助力转向系统性能的主要特性曲线，即表征电动机转矩（电流）、转向盘转矩和车速三者之间的关系曲线。在进行电动助力转向系统性能试验之前，需要对电动机电流传感器、转矩传感器进行标定。

下面以转向轴助力式的电动助力转向系统作为试验对象，电动机为直流永磁式，额定功率180W，额定电压12V，额定电流30A，额定转矩1.1N·m，额定转速1200r/min，采用蜗轮蜗杆减速器，速比为15∶1。

一、电动助力转向系统性能试验台

图10-15所示为电动助力转向系统性能试验台。信号发生器用来产生车速及发动机转速信号，汽车转向时的地面阻力则由弹簧来模拟，通过调节弹簧的预紧力可改变负载的大小，弹簧与转向器之间安装负载传感器，电动助力转向系统的工作电压由12V蓄电池提供，计算机采集系统可实时采集转向盘转矩、车速、电动机电流以及转向齿条轴的负载等信号。

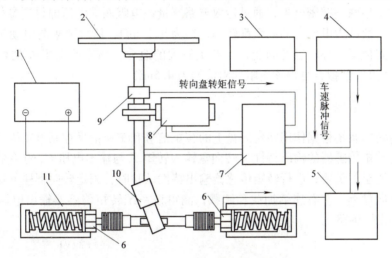

图 10-15　电动助力转向系统性能试验台

1—蓄电池　2—转向盘　3—模拟车速信号　4—模拟发动机转速信号　5—计算机数据采集系统
6—压力传感器　7—EPS控制器　8—电动机　9—转矩传感器　10—转向器　11—弹簧加载箱

所测试电动助力转向系统的控制器信号接口如图10-16所示。

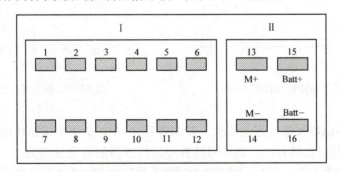

图 10-16　控制器信号接口图

1—点火信号接口　2—车速接口　3—转矩传感器电源正接口　4—未用接口　5—故障指示灯接口　6—离合器正接口
7—发动机转速接口　8—转矩主信号接口　9—转矩传感器电源负接口　10—转矩故障判断接口　11—离合器负接口
12—故障码接口　13—电动机正接口　14—电动机负接口　15—蓄电池正接口　16—蓄电池负接口

按接口定义，正确地接入有关信号，当控制器检测到发动机点火信号后，便进行自检，包括对转向盘转矩、车速、发动机转速以及蓄电池电压等信号进行检测。如果上述信号正常，控制程序开始运行，安全继电器及电磁离合器吸合，控制器进入工作状态。当驾驶人转动转向盘时，转矩传感器将转向盘转矩信号送到控制器，控制器根据转矩、车速信号和反馈电流信号进行处理运算后，将控制信号输出到驱动单元，驱动电动机产生合适的助力转矩，辅助驾驶人完成转向操作。

二、电动机电流传感器的标定

由直流电动机特性可知，电动机输出转矩与电枢电流成正比，因此助力电流是表征电动助力转向系统助力特性的重要参数之一。被试电动助力转向系统的ECU，在其与电动机电枢连接的回路中串联一精密电阻，通过运放电路测量该电阻两端电压即得到参与控制计算的反馈电流值。一般助力电动机的内阻都较小，约为几十 $m\Omega$，所以要求与电动机串联的电阻阻值很小，且阻值不随环境温度的变化而产生较大的改变。该精密电阻 R 的标定曲线如图10-17所示，通过线性拟合可得该电阻的阻值约为 $4.5m\Omega$。

三、转矩传感器输出特性

电动助力转向系统根据作用在转向盘上的转矩信号和车速信号控制电动机产生相应的助力转矩，因此转矩传感器的输出特性（转向盘输入转矩 T_S 与输出电压 U_0 的关系）对电动助力转向系统性能至关重要，进行转矩传感器输出特性试验时，固定转向管柱下端，将转矩标定盘固定在转向盘上，左右连续加载和卸载，测得该系统转矩传感器输出电压与加载转矩 T_S 的关系（见图10-18）。

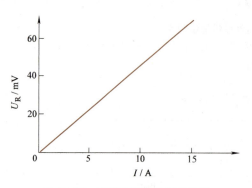

图10-17 反馈精密电阻标定曲线

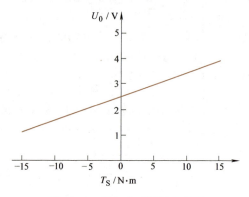

图10-18 转矩传感器输出特性

该传感器的输出特性呈良好的线性，转向盘在中间位置（未施加作用力）时，传感器的输出为2.5V，转向盘转到左、右极限位置时，传感器的输出分别为1.1V和3.9V，转矩传感器的标定系数为 $10N \cdot m/V$。电动助力转向系统控制器可根据转矩传感器输出电压的大小（=2.5V、>2.5V 或<2.5V）判断是否在进行转向及其转动方向。

四、电动助力转向系统助力特性

无助力状态下电动助力转向系统的力学特性（转向盘转矩 T_S 与负载 F 之间的关系）如图10-19所示。图中，转向和回正曲线不重合是由于弹簧负载箱滑动端的运动摩擦及转向系内摩擦而造成的；左右两端的尖峰是齿条运动到极限位置时转向盘上仍施加转矩而形成的。

有助力状态下的电动助力转向系统的主要性能，可用某一负载下不同车速 v_a 时的电机转矩 T_M（或电流 I）随转向盘转矩 T_S 变化的曲线簇（助力特性曲线）来表示。在试验台上，为了便于进行性能的比较，试验取常用负载 1000N，车速为 0~80km/h 作为试验的条件。

由电动助力转向系统不同车速下的转向助力特性曲线（见图 10-20）可知：

1）所有的助力曲线中电流基本上均从死区端点开始随转向盘转矩的增大近似线性增加，直至达到试验载荷下的最大值点或饱和点。该系统转向盘转矩死区范围为 ±1N·m，在死区内电动机的助力电流为 0。

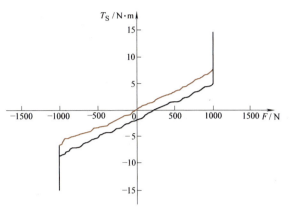

图 10-19　电动助力转向系统力学特性

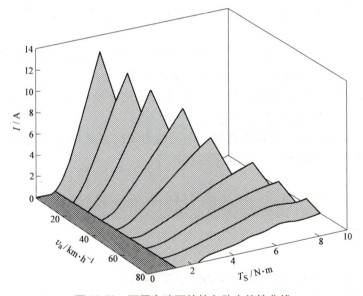

图 10-20　不同车速下的转向助力特性曲线

2）该系统各特性曲线最大值点的助力电流随车速的增大而减小。当车速 v_a = 0km/h 时，电动机电流最大（I_{max} = 12.5A），转向盘转矩最小（T_{Smin} = 3.0N·m），故有良好的轻便性；当车速 v_a > 80km/h 时，助力电流很小（I ≤ 2.1A），电动机几乎不产生助力，转向盘转矩最大（T_{Smax} = 8.1N·m），具有明显的稳重感。

根据试验结果，对助力曲线簇的变化规律做进一步分析。从图 10-20 中的曲线可知，当转向盘转矩超过死区后，转向助力几乎随转向盘转矩呈线性增加，直至饱和。在线性助力区内，有 $I = f(v_a, T_S)$，在某一特定车速下则存在线性的函数关系 $I = KT_S + I_0$，式中 K 为助力曲线斜率，I_0 为截距。图 10-21 所示为车速 v_a = 0km/h 时助力电流随转向盘转矩的关系曲线，通过线性拟合，得到 K = 6.25。同理可得其他车速下的曲线斜率 K 值（见图 10-22）。曲线斜率随着车速的增大而减小，当车速 v_a > 80km/h 时斜率几乎不再变化。

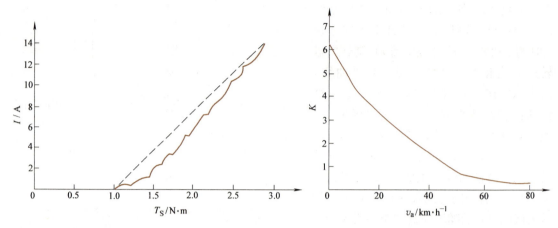

图 10-21 零车速时的转向助力特性曲线　　图 10-22 转向助力曲线斜率与车速关系

通过对该电动助力转向系统进行台架试验，得到如下结论：

1) 相同车速下，电动助力转向系统助力值从死区至饱和点随转向盘转矩的增加基本呈线性增大。

2) 相同负载下，电动助力转向系统的助力曲线斜率随车速的增大而减小，当车速超过 80 km/h 时，电动机助力很小，且几乎不随车速而变化。

3) 电动助力转向系统转矩传感器以 2.5V 作为输出零点，左、右呈线性变化，转向盘转到左、右极限位置时，输出电压分别为 1.1V 和 3.9V。

4) 为提高转向盘中间位置时的路感，电动助力转向系统设定转向盘转矩死区范围为 ±1N·m，即在此转矩范围内，电动机不提供助力。

第五节　电动助力转向系统检测试验

一、试验目的与要求

1) 进一步了解汽车电动助力转向系统的结构、原理。
2) 掌握电动助力转向系统部件、总成的检测方法。
3) 掌握汽车电动助力转向系统的常见故障类型及检测诊断方法。
4) 掌握电动助力转向系统故障码的读取方法。

二、试验用品

1) 三菱"米尼卡"试验用车。
2) 数字万用表、举升机。
3) 相关维修手册、常用工具。

三、试验技术标准及规范

1) GB/T 15746—2011《汽车修理质量检查评定方法》。
2) GB 7258—2017《机动车运行安全技术条件》。

3）GB/T 3798—2005《汽车大修竣工出厂技术条件》。
4）三菱汽车维修手册。

四、试验内容与方法

本试验用车的电动助力转向系统为三菱"米尼卡"车所配电动助力转向系统，结构原理如图 10-23 所示。

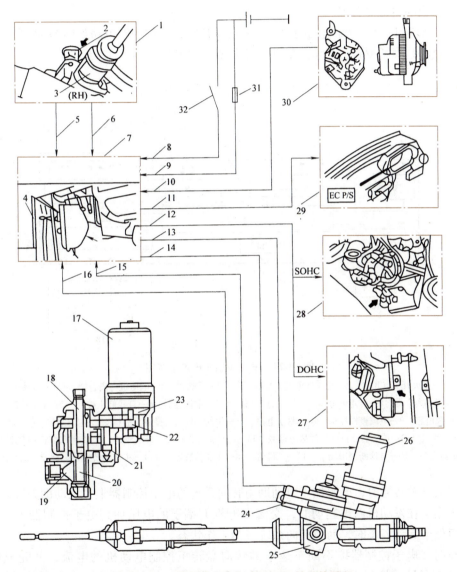

图 10-23　三菱"米尼卡"车 ECPS 的结构原理

1—车速传感器　2—速度表引出电缆的部位　3—传动轴　4—副驾驶人脚下部位　5—车速信号（主）
6—车速信号（副）　7—ECPS 电子控制器　8—点火电源信号　9—蓄电池信号　10—发电机信号
11—指示灯电流信号　12—提高怠速电流信号　13—电动机电流信号　14—离合器电流信号　15—转矩信号（主）
16—转矩信号（副）　17—电动机　18—扭杆　19—齿条　20—小齿轮　21—传动齿轮　22—电动机齿轮
23—离合器　24—转矩传感器　25—转向器齿轮总成　26—电动机与离合器　27—发动机电子控制器
28—怠速提高电磁阀　29—指示灯　30—交流发电机（L 端子）　31—熔丝　32—点火开关

由图可知，交流发电机的"L"端子可视为向电子控制器（ECU）输出信号的一个传感器，利用交流发电机的"L"端子电压可以判断发动机是否转动。当发动机还未发动而使电动助力转向系统工作时，由于电动机最大电流约为30A，就会造成蓄电池亏电和容量下降。

电动机和离合器接收电子控制器输出的控制电流，产生助力转矩，经传动齿轮减速后，再经过小齿轮实现助力转向。电动机的动力是通过行星齿轮机构传递的。离合器是由电磁铁和弹簧等组成的电磁离合器。

三菱"米尼卡"车所配电动助力转向系统采用的电子控制器电路如图10-24所示。电子控制器的核心是摩托罗拉公司生产的8bit单片机MC6805。

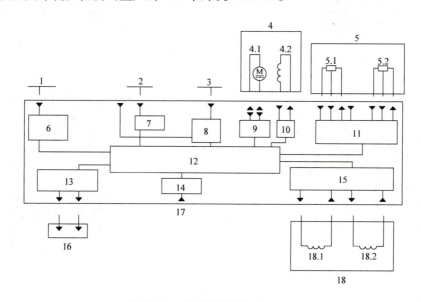

图 10-24　电子控制器电路示意图

1—点火开关（IGI）　2—交流发电机（L端子）　3—易熔线　4—电动机与离合器　4.1—电动机
4.2—离合器　5—转矩传感器　5.1—副传感器　5.2—主传感器　6—自我修正控制　7—发电检测
8—电源电路　9—电流极性控制　10—驱动电路　11—中间、转向、操纵力的检测，主、副转矩传感器之差
12—8bit单片机　13—传感器、执行部件故障检测　14—电动机工作检测　15—车速、加减速基准车速的对比，主副
车速传感器之差　16—自诊断测用端子　17—二极管　18—车速传感器　18.1—主车速传感器　18.2—副车速传感器

当点火开关接通时，电源加于电动助力转向系统的电子控制器上，电动助力转向系统才能进行工作。在发动机已被起动时，交流发电机L端子的电压加到电子控制器上。当检测到发动机处于起动姿态时，助力转向系统转为工作状态。

行车时，电子控制器按不同车速下的转向盘转矩控制电动机的电流，并完成电子控制转向和普通转向控制之间的转换。当车速高于30km/h时，则转换成普通的转向控制，电子控制器没有离合器信号和电动机电流输出，离合器处于分离状态。当车速低于27km/h时，电子控制器输出离合器信号和电动机电流，普通转向控制转换为助力转向的工作方式。

电动助力转向系统的电子控制器还具有自我修正的控制功能。当电动助力转向系统出现故障时，可自动断开电动机的输出电流，恢复到普通转向系统；同时速度表内的相应警告灯点亮，以通知驾驶人，电动助力转向系统发生故障。

1. 电动助力转向系统的检测

(1) 转矩传感器的检测

1) 从转向机总成上拔开转矩传感器插接器，其端子排列如图10-25b所示，测量转矩传感器3号与5号端子之间、8号与10号端子之间的电阻，标准值应为（2.18±0.66）kΩ。若不符合要求，说明转矩传感器异常。

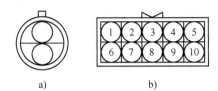

图 10-25 EPS 各部件插接器端子排列

a) 电动机插接器 b) 转矩传感器和电磁离合器插接器 c) 车速传感器插接器

2) 用万用表直流电压档测量上述各端子之间的电压，用以判定转矩传感器是否良好。将转向盘置于中间位置，测量其端电压，测量值标准见表10-1。

表10-1 转矩传感器端子电压测量标准

序号	测量部分	测量值	传感器状态
1	3号与5号端子之间，8号与10号端子之间	=2.5V	良好
2	3号与5号端子之间，8号与10号端子之间	>4.7V	断路
3	3号与5号端子之间，8号与10号端子之间	<0.3V	短路

(2) 电磁离合器的检测　断开电磁离合器插接器，其端子排列如图10-25b所示。将蓄电池的正极接到1号端子上，蓄电池的负极与6号端子相接。在接通与断开6号端子的瞬间，离合器应有工作声音。若没有声音，表明电磁离合器有故障，应更换转向机总成。

(3) 直流电动机的检测　电动机插接器的端子排列如图10-25a所示。给电动机加上蓄电池电压时，电动机应有转动声音。若没有声音，应更换转向机总成。

(4) 车速传感器的检测

1) 从变速器上拆下车速传感器，用手转动车速传感器的转子，检查其能否顺利运转，若有卡滞应予更换。

2) 拔开车速传感器插接器，其端子排列如图10-25c所示。测量车速传感器插接器1号与2号端子之间、4号与5号端子之间的电阻值，其值应在（165±200）Ω范围内。若不符合要求则必须更换车速传感器。

2. 电动助力转向系统故障码的读取

当汽车点火开关处于"ON"位置时，EPS警告灯应点亮，当汽车发动机起动工作正常后警告灯应熄灭。若点火开关处于"ON"位置时警告灯不亮，应检查灯泡是否损坏，熔丝和导线是否断路。若发动机起动后，警告灯仍亮，首先应考虑该系统是否处于保险状态（只有常规转向工作，无电动助力），然后进行自诊断操作。

(1) 自诊断操作　自诊断操作如图10-26所示。将万用表直流电压档的正测试棒（测头）接在诊断插接器的2号端子上，负测试棒搭铁，接通点火开关"ON"，通过表针的摆动显示故障码。如果有多个故障码，故障码将以由小到大的顺序显示出来。故障码波形如图

10-26b 所示，各故障码及含义见表 10-2。

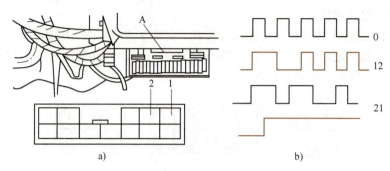

图 10-26 自诊断操作

a）自诊断插接器　b）故障码输出波形

1—多点燃油喷射　2—电动助力转向　A—连接片

表 10-2 三菱微型汽车 ESP 系统故障码及含义表

故障码	检查诊断项目	故障码	检查诊断项目
0	正常	41	直流电动机
11	转向力矩传感器（主）	42	直流电动机电流
12	转向力矩传感器（副）	43	直流电动机过电流
13	转向力矩传感器（主、副侧压差过大）	44	直流电动机锁止
21	车速传感器（主）	51	电磁离合器
22	车速传感器（主、副压差过大）	54	ESP 控制装置
23	车速传感器（主）电压急减	55	转向力矩传感器 E/F 回路不良
31	交流发电机 L 端子	—	ESP 控制装置（微机）不良

（2）故障检测实例　某三菱微型汽车转向装置时常失效而停驶。检查时发现故障警告灯点亮，为常规转向机构（无电动助力），完全处于保险状态。其诊断顺序如下：

1）进行自诊断操作。将电压表接到自诊断插接器上，接通点火开关后，电压表显示出故障码 41、42，查表 10-2 得知其故障与电动机有关。

2）再现试验。确知故障码后，首先把蓄电池负极搭铁线拆下 30s 以上，即清除诊断记忆后，再重复第一项操作方法，若故障码又重复显示，即证明电动机确有故障。

3）故障码 41 的检查。可按如下方法进行：起动发动机，不转动转向盘，观察故障码是否再次出现。再现时，按照故障码含义检查有关部件；不再现时，按下述几项内容检查：

① 拆下电动机导线插接器，用万用表电阻档检查电动机的两接线端子之间、端子与接地（外壳）之间的导通状态。电动机两接线端子之间应为导通状态，若不通，则表明内部断路；电动机接线端子与接地（外壳）之间应不通，若导通，则表明两接线端子与外壳之间有短路故障。

② 若电动机及其接线端子均正常，应检查转向机总成到 ECU 之间的导线是否良好（用手晃动，检查导线插接器固定是否松动），若导线正常，则表明 ECU 不良。

③ 检查导线无异常时，再进行行驶试验，若故障码不再出现，转动转向盘，检查电动机的工作状态。

4）故障码 42 的检查。可按如下方法进行：起动发动机，用小于 1r/s 的速度转动转向盘，观察故障码是否再现，若不再现时，按 3）项中所述方法检查导线，无异常时，通过行驶，进行再现试验。

通过诊断，若故障码 42 再现，而且又出现 11 号、13 号故障码时，说明转矩传感器系统的导线故障，或者转向机总成异常。

5）故障码 43 的检查。起动发动机，不转动转向盘，检查故障码是否再现。若再现，则表示 ECU 不良。故障码不再现时，试转动转向盘，若此时故障码再现，应检查导线。

6）故障码 44 的检查。起动发动机，不转动转向盘，观察故障码是否再现。再现时，应检查与电动机有关的导线，若导线没有异常，用良好的 ECU 将原车上的 ECU 换下，进行对比检查判断。若故障码不再现时，将点火开关重复接通、关断 6 次，并使点火开关在 OFF 位时的时间在 5s 以上。如此反复检查就能把故障部位查清楚。

五、试验注意事项

1）试验时严格按照操作规程进行，注意用电安全。

2）在使用万用表时，注意档位的选择。

3）在测量电压时，点火开关应处于"ON"位置，蓄电池电压应不小于 11V。

4）测量电阻时要在垂直和水平方向轻轻摇动导线，以提高准确性。

5）检查线路断路故障时，应先脱开 ECU 和相应传感器的插接器，然后测量插接器相应端子间的电阻，以确定是否有断路或接触不良。

6）在拆卸发动机微机控制系统线路之前，应首先切断电源，即将点火开关断开（OFF），拆下蓄电池负极搭铁线。

7）测量两个端子间或两条线路间的电压时，应将万用表的两个表笔（测头）与被测的两个端子或两根导线接触，测量某个端子或某条线路的电压时，应将万用表的正表笔与被测的端子或线路接触，而将万用表的负表笔与地线接触的正确方法查找电动助力转向系统传感器及执行元件的故障。

思考题与习题

10-1 简述对助力转向系统的基本要求。

10-2 液压式电子控制助力转向系统有哪些类型？简述各种类型的工作特点。

10-3 电动助力转向系统具有哪些特点？

10-4 试分析电动助力转向系统的工作原理。

10-5 简述电动助力转向系统的控制原理及控制策略。

第十一章

汽车行驶安全性控制系统

汽车的行驶安全性分为主动安全性和被动安全性两大类。行驶主动安全性是指汽车避免发生意外事故的能力；而被动安全性，则是指汽车在发生意外事故时对乘员进行有效保护的能力。通俗地讲，主动安全性就是使汽车在行驶时"有惊无险"；而被动安全性则是汽车发生事故时"车毁人不亡"。除了通过一定的法律法规保证汽车行驶的秩序，减少交通事故之外，在汽车上必须具备相关的装置或机构（比如汽车的制动系统、安全气囊等）来保证汽车的行驶安全性。随着汽车数量的急剧增加，对汽车行驶安全性的要求也越来越高，不仅加强了对交通秩序的管制，对汽车这个现代交通工具自身的安全性也提出了新的要求。电子控制技术在汽车上的应用对改善和提高汽车行驶安全性起到了里程碑式的作用。现代汽车上普遍装备有能够改善和提升汽车行驶主动安全性和被动安全性的电子控制系统，比如，汽车防抱死制动系统、驱动防滑控制系统、制动力分配与差速锁的电子控制、安全气囊、安全带、防/避撞系统等。这些都为减少交通事故提供了硬件基础。

第一节 汽车防滑控制系统

汽车防滑控制系统能够显著提高汽车行驶主动安全性能，主要包括汽车电子控制制动系统，如防抱死制动系统（Anti-lock Braking System，缩写 ABS）、电子感应制动系统（Sensotronic Braking Control，缩写 SBC）、电子制动系统（Electronic Braking System，缩写 EBS）、电子制动力分配（Electric Brake Force Distribution，缩写 EBD）、驱动防滑控制系统（Anti-Slip Regulation，缩写 ASR）或驱动力控制系统（Traction Control System，缩写 TCS）及电子差速锁（Electronic Differential System，缩写 EDS 或 Electronic Differential Locking Traction Control，缩写 EDL）。

一、汽车防抱死制动系统（ABS）

汽车防抱死制动是将传统的制动过程转变为瞬态控制的制动过程，其特点是在任何情况下都能使紧急制动的车轮保持在最佳的制动状态，获得最佳的制动效果。ABS 具有以下优点：

1) 保持汽车制动时的方向稳定性。
2) 保持汽车制动时的转向能力。
3) 缩短制动距离。ABS 能保证汽车在雨后、冰雪及泥泞路面上获得较高的制动效能，防止汽车侧滑甩尾（松散的沙土和积雪很深的路面除外）。
4) 减少制动时轮胎的磨损。ABS 能防止轮胎在制动过程中产生严重的拖痕，提高轮胎使用寿命。
5) 降低驾驶人的疲劳强度（特别是汽车制动时的紧张情绪）。

（一）汽车 ABS 的理论依据

在驾驶人、汽车和环境三者所组成的闭环控制系统中，汽车与路面之间的联系是轮胎与路面之间的作用力。由于汽车的行驶状态主要是由轮胎与路面之间的纵向作用力与横向作用力决定的，因此，驾驶人对汽车的控制实质是在控制车轮与路面之间的作用力。但是，车轮与路面之间的作用力必然受到轮胎与路面之间附着力的限制，汽车的加速与减速运动主要受到车轮纵向附着力的限制，而汽车的转向运动和抵抗外界横向力作用的能力则主要受车轮横向附着力的限制。

在行驶的路面上，轮胎与路面之间的附着力是轮胎与路面之间的摩擦力。因此，轮胎与路面之间的附着力必然会遵循摩擦定律，即轮胎与路面之间的附着力取决于其间的垂直载荷和附着系数，其关系为

$$F_\mu = F_N \mu \tag{11-1}$$

式中　F_μ——轮胎与路面间的附着力；
　　　F_N——轮胎与路面间的垂直载荷；
　　　μ——轮胎与路面间的附着系数。

汽车在制动过程中形成的主要摩擦力包括制动器制动力和地面制动力。制动器制动力是为了克服制动器摩擦力矩在轮胎周缘所需施加的力，它取决于制动器的形式、结构尺寸、制动器摩擦副的摩擦系数和车轮半径。在制动器结构一定的情况下，制动器制动力与制动分泵的压力（液压或气压）成正比。地面制动力是轮胎与地面之间的摩擦力，是使车轮制动而减速行驶的外力，方向与汽车行驶方向相反。地面制动力越大，制动减速度越大，制动距离就越短。制动初期，地面制动力随着制动器制动力增大而增加，但增加到一定程度就不会再增加了，有一定的限值。因为地面制动力是一个滑动摩擦约束力，它的最大值不能超过附着力，地面制动力的最大值即为地面附着力，或者说附着力是地面传递制动力的极限。因此，汽车的地面制动力首先取决于制动器制动力，但同时又受路面附着条件限制。要想获得足够的地面制动力，首先汽车应具有足够的制动器制动力，其次路面还要提供较高的附着力。由式（11-1）可知，要提高地面制动力，改善汽车的制动效果，则须提高路面附着系数。在汽车行驶过程中制动时的路面附着系数 μ 并非是一个常数，而是一个与车轮滑移程度即滑移率有关的变量。滑移即为汽车制动时出现车轮速度小于汽车车身速度而导致车轮既滚动又滑动的现象。车轮的滑移率定义为

$$\lambda = \frac{v_v - v_\omega}{v_v} \times 100\% = \left(1 - \frac{v_\omega}{v_v}\right) \times 100\% = \left(1 - \frac{\omega R}{v_v}\right) \times 100\% \tag{11-2}$$

式中　v_v——汽车行驶（平移）的瞬时速度；
　　　v_ω——车轮的瞬时线速度；
　　　ω——车轮旋转的角速度；
　　　R——车轮有效滚动半径。

汽车制动效能的高低也主要反映在对地面最大附着系数的利用率上。附着系数与滑移率之间的变化关系如图 11-1 所示。由图可见，纵向附着系数 μ_p 随滑移率 λ 的增大急剧上升，并在滑移率 λ = 15%～30%时达到最大值。如滑移率 λ 继续增大，纵向附着系数 μ_p 则逐渐减小。横向附着系数 μ_y 在 λ = 0 时为最大值，并随滑移率 λ 增大而迅速降低；当车轮抱死（λ = 100%）时，横向附着系数 μ_y 几乎为零，汽车将失去应有的方向稳定性及操纵性。制动时，若能使滑移率 λ 保持在 15%～30%之间，即达到最佳滑移率范围，便可获得最大的纵向

附着系数和较大的横向附着系数,路面将提供最大的纵向附着力,使制动处于最佳状态。然而,一般的制动装置很难做到这一点。电子控制防抱死制动装置(ABS)可使作用在车轮制动器上的制动力按要求变化,以控制车轮的瞬时速度,确保车轮滑移率维持在上述最佳范围内,获得最好的制动效果。

此外,附着系数与滑移率的关系随路面的性质和状况不同而不尽相同。图11-2所示为几种典型路面附着系数随滑移率变化的曲线。

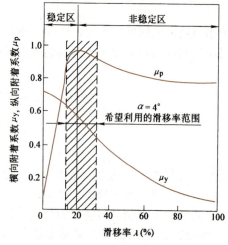

图 11-1　附着系数与滑移率的关系　　　　图 11-2　不同路面附着系数与滑移率的关系

(二) 汽车 ABS 的结构组成、工作原理与分类

1. 汽车 ABS 的结构组成与控制部件的安装位置

目前,世界上生产 ABS 的厂家较多,其产品的形式与结构不尽相同,但一般来说都是在常规制动装置的基础上,增设车轮转速传感器、电子控制单元(ECU)、制动压力调节器和 ABS 警告灯等部件所构成,如图 11-3 所示。控制部件的安装位置如图 11-4 所示。ABS

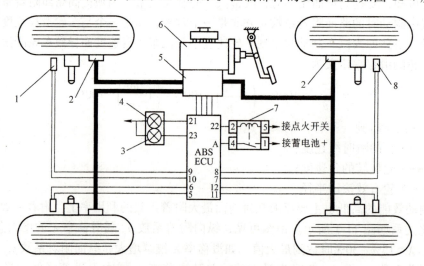

图 11-3　汽车防抱死制动系统的组成简图

1—前轮转速传感器　2—制动分泵　3—ABS 指示灯　4—制动警告灯
5—制动压力调节器　6—制动总泵　7—ABS 继电器　8—后轮转速传感器

ECU 与基本输入、输出信号如图 11-5 所示。

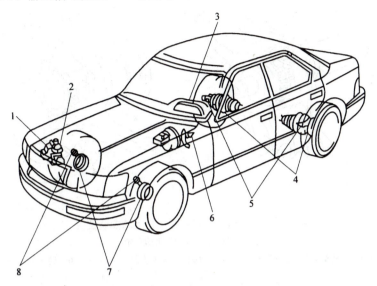

图 11-4　ABS 控制部件的安装位置
1—制动压力调节器　2—ABS ECU　3—ABS 指示灯　4—后轮转速传感器转子
5—后轮转速传感器　6—制动灯开关　7—前轮转速传感器转子　8—前轮转速传感器

(1) 车轮转速传感器　车轮转速传感器通常是电磁感应式转速传感器或霍尔效应式车轮转速传感器。传感器的功用是检测车轮的转速并把转速信号送到 ECU。它安装在随车轮或驱动轴旋转的齿圈处，并与齿圈对准，如图 11-6 所示。

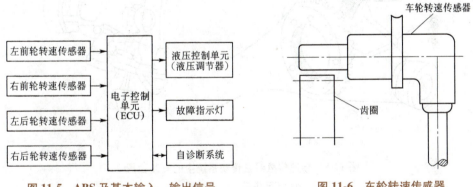

图 11-5　ABS 及基本输入、输出信号　　　　图 11-6　车轮转速传感器

1) 电磁感应式车轮转速传感器。其主要由齿圈和电磁感应头两部分组成，如图 11-6 所示。用于感测非驱动车轮转速的传感器通常也设置在车轮处，有些车型将车轮转速传感器设置在主减速器或变速器中。

车轮转速传感器的一种安装形式如图 11-7 所示，齿圈安装在随车轮一同转动的部件上，如半轴、轮毂、制动盘等；而电磁感应头则安装在车轮附近不随车轮转动的部件上，如半轴套管、转向节等。电磁感应头与齿圈之间的间隙很小，通常在 0.5~1.0mm 之间，多数车轮转速传感器的间隙是不可调的。

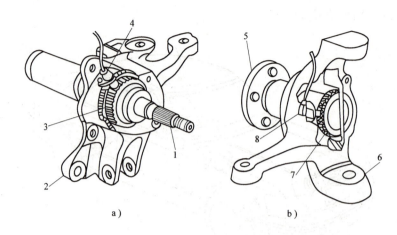

图 11-7 车轮转速传感器在车轮上的安装位置

a) 驱动车轮　b) 非驱动车轮

1—半轴　2—悬架支撑　3—齿轮　4、8—电磁感应式传感器　5—轮毂　6—转向节　7—齿圈

　　一些后轮驱动的汽车只在主减速器或变速器中安置 1 个电磁感应式转速传感器，如图 11-8 所示，传感器安置在主减速器输入轴上（或者直接利用主减速器齿轮）或变速器输出轴上。转速传感器设置在传动系统中，该转速传感器感测的是两后轮的平均转速，因此，只适用于对两后轮进行同一控制的布置形式。

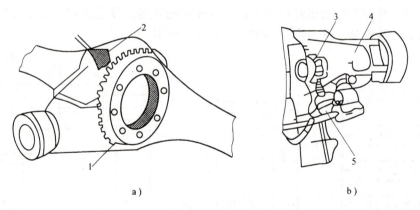

图 11-8 转速传感器在传动系统中的安装位置

a) 主减速器　b) 变速器

1—主减速器从动齿轮　2、5—电磁感应式转速传感器　3—齿圈　4—变速器

　　电磁感应头主要由永磁铁、磁极和线圈组成。传感器齿圈是由磁阻较小的铁磁性材料组成，其基本结构如图 11-9 所示。

　　如图 11-9 所示，该传感器的工作原理为：当齿圈的齿根与电磁感应头的端部相对时，电磁感应头端部与齿圈之间的气隙最大，通过传感线圈的磁力线最少；而当齿圈的齿顶与感应头端部正对时，气隙最小，通过传感线圈的磁力线最多。当齿圈随同车轮转动时，齿圈的齿根和齿顶交替地与传感器感应头端部相对，通过传感线圈的磁力线随之发生疏密交替变化，在传感线圈中就会感应出交变电压，交变电压的频率与齿圈的齿数和转速成正比，因此，转速传感器输出的交变电压频率就与车轮的转速成正比。另外，车轮转速也会影响传感器输出交变电压的幅值的大小。

2）霍尔式传感器。霍尔效应式车轮转速传感器的基本原理如图 11-10 所示。永磁铁的磁力线穿过霍尔元件，通向齿轮，这时齿轮的作用相当于一个集磁器。当齿轮处于图 11-10a 所示状态时，磁力线分散，穿过霍尔元件的磁场相对较弱。当齿轮处于图 11-10b 所示状态时，磁力线密集，穿过霍尔元件的磁场较强，引起霍尔电压的变化。

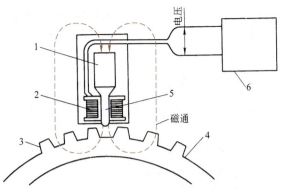

图 11-9 电磁感应式车轮转速传感器的基本结构

1—磁铁 2—线圈 3—细轮齿 4—齿圈（回转）
5—磁极 6—电子模块

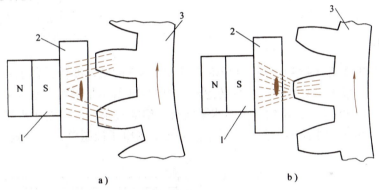

图 11-10 霍尔式轮速传感器磁路图

a）霍尔元件磁场较弱 b）霍尔元件磁场较强
1—永磁体 2—霍尔元件 3—齿圈

通过齿轮的运动，霍尔元件输出 mV 级的准正弦波电压。若要将它变换成标准 TTL 脉冲电压，需通过放大、整形电路来实现。经放大整形后的转速信号波形如图 11-11 所示。

(2) 减速度传感器 减速度传感器（也称 G 传感器）能测出汽车制动时的减速度，识别是否为雪路、冰路等易滑路面。

目前使用的减速度传感器有差动变压器式、水银开关式和光电式传感器。

差动变压器式 G 传感器通常是利用差动变压器获得减速度信号，其工作原理如图 11-12、图 11-13 所示。汽车在正常行驶时，差动变压器线圈内的铁芯处于线圈中部位置。当汽车制动减速时，铁芯受惯性力（其惯性力与汽车的加、减速度的大小成正比，而方向相反）作用前后移动，从而

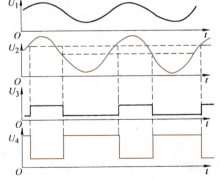

图 11-11 电子线路的各级输出波形

使差动变压器线圈内的感应电流发生变化，转换为电压作为输出信号。惯性力不同，铁芯在线圈内所处的位置随之不同，输出电压信号值的大小也不同。

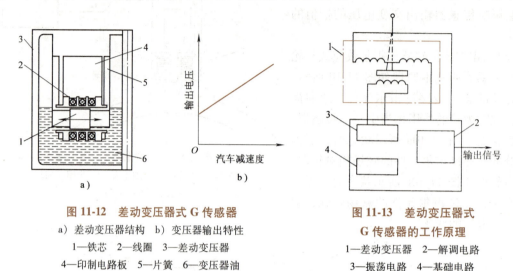

图 11-12　差动变压器式 G 传感器
a) 差动变压器结构　b) 变压器输出特性
1—铁芯　2—线圈　3—差动变压器
4—印制电路板　5—片簧　6—变压器油

图 11-13　差动变压器式
G 传感器的工作原理
1—差动变压器　2—解调电路
3—振荡电路　4—基础电路

近年来，四轮驱动（4×4）汽车也开始装用 ABS，它的减速度传感器主要用于检测汽车车身的减速度，一般采用的是开关型 G 传感器。图 11-14 所示是采用水银开关的 G 传感器的剖面图。如 A—A 剖面所示，水银开关与水平面有一定的夹角，汽车处于水平位置时开关处在"开"状态，可识别出路面的附着系数信息并传送到电子控制单元（ECU）。

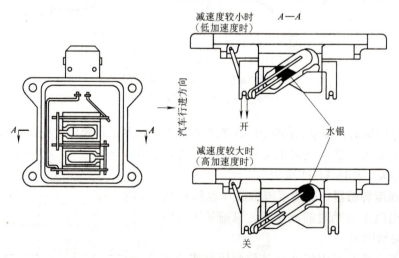

图 11-14　G 传感器水银开关

光电式减速度传感器由两只发光二极管 LED、两只光敏晶体管、一块透光板和信号处理电路等组成，结构如图 11-15a 所示。

透光板的作用是透光或遮光。当透光板上的开口位于发光二极管与光敏晶体管之间时，发光二极管发出的光线能够照射到光敏晶体管上，使光敏晶体管导通，如图 11-15b 所示。当透光板上的齿扇位于发光二极管与光敏晶体管之间时，发光二极管发出的光线被透光板上

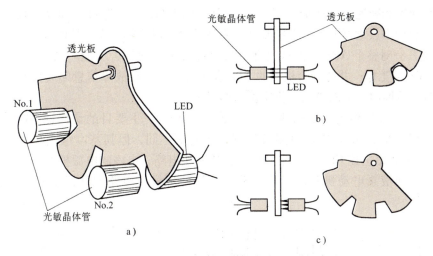

图 11-15 光电式减速度传感器结构原理
a) 元件位置 b) 透光时 c) 遮光时

的齿扇挡住而不能照射到光敏晶体管上,光敏晶体管处于截止状态,如图 11-15c 所示。

汽车匀速行驶时,透光板静止不动,传感器无信号输出。当汽车减速时,透光板沿汽车纵向摆动,如图 11-16 所示。减速度大小不同,透光板摆动角度就不同,两只光敏晶体管"导通"与"截止"状态也就不相同。减速度越大,透光板摆动角度越大。根据两只光敏晶体管的输出信号,就可将汽车减速度区分为四个等级,如表 11-1 所示。ABS 的 ECU 接收到传感器信号后,就可判定出路面状况,从而采取相应的控制措施。

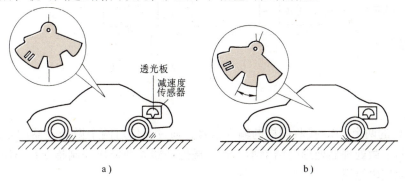

图 11-16 光电式减速度传感器工作情况
a) 匀速行驶 b) 减速行驶

表 11-1 减速度率的等级

减速度率等级	低减速率 1	低减速率 2	中等减速率	高减速率
No.1 晶体管	导通	截止	截止	导通
No.2 晶体管	导通	导通	截止	截止

另外,还有采用霍尔元件的模拟方式的 G 传感器。

(3) 电子控制单元(ECU) ECU 是 ABS 的控制中枢,其作用是接收从各个车轮速度传感器送来的信号,经整形放大变换为同频率的方波脉冲信号,经计算电路计算汽车参考车速、各车轮速度和减速度（或加速度），并对计算结果与设定的基准值加以比较，发出控制指令信号，经功率放大器放大，控制制动压力调节器的电磁阀动作，从而调节制动压力。此外，ECU 还具有对整个 ABS 工作状况进行自检和安全监视警告功能。当系统发生故障时，首先停止 ABS 的工作，并使仪表板上的 ABS 警告灯点亮，将故障信息编成代码保存在存储器中，以备自诊断时读取故障码，供维修诊断参考。

ABS 的 ECU 发展到现在采用两个微处理器（CPU），主要目的是保证 ABS 的安全性。虽然各种车型 ABS 的 ECU 内部电路及控制程序有所不同，但其基本组成大致相同，如图 11-17 所示，主要由主控 CPU、辅控 CPU、稳压模块电路、电磁阀电源模块电路、电磁阀驱动模块电路、回液泵电动机驱动模块电路、信号处理模块电路元件以及安全保护电路等组成。

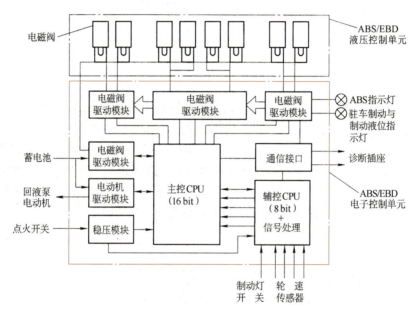

图 11-17　ABS ECU 电路组成框图

ABS ECU 的两个 CPU 接收同样的输入信号，通过通信对两个微处理器的处理结果进行比较。如果两个微处理器处理的结果不一致，微处理器立即发出控制指令使 ABS 退出工作，防止系统发生逻辑错误。

驱动电路的主要功能是将 CPU 输出的数字信号（如压力控制信号）进行功率放大并驱动执行元件（电磁阀、电动机）工作，实现制动压力的"升高"、"保持"或"降低"的调节功能。

安全保护电路由电源监控、故障记忆和 ABS 指示灯驱动电路等组成。其主要功能是接收蓄电池（或发动机）的电压信号，监控电源电压是否在稳定范围内，同时将 12V 或 24V 电源电压变换为 ECU 工作需要的 5V 电压。

(4) 制动压力调节器　制动压力调节器种类较多，其结构和工作原理也有较大的差异。可以根据动力来源、调压方式或总体结构进行分类。这里对制动压力调节器只阐述按其动力来源分类的情况，可分为液压式、真空式、气压式、机械式几种。液压式制动压力调节器主要用于小轿车和轻型载货车，气压式制动压力调节器主要用于大型客车和载货车。液压式制动压力调节器通常配置于制动主缸和车轮制动缸之间,其作用是接收 ECU 的控制命令,驱动电磁阀或电动机工作,直接或间接地调节制动压力。下面仅针对液压式制动压力调节器的主要元件进行介绍。

液压式(ABS/ASR)制动压力调节器主要由电磁阀、电动泵、储液器等元件构成。

电磁阀主要有二位二通电磁阀、二位三通电磁阀、三位三通电磁阀。

电动泵由永磁式直流电动机与柱塞泵组成。电动机根据 ABS ECU 的控制指令,通过凸轮驱动柱塞在泵套内上、下运动而产生压力。储液器可根据其压力范围分为低压储液器和高压储液器,分别与不同类型的制动压力调节器配用。为了区分这两种储液器,一般将高压储液器称为蓄能器,而将低压储液器称为储液器。低压储液器主要用于储存 ABS 减压过程中从制动分泵流回的制动液,同时衰减汇流制动液的压力波动。高压储液器通常用于储存制动时所需的高压制动液。电动泵的运动与储液器的关系如图 11-18 所示。

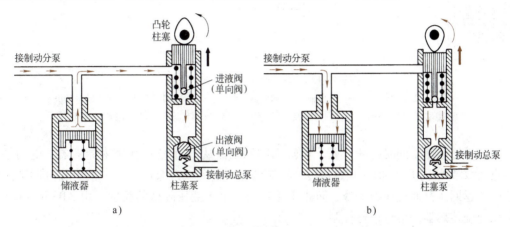

图 11-18 低压储液器与电动泵
a)柱塞上行时储液 b)柱塞下行时回液

ABS ECU 根据需要发出控制指令,驱动电动泵转动,驱动柱塞泵的凸轮随电动泵旋转。当柱塞上升时,柱塞泵的进液阀打开,出液阀在弹簧力的作用下关闭,制动液流入柱塞泵泵腔,如图 11-18 所示。当柱塞下行时,泵腔内制动液压力升高,克服出液阀弹簧力将出液阀打开,制动液被压入制动总泵。制动液流入储液器时,推动活塞并压缩弹簧向下移动,使储液器储液容积增大,暂时存储制动液,减小回流制动液的压力波动。

2. ABS 工作原理

汽车 ABS 工作原理与工作过程可通过图 11-19 予以阐述。

(1)普通制动(ABS 不工作状态) 在制动力较小、车轮未出现滑移或车速较低时,ABS 处于不工作状态,即 ABS 的 ECU 无指令给液压调节器的电磁线圈,阀体在回位弹簧力的作用下打开 A 孔、关闭 C 孔,来自主缸的制动液通过 A 孔、B 孔进入轮缸,产生制动效果;解除制动时,轮缸的制动液经 B 孔、A 孔及单向阀流回主缸。此时,电动泵的电动机也处于不工作状态。

(2)紧急制动(ABS 工作)

1)减压状态。当车轮要抱死时,ABS 的 ECU 发出控制指令,给液压调节器的电磁线圈提供较大电流,电磁线圈产生强磁吸力吸引阀体,阀体克服回位弹簧力将 A 孔关闭,切断

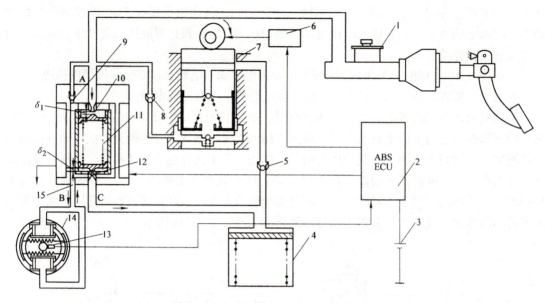

图 11-19 汽车 ABS 工作原理示意图

1—主缸 2—ABS ECU 3—蓄电池 4—储液器 5、8、9—单向阀 6—电动泵驱动电动机
7—电动泵 10—A 孔 11—回位弹簧 12—C 孔 13—车速传感器 14—轮缸 15—B 孔

了主缸的进液通路。同时打开 C 孔，轮缸内的制动液从 B 孔经 C 孔进入储液器，电动泵在这时也接收 ABS 的 ECU 指令开始运转，将储液器中的制动液泵回主缸。由于轮缸制动液经上述回路返回主缸而使压力下降，防止车轮抱死。至于液压降低的程度，由 ABS 的 ECU 根据车轮速度传感器的信号进行控制。

2）保持状态。轮缸减压后，如果车轮处于最佳滑移率的范围之内，ABS 的 ECU 会根据传感器的信号发出相应指令，使液压调节器的电磁线圈通较小的电流，使阀体保持在中间位置，此时正好关闭 A 孔和 C 孔，使轮缸处于保持压力状态。

3）增压状态。当车轮制动器制动力不足时，通过车轮速度传感器检测信号，ABS 的 ECU 便停止向液压调节器的电磁线圈供电，阀体在弹簧力作用下回位打开 A 孔，关闭 C 孔，主管路中的高压制动液便可通过 A 孔、B 孔到达轮缸，使其轮缸液压升高，从而加大制动力。

3. 汽车 ABS 的分类

汽车 ABS 分为机械式 ABS 和电子式 ABS 两大类。目前，纯机械式的 ABS 已经淘汰，主要采用机电一体化的电子控制式的 ABS。汽车电子控制防抱死制动技术从 20 世纪 60 年代末以来，得到了长足的发展和广泛的应用，欧、美、日一些著名电子电器公司，诸如德国的博世（Bosch）、戴维斯（Teves）、美国的奔德士（Bendix）、凯尔西·海斯（Kelsey-Hayes），日本的电装（Denso）等公司，都相继开发和研制了许多类型不同、档次各异的电子控制防抱死制动系统，并先后实际应用于汽车上。归纳起来，这些电子控制防抱死制动装置可按以下几种方法进行分类：

(1) 按系统构造分类 根据制动压力调节器与制动总泵的结构关系分为分离式和整体式（也称 ATE 式）两大类。分离式 ABS 中的制动压力调节器自成一体，通过制动管路与制动总泵和制动轮缸相连,具有很强的布置灵活性,更适合于将 ABS 作为选择装备时采用。例如,Bosch 2S 型、2E 型,Bendix 4 型、6 型就属于分离式 ABS,克莱斯勒、宝马、沃尔沃等车系常采用分离式的 ABS。整体式 ABS 中的制动压力调节器与制动总泵和液压制动助力器组合为一个整体,结构紧凑,节省安装空间,一般都作为汽车的标准装备,如 Teves(ATE)型、Delco 型、Bosch3 型均属于整体式 ABS。但是,整体式 ABS 的结构复杂,成本较高,一般为高级轿车采用。

(2) 按系统控制方案分类　根据系统控制方案,ABS 可分为"轴控制"与"轮控制",轴控制还可分为低选控制(SL)和高选控制(SH)。

低选控制是指由附着系数较低的一个车轮来确定同一轴上两车轮共同的制动压力,高选控制则由附着系数较高的一个车轮来确定同一轴上两轮共同的制动压力。

轴控制是指仅根据一个速度(轮速或轴速)信号共同控制同一根轴上的两轮。此方案多用于载货汽车的后轴控制。

轮控制通常是指相关的两个或四个车轮全都按照各自的加、减速度(控制参数)分别进行单独控制。轮控制也称单轮控制(IC)。

另外一种改进(又称变形)单轮控制(MIC),即同一轴上的两个车轮都有自己单独的控制回路,但两者压力通道控制相互关联,只允许有限的压力差存在于同一车轴的两车轮。

(3) 按控制通道与传感器数量分类　ABS 的控制通道通常是指制动压力调节器通往制动器的独立控制的液压(或气压)通路。一般来说,电磁阀数目即是系统的控制通道数。

按照控制通道与车轮速度传感器数量的多少,ABS 的布置可分为五类 7 种方式,如图 11-20 所示。具体是:

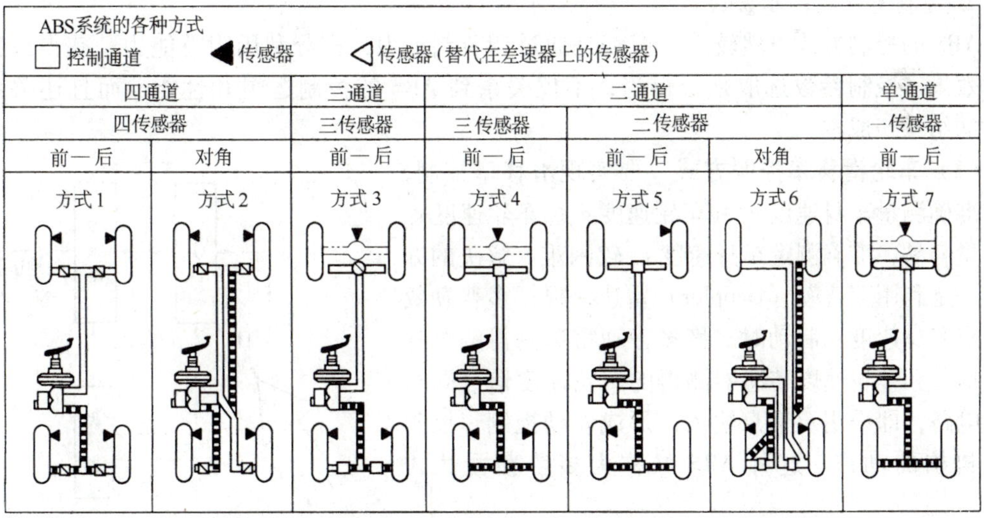

图 11-20　ABS 系统的布置

1) 单通道一传感器系统(方式 7);
2) 二通道二传感器系统(方式 5、6);
3) 二通道三传感器系统(方式 4);
4) 三通道三传感器系统(方式 3);

5) 四通道四传感器系统（方式 1、2）。

此外，还有一类适用于挂车的六通道六传感器系统。

一般来说，通道数、传感器数越多，价格越高，性能越好（特殊情况例外）。因此，应根据汽车档次的不同选用不同类型的 ABS。

另外，根据 ABS 是否与驱动防滑系统（ASR）配合使用，也可分为单独使用的 ABS 和 ABS/ASR 配合使用的行驶安全系统。还有的把 ABS 分为两轮系统和四轮系统。

（三）ABS 的控制技术

ABS 的形式虽然较多，但必须满足控制质量的要求。根据现代控制理论以及控制参数的不同，可提出多种控制方案，如车轮滑移率控制方式、逻辑门限值控制方式、最优化控制方式、滑模动态变结构控制方式、模糊控制方式等，但其中历史最长和使用最多的，是逻辑门限值控制方式。

1. 对 ABS 控制质量的要求

高性能的 ABS 必须满足下列控制质量的要求：

1) 汽车在各种路况下制动时，车轮应获得尽可能大的侧向力，以保持汽车在制动过程中的稳定性和转向能力。

2) 制动压力调节必须很快地适应路面附着系数的变化。

3) 充分利用轮胎与道路的附着力，以取得最佳的车辆减速度，缩短制动距离。

4) 保证所控制的制动力矩变化幅度较低，以防止传动装置的振动（如轴的共振）。

5) 系统必须具备工作状态监测功能，一旦发现有损制动性能的故障，ABS 自动关闭，且常规制动起作用，通过指示灯告知驾驶人 ABS 出现故障。

2. 控制方式和控制参数

ABS 的控制方式虽然较多，但都是通过调节制动力，充分利用附着能力，获得最佳的制动效果。控制参数选取是否得当，不仅关系到 ABS 的控制逻辑和性能，而且还关系到 ABS 的结构与成本。

(1) 车轮滑移率控制方式 要实现滑移率控制，需要准确测量车身速度 v_v 和车轮速度 v_ω，车轮速度 v_ω 的测量容易，准确测定车身速度 v_v 较困难。解决的办法之一是利用多普勒（Doppler）雷达，根据多普勒效应测定车身速度。制动时，将多普勒雷达测得的车身速度信号和车轮速度传感器测得的车轮速度信号同时送入电路，即采用双信息输入，形成差动控制，控制制动机构的动作。这种 ABS 又称为多普勒雷达式 ABS。

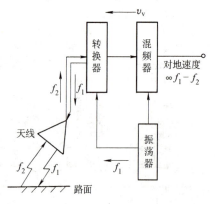

图 11-21 多普勒雷达工作原理

多普勒雷达的工作原理如图 11-21 所示。振荡器产生频率为 f_1 的等幅振荡连续波（频率大约为几十 GHz），经转换器送至天线，再以一定倾角向地面发射。当汽车行驶时，雷达天线接收到的地面反射波频率 f_2 与发射波频率 f_1 之间将有一差值 f_1-f_2，其数值为

$$f_D = f_1 - f_2 = \frac{2v_v}{\lambda'}\cos\theta \tag{11-3}$$

式中　f_D——多普勒频率；
　　　v_v——汽车的车身速度；
　　　λ'——发射波的波长；
　　　θ——天线相对地平面的发射倾角。

式（11-3）所表达的物理现象称多普勒效应。由于多普勒频率 f_D 与汽车的车身速度 v_v 成正比，因而可以用 f_D 作为车身速度信号。滑移率 $\lambda = 1 - \dfrac{v_\omega}{v_v}$ 中的第二项正比于车轮速度信号脉冲数与车身速度多普勒信号脉冲数的比值。因此，只要适当预选这两种脉冲数的比值，就可以实现滑移率的控制。

多普勒雷达 ABS 实现了滑移率控制，防抱死制动性能好，但制动系统须增加一个测速雷达，其电路结构复杂、成本高，因而限制了它的广泛应用。

目前也使用 GPS 车身测速系统，成本高，信号的可靠性受卫星覆盖区域和天气的影响。

(2) 逻辑门限值控制方式　ABS 发展至今，广泛采用的是逻辑门限值控制方式。大多数产品均选择加、减速度门限作为主要门限，以参考滑移率作为辅助门限。这是因为采用单独的加、减速度门限有很大的局限性。例如，在高速、紧急制动及 μ-λ 曲线斜率较小的情况下，在图 11-1 中的稳定区域，车轮就可能达到减速度门限，而此时的滑移率很小，防抱死控制逻辑在后续的控制中有可能失效。如果以滑移率作为单独的防抱死控制门限时，由于路况的不同，最佳滑移率将在 0.08~0.3 之间变化，选择固定的滑移率作为门限，很难在各种路况下得到最佳的控制效果。因此，需要将两种门限结合起来，以辨识不同路况，进行自适应控制。由于在确定实际滑移率时，需要多普勒雷达或加速度传感器测定车速，费用太高，有的 ABS 公司均用车轮速度，通过设定的车辆制动减速度值算出参考车速，再求出参考滑移率。这样，设定的车辆制动减速度值是否合适，将直接影响控制系统品质的优劣。

为使系统在较大滑移率下改变控制状态，实际选择的门限值一般要比计算值大些。大多数 ABS 减速度门限值选在 -14.7 ~ -39.2m/s^2 之间。对于角加速度门限，所选择的门限值的绝对值应与计算值相同，但也有一些系统所选取的门限值，要比计算值低些。

这种控制方式的优点：首先，它不涉及具体系统的数学模型，免去了大量的数学计算，在一定程度上可提高系统的实时响应，使防抱死控制这一复杂的非线性问题得到简化；其次是它的执行机构相对来说较易实现。其缺点是系统的控制逻辑比较复杂，控制不够平稳。对于前者，通过使用微处理器或单片机完全可以解决；对于后者，只要在控制逻辑中多考虑一些实际工况，且控制参数值选得合适，控制性能还是相当不错的。

采用"逻辑门限值"控制方式的 ABS，各类车型之间互换性不佳，因为具体控制参数值的选取往往根据具体车型而定。对于不同的车型，其控制参数值不一样。此外，控制系统的各种门限及保压时间都是经过大量反复试验确定的经验数值，而无充分的理论依据，故对系统的稳定性等品质无法进行评价。

(3) 最优控制方式　针对逻辑门限值控制方式的弱点，又发展了一种最优化控制方式。最优控制是基于状态空间法的现代控制理论方法，它可以根据车辆-地面系统的数学模型，用状态空间的概念，在时域内研究 ABS。这是一种基于模型的控制，是一种分析型的系统。该方法根据 ABS 的各项控制要求，按最优化原理，得到控制系统的最优化控制指标。但控制系统的优劣很大程度上依赖于车辆-地面系统数学模型的精度，而数学模型与实际工况有一定的误差,加之风阻、滚动阻力、部件转动惯量等参数在精度方面的影响,使最优化控制方式的操纵质量很难把握;另外,实现该控制方式的电伺服机构比较复杂,因而在实际应用的 ABS 产品中采用这种控制方式的不多。

(4) 滑模变结构控制方式 针对逻辑门限值控制方式和最优化控制方式各自的弱点,提出了滑模动态变结构控制系统。它以经典的数字控制理论为基础,具有很强的内在自适应性。滑模动态变结构控制属于一类特殊的非线性控制系统,其结构根据系统当时的状态、偏差及其导数值在不同的控制区域,以理想开关的方式切换控制量的大小和符号。系统由受控对象和一个变结构控制器组成。控制器中含有一个逻辑环节,它操纵控制器结构的变更,其控制目标是使制动过程的实际滑移率处于最佳滑移率附近。系统具有较强的抗干扰能力和优良的防抱死制动性能,但与最优控制方式一样,为了获取数学模型中所需的相关控制参数及状态变量,均需准确实时地确定车身速度,而通过轮速间接地求取车速,在准确性和实时性上都不能满足要求。目前能够满足要求的车速传感器(如多普勒雷达),由于其成本高而不宜采用,加之实现该控制方式的电伺服机构仍比较复杂,因此这种控制方式在 ABS 产品中采用较少。

(5) 模糊控制方式 模糊控制具有不依赖对象的数学模型,便于利用人的经验知识,在汽车的 ABS 中正开始应用。基于滑移率的模糊控制框图如图 11-22 所示。采用双输入单输出型,以滑移率误差 e 及滑移率误差变化率 ec 作为输入量,经模糊计算得到的输出量 u 作为制动轮缸压力控制信号,确定 ABS 压力调节器的压力调节值。滑移率误差 e 为期望滑移率 λ_0 和实测的滑移率 λ 之差,滑移率误差变化率 ec 为 e 的一阶导数。通过计算机仿真研究和在试验台上的试验研究结果表明,模糊控制技术在汽车 ABS 上的应用改善了其性能,使汽车的制动性能变得更好;基于模糊控制技术的汽车 ABS 的预测性增强了,制动更加平稳,显示出汽车 ABS 模糊控制系统具有进一步研究和开发的价值,其应用前景良好。但与上述控制方式一样,也需测量车身速度。

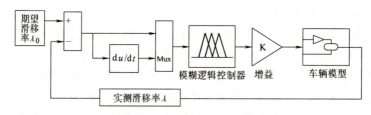

图 11-22 ABS 模糊控制器系统仿真框图

(四) ABS 的控制过程

ABS 可以根据不同的路况实施最适宜的自动控制,达到最佳的制动效果。以 Bosch 公司生产的 ABS 为例,说明采用逻辑门限值控制方式的控制过程。设定系统的加(减)速度门限值,参考滑移率门限(λ_1 为下限,λ_2 为上限),下面对高附着系数路面的制动控制情况进行详细分析,低附着系数路面的制动控制以及由高附着系数路面跳跃到低附着系数路面的制动控制等情况分析见参考文献 [67]。

高附着系数路面的制动控制过程如图 11-23 所示。在制动的初始阶段,车轮制动压力升高,车轮减速度增加,在第一阶段末,车轮减速度达到设定的门限值 $-a$,使相关的电磁阀转换到"保持压力"的状态,使车轮充分制动,控制过程进入阶段 2。此时尚不需要降低制动压力，因为超过门限值 $-a$ 时，制动过程还处在 μ-λ 曲线的稳定区，滑移率还偏小（$\lambda<\lambda_1$）；同时车身参考速度 v_{Ref} 只能沿着给定的斜率（车身减速度 $-j$）减小，直到制动滑移率大于参考滑移率门限，即 $\lambda>\lambda_1$（任一时刻的参考滑移率可由车身参考速度计算得出），确保车轮进入 μ-λ 曲线峰值附近的不稳定区域。之后，电磁阀即转换到"压力降低"位置，控制过程进入阶段 3。由于减压，车轮在汽车惯性作用下加速，车轮速度回升。当车轮减速度高于门限值 $-a$ 时，电磁阀开启至"压力保持"位置，控制进入阶段 4。在这段时间内，由于制动系统的惯性作用，车轮继续加速，减速度由负值增加到正值，直到超过加速度门限值 $+a$，制动压力继续保持不变。在阶段 4 结束时，车轮加速度若由于路面附着系数突然增大而超过设定的较大加速度门限值 $+A$ 时，应进行一次增压，以适应附着系数的增加，直至加速度低于门限值 $+A$，再次保压至低于门限值 $+a$。车轮加速度低于门限值 $+a$，说明车轮行驶在 μ-λ 曲线的稳定区，并稍有制动不足。由于 μ-λ 曲线峰值附近的附着系数比较大，要使在这一区域内的制动时间尽量延长，因此在阶段 7 制动压力采用小的上升梯度，电磁阀以增

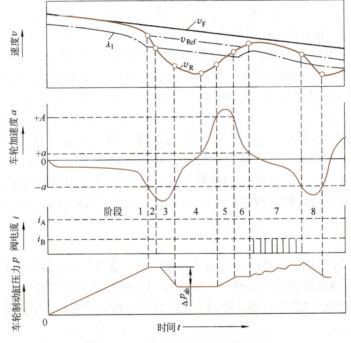

图 11-23 高附着系数路面的制动控制

v_F—汽车实限速度 v_{Ref}—汽车参考速度 v_R—车轮速度

压和保压的方式不断切换，直到车轮减速度再次超过门限值 $-a$，此时制动压力降低，不再考虑滑移率门限，进入下一循环的防抱死制动，即该循环的防抱死控制结束。

（五）电子控制制动力分配（EBD）

EBD 的英文全称是 Electric Brake Force Distribution，中文直译就是电子制动力分配。

汽车制动强调稳定性和操纵性，避免制动跑偏、侧滑，其重点放在了后轮上。汽车高速行驶时实施制动出现后轮侧滑是最危险的情况，它会使整辆汽车发生无法控制的回转运动，极易发生碰撞事故。

汽车在制动过程中，如果车轮未抱死，车轮本身具有承受一定侧向力的能力，汽车在一般横向干扰力的作用下不会发生侧滑现象；如果车轮被抱死，车轮承受侧向力的能力很弱，在较小的横向干扰力作用下也很容易发生侧滑。

由汽车理论可知，汽车制动过程中若前轮先抱死拖滑，汽车能够维持直线减速停车，汽车处于稳定状态；如果后轮比前轮先抱死，汽车在横向干扰力作用下可能发生侧滑或甩尾或回转运动，制动车速越高这种现象越严重。

为了防止出现汽车制动时后轮先抱死，早些时候使用机械式的比例阀来检测和对前后轮制动力进行分配，效果不理想；现在研制了一种专门检测后轮制动情况，并可以自动调节制动力分配的电子系统即 EBD。EBD 可依据车辆的重量和路面条件来控制制动过程，自动以前轮为基准去比较后轮轮胎的滑移率，如发觉前、后车轮有差异，且差异程度变大达到必须调整时，EBD 便自动调整汽车制动液压系统，使前、后轮的制动管压接近理想制动力的分配。从踩制动踏板到 ABS 起动之前，EBD 平衡了每一个轮的有效地面附着力，防止出现后轮先抱死的情况，改善制动力的平衡，对缩短汽车制动距离也有改善。EBD 改进了常规制动系统的功能，对不同的摩擦系数予以补偿，后轮的地面附着力远比使用比例阀时的高；取消了比例阀，无噪声和制动踏板的抖动，改善了舒适性。

EBD 的作用原理与 ABS 相同，但只采用滑移率控制，且其门限值比 ABS 控制更低一些。EBD 实际上是 ABS 的辅助功能，结构上可以不增加相应的元件，利用现有的 ABS 元件，通过软件进行功能拓展，在原 ABS 中需增加一套监控程序。EBD 先于 ABS 工作，ABS 工作后，EBD 就停止工作。在过度制动情况下，汽车质量前移使得后轮胎有失去附着能力的危险，此时制动器也极易抱死。装有 ABS 的车辆出现这种情况时，通常会激活 EBD。EBD 通过比较四个车轮的速度发现这一状况，并相应地减小后轮制动力，将施加于前轮的制动力增大。这一动作还会延缓 ABS 的起动，从而获得更短的制动距离，改善和提高 ABS 的效用。EBD 还会根据车内的载荷情况（如 1 名或多名乘员），自动调整制动力进行补偿。

（六）ABS 的试验

对 ABS 进行试验有两个目的，即保证产品使用的安全性、设计开发的优越性和可靠性。ABS 试验包括试验室试验和道路试验，一项新的 ABS 研究和制造都要经过大量的试验与验证。各项试验的方法、试验项目等，原则上应按制订的相关标准和法规要求进行。

1. 试验室试验

试验室试验包含液压和电气部件两个方面。其中，液压部件试验主要包括功能试验、振动试验、盐雾剂潮湿试验、高低温交替及室温耐久性试验；电气部件试验主要包括功能试验、振动试验、盐雾剂潮湿试验、高低温交替及室温耐久性试验、电磁波干扰和射频干扰试验等。

2. 道路试验

汽车是在路上行驶的，ABS 的研究、设计离不开道路试验的验证考核，单纯在试验室内计算机仿真模拟或试验台上的试验是不够的。

(1) 试车场道路条件　试验道路应包括：①附着系数为 0.08～0.95 的各种平整路面；②附着系数由低到高或由高到低的过渡性路面；③砂砾路面（压实的、松软的、搓板状的、豌豆状的粒石）；④沥青/砂砾组合路面；⑤崎岖不平的路面（凸起鹅卵石、砂砾凹坑等）；

⑥路轨交叉；⑦0%～30%的坡道（上坡和下坡）路面；⑧不同半径（$R<50m$）的弯道路面。除这些路面以外，还要结合气候条件和电磁波干扰/射频干扰环境进行试验。

（2）道路试验与评价 道路试验要求车辆在不同的路面条件，如图11-24所示，以不同的初始车速（如30km/h、80km/h等）按要求进行制动试验，测出轮速、车速、压力、阀工作指令、制动距离、侧滑或跑偏、转向盘转角和操纵稳定性有关的数据。一般对有无防抱死制动也做对比试验，试验数据通常取三次的平均值或按具体要求处理数据。应当指出，与驾驶人和路面均匀性有关的制动试验数据的误差是存在的，可参照美国国家公路交通安全局（NHTSA）制订的标准FMVSS105、FMVSS121和联合国欧洲经济委员会ECE-R13标准的要求，对ABS的试验结果，依不同路面的制动距离、制动稳定性、操纵性和舒适性做出评价，对所研制的新型ABS的控制逻辑和轮速（附着系数利用率）控制质量进行评价。

图11-24 交通部汽车试验场部分试验路面

1）直道上的制动试验。试验前所有车轮的制动力矩要调整到能够抱死的标准制动状态。试验时，驾驶人操纵车辆以要求的试验车速匀速前进，采用全制动的制动过程，并操纵转向盘使车辆停在规定的车道内，测出制动距离、修正的转向盘转角和其他数据。在直道上的试验包括：①低附着系数路面；②高附着系数路面；③左右侧不同附着系数路面；④由低至高和由高至低附着系数变化的路面。此外，还包括不同的车速以及干湿路面状况的对比试验、满载和空载试验。

一般在直道上的试验结果与车轮抱死的制动相比，ABS的制动稳定性明显提高，在高附着系数的路面制动距离明显缩短。同时，在左右侧不同附着系数路面进行的试验，对测定不同安装方式的ABS的转向稳定性是可取的。为了保证车辆制动时，能通过操纵转向盘保持在车道内，应该选用操纵性好和带修正功能的ABS。

2）弯道上的制动试验。汽车通过弯道时，会产生很大的侧向加速度，由侧向加速度所产生的侧向力作用于汽车的重心，重心离地面有一定的高度，所以在弯道上行驶时内轮负荷减小，外轮负荷增大。在弯道上制动会产生附加的轴荷转移，从后轴转移到前轴，考虑测向力和制动力，后内轮的负荷减小很多，而前外轮的负荷则增加很多。这时，车辆上的侧向力必须与轮胎和路面之间相互作用形成侧向力平衡，否则车辆便会偏离车道。

通常，在一定的曲率半径（如 $R = 40\text{m}$）和路面附着系数（如 $\mu = 0.5$）的试验道路上，不使用制动时的最高稳定车速，称为保持方向稳定性的临界转向车速，而弯道上的制动试验就是在小于或等于临界转向车速时，在宽度一定的弯道里进行全制动，测出制动距离和稳定性数据。这种试验要求有大面积的试验场，并且形成一个喷水均匀、冰层均匀的弯道，成本很高。

另一种常用来替代弯道制动试验的方法是制动时快速更换车道的试验（按 SAE—J46 规定）。制动车道的变化在车轮上引起了侧向力，并使负荷分配不均匀。评价制动性能的指标是车辆进入车道变化而不越出规定的车道时的初速度和制动距离。

总之，设计和应用 ABS 性能的好坏与具体的车辆参数和安装方式有关，必须经过大量的试验才能确定。ABS 虽已经普及装车使用，但还需要在设计、试验、制造等方面不断的发展和提高。

3. ABS 教学试验

在针对 ABS 的教学试验中，有结构性的试验和性能试验。性能试验中进行的一般基本试验主要是 ABS 起作用和 ABS 不起作用两种情况下的比较试验，通过比较反映装有 ABS 的优越性。除了能够观察抱死和不抱死的现象外，最好还可以测量相关的一些性能参数、曲线，结合国家标准进行评价。下面是一个试验举例。

例：未装 ABS 和装 ABS 后的汽车基本制动性能试验。

(1) 试验目的　直接观察装有 ABS 的汽车制动过程，比较未装 ABS 与装有 ABS 的汽车基本制动性能，掌握装有 ABS 的汽车在驾驶过程中的制动方法，学习对装有 ABS 汽车的基本制动性能的评定。

(2) 试验设备与器材　汽车 ABS 教学试验台（含动力驱动与传动总成、传感器安装与支架总成、底架总成、操纵机构、防护罩等几部分）如图 11-25 所示，各参量测试传感器、预处理接口、微机系统一套、+5V 直流电源、连接导线若干等。

(3) 试验依据与试验系统框图　根据中华人民共和国国家标准 GB/T 12676—2014《商用车辆和挂车制动系统技术要求及实验方法》，制动初速度 $v_0 = 30\text{km/h}$ 或 $v_0 = 65\text{km/h}$，对于最高车速 $u_{\max} > 100\text{km/h}$ 的汽车，可以将制动初速度增加到 $v_0 = 80\text{km/h}$。

根据课程的要求，需要测试的参数有：汽车制动初速度、制动减速度、制动距离、制动时间、制动过程中的滑移率、制动管路油压变化曲线和油压波动的频率、制动转矩变化曲线等。测试系统框图如图 11-26 所示。

(4) 试验方法与步骤

1) 在指导教师对现场实物和挂图讲解完成之后，把防护罩放下，罩好并固定。

2) 使用一控制阀，用来控制是否将 ABS 连接在制动系统中，本试验将控制阀扳在使用 ABS 和不使用 ABS 各一次。

3) 检查各接线是否接好，如全部接好无误，可进行后续工作；否则，按测试系统框图要求重新接好线。接线时应注意：数字量信号应接其相应的接线柱。

4) 打开+5V 直流电源，给转速传感器供电，打开计算机，运行测试软件，检查各测试通道是否正常，是否完全准备就绪。如是，则进行后续操作；否则，检查有问题的通道，直到正确为止。

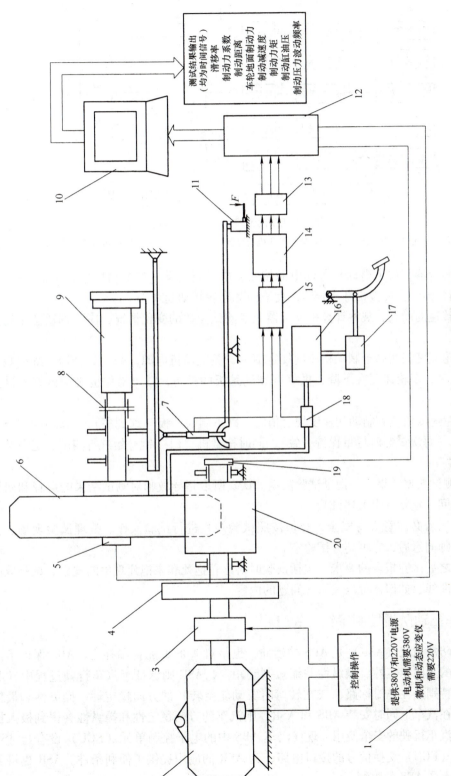

图 11-25　汽车单车轮防抱死制动系统试验台示意图

1—电源　2—电动机　3—离合器　4—飞轮　5—转速传感器（光电编码器）　6—车轮　7—加载传感器
8—连接器　9—转矩传感器　10—微机　11—千斤顶　12—数据采集及数字量顶处理接口　13—多路接线板
14—动态应变仪　15—电桥盒　16—ABS　17—制动总泵　18—制动液压传感器　19—转速传感器　20—滚筒

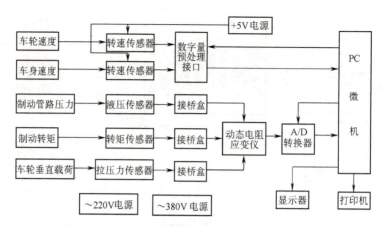

图 11-26 汽车防抱死制动系统试验台测试系统框图

注：220V 交流电源提供计算机、显示器、打印机的电源；380V 交流电源提供驱动电动机的电源。

5）踩下离合器，按下电动机起动电源按钮，电动机起动。当电动机达到正常转速后，像松开汽车离合器一样慢慢松开离合器，使滚筒和车轮转动起来。

6）随着转速的增大，观察计算机显示器上各测试参数的变化情况，应特别留意车轮速度的数值。

7）当车轮速度到达高于制动初速度规定值后，关电动机电源，踩下离合器，继续观察车轮速度。此时，车轮速度在下降，做好踩制动踏板的准备，微机操作也必须做好测试的准备。

8）当车轮速度值达到制动初速度规定值时，踩下制动踏板（踩到底），车轮开始制动，直至车轮抱死（每次试验时尽量保持一致），同时按微机"F1"键开始进行测试、记录及分析处理数据。

9）观察测试数据结果，并记录试验数据。认真听取指导教师对测试结果的解释和回答指导教师的提问。重复一次上述试验。

10）<u>试验时务必注意人身安全，必须按照试验规程进行试验操作</u>。整理试验现场、登记，经指导教师同意后，方可离开试验室。

试验完成之后试验报告的要求：包括试验时对车轮抱死和未抱死现象的观察、试验数据的处理、记录曲线、如何评价以及回答问题的内容。

二、汽车驱动防滑控制系统（ASR）

汽车驱动防滑系统（ASR）是 ABS 的延伸，也是对 ABS 的完善和补充。ABS 保证了汽车制动过程中的方向稳定性、操纵性并缩短制动距离，ASR 则保证了汽车行驶过程中（起步、加速时，特别是在非对称路面或在转弯时驱动轮空转）的方向稳定性、操纵性和最佳驱动力。如果在汽车上同时安装 ABS 和 ASR，则汽车的方向稳定性和操纵性会得到极大提高，更能保障汽车行驶的安全使用。现代汽车 ABS 中的电子控制单元（ECU）设有与 ASR 电子控制单元（ECU）交换信号的接口电路，为 ASR 的应用提供了便利条件。ASR 也可独立装车使用，不受 ABS 的限制。

（一）驱动防滑控制系统功用

汽车驱动防滑控制系统（ASR）又称为防滑转控制系统或驱动力控制系统（TCS）。

汽车发动机传给车轮的最大驱动力是由轮胎与路面之间的附着系数和地面作用在驱动轮上的法向反力的乘积（即附着力）决定的。当传递给车轮的驱动力超过附着力时，驱动车轮就会打滑空转（即滑转）。当汽车在低附着系数路面（如泥泞路面、冰雪路面）上行驶时，由于地面对车轮施加的反作用转矩很小，因此，在起步、加速时驱动轮就容易发生滑转。此外，当汽车在越野条件下行驶时，如果某个（或某些）驱动轮处在附着系数很低的路面（如泥泞路面）上，那么地面施加给车轮的反作用转矩会很小。尽管另一个车轮处在附着系数较高的路面上，但根据差速器转矩分配特性，它能提供的驱动转矩只能与处在低附着系数路面上车轮提供的驱动转矩相等。在如此驱动力不足的情况下，汽车将无法前进，发动机输出的功率大部分消耗在车轮的滑转上，不仅浪费燃料和加速轮胎磨损，且降低车辆的通过性能和机动能力。

防滑转控制系统（ASR）的主要功用是：在车轮开始滑转时，采取降低发动机的输出转矩或控制制动系统的制动力等方法来减小传递给驱动轮的驱动力，防止驱动力超过轮胎与路面之间的附着力而导致驱动轮滑转，提高车辆的通过性，改善车辆的操纵性和行驶稳定性。

ASR与ABS密切相关，都是汽车行驶的主动安全系统，两个系统通常同时采用。ASR系统是维持附着条件，充分发挥驱动力的调节装置。防止驱动轮滑转曾采用过许多办法，如安装防滑链、使用防滑的雪地轮胎和带防滑钉的防滑轮胎等，但迄今为止最有效的办法还是采用ASR系统。

（二）ASR实现防滑控制的理论依据

汽车制动时，使用滑移率来描述滑移的程度；在汽车起步或加速时，也可能出现车轮速度大于汽车车身速度而导致车轮打滑或空转，称这种现象为滑转，滑转的程度采用滑转率来描述。车轮的滑转率定义为

$$\lambda = \frac{v_\omega - v_v}{v_\omega} \times 100\% = \left(1 - \frac{v_v}{v_\omega}\right) \times 100\% = \left(1 - \frac{v_v}{\omega R}\right) \times 100\% \tag{11-4}$$

式中　v_v——汽车行驶（平移）的瞬时速度；

　　　v_ω——车轮的瞬时线速度；

　　　ω——车轮旋转的角速度；

　　　R——车轮的有效滚动半径。

当车轮在路面上自由滚动时，车轮中心的纵向速度（汽车行驶速度）完全是由车轮滚动产生的，此时，$v_v = \omega R$，因此，滑转率$\lambda = 0$；当车轮在路面上完全滑转时，车轮中心的纵向速度$v_v = 0$，因此，滑转率$\lambda = 100\%$；当车轮在路面上一边滚动一边滑动时，$\omega R > v_v$，因此，$0 < \lambda < 100\%$。在车轮转动中，滑转所占的比例越大，车轮滑转率λ的数值也就越大。

汽车ASR和ABS在理论依据上有相似之处。ABS和ASR在利用μ-λ曲线的性质，并把滑转/滑移率控制在某一范围内是一致的；两者的控制区间相反，其中，ABS控制的是滑移率，而ASR控制的是车轮的滑转率，如图11-27所示。

通常当车轮滑转率处于20%（15%~30%范围内）附近时，轮胎与路面间的纵向附着系数μ_P的最大值称为峰值附着系数，与其相对应的车轮滑转率称为峰值附着系数滑转率。当

车轮在路面上完全滑转时（实际上产生了空转），轮胎与路面间的纵向附着系数称为滑动附着系数 μ_S，轮胎与路面间的滑动附着系数总小于峰值附着系数。通常，在干燥硬实的路面上，滑动附着系数比峰值附着系数要小 10%～20%，在湿滑硬实的路面上，滑动附着系数比峰值附着系数要小 20%～30%。各种路面条件下轮胎与路面间峰值附着系数和滑动附着系数的平均值如表 11-2 所示。

表 11-2　峰值附着系数和滑动附着系数的平均值

路面种类及状况	峰值附着系数	滑动附着系数
沥青路面和水泥路面（干）	0.8～0.9	0.75
沥青路面（湿）	0.5～0.9	0.45～0.6
水泥路面（湿）	0.8	0.7
石子路	0.6	0.55
土路（干）	0.68	0.65
土路（湿）	0.55	0.45～0.5
雪（压实）	0.2	0.15
冰	0.1	0.07

由图 11-27 可以看出，车轮在路面上自由滚动时，其间的横向附着系数 μ_y 最大，随着车轮滑转率 λ 数值的增大，横向附着系数 μ_y 会迅速减小；当轮胎在路面上完全滑转（$\lambda=100\%$）时，轮胎的横向附着系数几乎减小到零，轮胎与路面间的横向附着力也近似于零，车轮将完全丧失抵抗外界横向作用力的能力。此时，如果车轮上存在外界横向力（如汽车重力的横向分力、路面不平整产生的横向力、横向风力等）的作用，车轮将会在路面上发生横向滑移。

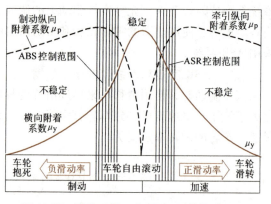

图 11-27　附着系数 μ 与滑移/滑转率的关系

从图 11-27 还可以看出，当车轮的滑转率处于峰值附着系数附近范围时，横向附着系数约为最大横向附着系数的 50%～75%。如果将车轮的滑转率控制在这一范围内时，车轮的纵向附着系数最大，横向附着系数也较大。最大的纵向附着系数可使汽车获得最大驱动所需要的纵向力，较大的横向附着力可使汽车获得较大的转向或防止横向滑动所需的横向附着力。ASR 系统能自动地将车轮控制在纵向和横向附着系数都很大的滑转率范围内。ABS 在制动过程中，通常将车轮的滑移率控制在最佳滑移率范围（10%～30%）之内；ASR 系统在驱动过程中，通常将驱动车轮的滑转率控制在最佳滑转率范围（5%～25%）之内。

控制车轮的滑转率是通过控制作用于车轮上的力矩（制动力矩或驱动力矩）实现的，即车轮的力矩应与车轮所能获得的最大纵向附着力相适应。

车轮所能获得的纵向附着力取决于轮胎与路面间的垂直载荷和附着系数，这两方面会受到许多因素的影响，其中有些因素在汽车的实际行驶过程中是随机变化的。例如，附着系数除受到车轮附着力的影响外，还受到轮胎结构、轮胎表面花纹、轮胎胎压、路面种类、路面状况、轮胎偏转角、汽车行驶速度等因素的影响。同样，垂直载荷在汽车行驶过程中也会发生动态变化。例如，汽车上坡时，前轮的垂直载荷会减小，而后轮的垂直载荷会增大，汽车减速时则相反。此外，空气的作用和路面干扰引起的车轮跳动也会使车轮的垂直载荷发生变化。

由于车轮附着力受到诸多因素的影响，车轮的附着力实际上是一个随机变量。因此，为了控制车轮的滑转率，就要对作用于车轮的力矩进行实时的自适应调节，即要求 ASR 具有足够快的反应速度和足够高的调节精度；否则，就难以将车轮的滑转率控制在理想的范围内。

ABS 是在制动过程中通过调节制动轮缸（或制动气室）的制动压力使作用于车轮的制动力矩受到控制，而将车轮的滑移率控制在理想的范围之内。ASR 系统在驱动过程中，通过调节发动机的输出转矩、传动系统的传动比、差速器的锁紧系数以及驱动车轮的制动轮缸（或制动气室）的制动压力等手段来控制作用于驱动轮的驱动力矩，实现对驱动车轮牵引力矩的控制，将驱动车轮的滑转率控制在较为理想的范围内。

（三）防滑控制系统对汽车行驶性能的影响

由于 ASR 系统能够使被控制的车轮获得较大的纵向和横向附着力，从而改善了汽车的行驶性能。

1. 提高行驶方向稳定性

汽车行驶方向稳定性是指汽车抵抗外界干扰保持行驶方向的能力。干扰消除后，汽车能够迅速恢复稳定的行驶方向，汽车的行驶方向稳定性就好。外界干扰力可能来自横向风力、道路不平整或车轮偏转产生的横向作用力、制动力或驱动力不平衡等方面。

如果汽车的后轮首先丧失横向附着力，后轮在很小的外界横向力作用下也会发生横向滑移。图 11-28 形象地表现了汽车在这种情况下的运动过程。由于汽车在转弯行驶时，后轮首先被制动抱死而丧失了横向附着力，汽车产生的离心力就会使后轮发生横向滑移，即使这一初始的横向运动并不大，但是汽车由此产生的离心力却相对于前轮横摆中心形成了横摆力矩。横摆

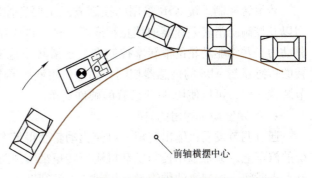

图 11-28　后轮被首先制动抱死时汽车的运动状态

力矩会使汽车进一步横摆，随着汽车横摆程度的增大，惯性力的作用力臂迅速增大，横摆力矩随之急剧增大，使汽车的横摆加速度急剧增大，汽车就会发生急转。

如果是汽车的前轮首先丧失横向附着力，汽车的行驶方向稳定性则相对较好。在前轮首先丧失附着力的情况下，即使汽车受到外界横向力的作用，导致前轮发生横向滑移，但汽车此时产生的惯性力却会相对于后轮横摆中心产生回正力矩，回正力矩将有利于汽车回到直线行驶方向，所以汽车的行驶方向稳定性就会较好。

汽车一旦失去行驶方向稳定性，即便是在后轮横向附着力恢复时，其横向附着力已不足以与不断增大的横摆力矩相平衡，汽车将难以恢复其行驶方向稳定性，所以汽车后轮首先丧失横向附着力是一种极其危险的状态，应避免这种情况的发生。

2. 保持转向操纵能力

汽车在进行转向行驶时，需要通过偏转的转向车轮从地面获得足够的横向附着力，如果转向车轮的横向附着力不足以提供汽车转向所需的横向作用力，此时，即使转向车轮已经发生偏转，汽车也不会按预期的方向行驶，汽车就丧失了转向操纵能力。此外，汽车在转向过程中，非转向车轮的制动力或牵引力不平衡也会影响汽车的操纵性能，导致转向不足或转向过度，转向车轮在其旋转平面内所受的作用力（制动力或牵引力）不平衡也会产生同样的问题。

对于前轮驱动的汽车，如果作为转向和驱动车轮的前轮发生驱动滑转，则将导致前轮的横向附着力大幅度减小，严重地影响汽车在驱动过程中的转向操纵能力。如果装备了 ASR，汽车在驱动过程中的转向操纵能力将明显提高。

3. 提高加速性能和爬坡能力

装备 ASR 的汽车，能充分利用驱动车轮的最大附着力，使汽车获得更大的驱动力，从而提高汽车的加速性能和爬坡能力。

采用四轮驱动形式或高摩擦差速器，可以充分利用驱动车轮的附着力获得更大的驱动力，但采用四轮驱动会使汽车的结构变得更加复杂，采用高摩擦差速器会损害汽车的转向性能。ASR 可以利用汽车上已有的发动机电控系统和 ABS，通过调节发动机输出转矩和驱动轮的制动力矩即可控制驱动轮的滑转率，使汽车获得更大的驱动力。

ABS/ASR 除了能够极大地改善汽车行驶性能外，还能在很大程度上使驾驶人从驾驶人-汽车-环境的闭环系统中解脱出来，也使汽车轮胎磨损大为减轻。

（四）防滑转控制系统的控制方式

防滑转控制系统 ASR 采用的控制方式主要有控制发动机输出转矩、控制驱动轮的制动力以及控制防滑转差速器的锁止程度等三种。这些控制方式的最终目的都是调节驱动轮上的驱动力，并将驱动轮的滑转率控制在最佳滑转率范围内。检测装备 ASR 汽车的车轮是否滑转的传感器与 ABS 的传感器相同；如果使用液压调节装置调节制动力，也与 ABS 的液压调节装置一样，可以使用 ABS 已有的硬件资源。

1. 控制发动机输出的转矩

通过调节发动机输出转矩，可使驱动轮获得最大的驱动力。在装备电子控制燃油喷射系统的汽车上，通常采用控制发动机输出转矩来实现防滑转控制。控制输出转矩的方法有：控制点火时间、控制燃油供给量、控制节气门开度等。

发动机输出转矩的调节可以用改变点火参数来实现。减小点火提前角、切断个别气缸的点火电流均可降低发动机输出转矩；短时间中断供油也可实现发动机输出转矩的微量调节，但响应速度没有减小点火提前角迅速。控制节气门位置（开度）可以控制气缸的进气量，从而能够显著改变发动机输出转矩，现代汽车（如丰田雷克萨斯 LS300、LS400 型轿车）普遍采用这种控制方式。实现控制的具体方法如下：

(1) 使用电子加速踏板的车辆 根据加速踏板行程大小，通过调节汽油发动机节气门开度或柴油发动机喷油泵拉杆位置，使进气量或供油量改变来调节发动机输出转矩。这种控制方法适用于未采用燃油喷射系统的汽油发动机或柴油发动机汽车。

采用电子加速踏板控制发动机输出转矩的方法如图 11-29 所示，驾驶人操纵加速踏板时，加速踏板的行程信号由传感器输入防滑转电控单元 ASR ECU，ASR ECU 根据预先存储的数据和发动机转速、冷却液温度、进气温度等信号确定伺服电动机（步进电动机）的控制电压或电流大小，再由伺服电动机调节节气门开度或喷油泵拉杆位置，通过调节发动机的进气量或供油量来调节输出转矩。

（2）采用电子点火系统的车辆 根据驱动轮滑转率大小，改变点火提前角来调节汽油发动机输出转矩。

现代汽车电子点火系统的点火时刻是根据发动机转速、负荷以及冷却液温度等信号确定的。ASR 工作时，根据驱动轮滑转信号，通过减小点火提前角，即可降低发动机输出转矩。当驱动轮滑转角加速度很大，延迟点火不能控制滑转率时，则停止个别气缸点火。为了防止排放增加和三元催化转化器过热，中止点火时也中断燃油喷射。恢复点火时，点火时刻将缓慢提前，以保证发动机输出转矩平稳地增加。

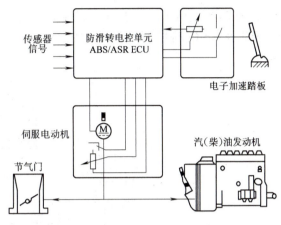

图 11-29 发动机输出转矩控制

（3）采用电子控制燃油喷射系统的车辆 根据驱动轮滑转率大小，控制节气门开度或燃油喷射量等调节发动机输出转矩。当驱动轮滑转率超出规定值时，减少喷射时间或中断个别气缸喷射，即可降低发动机输出转矩。

2. 控制驱动轮的制动力

对驱动轮施加制动力是使驱动轮保持最佳滑转率响应速度最快的控制方式，但是为了保持舒适性和避免制动器过热，制动力不能太大，制动时间不能太长。这种控制方式一般作为采用控制节气门开度来调节发动机输出转矩的补充控制，从而达到响应速度快、方向操纵性和制动稳定性好的目的。

驱动轮制动力控制的另一个功能是产生差速效能，从而获得最大制动力，如图 11-30 所示。由图可见，处于高附着系数 μ_H 路面上驱动轮的驱动力为 F_H，处于低附着系数 μ_L 路面上驱动轮的驱动力为 F_L。根据发动机转矩等量分配特性，此时汽车的驱动力只取决于低附着系数路面上的驱动力 F_L，即能够获得的驱动力为 $F_{tL} = F_L + F_L = 2F_L$。采用驱动轮制动力控制系统后，为了阻止低附着系数路面上行驶的驱动轮滑转，对其施加一个制动力 F_B，从而可获得最大的驱动力。此时能够获得的驱动力为 $F_{tH} = F_H + F_L = 2F_L + F_B$，发动机的输出转矩便可按较大的驱动力进行调节。

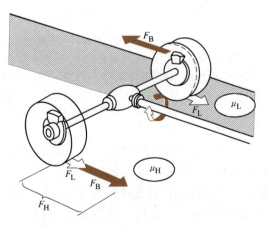

图 11-30 作用在驱动轮上的纵向力示意图

具体使用的控制方法为发动机输出转矩与驱动轮制动力组合控制。雷克萨斯 LS300、LS400 型轿车采用的发动机输出转矩和驱动轮制动力的防滑转控制系统的组成如图 11-31

所示,其防抱死制动和防滑转控制系统 ABS/ASR 组合在一起。发动机输出转矩利用步进电动机调节副节气门开度进行控制,驱动轮制动力利用 ASR 执行器结合 ABS 进行控制。由图 11-31 可见,四只轮速传感器为 ABS 和 ASR 公用,ABS ECU 与 ASR ECU 结合为一体,称为 ABS/ASR ECU。在 ABS 的基础上增设了 ASR 执行器、发动机副节气门控制步进电动机以及 ASR 控制开关和显示灯等。该系统不仅能够实现 ABS 功能,而且能够实现 ASR 功能。

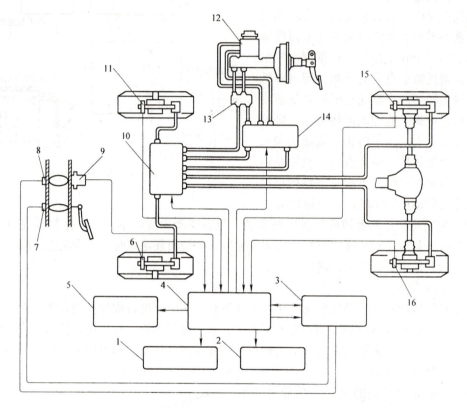

图 11-31 丰田汽车 ABS/ASR 控制系统组成框图

1—ASR 关闭指示灯　2—ASR 指示灯　3—发动机与自动变速器 ECU　4—ABS/ASR ECU　5—ASR 断开开关　6—左前轮转速传感器　7—主节气门位置传感器　8—副节气门位置传感器　9—步进电动机　10—ABS 执行器　11—右前轮转速传感器　12—制动总泵　13—比例阀与旁通阀　14—ASR 执行器　15—右后轮转速传感器　16—左后轮转速传感器

当系统工作时,ABS/ASR ECU 根据轮速传感器产生的车轮转速信号,计算确定驱动轮的滑移率、滑转率以及汽车参考车速。当 ABS/ASR ECU 判定驱动轮的滑转率超过设定门限值时,发动机与自动变速器 ECU 向副节气门执行器(步进电动机)发出控制指令,使节气门的开度减小。此时,即使主节气门开度不变,发动机的进气量也会因副节气门开度减小而减少,从而使发动机输出转矩减小,驱动轮的驱动力随之减小。如果驱动轮的滑转率仍未降到设定值范围,ABS/ASR ECU 就会向 ABS 和 ASR 的压力调节装置发出控制指令,向滑转驱动轮断续施加制动。对驱动轮施加断续制动力后,其滑转率进一步降低。当滑转率降低到设定值后,ABS/ASR ECU 便发出减少或停止制动的指令,从而达到防止驱动轮滑转的目的。当驱动轮再次滑转，其滑转率超出设定值范围时，发动机与自动变速器 ECU 和 ABS/ASR ECU 再次发出控制指令，重新开始控制循环，直到滑转率减小到设定值范围为止。

在 ASR 处于防滑转控制过程中，如果驾驶人踩下制动踏板进行制动，ASR 会自动退出控制状态，不会影响防抱死制动系统正常工作。

3. 控制差速器锁止的程度

差速器锁止程度控制是采用防滑转差速器进行控制。防滑转差速器是一种由电子控制器控制的可锁止差速器，如图 11-32 所示。在防滑转差速器向车轮输出驱动力的输出端设置有一个离合器。调节作用在离合器片上的油液压力，即可调节差速器的锁止程度。油压逐渐降低时，差速器锁止程度逐渐减小，传递给驱动轮的驱动力就逐渐减小；反之，油压升高时，驱动力将逐渐增大。

油液压力来自蓄能器的高压油液，压力大小由 ASR 的电控单元（ASR ECU）通过控制电磁阀使压力"升高"、"保持"、"降低"进行调节，并由压力传感器和驱动轮上的车轮转速传感器反馈给 ECU，从而实现反馈控制。

差速器锁止控制方式能够调节差速器的锁止程度，充分利用驱动力来提高通过性和行驶稳定性，特别是提高汽车在弯道上行驶的稳定性，这种控制方式特别适用于越野汽车。

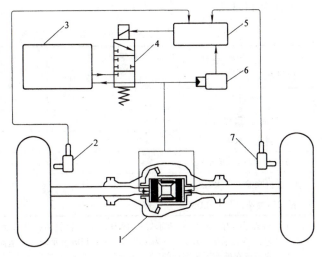

图 11-32 防滑转差速器锁止控制示意图
1—防滑转差速器 2、7—车轮转速传感器
3—蓄能器 4—电磁阀 5—ASR ECU 6—压力传感器

4. 电子控制差速锁（EDS）

电子差速锁的英文全称为 Electronic Differential System，缩写为 EDS，又称为 EDI，英文全称为 Electronic Differential Locking Traction Control，即电子差速锁驱动控制，是 ABS 的一种扩展功能。

EDS 的工作原理是：在汽车加速过程中，当电子控制单元根据轮速信号判断出某一侧驱动轮打滑时，EDS 自动开始工作，通过液压控制单元对该车轮进行适当强度的制动，从而提高另一侧驱动轮的附着利用率，提高车辆的通过能力。当车辆的行驶状况恢复正常后，电子差速锁即停止工作。同普通车辆相比，带有 EDS 的车辆可以更好地利用地面附着力，提高了车辆的行驶性能。

当汽车驱动轴的两个车轮分别在不同附着系数的路面起步时，例如一个驱动轮在干燥的柏油路面上，另一个驱动轮在冰面上，电子差速锁 EDS 则通过 ABS 的传感器自动检测到左右车轮的转动速度，当由于车轮打滑而产生两侧车轮的转速不同时，EDS 就会通过 ABS 对打滑一侧的车轮进行制动，从而使驱动力有效地作用到非打滑侧的车轮上，保证汽车平稳起步。一般情况下，EDS 电子差速锁有速度限制，比如 EDS 只能在车速低于 40km/h 的情况下才起动。当速度低于 40km/h 通过湿滑路面时，EDS 也可锁死打滑车轮，提高行车安全性。一旦车辆的行驶状况恢复正常后，电子差速锁即停止作用。

同普通车辆相比，带有 ABS+EDS 的车辆可以更好地利用地面附着力，从而提高车辆的通过性，安全性更有保障。

（五）实现 ASR 不同方式的性能比较

ASR 系统的本质是：①控制作用在驱动轮上的转矩；②在非对称路面，对传到驱动轮上的转矩实现最佳分配，从而改善汽车的加速性、方向稳定性和操纵性。从这两方面来看，实际上还有其他的方法可满足上述的要求，如离合器转矩控制也完全可达到和发动机转矩控制相同的效果。但在车辆上，究竟采用哪些方式取决于许多因素，诸如汽车本身的结构、成本和可靠性，是否会产生有损于舒适性的副效应等。实现 ASR 控制的各种不同方法的性能比较见表 11-3。

表 11-3 实现 ASR 控制的各种不同方法的性能比较

控制方式 \ 性能指标	操纵稳定性		驱动力	舒适性	传动系统载荷	系统复杂程度
	RWD	FWD				
节气门	--	(-)	-	++	++	+
喷油+点火时间	+	++	0	0	0	++
制动（单轮）	+	+	++	--	--①	-
节气门+制动（单轮）	++	++	++	+	+	--
节气门+喷油、点火时间	++	++	0	+	+	+
节气门+喷油、点火+LDS	++	++	++	+（+）	+	---

注：++表示很好；+（+）表示好；RWD 表示后轮驱动；FWD 表示前轮驱动；+表示较好；0 表示一般；-表示不好；--表示很不好；---表示非常不好；LDS 表示限滑差速器。

① 表示仅在低速下是可行的。

采用单一的节气门控制，结构简单，便于实现，不会给传动系统带来任何附加载荷，舒适性也好，但驱动控制的效果不好。单独采用制动方式，多余的功率都以热的形式在制动器上消耗掉，因而发热严重，不宜在高速下和长时间使用。此外，在制动时对传动件和轴等产生附加动载荷，引起传动轴的振动和噪声。两种综合性能好的组合方式分别为发动机与制动器组合、发动机与防滑差速器组合。由于现代车辆通常都有 ABS，很容易就可把 ABS 扩充到 ASR 方式，不需要添加更多的硬件设备；而采用发动机与防滑差速器组合，需要不同的液压驱动装置和控制系统，成本较高。因此，发动机与制动器组合是 ASR（TCS）系统的最佳组合方式和最完备的硬件配置形式。只要采用合理的控制算法，充分发挥发动机控制和制动控制的优势，它完全可以满足车辆在各种路面条件下的驱动控制的要求，使车辆的方向稳定性、操纵性、舒适性和加速性达到最佳状态。

ASR 控制和 ABS 控制在非对称路面提高驱动力与方向稳定性方面是相互矛盾的，最大限度地利用高附着系数路面一侧的驱动力，必然降低车辆的方向稳定性。在这种工况下，即使车辆没有转向要求，也可能会使车辆偏离期望的行驶方向。为此驾驶人必须通过转向盘产生纠偏力矩以抵消非稳态力矩（由两侧驱动力之差产生）的影响。当车辆在高速行驶时，驾驶人是否能做出及时正确的反应，并把车辆的行驶方向控制在期望的状态，这是 ASR 控制系统无法保证的。ASR 系统只是通过它的控制作用，保证车辆处于一个可控的状态；而能否准确控制车辆的行驶方向，则取决于驾驶人的心理状态、技术的熟练程度等多种因素。

要主动实现车辆行驶方向的稳定性,就必须采用综合控制系统,如增加转向盘转角信号传感及导向轮转角偏转驱动机构,构成车辆行驶方向闭环自动控制系统,在各种路面条件下都可实现车辆方向稳定性的主动控制。

第二节 汽车电子制动系统

汽车防抱死制动系统(ABS)解决了紧急制动时附着能力的利用问题,可获得较短的制动距离及制动方向的稳定性,但它还没有完全解决制动系统存在的不足。新能源汽车技术的发展,进一步促进了更适用于新能源汽车的电控制动系统发展。因此,在汽车防抱死制动系统(ABS)与防滑系统(ASR)的基础上,逐渐发展起来多种电子控制制动系统,以进一步改善和提高汽车制动性能。主要包括电子感应制动系统(Sensotronic Brake Control,缩写SBC)、全电子制动系统(Electronic Braking System,缩写EBS)或电线制动系统(Brake-By-Wire,缩写BBW)、电子机械制动系统(Electro-Mechanical Brake,缩写EMB)、再生制动控制系统等。

一、电子感应制动系统

电子感应制动系统(SBC)由德国 Bosch 公司和 Daimer-Chrysler 公司联合开发,装在奔驰 SL500 上试用。由于 SBC 是新系统,为照顾大多数驾驶者的习惯,在踏板感觉上与传统的液压制动系统并没有太大的区别,仅仅在汽车即将停住的一瞬间,细心的驾驶者才能体会到两者的不同之处:该系统的"软停车"功能减缓了汽车停止瞬间的冲击。

1. 汽车 SBC 的工作原理

汽车 SBC 系统在正常的制动过程中,其工作原理如图 11-33 所示。驾驶者进行制动操作时,由踏板行程模拟器中集成的行程传感器及压力传感器感应驾驶者施加在踏板上制动力的速度及强度,以获得(识别)驾驶者的制动意图。SBC 电控单元(ECU)根据系统(包括 ABS)各传感器输入信号,如车轮速度、纵向加速度等,以及其他电子辅助系统(如 ESP、ASR 等)传感器的信号,如转向角度、回转率、横向加速度等,精确计算出各车轮所需的制动力,保证最佳的减速度和行驶稳定性。液压执行单元根据 SBC 的 ECU 输出的控制指令,

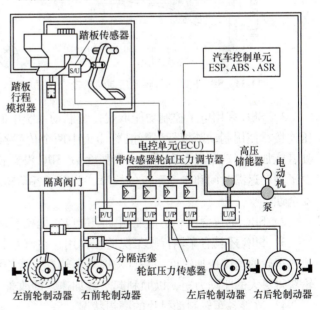

图 11-33 汽车 SBC 的工作原理

控制电磁阀的开/关,通过高压储能器分别向各独立控制的车轮精确施加所需的制动力,使得车辆更快速、更稳定地制动或减速。在每个车轮轮缸附近,各自安装了一个液压调节器和高压储能器,便于能够更快、更精确地响应 ECU 的指令,实施对每个车轮的最优控制。在

轮缸液压调节器中安装有压力传感器，以监控轮缸压力，如果出现严重错误或车辆 12V 或 42V 电池内发生问题，SBC 自动启用制动主缸，在制动踏板和前轮制动器之间，通过电磁阀迅速建立液力连接，对前轮进行制动，保证车辆有一定的制动能力，安全停车。

SBC 感应制动控制系统可随时监测驾驶者的驾驶过程，通过预先采取行动为车辆的即将制动做准备。在制动发生前，一旦驾驶者的脚离开加速踏板，SBC 感应制动控制系统就做好制动准备，这一过程发生在驾驶者踩制动踏板之前，一旦驾驶者施加制动，SBC 系统可在最短的时间内达到最大的制动效果，以缩短制动距离。

2. 汽车 SBC 的特点

SBC 系统与传统制动系统相比，可在短时间内给制动系统提供持续稳定的车轮制动力，使制动更迅速，如图 11-34 所示。SBC 系统的传输速度比传统的机械与液压传输速度快，可以缩短制动距离。SBC 系统最大的特点在于以信号传输取代传统机械式制动控制，电子控制单元的反应更为灵敏。在弯道上制动时，SBC 能够根据实际情况分配各车轮制动力，增加外侧车轮的制动力来提高制动效果，同时，减小内侧制动力，以提高纵向牵引力，增强转弯能力，使车辆在弯道上的制动性能获得提升，如图 11-35 所示。

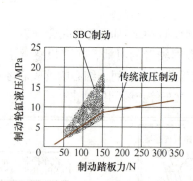

图 11-34　SBC 制动与传统液压制动比较　　图 11-35　弯道上，SBC 与传统制动系统比较

1）SBC 采用电子控制功能取代传统制动系统中制动踏板与车轮制动器之间的机械及液压连接，使用制动踏板行程模拟器［集中两个传感器（行程传感器和压力传感器）感应驾驶者施加在制动踏板上力的速度和强度］；SBC 没有长长的制动管路及较多的制动阀门，减少了制动迟滞时间和制动系统的故障，改善了各车轮之间制动时的协调性，增强了车辆行驶安全性。

2）SBC 中包含汽车防抱死制动功能或防抱死制动系统（ABS）。

3）SBC 还具有车辆行驶工况监控作用，在汽车起步及加速行驶过程中，电子控制器监视各车轮的速度或加速度，一旦发现某车轮有打滑趋势，便对打滑车轮实施制动，使其他车轮获得更大的驱动力矩，以顺利起步或加速，即改善（或具有）防滑系统（ASR）的功能。

4）改善各车轮制动衬片的磨损状况。

5）SBC 系统能够通过软件将电子稳定性程序（ESP）及辅助制动（BAS）等功能集成其中，进一步提高车辆制动的安全性及舒适性。

6）与传统的制动系统不同，SBC 是靠电信号来控制制动元件的动作，它的响应速度和精确性更高。从使用的角度看，它能缩短制动距离，降低热衰退，可靠性也大幅度提高。

二、汽车全电子（线控）制动系统

全电子制动系统（EBS 或 BBW）是在 SBC 的基础上，由制动踏板模块提供位移和移动速度信号，结合车速等其他传感器信号，通过 CAN 总线传输给中央 ECU，中央 ECU 计算和判断，并发出控制信号通过 CAN 总线到达车轮制动模块，由车轮制动模块 ECU 控制制动电动机，控制其电流和相位角，产生要求的制动力，其组成及原理如图 11-36 所示。基本特点：

1）通过电线或电缆来传递信号和能源，制动所需能量由车载电网提供。
2）制动力由集成在制动器模块内的直流电动机或其他电力执行机构直接产生。
3）完全取消了传统的液压制动管路，没有了对环境有害的制动液，对保护环境有利。
4）易于通过 CAN 总线与其他电子系统建立联系，实现对整车的控制。

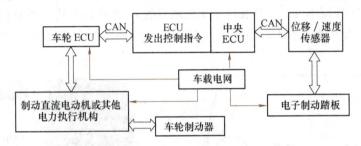

图 11-36　汽车 EBS 组成及原理图

随着 EBS 技术的不断发展，已逐渐研发出具有实用性的 EBS，下面对两种具有实用价值的 EBS 做分别介绍。

1. 西门子 VDO 电子楔式制动器（EWB）

如图 11-37 所示，这款 EWB 是西门子 VDO 公司 2006 年推出的一种盘式改进型制动器，它将传统的液压制动装置，改为电子控制、电动机驱动的制动元件，制动反应时间比液压制动方式迅速很多，安装位置与传统制动器相同，如图 11-38 所示。

图 11-37　电子楔式制动器（EWB）

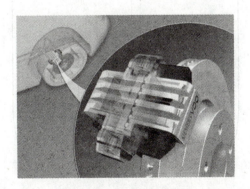

图 11-38　EWB 安装位置

由智能控制的楔子将车辆的动能直接转换为制动能，在其自增强力的作用下，EWB 比现有液压制动系统更快，制动所需能量为现有 1/10。

EWB 的每个车轮独立配置一个智能制动模块进行独立测量和控制，同时检测轮速、制

动力和楔子位置,测量速度和分辨率有所提高。其具体优点包括:

1) 如图 11-39 所示,EWB 可使车辆在冰雪路面上的制动距离缩短 15%。

2) 与装备 ABS 和制动助力器的制动系统比较,几乎所有车辆的液压制动系统都比 EWB 系统反应迟缓(管路液压传递滞后几毫秒造成)。

3) EWB 系统的所有动力部件都采用电驱动形式,无制动液,减少环境污染。

2. 电子机械制动系统(EMB)

图 11-39　EWB 雪地实验场景图

一套典型的 EMB 系统其结构图如图 11-40 所示,该系统主要由 42V 的电源、电子感应式制动踏板、电子控制单元、安装在四个车轮附近的 EMB 执行机构。其中 EMB 系统又包括四个动力源电动机、降速增矩装置、圆周转动输出变换水平方向输出装置和制动摩擦机构等。

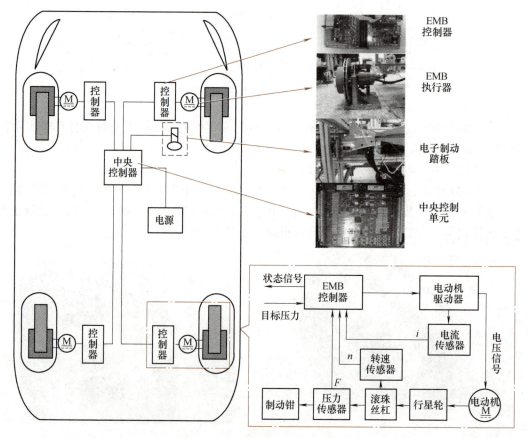

图 11-40　电子机械制动系统结构图

国外已部分实际装车使用,使得整车布置简便、控制简单精确、反应速度更快,可在极短时间内建立足够大的制动压力,缩短了制动器起作用时间,提高汽车制动性能,对于拖带挂车的制动响应同样迅速。随着电动汽车和自动驾驶汽车工业和技术的迅速发展，EMB 更加适合在电动汽车和自动驾驶汽车上装车使用，使其摒弃目前使用的由机械零部件、管路、泵等组成的制动系统，简化结构，布置更方便，制动性能更高，更节能，无制动液污染，更有利于制动能量回收，更有利于提高能量利用率。

三、再生制动控制系统

再生制动控制系统主要用于电动汽车上。传统车辆的制动装置均是通过机械摩擦生热方式消耗制动过程产生的动能，达到制动减速或停车的目的。同时也面临制动时无法回收动能、易热衰退、摩擦片寿命短等多方面不足。电动汽车最大的特点在于制动过程中能将部分制动能量通过转换装置传递到储能装置中，并在驱动时再次利用。采用再生制动，可以有效弥补传统汽车制动系统的不足。

1. 再生制动的基本概念

再生制动，指通过能量转换装置将部分制动能量以电能的形式储存起来，而当汽车驱动时，将这部分存储的电能再次释放，从而提高经济性。图 11-41 给出了再生制动系统工作的基本过程。

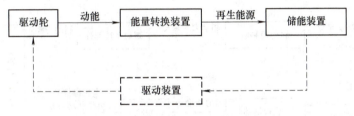

图 11-41　再生制动系统工作基本过程

实线代表制动状态，而虚线代表驱动状态。其中能量转换装置为电机，而储能装置为蓄电池。纯电动汽车驱动与制动的切换主要是通过控制相关功率器件开关的状态，从而导致电机状态改变而实现。

2. 再生制动系统的结构

电动车具有可实现再生制动的特点，虽然希望制动时回收能量越多越好，但电机在参与制动时也受到多方面因素影响，在一些紧急制动情况下，电机制动力矩不能确保达到整车的制动力需求。为确保制动过程中的可靠性和安全性，传统的机械摩擦制动系统仍需保留，并与再生制动系统组成混合制动结构。该结构可分为串联制动和并联制动。

（1）串联制动　图 11-42 为串联制动原理图。根据驾驶者制动指令，在考虑了对稳定性要求情况下，控制器会根据相应指令对电制动力及液压制动力进行计算，并给电机控制器和液压系统以反馈信号。电机能提供的力矩大小与其转速有关，通过判断反馈的电机制动力矩的大小是否达到整车制动力矩需求，从而决定是否介入液压制动。如果电机制动力矩满足需求，那么仅电机参与制动；反之，则由摩擦系统进行补偿。所以，采用串联制动系统，通过协调控制电机制动和摩擦制动，电机的制动力矩能得到最大化利用，从而提高回收能量的效率。

（2）并联制动　图 11-43 为并联制动原理图。根据驾驶者制动指令，电机控制器确定基于液压制动之上需要加载的电机制动力矩，液压缸主缸的压力决定了该力矩的大小。同样，电机制动力矩与其转速有关。因此，能够加载的电机制动力矩需要从整车静态制动力的分配关系、电机转矩特性、驾驶人制动感觉以及轮胎与路面附着特性等方面综合确定。显然，由于电机制动与液压制动两者不能实现协调控制，电机未得到有效利用，降低了回收能量效率。

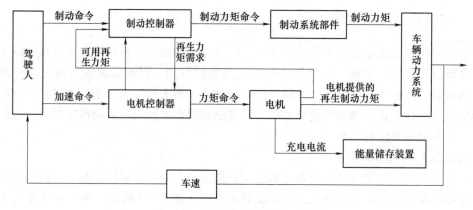

图 11-42 串联制动系统控制原理

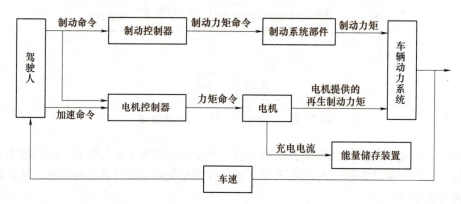

图 11-43 并联制动系统控制原理

3. 再生制动的影响因素

电动车制动时回收能量的大小与电机参与制动的份额有直接关系，基于提高回收能量效率考虑，希望电机更多参与制动，然而再生制动与多方面制约因素有关，主要有如下几方面。

(1) 制动安全性要求 制动安全性是电动车制动系统的首要任务。再生制动系统追求的就是在安全制动基础上，增加电机参与制动份额，达到回收能量的最大化。通常在制动过程中，如果是紧急制动或者制动强度比较大的时候，为保证安全性，需加入机械摩擦制动，通过两者联合实现安全制动，此时不再单纯为多回收能量而仅依靠电机进行制动。

(2) 电机 电机可达到的峰值转矩制约了再生制动力的大小，尤其在紧急制动或者较高强度制动下，仅依赖再生制动力已无法达到制动的需求，此时需要摩擦制动的协同参与，部分能量通过摩擦产生的热量散失，无法回收。

(3) 储能装置 储能装置的影响主要是电池充电功率的限制。回收制动能量大小也跟电池荷电状态（State of Charge，SOC）有密切关系。按照规定，只有在 SOC 较低的时候才会触发能量回收系统，而且在低 SOC 状态下可以回收更多的制动能量；当 SOC 较高时，如 SOC>0.9，为避免充电功率过高损坏蓄电池，降低电池寿命，此时不再允许能量回收。故在选取电机的制动功率时，须对电池 SOC 当前所处的水平进行考虑。

(4) 行驶工况 行驶工况的影响主要在于车速，如城市循环工况，道路纵横，红绿灯较多，汽车经常处于频繁起步、制动的状态，制动强度较小，这时可充分发挥电机潜力，对回收能量非常有利。然而并非车速越低越好，因为如果车速过低，制动时间过短，回收能量效果并不明显。但车速过高，制动时减速度大，需求制动力高，例如高速公路工况，从安全角度出发，并不对能量进行回收。

(5) 控制策略 控制策略是能量回收技术的核心，对回收能量的效率高低起着关键性作用。在满足电机、电池等限制条件下，如何协调分配电机制动与摩擦制动两者间的制动力及前、后轴的制动力，这些都需要控制策略来完成，只有经多方面综合优化考虑，根据实际情况制定的策略才能保证汽车在具有良好制动效能的基础上，实现回收能量的最大化。

(6) 其他因素 蓄能装置和电机会受到周围环境的温度影响，主要表现在电机的发电效率和电池的充电效率两方面。在适当范围内，温度数值越低，电机发电效率和电池充电效率越高，回收的能量就越高。另外，汽车所采用的驱动形式、控制电路周围电磁干扰等因素也都会制约能量回收。

第三节 汽车防/避撞控制系统

推动车辆检测系统、碰撞报警、汽车防/避撞控制系统、自动行驶系统等汽车主动安全性产品和技术的发展因素主要有三个方面：

(1) 消费者对安全性的要求 消费者出于对汽车事故的关心和重视，普遍要求减少汽车事故。能够帮助驾驶者防止偏离车道的驾驶人辅助系统或行车道防护系统，是消费者决定是否购买一辆汽车时要考虑的重要因素之一。

(2) 最新安全法规的制定 为了达到减少交通事故发生的目的，很多国家已经制定了各种法规，对汽车的安全性提出了具体要求。例如，对汽车侧翻性能的评定分级，轮胎气压监测（TPM），欧洲对 ABS 安装率的要求等。

(3) 新技术在汽车上的应用使驾驶人越来越分心 手机、车内传真、车内现代导航系统，甚至在车内可以看电影、上网等等，这些在给人们带来不少方便的同时，也不可避免地会使驾驶人分心，以至于引发交通事故。

尽管碰撞报警、碰撞避免等系统在 20 世纪 50 年代就开始研发，但由于电子和雷达等技术的发展水平所限，很难形成实用经济的产品。随着这些技术的迅速发展，汽车上先进防撞电控系统也迅速发展起来了。其主要目的是为了减少由于车与车之间的碰撞而引发的事故，减轻驾驶人的紧张和疲劳，提高驾驶舒适性，增强驾驶安全性。统计资料表明，装备这些系统的车辆，因碰撞造成的事故可减少一半。如果驾驶人能够得到 0.5s 额外的警告时间，60% 的前方碰撞可以避免；得到 1s 额外的警告时间，可以帮助驾驶人避免 90% 这样的事故。目前在使用的防撞系统包括传感测距装置、碰撞报警、避撞系统等。

1. 传感测距装置

传感测距装置是汽车碰撞报警/避免系统中重要的部件，对其基本要求如下：

1）能区分前面的车辆或其他路障或路标。
2）能够确定前面或两边车辆的方位和速度。
3）能够识辨弯道和车道分隔线。
4）能够辨别同一行车道上的车辆还是邻近车道上的车辆，尤其是在弯道上的时候。
5）在各种天气和道路条件下工作可靠。
6）防/避撞系统要求对车辆/物体的探测更可靠、更精确。
7）相适应的系统敏感度。

如果碰撞报警系统作为独立的配件安装到用户的车上，要求传感系统能监测到几米以外的物体即可。

目前，传感测距装置大致有：红外线传感系统测距，这种系统依赖于好的天气，在雾天或雨天工作就不可靠；远距离雷传感系统；激光测距；摄像设备和图像处理系统——识别道路的弯道和车道分离线等。

超声波障碍物距离传感器的功用是，利用超声波检测车辆前后的障碍物距离，并利用指示灯及蜂鸣器等把车辆到障碍物的距离及位置等通知驾驶人，起到保护作用，或将其信号传到汽车电控单元，自动控制车辆减速、加速、转向、制动或传给 SRS 系统控制器，以便于SRS 的迅速展开。

超声波障碍物距离传感器的外形如图 11-44 所示。该传感器上采用一种被称为 PZT（锆钛化铅）的压电元件制成。它采用长圆形音响喇叭式导向装置。这种传感器的特点在于具有方向性，采用圆形音响喇叭式导向装置的目的是使传感器的水平方向特性宽，而垂直方向受到限制。传感器的结构如图 11-45 所示。

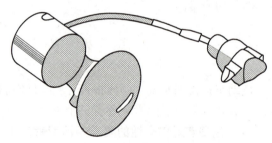

图 11-44 超声波障碍物距离传感器的外形

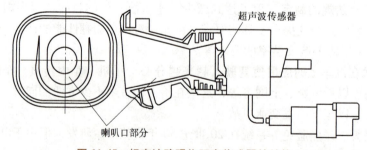

图 11-45 超声波障碍物距离传感器的结构

超声波障碍物距离传感器的工作原理是利用声呐原理（回音），向车辆前方或后方发射超声波，测定该超声波遇到障碍折回的时间，把这一时间转换成距离并加以显示。

图 11-46 所示是利用这种传感器制成的倒车声呐系统（倒车防撞系统）的构成。它的功能是检测车辆后方的障碍物，判定与显示车辆后方有无障碍物及障碍物的距离，如图 11-47

所示。声呐系统向车辆后方发射超声波,当车辆后方无障碍物时,随着距离的增加,超声波逐渐衰减,即根据向车后发射的超声波是否返回,可以判断检测范围内是否有障碍物;如向车后发射的超声波遇有障碍物时,测定所花费的时间,根据时间与距离的正比例关系,就可以判断出车辆到障碍物的距离;此外,将车辆后方划分为左中右3个区域,就可以判断出障碍物在何处。这种系统还具有故障自诊断功能,用以检查本系统是否正常工作。

倒车声呐系统由置于后保险杠的4个后方感测超声波障碍物距离传感器(发出与接收信号用)、装于行李舱内的微机组件及驾驶人可看到的显示装置构成。超声波障碍物距离传感器与微机组件之间用屏蔽线连接,防止外部电磁信号干扰。超声波障碍物距离传感器的检测范围如图11-48所示。

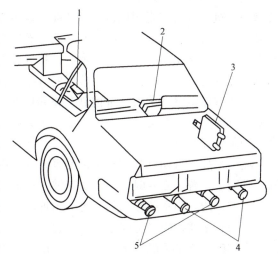

图11-46 倒车声呐系统的构成
1—主开关 2—显示部分 3—微机
4—接收信号传感器 5—发出信号传感器

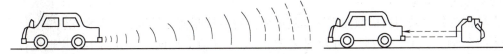

图11-47 倒车声呐的功能

2. 碰撞报警与避撞系统

碰撞报警系统是碰撞避免系统发展的初级阶段。当该系统探测到有可能与其周围的车辆或物体出现碰撞危险时,就向驾驶人发出警告,从而使驾驶人有时间做出相应的反应,以避免车祸的发生。该系统只会报警,不会自动减速或转向以达到避免事故的目的。报警可以通过声音或图像信号,信号强度随紧急程度而变。

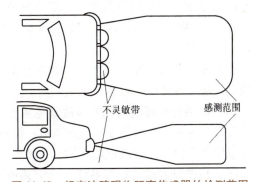

图11-48 超声波障碍物距离传感器的检测范围

车辆/物体探测装置安装在汽车前方,用以测量本车与前方车辆/物体的距离。当本车与前面车辆的距离处于危险范围内时,表示碰撞将有可能发生,系统就向驾驶人报警。在汽车的两侧装有物体探测装置,测量本车与两边邻近行车道上车辆/物体的距离,加强驾驶人换道时的安全性——盲区探测系统。在换道时,如果邻近的行车道上在危险区内存在其他车辆/物体,系统就以某种方式向驾驶人发出警告。这种盲区探测系统对在停车场倒车也很有辅助作用,特别是对于大货车和大客车更有效。还有的碰撞报警系统在汽车的前方和两侧都装有物体探测装置,测量本车与前面和两边邻近行车道上车辆/物体的距离,在汽车前行和换道时,都能帮助驾驶人。现在一些碰撞报警系统装有摄像机，具有实现图像识别的功能。这种系统不仅能够识别行车道的分隔线，也能识别行驶前方的弯道，从而能够准确判断前方的车辆或物体是否确实在其同一条行车道上。当汽车不小心驶离路面或自身的行车道时，系统就会报警（即偏离行车道报警功能）。倒车辅助系统可以说是最简单、最早得到应用的碰撞报警系统。

由于碰撞报警系统不具备控制车速的功能，也不会帮助驾驶人改正行车方向，所以它不需要与别的系统联网交流，可以不依赖于其他控制系统而独立存在，且往往可以在售后服务站作为附件安装。

避撞系统在自动驾驶和碰撞报警系统的基础上，兼有避撞的功能。避撞系统是更高一级的主动安全系统，必要时，该系统能够主动地辅助驾驶人，达到避免与其他汽车碰撞或偏离行车道的目的。当系统监测到有可能出现碰撞危险时，它不仅能够像自动驾驶系统一样辅助驾驶人控制车速，同时也能够帮助驾驶人改正行车方向，使之避免与前面或两边的汽车/物体发生碰撞。该系统能够辅助驾驶人主动防止由于不小心驶离行车道时的情况发生。

为了实现避免碰撞这一辅助功能，整车系统必须具备实现 ACC 系统的两个必要条件，同时，汽车还必须具备电子控制的转向系统，如电动助力转向或电线转向系统，各系统之间联网交流，从而在一定程度上实现对转向的主动控制。

（1）夜间目标检测和报警系统　夜间行驶条件比白天差得多，容易发生事故。为避免事故发生，应在规定的车辆接近区内，检测是否存在目标和行人，并通过直观显示警告驾驶人，以便采取适当措施。

日本马自达公司采用扫描激光雷达和超声波传感器检测前方是否有行人和在斜角方向是否有驶来的车辆。如有，驾驶人可及时采取措施（制动、转向、减速等），以避免发生事故。

（2）车辆检测与报警系统　车辆检测系统指在两台车接近的区域内检测是否有车辆存在，如有车，则发出报警信号，既警告本车驾驶人，也警告跟随车辆的驾驶人，以采取相应措施。

（3）车距报警系统　该系统向跟踪车辆传送它与前面车辆的距离信号，使跟踪车辆自动地进行制动或转向，以避免车辆相撞。

（4）车辆行驶路线改变的事故避免系统　当车辆改变行驶路线时，往往因后面车辆车速太高或驾驶人不注意而发生碰撞事故。为解决这类撞车事故，一些公司研究开发的防撞系统可以检测并警告接近或跟踪车辆的驾驶人。

（5）行驶路线偏离报警系统　由于某种原因，在驾驶人未操作转向的情况下车辆开始偏离自己的路线，为避免后面的来车碰撞或该车碰撞隔离带的事故，一些公司研制的防撞系统可以检测并通过声音信号警告行驶路线位置偏移的驾驶人。三菱公司利用录像机检测白色路线标记，如驾驶人无意识偏离自己的路线，系统便用声音信号警告驾驶人。马自达公司利用 CCD 摄像机识别道路白线，当用直观信号报警后，驾驶人没有使原车回到原行驶路线，系统便自动使原车回到原来的路线。

（6）调节车辆位置的速度控制系统　为了使同一行驶路线上的车辆始终保持一定距离，车辆应装有速度控制装置。该装置可调节车速，使跟随车辆始终与前面的车辆保持正确的距离，以避免发生事故和减轻驾驶人劳动强度。三菱公司用扫描激光雷达和录像机检测前面行驶的车辆。在激发"巡航"控制装置情况下自动调节节气门和换档顺序，使车辆不会跟随太紧。这种功能也称为自动智能巡航控制或预测距离控制。日产公司的装置是在一般自动控制装置上增设节气门和制动执行器，无需驾驶人进行制动操作，便可自动保持一定距离。本田公司和五十铃公司也有类似装置。

(7) 碰撞自动监测与防护系统 当在同一线路上有车辆或其他障碍物时，该系统将自动监测并发出报警信号，以便提前处理潜在的事故危险，避免发生碰撞。如果驾驶人未进行人工回避操作，该系统会进行自动地转向与制动。目前，美国、欧洲和日本开展该项研究工作的公司较多，已有可供装车使用的产品，如美国达科（Delco）公司的 Forewarn 碰撞报警系统。

(8) 转弯减速调节系统 当车辆行驶遇到车辆时，由于驾驶人对道路情况不熟悉或注意力不集中，或车速太高，经常发生车撞路标（或栏杆）和翻车事故。转弯减速调节系统可监测转弯车辆经由路面的转弯半径及曲率，并相应的自动调节车辆减速度。马自达公司的方案是，当车辆接近转弯时，系统估计足够安全车速，以便处理转弯，并根据来自路标的信息，估计到弯曲部分开始点的距离。如果车速传感器检测证明车速超过估计的安全车速，系统则发出警告信号，如驾驶人未减速，系统将自动操作制动。本田公司使用导航系统的地图数据警告驾驶人有弯道，进而选择合适速度，如需减速，则发出警告信号。弯道图形显示在风窗玻璃显示器上。如果驾驶人没有采取措施，则系统将自动地降低车速。

(9) 自动停止报警和调节系统 车辆行驶遇到前方有交叉行驶的车辆、行人或交叉路口时，通过传感器检测路面状况，如有目标，车辆自动减速或自行停车，而与操作者无关。马自达公司的系统根据路标信息识别到停车线的距离，如果驾驶人继续朝交叉路口走而不减速，系统将发出报警信号；当驾驶人不停车时，系统自动使车辆停止。

3. 雷达新型防撞系统

VORAD（车装雷达）车辆碰撞报警系统有以下功能：

1）前车是否离本车还有不足 5s 的最小行驶距离；

2）是否正在超越一辆过快的车辆；

3）前车是否在突然减速或停车；

4）右侧车道内的盲区内是否有车辆；

5）装备有 1 个综合式记录仪，它能显示怠速时间、车速（平均车速和最高车速）、离尾随车的平均距离、未先报警的次数和行驶距离，还有 1 个记录最后 10min 的行车状况的"黑匣子"。

VORAD 车辆碰撞报警系统的布置如图 11-49 所示。它是一种以微波信号与电路和速算法相结合的航空技术为基础而研制的高频雷达系统。其组成有：1 个天线，1 个无线发射/接收器总成，1 个中央处理机，1 个扬声器总成和 1 个包括报警指

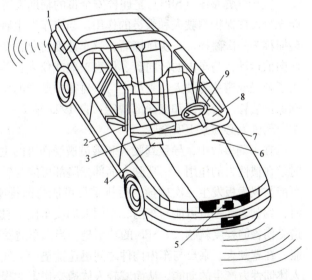

图 11-49 车装雷达防撞系统示意图
1—盲区雷达探测器 2—盲区灯光显示 3—扬声器
4—电控装置 5—无线发射/接收器总成 6—制动传感器
7—转向传感器 8—车速里程表接头 9—驾驶控制显示装置

示灯和雷达遥控装置在内的驾驶控制装置。该系统测量的相向行驶的接近速度范围为0.40~160km/h，有效工作范围一般为0.3~107m，主车速度范围为0.8~190km/h。电源为12~24V直流电源，系统功率为20W，前端雷达的工作频率为24.125GHz，后盲区雷达为10.525GHz，系统重为3.1kg。该系统已在一些公共汽车和重型货车上开始应用。

第四节　安全气囊和安全带

安全气囊（英文名称为Supplemental Restraint System或Supplemental Restraint Safe AirBag System，缩写SRS，即辅助防护系统或辅助防护安全气囊系统）是一种被动安全系统，是美国机械工程师约翰·赫特里克（John W. hertrick）1953年发明的。从20世纪70年代开始采用的座椅安全带和驾驶人正面气囊，已经挽救成千上万人的生命。

正面气囊只能避免或减轻来自前方的伤害，即只有在汽车遭到正面碰撞时才能起到保护作用，对侧面碰撞没有保护作用。侧面辅助防护安全气囊SSRS（Side Supplemental Restraint Safe Air Bag System）是侧面碰撞保护的有效装置之一。

一、安全气囊系统的功用与类型

安全气囊系统是汽车上的被动安全装置。被动安全装置的功用是减轻事故导致的伤害程度，目前采用的主要有座椅安全带、护膝垫、两节或三节式转向柱、安全气囊控制系统和座椅安全带控制系统等等。

1. 安全气囊系统的功用

安全气囊系统（SRS）是座椅安全带的辅助装置，只有在使用安全带的条件下，该系统才能充分发挥保护驾驶人和乘员的作用。当汽车发生碰撞时，汽车与汽车或汽车与障碍物之间的碰撞称为一次碰撞。一次碰撞后，汽车速度将急剧变化，驾驶人和乘员就会受到惯性力的作用而向前运动，与车内的转向盘、风窗玻璃或仪表台等构件发生碰撞，这种碰撞称为二次碰撞。为了减轻或避免驾驶人与乘员在二次碰撞中遭受的伤害，汽车上装备了座椅安全带和SRS等被动保护装置。公安部和交通部规定：自1993年7月1日起，所有轿车和中小客车在行驶过程中，驾驶人必须系上安全带。

在车辆事故中，导致驾驶人和乘员遭受伤害的主要原因是二次碰撞。当汽车发生正面碰撞时，在惯性力的作用下，驾驶人面部或胸部可能与转向盘和风窗玻璃发生二次碰撞，前排乘员可能与仪表板发生二次碰撞，后排乘员可能与前排座椅发生二次碰撞。当汽车遭受侧面碰撞时，驾驶人和乘员可能与车门、车门玻璃或车门立柱发生二次碰撞。车速越高，惯性力越大，遭受伤害的程度就越大。SRS的功用是：当汽车遭受碰撞导致减速度急剧变化时，气囊迅速膨胀，在驾驶人、乘员与车内构件之间迅速铺垫一个气垫，利用气囊排气节流的阻尼作用来吸收人体惯性力产生的动能，从而减轻人体遭受伤害的程度。正面气囊的主要功用是保护驾驶人和乘员的面部和胸部，如图11-50所示，侧面气囊的主要功用是保护驾驶人和乘员的头部与腰部。

2. 安全气囊系统分类

按其总体结构可分为机械式SRS和电子式SRS两大类。

机械式SRS不需要使用电源，没有电子电路和电路配线，全部零件组装在转向盘装饰盖

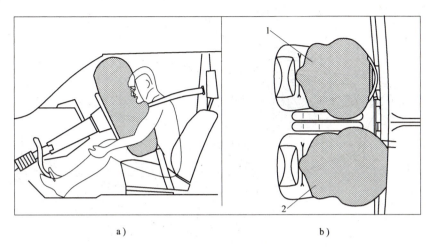

图 11-50 汽车遭受正面碰撞时 SRS 的作用情况
a) 驾驶席气囊　b) 驾驶席与乘员席气囊
1—驾驶人　2—前排乘员

板下面。检测碰撞动作和引爆点火剂都是利用机械装置来完成的。最早采用机械式 SRS 的是日本丰田汽车公司。

电子式 SRS 是机械式 SRS 和电子技术发展的产物。电子式 SRS 按功用可分为正面 SRS 和侧面 SRS 两大类；按气囊数量可分为单 SRS、双 SRS 和多 SRS。单 SRS 只装备驾驶席气囊。20 世纪 90 年代以前生产的汽车基本上都装备单 SRS。双 SRS 装备有驾驶席和前排乘员席两个气囊，20 世纪 90 年代后生产的大多数轿车都装备了双 SRS。无论气囊数量多少，均可采用一个 SRS ECU 控制。

二、安全气囊系统的组成结构与工作原理

1. 安全气囊系统的组成

各型汽车 SRS 采用控制部件的结构、数量和安装位置各有不同，但是其基本组成大致相同，如图 11-51 所示，主要由碰撞传感器、安全气囊系统控制组件（SRS ECU）、安全气囊系统指示灯（SRS 指示灯）等组成。

SRS 一般设有 3~4 只碰撞传感器，分别安装在车身前部和中部，如汽车前部两翼子板内侧、两侧前照灯支架下面、发动机散热器（俗称水箱）支架左、右两侧、左右仪表板下面和 SRS ECU 内部等。

安全气囊系统控制组件通常称为 SRS 电控单元，简称 SRS ECU，其结构如图 11-52 所示，由备用电源电路、故障诊断与监测电路和点火引爆电路等组成，一般安装在换档操作手柄前面或后面的装饰板内、后排座椅下面中部位置或行李舱内。当 SRS ECU 内部装有碰撞传感器时，SRS ECU 应当安装在汽车纵向轴线上，以便该传感器准确检测碰撞信号。

安全气囊组件又称为 SRS 组件，由气囊、螺旋弹簧（即螺旋线束）、气体发生器和点火器等组成。

SRS 指示灯用于指示 SRS 的工作状态。当系统发生异常时，指示灯自动发光报警。

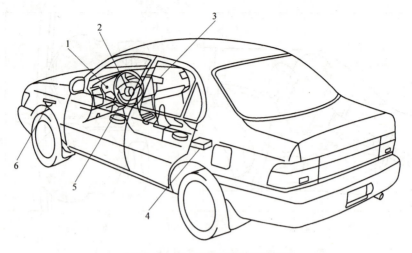

图 11-51 SRS 零部件的安装位置

1—SRS 指示灯 2—螺旋线束 3—右前碰撞传感器 4—SRS ECU 5—气囊组件 6—左前碰撞传感器

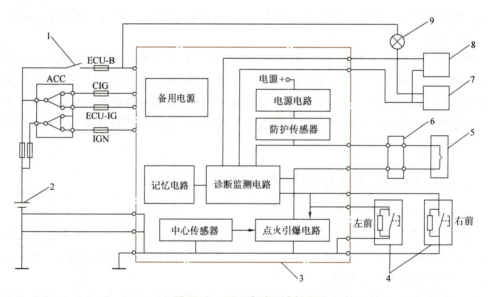

图 11-52 SRS 电路组成框图

1—点火开关 2—蓄电池 3—SRS ECU 4—前碰撞传感器
5—SRS 气囊 6—螺旋线束 7—TDCL 8—检修插头 9—SRS 指示灯

(1) 碰撞传感器 碰撞传感器相当于一个控制开关，其工作状态取决于汽车碰撞时的减速度大小。碰撞传感器按功用可分为碰撞信号传感器和碰撞防护传感器两类。碰撞信号传感器又称为碰撞烈度（激烈程度）传感器，安装在汽车左前、右前、前部中央和 SRS ECU 内部，分别称为左前、右前、中央和中心碰撞传感器，其功用是将汽车碰撞时的减速度输入 SRS ECU，用以判定是否发生碰撞。碰撞防护传感器简称防护传感器，又称为安全传感器或保险传感器，一般都安装在 SRS ECU 内部，其功用是控制气囊点火器电源电路。碰撞传感器按结构可分为机电结合式（Electromechanical Sensor）、电子式和水银开关式三种。机电结合式碰撞传感器是一种利用机械机构运动（滚动或转动）来控制电器触点动作，再由触点断开与闭合来控制气囊点火器电路接通与切断的传感元件，常用的有滚球式、滚轴式和偏心锤式三种碰撞传感器。

在安全气囊系统电路中，左前、右前、中央和中心碰撞传感器之间均为并联关系。只有当防护传感器与任意一只碰撞信号传感器同时接通时，点火引爆电路才能接通，气囊才能引爆充气。设置碰撞防护传感器的目的，是防止前碰撞传感器意外短路而造成气囊误膨开。因为在不设置碰撞防护传感器的情况下，当检修前碰撞传感器时，如果不慎将其信号输出端子短路使点火器电路接通，那么气囊就会引爆充气膨开，造成不必要的损失。设置防护传感器后，如果防护传感器电路不接通，那么点火器就没有电源，气囊回路始终断开，从而避免气囊误膨开。

碰撞防护传感器和碰撞信号传感器的结构原理完全相同，其唯一区别在于设定的减速度阈值有所不同。设定减速度阈值的原则是，碰撞防护传感器的减速度阈值比碰撞信号传感器的稍小。当汽车以 40km/h 左右的速度撞到一辆静止或同样大小的汽车上或以 20km/h 左右的速度迎面撞到一个不可变形的障碍物上时，减速度就会达到碰撞信号传感器设定的阈值，传感器就会动作。

电子式碰撞传感器设有电器触点，常用的有压阻效应式和压电效应式两种，一般用作中心碰撞传感器。

水银开关式碰撞传感器是利用水银（汞）导电良好的特性来控制气囊点火器电路接通或切断，一般用作防护传感器。

1）滚球式碰撞传感器，又称为偏压磁铁式（Bias Magnet Type）碰撞传感器，其结构如图 11-53 所示，主要由铁质滚球 1、永久磁铁 2、导缸 3、固定触点 4 和壳体 5 组成。

两个触点分别与传感器引线端子连接。滚球用来感测减速度大小，在导缸内可移动或滚动。壳体 5 上印制有箭头标记，方向与传感器结构有关，有的规定指向汽车前方（如丰田雷克萨斯 LS400 型轿车），有的规定指向汽车后方。因此，在安装传感器时，箭头方向必须符合使用说明书的规定。

传感器工作原理如图 11-54 所示。当传感器处于静止状态时，在永久磁铁磁力的作用下，导缸内的滚球被吸向磁铁，两个触点与滚球分离，传感器电路

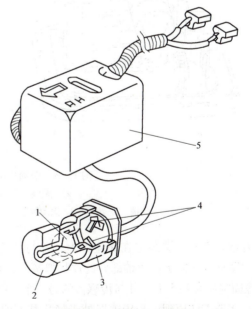

图 11-53　滚球式传感器结构
1—滚球　2—磁铁　3—导缸　4—触点　5—壳体

处于断开状态，如图 11-54a 所示。当汽车发生碰撞且减速度达到设定阈值时，滚球产生的惯性力将大于永久磁铁的磁吸力。滚球在惯性力作用下克服磁力沿导缸向两个固定触点运动并将固定触点接通，如图 11-54b 所示。当传感器用作碰撞信号传感器时，固定触点接通则将碰撞信号输入 SRS ECU；当传感器用作碰撞防护传感器时，则将点火器电源电路接通。

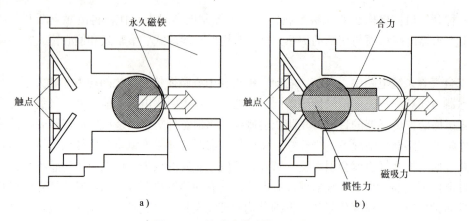

图 11-54 滚球式传感器工作原理
a) 静止状态 b) 工作状态

2) 滚轴式碰撞传感器。滚轴式传感器的结构如图 11-55 所示,主要由止动销 1、滚轴 2、滚动触点 3、固定触点 4、底座 5 和片状弹簧 6 组成。

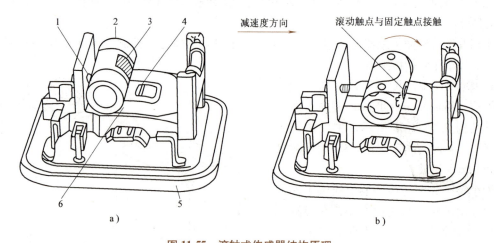

图 11-55 滚轴式传感器结构原理
a) 静止状态 b) 工作状态
1—止动销 2—滚轴 3—滚动触点 4—固定触点 5—底座 6—片状弹簧

片状弹簧 6 一端固定在底座 5 上,并与传感器的一个引线端子连接,另一端绕在滚轴 2 上,滚动触点 3 固定在滚轴部分的片状弹簧上,并可随滚轴一起转动。固定触点 4 与片状弹簧 6 绝缘固定在底座 5 上,并与传感器的另一个引线端子连接。

传感器工作原理:当传感器处于静止状态时,滚轴在片状弹簧弹力作用下滚向止动销一侧,滚动触点与固定触点处于断开状态,如图 11-55a 所示,传感器电路处于断开状态。当汽车遭受碰撞且减速度达到设定阈值时,滚轴产生的惯性力将大于片状弹簧的弹力。滚轴在惯性力作用下克服弹簧弹力向右滚动,滚动触点与固定触点接触,如图 11-55b 所示。当传感器用作碰撞信号传感器时,滚动触点与固定触点接触则将碰撞信号输入 SRS ECU;当传感器用作碰撞防护传感器时,则将点火器电源电路接通。

3) 偏心锤式碰撞传感器,又称为偏心转子式碰撞传感器,其结构如图 11-56 所示,主要由偏心锤1和8、偏心锤臂2和15、转动触点臂3和11、转动触点6和13、固定触点10和16、回位弹簧19、挡块9、壳体4和12等组成。转子总成由偏心锤1、转动触点臂3及转动触点6和13组成,安装在传感器轴18上。偏心锤偏心安装在偏心锤臂上。转动触点臂3和11两端固定有触点6和13,触点随触点臂一起转动。两个固定触点10和16绝缘固定在传感器壳体上,并用导线分别与传感器引线端子7和14连接。

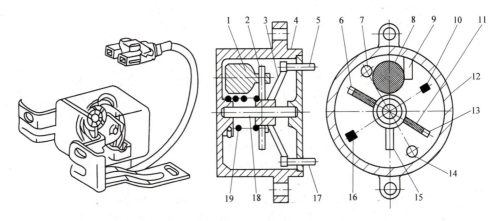

图11-56 偏心锤式碰撞传感器的结构

1、8—偏心锤　2、15—偏心锤臂　3、11—转动触点臂　4、12—壳体　5、7、14、17—固定触点引线端子
6、13—转动触点　9—挡块　10、16—固定触点　18—传感器轴　19—回位弹簧

传感器的工作原理:如图11-57所示,当传感器处于静止状态时,在回位弹簧力矩作用下,偏心锤与挡块保持接触,转子总成处于静止状态,转动触点与固定触点断开,如图11-57a所示,传感器电路处于断开状态。当汽车遭受碰撞且减速度达到设定阈值时,偏心锤产生的惯性力矩将大于回位弹簧力矩,转子总成在惯性力矩作用下克服弹簧力矩沿逆时针方向转动一定角度,带动转动触点臂转动,使转动触点与固定触点接触,如图11-57b所示。当传感器用作碰撞信号传感器时,则将碰撞信号输入SRS ECU;当传感器用作碰撞防护传感器时,则将点火器电源电路接通。

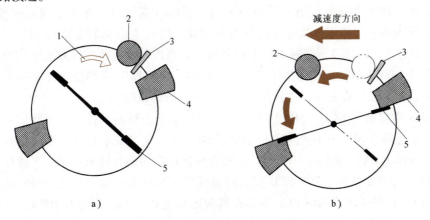

图11-57 偏心锤式碰撞传感器工作原理
a) 静止状态　b) 工作状态
1—回位弹簧力矩　2—偏心锤　3—挡块　4—固定触点　5—转动触点

4）水银开关式碰撞传感器。利用水银具有良好的导电特性而制成，其结构原理如图 11-58 所示，主要由水银、壳体、密封圈、电极和密封螺塞组成。

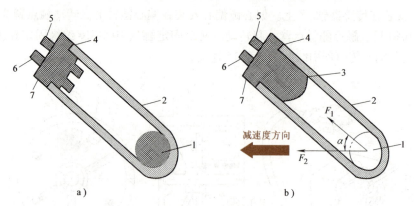

图 11-58　水银开关式碰撞传感器结构
a）静止状态　b）工作状态
1—水银（静态位置）　2—壳体　3—水银（动态位置）
4—密封圈　5—电极（接点火器）　6—电极（接电源）　7—密封螺塞
F_1—水银运动方向分力　F_2—惯性力　α—水银运动方向与水平方向之间的夹角

传感器的工作原理：当传感器处于静止状态时，水银在其重力作用下处于如图 11-58a 所示位置，传感器的两个电极处于断开状态，点火器电路断开。当汽车发生碰撞且减速度达到设定阈值时，水银产生的惯性力在其运动方向上的分力克服其重力分力而将水银抛向传感器电极，使两个电极接通，如图 11-58b 所示。当传感器用作碰撞信号传感器时，两个电极接通则将碰撞信号输入 SRS ECU；当传感器用作碰撞防护传感器时，则将点火器电源电路接通。

5）电子式碰撞传感器。常用的电子式碰撞传感器有压阻效应式和压电效应式两种，分别利用半导体的压阻效应和压电效应制成。在压阻式碰撞传感器中，电阻应变片随弹性元件受到碰撞压力作用产生变形，其阻值随之发生变化，经信号调理电路后转变成电压，送入 SRS ECU。当汽车发生碰撞且减速度达到设定阈值时，传感器信号电压也达到设定阈值，SRS ECU 发出控制指令将气囊点火器电路接通，引爆气囊充气。在压电式碰撞传感器中，压电晶体受到碰撞压力作用，其输出电荷发生变化，经放大电路转变成相应电压送入 SRS ECU。作用力越大，晶体变形量越大，电压就越高。当汽车发生碰撞且减速度达到设定阈值时，传感器输入 SRS ECU 的信号电压达到设定阈值，SRS ECU 立即发出控制指令，使气囊点火电路接通，引爆气囊充气，达到保护驾驶人和乘员的目的。

(2) SRS 电控单元 ECU　SRS ECU 是安全气囊系统的核心部件，其安装位置依车型而异。当防护传感器与 SRS ECU 组装在一起时，SRS ECU 应当安装在汽车纵向轴线上，如丰田卡罗拉（COROLLA）轿车将 SRS ECU 安装在变速杆后面的装饰板下面。当碰撞防护传感器与 SRS ECU 分开安装时，SRS ECU 安装位置则依车型而异，如马自达（MAZDA）、宝马 BMW5、BMW7 系列轿车将 SRS ECU 安装在驾驶席仪表板下面，而宝马 BMW3 系列轿车将 SRS ECU 安装在前排乘员仪表板下面。

SRS ECU 的结构有简有繁，福特林肯·城市（Lincoln City）轿车 SRS ECU 的内部结构如图 11-59 所示，主要由专用中央处理单元 CPU、备用电源电路、稳压电路、信号处理电路、保护电路、点火电路和监测电路等组成。SRS ECU 电路原理框图如图 11-60 所示。

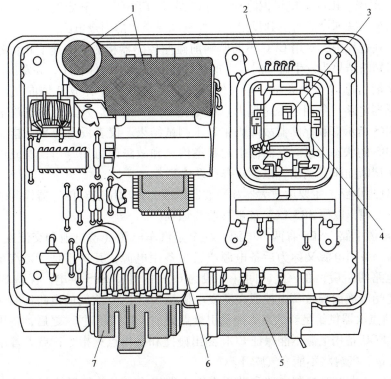

图 11-59　Lincoln City 轿车 SRS ECU 的结构

1—能量储存装置（电容器）　2—碰撞防护传感器总成　3—传感器触点
4—传感器滚轴　5—四端子插座　6—专用 CPU　7—SRS ECU 插座

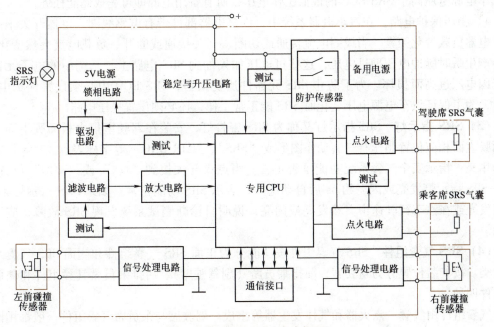

图 11-60　SRS ECU 电路框图

1）专用 CPU。由模/数（A/D）转换器、数/模（D/A）转换器、串行输入/输出（I/O）接口、ROM、RAM、电可擦除程序存储器（EEPROM）和定时器等组成，其主要功用是监测汽车纵向减速度是否达到设定值，控制气囊点火器引爆电路。

在汽车行驶过程中，专用 CPU 不断监测前碰撞传感器检测的车速变化信号，判定是否发生碰撞。当判断结果为发生碰撞时，立即运行控制点火的软件程序，并发出点火指令引爆点火剂，点火剂引爆时产生大量热量，使充气剂受热分解并释放气体向气囊充气。专用 CPU 还对传感器电路、备用电源电路、点火电路、SRS 指示灯及其驱动电路不断进行诊断测试，通过 SRS 指示灯和存储器故障码来显示测试结果。仪表板上的 SRS 指示灯可直接向驾驶人提供 SRS 的状态信息。存储器中的状态信息和故障码可用专用仪器或通过特定方式从串行接口（诊断插座）调出，以供检查和设计参考。

2）信号处理电路。主要由放大器和滤波器组成，其功用是对传感器检测的信号进行放大整形和滤波处理，以便 SRS ECU 能够接收与识别。

3）备用电源电路。SRS 有两个电源，一个是汽车电源（蓄电池和交流发电机）；另一个是备用电源。备用电源又称为后备电源或紧急备用电源，其功用是：当汽车电源与 SRS ECU 之间的电路切断后，在一定时间（一般为 6s）内维持 SRS 供电，保持 SRS 的正常功能。当汽车遭受碰撞而导致蓄电池或交流发电机与 SRS ECU 之间的电路切断时，备用电源能在 6s 之内向点火器供给足够的点火能量引爆点火剂。时间超过 6s 之后，备用电源供电能力降低，SRS ECU 备用电源不能保证 ECU 测出碰撞和发出点火指令；点火备用电源不能供给最小点火能量，气囊将不能充气膨开。

备用电源电路由电源控制电路和若干个电容器组成。在单气囊控制单元中，设有一个 SRS ECU 备用电源和一个点火备用电源。在双气囊控制单元中，设有一个 SRS ECU 备用电源和两个点火备用电源，即两条点火电路各设置一个备用电源。点火开关接通 10s 之后，如果汽车电源电压高于 SRS ECU 的最低工作电压，所有备用电源即可完成储能任务。

4）稳压保护电路。在汽车电器系统中，许多电器部件带有电感线圈，电器开关琳琅满目，电器负载变化频繁。当线圈电流接通或切断、开关接通或断开、负载电流突然变化时，都会产生瞬时脉冲电压即过电压，这些过电压如果加到 SRS 电路上，系统中的电子元器件可能因电压过高而损坏。为了防止 SRS 元器件遭受损害，SRS ECU 中必须设置保护电路。同时，为了保证汽车电源电压变化时 SRS 能正常工作，还必须设置稳压电路。

(3) SRS 指示灯　SRS 指示灯又称为 SRS 警告灯，安装在驾驶室仪表板面膜下面，并在面膜表面相应位置制作有气囊动作图形或"SRS"、"AIR BAG"等字样表示。SRS 指示灯的功用是：指示安全气囊系统功能是否正常。当点火开关拨到"ON"或"ACC"位置后，如果 SRS 指示灯发亮或闪亮约 6s 后自动熄灭，表示 SRS 功能正常。如果 SRS 指示灯不亮、一直发亮或在汽车行驶途中突然发亮或闪亮，说明自诊断测试系统发现 SRS 故障，应及时排除。

(4) SRS 气囊组件　SRS 气囊组件按功能分为正面 SRS 气囊组件和侧面 SRS 气囊组件两大类。按安装位置分为驾驶席、前排乘员席（副驾驶席）、后排乘员席气囊组件和侧面气囊组件四种。

气囊组件由气囊、点火器和气体发生器等组成。驾驶席与乘员席气囊组件一般都用同一个 SRS ECU 控制，其组成部件和工作原理基本相同，但具体结构有所不同。驾驶席气囊组件安装在转向盘的中央，前排乘员席气囊组件安装在副驾驶人席座椅正前方的仪表板下，如图 11-61 所示。驾驶席 SRS 气囊组件主要由气囊饰盖 2、SRS 气囊 3、气体发生器 4 和安装在气体发生器内部的点火器组成，其结构如图 11-62 所示。

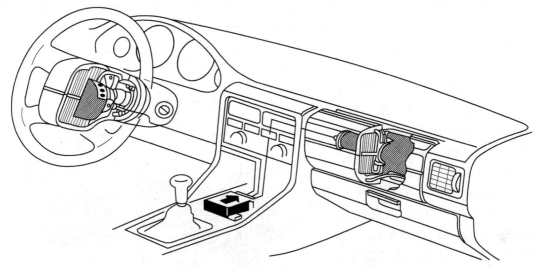

图 11-61　BOSCH 公司驾驶席与乘员席气囊组件安装位置

1）气囊。气囊用聚酰胺织物（如尼龙）制成，内层涂有聚氯丁二烯，用以密闭气体。气囊在静止状态时，像降落伞未打开时一样折叠成包，安放在气体发生器上部与气囊饰盖之间，如图 11-62 所示。气囊开口一侧固定在气囊安装支架上，先用金属垫圈与气囊支架座圈将气囊与气体发生器固定在一起，以便承受气体压力的冲击。气囊饰盖表面模压有撕印，以便气囊充气时撕裂饰盖，减小冲出饰盖的阻力。各种气囊的性能比较见表 11-4。

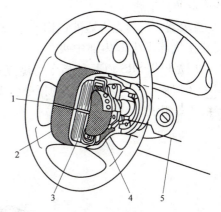

图 11-62　BOSCH 公司驾驶席气囊组件结构
1—饰盖撕印　2—气囊饰盖　3—SRS 气囊
4—气体发生器　5—点火器引线

表 11-4　各种 SRS 气囊性能比较

技术项目	美国驾驶席 SRS 气囊	欧洲驾驶席 SRS 气囊	美国乘员席 SRS 气囊	欧洲乘员席 SRS 气囊	侧面 SRS 气囊
体积	60~65L	40~60L	120~200L	90~140L	12~18L
充气时间	约 30ms	约 30ms	约 30ms	约 30ms	约 12ms
安装位置	转向盘上	转向盘上	仪表板下面手套箱上方	仪表板下面手套箱上方	车门或座椅靠背边缘
保护部位	面部、胸部	面部、胸部	面部、胸部	面部、胸部	腰部、头部

2）气体发生器，又称为充气器，用专用螺栓与螺母固定在转向盘上的气囊支架上，其

结构如图 11-63 所示,由上盖 1、下盖 3、充气剂 4 和金属滤网 6 等组成,其功用是在点火器引爆点火剂时,产生气体向 SRS 气囊充气,使气囊膨开。气体发生器壳体由上盖和下盖两部分组成。上盖上制有若干个长方形或圆形充气孔。下盖上制有安装孔,以便将气体发生器安装到转向盘上的气囊支架上。上盖与下盖用冷压工艺压装成一体,壳体内装充气剂、滤网和点火器。金属滤网安放在气体发生器壳体的内表面,用以过滤充气剂和点火剂燃烧产生的渣粒。充气剂普遍采用叠氮化钠(Sodlium-Azide)片状合剂。叠氮化钠的分子式为 NaN_3,是无色六方形晶体,有剧毒!其密度为 $1.846g/cm^3$。

大多数气体发生器都是利用热效反应产生氮气而充入气囊。在点火器引爆点火剂瞬间,点火剂会产生大量热量,叠氮化钠药片受热立即分解释放氮气,并从充气孔充入气囊。虽然氮气是无毒气体,但是叠氮化钠的副产品有少量的氢氧化钠和碳酸氢钠(白色粉末),这些物质是有害的。因此,在清洁气囊膨开后的车内空间时,应保证通风良好并采取防护措施。

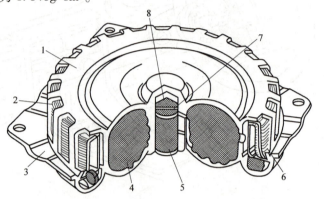

图 11-63　气囊气体发生器的结构

1—上盖　2—充气孔　3—下盖　4—充气剂
5—点火器药筒　6—金属滤网　7—电热丝　8—引爆炸药

3) 点火器。气囊点火器外包铝箔,安装在气体发生器内部中央位置,其功用是根据 SRS ECU 的指令引爆点火剂,产生热量使充气剂分解。气囊点火器的结构如图 11-64 所示,主要由 ECU 的指令引爆炸药 1、药筒 2、引药 3、电热丝 4、电极 10 和引出导线 7 等组成。

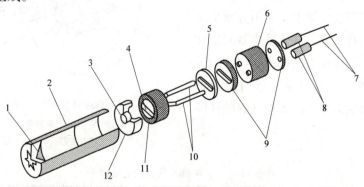

图 11-64　点火器零部件组成

1—引爆炸药　2—药筒　3—引药　4—电热丝　5—陶瓷片　6—永久磁铁
7—引出导线　8—绝缘套管　9—绝缘垫片　10—电极　11—电热头　12—药托

点火器的所有部件均装在药筒内。点火剂包括引爆炸药和引药。引出导线与气囊插接器插头连接,插接器(一般都为黄色)中设有短路片(铜质弹簧片)。当插接器插头拔下或插头与插座未完全结合时,短路片将两根引线短接,防止静电或误通电将电热丝电路接通使点火剂引爆而造成气囊误膨开。

点火器的工作情况是：当 SRS ECU 发出点火指令使电热丝电路接通时，电热丝迅速红热引爆引药，炸药瞬间爆炸产生热量，药筒内温度和压力急剧升高并冲破药筒，使充气剂（叠氮化钠）受热分解并释放氮气充入气囊。

乘员席 SRS 气囊组件的组成和工作原理与驾驶席 SRS 气囊组件基本相同，仅结构有所不同。乘员席 SRS 气囊组件的结构特点是体积比驾驶席气囊的体积大（因气囊距离乘员的距离比驾驶人的距离长），此外，气体发生器为长筒形。

(5) 防止误爆机构及线束插接器 SRS 工作可靠与否，直接关系到人身安全。为了便于检查和排除故障隐患，SRS 线束和插接器与其他电器系统都有区别。早期曾采用深蓝色，目前大多数都采用黄色，欧洲汽车有的采用橘红色，奔驰汽车采用红色。为了保证气囊系统可靠工作，SRS 插接器采用了导电性能和耐久性能良好的镀金端子，并有防止气囊误爆机构、端子双重锁定机构、插接器双重锁定机构和电路连接诊断机构。丰田卡罗拉轿车 SRS 插接器示意图如图 11-65 所示，插接器采用的各种保险机构见表 11-5。

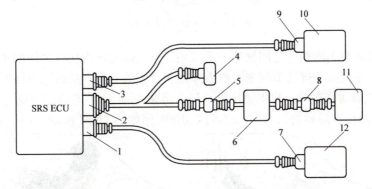

图 11-65 丰田 COROLLA 轿车 SRS 线束插接器示意图

1、2、3—SRS ECU 插接器 4—SRS 电源插接器 5—螺旋线束与 SRS ECU 之间的中间线束插接器 6—螺旋线束 7—右碰撞传感器插接器 8—SRS 气囊点火器与螺旋线束之间的插接器 9—左碰撞传感器插接器 10—左前碰撞传感器 11—SRS 气囊点火器 12—右前碰撞传感器

表 11-5 丰田 COROLLA 轿车 SRS 插接器保险机构采用情况

序号	保险机构名称	插接器代号	序号	保险机构名称	插接器代号
1	防止气囊误爆机构	2、5、8	3	插接器双重锁定机构	5、8
2	电路连接诊断机构	1、3、7、9	4	端子双重锁定机构	1、2、3、4、5、7、8、9

2. 安全气囊系统工作原理

(1) 安全气囊控制原理 当汽车遭受正面碰撞或侧面碰撞时，SRS 的工作原理完全相同。现以正面碰撞为例，说明 SRS 控制原理，如图 11-66 所示。

当汽车遭受前方一定角度范围内的碰撞时，安装在汽车前部和 SRS ECU 内部的碰撞传感器都会检测到汽车突然减速的信号，并将信号送入 SRS ECU，判断是否发生碰撞。当汽车发生碰撞且减速度达到设定阈值时，SRS ECU 发出控制指令将气囊组件中的点火器（电雷管）电路接通使点火器引爆，点火剂（引药）受热爆炸（即电热丝通电发热引爆炸药）迅速产生大量热量，使充气剂（叠氮化钠固体药片）受热分解并释放出大量氮气充入气囊，气囊便冲开气囊组件上的装饰盖板并鼓向驾驶人或乘员，使驾驶人或乘员面部和胸部压靠在充满气体

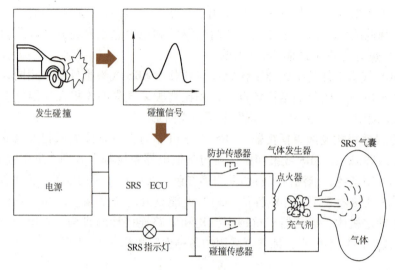

图 11-66　SRS 控制原理

的气囊上,在人体与车内构件之间铺垫一个气垫,将人体与车内构件之间的碰撞变为弹性碰撞,通过气囊产生变形和排气节流来吸收人体碰撞产生的动能,从而达到保护人体的目的。

(2) 安全气囊动作过程　根据德国 Bosch 公司在 Audi 轿车上的试验研究表明:当汽车以车速 50km/h 与前方障碍物碰撞时,SRS 的动作时序如图 11-67 所示。动作过程阐述如下:

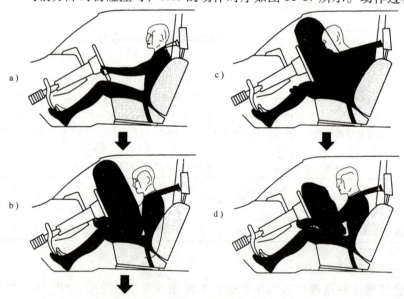

图 11-67　安全气囊动作时序

a) 10ms 后　b) 40ms 后　c) 60ms 后　d) 110ms 后

1) 碰撞约 10ms 后,SRS 达到引爆极限,点火器引爆点火剂并产生大量热量,使充气剂(叠氮化钠固体药片)受热分解,驾驶人尚未动作,如图 11-67a 所示。

2) 碰撞约 40ms 后,气囊安全充满,体积最大,驾驶人向前移动,安全带斜系在驾驶人身上并拉紧,部分冲击能量已被吸收,如图 11-67b 所示。

3）碰撞约 60ms 后，驾驶人头部及身体上部压向气囊，气囊在人体惯性力作用下产生变形和节流作用，从而吸收人体与气囊之间弹性碰撞产生的动能，如图 11-67c 所示。

4）碰撞约 110ms 后，大部分气体已从气囊中逸出，驾驶人身体上部回到座椅靠背上，汽车前方视野恢复，如图 11-67d 所示。

5）碰撞约 120ms 后，碰撞危害解除，车速降低直至为零。

由此可见，从开始充气到完全充满约为 30ms；从汽车遭受碰撞开始到气囊收缩为止，所有时间仅为 120ms 左右，而人眨一下眼皮所用时间约为 200ms 左右。由于气囊在碰撞过程中动作时间极短，动作状态和经历时间无法用肉眼确认，因此，目前世界各国广泛采用模拟人体进行碰撞试验。SRS 动作过程与经历时间之间的关系见表 11-6。

表 11-6 SRS 动作过程与经历时间的关系

碰撞之后经历的时间/ms	0	10	40	60	110	120
SRS 气囊动作状态	遭受碰撞	点火引爆开始充气	气囊充满人体前移	排气节流吸收动能	人体复位视野恢复	危害解除车速降零

（3）安全气囊有效范围 SRS 并非在所有碰撞情况下都能起作用。如图 11-68 所示，正面 SRS 只有在汽车正前方或斜前方 ±30° 角范围内发生碰撞，纵向减速度达到设定阈值，防护传感器和任意一只前碰撞传感器接通时，才能引爆气囊充气。下列情形，正面 SRS 不会引爆气囊充气。

1）汽车遭受侧面碰撞超过斜前方 ±30° 角时；

2）汽车遭受横向碰撞时；

3）汽车遭受后方碰撞时；

4）汽车发生绕纵向轴线侧翻时；

5）纵向减速度未达到设定阈值时；

6）防护传感器未接通或所有前碰撞传感器都未接通时；

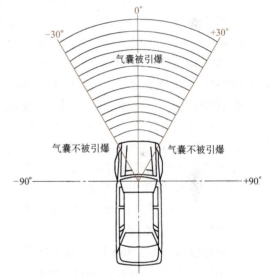

图 11-68 正面碰撞时 SRS 的有效范围

7）汽车正常行驶、正常制动或在路面不平的道路条件下行驶时。

（4）减速度阈值的设定 减速度阈值根据 SRS 的性能设定，不同车型 SRS 的减速度阈值有所不同。在美国，因为 SRS 是按照驾驶人不佩戴座椅安全带来设计，气囊体积大、充气时间长，所以 SRS 应在较低的减速度阈值时引爆气囊，即汽车以较低车速（20km/h 左右）行驶而发生碰撞时，SRS 就应引爆。在日本和欧洲，由于 SRS 是按照驾驶人佩戴座椅安全带来设计，气囊体积小、充气时间短，所以设定的减速度阈值较高。汽车以较高车速（30km/h 左右）行驶而发生碰撞时，SRS 才能引爆气囊充气。

侧面气囊只有在汽车遭受侧面碰撞且横向加速度达到设定阈值时，才能引爆充气，且不会给正面气囊充气。

三、SRS 检查注意事项

SRS 的检查主要是指调取或清除故障码、零部件拆装与更换等等。汽车 SRS 与其他电子控制系统不同，在检查过程中，如果不按正确的操作程序进行，可能导致 SRS 气囊意外膨开，造成不必要的经济损失和严重事故，后果严重。此外，在检修 SRS 时，如果操作有误，可能导致 SRS 不起作用。因此，在进行检查之前，应仔细阅读制造厂家提供的《使用维修手册》。检查时，应注意以下几点：

1) 安全气囊系统的故障很难确认，自诊断系统保留在存储器中的故障码是排除故障的重要信息来源。因此，在检查排除 SRS 故障时，必须在拆下蓄电池负极电缆端子之前读取故障码。

2) 检查工作务必在点火开关转到锁止（LOCK）位置，并将蓄电池负极电缆端子拆下 20s 或更长一些时间之后才能开始。因为 SRS 装备有备用电源，如果检查工作在拆下蓄电池负极电缆端子 20s 以内开始，气囊系统有备用电源供电，检查中有可能导致气囊误膨开。绝不允许使用车外电源来避免各系统存储内容丢失，以免导致 SRS 气囊误膨开。

3) 检查 SRS 时，应对前碰撞传感器、驾驶席 SRS 气囊组件、乘员席 SRS 气囊组件、座椅安全带收紧器进行检查，即使发生的是轻微碰撞，SRS 气囊也不会膨开。

4) SRS 对零部件的工作可靠性要求极高，所有零部件均为一次性使用部件，不要修复碰撞传感器、SRS 气囊组件、SRS ECU、座椅安全带收紧器等部件重复使用。如需更换零部件，则应使用新品，不允许使用不同型号车辆上的零部件。

5) 在检修汽车其他零部件时，如有可能对 SRS 的传感器产生冲击，则应在检修工作开始之前，先将碰撞传感器拆下，以防气囊误膨开。

6) 碰撞防护传感器采用了水银开关式传感器的，因水银有剧毒，换下或报废的旧传感器不能随意毁掉，应作为有害废物处理。

7) 当前碰撞传感器、SRS ECU 或 SRS 气囊组件摔碰之后或其壳体、支架、插接器有裂纹、凹陷时，应予更换新品。

8) 前碰撞传感器、SRS ECU 或 SRS 气囊组件不能曝晒或接近火源。

9) 不能检测点火器的电阻值，否则可能导致气囊引爆。

10) 在 SRS 各个总成或零部件的表面上，均标有说明标牌或注意事项，使用与检查时必须按照其说明执行。

11) 当 SRS 的检查工作完成之后，需对 SRS 指示灯进行检查。

12) 碰撞传感器的动作具有方向性。安装前碰撞传感器和 SRS ECU 时，传感器和 SRS ECU 壳体上的箭头方向必须按使用说明书的规定进行安装。

13) 拆卸或搬运 SRS 气囊组件时，气囊装饰盖带有撕缝的一面应当朝上。不能将 SRS 气囊组件重叠堆放，以防万一气囊误膨开造成事故。

14) 气囊组件应当存放在环境温度低于 93℃、湿度不大、远离电场干扰的地方。

15) 当需用电弧焊修理汽车车身时，应在进行电焊作业之前将气囊组件与螺旋线束之间的插接器拔开。

16) 在报废汽车整车或报废 SRS 气囊组件时，应在报废之前用专用维修工具 SST（Special Service Toll）将气囊引爆。引爆工作应在远离电场干扰的地方进行，以免电场过强而导致气囊误爆。引爆 SRS 气囊时，应按照制造厂家规定的方法进行。有车上引爆和从汽车上拆下 SRS 后引爆两种方式。车上引爆时，操作引爆器的人员与汽车之间的距离至少应在 10m 以上；车下引爆方法如图 11-69 所示。

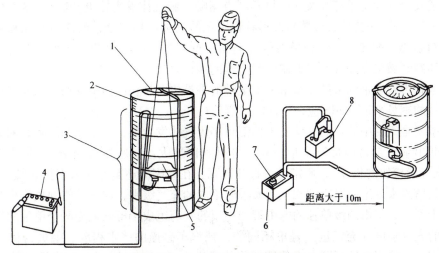

图 11-69　车下引爆 SRS 气囊的方法

1—固定轮胎的绳子　2—未拆轮辋的轮胎　3—拆掉轮辋的轮胎
4、8—12V 蓄电池　5—SRS 气囊组件　6—引爆器　7—引爆开关

四、智能型安全气囊

由于气囊的点爆和展开是针对中型男性假人（体重 78kg）采取正确坐姿、佩带安全带在汽车碰撞时的惯性运动状况来布置和设计的。在乘员身材矮小（如妇女或儿童）时，因其体重和惯性运动状况的差别，气囊的保护效果会有差别。一般的气囊系统不会识别乘员的身材、体重、是否离气囊装饰板盖太近而确定强充气、弱充气或不点爆充气，以免弹伤特殊情况的乘员。以往的处理办法是在法规中规定，必须在内部转向盘的周围或气囊模块的盖子上设置"AIR BAG"的标志，在用户手册里说明"极其危险！在前面有气囊保护的座椅上不许使用面向后方的儿童座椅"，并将这些文字和规定的相应图案警告标签贴在车身内的醒目处，或在车内设置气囊工作开关，当前排乘坐的是儿童等特殊乘员时，可以关闭气囊工作开关，以避免气囊弹伤离位状态的儿童。

实际上遇到身材矮小的妇女和儿童其坐姿处于离位状态，距离转向盘、仪表板、前风窗玻璃过近时，气囊仍然在车辆碰撞时正常点爆，这样就会弹伤甚至弹死这些乘员，而不起保护作用。这就引出了智能型安全气囊的概念。智能型安全气囊就是在车身内部装上多个传感器，能够随时测出车内座椅上有没有乘员、乘员的体重和身材、乘员是否处于离位状态，从而判断在车辆碰撞时用不用打开气囊、对气囊弱充气还是强充气，从而自动适应不同乘员在不同乘坐状态时的保护需求，最大限度地起到保护乘员的作用。

以 TRW 公司开发的智能型安全气囊为例，从结构上说，该气囊除了具有一般安全气囊所具有的部件外，还具有更多的传感器。如乘员体重感测系统，通过各种位于座椅坐垫或座椅支座上的载荷电池技术来估计乘员的体重。其优越性在于当座椅靠背向后倾斜角度很大时，仍然可以通过传感系统感测出乘员的实际体重。乘员的身材和位置是由电容性检测系统、超声波检测系统或红外线检测系统来感测完成的。这些系统称为智能型的动态或静态监测系统。静态监测系统是监控稳定状态下的情况，如乘员的体重和身材。动态监测系统是连续监控一名乘员相对安全气囊模块的位置。通过它们的监测来做出决策，根据乘员的身材和位置来确定安全气囊是否打开及如何打开（点爆哪一级气体发生器更合适）。这些技术往往与座椅重量传感器/座椅位置传感器及形状识别系统（如座椅安全带的使用情况和碰撞严重程度的感测系统）相连接，以提高乘员分类和位置判断的可靠程度。这些技术具有迅速感测的能力和判断做出点爆气囊或抑制气囊点爆的能力。

由于未佩带安全带的乘员比佩带了安全带的乘员更容易在碰撞中受伤，因此对于一个未佩带安全带的乘员来说，SRS 应在更低的阈值处打开。

智能型安全气囊中装备的气体发生器都是多级气体发生器，由动态和静态监测系统得到的信息判断出乘员是否佩带安全带、乘员身材和体重大小、座椅移动情况/乘员离位情况（靠近安全气囊模块的程度），确定是否打开气囊、在高阈值还是低阈值下打开气囊；同时，还根据这些信息来确定向对应的安全气囊采取不同的充气级别，这一功能的执行机构就是多级气体发生器。它是由两级单独的电雷管和相应的装药组成，可以视为两个单独的气体发生器，它们的充气强度（充气量）是不相同的，视汽车碰撞的严重程度、乘员身体参数、坐姿和安全带等的使用情况不同，由传感器将信号送入 ECU，ECU 通过预先设定的计算程序进行运算，确定是否点爆气体发生器。如需要点爆气体发生器时，则判定是点爆强充气档，还是点爆弱充气档。通常，碰撞强度越激烈，乘员的体重越重，气囊的充气强度要求越高，此时设置两级气体发生器同时向气囊充气。在乘员体重较轻、碰撞情况较弱时，除了点爆其中单级气体发生器外，还可以改变点爆第一级气体发生器的起始时间和点爆第一级和第二级气体发生器的时间间隔来改变气囊不同的充气强度，以适应不同类型乘员撞到气囊上时得到更好保护效果的对应充气程度，使气囊的充气时间和充气强度与乘员相应的静态和动态状况相适应，以取得最佳的保护效果。

TRW 公司还发明了充气安全带织带，发生碰撞时，在安全带预紧装置起作用后，使包裹在乘员身上的织带迅速充气变粗，以避免过大的抽紧力对乘员的颈、胸引起伤害。

未来，车载安全气囊将向智能化方向突飞猛进地发展，未来的乘用车将不管乘员是男性、女性、成年人还是未成年的婴儿或儿童，也不管系或未系安全带，也不管坐姿正确或是不正确，碰撞车速和角度如何，车载安全气囊都要求能够自动判断所处状况，并提供恰如其分的保护作用。

五、座椅安全带控制系统

1. 座椅安全带控制系统的功用与结构组成

SRS 是座椅安全带的辅助控制装置，为了充分发挥安全带的保护作用，确保汽车驾驶人和乘员的安全，部分中高档轿车在装备 SRS 的同时装备座椅安全带控制系统，从而组成一个完整的辅助防护系统。

座椅安全带控制系统的功用是：在汽车遭受碰撞时，迅速收紧安全带，缩短驾驶人和乘员身体向前移动的距离，防止身体受到伤害。

安全带控制系统仅在安全气囊系统的基础上，增设了防护传感器和左、右座椅安全带收紧器，由碰撞防护传感器、中心碰撞传感器、前碰撞传感器、电控单元 ECU 和安全带收紧器组成，其中安全带收紧器为执行器。雷克萨斯 LS400 型轿车座椅安全带控制系统和安全气囊控制系统零部件的安装位置如图 11-70 所示。中心碰撞传感器、前碰撞传感器和电控单元

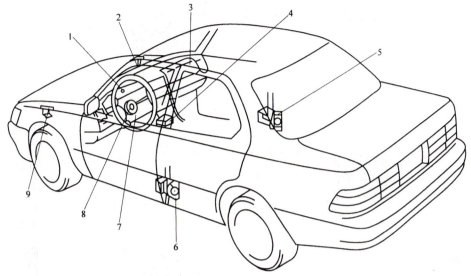

图 11-70　雷克萨斯 LS400 型轿车辅助防护系统零部件位置
1—SRS 指示灯　2—右前碰撞传感器　3—乘员席 SRS 气囊组件　4—SRS ECU　5—右座椅安全带收紧器
6—左座椅安全带收紧器　7—驾驶席 SRS 气囊组件　8—螺旋线束　9—左前碰撞传感器

ECU 与 SRS 系统共用。

安全带控制系统传感器的结构原理与安全气囊系统相同。

2. 安全带收紧器的结构原理

安全带收紧器又称为安全带紧急张紧收缩器 ETR（Emergency Tensioning Retractor），安装在前排座椅左、右两侧或前左、右车门立柱旁边。安全带收紧器由导管（又称为气缸）、活塞、钢丝绳、气体发生器和安全带收缩棘轮 ASBRR（Automatic Seat Belt Retractor Reel）组成，其结构如图 11-71 所示。

气体发生器由充气剂和点火器（电雷管）组成，结构原理与 SRS 气囊组件的充气剂和点火器相同，但体积很小。

活塞直径约 20mm，安装在导管（气缸）内。活塞上焊接有一根钢丝绳，钢丝绳的另一端固定在棘轮机构的一个棘爪上。棘轮机构设在安全带伸缩卷筒的一端，由三个棘爪、一个外齿圈和时钟弹簧组成。外齿圈固定在安全带伸缩卷筒的转轴上，可与转轴一同转动，棘爪安放在外齿圈周围的圆形固定架内。当钢丝绳不动时，棘爪在时钟弹簧作用下处于松弛状态，外齿圈可随安全带卷筒沿顺时针或逆时针方向转动；当拉动钢丝绳时，拉力力矩克服时钟弹簧力力矩使棘爪抱紧在外齿圈上，并带动安全带伸缩卷筒转动，从而便可使安全带收紧。

3. 安全带控制系统工作原理

安全带控制系统和 SRS 组成的辅助防护系统控制电路如图 11-72 所示。前左、右碰撞传感器与设置在 SRS ECU 内部的中心传感器相互并联，驾驶席气囊（点火器）与乘员席气囊（点火器）并联，左、右安全带收紧器（点火器）并联。在 SRS ECU 中设有两只相互并联的防护传感器，其中一只控制收紧器点火器电源，另一只控制气囊点火器电源。

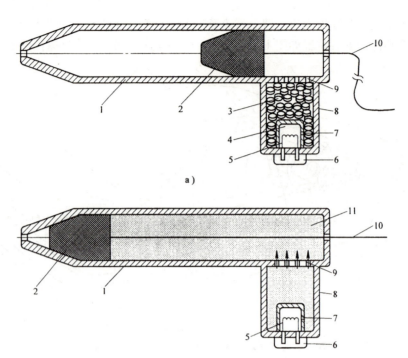

图 11-71 安全带收紧器结构原理

1—导管（气缸） 2—活塞 3—充气剂（叠氮化钠药片） 4—引爆炸药
5—电热丝 6—线束插座 7、9—通气孔 8—气体发生器 10—钢丝绳 11—气体

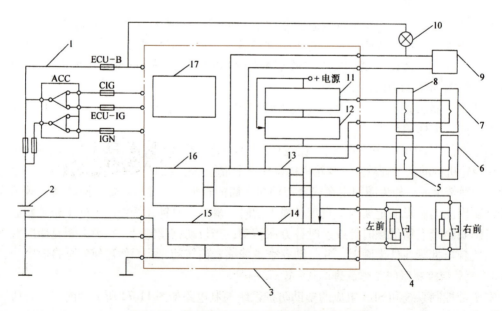

图 11-72 雷克萨斯 LS400 型轿车 SRS 电路框图

1—点火开关 2—蓄电池 3—SRS ECU 4—前碰撞传感器 5—驾驶席气囊 6—乘员席气囊
7—右收紧器 8—左收紧器 9—TDCL 10—SRS 指示灯 11、12—防护传感器 13—诊断监测电路
14—点火引爆电路 15—中心传感器 16—记忆电路 17—备用电源

当汽车遭受碰撞且减速度达到防护传感器设定阈值时，首先将安全带点火器电源接通。与此同时，如果减速度达到中心传感器和前碰撞传感器的设定阈值，那么 SRS ECU 将判定为发生碰撞，并立即发出指令接通安全带收紧器点火器电路，电热丝通电红热并引爆引药，引药释放大量热量使充气剂受热分解并释放大量无毒氮气冲入收紧器导管。活塞在膨胀气体的推力作用下带动钢丝绳迅速移动。与此同时，钢丝绳通过棘轮机构带动安全带卷筒转动将安全带收紧。系统在 8ms 内能将安全带收紧 10~15cm，使驾驶人和乘员身体向前移动距离缩短，防止面部、胸部与转向盘、风窗玻璃或仪表板发生碰撞而受到伤害。

在 SRS ECU 向安全带收紧器点火器发出点火指令的同时，还向气囊点火器发出点火指令，引爆气囊点火器。因此，在座椅安全带收紧的同时，驾驶席气囊和乘员席气囊同时膨开，如图 11-73 所示，吸收碰撞产生的动能，达到保护驾驶人和乘员之目的。

图 11-73　安全带与气囊控制系统工作情况

第五节　汽车行驶记录系统简介

随着飞机"黑匣子"在空运管理方面的成功应用，一种名叫"汽车行驶记录仪"的汽车"黑匣子"开始崭露头角，陆续在许多国家和地区大量使用。尽管汽车"黑匣子"的体积仅仅只有香烟盒般大小，但它具备防潮、防水、防腐、耐高温的特点，能真实地记录驾驶人的操作和车辆的各种状态，既可为交通事故公正、准确、科学地分析提供依据，也提供了一种监督驾驶人违规操作的重要手段。这种装置如同安装在汽车上的"电子警察"，提高了驾驶人的安全责任心，有效地降低了事故的发生。

1. 汽车行驶记录仪的作用与分类

行驶记录仪具有全程记录行车状态以及驾驶人操作的功能，由于它还具有实时警示违规操作的特点，在行车安全及其管理中可以发挥一般交警无法替代的作用。

(1) 在交通违章监管方面　交通安全以预防为主，多年来交管部门一直在致力于寻找预防交通事故的方法。专家认定，机动车驾驶人是交通肇事的主要因素之一，驾驶人的疏忽大意、超速行驶、违章抢道、疲劳驾驶等，是导致事故死伤的主要原因。据统计，违章操作造成的事故占总事故量的 80% 以上。行驶记录仪针对上述原因可自动、连续、真实地记录 360h 以上驾驶人的行驶速度、疲劳驾驶时间、里程、左右转向灯、制动、近光灯、远光灯，甚至可以记录车门的开关、发动机的转速、发动机的异常、机油压力、温度感应等数据。这样，运输管理部门或交警就可以通过健全的管理制度，对驾驶人的安全行车情况进行全面的、长期不间断的监控，并可以利用这些数据建立安全行车档案，为考核、评比、奖罚提供科学依据。通过监督培养驾驶人开安全车的良好习惯,达到减少违章、降低交通事故的目的。

(2) 在交通事故处理方面 行驶记录仪能够以不小于0.2s的间隔记录车辆发生事故前20s或20s以上时间内汽车的速度、时间、制动、减速、灯光、车门、制动距离等关键数据。数据的采集、回放、分析,并配合交通事故现场的实际勘察取证,两者的相互验证,可以科学定量地以数据来判断事故的原因和责任,使得交警能够高效、公开、公正地执法,既提高了工作效率,节省了处理事故的时间,也有效地保护了受害者的合法权益。

(3) 在车辆科学管理方面 行驶记录仪的分析统计软件,以丰富的统计图表,直观简洁的状态图形为管理者提供强大的管理工具。通过软件,可以统计出半个月甚至1个月内每辆车每天的出车时间、行车里程、中间停靠的时间;如果配合GPS数据,还能提供行车的路线、中途停车地点,使管理者能掌握在外车辆的使用情况,防止公车私用,为运输企业的科学管理,企事业单位的公车管理提供相应的依据。通过分析软件,可以帮助管理者评估驾驶人的技能等级,还可以发现个别驾驶人的不良习惯和违规操作,通过督促其改进,可以防范事故于未然。

总之,行驶记录仪作为一种确保行车安全的有效手段,可以使驾驶人增强自觉性,提高警觉性,使执法者迅速获取事故数据,给管理者提供有效的监测工具,改进管理的模式。行驶记录仪是安全行车的有效监护装置。

2. 汽车行驶记录仪的分类

行驶记录仪分记录式和管理式两大类。记录式行驶记录仪的主要特点是,记录车辆的实时状态数据并保存,为交通肇事的评判提供佐证。但是,记录数据一般只作为交通事故的事后技术参考,不能作为评判的直接依据。它以一个合适的时间间隔进行数据采样、存储车辆状态数据,包括车速、发动机转速、节气门位置、车灯、制动等指标,采样时间间隔一般有0.3min、0.5min、1.5min等几种,同时可以记录车辆停车前20~120s内的密集数据,密度一般为0.1s左右。有些产品附加有超速和超时驾驶报警功能,功能上实现了"事先预警"。

管理式行驶记录仪是记录式行驶记录仪的升级,是为满足车辆营运管理要求而设计的,主要应用于加强车队营运管理。管理式行驶记录仪主要由车载记录系统和管理系统组成,车载系统的功能主要有数据采集、存储和传递;而管理系统的功能是数据处理、仿真分析和数据库管理。早期产品记录的容量以4MB和8MB居多,必要时通过计算机串口实现数据转存。

3. 汽车行驶记录仪基本系统组成与基本功能

如图11-74所示,汽车行驶记录仪车载系统部分主要由主机、显示器、车速传感器及信号线束等组成,由汽车电源系统提供电源。其主机采用单片微机电路,有良好的可靠性和抗干扰性。汽车运行的速度信号由连接在变速器输出轴汽车里程表软轴上的数码传感器提供(如汽车已装用数码里程表,可直接用里程表信号,只要适当改变汽车行驶系统的结构参数——软轴系数即可,不必另装传感器)。汽车行驶过程中的左右转向、喇

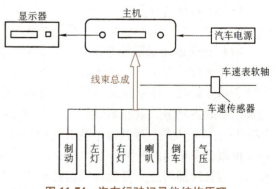

图11-74 汽车行驶记录仪结构原理

叭、制动、倒车、气压等工作信号，由相应的原工作电路提供，用专用线束与各信号点连接，供汽车行驶记录系统处理并储存。汽车行驶记录仪的时间系统由专用的时钟芯片送入单片主机，通过设置输入，建立同步的时间系统。汽车行驶记录系统具备的基本功能如下：

(1) 显示功能

1）车速显示，显示规定范围内（如 0~240km/h）的车速。

2）汽车起动、制动、倒车、超速、加减速行驶及正常行驶的情况。

3）停车前 1min 的最高车速。

4）停车前 10min 的最高车速。

(2) 报警功能

1）低压报警。气制动系统的气压低于安全标准时，发出报警信号，提醒驾驶人采取措施；

2）超速报警。当汽车行驶速度超过设定速度时，发出报警信号，提醒驾驶人降低车速。

(3) 记录储存功能

1）记录储存停车前 1min 的车速，左右转向灯、前照灯、制动、喇叭、气压、倒车等动作状态。

2）停车前 10s 的制动距离。

3）10 次行驶记录。

4）10 次超速记录。

5）停车前 2min 的速度变化曲线段：120~60s 段、60~10s 段、10~0s 段。

6）汽车起动、制动、倒车、超速、加减速行驶及正常行驶的情况。

(4) 系统掉电自动保存 在系统掉电时，系统能够保存掉电前 3min 所测试的数据。

(5) 与上位机通信 系统具有与上位机通信的能力，以便向上位机传送数据，供分析现场用。

4. 汽车行驶记录仪的应用

(1) 交通执法管理 记录仪可以记录汽车停车前 20~120s 的密集状态数据（事故疑点数据），这在事故调查中具有重要作用，管理系统可以利用疑点数据仿真再现事故的发生过程，帮助交通管理部门准确、科学地执法。此外，还可以通过查看记录数据来判别驾驶人是否违章驾驶，为严格执法提供科学的依据。

(2) 公共交通管理 行驶记录仪可以为管理部门提供行车信息服务，管理部门可以及时掌握公交车的行驶状态和地理位置，既起到了公共交通行业服务监督的作用，又方便了车队的管理和调度。

(3) 长途运输管理 在长途运输过程中，记录仪通过对驾驶人进行超时和超速驾驶报警，提醒驾驶人注意安全。另一方面，管理中心向行驶记录仪及时发送 GSM 信息，使驾驶人及时了解路况信息，也可以及时避免事故。

(4) 特殊运输管理 特殊运输包括重要人物、物资的运输以及危险品运输。管理部门为了实时掌握相关的运输状况，就要不断地监测行驶记录仪的记录数据，不断了解运输车辆的状态和位置，因此，行驶记录仪可以有效地保证特殊运输的安全与可靠性。

另外，一旦车辆上安装了"黑匣子"装置，除非是车主和车主委托人，任何人即使有了车上的钥匙，也是无法起动车辆的。汽车"黑匣子"不仅具备防劫、防盗这个独特功能，且每当车辆出现故障或发生事故时，汽车"黑匣子"附加的全球定位系统，会以最快的速度找到离事故点最近的急救中心号码，主动拨打求救。

汽车行驶记录仪的性能会随着科学技术的发展更加完善，功能更强，使用更方便，体积更小。据报道，已研制出基于嵌入式系统的新一代汽车行驶记录仪，它以 32bit 嵌入式处理器及 uCLinux 嵌入式操作系统技术为核心，更完整、更精确、更多样化地记录汽车行驶时的车速与工况。

思考题与习题

11-1　什么是 ABS？ABS 与汽车制动系统有何关系？
11-2　汽车安全装置分为哪两种类型，各有什么功用？
11-3　车轮抱死滑移的根本原因是什么？
11-4　什么是车轮滑移率？影响车轮滑移率的主要因素有哪些？滑移率与制动阻力的关系怎样？ABS 能将滑移率控制在什么范围？怎样控制车轮滑移率？
11-5　防抱死制动系统（ABS）的功用是什么？由哪两个子系统组成？采用 ABS 有何优点？
11-6　在常规制动装置工作正常的情况下，当 ABS 出现故障时，制动系统能否起作用？
11-7　ABS 采用的传感器有哪些？其输出信号怎样？
11-8　ABS 常用的电磁阀有哪些？ECU 是怎样控制液压调节器来实现调压的？
11-9　ABS 与 ASR 是什么关系？二者有什么相同和不同？
11-10　简述防滑控制系统的功能及实现机理。
11-11　什么是车轮滑转率？简述汽车驱动轮驱动力的控制方法。
11-12　车轮滑转率与附着系数的关系怎样？
11-13　阐述 EBD 和 EDS 的特点。
11-14　EBS 的工作原理和特点怎样？
11-15　汽车防撞系统一般包括哪些系统？试分别简述这些系统的功能。
11-16　试简述超声波距离传感器的结构和功能。
11-17　简述车装雷达防撞系统的组成及功能。
11-18　什么是一次碰撞，什么是二次碰撞？
11-19　正面气囊和侧面气囊分别保护人体的哪些部位？
11-20　安全气囊系统的功用是什么，由哪些部件组成？安全气囊系统分为哪些类型？
11-21　简述安全气囊系统的动作过程及其相应的动作时间？
11-22　正面安全气囊系统在哪些情况下才会引爆，哪些情况下不会引爆？
11-23　安全气囊系统常用碰撞传感器有哪些？
11-24　智能型安全气囊与一般安全气囊有何异同？
11-25　座椅安全带控制系统的功用是什么？
11-26　什么是汽车行驶记录仪？有何作用？

第十二章

汽车舒适性控制系统

第一节 汽车电控悬架系统

一、电控悬架系统的作用和分类

悬架是车架（或承载式车身）与车桥（或车轮）之间的所有传力连接装置的总称。它的作用除了缓冲和吸收来自车轮的振动之外，还把路面作用于车轮上的垂直反力（支承力）、纵向反力（牵引力和制动力）和侧向反力，以及这些反力所造成的力矩都传递到车架（或承载式车身）上，从而改变了汽车行驶的平顺性和操纵稳定性，以保证车辆正常行驶。

传统的悬架系统主要由弹簧（如钢板弹簧、螺旋弹簧、扭杆弹簧等）、减振器、导向机构及弹性轮胎等组成。弹簧、减振器和轮胎的综合特性确定了汽车的行驶平顺性和操纵稳定性。

汽车行驶的平顺性和操纵稳定性是衡量悬架性能好坏的主要指标，所以理想的悬架应在不同的使用条件下具有不同的弹簧刚度和减振器阻尼，这样既能满足行驶平顺性要求又能满足操纵稳定性要求。实际的设计只能是根据某种路面附着情况和车速，兼顾各方面的要求，优化选定一种刚度和阻尼系数。这种刚度和阻尼系数一定的悬架只能被动地承受地面对车身的冲击，而不能主动地控制这些作用力，所以称为被动悬架。汽车在行驶过程中，路面附着情况和行驶车速是变化不定的。因此，这种刚度和阻尼系数都不可调节的被动悬架不可能在改善汽车的乘坐舒适性、行驶平顺性和操纵稳定性方面有大的作为，进而无法达到悬架控制的理想目标。

但是，随着高速公路网的发展，汽车车速有了很大程度的提高，而传统的被动悬架系统限制了汽车性能的进一步提高，现代汽车对悬架系统的要求除了能保证其基本性能外，还致力于提高汽车的行驶安全性和乘坐舒适性，同时还向高附加值、高性能和高质量的方向发展。随着电子技术、传感器技术飞速发展，以电子计算机为代表的电子设备，因性能的大幅度改善和可靠性的进一步提高，实现了汽车电子装置的高可靠性、低成本和空间节省，使电子控制技术被有效地应用于包括悬架系统在内的汽车的各个部分。现代汽车中采用的电子悬架控制系统，克服了传统的被动悬架系统对其性能改善的限制，该系统可根据不同的路面附着条件、不同的装载质量、不同的行驶车速等来控制悬架系统的刚度，调节减振器阻尼力的大小，甚至可以调整汽车车身高度，从而使车辆的平顺性和操纵稳定性在各种行驶条件下都能达到最佳组合。

根据悬架的控制方式，电子控制悬架分为半主动悬架和主动悬架两大类。

1. 半主动悬架

半主动悬架是指悬架组件中的弹簧刚度和减振器的阻尼系数之一可以根据需要进行调节。因为调节阻尼仅消耗能量，不需要外加能量源，所以为减少执行组件所需的功率，主要采用调节减振器的阻尼系数法，只需提供调节控制阀、控制器和反馈调节器所消耗的较小功率即可。可以根据路面的激励和车身的响应对悬架的阻尼系数进行自适应调整，使车身的振动被控制在某个范围之内。半主动悬架是无源控制，因此，汽车在转向、起动、制动等工况时，不能对悬架刚度和阻尼系数进行有效的控制。

2. 主动悬架

主动悬架又称全主动悬架，它是一种有源控制、具有做功能力的悬架，需要外加能量源。它通常包括产生力和转矩的主动作用器（液压缸、气缸、伺服电动机、电磁铁等）、测量组件（加速度、位移和力传感器等）和反馈控制器等。当汽车载荷、行驶速度、路面附着状况等行驶条件发生变化时，主动悬架系统能自动调整悬架系统的刚度和阻尼系数（包括整体调整和单轮调整），从而能够同时满足汽车行驶平顺性和操纵稳定性等各方面的性能要求。此外，主动悬架还可根据车速的变化控制车身的高度。

另外，根据悬架介质的不同，又可分为油气式主动悬架和空气式主动悬架两种。

在汽车工程领域里，人们往往把具有自动调节的可控阻尼减振器的半主动悬架也称为主动悬架。因此，根据系统的完全和先进程度，主动悬架系统可以广义地包括以下一些形式：

（1）完全主动悬架系统 传统的悬架弹簧和减振器都被电控的主动悬架驱动器所取代，所以悬架中已不存在传统的弹簧和减振器。概括起来，主动悬架系统具有以下几个主要的功能和特点：

1）增强汽车的行驶平顺性和乘坐舒适性。主动悬架能够有效地抵抗地面的不平对汽车车身造成的垂直振动，因此它能够极大限度地改善汽车在不平路面上的行驶平顺性和舒适性。在汽车拐弯时，主动悬架也能自动提供车身抗侧倾的功能。

2）改进轮胎和路面的接触和轮胎的动态载荷。通过对主动悬架控制的优化设计，轮胎和路面的接触（附着）条件可以得到优化，减少作用在轮胎上的动态载荷。

3）改善汽车的操纵稳定性。操纵稳定性的改善主要是通过两个方面得到实现：一方面，悬架的设计可以在不牺牲乘坐舒适性的同时，充分满足汽车操纵稳定性的要求；另一方面，在不平路面上，轮胎和路面的附着条件也得到改善，从而使汽车的动态特性得到改善。

4）改进汽车的安全性。汽车安全性的改进主要通过三个方面得到实现：汽车操纵稳定性的改善显然大大地增强了汽车的安全性；轮胎和路面附着条件的改善也使汽车不容易失控；通过对主动悬架的控制可以控制各个轮胎的动态载荷分布和侧偏角，直接控制影响汽车操纵稳定性的过度转向和不足转向。

5）有助于解决在悬架设计中操纵稳定性要求和平顺舒适性要求之间存在的矛盾。通过对主动悬架的控制，悬架的等效刚度和阻尼系数可以实时连续变化，同时满足在不同工况下操纵稳定性和平顺舒适性的不同要求。

6）有助于解决在悬架设计中重载和轻载要求之间存在的矛盾，尤其是对于载荷变化较大的SUV和轻型货车，传统的悬架设计无法同时满足在不同载荷条件下稳定性和舒适性的要求。

（2）半主动悬架系统 传统的减振器被电控的可控阻尼减振器所取代，系统还保留传统的悬架弹簧。

人们往往把装有可控阻尼减振器的悬架系统称为主动悬架系统，但更确切地，而且是更多人把它叫作半主动悬架，因为该悬架系统中只有减振器的阻尼是可以被控制的。系统根据不同的路面条件和汽车行驶工况，通过实时控制，连续不断地自动调节减振器的阻尼，使之始终工作在最佳值附近。

在控制系统中,车身和车轮的振动是通过装在四个悬架上的位移传感器测得的。有的系统也在每个车轮位置装有加速度传感器,测量非簧载质量的垂直振动。系统中附加的传感器包括转向盘转角传感器。系统也可与 ABS 或 VSC 系统进行一体化。

根据工作原理,可控阻尼减振器主要有两大类:

1)机械式可变阻尼减振器。传统的可变阻尼减振器悬架系统是用机械式的可控阀来实现的,它是通过电子控制器控制减振器中的电磁阀来调节阻尼。机械式可变阻尼减振器悬架系统又有二级式可变阻尼减振器悬架系统和连续可变阻尼减振器悬架系统两种。在二级式可变阻尼减振器悬架系统中,减振器的阻尼值只有高低两档,而不是连续可变的。阻尼的高低是控制器根据路面条件和汽车行驶状况自动实时调节的。这种减振器现在应用于多功能 SUV 车和高档轿车,例如 Delphi 公司的 BSRTD。与二级式可变阻尼减振器相对应,连续可变阻尼减振器悬架系统中减振器的阻尼值是连续可变的。控制器根据路面条件和汽车行驶状况连续自动调节减振器的阻尼值,使之始终工作在最佳状态。因此,这种减振器性能更好,控制更平顺,例如 Delphi 公司的 CVRTD。

2)磁流体可控阻尼减振器。这种减振器应用 MR 流体(磁流体)作为阻尼器的介质。最近出现的可控减振器技术应用特殊的硅质流体减振液作为阻尼器的介质,称为 MR 流体(磁流体)。这种可控阻尼减振器是通过控制阻尼介质中的磁场来调节阻尼介质的流体特性,从而达到控制阻尼的目的。

在这种减振液中掺了一些微小的铁质,因此,在磁场的作用下,减振液的物理特性发生变化,会变稀或变稠,从而阻尼系数随之而变。磁场是由减振器中的线圈产生的,通过控制电流实现控制磁场强度,最终达到控制阻尼的目的。

这种流体使得阻尼器不再需要机械式阀门-无阀式可控减振器,减振器的阻尼可以连续调节,也比较容易控制,这种系统用很少的电能,且反应很快,阻尼调节速度可达 1000 次/s,无阀式可控减振器技术使之很容易与其他底盘控制系统进行一体化。

Delphi Automotive 公司的 MagneRide 悬架的减振器控制采用的就是这种技术,它是目前世界上最先进的可控阻尼系统,用于 GM 公司的 Cadillac 汽车,如 2002 的 Cadillac Seville STS 的减振器——标准配置、2004 的 Cadillac XLR 和 SRX。

(3)**主动抗侧倾控制系统** 这种系统中的悬架系统还是以传统的形式存在,不过,在此基础上增加了由电子控制的主动抗车身侧倾控制系统。悬架系统的刚度和阻尼设计可以重新优化,加强汽车的舒适性和其他动态性能。

主动抗侧倾系统可以说是主动悬架的一个分支。该系统是通过控制侧倾扭杆(横向稳定杆)上的抗侧倾扭矩来实现的。在传统的侧倾扭杆(横向稳定杆)上装上了抗侧倾驱动装置,而驱动装置又由电子控制器来控制。控制系统根据转弯的强度提供适当的作用在车身上抗侧倾所需的力矩。驱动装置一般是液压式的,按其工作原理又分旋转式和线性两种。按其在整车上的布置,抗侧倾功能又可以通过单通道或双通道控制系统来实现。

主动抗侧倾控制系统所具有的功能特点可以概括如下:在转弯时降低车身的侧倾,改进汽车的操纵稳定性;降低汽车在拐弯时的车身侧倾和由侧倾引起的翻车事故;降低车身侧倾,从而增强乘坐舒适性;即使在正常直线行驶时,使得路面对轮胎的垂直干扰得到隔离,不传到车身和对面的轮子上去,在不平路面上进一步提高了舒适性和路面附着性;有助于汽车动力学工程师解决汽车乘坐舒适性和操纵性之间的矛盾；既可得到较好的舒适性，也可同时保障操纵稳定性。不像设计传统的悬架系统时那样，往往为了保证操纵性而不得不牺牲舒适性；侧向加速度在0.5g以下时，控制系统可以基本消除车身的侧倾角；当侧向加速度超过0.5g时，控制系统允许车身的侧倾角明显增加，给驾驶人适度的感觉，以提醒驾驶人汽车已接近物理极限。

（4）车身高度自动调节系统 车身高度自动调节系统可以看成主动悬架的一部分，它对汽车悬架系统的设计和汽车的动态特性具有较好的加强作用。该系统必须与悬架中的液压或空气囊组件一起工作，所以通常有液压和气压式两种。它通过悬架中的液压装置或气囊来调节汽车的静态高度，使之不随载荷变化，从而可以使悬架系统的优化设计具有更大的空间，达到保证舒适性、操纵稳定性和其他动态性能的目的。有的汽车前后悬架都装有车身高度调节系统，而有的汽车只在后轴装备。

概括起来，车身高度调节系统具有以下主要功能特性：补偿载荷变化，使车身高度在各种载荷下保持恒定；补偿汽车上载荷的变化产生对悬架系统设计要求的变化，使汽车在满载和空载时的动力学特性不致相差太远；在一定程度上帮助缓解各种性能提出的对设计要求的矛盾（车身高度、舒适性和操纵稳定性）；使悬架设计最大限度地保证舒适性和操纵稳定性；能补偿前后左右的不均匀载荷分布；使车身和车灯保持水平——增强安全性。

二、汽车悬架振动的基本模型

汽车是一个非常复杂的振动系统，应根据所分析的问题进行适当的简化。图12-1所示是一个把车身看作刚体的三维模型。汽车的簧载质量即车身质量为m_2，它由车身、车架及其上的总成所组成。该质量绕通过车身质心的横轴y的转动惯量为I_y，簧载质量通过减振器和悬架与车轴、车轮相连接。车轮和车轴构成的非簧载质量即车轮质量为m_1。车轮再通过具有一定弹性和阻尼的轮胎支承在不平的路面上。在讨论汽车平顺性时，这一三维模型的车身质量主要考虑垂直、俯仰、侧倾3个自由度，4个车轮质量主要考虑4个垂直自由度，一共7个自由度。

当汽车对称于其纵轴线且左、右车轮经过路面的不平度函数$x(I) = y(I)$时，车身只有垂直振动z和俯仰振动φ，这两个自由度的振动对舒适性影响最大。图12-2所示为汽车简化成4个自由度的平面模型。在这个模型中，又因为轮胎阻尼较小而被忽略，同时把质量为m_2，转动惯量为I_y的车身等效分解为前轴上、后轴上及质心C上的三个集中质量m_{2f}、m_{2r}及m_{2C}。这三个质量由无质量的刚性杆连接，它们的大小可由下面三

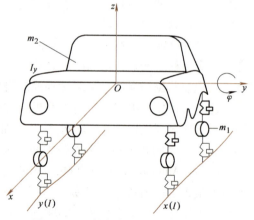

图12-1 四轮汽车简化的三维模型

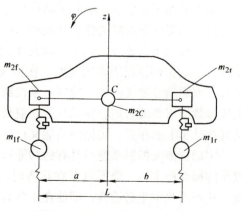

图12-2 双轴汽车简化的平面模型

个条件决定：

1）总质量保持不变

$$m_{2f} + m_{2r} + m_{2C} = m_2 \tag{12-1}$$

2）质心位置不变

$$m_{2f}a + m_{2r}b = 0 \tag{12-2}$$

3）转动惯量 I_y 的值保持不变

$$I_y = m_2\rho_y^2 = m_{2f}a^2 + m_{2r}b^2 \tag{12-3}$$

式中 ρ_y——绕 y 轴的回转半径；

a、b——车身的质心到前、后轴的距离。

由式（12-1）、式（12-2）和式（12-3）得出三个集中质量分别为

$$\left. \begin{aligned} m_{2f} &= m_2 \frac{\rho_y^2}{aL} \\ m_{2r} &= m_2 \frac{\rho_y^2}{aL} \\ m_{2C} &= m_2\left(1 - \frac{\rho_y^2}{aL}\right) \end{aligned} \right\} \tag{12-4}$$

式中 L——轴距。

通常，令 $\varepsilon = \rho_y^2/aL$，并称之为簧载质量分配系数。根据式 (12-4) 可以看出，当 $\varepsilon = 1$ 时，质量 $m_{2C} = 0$。根据统计，大部分汽车的 $\varepsilon = 0.8 \sim 1.2$，接近1。在 $\varepsilon = 1$ 的情况下，前、后轴上方车身的集中质量 m_{2f}、m_{2r} 在垂直方向的运动是相互独立的。此时，当前轮遇到路面不平度而引起振动时，质量 m_{2f} 运动，而质量 m_{2r} 不运动；反之亦然。因此，在这种特殊情况下，可以分别讨论图 12-2 上 m_{2f} 和前轴以及 m_{2r} 和后轴所构成的两个双质量系统的振动，即 1/4 车体模型。此系统如图 12-3 所示。

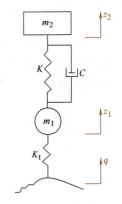

图 12-3 车身与车轮二自由度振动系统

悬架的平顺性受车身加速度均方根值的影响；除车身振动外，还受到对车身的冲击——悬架弹簧的动挠度对道路不平度的影响。悬架对操纵稳定性的影响可用车轮与地面间相对动载来评价。受地面不平度影响所产生的车身振动加速度均方根值 z_2、悬架弹簧的动挠度和车轮与地面间的相对动载荷，是评价平顺性的三个主要参数。汽车简化为车身和车轮二自由度振动系统，希望这三个数值尽量减小，是控制悬架的主要目标。为便于分析这三个参数与道路不平度函数、车速的关系，可以用车身与车轮双质量振动模型进行分析。

1. 汽车悬架的双质量模型

汽车悬架的双质量振动模型如图 12-3 所示，运动方程为

$$\left. \begin{aligned} m_2\ddot{z}_2 + C(\dot{z}_2 - \dot{z}_1) + K(z_2 - z_1) &= 0 \\ m_1\ddot{z}_1 + C(\dot{z}_1 - \dot{z}_2) + K(z_1 - z_2) + K_t(z_1 - q) &= 0 \end{aligned} \right\} \tag{12-5}$$

式中 m_2——簧载（车身）质量；

m_1——非簧载（车轮）质量；

K——悬架刚度；

K_t——车轮刚度；

C——减振器阻尼系数；

z_1——车轮到平衡位置的距离，$\dot{z}_1$ 表示车轮垂向速度，$\ddot{z}_1$ 表示加速度；

z_2——车身到平衡位置的距离，$\dot{z}_2$ 表示速度，$\ddot{z}_2$ 表示加速度；

q——路面不平度。

无阻尼自由振动时，$C=0$，运动方程简化为

$$\left.\begin{array}{l} m_2\ddot{z}_2 + K(z_2 - z_1) = 0 \\ m_1\ddot{z}_1 + K(z_1 - z_2) + K_t z_1 = 0 \end{array}\right\} \quad (12\text{-}6)$$

从运动方程可以看出，车身与车轮振动是相互耦合的，假定双质量系统中车轮不动（$z_1=0$），则得

$$m_2\ddot{z}_2 + Kz_2 = 0$$

这相当于只有车身质量的单自由度无阻尼自由振动。其固有频率为

$$\omega_0 = \sqrt{K/m_2}$$

同样，若车身不动（$z_2=0$），相当于只有车轮质量的单自由度无阻尼自由振动，于是得到

$$m_1\ddot{z}_1 + (K + K_t)z_1 = 0$$

车轮无阻尼振动固有频率为

$$\omega_t = \sqrt{(K + K_t)/m_1} \quad (12\text{-}7)$$

ω_0 与 ω_t 是双质量系统中只有单独一个质量振动时的固有频率，称为偏频。

在无阻尼自由振动时，设两个质量以相同的圆频率 ω 和相角 φ 做简谐振动，振幅为 z_{10}、z_{20}，则其解为

$$z_1 = z_{10}e^{j(\omega t + \varphi)} \qquad z_2 = z_{20}e^{j(\omega t + \varphi)}$$

将上面两个解带入微分方程组（12-6）可得

$$-z_{20}\omega^2 + \frac{K}{m_2}z_{20} - \frac{K}{m_2}z_{10} = 0 \quad (12\text{-}8)$$

$$-z_{10}\omega^2 - \frac{K}{m_1}z_{20} + \frac{K + K_t}{m_1}z_{10} = 0 \quad (12\text{-}9)$$

将 $\omega_0 = \sqrt{K/m_2}$、$\omega_t = \sqrt{(K+K_t)/m_1}$ 代入式（12-8）和式（12-9），可得

$$(\omega_0^2 - \omega^2)z_{20} - \omega_0^2 z_{10} = 0$$

$$-\frac{K}{m_1}z_{20} + (\omega_t^2 - \omega^2)z_{10} = 0$$

这个方程组有非零解的条件是 z_{10} 和 z_{20} 的系数行列式为零，由此可求得系统的特征方程为

$$\omega^4 - (\omega_t^2 + \omega_0^2)\omega^2 + \omega_0^2\omega_t^2 - \omega_0^2 K/m_1 = 0$$

它的两个根就是双质量系统主频率 ω_1 和 ω_2 的平方，即

$$\omega_{1,2}^2 = \frac{1}{2}(\omega_t^2 + \omega_0^2) \mp \sqrt{\frac{1}{4}(\omega_t^2 + \omega_0^2)^2 - \frac{KK_t}{m_1 m_2}} \quad (12\text{-}10)$$

为了对主频率 ω_1、ω_2 和它们所对应的振型有一个具体的概念，下面举一个实例。设有一汽车 $\omega_0 = 2\pi \text{rad/s}$，质量比 $\mu = m_2/m_1 = 10$，刚度比 $\gamma = K_t/K = 9$，将 $K_t = 9K$、$m_1 = 10m_2$ 代入

式（12-7），解出

$$\omega_t^2 = (K+K_t)/m_1 = 100\omega_0^2 \qquad \omega_t = 10\omega$$

$$\frac{KK_t}{m_2m_1} = 90\omega_0^4$$

将上面的 ω_t^2 及 $KK_t/(m_2m_1)$ 的关系式代入式（12-10）得

$$\omega_1 = 0.95\omega_0 \qquad \omega_2 = 10.01\omega_0$$

由此可见，低的主频率 ω_1 与 ω_0 接近，高的主频率 ω_2 与 ω_t 接近，且有 $\omega_1<\omega_0<\omega_t<\omega_2$ 的关系。

将 $\omega_1=0.95\omega_0$、$\omega_2=10.01\omega_0$ 代入式（12-8）和式（12-9），即可确定两个主振型中 z_{10} 和 z_{20} 的振幅比

一阶主振型 $\qquad (z_{10}/z_{20})_1 = (\omega_0^2-\omega_1^2)/\omega_0^2 = 0.1$

二阶主振型 $\qquad (z_{10}/z_{20})_2 = (\omega_0^2-\omega_2^2)/\omega_0^2 = -99.2$

在强迫振动情况下，激振频率 ω 接近 ω_1 时产生低频共振，系统按一阶主振型振动，车身质量 m_2 的振幅比车轮质量 m_1 的振幅大将近 10 倍，所以主要是车身质量 m_2 在振动，称为车身型振动。此时，由于车轮基本不动，可将二自由度系统简化为图 12-4 所示车身部分的单质量系统，来分析车身部分在低频共振区的振动。激振频率 ω 接近 ω_2 时产生高频共振，按二阶主振型振动，此时车轮质量 m_1 的振幅比车身质量 m_2 的振幅大将近 100 倍，称为车轮型振动。此时，由于车身基本不动，所以可将二自由度系统简化为图 12-5 所示车轮部分的单质量系统，来分析车轮部分在高频共振区的振动。

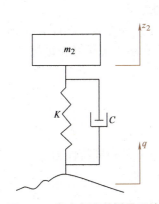

图 12-4　车身部分单质量系统

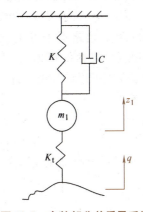

图 12-5　车轮部分单质量系统

下面求双质量系统的频率响应函数，将有关各复振幅代入式（12-5），得

$$z_2(-\omega^2 m_2 + j\omega C + K) = z_1(j\omega C + K) \qquad (12\text{-}11)$$

$$z_1(-\omega^2 m_1 + j\omega C + K + K_t) = z_2(j\omega C + K) + qK_t \qquad (12\text{-}12)$$

令 $A_1 = j\omega C+K$，$A_2 = -\omega^2 m_2+j\omega C+K$，$A_3 = -\omega^2 m_1+j\omega C+K+K_t$，由式（12-11）得 z_2 对 z_1 的频率响应函数为

$$\frac{z_2}{z_1} = \frac{j\omega C + K}{-\omega^2 m_2 + K + j\omega C} = \frac{A_1}{A_2} \qquad (12\text{-}13)$$

幅频响应函数 $|z_2/z_1|$，与单质量模型车身与道路不平度频率响应函数 $|z/q|$ 完全相等。将式（12-13）代入式（12-12），得 z_1 对 q 的频率响应函数

$$\frac{z_1}{q} = \frac{A_2 K_t}{A_3 A_2 - A_1^2} \tag{12-14}$$

将式（12-14）的分子、分母分别进行复数运算，然后求模，得其幅频响应 z_1/q 为

$$\left|\frac{z_1}{q}\right| = \gamma \left[\frac{(1-\lambda^2)^2 + 4\xi^2\lambda}{\Delta}\right]^{1/2}$$

式中

$$\Delta = \left\{\left[1-\left(\frac{\omega}{\omega_0}\right)^2\right]\left[1+\gamma-\frac{1}{\mu}\left(\frac{\omega}{\omega_0}\right)^2\right]-1\right\}^2 + 4\xi^2\left(\frac{\omega}{\omega_0}\right)^2\left[\gamma-\left(\frac{1}{\mu}+1\right)\left(\frac{\omega}{\omega_0}\right)^2\right]^2$$

其中，汽车质量比 $\mu = m_2/m_1$，刚度比 $\gamma = K_t/K$，阻尼比 $\xi = C/(2\sqrt{Km_2})$，频率比 $\lambda = \omega/\omega_0 = \omega/\sqrt{K/m_2}$。

下面分析车身与车轮双质量系统的传递特性。车身位移 z_2 对路面不平度 q 的频率响应函数，可由式（12-13）和式（12-14）两个环节的频率响应函数相乘得到，即

$$\frac{z_2}{q} = \frac{z_2}{z_1} \cdot \frac{z_1}{q} = \frac{A_1}{A_2} \cdot \frac{A_2 K_t}{A_3 A_2 - A_1^2}$$

则车轮与路面不平度和车身与路面不平度的幅频函数可以表示为

$$\left|\frac{z_2}{q}\right| = \left|\frac{z_2}{z_1}\right|\left|\frac{z_1}{q}\right| = \gamma \left[\frac{1+4\xi^2\lambda^2}{\Delta}\right]^{1/2}$$

用车身加速度 $\ddot{z}_2$，悬架的动挠度 f_d 和相对动载 F_d/G 对道路不平度变化率 $\dot{q}$ 之比（$\ddot{z}_2/\dot{q}$）、（$f_d/\dot{q}$）、（$F_d/G\dot{q}$），也可以评价悬架性能幅频特性。

通过幅频函数、道路不平度的功率谱密度 $G_d(n_0)$ 和车速 v，计算路面速度功率谱 $G_{\dot{q}}(f)$ 之后，根据悬架参数可以求出车身加速度均方根值 $\sigma_{\ddot{z}}$、悬架弹簧动挠度 f_d。动载荷 F_d 和相对动载 F_d/G 也可以计算出，即

$$f_d = z_2 - z_1$$
$$F_d = K_t(z_2 - z_1)$$
$$G = (m_1 + m_2)g = (\mu + 1)m_1 g$$

从而，可进一步求得车身加速度 $\ddot{z}_2$ 对路面不平度变化率 $\dot{q}$ 的幅频特性为

$$\left|\frac{\ddot{z}_2}{\dot{q}}\right| = \omega\gamma\left[\frac{1+4\xi^2\lambda^2}{\Delta}\right]^{\frac{1}{2}}$$

相对动载 F_d/G 对路面不平度变化率 $\dot{q}$ 的幅频特性为

$$\left|\frac{F_d}{G\dot{q}}\right| = \frac{\gamma\omega}{g}\left[\frac{(\lambda^2/(1+\mu)-1)^2+4\xi^2\lambda^2}{\Delta}\right]^{\frac{1}{2}}$$

悬架的动挠度 f_d 对路面不平度变化率 $\dot{q}$ 的幅频特性为

$$\left|\frac{f_d}{\dot{q}}\right| = \frac{\gamma}{\omega}\lambda^2\left(\frac{1}{\Delta}\right)^{\frac{1}{2}}$$

2. 主动与半主动悬架的车身和车轮二自由度模型

主动悬架一般用液压缸作为主动力发生器，代替悬架的弹簧和减振器，由外部高压液体提供能源，用传感器测量系统运动的状态信号，回馈到电控单元，然后由电控单元发出指令控制力发生器，产生主动控制力作用于振动系统，构成闭环控制。半主动悬架的核心部分是

采用可调阻尼减振器，其控制逻辑有的是和主动悬架类似的闭环控制，也有根据车速等参数进行开环控制的，它消耗的全部能量只用来驱动控制阀，故耗能很低。下面对简化的车身与车轮二自由度振动系统主动悬架的特性和控制效果进行介绍。

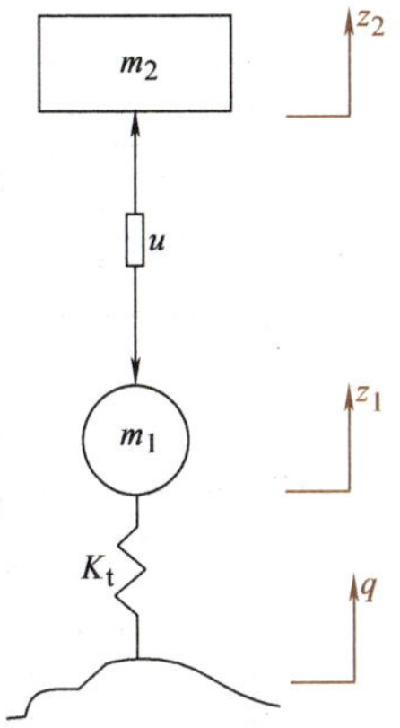

图 12-6 为车身与车轮二自由度主动与半主动悬架模型。其运动方程为

$$\left.\begin{array}{l} m_2\ddot{z}_2 = u \\ m_1\ddot{z}_1 + K_t(z_1 - q) = -u \end{array}\right\} \quad (12\text{-}15)$$

式中 u——主动控制力，可根据控制策略选择系统运动状态变量 z_1、z_2、$\dot{z}_1$、$\dot{z}_2$ 的各种线性组合。

作为一个例子，在此 u 的表达式选择如下

$$u = -[l_1(z_2 - z_1) + l_2\dot{z}_1 + l_3\dot{z}_2]$$

式中 l_1，l_2，l_3——根据优化得到的反馈系数。

将 u 代入运动方程，式（12-15）改写成

$$\left.\begin{array}{l} m_2\ddot{z}_2 + [l_1(z_2 - z_1) + l_2\dot{z}_1 + l_3\dot{z}_2] = 0 \\ m_1\ddot{z}_1 + K_t(z_1 - q) - [l_1(z_2 - z_1) + l_2\dot{z}_1 + l_3\dot{z}_2] = 0 \end{array}\right\} \quad (12\text{-}16)$$

图 12-6 车身与车轮二自由度主动与半主动悬架模型

因为主动控制力 u 是通过装在 m_1、m_2 之间的液压缸产生的，故主动控制力 u 对 m_2、m_1 的作用始终大小相等、方向相反。

根据上述运动方程，可以得出主动控制力 u 采用各种不同控制策略时系统的传递特性。图 12-7 为式（12-16）所表示的主动悬架与被动悬架系统各环节传递特性的对比。图中，被动悬架系统的参数为 $m_1 = 24\text{kg}$、$m_2 = 240\text{kg}$、$K = 9475\text{N/m}$、$K_t = 85270\text{N/m}$、$C = 754\text{N}\cdot\text{s/m}$；相应车身、车轮部分系统的参数为 $f_0 = 1\text{Hz}$、$f_t = 10\text{Hz}$、$\xi = \xi_t = 0.25$。主动悬架采用式（12-16）进行控制，其中反馈系数的选择为 $l_1 = 7592\text{N/m}$、$l_2 = -481\text{N}\cdot\text{s/m}$、$l_3 = 1916\text{N}\cdot\text{s/m}$。此时，相当于振动系统的参数调整为 $f_0 = 0.8752\text{Hz}$、$f_t = 9.7035\text{Hz}$、$\xi = 0.6787$、$\gamma = K_t/K = 11.2321$、$\mu = 10$、$\xi_t = 0.1688$。

由图 12-7 主动与被动悬架各环节传递特性可以看出，主动控制主要改善"车身-车轮" $|z_2/z_1|$ 这一环节在共振和高频区的传递特性，"车轮-路面" $|z_1/q|$ 这一环节主动悬架在 f_t 附近高频共振区的共振峰比被动悬架反而高了，这与反馈系数的选择有关。

图 12-8 为主动与被动悬架 $\ddot{z}_2$、f_d 和 F_d/G 对道路不平度变化率 q 的幅频特性，可以看出，三个振动响应量的变化趋势都不同，要根据控制目标来优化选择反馈系数。

三、电控悬架系统结构和工作原理

从行驶平顺性和舒适性出发，弹簧刚度及减振器的阻尼系数应能随汽车运行状态而变化，使悬架系统性能总是处于最优状态附近。但是，弹簧刚度选定后，又很难改变，因此从改变减振器阻尼入手，将阻尼分为两级或三级，由驾驶人选择或根据传感器信号自动选择所需要的阻尼级。

半主动悬架系统通常以车身振动加速度的均方根值作为控制目标参数，以悬架减振器的阻尼为控制对象。半主动悬架的控制模型如图 12-9 所示。

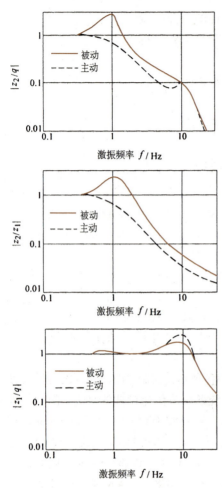

图 12-7　主动悬架与被动
悬架各环节传递特性

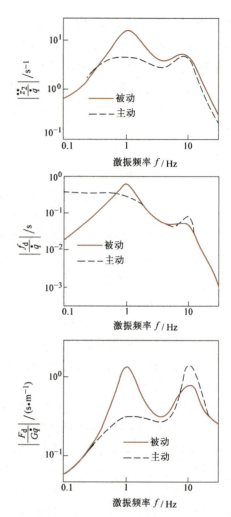

图 12-8　主动与被动悬架 $\ddot{z}_2$、f_d
和 F_d/G 对 $\dot{q}$ 的幅频特性

在悬架控制单元中，事先设定了一个目标控制参数 σ，它是以汽车行驶平顺性最优为控制目的设计的。汽车行驶时，安装在车身上的加速度传感器产生的车身振动加速度信号，经整形放大后输入计算机，计算机随即计算出当前车身振动加速度的均方根值 σ_i，并与设定的目标参数比较，根据比较结果输出控制信号：

1）如果 $\sigma=\sigma_i$，控制器不输出调整悬架阻尼控制信号。

2）如果 $\sigma<\sigma_i$，控制器输出增大悬架阻尼控制信号。

3）如果 $\sigma>\sigma_i$，控制器输出减小悬架阻尼控制信号。

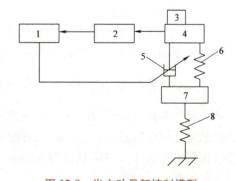

图 12-9　半主动悬架控制模型

1—控制器　2—整形放大电路　3—加速度传感器
4—簧载质量　5—阻尼可调减振器　6—悬架弹簧
7—非簧载质量　8—轮胎当量弹簧

控制器的悬架阻尼控制过程如图 12-10 所示。

电控悬架系统由传感器、控制器、阻尼可调减振器、驱动电路、驱动电动机等构成。

1. 电控悬架用传感器

（1）车速传感器 车速传感器用来测定车速，一般常用的有舌簧开关式车速传感器、磁阻组件式车速传感器等。舌簧开关式车速传感器通常安装于车速表的下方，其结构如图 12-11 所示。

该传感器主要由永久磁铁和舌簧开关组成，永久磁铁一般有 4 个磁极，它与车速表输入软轴固定在一起，随车速表输入软轴一同旋转。舌簧开关是由一小玻璃管装有 2 个细长的触头构成，触头由铁、镍等易于被磁铁吸引的强磁性材料制成，位于旋转的永久磁铁侧面。它的工作原理如图 12-12 所示。

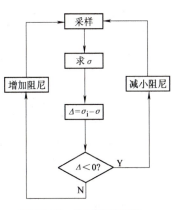

图 12-10 控制器的悬架阻尼控制过程

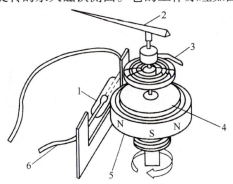

图 12-11 舌簧开关式车速传感器

1—舌簧开关 2—车速表指针 3—弹簧
4—转子 5—磁铁 6—信号线

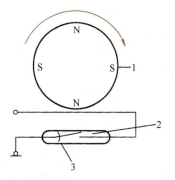

图 12-12 舌簧开关式传感器工作原理

1—永久磁铁 2—触点 3—舌簧开关

汽车行驶时，变速器通过一软轴带动传感器永久磁铁旋转。当永久磁铁的 N、S 磁极从接近舌簧开关到逐渐离开时（图 12-13a），舌簧开关中的上下两个触点变为不同极性的磁极，两个触点相互吸引，舌簧开关闭合；当永久磁铁的 N 极或 S 极接近触点时（图 12-13b），舌簧开关中的上、下两个触点变为相同极性的磁极，两个触点相互排斥，使舌簧开关打开。舌簧开关的开闭信号通过信号线送入电子控制装置，电子控制装置根据此脉冲信

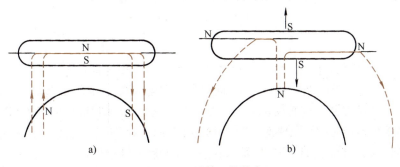

图 12-13 舌簧开关状态

a）开关闭合 b）开关打开

号即可计算出相应的汽车车速。

磁阻组件式车速传感器也是一种常见的车速传感器，这种传感器采用磁阻组件来检测汽车速度，磁阻组件的电阻能够随磁场变化而变化，因此，这种传感器可以直接装在变速器上。磁阻组件式车速传感器的结构及工作原理如图 12-14 所示。

当齿轮驱动传感器输入轴旋转时，与输入轴连接在一起的多级磁环也一同旋转，多级磁环的旋转引起磁

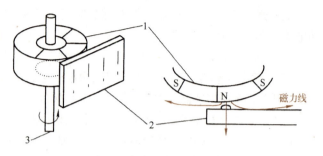

图 12-14　磁阻组件式车速传感器的工作原理

1—多级磁环　2—磁阻组件　3—输入轴

场的变化，使集成电路内的磁阻组件的阻值发生变化。阻值的变化引起其上电压的变化，将电压的变化输入比较器中进行比较，再由比较器输出信号控制晶体管的导通和截止。

（2）转角传感器　转角传感器用于检测转向盘的中间位置、转动方向、转动角度和转动速度。在电子控制悬架中，电子控制装置根据车速传感器信号和转角传感器信号，判断汽车转向时侧向力的大小，从而控制车身的侧倾。

转向盘转角传感器用于检测汽车转向的偏转角及偏转方向。图 12-15 所示为一种光电式转角传感器的安装位置和结构。

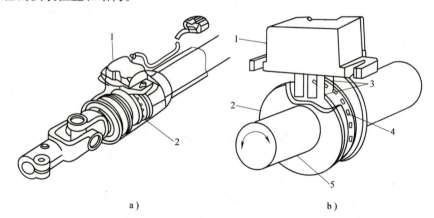

图 12-15　转向盘转角传感器的安装位置和结构

a) 安装位置　b) 结构

1—转角传感器　2—传感器圆盘　3—遮光器　4—窄缝　5—转向轴

在压入转向轴的圆盘中间，装有带窄缝的窄缝圆盘，传感器的遮光器（由发光二极管和光敏二极管组成）以两个为一组，从上面套装在窄缝圆盘之上。窄缝圆盘上等距离均匀排列着窄缝，窄缝圆盘随转向轴转动时，两个遮光器的输出端即可进行 ON/OFF 变换。

光电式转角传感器的工作原理是：当转动转向盘时，窄缝圆盘随之转动，使遮光器之间的光束通/断变化，遮光器的这种反复开/关的状态产生与转向轴转角成一定比例的一系列数字信号，系统控制装置可根据此信号的变化来判断转向盘的转角和转速，同时，传感器在结构上采用两组光电耦合器，可实现根据检测到的脉冲信号的相位差来判断转向盘的转动方向。

(3) 加速度传感器 在车轮打滑时，不能以转向角和汽车车速正确判断车身侧向力的大小。为直接测出车身横向加速度和纵向加速度，必须在汽车悬架上安装加速度传感器。图12-16是差动变压器式加速度传感器的结构及原理。

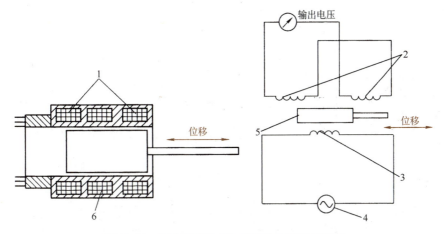

图 12-16　差动变压器式加速度传感器工作原理
1、2—二次绕组　3、6—一次绕组　4—电源　5—心杆

励磁绕组（一次绕组）通以交流电，当汽车转弯（加、减速）行驶时，使心杆在汽车横向力（纵向力）的作用下产生位移，随着心杆位置的变化，检测绕组（二次绕组）的输出电压发生改变，所以检测绕组（二次绕组）的输出电压与汽车横向力（纵向力）一一对应，反映了汽车横向力（纵向力）的大小，悬架系统电子控制装置根据此输入信号即可正确判断汽车横向力（纵向力）的大小，进而对汽车车身姿势进行控制。

钢球位移式加速度传感器的结构如图12-17所示。

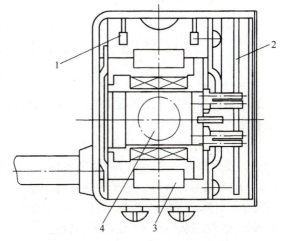

图 12-17　钢球位移式加速度传感器
1—轭铁　2—信号处理电路　3—磁铁　4—钢球

根据所检测的力（横向力、纵向力或垂直力）不同，加速度传感器的安装方向也不一样。如汽车转弯行驶时，钢球在汽车横向力的作用下产生位移，随着钢球位置的变化，磁场也发生变化，从而造成线圈输出电压的改变。因此，悬架系统电子控制装置根据线圈的输出信号即可正确判断汽车横向力大小，对汽车车身姿势进行控制。

(4) 车身高度传感器 其作用是检测车身高度（汽车悬架装置的位移量），并将它转换成电子信号输入系统控制装置。

2. 控制器及其实现的功能

电控悬架的控制器是悬架控制系统的枢纽，由微处理器和传感器电源电路、执行器驱动电路及监控电路等组成。通过从传感器接收汽车行驶状态下的各种信号，如速度、加速度、高度信号等，按照控制器内预先编好的控制语句通过执行机构（步进电动机、电磁阀等）对减振器的阻尼力、弹簧刚度等进行控制，从而改善汽车行驶稳定性。控制器框图如图12-18 所示。

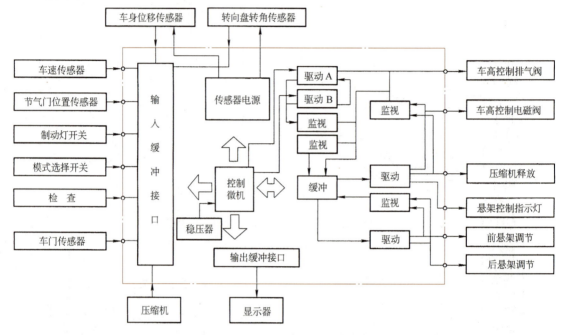

图 12-18　悬架系统控制器方框图

悬架系统控制装置内部所用电源和供各种传感器的电源均由稳压电源提供，其控制功能主要包括：

1）传感器信号放大。用接口电路将输入信号（如传感器信号、开关信号）中的干扰信号除去，然后放大、变换极性、比较极值，变换为适合输入控制装置的信号。

2）输入信号的计算。电子控制装置根据预先写入只读存储器（ROM）中的程序对各输入信号进行计算，并将计算结果与预存的数据进行比较后，向执行机构（电动机、电磁阀、继电器等）发出控制信号。输入控制装置的信号除了开/关信号外还有电压值时，还应进行 A/D 变换。

3）驱动执行机构。控制装置用输出驱动电路将输出驱动信号放大，然后输送到各执行机构，以实现对汽车悬架参数的控制。

4）故障检测。电子控制装置用故障检测电路来检测传感器、执行器、线路等的故障。当发生故障时，将信号送入控制装置，目的在于即使发生故障，也应使悬架系统安全工作；另外，在修理故障时容易确定故障所在位置。

控制流程图：预先将电子控制装置的控制程序写入只读存储器（ROM），悬架控制过程中，按控制程序规定的顺序进行计算、分析和比较。

系统起动后，首先对控制装置内部存储器 RAM、执行机构进行初始化，然后读取各种传感器输入信号和各种开关信号，根据驾驶人所选择的系统控制模式，对输入信号进行计算、分析，并发出控制信号进行汽车行驶控制，最后再读取各种输入信号，如此往复循环。

电子控制装置对信号的处理速度高于汽车的运动,以微秒级数进行 1 次运算。因此,按照以上顺序进行处理,在控制上不应存在问题。

一些复杂的系统为便于故障检测和修理,控制装置中还具有自诊功能。表 12-1 为自诊功能实例,使用特殊的开关进行操作,使系统进入自诊模式,依次将传感器信号输入,将结果显示在指示器上,据此即可发现传感器、开关、配线、插接器等是否异常。

表 12-1 控制器自诊显示

表示内容(选择开关)	"AUTO"	*	*	*	*	*	*	*
	"S"			*		*	*	*
	"M"		*		*		*	*
	"H"	*				*		*
诊断部位		车速传感器	转角传感器	ECCS燃油脉冲	制动开关	WT(空档及离合器开关),AT(阻化剂及驻车、制动开关)	选择开关	路面超声波传感器

注:表中"*"表示"开"。

3. 阻尼可调减振器

减振器工作的基本原理是利用阻尼消耗振动过程中产生的能量。汽车减振器是利用小孔节流的流体阻尼技术来实现悬架系统的减振特性,称为液力减振。阻尼可调减振器一般用于半主动悬架中。图 12-19 为一阻尼可调减振器结构。阻尼力的变换通过转子阀转动来实现,转子阀由装在减振器内的电动机驱动,转子阀可按三个阶段变换减振器内节流口的面积,从而控制减振器阻尼力为三种不同状态:软、中、硬。

阻尼器控制力控制项目见表 12-2。

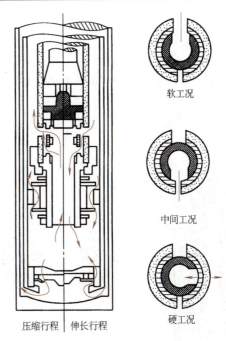

图 12-19 阻尼可调减振器结构

表 12-2 阻尼器控制力控制项目

控制目的		检测条件	使用传感器					阻尼力工况
			车速	转向角	加减速度	制动	路面	前减振器/后减振器
横摇	急转向时减少横摇	超过规定的转向速度	○	○				硬/硬
纵摇	减少制动时的点头和来回摇荡	制动时点头超过规定时				○	○	硬/硬
	加减速时减少点头和后蹲	发动机转矩变化超过规定值	○		○			中/中

(续)

控制目的		检测条件	使用传感器					阻尼力工况
			车速	转向角	加减速度	制动	路面	前减振器/后减振器
上下摇动	越过突起时减少振动	当发生车高剧烈变化时	○				○	中/中
	在搓板路上减少振动	当发生周期性车高变化时	○				○	中/中
贴地性	在恶劣路面上行驶时提高接地性	车高变化为恶劣路面行驶特性时	○				○	中/中
其他	高速直线行驶时、提高操纵稳定性	高速时（车速超过规定值）	○					中/软
	停车时来回摇摆、防止上下车时车身摇动	停车时（车速低于规定值）	○					硬/硬

一般行驶情况下，四个车轮减振器均处于"软"工况。当车轮突然出现反跳时，系统就会立即将前减振器状态调至"硬"工况，后减振器调至"中"工况，这种自动调节过程不超过 0.5s，所有减振器若恢复到原状态也仅需要 5s。

图 12-20a 为雷克萨斯 LS400 半主动悬架减振器阻尼力可调的原理图。减振器回转阀上有三个油孔，活塞杆上有两个通孔，从而可以在大、中、小三档之间转换衰减力。当阻尼力选择小档时，回转阀上的 A、C 油孔关闭，仅靠单向阀起衰减作用。阻尼力调节特性曲线如图 12-20b 所示。

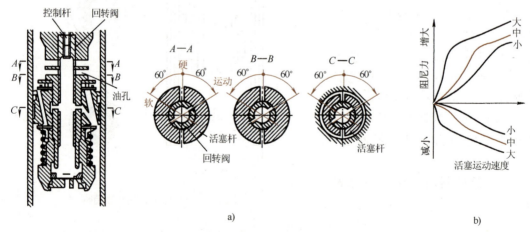

图 12-20　雷克萨斯 LS400 悬架系统可调阻尼力减振器
a) 结构及原理　b) 特性曲线

4. 驱动装置

悬架控制执行器安装在弹簧和减振器的上方，用于驱动减振器的阻尼调节杆和气压缸的气阀控制杆，从而改变减振器的阻尼力和悬架弹簧刚度。悬架刚度、阻尼调节杆驱动装置多采用直流电动机或步进电动机，图 12-21 是采用直流电动机的悬架参数调节驱动装置。

电动机经过蜗轮、蜗杆、行星齿轮传动驱动调节杆，限位开关可在阻断电动机电路的同时，对电动机实行电气制动，使电动机立即停止回转。

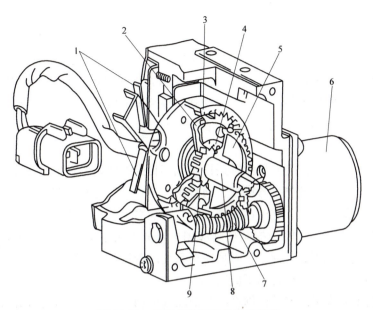

图 12-21 悬架参数调节的驱动装置
1—限位开关 2—托架 3—齿圈 4—行星齿轮 5—蜗轮 6—直流电动机 7—蜗杆 8—齿轮轴 9—太阳轮

有的执行器采用步进电动机进行驱动,图 12-22 为步进电动机的结构。步进电动机由转子、定子和电磁线圈组成,通过对两个电磁线圈通以脉动电流,在定子上产生电磁力,从而使永久磁铁组成的转子转动,每一次脉动电流使转子旋转 7.5°,改变脉动电流的施加顺序,电动机也可以逆转。步进电动机为非接触型电动机,根据脉动电流的施加方式,可以自由控制转子的旋转速度和停止位置。

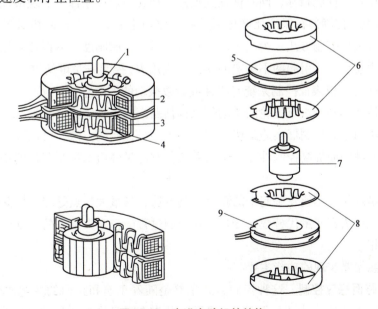

图 12-22 步进电动机的结构
1、7—转子 2、5—线圈 A 3、9—线圈 B 4、6、8—定子

四、电控悬架系统的控制方法

电控悬架系统最终控制目的是对汽车悬架的弹簧刚度和阻尼系数进行调节，从而提高汽车的乘坐舒适性、行驶平顺性和操纵稳定性。控制方法有多种，如自适应控制、最优控制、模糊控制等。在实际控制策略的选择中，受到多种因素的影响，如汽车结构、造价、实时控制性等。在这里选择三种具有代表性的控制方法加以介绍。

1. 自适应控制

这种控制方法的原理是当外界激励条件和汽车自身参数状态发生变化时，汽车悬架的振动输出仍能跟踪所选定的理想参考模型，通过跟踪一个预先定义的参考模型，获得任何非线性时变悬架模型的最优性能，这种性能依赖于包含前馈控制器和辅助控制器参数的自适应控制规则实现。把非线性"滑模"控制规则应用于电液悬架系统，控制器依赖精确的悬架系统模型，采用自适应控制的车辆悬架阻尼减振系统改善汽车的行驶性能，这种控制方法在德国大众汽车公司的底盘上已经得到了应用。

自适应控制的基本出发点是根据系统当前输入的相关信息，从预先计算并存储的参数中选取当前最合适的控制参数。其设计的关键在于能准确、可靠地反映输入变化的参考变量。只要参数选择适当，控制器即可快速、方便地改变控制参数，以适应当前输入的变化。

2. 最优控制

应用于汽车悬架控制系统的最优控制方法可分为线性最优控制、H_∞最优控制和最优预见控制三种。

线性最优控制是建立在系统模型较为理想的基础上，采用受控对象的状态响应与控制输入的加权二次型作为性能指标，同时保证受控系统动态稳定性条件下实现最优控制。

H_∞控制是设计控制器在保证死循环系统各回路稳定的条件下，使相对于噪声干扰的输出取极小的一种最优控制方法。为减小由于车身质量、轮胎刚度、减振器阻尼系数以及车辆结构高频柔度模态等变化引起的不确定的误差，应用H_∞控制方法可使汽车悬架振动控制具有较强的鲁棒性（用以表征控制系统对特性或参数摄动的不敏感性）。

最优预见控制是利用汽车车轮的扰动信息预估路面的干扰输入，其策略就是把所测量的状态变量回馈给前、后控制器实施最优控制。这种预见控制的方法，可以弥补因系统响应速度不足所带来的缺陷而提高控制性能，降低系统控制能量峰值和控制能量消耗量。

3. 模糊控制

模糊控制是近年来迅速发展起来的新型控制方法，其最大特点是允许控制对象没有精确的数学模型，使用语言变量代替数字变量，在控制过程中包含大量人的控制经验和知识，与人的智能行为相似。

汽车电控悬架要实现的功能主要有：

(1) 车速路面感应控制 这种控制方式主要是随着车速和路面的变化改变悬架的刚度和阻尼，使之处于"软"或"硬"状态。"硬"状态有时又称为"运动（SPORT）"状态，每一种状态中又按刚度和阻尼的大小依次有低、中、高三种状态。"软"模式中，悬架经常处于低刚度和低阻尼状态；而在硬模式中，悬架经常保持在"中"状态。按照不同的控制模式，悬架由微机控制在三种状态之间，根据车速和路面的变化情况自动地调节悬架刚度和阻尼，使车身振动保持在最佳状态。

在这种控制方式中包括三种功能，即高速感应控制、前后车轮关联感应控制和坏路面感应控制。控制的逻辑见表12-3。

表12-3 车身路面感应控制逻辑

功能	工况	悬架的刚度和阻尼	
		软模式 低 中 高	硬模式 低 中 高
高速感应	车速≥110km/h	○→○	○
前后车轮关联感应	30km/h≤车速≤80km/h，车高在0.03s内突然变化	○	○←○
坏路面感应	40km/h≤车速≤100km/h，车高在0.5s内大幅度变化	○→○	○
	车速>100km/h，车高在0.5s内多次大幅度变化	○→○→○	○→○

1）高速感应控制。当车速超过110km/h时，控制装置根据车速传感器的信号，经过分析计算后发出控制信号，以改变悬架参数。如果驾驶人选择的是软模式，则悬架的刚度阻尼自动从低状态进入中状态；如果选择的是运动模式，则悬架仍稳定在中状态不变。当车速降低后，悬架又回到所选择模式通常保持的状态。

2）前后车轮关联感应控制。车轮遇到单个障碍时，相应降低悬架的刚度和阻尼，可以降低车身受到的冲击和振动。

汽车以30~80km/h的速度行驶时，如果前轮遇到障碍，安装在汽车前部的车身高度传感器将脉冲信号送给控制装置，控制装置经过分析和计算后发出控制信号，改变悬架参数。如果驾驶人选择的是软模式，则后轮悬架保持在低状态；如果选择的是运动模式，则后轮悬架从中状态进入低状态。当后轮越过障碍后，悬架又回到所选择模式通常保持的状态。

但是当车速很高时，若悬架太软，则在车轮遇到冲击时汽车容易失去稳定性。因此，当车速超过80km/h以后，无论选择是何种模式，悬架都保持在中状态不变。

3）坏路面感应控制。当汽车突然进入坏路面行驶时，为了抑制突然产生的车身纵向角振动，应该加大悬架刚度和阻尼。

汽车以40~100km/h的速度突然驶上坏路面时，车身高度传感器会立刻给出周期小于0.5s的车高变化信号。控制装置分析计算车速传感器和车高传感器的信号并发出控制信号，如果驾驶人选择的是软模式，则悬架从低状态进入中状态；如果选择的是运动模式，则悬架保持中状态不变。

当汽车以100km/h以上的速度行驶在坏路面时，如果驾驶人选择的是软模式，则悬架从低状态进入高状态；如果选择的是运动模式，则悬架从中状态进入高状态。

(2) 车身姿势控制 在车速和转向急剧变化时，会造成车身姿势的急剧变化，既破坏了汽车的乘坐舒适性，又容易使汽车失去稳定性。因此，随着车速和转向的急剧变化，应对车身姿势实施控制，实现三种控制功能：转向时车身侧倾控制，制动时车身点头控制，起步时车身俯仰控制。车身姿势控制逻辑见表12-4。

表 12-4　车身姿势控制逻辑

功能	工况	悬架的刚度和阻尼	
		软模式 低　中　高	硬模式 低　中　高
抑制侧倾	急转向	○--→○→○	○→○
抑制点头	车速≥60km/h 制动	○--→○→○	○→○
抑制俯仰	车速≤20km/h 急加速	○--→○→○	○→○

1）抑制转向时的车身侧倾。在急速转向的情况下，应加大悬架的刚度和阻尼，以减小车身的侧倾。当驾驶人猛打转向盘时，安装在转向柱上的转角传感器把转向盘的转角及其变化速度输送给控制装置，控制装置经过对输入信号的分析计算后发出控制信号。如果此时悬架处于软模式，悬架则从中状态或低状态直接进入高状态；如果悬架处于运动模式，悬架则从中状态进入高状态。

2）抑制制动时车身点头。在紧急制动时，应该增加悬架的刚度和阻尼，以减小车身的点头现象。当车速大于 60km/h 制动时猛踩制动踏板，车速传感器发出的制动信号和制动开关发出的阶跃信号输送给控制装置，控制装置经过对输入信号的分析计算后发出控制信号。如果此时悬架处于软模式，悬架则从中状态或低状态直接进入高状态；如果此时悬架处于运动模式，悬架则从中状态进入高状态。

3）抑制起步时车身俯仰。猛然起步或在低速情况下猛然加速时，应该增加悬架的刚度和阻尼，以减小车身的俯仰现象。在车速低于 20km/h 的情况下猛踩加速踏板，车速信号输送给控制装置，控制装置经过对输入信号的分析计算后发出控制信号。如果此时悬架处于软模式，悬架则从中状态或低状态直接进入高状态；如果悬架处于运动模式，悬架则从中状态进入高状态。

(3) 车身高度控制　车身高度控制分为正常（NORMAL）和高（HIGH）两种控制模式，按车身的高度从低到高的顺序，每种控制中又分为低、中、高三种状态。在正常模式中，车身高度经常处于中状态；而在高模式中，车身高度经常处于高状态。在通常情况下，车身的高度不受乘员人数和载质量变化的影响，由控制装置将汽车车身保持在所选模式的经常行驶高度。在高速行驶或在特别的环境路面行驶时，根据所选择的模式不同，汽车高度在控制装置的控制下自动在低、中、高三种状态间进行切换，使汽车处于稳定的行驶状态。这种控制方式包括两种控制功能：高度感应控制和连续坏路面行驶控制。车身高度控制逻辑见表 12-5。

表 12-5　车身高度控制逻辑

功能	工况	悬架的刚度和阻尼	
		正常模式 低　中　高	高模式 低　中　高
高速感应	车速≥90km/h	○←○	○←○
连续坏路面行驶	车速 40~90km/h，车高持续 2.5s 以上大幅度变化	○→○	○
	车速>90km/h，车高持续 2.5s 以上大幅度变化	○	○←○

1）高速感应控制。当车速超过 90km/h 时，为了提高汽车行驶稳定性，应该降低车身的高度。若悬架处于正常模式，则车身高度从中状态降低到低状态；如果处于高模式，则车身高度从高状态降低到中状态。

2）连续坏路面行驶控制。汽车进入长距离的坏路面行驶后，应该提高车身高度，避免悬架被击穿（弹簧被压死，车身直接承受来自车轮的冲击）。当车高传感器向控制装置给出连续 2.5s 以上的车身高度大幅度变化信号，而车速在 40~90km/h 时，若悬架处于正常模式，则车身高度从中状态提高到高状态；如果处于高模式，则车身高度维持在高状态不变。当车高传感器给出同样的信号，而车速在 90km/h 以上时，考虑到这时应首先保证汽车的行驶稳定性，所以，若悬架处于正常模式，则车身高度维持在中状态不变；如果处于高模式，则车身高度从高状态降低到中状态。

五、车身高度调节系统

车身高度自动调节系统可以看作主动悬架的一个部分，它对汽车悬架系统的设计和汽车的动态特性具有很好的加强作用。它通过悬架中的液压装置或气囊来调节汽车的静态高度，使之不随载荷变化，从而使悬架系统的优化设计具有更大的空间，达到保证舒适性、操纵稳定性和其他动态性能的目的。概括起来，车身高度调节系统具有以下主要功能特性：补偿载荷变化，使车身高度在各种载荷下保持恒定；补偿汽车上载荷的变化产生对悬架系统设计要求的变化，使汽车在满载和空载时的动力学特性不致相差太远；在一定程度上帮助缓解各种性能提出的对设计要求的矛盾（车身高度、舒适性和操纵稳定性）；使悬架的设计在最大限度上保证舒适性和操纵稳定性；能补偿前后左右的不均匀载荷分布；使车身和车灯保持水平——增强安全性。它根据汽车内乘员人数的多少和汽车装载情况自动调整车身高度。车身高度调节有两种类型，一种是对汽车全部四个车轮悬架系统进行高度调节；另一类型是仅对两个后轮的悬架系统进行高度调节。目前，典型的车身高度调节方法有如下几种：

1）自动水平调节。自动水平调节就是无论汽车乘员人数或装载质量如何增减，车身高度自动维持在一恒定值，并使车身尽可能地保持水平。保持一定的车身高度不仅可以使汽车行驶保持稳定，而且还可以使汽车前照灯光束方向保持不变。

2）汽车高速行驶和通过不平路面时的高度调节。当汽车高速行驶时，降低车身高度将有助于减小空气阻力，不仅改善了汽车的动力性和经济性，而且抑制了使车身浮起的气体抬升力，增加汽车直线行驶的操纵稳定性。当汽车行驶于不平路面时，可将减振弹簧和减振器的伸缩移动行程维持在一定的范围内；防止车桥底部与路面相碰，提高车辆的行驶性能。

3）汽车停车时的水平调节。当汽车停车时，汽车乘员人数或装载质量减少以后，会造成车身的升高，这时，为改善汽车停车的外观形象，汽车停车水平调节系统自动降低车身高度。

现代汽车车身高度调节系统有很多种，大致可按图 12-23 进行分类。

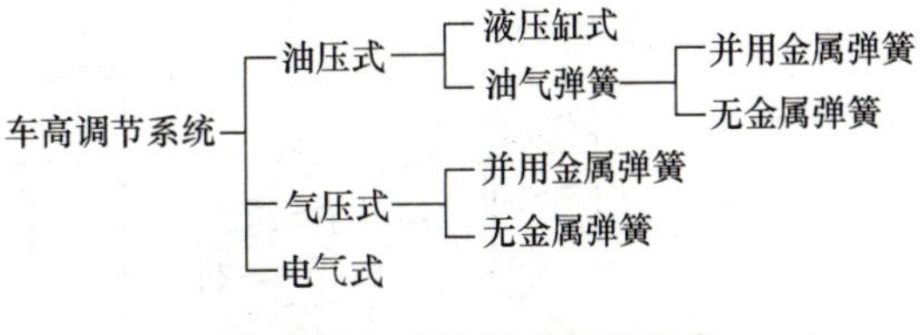

图 12-23 车高调节系统分类

目前，电气式还没有普遍使用，大部分的车身高度调节系统为油压式和气压式，其中承载力大而且容易得到较低弹簧刚度的无金属弹簧式逐渐成为主流。总的来说，欧洲主要采用油气弹簧，而日本、美国主要采用空气弹簧。

由于气压式车身高度调节系统可从大气中吸入空气，或将空气排入大气，所以经济方便，现代汽车采用的车身高度调节系统有很大一部分是气压式。以下以丰田轿车气压式车高调节系统为例，对气压式车身高度调节系统进行详细介绍。

车高调节系统主要由电子控制装置、空气压缩机总成、可调空气弹簧减振器总成、高度传感器总成、电路、空气管路、排气电磁阀等组成。

空气压缩机总成是用于向车高调节系统提供压缩空气的动力源。系统采用单缸活塞式空气压缩机,由电动机驱动并向系统提供一定压力的压缩空气。压缩机总成固定在发动机室内,与压缩机驱动电动机、压缩机继电器、空气干燥器固定在一起,电动机的运转由系统调节装置通过压缩机继电器进行调节,压缩机工作时,压缩空气经干燥器干燥后进入空气弹簧,以调节汽车车身高度。

空气干燥器固定在空气压缩机上,与压缩机的空气输出端连接。空气干燥器内装有干燥剂,它能吸收压缩机排出的压缩空气中的水分,从而保证空气弹簧得到干燥的压缩空气,而且当空气从空气弹簧中排出时,排出的空气也要通过干燥器排入大气,并将干燥剂中的水分带走,使干燥剂可以重复使用。另外,空气干燥器中装有一排气电磁阀,使空气弹簧中保持一定的剩余空气压力,此排气电磁阀也由系统调节装置进行控制。

本系统采用的高度传感器为光电式高度传感器。用高度传感器检测车身高度(汽车悬架装置的位移量)变化,系统电子控制装置根据高度传感器的输入信号,判断车身高度的变化,从而决定如何调节车身高度(升高或降低)。光电式高度传感器的具体结构如图12-24所示。

传感器内部有一靠连杆带动转动的传感器轴,传感器轴上固定一开有许多窄槽的圆盘。遮光器由发光二极管和光敏晶体管组成。圆盘的转动可使遮光器的输出进行ON、OFF转换,并把此ON、OFF转换信号通过信号线输送给悬架电子控制装置。

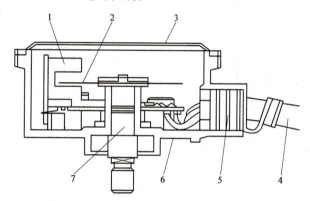

图12-24 光电式高度传感器的结构
1—遮光器 2—圆盘 3、6—传感器盖 4—信号线
5—金属油封环 7—传感器轴

依靠这种ON、OFF转换,电子控制装置可以检测出圆盘的转动角度。当车身高度发生变化时,即悬架变形发生变化时,圆盘在传感器轴带动下转动,从而电子控制装置检测出车身高度的变化。光电式高度传感器的工作原理如图12-25所示。

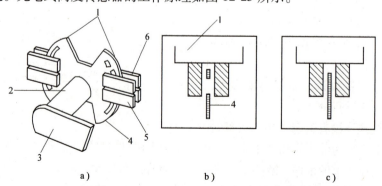

图12-25 光电式高度传感器的工作原理
1—遮光器 2—传感器轴 3—导杆 4—圆盘 5—发光组件 6—光敏组件

实际结构中，高度传感器固定在车架上，传感器轴的外端装有导杆，导杆的另一端通过连杆与独立悬架的下摆臂相连（图12-26）。根据传感器内使用的遮光器的数量，传感器可把车身高度状态分为不同数量的区域，以便对车身高度进行精确的调节。如果传感器中使用四个遮光器，当车身高度发生变化时（如汽车载荷发生变化），导杆将随悬架摆臂的上下移动而摆动（图12-26），从而通过传感器轴驱动圆盘转动。遮光盘的缺口对准耦合器时，发光二极管发出的光线通过缺口，使光敏晶体管受光，输出通"ON"的信号；遮光盘的缺口不对准耦合器时，光线被阻断，输出断"OFF"信号。通过四个遮光器ON、OFF状态的不同组合，可把车身高度状态分为5个不同的区域，它们是过高、高、普通、低、过低（表12-6），这样可以使电子控制装置对车身高度进行精确的调节。

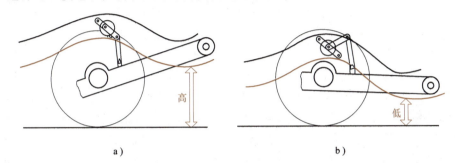

图 12-26 高度传感器的安装

a）高车身　b）低车身

表 12-6　遮光器状态与车高的对照

车高	光电耦合组合的状态				车高范围/mm	计算结果
	1	2	3	4		
高 ↑	OFF	OFF	ON	OFF	15	过高
	OFF	OFF	ON	ON	14	
	ON	OFF	ON	ON	13	高
	ON	OFF	ON	OFF	12	
	ON	OFF	OFF	OFF	11	
	ON	OFF	OFF	ON	10	
	ON	ON	OFF	ON	9	普通
	ON	ON	OFF	OFF	8	
	ON	ON	ON	OFF	7	
	ON	ON	ON	ON	6	
	OFF	ON	ON	ON	5	低
	OFF	ON	ON	OFF	4	
	OFF	ON	OFF	OFF	3	
	OFF	ON	OFF	ON	2	
	OFF	OFF	OFF	ON	1	过低
低	OFF	OFF	OFF	OFF	0	

悬架系统进行车高调节时，如果只需判断出四个车高区域，则高度传感器只需两个遮光器，此时遮光器 ON、OFF 状态组合可参考表 12-7。

表 12-7 采用两个遮光器时遮光器的状态与车高的对照

车高检验区域	遮光器 A	遮光器 B	车高检验区域	遮光器 A	遮光器 B
过高	OFF	ON	偏低	ON	OFF
偏高	OFF	OFF	过低	ON	ON

如果只需判断 3 个区域，即过高、标准、过低，则只需将表 12-7 中偏高和偏低两种状态均作为标准状态即可。

电子控制装置是车身高度调节系统的核心，主要用于处理高度传感器输入信号，然后控制压缩机的运转和排气电磁阀的开闭，进而将汽车的高度调节为一定值。在汽车行驶过程中，由于车身受到路面、转向、起步、制动等的影响，使车身高度总在变动，导致传感器输出的不是指示车身高度的定值信号，随时判定车高所属的区域比较困难。为了准确调节车身的高度，必须对高度传感器的检测信号进行平均化处理，即控制装置每隔数毫秒就检测一次高度传感器的输入信号，并对一定时间内（如 10ms）各车高区域所占百分比进行计算，根据各种车高区域所占百分比的多少，判定是否需要进行车身高度调节。

该调节系统通过检查车门是否上锁来确定是否有乘员或汽车是否在行驶，以便对车身高度读数时间间隔做出相应的调整。例如，当车内无乘员时，其车身高度仅受载荷的影响，这时车身高度的测量时间间隔大约为 2.5s；当汽车行驶时，为了最大限度地降低车身振动的影响，该时间间隔延长到约 20s，如汽车行驶 20s 时间内，车高信号的"过高区"所占比率达 80%以上时，控制装置将打开排气电磁阀，降低汽车高度，汽车下降过程中不断检测高度传感器信号，当 20s 时间内车高信号的"过低区"及"低车身区"所占比率达 10%以上时，终止车身下降动作，从而将汽车高度调节在一定值。乘客上下车时，车身高度的调节过程与上述过程基本相同。当汽车发动机停机时，为了避免空气压缩机继续运转而耗光蓄电池电量，车身高度控制中断，电子控制装置根据电压调节器的 L 端子（充电指示灯端子）信号检测发动机是否停止。

压缩机继电器固定在控制装置的支架上，由电子控制装置控制。汽车需要升高时，压缩机继电器闭合，压缩机运转并向系统提供压缩空气；当车身高度上升到规定高度时，在电子控制装置的控制下，压缩机继电器断开，中止压缩机向系统提供压缩空气。

带减振器的可调式空气弹簧是一带有空气室的液压减振器，如图 12-27 所示。由图可见，它是将减振器和空气弹簧制成一体。当需要升高汽车时，压缩机经空气干燥器向空气弹簧充气，空气弹簧缸筒上移，使空气弹簧伸张，车身高度增加；当需要降低车身高度时，排气阀打开，空气弹簧中的空气经排气阀、空气干燥器排入大气，使空气弹簧收缩，车身高度降低。

车身高度调节系统的计算机控制方框图如图 12-28 所示。车身高度调节系统的工作过程可简单地由图 12-29 予以说明。

汽车车身升高过程：汽车乘员人数或载质量增加时，汽车车身高度下降，高度传感器立即向电子控制装置传送车高信号，电子控制装置根据高度传感器的输入信号，判定车身高度低于规定标准，立即向压缩机继电器发出控制信号，使压缩机继电器闭合而起动空气压缩

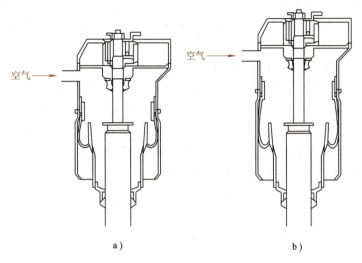

图 12-27 带减振器的可调式空气弹簧
a) 低车身 b) 高车身

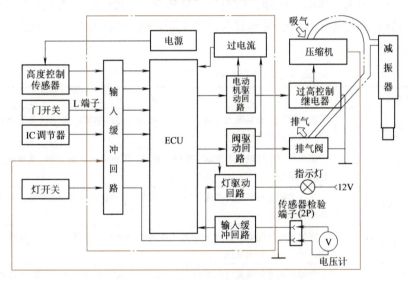

图 12-28 车高调节系统的计算机控制方框图

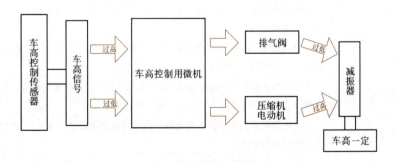

图 12-29 车高调节过程方框图

机，空气压缩机排出的压缩空气通过空气干燥器向空气弹簧气室充气，使汽车后端高度增加。当车身高度上升到标准值时，电子控制装置再次向压缩机继电器发出控制信号，使压缩机继电器打开而空气压缩机停止工作，从而保证车身高度维持在一定值。

汽车车身降低过程：汽车乘员人数或载质量减少时，汽车车身高度增加，高度传感器立即向电子控制装置传送车高信号，电子控制装置根据高度传感器的输入信号，判定车身高度高于规定标准，立即向压缩机继电器发出控制信号，使压缩机继电器断开而打开排气电磁阀，空气弹簧气室中的空气通过空气干燥器排入大气，使汽车后端高度降低。当车身高度降低到标准值时，电子控制装置再次向压缩机继电器发出控制信号，使排气电磁阀关闭而中止空气的排出，从而保证车身高度维持在一定值。

六、电控悬架系统实例与检修

这里主要对丰田公司的雷克萨斯 LS400 轿车电控空气悬架系统加以介绍。

（一）LS400 轿车电控空气悬架系统控制功能及系统组成

该车电控悬架系统为主动式空气弹簧悬架，弹簧刚度和汽车高度可根据驾驶条件自动控制。减振器阻尼力的大小由电子控制，以抑制车身侧倾、制动时前部点头和高速行驶时后部下沉等汽车行驶状态的变化，因此能明显改善乘坐舒适性和操纵稳定性。系统控制功能见表 12-8。

表 12-8　LS400 轿车电控空气悬架系统控制功能

控制项目	功　　能
防侧倾控制	使弹簧刚度和减振力变成"坚硬"状态，能抑制侧倾而使汽车的姿势变化减至最小，以改善操纵性
防点头控制	使弹簧刚度和减振力变成"坚硬"状态，能抑制汽车制动时点头而使汽车的姿势变化减至最小
防下坐控制	使弹簧刚度和减振力变成"坚硬"状态，能抑制汽车加速时后部下坐而使汽车的姿势变化减至最小
高车速控制	使弹簧刚度变成"坚硬"状态或使减振力变成"中等"状态，能改善汽车高速时的行驶稳定性和操纵性
不平整路面控制	使弹簧刚度和减振力视需要变成"中等"或"坚硬"状态，以抑制汽车车身在悬架上下垂，从而改善汽车在不平整路面上行驶时的乘坐舒适性
颠动控制	使弹簧刚度和减振力变成"中等"或"坚硬"状态，抑制汽车在不平整路面上行驶时的颠动
跳振控制	使弹簧刚度和减振力视需要变成"中等"或"坚硬"状态，以抑制汽车在不平整路面上行驶时的上下跳振
自动高度控制	不管乘客和行李质量情况如何，使汽车保持某一恒定的高度位置，操作高度控制开关使汽车的目标高度变为"正常"或"高"的状态
高车速控制	当高度控制开关在"高"位置时，汽车高度会降低至"正常"状态，从而改善高速行驶时的稳定性
点火开关 OFF 控制	当点火开关关闭后，因乘客和行李质量变化而使汽车高度变为高于目标高度时，能使汽车高度降低至目标高度，从而改善汽车驻车时的姿势

雷克萨斯 LS400 轿车电控悬架系统有三个操作选择开关：平顺性开关、高度控制开关和高度控制 ON/OFF 开关。

高度控制 ON/OFF 开关安装在汽车尾部行李舱左侧。当 ON/OFF 开关处于 ON 状态时，系统可进行车身高度自动控制；当开关处于 OFF 位置时，系统不执行车身高度控制。

高度控制开关和平顺性开关置于驾驶室内变速操纵杆的前部。高度控制开关用于选择控制车身高度的级别，LS400 轿车具有"High"（高）和"Norm"（正常）两种位置的选择模式。平顺性开关用于选择控制悬架的刚度和阻尼力参数，当开关处于"SPORT"位置时，系统进入"高速行驶自动控制"；当平顺性开关处于"Norm"位置时，系统对悬架刚度、阻尼力进行"常规自动控制"。此时，悬架 ECU 根据车速传感器等信号，使悬架的刚度、阻尼力自动地处于平顺性软、中或硬 3 个位置。

LS400 轿车电控悬架系统（TEMS）由空气压缩机、干燥器、排气阀、高度控制阀、车身高度控制继电器、高度传感器、转向传感器、悬架控制执行器、悬架 ECU、悬架刚度调节装置和减振器阻尼力调节装置等组成。悬架系统部件在轿车上的相关位置如图 12-30 所示。

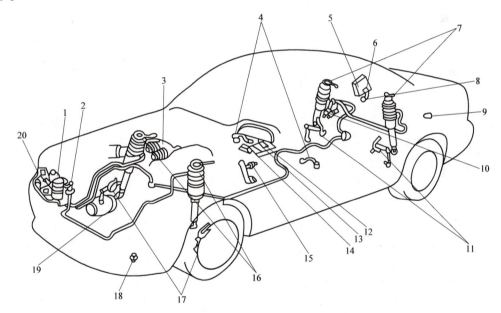

图 12-30　LS400 轿车电控空气悬架系统零部件布置图

1—高度控制压缩机　2—1 号高度控制阀　3—主节气门传感器　4—门控灯开关　5—悬架 ECU
6—2 号高度控制继电器　7—后悬架控制执行器　8—高度控制插接器　9—高度控制开关
10—2 号高度控制阀和溢流阀　11—后高度控制传感器　12—LRC 开关　13—高度控制开关
14—转向传感器　15—停车灯开关　16—前悬架控制执行器　17—前高度控制传感器
18—1 号高度控制继电器　19—IC 调节器　20—干燥器和排气阀

雷克萨斯轿车的悬架控制由两部分组成，即汽车高度控制以及弹簧刚度与减振器阻尼力控制。

1. 汽车高度控制

汽车高度控制系统由压缩机、干燥器、排气阀、1 号高度控制继电器、2 号高度控制继电器、1号高度控制阀、2号高度控制阀、前后左右四个气缸、四个车身高度传感器及悬架 ECU 等组成。图 12-31 为车高控制系统空气流通图，图 12-32 为 1、2 号高度控制阀控制电路，图 12-33 为空气压缩机控制电路。

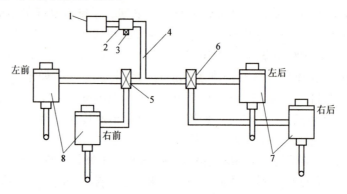

图 12-31　车高控制系统空气流通图
1—压缩机　2—干燥器　3—排气阀　4—空气管　5—1号高度控制阀
6—2号高度控制阀　7、8—气缸

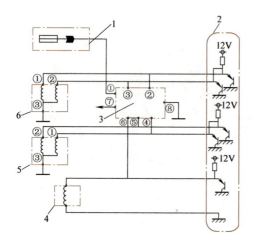

图 12-32　高度控制阀控制电路
1—AIR SUS 熔丝　2—悬架 ECU
3—1号高度控制继电器　4—排气阀
5—2号高度控制阀　6—1号高度控制阀

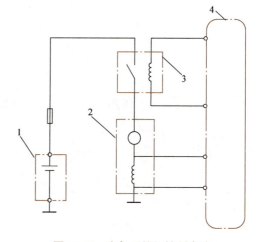

图 12-33　空气压缩机控制电路
1—蓄电池　2—压缩电动机　3—1号高度控制继电器
4—悬架 ECU

当点火开关接通时，ECU 使 2 号高度控制继电器线圈通电，2 号高度控制继电器触点闭合，使前、后、左、右 4 个高度传感器接通蓄电池电源。当汽车高度需要上升时，从 ECU 的 RCMP 端子送出一个信号，使 1 号高度控制继电器接通，触点闭合后压缩机控制电路接通产生压缩空气。ECU 使高度控制电磁阀线圈通电后，电磁线圈将高度控制阀打开，并将压缩空气引向气缸，从而使汽车上升。

当汽车高度需要下降时，ECU 不仅使高度控制阀电磁线圈通电，而且还使排气阀电磁线圈通电，使排气阀打开，将气缸中的压缩空气排到大气中。

1 号高度控制阀用于前悬架控制，它的两个电磁阀分别控制左右两个气缸，这点和 2 号高度控制阀相同。不同之处在于为了防止空气管路中产生不正常压力，2号高度控制阀采用了一个溢流阀。

悬架系统的车身高度传感器采用光电式传感器，为了检测汽车高度和因道路不平而引起的悬架位移量，在每个悬架上都装有一只车身高度传感器，用于连续监测车身与悬架下臂之间的距离。

每只传感器由一个带槽圆盘和4对遮光器组成，带槽圆盘发光管在每个遮光器的光敏晶体管之间旋转。传感器利用遮光器通断信号的输出组合用16个选择脉冲检测汽车高度，并将它们转换成串行数据送至ECU。图12-34所示为LS400轿车悬架系统的车身高度传感器与ECU之间的连接电路。

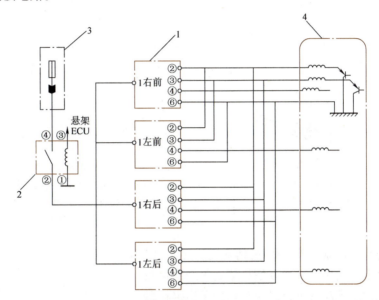

图12-34　LS400轿车悬架系统的车身高度传感器与ECU之间的连接电路
1—悬架　2—2号高度控制继电器　3—ECU-B熔丝　4—高度控制传感器

2. 弹簧刚度和减振器阻尼力控制

电控空气悬架系统气缸的结构如图12-35所示。悬架系统弹簧刚度和减振器阻尼力控制执行器安装在气缸的上部。悬架控制执行器电路如图12-36所示，ECU将信号送至悬架控制执行器，以同时驱动减振器的阻尼调节杆和气缸的气阀控制杆，从而改变减振器的阻尼力和悬架弹簧刚度。

（二）LS400轿车电控悬架的检修

丰田雷克萨斯LS400电控悬架的检修包括一般性检查、故障自诊断、故障分析及电路故障检查和诊断等。

1. 一般性检查

对悬架的一些功能、状态进行检查和调整，以便及时发现问题，以确保电控悬架系统正常工作。雷克萨斯LS400电控悬架系统的一般性检查包括：对车身高度调整功能的检查、溢流阀工作的检查、空气管路漏气检查及对车身高度的检查和调整。下面以车身高度的检查为例做简单介绍。

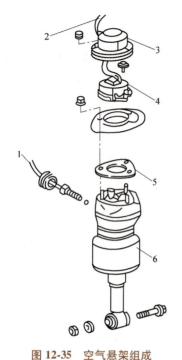

图 12-35 空气悬架组成

1—空气管　2—导线　3—执行器盖　4—执行器
5—悬架支座　6—气缸

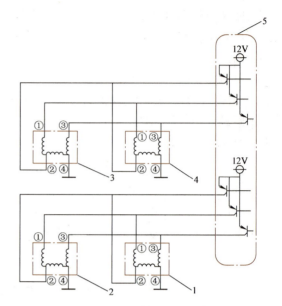

图 12-36 悬架控制执行器电路

1—右前悬架控制执行器　2—左前悬架控制执行器
3—左后悬架控制执行器　4—右后悬架控制执行器
5—悬架 ECU

1）将车身高度控制开关 LRC 拨到常规位置（NORM）。

2）使车身上下跳振几次，以使悬架处于稳定状态。

3）向前和向后推动汽车，以使车轮处于稳定状态。

4）将变速器操纵杆置于 N 位。

5）松开驻车制动器并使用三角形挡块堵住车轮。

6）起动发动机。

7）将车身高度控制开关拨到高（HIGH）位置，车身升高后，等待 60s，再将 LRC 拨到常规位置（NORM），使车身下降。待车身下降后再过 50s，重复上述操作。进行两次车身高度变化操作的目的是使悬架各部分稳定下来。

8）测量车身的高度。车身的高度应与表 12-9 相符。

表 12-9 车身的高度

部位	车前端	车后端	左右误差	前后误差
高度/mm	228±10	210±10	<10	17.5±1.5

2. 电控悬架系统的故障自诊断

(1) 检查指示灯　当点火开关由"OFF"拨到"ON"位置时，仪表上的 LRC 指示灯和高度控制指示灯应亮 2s 左右。一般情况下，各指示灯的亮灭取决于其控制开关的位置。

(2) 故障码的读取　接通点火开关，用跨接线将 TDCL 或检查连接器的端子 Tc 与 E1 连接；再根据仪表板高度控制"NORM"指示灯的闪烁情况读取故障码。

（3）故障码的清除　有两种清除故障码的方法：

1）关闭点火开关，拆下 2 号接线盒中的 ECU-B 熔丝 10s 之后，即可清除故障码。

2）关闭点火开关，用跨接线将高度控制连接器的端子 9 与端子 8 连接，同时使检查连接器的端子 Tc 与 E1 连接。保持这一状态 10s 以上，然后接通点火开关，并脱开以上各端子，这样故障码也可以被清除。

3. 丰田雷克萨斯 LS400 汽车电控悬架系统的故障分析及诊断

故障自诊断系统通过故障码的形式指出悬架电控系统故障的部位，这给故障的检修带来了极大的方便。但是，有时候无故障码显示，可电控悬架系统却有故障症状，这时就要根据故障的症状和电控悬架的电路原理进行故障分析，找出可能的故障原因，进而准确而迅速地排除故障。

雷克萨斯 LS400 电控悬架系统的故障主要有悬架刚度和阻尼系数控制失灵及汽车车身高度控制失灵。悬架刚度和阻尼系数控制失灵的故障现象包括：

1）操作 LRC 开关时，LRC 指示灯的状态不变。

2）悬架的刚度、阻尼控制不起作用。

3）其他控制正常，只有防侧倾控制不起作用。

4）其他控制正常，只有防俯仰控制不起作用。

5）其他控制正常，只有防点头控制不起作用。

6）其他状态下正常，只有在高速行驶时，悬架控制不起作用。

汽车车身高度控制失灵的故障现象有：

1）车身高度控制指示灯不随高度控制开关的动作变化。

2）汽车高度控制不起作用。

3）汽车高度控制只在高速行驶时不起作用。

4）汽车车身高度出现不规则变化。

5）汽车高度控制能起作用，但汽车高度变化不均匀。

6）点火开关 OFF 控制不起作用。

7）汽车停车时车身高度很低。

8）压缩机电动机持续运转不受控制等。

在汽车电控悬架出现故障后，应按故障分析方法，逐一检查可能的故障部位，找出故障原因。需要指出的是，许多故障现象分析都指出有可能是悬架控制系统计算机出现问题，但实际上计算机的故障率很低。因此，在检查故障时，应首先检查悬架系统计算机以外的可能故障部位，待确定这些部位均正常而故障现象不能消除后，再考虑检查或更换计算机。

第二节　汽车环境控制系统

一、汽车空调系统

随着汽车工业的发展，汽车越来越成为人们生活中不可缺少的交通运输工具，而且随着生活水平的提高，人们已开始追求乘坐的舒适性。汽车空调系统（Air Condition，简称 AC）

是指能对车内空气进行调节的系统。车内空气质量很大程度上影响乘坐的舒适性。

目前,汽车空调设备大有改进,正向全自动控制方向发展。随着微机的普及,汽车空调系统的控制也发生了巨大变化。微机根据车内外温、湿度传感器感受到的温度和湿度,与事先设计的温、湿度数据相比较,来控制压缩机的开停、暖水阀的启闭和鼓风机的转速以及各风门的开闭,使车内冷、热空气混合达到最佳状态。而且不管车外环境温、湿度如何变化,车速快慢与否,车内都能保持一定的空气参数,从而得到理想的舒适环境。

1. 汽车空调系统的工作原理

人们需要有舒适清新的空气和温度环境,决定人体舒适的条件有三大要素:温度、湿度和风速。舒适感主要决定于影响人体热平衡的空气环境。汽车空调的作用就是要创造出有利于人体的舒适的空气环境。

根据热力学定律,温度不同的两个相邻物体之间恒有热的流动,热将从较热的物体流向较冷的物体。要想冷却车的内部,就得逆转热的自然流动,尽可能使车内和车外互相隔离。车身金属和玻璃从车外吸收的热,应不停地排出去,只有这样才能达到预期的目的。

为了使车内的热自然流动,汽车空调系统必须有下面四个基本部件:一台压缩机;一个用于限制压缩泵的膨胀阀;两个热交换器,包括蒸发器和冷凝器;另外还需有制冷剂在系统里流动。如图 12-37 所示,压缩机在发动机的驱动下,压缩制冷剂使它在整个系统中循环。通常,冷凝器装在车厢外的散热器前面,制冷剂经过压缩机出口到达冷凝器。制冷剂再经过膨胀阀流到蒸发器,然后通过蒸发器导管流回压缩机入口处,蒸发器装在车厢里面,压缩机运行时,从蒸发器螺线管将制冷剂抽出来再压入冷凝器螺线管中,因而使蒸发器压力降低,冷凝器的压力升高,当压力达到适当数值时,膨胀阀门打开,让制冷剂在压缩机的推动下快速返回蒸发器。

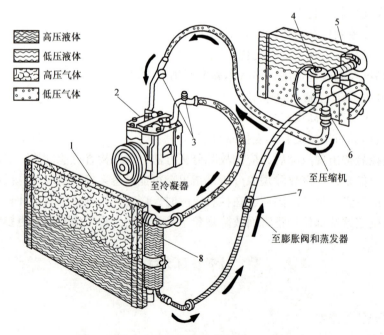

图 12-37 汽车空调系统基本部件和工作原理

1—冷凝器 2—压缩机 3、6—制冷剂注入阀 4—膨胀阀 5—蒸发器 7—玻璃窥视孔 8—接收器

从上述工作情况可知，制冷剂在系统中的循环可分为四个工作过程。以压缩机和膨胀阀中心为界，把整个制冷循环分为高、低两部分：上半部分为高压部分，下半部分为低压部分。具体过程如下：

(1) 压缩　使蒸发器吸收热量后的低压低温制冷剂气体，经压缩机吸入并压缩后，变为高温高压气体，然后送入冷凝器。

(2) 冷凝　高温高压的制冷剂气体进入冷凝器后，与环境空气进行热交换，放出热量，使得制冷剂在蒸发器中所吸收的热量和压缩机做功所产生的热量同时吸收并传入大气中。

(3) 节流　高压的制冷剂液体由冷凝器中排出，经膨胀阀流向低压一侧，这里是制冷系统中高、低压的分界线，膨胀阀有节流作用，它使制冷剂液体减压节流后变为低压液体和气体的混合物进入蒸发器。

(4) 蒸发　经节流后的低压制冷剂进入蒸发器中就进行汽化，变成低压低温蒸气，吸收车内空气的热量而使车内温度降低。由于压缩机不停地工作，上述过程就连续不断地进行循环，汽车空调系统就能创造出适宜的空气来以满足人们的需要。

上述过程中，吸收和释放热量的物质均为制冷剂。它是制冷系统中完成制冷循环的工作介质。制冷剂的种类很多，现在汽车空调系统中使用的制冷剂主要是氟利昂—12，国际上通称为R—12。R—12学名是二氟二氯甲烷，R表示制冷剂，"1"表示由甲烷衍生，"2"表示氟的原子数。R—12在常温、常压下为无色无味气体，重量约为空气的4.18倍，在正常大气气压作用下，蒸发温度为-29.8℃，凝固温度为-158℃。它具有不燃烧、无毒、无腐蚀性，而且在汽车空调系统冷却的温度范围内都易于凝聚等优点。但R—12渗透性强，对密封要求高；蒸气与明火接触后所产生的光气有剧毒，对人的呼吸系统和眼睛有危害；空气中制冷剂气体含量超过容积比30%时，会引起人窒息，所以要谨防大量泄漏。由于R—12本身的特性，在汽车空调系统附近工作时应注意安全，最好不要长时间地在其附近工作。

2. 汽车自动空调

汽车自动空调系统是指当驾驶人设定汽车内的温度后，能根据车内、外条件的变化，自动变换制冷或供暖状态，调节制冷或供暖强度，使汽车室内温度保持在设定范围的空调系统。

(1) 真空回路的自动调节控制系统　该控制系统一般是将汽油发动机进气歧管的真空传送到真空罐内储存，利用真空分配阀（控制开关）将真空输到驱动器，实现各种风门开关、供暖热水开关动作的控制。真空回路主要执行空调模式控制，即用什么方式供风（车内，还是车外），向什么地方供风，是否除霜等。这种自动空调系统只能在一定范围内实现自动调节，其控制板如图12-38所示。

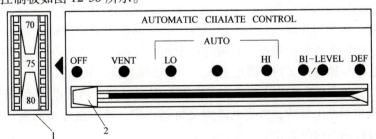

图12-38　自动空调控制系统的控制板

1—调温转盘（图标温度为华氏温度）　2—功能选择键

控制面板右面部分的 VENT 为车内通风（自然风）模式。BI-LEVEL 为不定向供风模式，无论空调风、暖风还是除雾均可以从各自风口流出。DEF（DEFROST）为除雾模式。在 AUTO 范围内均为自动调节模式，具体可分为低风速自动、风速可变自动和高风速自动等三种供风模式。图 12-39 是 BJ2021 型汽车空调真空控制系统。

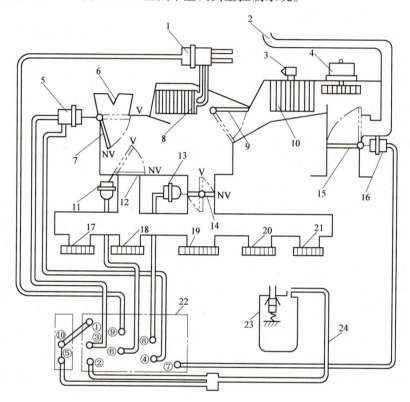

图 12-39　北京 BJ2021 型汽车空调真空控制系统

1—热水阀　2—外界通风口　3—感温包　4—风机　5、11、13、16—真空驱动器　6—除霜风口　7—除霜风门　8—加热器　9—温度门　10—蒸发器　12—地板风门　14—仪表板风门　15—循环风门　17—左可调风口　18—左下可调风门　19—左中可调风口　20—右中可调风口　21—右可调风口　22—真空控制开关　23—真空罐　24—真空管路

图 12-40 是日本电装空调的温度控制电路。其中，热敏电阻 R_t 是负温度系数电阻，温度升高，阻值变小。制冷剂旁路电磁阀受继电器 K 控制，继电器断电，其常闭触点上旁路电磁阀打开，部分压缩机排出的高压制冷剂经旁路直接返回压缩机吸气口，不参与制冷循环，减少制冷量，使车内升温。当车厢内温度上升，高于由调温旋钮（盘）设定的温度值时，由于 RH_1、RH_2 为可调电阻器，有确定的电阻，使晶体管 VT_1、VT_2、VT_4 截止，VT_3、VT_5 导通，继电器 K 通电；又使旁路电磁阀关闭，压缩机排出高压制冷剂，全部进行制冷循环，制冷量增加，使车厢内温度下降。如果车厢内温度过低，热敏电阻 R_t 阻值升高，又导致 VT_5 截止，继电器断电释放，旁路电磁阀又再起作用，减少制冷剂的循环量，降低制冷能力。该系统设计调温阀值为 2℃。

(2) 电控式自动空调系统　为方便统一控制，空调模式选择也可利用电力控制的方式，称为电控自动控制。它与带真空回路自动空调系统的不同之处在于：①模式选择和风门调节

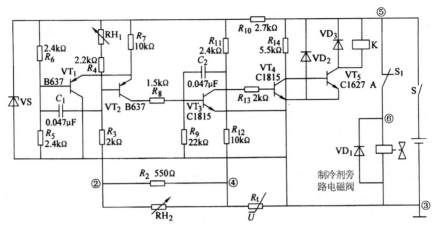

图 12-40　日本电装空调的温度控制电路

VS—稳压管　S—副机调速开关　RH_1、RH_2—可调电阻器　R_t—热敏电阻　K—继电器

控制不是通过真空回路，而是电动机控制方式；②全电控自动空调便于利用微处理器对空调进行更灵活的调节控制，便于故障诊断，为进一步整车统一控制准备条件。图 12-41 为电控自动空调系统组成结构原理框图。

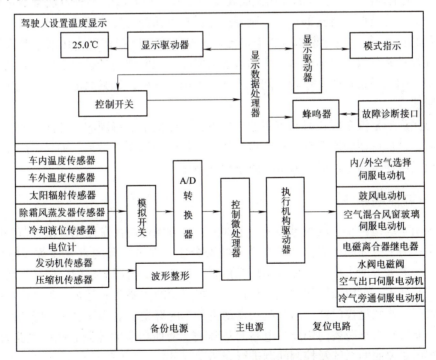

图 12-41　电控式自动空调系统结构原理框图

电控自动空调电子控制系统的调控主要包括：制冷压缩机是否由运行的电磁离合器控制，风机的运行和调速控制，车厢内温度控制和空调工作模式及供风门开度控制，系统运行安全控制等。

3. 汽车空调使用的注意事项

使用者最关心的是汽车空调设备的工作效率和使用寿命,一般很少关心其结构原理及控制系统工作原理。然而,汽车空调设备的正常运行除了设备自身的质量因素外,与日常的使用维护有很大关系,主要就是安全使用及保养,具体可参考如下注意事项:

(1) 安全使用 空调系统的不安全性主要来自于制冷剂,因为在明火条件下制冷剂可变成剧毒物质。据有关资料介绍,吸一口燃着的制冷剂发出的气体就有致命的危险。因此,空调系统附近严禁一切明火,包括烟头。空调系统一旦出现故障,必须找专业人员来进行修理,任何情况下都不要去拧松或者拧紧空调上的任何零部件。

(2) 定期保养 为了减少故障的发生,确保空调系统有效地工作,使用人员需要经过专门的培训,加强检查保养则是非常必要的。一般情况下需要检查的保养内容有:

1) 泄漏情况。压缩机的机油和制冷剂是同时围绕整个系统循环的,当制冷剂泄漏时,在压缩机零件的表面上会显示出油迹。此时,应检查所有软管和管上的油斑,特别要注意检查管接头。如果发现油迹,说明系统已有泄漏。一旦发生泄漏,就要请修理人员进行修理。压缩机前部有小块油斑通常是正常的现象,不应视为故障。

2) 冷凝器清洁情况。应定期检查冷凝器的正面有无弯曲的翘片和异物。如果有的翘片弯曲了,用尖嘴钳小心地将其扳直;碎屑可用硬毛刷子刷去。

3) 制冷剂液面高度。检查制冷剂液面高度通常有两种方法。一种方法是通过玻璃窥视孔检查;对于没有玻璃窥视孔的汽车,则要通过检查管路的温度来确定。

4) 压缩机传动带。应定期检查压缩机传动带松紧度和磨损情况。传动带侧面裂口会影响其工作性能,并导致大段地断裂。传动带表面发亮,说明传动带过松而引起打滑。如怀疑传动带打滑,则用手指在两个带轮中间的传动带上用力下压,如果只能压下几个厘米,说明传动带松紧适度。

另外要注意的是汽车在长时间不用的情况下,应保证至少每周起动几次空调,每次运转几分钟左右。这样可使制冷系统循环流通,从而防止由于压缩机轴承、油封干燥而引起制冷剂泄漏;而且可使机内零件得到润滑,防止软管硬化。

二、车内照明系统

汽车照明系统是汽车组成很重要的一个部分,一方面可使汽车使用方便、节约时间和提高工作效率;另一方面间接提高了汽车使用的安全性。许多汽车的常规设备(附件)实现电子控制后,大大方便了使用,如汽车灯光控制、驾驶人座椅调节、门窗调节、后视镜调节等的电子控制技术,可以减轻驾驶人的负担。汽车门锁的主要功能是防止未经许可的人员进入或使用汽车,当然遥控门锁、遥控起动发动机和车内灯光、空调等也属于舒适性控制的范畴。这些功能可在汽车防盗门锁遥控电路的基础上,增加相应的控制和执行电路就能实现。这里仅对车内主要照明系统及控制问题进行介绍。

1. 钥匙孔照明灯自动控制

钥匙孔照明灯自动控制的一般原理为:当驾驶座车门外边的手柄被抬起上翘时,门锁钥匙孔周围若被照明,驾驶人就容易在黑暗中找到车门锁钥匙孔的位置而方便地打开车门;当打开车门进入驾驶室或车厢内,便立即关闭车门,车内照明灯(车厢灯)和点火开关钥匙孔照明灯又被点亮,以便将点火钥匙插入点火开关钥匙孔,接通点火及起动电路而顺利地起动发动机。经过短暂的一段时间后，各照明灯熄灭。图 12-42 所示即为钥匙孔照明灯自动控制电路。

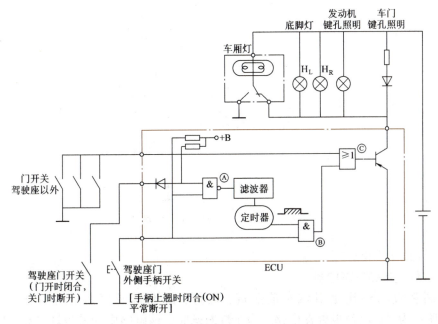

图 12-42　钥匙孔照明灯自动控制电路

如图 12-42 所示，当所有的车门关闭时，驾驶座车门的外侧手柄上翘，"与非"门的输出端Ⓐ点为高电位，而在滤波器中此高电位持续 0.5s 后，就出现低电位，此时定时器即在 8~9s 内输出高电位。当车门外侧手柄下压时，"与"门Ⓑ端输出高电位，于是"或"门Ⓒ端输出也为高电位，晶体管导通，各照明灯点亮，也即只有在定时器输出高电位的时间内各照明灯才被点亮，并逐渐变暗。

当进入驾驶室或车厢后，关闭所有车门再延迟一段时间，即所有车门开关（包括外侧手柄开关）均处于断开状态，电路中的Ⓒ端输出低电位，于是晶体管截止，各照明灯自动熄灭。与驾驶座车门开关相串联的二极管，其功用是为了防止门开关信号与其他系统共享时发生电路干扰。

2. 车门灯自动延时控制

一般轿车内均装有车门灯，当打开车门时，车门灯电路即被接通，灯就点亮；当车门关上后车门灯立即熄灭。可是就在这关车门后的几秒钟内，车内很需要照明，以便驾驶人打开驾驶室顶灯或其他照明灯以及插入点火开关钥匙等，为此这种车门灯自动延时装置被广泛应用。如图 12-43 所示，这是一种车门灯自动延时电路。

其延时原理如下：当车门打开时，由于车门灯开关 S 的闭合而将门灯电路接通，车门灯就被点亮，此时，已充足电的电容 C 也通过二极管 VD 和开关 S 放电；等车门关上后，开关 S 立即断开，可是此时门灯会继续保持发亮，灯光逐渐由强变弱直至熄灭，持续时间大约 10s，这就是门灯延迟关闭的时间。其道理主要因为车门关闭时，电源要通过门灯、电阻 R_1 及 R_2 对电容 C 进行充电，由于 C 两端的电荷积累以使电压上升需要一定的时间，故在电容 C 被充电期间，车门灯可通过导通的晶体管 VT_2 构成通路而保持亮上一段时间，直至电容 C

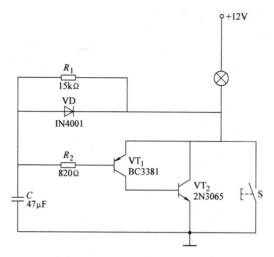

图 12-43 车门灯自动延时电路

被充足、VT_2 截止为止。

3. 车灯灯丝断路报警控制

该控制装置的作用是对汽车前照灯、尾灯、牌照灯及停车灯等灯丝进行监视。图 12-44a 所示为车灯断丝报警器电路。当车灯断丝时，该电路中的警告灯点亮，以通告驾驶人。其工作原理为：当点火开关闭合时，灯光开关也接通，两只前照灯（H_L 和 H_R）均有电流通过，此时在电阻 R 两端的电压就会降低。如图 12-44b 所示，由于有一个灯断丝时通过 R 的电流比没有灯断丝（全部灯能正常工作）时小，所以 A 点电压高；而全部灯都断丝时，A 点电压与蓄电池电压相等。由电压检测电阻 R_1 和 R_2 进行分压的 B 点电压作为基准电压，则比较器的 A 点电压与 B 点电压进行比较。当 $U_A > U_B$ 时，输出高电位；$U_A < U_B$ 时，则输出低电位，如图 12-44b 中的虚线所示。因此，当有一个灯断线或断丝时晶体管导通，警告灯发出报警信号。一般断丝检测报警电路与前照灯、尾灯、牌照灯及停车灯的各个电路都接通。但是对停车灯还要附加保持比较器输出电路，这样，由于停车灯开关与制动踏板联

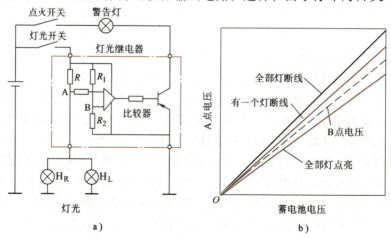

图 12-44 车灯断丝报警器控制电路及工作特性
a) 控制电路　b) 工作特性

动，制动踏板松开，警告灯就熄灭，以此确保报警功能。

思考题与习题

12-1 何谓被动悬架、主动悬架和半主动悬架？
12-2 为什么要对悬架进行控制？控制什么？
12-3 主动悬架和半主动悬架各具有什么功能和特点？
12-4 汽车悬架振动的基本模型有哪些？悬架的评价指标有哪些？
12-5 半主动悬架的结构和基本控制原理是什么？其各个组成部分的作用是什么？
12-6 试说明电控悬架控制器的基本工作原理。
12-7 电控悬架控制系统都有哪些控制方法？各具有什么特点？
12-8 电控悬架要实现的主要功能有哪些？
12-9 车身高度调节系统主要具有哪些功能？典型的车身高度调节方法有哪些？
12-10 什么是汽车空调？汽车空调系统的工作原理是什么？
12-11 汽车空调在使用过程中主要应注意哪些事项？
12-12 简述车内照明系统的自动控制原理。

第十三章

车载网络技术

本章介绍了车载网络技术基础知识,包括车载网络技术应用的必要性,车载网络技术在汽车上的具体应用情况,汽车网络参考模型,车载网络分类和通信协议标准,典型车载网络技术等。其中典型车载网络技术包括 CAN 协议、基本组成和数据传输原理,LIN 的特点和标准,LAN 的构成和类型,MOST 的结构原理,蓝牙技术的特点和应用情况。

第一节 概 述

一、车载网络技术应用的必要性

随着汽车技术的快速发展,汽车性能不断提高,电子控制系统在汽车上得到了广泛应用,如 EFI、ABS/ASR、EAT、SRS 和 ECS 等;汽车上 ECU 的数量越来越多,线路越来越复杂。传统的点到点布线方式使汽车上的导线数量成倍增加,线束更加庞大,使电气线路的故障率增加,降低了电器与电控装置的工作可靠性;故障查找困难,维修不便。此外,伴随着汽车 ECU 的大量使用,有些数据信息需要在不同的控制系统中共享,大量的控制信号也需要实时交换,以提高系统资源的利用率和工作可靠性。为了简化线路,提高信息传输的速度和可靠性,降低故障频率,车载网络技术应运而生,如控制器局域网(CAN)、局部连接网络(LIN)等。一辆汽车无论有多少个 ECU,每个 ECU 都只需引出两条线共同接在两个节点上,这两条导线就称作数据总线,也称网线。采用车载网络可减少线束尺寸和质量,降低成本,减少插接器的数量。同一款车同等配置下,采用车载网络技术可以大大简化汽车线束;可以进行设备之间的通信,丰富功能;可以通过信息共享,减少传感器信号的重复数量;通过系统软件即可实现控制系统功能变化和系统升级;可为诊断提供通用的接口,利用多功能测试仪对数据进行测试与诊断,便于维护和故障检修。

常规方法布线与采用 CAN 总线方式布线的对比如图 13-1 所示。

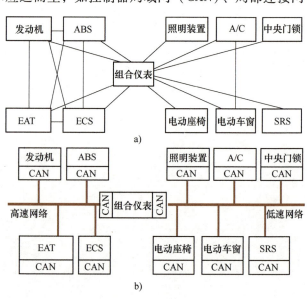

图 13-1 布线方法
a)常规布线 b)CAN 总线布线

二、车载网络技术在汽车上的应用

车载网络技术在汽车上主要用于动力与传动系统、车身系统、安全系统和信息系统,其应用等级如图 13-2 所示。

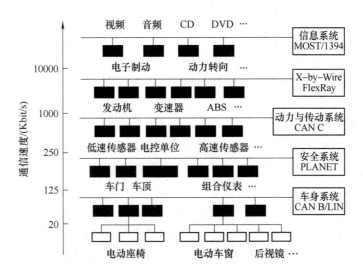

图 13-2 车载网络的应用等级

1. 动力与传动系统

动力与传动系统利用网络将发动机舱内的 ECU 连接起来,实现诸如车辆行驶、停车及转弯等功能,采用高速网络。动力与传动系统 ECU 的固定位置比较集中,节点数量也有限制。

CAN 数据总线连接发动机 ECU、ABS ECU 及自动变速器 ECU。总线可同时传递 10 组数据,即发动机 ECU 5 组、ABS ECU 3 组和自动变速器 ECU 2 组。数据总线以 500kbit/s 的速率传递数据,每一数据组传递大约需要 0.25ms,每个 ECU 7~20ms 发送一次数据。其顺序为 ABS ECU、发动机 ECU、自动变速器 ECU。CAN 数据总线连接点通常置于 ECU 外部的线束中,在特殊情况下,连接点也可能设在发动机 ECU 内部。

2. 安全系统

SRS 根据多个传感器的信息进行工作,因此使用的节点数会较多。对此要求系统成本低,通信速度快,且通信可靠性高。

3. 车身系统

对于车身系统,线束较长,易受到干扰,应尽量降低通信速度,以提高抗干扰能力。与性能(通信速度)相比,更注重于成本,目前常采用直连总线及辅助总线。

舒适 CAN 数据总线连接中央 ECU 和 4 个车门 ECU,实现中央门锁、电动车窗、照明开关、后视镜加热及自诊断等 5 种控制功能。ECU 的各条传输线以星状形式汇聚一点,若某个 ECU 发生故障,其他 ECU 仍可发送各自的数据。

数据总线以 62.5kbit/s 的速率传递数据,每一组数据传递约需要 1ms,每个 ECU 20ms

发送一次数据。由于舒适系统中的数据可以用较低的速率传递，所以发送器性能比动力与传动系统发送器的性能要求低。

4. 信息（娱乐）系统

信息（娱乐）系统通信总线应具有容量大、通信速度高等特点。因此，通信媒体逐渐采用光纤取代以往使用的铜线。

除上述系统外，还有面向 21 世纪的控制系统、高速车身系统及主干网络等。为此，将会有不同的网络并存，网络之间可以互相连接，也可以断开。为了实现即插即用，将各个局域网与总线相连，再根据汽车的平台选择并建立所需要的网络。

5. 历史沿革

车载网络系统的发展史：

1）1983 年，BOSCH 公司开发了汽车总线系统，即控制器局域网（CAN）。同年，丰田汽车公司在世纪（CENTURY）汽车上采用了应用光缆的车门电控系统，实现了多个控制单元的连接通信。

2）1986~1989 年，汽车车身电气系统装用了以铜导线作为网线连接的车载网络系统，如美国通用公司的车灯多路传输控制系统、日本日产公司的车门多路传输控制系统等。

3）1992 年，奔驰汽车公司作为世界上第一个应用 CAN 总线技术的公司，将 CAN 总线装配在客车上。

4）1993 年，ISO 公布了 CAN 协议的国际标准 ISO 11898 以及 ISO 11519。美国通过采用 SAE J1850 总线普及了数据共享系统，也通过了 CAN 标准。

5）2000 年，欧洲以与 CAN 协议不同的思路提出了控制系统的新协议——基于时间触发的协议（TTP），并在 X-by-Wire 系统上开始应用。当对汽车引入智能交通系统时，需要与车外交换数据，在信息系统中将采用大容量的网络，于是出现了 DDB 协议、MOST 及 IEEE 1394 等。

6）在未来，由于大量数据需要交换，车载网络系统迫切需要频带更宽的总线。CAN 总线将在一段时间内继续充当统治者的角色，采用 LIN、CAN 和 FlexRay 混合的协议方案正成为趋势，而 MOST 和 ByteFlight 也将在信息娱乐网络和安全网络中占有一席之地。

三、车载网络参考模型

为实现不同制造商的计算机相互通信，国际标准化组织（ISO）制定了开放系统互联参考模型（ISO/OSI），即国际标准 ISO 7498，我国相应的标准为 GB/T 9387.1—1998、GB/T 9387.3—2008。ISO/OSI 参考模型分七层，即物理层、数据链路层、网络层、传输层、会话层、表示层和应用层，如图 13-3 所示，其说明见表 13-1。

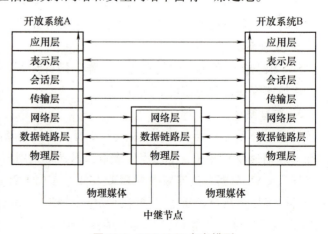

图 13-3 ISO/OSI 参考模型

表 13-1 开放系统互联参考模型

	ISO/OSI 参考模型		各层定义的主要项目
软件控制	7层	应用层	提供各种实际可应用的服务
	6层	表示层	对数据的表现形式进行变换，如文字调整、数据压缩与加密
	5层	会话层	为实现会话通信，按正确顺序控制数据的发送与接收
	4层	传输层	保证按顺序控制数据及更正错误等通信品质，如纠正错误、重新发送控制
	3层	网络层	选择数据的传输途径和中转，如 ECU 之间的数据交换及地址管理
硬件控制	2层	数据链路层	将从物理层获得的信号（字符集）汇总成具有某种意义的数据，提供控制顺序，以便对控制传输错误等数据加以传输，如访问时的方法及数据形式，连接控制方式、同步方式、错误检测方式、响应方式、通信方式，帧的构成、组帧方式
	1层	物理层	规定通信时所使用的电缆、插座等、媒体、信号的标准等，以实现设备之间信号的交换，如信号电平、发送与接收、电缆及插座等形式

四、车载网络分类和通信协议标准

车载网络标准形式多样，侧重功能有所不同。SAE 车辆网络委员会按照系统的信息量、响应速度、可靠性等要求，将车载网络系统分为 A~D 类。A 类网络不单独使用，与 B 类网络结合使用。满足 C 类网络要求的汽车控制器局域网只有 CAN 协议。每类网络功能均向下涵盖，即 B 类网络支持 A 类网络的功能，C 类网络能同时实现 B 类网络和 A 类网络的功能。

目前，车身和舒适性 ECU 都连接到 CAN 总线上，并借助于 LIN 总线进行外围设备控制。而汽车高速控制系统，通常使用高速 CAN 总线。远程信息处理和多媒体连接需要高速互连，视频传输又需要同步数据流格式，这些都可由 DDB 或 MOST 协议实现。无线通信则通过蓝牙（Bluetooth）技术加以实现。

各类典型汽车总线标准、协议特性和参数，见表 13-2。

表 13-2 各类典型汽车总线标准、协议特性和参数

类别	A 类	B 类	C 类				D 类
			CAN	安全	X-by-Wire	诊断	多媒体
名称	LIN	ISO 11519-2	ISO 11898 SAE J1939	Safety bus	FlexRay	ISO 15765	DDB（MOST）
所属机构	Motorola	ISO/SAE	ISO/TMC-ATA	Delphi	BMW & DC	ISO	Philips
用途	智能传感器	控制、诊断	控制、诊断	SRS	线控制	诊断	数据流控制
介质	单根线	双绞线	双绞线	双线	双线	双绞线	光纤
位编码	NRZ	NRZ-5	NRZ-5	RTZ	NRZ	NRZ	Biphase
媒体访问	主/从	竞争	竞争	主/从	FTDMA	TESTENR/SLAVE	TOKEN RING
错误检测	8 位 CS	CRC	CRC	CRC	CRC	CRC	CRC
数据长度/B	8	0~8	8	24~39	12	0~8	—
传输速率/(bit/s)	20K	10~125K	250~1000K	5K~10M	5M	10~250K	12~400M
总线最长/m	40	40	40	未定	无限制	40	无限制
最多节点/个	16	32	32（STP） 10（UTP）	64	64	32	24
成本	低	中	中	中	中	中	高

(1) A 类总线协议标准 面向传感器、执行器控制的低速网络，数据传输速率通常只有 1~10kbit/s。网络协议种类主要有 LIN、UART、CCP 等，适用于对实时性要求不高的场合。主要应用于车身控制，如电动门窗、中央门锁、后视镜、座椅调节、灯光照明及早期的汽车故障诊断等。A 类网络目前首选的标准是 LIN 总线。

(2) B 类总线协议标准 面向独立 ECU 之间数据共享的中速网络，传输速率一般为 10~100kbit/s。主要应用于车辆电子信息中心、故障诊断、仪表显示、SRS 等，以减少冗余的传感器和其他电子部件。网络协议种类主要有 ISO 11898-1、J2284、VAN、J1850（OBD-Ⅱ）等。B 类网络的国际标准是 CAN 总线。

(3) C 类总线协议标准 面向高速、实时闭环控制的多路传输网络，最高传输速率可达 1Mbit/s，主要用于发动机、ABS、ASR、悬架等控制。网络协议种类主要有 ISO 11898-1（高速 CAN）、TTP/C、FlexRay 等。随着汽车网络技术的发展，将会使用具有高速实时传输特性的一些总线标准和协议，包括采用时间触发通信的 X-by-Wire 系统总线标准和用于安全控制和诊断的总线标准、协议。

1）安全总线主要用于安全气囊，以连接加速度传感器、碰撞传感器等，目前已有一些公司研制出相关的总线和协议，如 Delphi 公司的 Safety Bus 和 BMW 公司的 Byte flight 等。

2）X-by-Wire 总线协议标准。X-by-Wire 称为线控技术，由于目前对汽车容错能力和通信系统的高可靠性的需求日益增长，X-by-Wire 开始应用于汽车电子控制领域。

3）诊断系统总线标准。其主要是为满足 OBD-Ⅱ、OBD-Ⅲ 或 E-OBD 标准。目前，汽车故障诊断是通过专用的诊断通信系统形成的独立诊断网络，如 ISO 9141 和 ISO 14230 诊断标准。

(4) D 类总线协议标准 D 类网络称为智能数据总线（IDB），主要面向信息、多媒体系统等，采用 D2B、MOST 光纤传输和 IDB-Wireless 无线通信技术，通信速率为 250kbit/s~400Mbit/s，用于实时的音频和视频通信。DDB 是用于汽车多媒体和通信的分布式网络，通常使用光纤作为传输介质，可连接 CD 播放器、语音 ECU、电话和因特网。MOST 是车辆内 LAN 的接口规格，用于连接车载导航器和无线设备等，数据传输速率为 24Mbit/s。无线通信采用 Bluetooth 规范，主要面向下一代汽车应用，如声音系统、信息通信等。

第二节 控制器局域网（CAN）

控制器局域网（Controller Area Network，CAN）广泛应用于汽车工业、航天工业等领域，是一种串行数据通信协议，采用通信数据块进行编码，取代了传统的站地址编码，使网络内的节点数在理论上不受限制。由于 CAN 总线具有较强的纠错能力、支持差分收发，因而适合高干扰环境，并具有较远的传输距离，数据通信具有突出的可靠性、实时性和灵活性。CAN 总线在诸多汽车总线中有着很重要的地位，已成为汽车是否数字化的一个重要标志。

大众汽车 CAN 总线系统如图 13-4 所示。

一、CAN 总线的特性

1）CAN 支持从几千到 1Mbit/s 的传输速率。

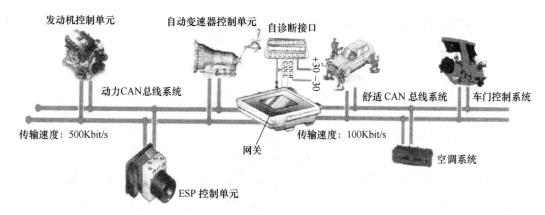

图 13-4 大众汽车 CAN 总线系统

2)多站同时发送信息,模块可以优先获取数据。

3)使用廉价的物理传输媒介。CAN 可以使用普通的双绞线、同轴电缆及光纤作为网线(双绞线最常用)。

4)错误检测校正能力强,系统可靠性高。

5)能判断暂时错误和永久错误的节点,具有故障节点自动脱离功能。

6)大部分 CAN 在丢失仲裁或出错时,具有信息自动重发功能。

7)CAN 总线符合国际标准,便于一辆车上不同生产厂家的 ECU 间进行数据交换。

8)组网自由,功能扩展能力强。如果系统需增加新的功能,仅需软件升级即可,对复杂的汽车网络具有强大的优势。

9)总线利用率高,数据传输距离长,可达 10km。

10)ECU 实时监测。对所连接的 CAN 总线进行实时监测,当出现故障时,该 ECU 存储相应的故障码。

11)将传感器信号线减至最少,更多的传感器信号进行高速数据传输。

二、CAN 协议

CAN 技术的应用推广,要求通信协议标准化。1991 年 9 月 Bosch 公司制定并发布了 CAN 技术规范(Version2.0),该规范包括 A 和 B 两部分。CAN2.0A 给出了曾在 CAN 技术规范版本 1.2 中定义的 CAN 报文格式,而 CAN2.0B 给出了标准的和可扩展的两种 CAN 报文格式。此后,1993 年 11 月 ISO 正式颁布了道路交通运输工具—数字交换—高速通信控制器局域网国际标准(ISO 11898,高速 CAN)以及低速标准(ISO 11519,低速 CAN)。美国汽车工程师学会(SAE)等组织和团体也以 CAN 协议为基础颁布了本组织的标准,见表 13-3。

表 13-3 CAN 协议与相关标准

名 称	传输速率/(kbit/s)	规 格	使用范围
SAE J1939-11	250	双线制,屏蔽式双绞线	载货汽车,大型客车
SAE J1939-12	250	双线制,屏蔽式双绞线,供给电压 12V	农机
SAE J2284	500	双线制,双绞线(无屏蔽)	汽车(高速:动力与传动系统)
SAE J2411	33.3,83.3	单线制	汽车(低速:车身系统)

CAN 协议包括 ISO/OSI 参考模型中的数据链路层和物理层,如图 13-5 所示。物理层分为物理层信号(PLS)、物理媒体连接(PMA)和媒体从属接口(MDI),数据链路层分为逻辑链路控制(LLC)和媒体访问控制(MAC)。

MAC 层的运行借助于"故障界定实体(FCE)"进行监控。故障界定是使判别短暂干扰和永久性故障成为可能的一种自检机制。物理层可借助检测和管理物理媒体对故障实体进行监控(例如总线短路或断路,总线故障管理)。LLC 和 MAC 两个同等的协议实体通过交换帧或协议数据单元(PDU)相互通

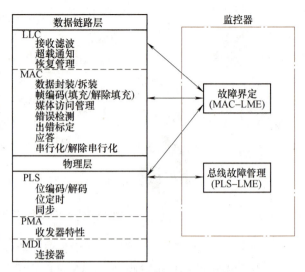

图 13-5 数据链路层和物理层功能框图

信。CAN 协议的数据链路层由 N 层协议数据单元 N-PDU、N 层服务数据单元 N-SDU 和 N 层指定的协议控制信息 N-PCI 构成。

(一)数据链路层

1. 逻辑链路控制(LLC)

(1) 功能 LLC 功能包括帧接收滤波、超载通告和恢复管理。

1)接收滤波:在 LLC 层上开始的帧跃变是独立的,其自身操作与先前的帧跃变无关。帧内容由标识符命名。标识符并不能指明帧的目的地,但描述数据的含义,每个接收器通过帧接收滤波确定此帧与其是否有关。

2)超载通告:若接收器内部条件要求延迟下一个 LLC 数据帧或 LLC 远程帧,则通过 LLC 子层开始发送超载帧。最多可产生两个超载帧,以延迟下一个数据帧或远程帧。

3)恢复管理:发送期间,对于丢失仲裁或被错误干扰的帧,LLC 子层具有自动重发功能。在发送完成前,帧发送服务不被用户认可。

(2) LLC 帧结构 LLC 是等同 LLC 实体(LPDU)之间进行交换的数据单元。

1)LLC 数据帧:由三个位场,即标识符场、数据字长度码(DLC)场和 LLC 数据场组成,如图 13-6 所示。

| 标识符场 | 数据字长度码 | 数据场 |

图 13-6 LLC 数据帧结构

①标识符:标识符长度为 11bit,其最高 7bit(ID-10~ID-4)不应全为"1"。

②DLC 场:DLC 指出数据场字节个数。DLC 由 4bit 构成,数据场长度可为 0,数据帧允许数据字节数目范围为 0~8,表 13-4 中规定数值以外的其他数值不能使用。

表 13-4 由 DLC 表示的数据字节数目编码

数据字节数目	DLC			
	DLC3	DLC2	DLC1	DLC0
0	0	0	0	0
1	0	0	0	1
2	0	0	1	0
3	0	0	1	1
4	0	1	0	0
5	0	1	0	1
6	0	1	1	0
7	0	1	1	1
8	1	0	0	0

③数据场：数据场由数据帧内被发送数据组成，包括 0~8B，每个字节包括 8bit。

2) LLC 远程帧：由标识符场和 DLC 场组成，如图 13-7 所示。LLC 远程帧标识符格式与 LLC 数据帧标识符格式相同，只是不存在数据场。DLC 的数值是独立的，此数据为对应数据帧的数据长度码。

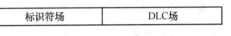

图 13-7 LLC 远程帧

2. 媒体访问控制（MAC）

(1) 功能模型 如图 13-8 所示，模型中将 MAC 层划分为完全独立工作的发送部分和接收部分。

1) 发送部分功能。

①发送数据封装：接收 LLC 帧及接口控制信息，循环冗余检验（CRC）通过向 LLC 帧附加帧起始（SOF）和远程发送请求（RTR）、保留位、CRC、应答（ACK）和帧结束（EOF）。

②发送媒体访问管理：确认总线空闲后，开始发送过程（通过帧间空闲应答）；MAC 帧串行化；插入填充位（位填充）；在丢失仲裁情况下，退出仲裁并转入接收方式；错误检测（监控、格式检验）；应答校验；确认超载条件；构造超载帧并开始发送；构造出错帧并开始发送；输出串行位流至物理层准备发送。

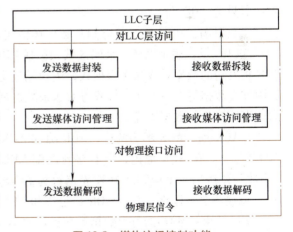

图 13-8 媒体访问控制功能

2) 接收部分功能。

①接收媒体访问管理：由物理层接收串行位流；解除串行结构并重新构建帧结构；检测填充位（解除位填充）；错误检测（CRC、格式校验、填充规则校验）；发送应答；构造错误帧并开始发送；确认超载条件；重激活超载帧结构并开始发送。

②接收数据拆装：由接收帧中去除 MAC 信息；输出 LLC 帧和接口控制信息至 LLC 子层。

(2) MAC 帧结构 CAN 数据在节点间发送和接收以四种不同类型的帧出现和控制，其中数据帧将数据由发送器传至接收器；远程帧由节点发送，以请求发送具有相同标识符的数据帧；出错帧可由任何节点发出，以检验总线错误；而超载帧用于提供先前和后续数据帧或远程帧之间的附加延时。另外，数据帧和远程帧以帧间空间隔同先前帧隔开。

1）数据帧。MAC 数据帧由 7 个不同位场构成，即帧起始（SOF）、仲裁场、控制场（两位保留位+DLC 场）、数据场、CRC 场、ACK 场和帧结束（EOF），如图 13-9 所示。

①帧起始（SOF）：标志数据帧和远程帧的起始，由单个"显性"位构成。只有当总线空状态时，才允许节点开始发送，所有节点必须同步于首先开始发送节点帧起始引起的上升沿。

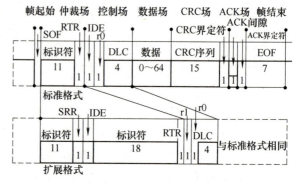

图 13-9 MAC 数据帧

②仲裁场：表明数据优先顺序的区域，由来自 LLC 层的标识符和 RTR 位构成。在 MAC 数据帧中，RTR 位数值为"0"。

③控制场：表明预约位数和数据字节数的区域，由 6bit 构成，包括两位用于 DLC 扩展的保留位。接收器接收"0"和"1"位作为所有组合中的保留位。在定义保留位功能前，发送器只送"0"位。

④数据场：MAC 数据场与 LLC 数据场格式相同。

⑤CRC 场：表示循环冗余码区域，包括 CRC 序列，后随 CRC 界定符。CRC 循环冗余检验是将发送的数据看成高次多项式，用预先选定的生成多项式对其进行模 2 除运算后，将余数附加在数据位之后发送。接收方对送来数据列用同一生成多项式进行模 2 除运算，没有余数就证明接收的数据正确。

⑥ACK 场：ACK 场为两位，ACK 隙和 ACK 界定符。发送节点的 ACK 场中，送出两个"隐性"位。在 ACK 隙内，所有接收匹配 CRC 序列的节点，以"显性"位改用发送器的"隐性"位送出一个应答。ACK 界定符为 ACK 场的第二位，其必须是"隐性"位，因此，ACK 隙被两个"隐性"位（ACK 界定符和 CRC 界定符）所包围。

⑦帧结束：MAC 的每个数据帧和远程帧均由 7bit"隐性"位构成的标志序列界定。

2）MAC 远程帧。激活为数据接收器的节点，可通过发送一个远程帧，起动源节点发送各自的数据。一个远程帧由 6 个不同位场构成，即帧起始（SOF）、仲裁场、控制场（两位保留位+DLC 场）、CRC 场、ACK 场和帧结束（EOF），如图 13-10 所示。仲裁场由来自 LLC 层的标识符和 RTR 位构成。在 MAC 数据帧中，RTR 位数值为"1"。帧起始（SOF）、控制场、CRC 场、ACK 场和帧结束（EOF）等位场均与

图 13-10 MAC 远程帧

MAC 数据帧的相应位场相同。

3）出错帧。由两个不同场构成，第一个由来自不同节点的错误标志叠加给出，第二个为错误界定符。

①错误标志：有活动错误和认可错误标志，前者由 6bit 连续的"显性"位组成，后者由 6bit 连续的"隐性"位组成，认可错误标志部分或所有位由来自其他节点的"显性"位改写。

②错误界定符：由 8bit"隐性"位构成。发送错误标志后，每个节点送出"隐性"位，并监控总线，直至其检测到"隐性"位。然后开始发送剩余的 7bit"隐性"位。

4）超载帧。存在两类具有相同格式的超载帧，即 LLC 要求的超载帧和重激活超载帧，前者为 LLC 层所要求，表明内部超载状态；后者由 MAC 层的一些出错条件而起动发送。

超载帧包括超载标志和超载界定符。超载标志的完整形式相应于活动错误标志，超载界定符与错误界定符具有相同形式。超载标志由 6bit"显性"位构成，超载界定符由 8bit"隐性"位构成。

5）帧间空间。数据帧和远程帧同前述的任何帧（数据帧、远程帧、出错帧、超载帧）之间均由称为帧间空间的位场隔开。相反，超载帧和错误帧前面不存在帧间空间，并且多个超载帧也不用帧间空间分隔。帧间空间包括间歇场和总线空闲场，并对先前帧已发送"错误认可"的节点还有暂停发送场，如图 13-11 所示。

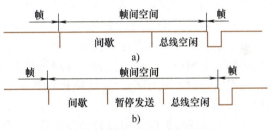

图 13-11 帧间空间
a) 非"错误-认可"或已收到先前帧节点的帧间空间
b) 先前帧已发送"错误-认可"节点的帧间空间

①间歇场：由 3bit"隐性"位构成。间歇期间不允许节点开始发送数据帧或远程帧，仅起标注超载条件的作用。

②总线空闲场：可以是任意长度，总线空闲时任何节点均可访问总线以便发送。其他帧发送期间，等待发送的帧在紧随间歇场后的第一位起动。若在总线空闲期间检测到总线上"显性"位将被理解为帧起始。

③暂停发送场："错误认可"节点完成发送后，其在紧随间歇后，被允许发送下一帧前，送出 8bit"隐性"位。其间，若有发送起动（由其他节点引起），则节点变为该帧的接收器。

（3）**MAC 帧编码和发送/接收** 帧起始、仲裁场、控制场、数据场和 CRC 序列帧段均以位填充方法进行编码。当发送器在发送位流中检测到 5 个数值相同的连续位（包括填充位）时，在实际发送位流中，自动插入一个补码位。数据帧或远程帧的其余位场（CRC 界定符、ACK 场和帧结束）为固定形式，不进行位填充。错误帧和超载帧也为固定格式，同样不使用位填充方法进行编码。帧中的位流按照非归零（NRZ）方法编码，即在位总计时时间内产生的位电平为常数。一帧应由 SOF 场开始逐个位场进行发送，在一场内应首先发送最高位，如图 13-12 所示。对于发送器和

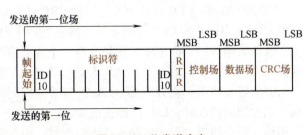

图 13-12 位发送次序

接收器，一帧的有效时点不同。对于发送器，若在帧结束完成前不存在错误，则该帧为有效。若一帧被破坏，则进行恢复处理。对于接收器，若在帧结束最后一位前不存在错误，则该帧为有效。

(4) 媒体访问和仲裁 当检测到间歇场未被"显性"位中断后，认为总线被所有节点释放。总线一旦释放，"错误活动"节点接收当前或先前的"错误认可"节点都可以访问总线。当完成暂停发送，并且其间没有其他节点开始发送时，发送当前帧或已发送完先前帧的"错误认可"节点可以访问总线。当允许节点访问总线时，MAC 数据帧和 MAC 远程帧可以起始。MAC 错误帧和 MAC 超载帧如上述规定被发送。发送期间，发送数据帧或远程帧的每个节点均为总线主站。

当许多节点一起开始发送时，此时只有发送具有最高优先权帧的节点变为总线主站。这种解决总线访问冲突的机理是基于竞争的仲裁。仲裁期间，每个发送器将发送位电平同总线上监测到的电平进行比较。若相等，则节点可以继续发送。当送出一个"隐性"电平，而监测到"显性"电平时，表明节点丢失仲裁，不应再发送更多位。当送出"显性"电平，而监测到"隐性"电平时，表明节点检测出位错误。

基于竞争的仲裁依靠标识符和紧随其后的 RTR 位完成。具有不同标识符的两帧中，优先权被标注于帧中，较高优先权的标识符具有较低的二进制数值。若具有相同标识符的数据帧和远程帧同时被初始化，数据帧较远程帧具有较高优先权，通过按照 RTR 位数值标志达到。

除仅当总线释放时，可以起动发送这一原则外，还存在解决冲突的下列原则：

1）在一个系统内，每条信息必须标以唯一的标识符。
2）具有给定标识符和非零 DLC 的数据帧仅可由一个节点起动。
3）远程帧仅可由全系统内确定的 DLC 发送，该数据长度码为对应数据帧的 DLC。具有相同标识符和不同 DLC 远程帧的同时发送会导致不能解决的冲突。

(5) 错误检测 MAC 层具有检测、填充规则校验、帧校验、15bit 循环冗余码校验和应答校验功能。

1）错误类型。

①位错误：正在向总线发送一位的节点同时在检测总线。当检测到的位数值与送出的位数值不同时，则检验到位错误。但仲裁期间，当送出隐性信息位或 ACK 隙期间送出隐性位时，而检测到显性位不认为是位错误；送出认可错误标志，而检测到"显性"位的节点不将其确定为位错误。

②填充错误：在使用位填充方法进行编码的帧场中，出现第六个连续相同电平位的位时，则检测到填充错误。

③CRC 错误：CRC 序列由发送器的 CRC 计算结果构成，接收器以与发送器相同的方法计算 CRC。当计算的 CRC 序列不等于接收到的序列时，则检测到 CRC 错误。

④形式错误：当固定格式位场含有一个或更多非法位时，则检测到形式错误。但接收器在帧结束的最后位检测到"显性"位时，不将其理解为形式错误。

⑤应答位错误：在发送器 ACK 隙期间未检测到"显性"位时，则检测到一个应答错误。当检测到错误时，LLC 层即被通知，且 MAC 层起动发送错误标志。当任何节点检测到位错误、填充错误、形式错误或应答错误时，由各自节点在下一位起动发送错误标志。当检测到 CRC 错误时，错误帧在紧随 ACK 界定符后的那位起始发送，除非另一个错误条件的错

误帧已经准备好起动。

2）错误界定规则。网络中的任何一个节点，根据其错误计数器数值，可能处于下列三种状态之一。

① "错误激活"节点：可正常参与总线通信，并在检测到错误时，发出一个活动错误标志。活动错误标志由 6bit 连续"显性"位组成，并且遵守位填充规则和在规定帧中出现的所有固定格式。

② "错误认可"节点：不应发送活动错误标志，并参与总线通信，但在检测到错误时，发送一个认可错误标志，认可错误标志由 6bit 连续的隐性位组成。一个"错误认可"完成报文发送后，在间隙场送出 8bit "隐性"位作为"错误认可"节点，在开始进一步发送前，将等待一段附加时间。

③ "总线脱离"节点：当一个节点由于请求故障界定实体而对总线处于关闭状态时，其处于"总线脱离"状态。在"总线脱离"状态下，节点既不发送，也不接收任何帧。只有应用户请求，节点才能解除"总线脱离"状态。

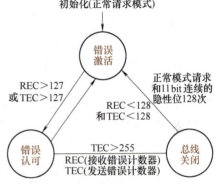

图 13-13 节点错误状态转换图

为进行错误界定，在总线上的每个单元中设置有两种计数器，即发送出错计数计数器和接收出错计数计数器。节点所处状态转换如图 13-13 所示。

若系统起动期间，仅有一个节点在线，若该节点发送一些帧，且得不到应答时，检测错误并重发帧。它可变为"错误认可"，但不会由此进入"脱离总线"状态。

关闭或"脱离总线"的节点，必须通过起动子程序拖入运行，以便在起动发送前，同已经有效的节点同步。当 11bit "隐性"位为应答界定符+帧结束+间歇或错误/超载界定符+已检测到间歇，则可达同步；若此间不存在其他有效节点，则需等待未变为"脱离总线"的其他节点。

（二）物理层

1. 物理层结构（见图 13-14）

1）物理信令（PLS）用于实现与位表示、定时和同步相关的功能。

2）媒体访问单元（MAU）表示用于耦合节点至发送媒体的物理层的功能部分。MAU 由物理层媒体附属装置（PMA）和媒体相关接口（MDI）构成。PMA 层实现总线发送/接收的功能电路并可提供总线故障检测方法。MDI 实现物理媒体和 MAU 之间的机械和电气接口。

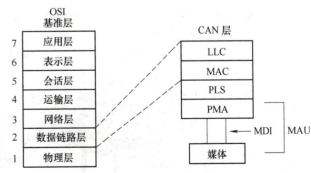

图 13-14 物理层结构

2. 位时间

位时间即一位的持续时间，在位时间框架内执行的总线管理功能，如 ECU 同步状态、网络发送延迟补偿和采样点定位，均由 CAN 协议集成电路的可编程位时间逻辑确定。

理想发送器在无重同步情况下，正常位速率给出每秒发送的位数。正常位时间可划分为分开的和不覆盖的时间段，即同步段（Sync-Seg）、传播时间段（Prop-Seg）、相位缓冲段 1（Phase-Seg1）和相位缓冲段 2（Phase-Seg2），如图 13-15 所示。

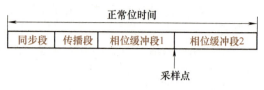

图 13-15　正常位时间的组成

同步时间段用于同步总线上的各个节点或设备，在此段内等待一个跳变沿。传播时间段用于补偿网络内的物理延迟时间，包括总线上的信号传播时间和 ECU 的内部延迟时间。相位缓冲段 1 和相位缓冲段 2 用于补偿沿相位误差，可通过重同步延长或缩短。

采样点用于读取总线电平，并转换为相应位数值，并位于相位缓冲段 1 的结束处。信息处理时间始于采样点，被保留用作计算子序列电平的时间段。

位时间按时间量程进行编程，时间量程是由振荡器周期推出的固定时间单位。当前可编程整数的预分刻度范围为 1~32，自时间份额最小值开始。

3. 同步

同步包括重同步和硬同步，遵从以下规则：

1）在一个位时间内仅允许一种同步。

2）先前采样点检测到的数值（先前读总线数值）不同于边沿后即现的总线数值，边沿将被用于同步。

3）总线空闲期间，当存在"隐性"至"显性"的跳变沿即完成硬同步。

4）所有满足规则 1）和 2）的其他"隐性"至"显性"的跳变沿（和在低位速率情况下，选择的"显性"至"隐性"跳变沿）将被用于重同步；若只有"隐性"至"显性"沿被用于重同步，由于具有正相位的"隐性"至"显性"跳变沿，发送器将不完成重同步。

三、CAN 的基本组成和数据传输原理

（一）CAN 的基本组成

CAN 由每个 ECU 内部的 CAN 控制器和收发器、每个 ECU 外部连接的两条 CAN 总线和整个系统中的两个终端组成，如图 13-16 所示。

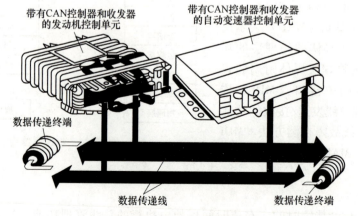

图 13-16　CAN 的基本组成

CAN 接线如图 13-17 所示，中央 ECU（CEM）的 CAN 控制器具有双通道（CRX0、CTX0/CRX1、CTX1）的 CAN 接口，接到两个不同的 CAN 总线（CAN-H 和 CAN-L）上。各 ECU 通过收发器与 CAN 总线相连，相互交换数据。CAN 控制器根据两根线的电位差判断其总线的电平。总线的电平分显性电平与隐性电平两种，二者必居其一。发送节点通过改变总线电平，将报文发送到接收节点。与总线相连的所有节点都可以发送报文，在两个以上的节点同时开始发送报文的情况下，具有优先级报文的节点获得发送权，其他所有节点转为接收状态。

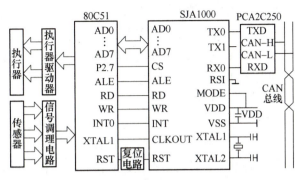

图 13-17　CAN 接线图

80C51—单片机　SJA1000—CAN 控制器
PCA2C250—CAN 收发器

1. ECU

CAN 控制器接收来自传感器的信号，将其处理后再控制执行元件工作，同时根据需要将传感器信息通过 CAN 总线发送给其他 ECU，如图 13-18 所示。ECU 的主要构件有 CPU、CAN 控制器和 CAN 收发器，另外还有输入/输出存储器和程序存储器。

带有 CAN 收发功能的 ECU 内部结构如图 13-19 所示。ECU 接收到的传感器信号被定期按顺序存入输入存储器。ECU 按存储的程序处理输入值，处理结果存入相应的输出存储器，

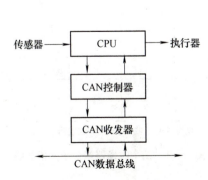

图 13-18　CAN 网络框架

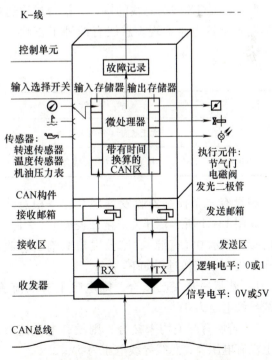

图 13-19　带有 CAN 收发功能的 ECU 内部结构

然后控制各执行元件工作。为了能够处理数据传输总线信息，各 ECU 内还有一个数据传输总线存储区，用于容纳接收和发送的信息。

由于 ECU 通过 CAN 控制器实现网络传输，因此 CAN 网络成为 ECU 的输入信息来源，同时也是 ECU 的信息输出对象。

2. CAN 控制器

CAN 控制器由一块可编程芯片上的逻辑电路组成，实现通信模型中物理层和数据链路层的功能，并对外提供与 ECU 的物理接口。通过对 CAN 控制器编程，可设置其工作方式，控制其工作状态，进行数据发送和接收，以它为基础建立应用层。

目前，CAN 控制器可分为 CAN 独立控制器和 CAN 集成 ECU 两种。CAN 独立控制器使用灵活，可与多种类型的单片机、微型计算机的各类标准总线进行接口组合。CAN 集成 ECU 在许多特定情况下，使电路设计简化和紧凑，可靠性提高。

3. CAN 收发器

CAN 收发器提供了 CAN 控制器与物理总线之间的接口，是一个发送/接收放大器。其中，发送器将数据传输总线构件连续的比特流（逻辑电平）转换成电压值（线路传输电平），以适合铜导线上的数据传输；接收器将电压信号转换成连续的比特流，以适合 CPU 处理。

收发器通过 TX 线（发送导线）或 RX 线（接收导线）与数据传输总线构件相连，如图 13-20 所示。RX 线通过一个放大器直接与数据传输总线相连。

收发器是 TX 线与总线的耦合，耦合过程通过一个断路式集流电路实现。总线有两种工作状态，见表 13-5。

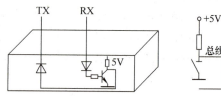

图 13-20　与 TX 线耦合的收发器

表 13-5　总线工作状态

状态	晶体管	是否有源	电阻状态	总线电平
1	截止状态（开关未接合）	无源	高	1
0	接通状态（开关接合）	有源	低	0

假设有三个控制器收发器耦合在一根总线导线上，如图 13-21 所示，开关未接合表示 1（无源）；开关已接合表示 0（有源），则收发器 C 有源，收发器 A 和 B 无源。工作过程如下：

1）若某一开关已接合，则电阻上有电流流过，总线导线电压为 0V。

2）若所有开关均未接合，则没有电流流过，电阻上没有电压降，总线导线电压为 5V。

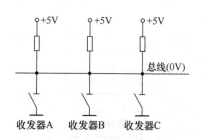

图 13-21　三个收发器耦合于一根总线

上述三个收发器连接在 CAN 总线上的工作状态见表 13-6。

表 13-6　收发器状态与总线电位

收发器 A	收发器 B	收发器 C	总线导线
1	1	1	1（5V）
1	1	0	0（0V）
1	0	1	0（0V）
1	0	0	0（0V）
0	1	1	0（0V）
0	1	0	0（0V）
0	0	1	0（0V）
0	0	0	0（0V）

若总线处于状态 1（无源），可由某一个 ECU 使用状态 0（有源）改写。将无源的总线电平称为隐性，有源的总线电平称为显性。

4. 数据传递终端

数据传递终端是一个电阻器，可防止信号在传输线终端被反射，并以回波的形式返回，影响数据的正确传送。终端电阻安装在 CAN 总线的各个模块内，如图 13-22 所示。

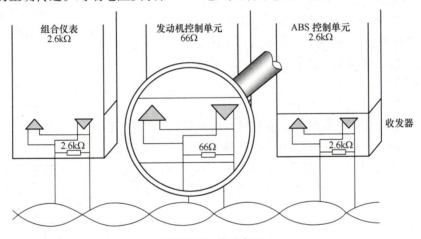

图 13-22　终端电阻

5. CAN 总线

CAN 总线上的数据没有指定接收器，数据通过数据总线发送给各 ECU，各 ECU 接收后进行计算。为了防止外界电磁波干扰和向外辐射，CAN 总线采用两条线缠绕在一起，两条线上的电位相反，若一条线的电压为 5V，另一条线则为 0V，两条线的电压和总等于常值，如图 13-23 所示。通过此办法，CAN 总线免受外界电磁场干扰，同时 CAN 总线向外辐射也保持中性，即无辐射。

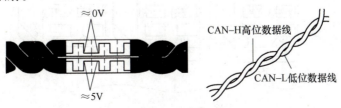

图 13-23　CAN 数据传输线

大众汽车采用的 CAN 是一条现成的诊断通路，不必依靠 ISO 9141 中定义的 K 线，而仅依靠系统中的某一个 ECU 作为诊断接口或称诊断界面，对 ECU 进行故障诊断。

（二）数据传输原理

以转速数据的接收、传递和在仪表上显示过程为例。从接收转速数据到在转速表上显示的完整信息交换过程，可以看到数据传递的时间顺序以及 CAN 构件与 ECU 之间的配合关系。

1. 信息格式转换与请求发送信息

曲轴位置传感器检测到转速信号，该信号以固定的周期到达 ECU 的输入存储器（送到发动机）。由于瞬时转速信号还用于其他 ECU，如组合仪表等，所以该信号应通过 CAN 总线传递。于是转速信号被复制到发动机 ECU 的发送存储器内，然后从发送存储器进入 CAN 构件的发送邮箱内。若发送邮箱内有一个实时值，则该值由发送特征位（举起的小旗）显示出来，将发送任务委托给 CAN 构件。

发动机信息按协议被转换成 CAN 的特殊格式。CAN 特殊格式有："标识"11bit、"信息内容"0~8bit、"CRC"16bit、"应答场"2bit。

标识=发动机_1（转速），信号内容=转速值。发动机信息也可包括其他值，如怠速、转矩等，如图 13-24 所示。

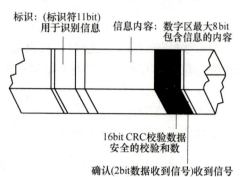

图 13-24　CAN 数据格式

2. 发送开始（总线空闲判断）

当发送邮箱内有一个实时值，表明发动机准备向外发送信息，CAN 构件通过 RX 线检查总线是否有源（是否正在交换其他信息），必要时会等待，直至总线空闲为止。某一时间段内的总线电平一直为 1（无源状态），表示总线空闲，如图 13-25 所示。

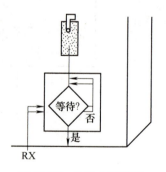

图 13-25　总线空闲判断

3. 发送信息

若总线空闲，则预先存在发送存储器的"发动机转速信息"被发送出去，如图 13-26 所示。

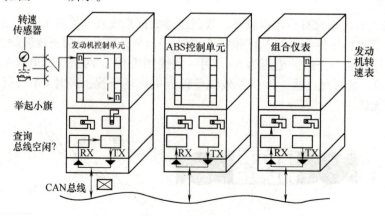

图 13-26　发送信息

4. 接收过程

接收过程分两步，如图 13-27 所示。

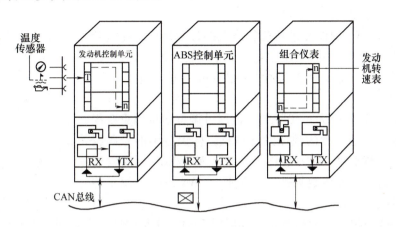

图 13-27　信息接收

1) 第一步：检查信息是否正确（监控层）。

连接的所有 ECU 都可以接收发动机 ECU 发送的信息，该信息通过 RX 线到达 CAN 构件各自的接收区。接收器接收发动机 ECU 发送的信息（广播），并在相应的监控层通过 CRC（循环冗余码校验）校验和数，确定是否有传递错误。发送每个信息时，所有数据位产生并传递一个 16bit 的校验和数。接收器按同样的规则，从所有已经接收到的数据位中计算出校验和数。随后接收到的校验和数与计算出的校验和数进行比较。

若确定无传递错误，则连接的所有 ECU 给发射器一个确认回答，即"信息收到符号"，位于校验和数之后，如图 13-28 所示。经监控层确认后的正确数据到达 CAN 构件的接收区，如图 13-29 所示。

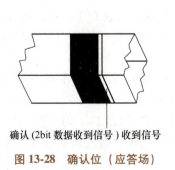

图 13-28　确认位（应答场）

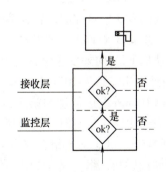

图 13-29　监控层工作原理（所有 ECU）

2) 第二步：检查信息是否可用（接收层）。

接收到的正确信息到达相关 CAN 构件的接收区，在此决定该信息是否可用于完成各 ECU 的相应控制。若得到确认，该信息则进入相应的接收邮箱；否则，该信息被拒收（丢弃）。如组合仪表工作过程需要发动机转速信息，发动机转速信息通过组合仪表的接收层检查，到达组合仪表的接收邮箱，并升起"接收旗"以通知 ECU，如图 13-30 所示。

组合仪表根据升起的"接收旗"判定目前有一个信息（如转速信息）在排队等待处理，组合仪表调出该信息，将相应的值复制并输入存储器。

至此，通过 CAN 构件发送和接收信息的过程结束。在组合仪表内，转速经 ECU 处理后到达执行元件，最后到达转速表。该信息交换过程按设定好的循环时间（如 10ms）重复进行。

5. 位仲裁

用标识符中位于前部的"0"的个数即可调整信息的重要程度，从而保证按重要程度的顺序发送信息，标识符中的号码越小，表示该信息越重要，此方法称为仲裁。多个 ECU 同时发送信息时，数据总线会发生数据冲突。为此，CAN 总线采用了仲裁方法加以解决。

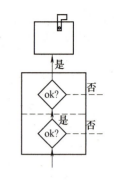

图 13-30 接收层工作原理（组合仪表 ECU）

(1) 位仲裁的特点　对数据进行实时处理时，必须快速传送数据，因此要求数据的物理传输通路有较高的速度。在几个站同时需要发送数据时，要求快速地进行总线分配。CAN 总线以报文为单位进行数据传送，报文的优先级结合在 11bit 标识符中，具有最低二进制数的标识符有最高的优先级。这种优先级一旦在系统设计时被确定后，不再更改。数据总线发生数据冲突，可通过位仲裁解决。

(2) 位仲裁实施过程

1) ECU 发送的每个信息都要分配优先权，且不同的信息量具有不同的优先权（优先权隐含在数据中的"标识符"），优先权高的信息优先发送。

2) 所有的 ECU 都是通过各自的 RX 线跟踪总线的变化，并获知总线的状态。

3) 请求发送信息的 ECU，每个发射器将对 TX 线和 RX 线的状态一位一位的进行比较，比较结果可以不一致。

4) 若某个 ECU 向外发送"1"（TX 线为 1），但通过 RX 线在总线接到"0"，则该 ECU 退出对总线的发送信息控制，转为接收信息。

举例：现有 3 个 ECU，即发动机 ECU、ABS ECU 和组合仪表 ECU，同时向外发送信息。其中，发动机 ECU 向外发送信息为 10101010，ABS ECU 向外发送信息为 10101011，组合仪表 ECU 向外发送信息为 10111111。

3 个 ECU 向外发送信息的第 1 位、第 2 位、第 3 位都相同，此时不存在冲突。但 3 个 ECU 向外发送第 4 位信息时，组合仪表 ECU 的第 4 位为 1，其他的两个 ECU 的第 4 位为 0，此时总线的状态为 0，对于组合仪表 ECU，向外发送 1（TX 状态 1），但接收到 0（RX 状态 0），根据仲裁原则，组合仪表 ECU 停止发送信息，转为接收状态，该信息等待下一次发送周期，再次请求发送。

同理，发动机 ECU 和 ABS ECU 继续向外发送信息的第 5 位、第 6 位、第 7 位（101），且这 3 位的信息相同，不存在冲突。发送第 8 位时，发动机 ECU 的第 8 位为 0，而 ABS ECU 的第 8 位为 1，此时总线的状态为 0，对于 ABS ECU，向外发送 1（TX 状态 1），但接收到 0（RX 状态 0），根据仲裁原则，ABS ECU 停止发送信息，转为接收状态，该信息等待下一次发送周期，再次请求发送。

因此，发动机 ECU 接管数据总线控制权，继续发送剩余的信息，最终数据总线的信息与发动机 ECU 向外发送的信息相同，如图 13-31 所示。

6. 知识拓展内容

（1）典型车型 CAN 总线类型 目前 CAN 总线中的信号是以数码方式由铜导线传送的，安全传送速率可高达 1000kbit/s。大众汽车 CAN 的最高传送速率为 500kbit/s，大众汽车 CAN 总线为 3 个专用系统，即几乎满足实时要求的速率为 500kbit/s 的驱动 CAN 总线（高速）；时间要求较低的速率为 100kbit/s 的舒适 CAN 总线（低速）；时间要求较低的速率为 100kbit/s 的信息娱乐 CAN 总线（低速），如电话、收音机和导航系统的网络。

CAN 总线导线颜色见表 13-7。

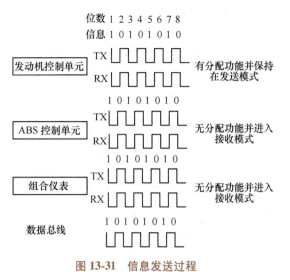

图 13-31 信息发送过程

表 13-7 CAN 总线导线颜色

CAN 总线类型	CAN 总线导线类别	导线颜色
驱动系统 CAN	高线	橘黄色/黑色
	低线	橘黄色/棕色
舒适系统 CAN	高线	橘黄色/绿色
	低线	橘黄色/棕色
信息/娱乐系统 CAN	高线	橘黄色/紫色
	低线	橘黄色/棕色

（2）网关 一辆汽车可能采用多条不同的通信协议或不同传输速率的数据总线，模块之间不能完全实现信息共享，在两条总线之间进行数据转换时，需要采用网关来完成。网关又称网间连接器、协议转换器，能将采用不同通信协议或不同传输速率的模块间的信息进行解码，重新编译，再将数据传输到不同的系统。网关好比铁路站台，如图 13-32 所示。在铁

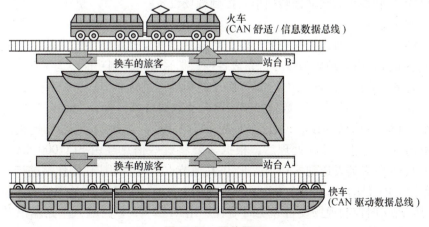

图 13-32 网关原理

路站台 A，一辆载有数百名乘客的高速火车到达（驱动 CAN 总线，速率为 500kbit/s）；在铁路站台 B，轻轨列车在等候（舒适/信息 CAN 总线，速率为 100kbit/s），数名乘客从高速火车换乘轻轨列车，也有数名乘客由轻轨列车换乘高速火车。

网关可以将局域网上的数据转变成可以识别的诊断数据语言，便于诊断；可以实现低速网络和高速网络的信息共享；负责接收和发送信息；激活和监控局域网络的工作状态；实现汽车网络系统内数据的同步，对信息标识符进行翻译。

四、CAN 设计基础

介绍一个通用的基于 CAN 总线的分布式数据采集与控制系统的基本设计方法。

1. 系统总体结构原理介绍

系统总体结构如图 13-33 所示。系统主要包括操作站和现场数据采集控制系统两大部分。操作站由一台 PC 实现，其主要功能是处理需要复杂计算的信息，将经过处理的信息再送回 CAN 总线，并对整个网络进行管理。现场数据采集控制系统又可分为模/数转换单元、数/模转换单元和通信转换接口电路等几个不同的

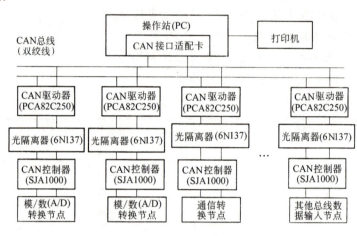

图 13-33 系统总体结构

节点单元，其主要功能是采集各个现场设备的实时信息，并根据所得信息发送控制命令去控制现场设备。

从控制现场传感器传送来的信息可能是模拟量或数字量，模拟量通过 12bit 模/数转换单元转换成数字信息后，发送到 CAN 总线上，总线上的其他节点单元和操作站根据自己的需要和事先设计好的验收码和验收屏蔽码，判断是否接收该信息。处理后的信息再送回 CAN 总线，经由数/模转换单元或通信转换单元控制现场设备。

2. 硬件电路设计

基于 CAN 总线的分布式数据采集与控制系统的结构设计是将系统功能尽可能地分散到各个节点，各节点以微处理器为核心，完成各种数据采集与控制功能。为了使各个节点的不同种类、不同格式的信息能够在基于 CAN 协议的标准下进行通信，每个节点都设有与 CAN 总线接口的电路。图 13-34 是模/数转换节点单元的数据采集、通信转换接口电路。

该电路以 Intel 89C51 为核心，通过 P1 的 P1.4～P1.7 与现场传感器相连接，以采集该节点的设备信息，经过一定的处理后，根据需要将这些信息经由 SJA1000 CAN 控制器和 PCA82C250 CAN 收发器发送到 CAN 上，以供其他节点单元使用或让操作站进行进一步的处理，如打印等。P1 口的 P1.0～P1.3 端子作为通用 I/O 口，经 89C51 处理后的信息由此输出口输出，可实现实时控制现场设备和实时监控。用 TLC2543 多路输入单路输出芯片实现从模拟量到数字量的转换接口电路，也可是数字量到模拟量的转换电路，或是与智能设备进行

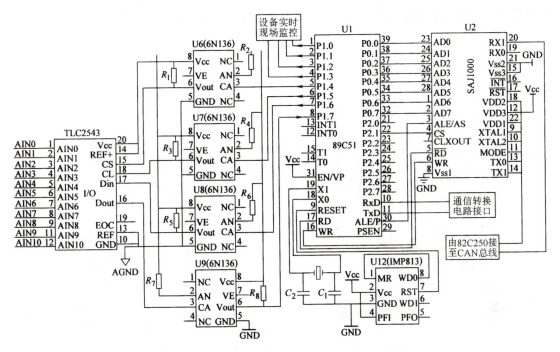

图 13-34 CAN 总线数据采集、通信转换接口电路

直接数据通信的应用电路。通信转换电路主要由 MAX232 组成，用于实现将微处理器串行口输出的信息转换成符合 RS232 协议的信息，以便与具有 RS232 接口的设备进行通信。

TLC2543 为 CMOS12 bit 开关电容逐次逼近 A/D 转换器，有 3 个控制输入端，即片选、输入/输出时钟和数据输入端；通过一个串行的三态输出端与主处理器或其外围的串行口通信，可与主机高速传输数据，输出数据长度、格式可以编程。片内含有一个 14 通道多路器，可从 11 个模拟输入或 3 个内部自测电压中选择一个。片内设有采样-保持电路。系统时钟由片内产生，并由 I/O CLOCK 同步。片内转换器的设计使器件具有高速、高精度和低噪声等特点。

与 SJA1000 的 RX 和 TX 连接的电路内的主要芯片为 PCA82C250，它是 CAN 控制器与物理总线之间的接口，可提供对总线的差动发送能力和对 CAN 控制器的差动接收能力，抗干扰能力强。内设限流电路可防止发送输出级对电池电压的正端和负端短路，通过对端子 Rs 的不同连接，可实现高速、斜率控制和待机三种不同的工作方式。

3. 软件设计

根据分布式数据采集与控制系统的特点，系统各个节点之间和节点到操作站的距离较远，现场环境干扰大。整个系统应有实时数据采集、实时控制、实时故障报警、现场情况显示、数据存储、历史数据查询、打印报表等功能。对于最底层的现场节点单元的软件设计思想为：上电初始化、实时数据采集、数据实时处理、现场信息实时显示、故障实时报警和现场设备实时监控以及与其他设备进行通信等。其软件控制流程如图 13-35 所示。

对于操作站即上位机的网络管理和应用程序的设计思想主要是：CAN 接口适配卡初始化、判断网络节点间是否有冲突、设定节点优先级、数据存取、与历史数据比较、根据节点实际情况进行相应处理并回送、报文打印等功能。其软件流程如图 13-36 所示，节点微机从现场设备采用查询方式接收数据,而采用中断方式接收来自 CAN 总线的数据。

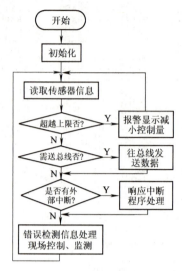

图 13-35　智能节点控制流程图

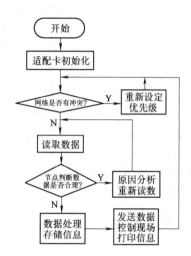

图 13-36　操作站软件流程图

第三节　局部连接网络（LIN）

局部连接网络（Local Interconnect Network, LIN）是一种低成本的串行通信网络,是汽车上一个底层网络协议,用于实现汽车的分布式电子系统控制。LIN 为现有汽车网络（如 CAN 总线）提供辅助功能,LIN 总线是一种辅助的串行通信总线网络。在不需要 CAN 总线的带宽和多功能的场合,使用 LIN 总线可大大节省成本。LIN 总线位置图如图 13-37 所示。

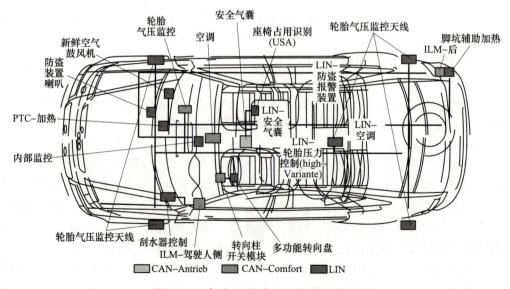

图 13-37　奥迪 A6 轿车 LIN 总线位置图

一、LIN 标准

LIN 标准包括传输协议规范、传输媒体规范、开发工具接口规范和用于软件编程的接口。LIN 在硬件和软件上保证了网络节点的互操作性，并有可预测性和电磁兼容特性（EMC）。

LIN 规范包括：

1）LIN 协议规范：介绍了 LIN 的物理层和数据链路层。

2）LIN 配置语言描述：介绍了 LIN 配置文件的格式。LIN 配置文件用于配置整个网络，并作为 OEM（原装设备制造厂）和不同网络节点的供应商之间的通用接口，同时可作为开发和分析工具的输入。

3）LIN API（应用程序接口）：介绍了网络和应用程序之间的接口。

LIN 规范可以实现开发和设计工具之间的无缝连接，并提高开发速度，增强网络的可靠性，其范围如图 13-38 中的虚线部分所示。

LIN 协议是根据 ISO/OSI 参考模型的数据链路层和物理层而制定，可实现任何两个 LIN 设备的互相兼容，如图 13-39 所示。物理层定义了信号如何在总线上传输，本规范中定义了物理层的收发器特性；MAC（媒体访问控制）子层是 LIN 协议的核心，管理从 LLC（逻辑链路控制）子层接收的报文，也管理发送到 LLC 子层的报文，MAC 子层由故障界定监控；LLC 涉及接收滤波和恢复管理的功能。LIN 不要求有 CAN 的带宽和多功能性。总线收发器的规范遵从 ISO 9141 标准，而且抗 EMI（电磁干扰）性能有所提高。

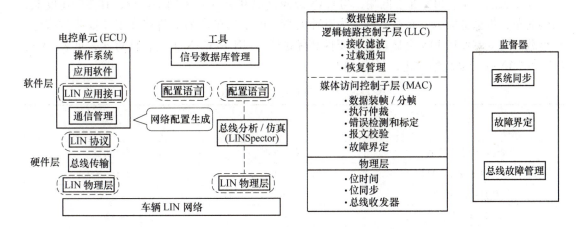

图 13-38 LIN 网络　　　　图 13-39 OSI 参考模型

LIN 是一种价格低廉、性能可靠的低速网络，在汽车网络层次结构中作为低端网络的通用协议，逐渐取代了目前各种各样的低端总线系统。LIN 在汽车上的应用刚刚起步，LIN 是 CAN 的经济版通信网络，可定位于低于 CAN 的通信层。这种低成本的串行通信模式和相应的开发环境已经由 LIN 协会制定成标准，将有利于汽车制造商以及供应商降低汽车的成本。LIN 协议标准目前已经历了若干个版本，如 LIN1.2、LIN1.3 和 LIN2.0 等。

二、LIN 的特点

LIN 协议以广泛应用的 UART/SCI 为基础定义。LIN 物理层是根据汽车故障诊断系统标准 ISO 9141 拟定的 12V 单总线，满足汽车环境的 EMC、ESD（静电放电）和抗噪声干扰要求。LIN 的特点如下：

1）单主机多从机组织，即没有总线仲裁。
2）从节点无振荡器的自同步功能。
3）系统配置灵活。
4）保证延时和信号传输的正确性。
5）故障节点的检测功能。
6）数据传输速率为 20kbit/s。
7）可选的报文帧长度为 2 字节、4 字节和 8 字节。
8）基于 UART/SCI 接口的廉价硬件实现。
9）带时间同步的多点广播式发送/接收方式，从机节点无需石英或陶瓷谐振器。
10）数据累加和校验和及错误检测功能。
11）廉价的单总线结构。
12）廉价的单片元器件。传送途径（按 ISO 9141）为廉价的单线传送方式，最长可达 40m。

三、LIN 与 CAN 的比较

在车载网络中，LIN 处于低端，与 CAN 以及其他 B 类或 C 类网络比较，其传输速度低，结构简单，价格低廉，并与这些网络为互补关系。由于汽车产品对价格和复杂性非常敏感，在车载网络低端使用 LIN 会显现其必要性和优越性。LIN 和 CAN 主要特性对比，见表 13-8；LIN 和 CAN 控制器特性对比，见表 13-9。

表 13-8　LIN 和 CAN 主要特性对比

网络 指标	LIN	CAN
媒体访问控制方式	单主方式	多主方式
典型总线传输速率/(kbit/s)	2.4~19.6	62.45~500
信息标识符/bit	6	11/29
网络典型节点数/个	2~10	4~20
位/字节编码方式	NRZ 8N1（UART）	NRZw/位填充
每帧信息数据量/B	2、4、8	0~8
每 4 字节的发送时间/ms	3.5（20kbit/s 时）	0.8（125kbit/s 时）
错误检测	8 位累加和	15 位 CRC
物理层	单线，13.5V	双绞线，5V
石英/陶瓷振荡器	主节点需要，从节点不需要	每个节点需要
网络相对成本	0.5	1

表 13-9　LIN 和 CAN 控制器特性对比

参数 节点	网络传输速度 /(kbit/s)	CPU 时钟 /MHz	CPU（%）	存储容量 (flash/ROM)/B	存储容量 (RAM)/B
LIN 16bit 主节点	19.2	4	10	1200	25
LIN 8bit 从节点（无振荡器）	19.2	4	15	750	22
LIN 8bit 从节点（带振荡器）	19.2	4	6	650	20
CAN 16bit 节点	125	8	15	3000	150

第四节　汽车车载局域网（LAN）

车载局域网（Local Area Network，LAN）是指分布在汽车上的电器与电子设备在物理上互相连接，并按网络协议相互进行通信，以共享硬件、软件和信息等资源为目的的电子控制系统。

一、LAN 的构成

LAN 的构成如图 13-40 所示，在汽车内部采取基于总线形式的网络结构，可以达到信息共享，减少布线，降低成本以及提高总体可靠性的目的。通常的汽车网络结构采用多条不同传输速率的总线分别连接不同类型的节点。CAN 等通信协议的开发使多个 LAN 可通过网关（智能服务器）进行数据通信，实现整车的信息共享和网络管理。

目前，国内外中高档轿车，如上海帕萨特 B5、一汽宝来和奥迪 A6、广州本田、东风雪铁龙等车都采用了 LAN 技术。采用 LAN 汽车的特点为：

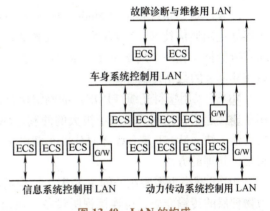

图 13-40　LAN 的构成

G/W—网关　ECS—ECU 或电子控制系统

1）汽车电子控制系统只需 1 根通信电缆，减少线束连接，减轻汽车质量。

2）电子控制系统的扩展性强，增加电控装置时几乎不需要对原有局域网的软件和硬件进行任何改动。

3）电子控制系统部件数量减少，使汽车的可靠性增加。

4）可实现实时故障诊断、测试和报警，实现集中显示、历史查询和故障自诊断等功能，使汽车具有准行驶记录仪功能。

二、LAN 的类型

LAN 的种类很多，网络种类不同，其形式、功能和通信速率也不相同，主要车载局域网络（LAN）的特点与应用见表 13-10。

表 13-10 主要车载局域网络 (LAN) 的特点和应用

LAN 名称		通信协议名称	通信速度 /(bit/s)	应用
车内网络	CAN	动力与传动、车身系统控制用 LAN 协议 (CAN)	1000	动力与传动系统、车身系统,欧洲汽车采用
	VAN	车身系统控制用 LAN 协议	1000	车身系统,美国汽车采用
	LIN	车身控制用 LAN 协议,液压控制组件专用 LAN 协议	20	主要用于开关与操作系统,欧洲汽车采用
	SAE J1850	车身系统控制用 LAN 协议	10.4	车身系统,美国、日本及欧洲汽车采用
	D2B/Optical	音频系统通信协议	5600	
车外网络	MOST	信息系统通信协议	22500	无线通信系统,BMW7 系列轿车、奔驰 E 系列轿车采用

第五节 多媒体定向系统传输 (MOST) 总线

一、多媒体定向系统传输 (MOST) 总线的特点

多媒体定向系统传输 (Media Oriented Systems Transport, MOST) 为车辆中使用的一种多媒体应用通信技术。MOST 利用一根光纤,最多可以同时传送 15 个频道的 CD 质量的非压缩音频数据。在一个局域网上,最多可连接 64 个节点。在保证低成本的条件下,可达到 24.8Mbit/s 的数据传输速率。

MOST 采用塑料光缆 (POF) 的网络协议,将音响、电视、全球定位系统及电话等设备相互连接起来,给用户带来了极大的便利。MOST 对通信协议给出了定义,说明了分散系统的构建方法。MOST 是多媒体时代的车载电子设备所必需的高速网络,提供了进行遥控操作和集中管理的方法。

MOST 网络不需要额外的主 ECU,结构灵活,性能可靠且易于扩展。MOST 网络光纤作为物理层的传输介质,可连接视听设备、通信设备以及信息服务设备。MOST 网络支持"即插即用"方式,在网络上可随时添加和去除设备。

随着车内娱乐系统的发展、数据传输技术的进步、辅助功能的增强(如倒车影像功能),车用电子系统数据越来越需要使用多媒体式传输,最适合上述要求的接口就是 MOST,如图 13-41 所示。

二、MOST 的结构原理

1. MOST 的基本结构

(1) MOST 节点结构 MOST 标准的节点结构模型如图 13-42 所示。MOST 网络可以连接基于不同内部结构和内部实现技术的节点,其拓扑结构可以是环行网或星形网或菊花链。MOST 网络上的设备分享不同的同步和异步数据传输通道,不同类型的数据具有不同的访问机制。

MOST 网络有集中管理和非集中管理两种模式。集中管理模式的管理功能由网络上的一

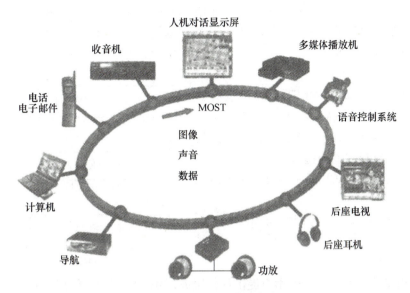

图 13-41 MOST 联网方式

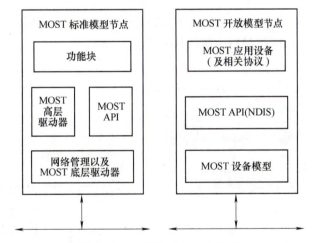

图 13-42 MOST 节点结构模型

个节点实施，当其他节点需要这些服务时，必须向该节点申请；非集中管理模式的网络管理分布在网络上的节点中，不需要这种中心管理。

MOST 网络由 MOST 连接机制、MOST 系统服务和 MOST 设备三个方面决定。MOST 网络起动时，为每一个网络设备分配一个地址；数据传输时，通过同步位流实现各节点的同步。

（2）MOST 设备　连接到 MOST 上的任何应用层部分都是 MOST 设备。因为 MOST 设备建立在 MOST 系统服务层上，可应用 MOST 网络提供的信息访问功能以及位流传送的同步频道和数据报文异步传送功能，向系统申请用于实时数据传送的带宽，同时还可以以报文形式访问网络和发送/接收数据。MOST 网络中的设备可以协同工作，同时传送数据流、控制信息和数据报文。

MOST 设备包括节点应用功能块、网络服务接口、发送器/接收器及物理层接口，如图

13-43 所示。MOST 设备可有多个功能块，如使用 CD 时，需要有"播放""停止"以及"设置播放时间"等功能，由外部访问。

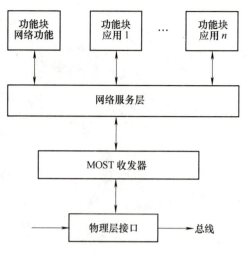

图 13-43 MOST 设备的逻辑结构

2. MOST 总线工作状态

（1）休眠模式 此时 MOST 总线内没有数据交换，所有装置处于待命状态，只能由系统管理器发出的光起动脉冲来激活，静态电流被降至最小值。睡眠模式的前提条件：

1）总线上的所有 ECU 显示为准备进入睡眠模式。

2）其他总线系统不经过网关向 MOST 提出要求。

3）诊断不被激活。

（2）备用模式 此时无法为用户提供任何服务，MOST 总线系统在后台运行，但所有的输出介质（如显示器、收音机等）都不工作。这种模式在起动及系统持续运行时被激活，备用模式激活条件：

1）由其他数据总线经由网关激活，如驾驶座旁车门打开/关闭时，如图 13-44 所示。

2）由总线上的一个 ECU 激活，如接听电话。

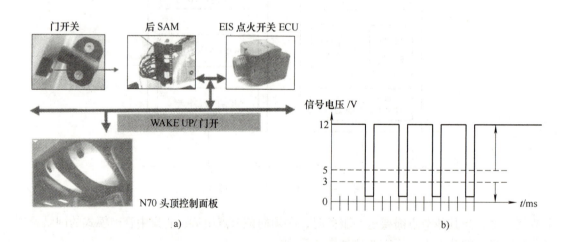

图 13-44 MOST 总线的激活

a) 激活方式 b) 激活信号

EIS—CAN 服务器，唤醒 CAN 中的其他控制模组

（3）通电工作模式 此时 ECU 完全接通，MOST 总线上有数据交换，用户可使用所有功能。通电工作模式的前提条件：

1）MOST 总线处于备用模式。

2）由其他数据总线激活。

3）激活可通过使用者的功能选择、通过多媒体的操纵单元实现。

3. MOST 控制原理

MOST 控制单元安装位置如图 13-45 所示，MOST 总线环形结构如图 13-46 所示。ECU 通过光纤沿环形方向将数据发送到下一个 ECU，该过程持续进行，直至首先发出数据的 ECU 又接收到这些数据为止，即形成一个封闭环。通过数据总线自诊断接口和诊断 CAN 对 MOST 总线进行诊断。

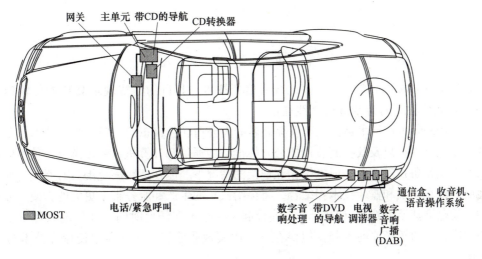

图 13-45 奥迪轿车 MOST 控制单元安装位置

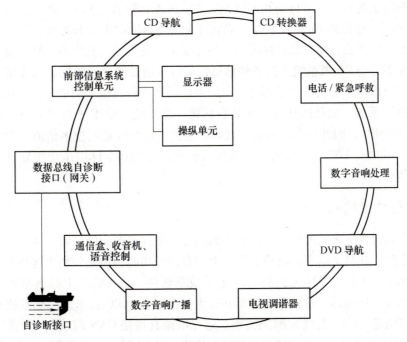

图 13-46 MOST 总线的环形结构

系统管理器与诊断管理器同时进行 MOST 总线内的系统管理。系统管理器用于控制系统状态、发送 MOST 总线信息和管理传输容量。

MOST 总线不仅传输控制数据和传感器数据，还能传输数字音频信号和视频信号以及其他数据。控制数据和传感器数据与数字音频信号和视频信号最大的区别在于数据容量，数字音频信号和视频信号的数据容量非常大（15Mbit/s），采用高速 CAN（1Mbit/s）也无法及时、快速传递。

第六节　蓝牙技术（Bluetooth™）

一、蓝牙技术（Bluetooth™）简介

蓝牙技术（Bluetooth™）是一种无线通信新技术，其目的是实现最高数据传输速率为 1Mbit/s、最大传输距离为 10m 的无线通信。

蓝牙（Bluetooth）技术是由五家世界著名的大公司联合宣布的一项无线电技术，是建立通用的无线电空中接口及其控制软件的公开标准，使通信和计算机进一步结合，使不同厂家生产的便携式设备在没有电线或电缆相互连接的情况下，能在近距离范围具有互用、相互操作的性能。汽车系统和蓝牙技术相结合，将会给汽车的生产和服务带来更大的方便。如果进一步和移动电话甚至因特网（Internet）连接起来，车主在任何时间、任何地点都可以了解汽车的状况，并给予必要的控制。但要在汽车内实现蓝牙技术，还需要使蓝牙技术与 CAN 技术相配合。

通过车载网络系统，驾驶人和乘客能够在车上发送电子邮件以及从事网络上各种活动，如电子商务和网上购物、股市行情和天气预报等。另外，微软（Microsoft）公司最新推出了专门为"车上网"设计的 AutoPC 软件。该软件采用 WindowsCE 操作系统，具有交互式语言识别等各种多媒体功能，能有效地保障汽车行车安全，使驾驶人在手不离转向盘、眼不离行驶前方的情况下，与 PC 机系统交换各种信息，如行车前方的交通状况、有无堵车、最短时间导航等。还可以在车上收发电子邮件、打网络电话和进行其他上网活动。通用公司不但开发了"车上网"系统，而且还开发了车载自动化办公系统。由于该系统采用超高速光纤串行数据通道（MML），因此具有多路数字式影音能力，可有效地调控多信道、大容量的输入和输出信号，如 CD、DVD、显示器、电视接收天线、音响和全球卫星定位导航系统都要与该系统交换信息。

二、蓝牙技术的特点

现代汽车将包含更多的通过两个或更多的网络连接起来的微处理器，这使得汽车参数可以通过软件定制，并且令汽车具有更大程度上的自诊断功能。为充分利用这些优势，有必要在汽车系统和生产工具以及服务工具（用于下载新软件、新参数或上载汽车状态、诊断信息等）之间建立双向通信。这些生产工具在很大程度上基于 PC 技术，汽车系统和生产工具间的连接通过电缆、CAN 总线或网关实现。通过电缆直接使 CAN 总线和 PC 相连，但电缆必须很短，根据 CAN 的标准在 1Mbit/s 传输速率下应小于 30cm，在实际应用中虽然可以更长一些，但相对使用方便性来说还不够长。在新的设计中，有的也使用 CAN/USB（通信串行总线）网关。蓝牙技术的最大优点是无线连接，不仅可用在汽车和生产工具之间，还可用在汽车和车主喜好的服务工具之间；最大的缺点是反应时间慢和安全性差。

随着人们越来越多地在车内接听电话和用移动电话收听音乐，蓝牙无线车载技术在汽车中的普及率有望快速增长，汽车上将蓝牙技术用于 CAN 的网关，将使汽车具有更高的无线接口扩展能力，从而具有更广阔的市场前景。为得到这个市场，必须在汽车中存储专用的蓝牙 MAC 层，并能通过 CPU 的指令在它与用户订制的 MAC 间切换。如果蓝牙芯片与用户订制 MAC 相结合，将蓝牙单元布置在需要灵活布线的地方，而不仅仅是与上面提到的蓝牙 CAN 网关通信，市场潜力会更大。

三、奥迪 A6L 车载蓝牙免提系统

1. 车载蓝牙免提系统的基本组成

奥迪 A6L 系列轿车车载蓝牙免提系统主要由电话发送与接收控制器 R36、手持话机 R37（蓝牙听筒，内含 SIM 卡读卡器和充电器）、信号接收天线 R52 等组成，如图 13-47 所示。

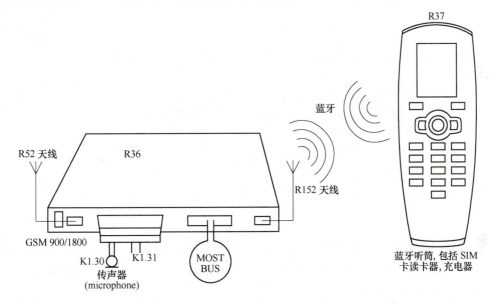

图 13-47　车载蓝牙免提系统的组成

2. 车载蓝牙免提系统的工作模式

手持话机与控制器 R36 通过话机上的蓝牙天线与控制器上的蓝牙天线进行无线通信，还可以与用户手机进行匹配后使用。

（1）基本工作模式
1）免提功能。
2）SIM 卡访问模式，SIM 卡设置在用户手机内。
3）SIM 卡访问模式，SIM 卡设置在车载手持话机内。

（2）工作模式的标识和使用方法　上述 3 种基本工作模式的具体标识可通过 MMI（多媒体交互系统）显示屏依次显示出来，但每种工作模式均须先进行蓝牙适配，即在使用之前，应通过相互输入验证码，使车载电话控制器单元与蓝牙设备建立连接关系后，才可进行相互通信。

3. 车载蓝牙免提系统的免提功能模式

免提功能模式的组成如图 13-48 所示。

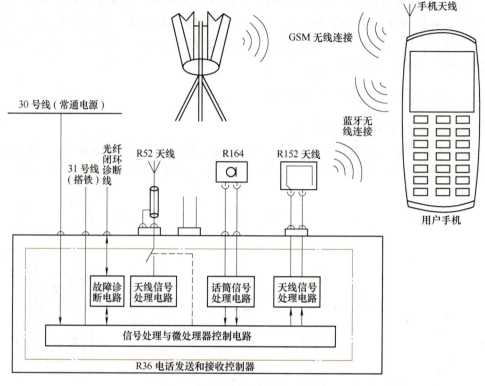

图 13-48 免提功能模式的组成

(1) 信号处理过程 用户手机天线接收 GSM 的无线电波信号，通过蓝牙与 R36 进行数据通信，由 R36 将语音信息转换为数字信息发送到 MOST 光纤总线，由功放系统将声音放大后，再通过车载扬声器传送出来。

(2) 采用免提功能模式时的匹配方法 采用用户手机搜索车载蓝牙，用户手机会搜索到一个名为"AUDI BTA××××"的蓝牙设备，建立连接后，通过车载 MMI 系统输入用户手机密码，即可建立连接。此时，车载 MMI 系统仅作为扬声器和传声器使用，车顶的信号接收天线 R52 与手持话机 R37 均会失去作用。车载蓝牙系统在同一时间内，R36 只与一个蓝牙设备连接，一旦两个设备相互配对成功后，其他已经配好的设备均会暂时失去连接而不能使用，车载 MMI 系统显示屏仅显示话机图标。

(3) 免提功能模式的特点 车载 MMI 和用户手机进行操作时，MMI 将无法实现车载 SIM 卡的各种功能，只能通过用户手机来实现。由于采用用户手机天线接收信号，故信号有时较弱。但免提功能模式便于匹配，且不必拆卸 SIM 卡，故使用方便。

4. 车载蓝牙免提系统的 SIM 卡访问模式

SIM 卡访问模式的组成如图 13-49 所示。

(1) 信号处理过程 车顶天线 R52 接收 GSM 的无线电波信号，提供给车载电话控制单元 R36。R36 与 R37 之间进行蓝牙通信，并通过蓝牙与用户手机进行通信，调取用户手机

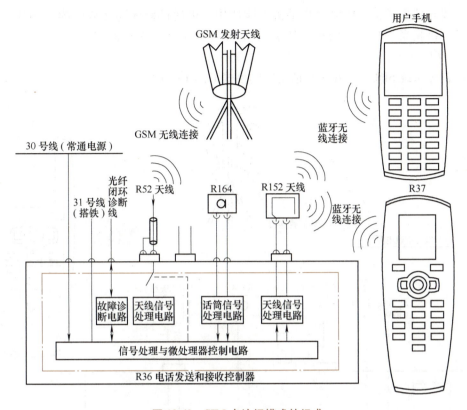

图 13-49 SIM 卡访问模式的组成

SIM 卡中的电话簿、短信等信息。

（2）SIM 卡访问模式的匹配方法 如图 13-50 所示，车载 MMI 设备搜索用户蓝牙手机，通过 MMI 屏幕选择电话（TEL），然后选择搜索移动电话。当搜索到满足要求的电话后，则要求输入用户电话的蓝牙访问密码，该密码由用户在自己手机中设置。当输入密码正确后，SIM 卡访问模式匹配完成，用户蓝牙手机与车载蓝牙系统之间建立连接关系。此时，MMI 显示屏时钟旁边信号强度符号右边显示 SIM 卡图标。

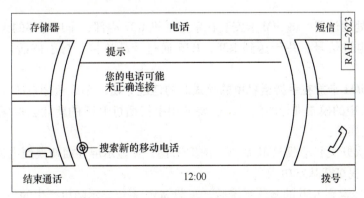

图 13-50 SIM 卡访问模式的匹配方法

（3）SIM 卡访问模式的特点 用户手机的各种功能通过车载 MMI 来实现，由于此时采用车载天线与外界通信，所以用户手机不能使用，可通过蓝牙连接从中读取 SIM 卡信息。此时用户手机相当于 U 盘（USB 闪存盘），车载 MMI 类似于读卡器。

5. 车载蓝牙系统 SIM 卡放在手持话机中的模式

车载蓝牙系统 SIM 卡放在手持话机中的模式如图 13-51 所示。

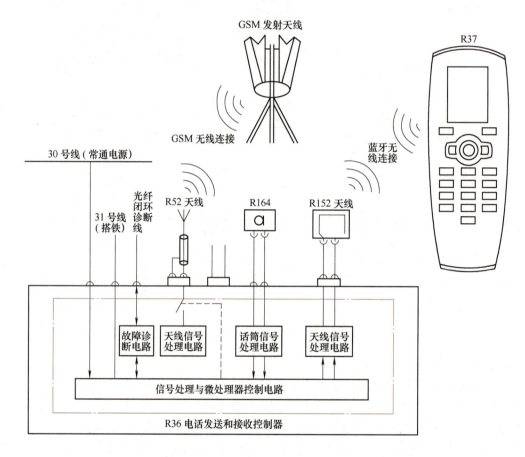

图 13-51　车载蓝牙系统 SIM 卡放在手持话机中的模式

（1）信号处理过程　将 SIM 卡安装在手持话机 R37 内部，车顶外部的天线 R52 接收来自 GSM 的无线电波信号，并传送到 R36，R36 通过蓝牙连接，与手持话机 R37 之间进行通信。

（2）采用 SIM 卡放在手持话机中的模式时的匹配方法　车载蓝牙系统在采用 SIM 卡放在手持话机 R37 中的模式进行匹配时，需要使用手持话机 R37 的蓝牙去搜索车载蓝牙实现通信，具体方法如下：

1）接通点火开关和车载 MMI 系统，按 TEL 键，使显示屏界面切换到电话界面，从 R37 的菜单中选择寻找车载基座功能。

2）当 R37 搜索到 R36 的蓝牙系统后，车载 MMI 系统显示随机产生的 16 位密码。

3）将 MMI 显示的 16 位密码输入 R37。

4）若上述两者适配成功，则 MMI 显示屏时钟的右边有表示信号强度的符号出现。

(3) SIM 卡放在手持话机中的模式特点

1）辐射小、信号好。
2）可实现免提和私密功能。
3）读取和发送手机短信。
4）减少事故发生的概率。

思考题与习题

13-1 介绍车载网络技术应用的必要性。
13-2 叙述网络技术在汽车上的应用情况。
13-3 叙述 CAN 的基本组成和数据传输原理。
13-4 比较 LIN 总线和 CAN 总线。
13-5 叙述汽车车载 LAN 的构成。
13-6 介绍 MOST 的构成与控制原理。
13-7 简要介绍蓝牙技术的特点。

第十四章

汽车新型电子控制系统介绍

本章主要介绍了车载导航系统、汽车稳定性控制系统、汽车线控转向系统、汽车线控制动系统和汽车线控节气门系统等新型电子控制系统的结构和工作原理,还简单介绍了驾驶人辅助系统与无人驾驶汽车。学习本章后,要求了解汽车新型电子控制系统为汽车的发展带来的改变,能基本掌握汽车新型电子控制系统的结构特点、工作过程和特性。

第一节 车载导航系统

车载导航系统简单地说就是车载导航的受信系统。该系统通过全球定位系统(GPS)天线,接收从人造卫星传来的电波,经计测速度回转仪对车速的计算,解析出目前所处位置的数据,由收录了地图的存储设备进行检索回原,最终在显示屏中显示车辆所处的位置、周围的道路交通路况、到达目的地的最佳线路以及通常情况下所需要的时间。该系统甚至可通过语言应答装置来模仿人的声音,及时地给驾驶人提供左右转弯及路名等语音指示。

在该系统上可以通过输入目的地的地址、电话号码或者公司的名称等方式来检索信息,这得益于该系统储存的信息十分完善,被检索的信息可以通过文字、简易图形、地图等方法来显示。由于装载了高精度的中央处理器,所以在显示屏的地图上可以绘出最近、迂回、最佳等几种不同的行车路线,给驾驶人提供了多种可选择的信息。根据显示屏上地图标明的行驶路线,在途中每一个路口需要转弯的地方,语音装置都会发出提示音,使驾驶变得轻松自如。如果切换画面还能取得由汽车信息通信系统(VICS)提供的情报信息,它可让你在最短的时间内了解到周围发生的诸如交通阻塞、突发事件等情况,提示你及时改变或修正行车线路。

车载导航系统的优点:方便、省时、能够取代地图和减少问路,同时增加了安全性、减轻了驾驶人的压力。缺点:分散驾驶人注意力、系统操作问题及数据库的限制(尤其是数据库的精确性)。

车载导航系统必须满足以下要求:
1) 系统能够在 90% 的行程时间内确定车辆当前位置,与实际位置偏差小于 20m。
2) 系统能够将车辆当前位置转换为地图坐标,且转换到最吻合的路段位置。
3) 系统能将车辆当前位置显示在地图上,并能让驾驶人看到。
4) 系统能够接受旅行目的地请求,并给出到达目的地的最佳路线。
5) 系统能根据整个规划路线的相关方向的行驶指令输出语音和视觉指示。
6) 系统能确定车辆是否"偏离路线"即偏离规划路段。
7) 系统能从当前错误位置开始重新规划路线来纠正"偏离路线"状态。

车载导航系统组成如图 14-1 所示,车辆前座中央有约 6in 的显示器,可显示道路地图和其他有关交通信息,其数据由存储设备提供。车前后部各装有 GPS 接收天线,GPS 接收器装在行李舱内,地磁传感器装在车顶,在车轮上装有车速传感器,转向装置上装有转向角度传感器等。有关信息经导航 ECU 统一管理,通过显示器输出对汽车导航。

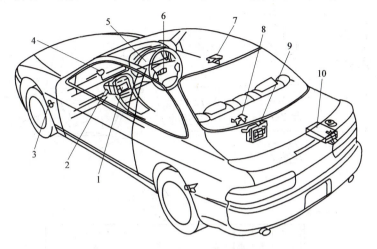

图 14-1　车载导航系统的组成和布置
1—LCD 显示板　2—导航 ECU　3—车轮转速传感器　4—GPS 接收天线　5—车速传感器　6—转向角传感器
7—地磁传感器　8—GPS 接收天线　9—GPS 接收器　10—存储设备

一、道路地图数据

以航空测量出的地形道路图为基础,将地图涵盖范围按一定比例划分成若干区域,每个区域上标明道路走向和道路管理的相关信息。例如,日本全国按每区域纵横约 80km(经度为 1°,纬度为 40′)划分一次网络,再分为 8 份作为二次网络(纵横约 10km),对此进一步分为 10 份作为三次网络(纵横约 1km)。这样全日本约有 39 万个属于三次网络的区域。

图 14-2 所示为数值信息记录的某一区域信息数据。所有数据都用代码化的数字表示。

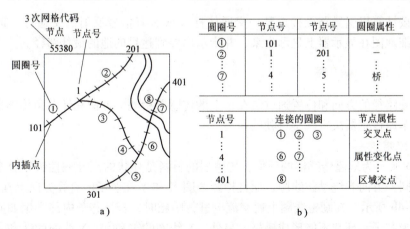

图 14-2　道路地图数据示意图
a)根据地形数据的作图　b)属性数据

存储设备数据库存储着具有各种道路属性(路面、路标、桥隧等)的基本道路地图数据。图 14-3 所示为存储设备数据库的数据组成。根据汽车行驶所处的位置(经、纬度)坐标，用手动操作或接收车外信息表示该车现处位置的方法，显示相应需要的地图数据。

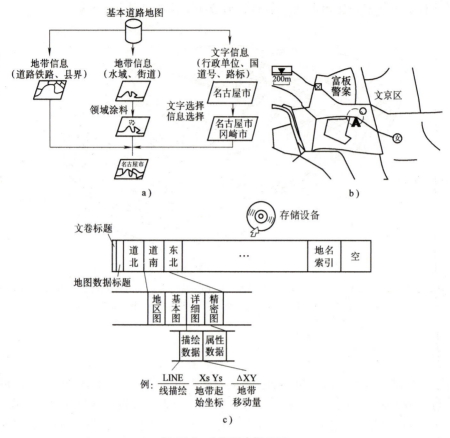

图 14-3 存储设备数据库
a）描绘数据组成 b）地图描绘比例（1/20000） c）存储设备数据库

当汽车按计算机引导路径接近某一交通信标（或装有信号反射的交通灯）时，计算机将当地的详细地图在显示器上显示出来，并指示出要到达目的地的最佳路径。

二、汽车导航传感器

汽车行驶路径的方向和位置通过装在车上的传感器检测。方向和转向角传感器决定汽车行驶方向，车速传感器决定汽车行驶的距离。

1. 地磁传感器

图 14-4a 所示为地磁传感器的外形，传感器的材料是环状的高导磁性铍钼合金。在圆周方向上，沿同一方向卷绕励磁线圈，而且检测线圈 X 和 Y 在芯子的直径方向上互相正交。

如图 14-4b 所示，在励磁线圈上通交流电进行励磁时，若是芯子内部产生如同虚线的磁力线，则因为芯子是环状不能形成磁极。另外，X 线圈的①和②、Y 线圈的③和④处，按照磁通量的变化而产生电动势，但①与②、③与④的磁力线分别为反方向，所以表现不出 X 及 Y 的输出。如图 14-4c 所示，若是从外部附加与 Y 线圈相平行方向的磁场，则 X 线圈上产生最大电压；而如图 14-4d 所示，若是 45°的方向上有外部磁场，则 X、Y 线圈上分别产生 1/2 峰值的电压。

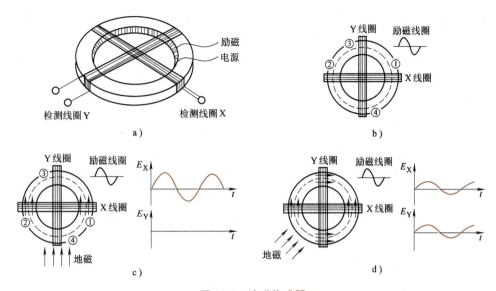

图 14-4 地磁传感器

a) 外形　b) 励磁状态　c) 附加与线圈相平行的外磁场时　d) 附加与线圈成 45° 的外磁场时

综上所述可知，设定时 X 线圈要与车体的前后方向相一致，然后测量 X、Y 线圈的输出电压的大小，就能检测出相对于车体的地磁的方向，如图 14-5 所示。

由此可见，通过检测地磁的方向，能够知道车辆的前进方向。传感器要设置到不容易受车体铁板自身具有的残余磁性或车辆电气零件的磁性影响的车顶中央等处。但是，地磁的磁场

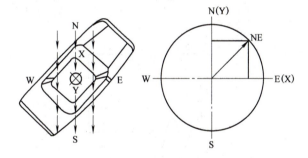

图 14-5 地磁传感器的方位输出

很弱，而且不一定均匀，所以容易产生误差并需要各种修正对策。

2. 陀螺罗盘

高速旋转体的旋转轴，在不加外力的情况下总是要保持一定方向。但是施以外力，则将引起与其正交轴的旋转运动。利用这个性质，可对空间物体的姿势（侧倾、纵向倾斜、偏转等）或速度进行检测。它常用于船舶和飞机等的自动操纵和摇动稳定性控制装置上。

为了知道汽车的前进方向，通过陀螺罗盘检测车体的横摆角速度（旋转角速度），并对它进行积分后求得方位。它不像地磁传感器那样受外界的干扰，所以可得到高精度的方位。但是，只能得到相对方位，因此有必要用其他方法给予它初始的绝对方位。作为汽车用陀螺罗盘，常见的有以下两种。

(1) 振动陀螺　它是对振动板附加角速度时，测定作用在与振动相垂直方向上的科氏力，来求角速度的方式。

振动陀螺的结构及原理如图 14-6 所示，检测部分的形状如同音叉，而振子与测头是互成 90°方向的一个整体，而且是由压电陶瓷材料制成。先将振子通以交流电，振子产生变形

从而引起振动,并使测头以一定的频率左右摆动。在这种状态下,若传感器以某种角速度旋转(车辆回转),则由于科氏力的作用,测头就与激振方向相垂直地摆动,并输出交流电压。通过对测头输出的交流信号的同步检波,能检测出回转方向和大小,并以线性信号输出。

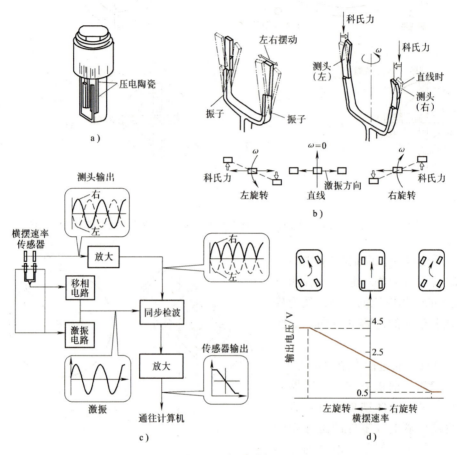

图 14-6 振动陀螺
a) 外形 b) 原理 c) 信号处理 d) 输出特性

(2) 光纤维陀螺 图 14-7 所示为光纤维陀螺的原理及相位调制方式电路。如图 14-7a 所示,光从线圈状光程的 A 点射入后,围着圆形光纤左右回转的传播,线圈状光程只用一根光纤维就可做成。对这个线圈附加旋转运动且角速度为 ω 时,若光在线圈上一个周期内从 A 点移到 B 点,则表明左旋光与右旋光一周所用的时间就不同。这个时间差与角速度 ω 成比例,而且能检测车体的横摆角速度。

测定左右两旋光的时间差(相位差)的方法是测定两光的干涉光的强度。但是,若原封不动,则如图 14-7a 所示的波形。在角速度为零的附近,检测灵敏度不高。在实际中采取如图 14-7b 所示的相位调制方式,它设置在检测线圈的一端,采用压电元件伸缩纤维的相位调制器,以此调制相位。用此调制频率对受光器的输入进行同步检波时,干涉输出就以角速度 ω 的正弦函数形式表现出来。

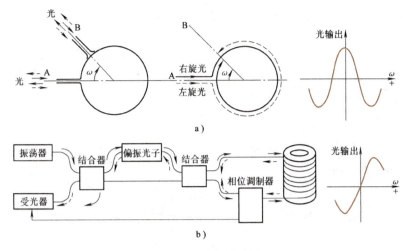

图 14-7 光纤维陀螺

a) 原理　b) 相位调制方式电路

3. 气体速率陀螺仪

对喷嘴喷射的氦气流施以角速度时，气流由于惯性而弯曲。气体速率陀螺仪就利用了这个原理，图 14-8 所示为它的结构和原理。从压电元件的振动泵喷出的氦气，由喷嘴喷射成一根气流，并均等地碰到两根热金属丝（钨丝）。热金属丝在流体的作用下，失去热并降温后输出变化的电阻值。改变车辆的行驶方向时，气流因惯性而弯曲，因而形成左右热金属丝的温度差，检测此温度差后可换算出角速度。

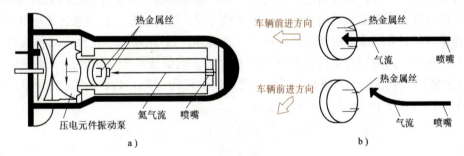

图 14-8 气体速率陀螺仪

a) 结构　b) 原理

若气体流速不恒定，会产生温度平衡点的偏移。因此，泵的喷出量的稳定性很重要。另外，内部需要（70±0.1）℃的恒温，有时从起动到温度的稳定需要约 5min，此期间输出并不稳定。

4. GPS

GPS 是通过测量从人造卫星发射的无线电电波到达地面的时间，来计算卫星与地面的距离，从而确定位置的一种系统。GPS 卫星有军用和民用两大类，其中后者的电波频率公开。

GPS 系统是在地球上空 20183km 处的 6 个轨道面上，按等间隔分别布置 3 颗，共计 18 颗轨道卫星，如图 14-9a 所示。无论在地球的何处，总能够接收到来自 4 颗卫星的电波。轨道面与赤道成55°，各卫星在一天内围绕地球回转两圈。

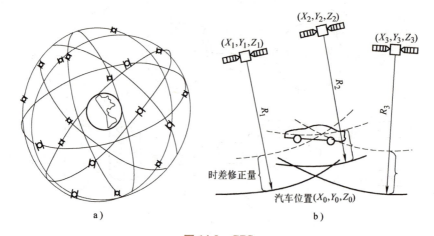

图 14-9　GPS

a）卫星轨道　b）测定原理

从 GPS 卫星发送的信号是将代码化的卫星轨道位置信息和根据原子钟的电波发射时刻，通过 1575.42MHz（民用）和 1227.60MHz（军用）载波传送到地球。民用的使用 C/A 代码服务（Standard Positioning Service，SPS），测位精度为 30~100m；而军用的使用 P 代码服务（Precise Positioning Service，PPS），测位精度小于 15m。

以位置为基准的三角测量原理，是进行汽车位置计算的基础，如图 14-9b 所示。GPS 卫星上装有高精度的时钟，并发射电波及时刻信号。因为接收一方通过接收机上的时钟，可知接收电波的时刻，所以能知道电波到达所需要的时间。按上述方法测定来自 3 颗卫星的电波到达所需要时间，分别乘上电波的传播速度（即光速，约 3×10^8 m/s）而得的值就是卫星到汽车之间的距离。因为同时发送各 GPS 卫星在轨道上的位置，所以接收点（本车位置）是 3 颗卫星分别作为中心的 3 个球面的交点。汽车的坐标为 (X_0, Y_0, Z_0)，三颗卫星位置分别为 (X_i, Y_i, Z_i)，$i=1, 2, 3$，根据方程

$$R_i = \sqrt{(X_i - X_0)^2 + (Y_i - Y_0)^2 + (Z_i - Z_0)^2} \tag{14-1}$$

$$R_i = Ct_i \tag{14-2}$$

式中　R_i——各卫星到汽车的距离（m）；

　　　C——无线电波传播速度，与光速相等；

　　　t_i——各卫星电波传到汽车所用的时间。

解方程组可以求出汽车的位置坐标。但是，当卫星一方与接收机一方之间若有时钟的误差，则 3 个球面不会交叉。为此，可接收第 4 颗卫星的电波，通过计算求 3 个球面在一点的交叉点，并以第 4 颗卫星的时刻为基准，修正接收机的时钟。

根据 GPS 测位，能知道纬度、经度和高度。但是，在大城市的高层大楼的街道或隧道里不可能接收电波，所以作为汽车导航用传感器不能单靠 GPS。GPS 可以与依靠陀螺或地磁传感器的推测导航法相组合，用于判断现在位置的推测值是否有错。

5. 信标

信标有电波式和光式两种。现正在开发的电波信标，将采用 2.5GHz 频带的微电波；而

开发的光信标,将采用波长 850nm 的红外线。无论何种信标,都安装在交叉点附近的道路标识柱或信号器等处。装备有接收装置的汽车通过其附近时,接收电波或光信号。接收到的数据包括,除了设有信标的位置之外,还有道路向导、交通向导、施行时间(从该处到特定地点的所需时间)等。来自信标的信息属于点式信息,但也可以用于推测导航法的误差补偿上。

信标作为汽车信息通信系统(VICS)的路上通信装置,目前科研人员正在研究其实际应用。

三、地图微调导航法

在汽车位置推测导航法中,对由于方位设定的误差、各种传感器的误差、道路地图与实际道路之间的不重合等引起的累积误差需要及时补偿。所谓地图微调,是指将通过推测导航法得到行驶轨迹与画面上显示的道路地图上的道路形状相比较,认为行驶在形状上与地图上一致概率最高的道路上,自动修正本车位置的功能。下面介绍地图微调法。

1. 车辆位置修正

如图 14-10a 所示,每次经过道路地图上设定的检测点时,连接检测点而形成的道路形

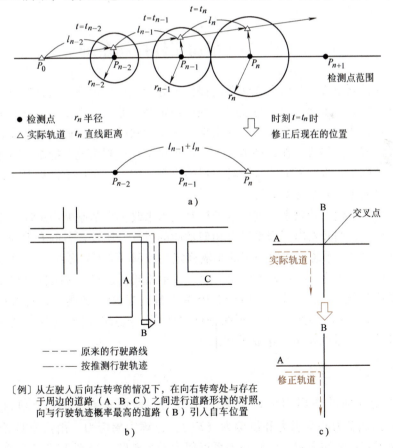

图 14-10 地图微调
a)车辆位置修正 b)多经路追迹 c)距离偏差补偿

状与按推测导航法的实际轨迹形状相对照。当它们的相似性高于所定值时，判断为正在经过此道路。判定相似性的所定值时，从方位误差、距离误差、道路宽度、检测点之间距离等内容出发，根据概率性因素决定。在这个判断的已过去的检测点中，以最初经过的检测点作为起点，根据实际行驶距离进行修正。

2. 多经路追迹

在道路互相接近的情况下，将几个道路作为检测对象进行追迹。图 14-10b 所示的情况下，需要早期判定。

3. 距离偏差补偿

检测轨迹的弯曲部位，并通过修正交叉点和弯曲点，补偿因距离传感器误差等引起的位置偏差。在图 14-10c 中，从道路 A 向右转弯进入道路 B 时，看弯曲形状，若正确，就往道路 B 上修正现在位置。

在地图上以高精度显示现在地点时，才有可能实现向目的地导向的功能。搜索从出发点到目的地点的所有节点（连接检测点与检测点的最小单位经路），并按各环节长度的总和计量最短的路径，为驾驶人导向。为了实际行驶时不受到阻碍，不但考虑最短路线，还要根据道路规则、通行规则、道路宽度、使用高速道路等条件，在各环节长度上加一定余量进行计算。

第二节　汽车稳定性控制系统

汽车稳定性控制系统是为汽车在转弯时提供良好的循迹稳定性，通过控制制动器的制动力和发动机输出转矩，来保证汽车行驶时的横向稳定性。通常，汽车会随着转向操作稳定地转弯，可是，在无法预料的情况或外部因素下，如路面状况、急加速、紧急避让，汽车会呈现不足转向或过多转向趋势。在这种情况下，汽车稳定性控制系统会抑制过量不足转向或过多转向，修正到原有正常路径的循迹行驶，以使汽车稳定。汽车稳定性控制系统是使汽车适应极限行驶工况的主动安全性的装置。

从 20 世纪 80 年代中叶以来，利用电子控制技术来改善汽车操纵稳定性越来越受到各大汽车公司的重视，它们开发出了很多具有相似功能的系统。比较著名的有 Bosch 公司的电子稳定程序控制（ESP）系统，丰田公司的车辆稳定性控制（VSC）系统，宝马公司的动力学稳定性控制（DSC）系统。尽管各大公司的命名各不相同，这些系统结构上也略有差异，但是它们的主要功能和原理是一致的。由于 1998 年 2 月梅赛德斯-奔驰公司首次在它的 A 级车批量安装 ESP 系统，用于克服该 A 级车在进行"麋鹿"试验时出现的翻车现象，使得大家对 ESP 系统能降低事故的发生率达成了共识。

一、汽车稳定性控制基本原理

汽车轮胎受地面的作用力可以分为三个分力：地面垂直反力（F_Z），纵向作用力（F_X），即纵向的制动力和牵引力和侧偏力（F_Y），也称为拐弯力。由汽车理论可知，F_X 和 F_Y 都受到地面附着系数的限制，他们的关系近似为一个椭圆（见图 14-11）。侧偏力 F_Y 与轮胎的侧偏角有关，在小侧偏角时二者呈线性关系，在大侧偏角时为非线性关系，极限时侧偏角增加，侧偏力几乎不再增加，如图 14-12 所示。

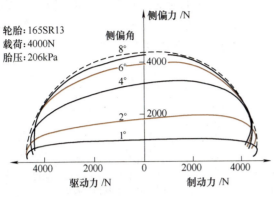
图 14-11　地面切向反作用力对侧偏特性的影响

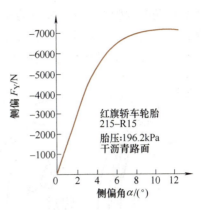
图 14-12　侧偏力和侧偏角的关系

汽车行驶过程中，当侧向加速度比较小时，转弯半径 R 与转向盘转角近似为线性关系，驾驶人很容易控制汽车的弯道行驶，这时的不足转向量比较小。如果进一步加大转向盘转角，轮胎就进入非线性工作区，这时转弯半径不再增加，如图 14-13 所示。由图 14-14 可见，

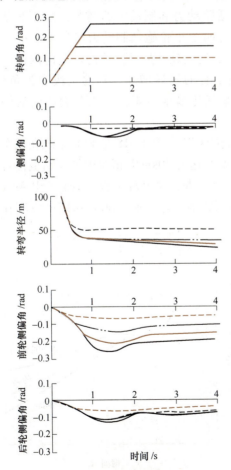

图 14-13　汽车初始速度为 70km/h 时不同转向角度阶跃输入下的响应

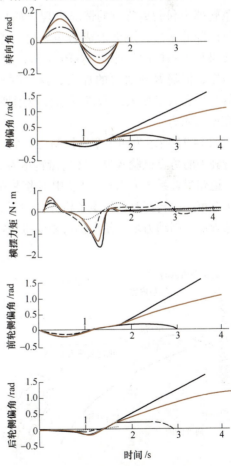

图 14-14　汽车初始速度为 120km/h 时频率为 0.6Hz 的转向角正弦输入下的响应

在大转向角时驾驶人不能按原来的经验驶过弯道，不能准确地控制汽车。极限时，可能前轮先侧滑，然后汽车向外驶离弯道（见图 14-15a）；也可能后轮先侧滑，然后出现汽车急转掉头的情况（见图 14-15b）。无论哪种情况在实际弯道行驶时出现都会发生危险。

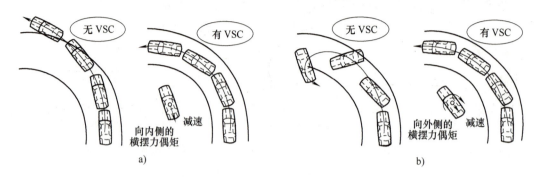

图 14-15　车辆稳定性控制系统（VSC）的作用

汽车稳定性控制系统通过对四个车轮上的纵向力 F_X 的调节增加汽车的偏转力矩，避免急转掉头和驶离弯道的情况出现。F_X 的调节包括驱动力和制动力的调节，减少驱动力不仅能降低车速，还会形成力矩。要注意的是，对四个车轮施加制动力产生的横摆力矩的效果是不一样的，如图 14-16 所示。制动前内轮、后内轮和后外轮均能产生向内侧的横摆力矩，但随着制动力的加大，这三项横摆力矩中有的迅猛增加，有的很快变为负值，有的是先负后又变大。所以要综合利用四个车轮来优化横摆力矩，以使车辆达到最好的路径循迹能力。

图 14-17 所示为四个车轮控制与一个后内轮控制的对比。图 14-18 是 ESP 系统在汽车变道行驶中的仿真试验效果，转向盘转角为 ±90°，初始车速为 40km/h 试验中加速踏板位置不变，道路附着系数为 1.0，试验中不考虑驾驶人的修正，是一个开环试验。不带 ESP 系统的汽车在第一次转弯时就发生了汽车的滑转，不再遵循轨道行进；而带 ESP 系统的汽车在前外轮施加了制动力矩，使车辆行驶变得稳定。

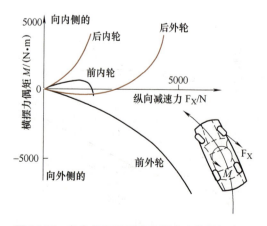

图 14-16　各车轮作用制动力所产生的横摆力矩

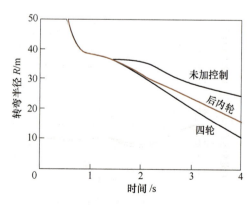

图 14-17　四个车轮控制与一个后内轮控制

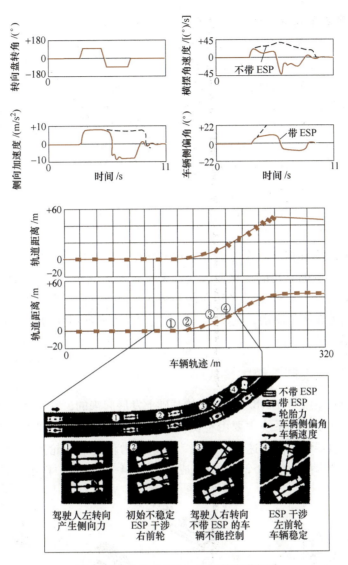

图 14-18　汽车在 40km/h 时的变道行驶

二、汽车稳定性控制系统的控制方法

汽车操纵不稳定现象是伴随前后轮的侧滑及横摆运动而产生的，所以为了获得良好的操纵稳定性，需要控制适当的侧偏角。操纵稳定性的基本控制方法有两种，即随车身的侧偏角及其变化率的增加在前外轮上施加制动力，以控制自转稳定性的方法；随前轮侧偏角的增加，以后轮的内轮为中心，附加制动力的控制方法。

由于车身以及车轮的侧偏角不能直接检测，所以在操纵稳定性的控制中，关键的问题是通过各传感器的信息如何精确地推测车辆的不稳定状态和侧滑程度。车身或车轮的侧偏角，一般可以通过横摆角速度、横向加速度、车速以及转向角等的信息来计算，也可以通过建立车辆运动模型提高推测精度。

工程实际中，较简化的控制方式有以下两种。

(1) 抑制过量不足转向 汽车是否处于不足转向状态可由目标侧向摆动率和汽车实际侧向摆动率之差确定。如果汽车实际侧向摆动率小于驾驶人转动转向盘时应产生的合适侧向摆动率（目标侧向摆动率由车速和转向角确定），就意味着汽车转向不足。这时，ECU 会认为有产生不足转向的趋势，它将根据不足转向的程度，控制发动机的输出转矩和对后轮施加制动，这样对车辆提高根据不足转向控制力矩的能力有帮助，有助于抑制不足转向的趋势，如图 14-19a 所示。

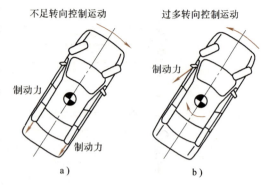

图 14-19 汽车稳定性控制系统的控制

(2) 抑制过量过多转向 汽车是否处于过多转向状态可由汽车滑移角度和汽车滑移角速度（汽车滑移角速度随时间的变化而改变）来确定。当汽车滑移角度大，并且汽车滑移角速度也大，ECU 会认为有产生过多转向的趋势，它将根据过多转向的程度，控制发动机的输出转矩并对前外轮施加制动，这样使汽车产生向外方向的惯性力矩，有助于抑制过多转向的趋势，如图 14-19b 所示。

三、汽车稳定性控制系统的构成

汽车稳定性控制系统是在 ABS 和 ASR 的基础上发展起来的，它是 ABS 和 ASR 系统的集成，有许多部件是共用的。系统主要由检测汽车运动状态的传感器部分（转向盘转角传感器、侧向加速度传感器、横摆角速度传感器、制动压力传感器、轮速传感器等）和控制单元以及控制制动力和牵引力的执行器部分组成，如图 14-20 所示。稳定性控制系统的控制

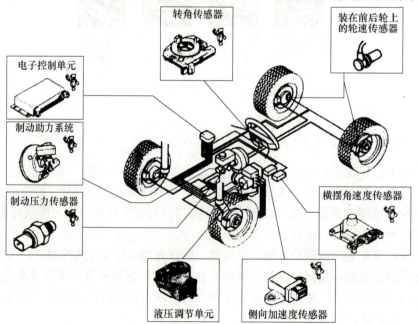

图 14-20 汽车稳定性控制系统组成

单元（ECU）根据来自传感器的信息进行判断演算处理之后，向制动力和牵引力的控制系统发出相应的控制指令，控制适当的制动力和牵引力，以保证汽车转向操纵时的稳定性。

1. 转向盘转角传感器

该传感器与安全气囊用的滑环式复位环构成一个整体，量程可达±720°。该传感器为光电式传感器（见图14-21），由一个编码盘b、一个光源a、几个光敏器件c和d、旋转计数器e等组成。编码盘由具有不同宽窄开口的两个圆环组成，将圆环展平成两个平行平板——增量板和绝对位置板。增量板具有均匀的缺口，用来计数增加量；绝对位置板具有位置的定位功能，确定转动的起点，缺口的排列是不均匀的。比较这两种信号，就能确定起始位置，从而计算出移动的距离。

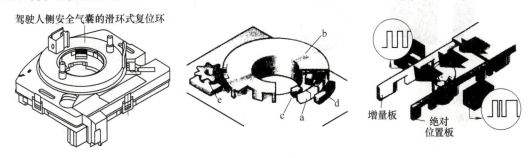

图14-21 转向盘转角传感器

2. 侧向加速度传感器

常用的侧向加速度传感器为霍尔式传感器，如图14-22所示。永久磁铁通过一个弹簧片与减振底板相连，当汽车有侧向加速度时，永久磁铁在惯性力的作用下来回摆动，与霍尔器件之间产生相对位移。侧向加速度越大，永久磁铁与霍尔器件之间的相对位移就越大，霍尔器件上产生的电动势就越高。

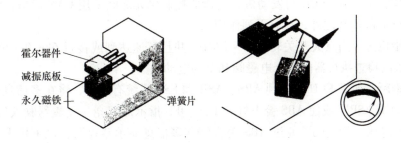

图14-22 霍尔式侧向加速度传感器

3. 横摆角速度传感器

横摆角速度传感器有两种结构：一种是基于石英技术的线性振动系统，如压电调谐叉；另一种是振动壳角速度传感器。压电调谐叉上一般有4个压电元件，下端用于驱动，上端用于测量。汽车转弯行驶时，科氏加速度产生的力使得叉子末端的挠度超出叉子的摆动平面，致使安装在叉子上端的压电元件产生振动，就可以测量角速度。振动壳角速度传感器的基本部件是一个小的金属空心圆柱体（见图14-23），圆柱体上有4对8个压电元件，其中4个（1、2两对）用来激振，使圆柱体处于谐振状态，4个（3、4两对）用来测量圆柱体节点的移动。当没有横摆角速度时,金属圆柱体没有转矩的作用,4个测量片的输出为0;当有横摆角速度时,振动波节就发生变化,4个测量片就能检测到振动,控制单元根据其输出的 U_A 就可以测得横摆角速度的大小。

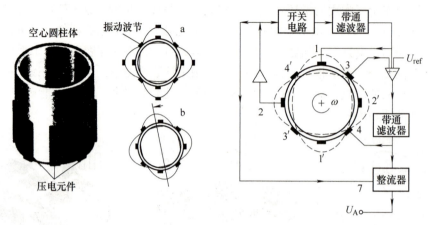

图 14-23 横摆角速度传感器

4. 液压调节单元

汽车稳定性控制系统与 ABS 和 ASR 共同使用一个液压调节单元,工作时根据电子控制单元发出的指令,在不同的情况下进行不同的控制。其结构与工作原理同 ABS 的液压调节单元。

5. 电子控制单元(ECU)

Bosch 公司采用冗余设计,用 2 片 83C196KL 带 48KB ROM 用 4 层板结构,板上安装着所有阀和信号灯的驱动,功率的提供采用半导体继电器。在汽车稳定性控制系统工作模式需要发动机管理系统工作,ECU 与发动机、变速器控制单元之间采用 CAN 通信。ECU 除正常控制 ABS、ASR 和 ESP 之外,还有下列作用:

(1)**初始检查** 当点火开关转到 ON 位置,并且车速达到或接近 6km/h 时,ECU 进行初始检查。依次检查执行器的每个电磁阀和泵的电动机。

(2)**自诊断** 如果 ECU 检测到 ABS、ASR 和 ESP 系统有故障,将在多信息显示器上显示字母"CHECK ESP"或使 ABS 警告灯和 ESP OFF 指示灯闪亮,提醒驾驶人发生了故障。ECU 也存储故障码。诊断码可通过 ABS 警告灯和多信息显示器提取,也可用手持式检测仪提取。

(3)**失效保护** 如果 ECU 系统发生故障,ECU 会停止对 ABS、ASR 和 ESP 的控制。这时,制动器和节气门会像在无 ABS、ASR 和 ESP 的汽车中一样工作。

四、汽车稳定性控制系统的工作过程

根据从轮速传感器、转向盘转角传感器、侧向加速度传感器、横摆角速度传感器获得的信号,ECU 判断汽车的状况。如果在紧急避让或转弯时,出现过量的不足转向或过多转向趋势,ECU 确定汽车状态超出预定值的程度,并且控制节气门开启角度,以及根据汽车状况控制制动压力。

ESP 的操作是基于 ECU 的运算结果进行的。

1）由转向盘转角传感器和轮速传感器向 ECU 提供转向轮的转角和各车轮的转速信号。ECU 通过对这些信息的分析计算可以认知驾驶人的转向意图。

2）由侧向加速度传感器和高灵敏度的横摆角速度传感器以一定的频率向 ECU 传递车辆绕垂直轴线转动的参数和转弯时的离心力参数。

3）ECU 利用这些信息实时地、连续不断地进行实际工况与期望工况的对比分析。一旦车身出现摆动趋势，系统将瞬间采取修正措施，输出适当的指令，对各个车轮实行精确的制动，以实现汽车平稳行驶。

第三节　汽车线控技术

线控技术（X-by-Wire）源于飞机控制系统。飞机控制系统是一种线控系统（Fly-by-Wire），它将飞机驾驶人的操纵命令转换成电信号，利用计算机控制飞机飞行。这种控制方式引入到汽车驾驶上，其过程就是利用传感器感知驾驶人的驾驶意图，并将其通过导线输送给中央处理器，中央处理器再发送指令给相应的执行机构完成驾驶人的相关操作。X-by-Wire 也称为 Anything-by-Wire，它的全称是"没有机械和液力后备系统的安全相关的容错系统"。"X"表示任何与安全相关的操作，包括转向、制动等。"by-Wire"表示 X-by-Wire 是一个电子控制系统。在 X-by-Wire 系统中，所有元器件的控制和通信都通过电子控制来实现。X-by-Wire 系统是没有机械和液力后备系统的。传统的机械和液力系统由于结构（间隙、运动惯量等）的原因，从控制指令发出到指令执行会有一定的延迟，这在极限情况下是不能允许的。X-by-Wire 系统用电子控制，会大大地减小延迟，为危险情况下的紧急处理赢得了宝贵的时间。目前的汽车线控技术主要包括线控转向（Steer-by-Wire）、线控制动（Brake-by-Wire）、线控换档（Shift-by-Wire）、线控节气门（Throttle-by-Wire）和线控悬架（Suspension-by-Wire）等，采用这些线控系统将完全取代现有系统中的液压和机械控制。采用线控技术可以降低部件的复杂性，减少液压与机械控制装置，可以减少杠杆、轴承等金属连接件，减轻质量，降低油耗和制造成本，也相应提高了可靠性和安全性。还有重要的一点，由于导线走向布置的灵活性，使得汽车操纵部件的布置也具有灵活性，更易实现底盘集成控制，扩大了汽车设计的自由空间。可见，线控技术在汽车上的运用是一种追求更敏捷、更精确、也更安全的操纵模式。目前，欧洲生产的汽车中有 40% 采用 X-by-Wire 技术。随着 X-by-Wire 技术的发展，Brake-by-Wire、Thrust-by-Wire、Steer-by-Wire、Shift-by-Wire 等 by-Wire 系统将成为 X-by-Wire 系统的各个子系统，它们之间会有一些数据要共享，将有一个更大的通信系统来实现它们之间的通信，从而使整个汽车成为一个完全的 X-by-Wire 系统。

一、汽车线控转向系统

汽车线控转向系统取消了转向盘和转向轮之间的机械连接，完全摆脱了传统转向系统的各种限制，不但可以自由设计汽车转向的力传递特性，而且可以设计汽车转向的角传递特性，减少了大约 5kg 质量，消除了路面的冲击，具有降低噪声和隔振等优点。目前国外著名汽车公司和汽车零部件厂家竞相研究线控转向系统，如美国 Delphi 公司、TRW 公司，日本三菱公司、Koyo 公司，德国 Bosch 公司、ZF 公司、BMW 公司等都相继在研制各自的线控转向系统，国内也开始涉足这一相关研究领域。

线控转向系统由转向盘模块、转向执行模块和主控制器（ECU）3个主要部分以及自动防故障系统、电源等辅助模块组成，其结构如图14-24所示。转向盘模块包括转向盘、转向盘转角传感器、转向盘转矩传感器、转向盘回正力矩电动机。其主要功能是将驾驶人的转向意图（通过测量转向盘转角）转换成数字信号并传递给主控制器，同时接收ECU送来的转矩信号，产生转向盘回正力矩以提供给驾驶人相应的路感。

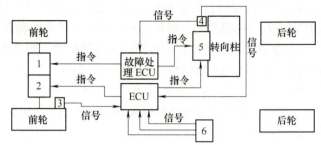

图14-24　线控转向系统简图

1—故障处理电动机　2—转向执行电动机　3—车轮转角传感器
4—转向盘转角传感器、转向盘转矩传感器　5—回正力矩电动机
6—车速传感器、横摆角速度传感器、车身加速度传感器

转向执行模块包括前轮转角传感器、转向执行电动机、转向电动机控制器和前轮转向组件等。其功能是接受ECU的命令，控制转向电动机实现要求的前轮转角，完成驾驶人的转向意图。ECU的功能是对采集的信号进行分析处理，判别汽车的运动状态，向转向盘回正力矩电动机和转向电动机发送命令，控制两个电动机的工作。自动防故障系统是线控转向系统的重要模块，它包括一系列监控和实施算法，针对不同的故障形式和等级做出相应处理，以求最大限度地保持汽车的正常行驶。汽车的安全性是必须首先考虑的因素，是一切研究的基础，因而故障的自动检测和自动处理是线控转向系统最重要的组成系统之一。

线控转向系统的工作原理是：当转向盘转动时，转矩传感器和转角传感器将测量到的驾驶人转矩和转向盘的转角转变成电信号输入到ECU，ECU依据车速传感器和安装在转向传动机构上的位移传感器的信号来控制力矩反馈电动机的旋转方向，并根据转向力模拟，生成反馈力矩，控制转向电动机的旋转方向、力矩大小和旋转角度，通过机械转向装置控制转轮的转向位置，使汽车沿着驾驶人期望的轨迹行驶。

汽车线控转向系统的性能特点：①改善汽车的操纵性。可以实现传动比的任意设置，并对随车速变化的参数进行补偿，使汽车转向特性不随车速变化。②提高汽车的稳定性。线控转向系统可通过前轮转向的控制实现BYC控制系统功能，且可以与其他主动安全设备相结合，实现对汽车的整体控制，提高其稳定性。③改善驾驶人的路感。由于转向盘和转向车轮之间无机械连接，驾驶人"路感"通过模拟生成。可以从信号中提取出最能够反映汽车实际行驶状态和路面状况的信息，作为转向盘回正力矩的控制变量，使转向盘仅向驾驶人提供有用信息，从而为驾驶人提供更为真实的"路感"。④其他方面的优点。线控转向系统在需要转向时电动机才有功率输出，省去了传递效率极低的带传动，减少了燃油消耗。线控转向系统中取消了液压助力，从而避免了液压油泄漏、液压油管和油封等废弃物对环境造成的污染。它取消了转向柱、带轮、传动带等部件，给发动机舱节省了空间，给总布置带来了很大的方便。采用了取消转向盘的线控转向系统后，减少了危险发生时对驾驶人的伤害。

二、汽车线控制动系统

传统轮式车辆制动系统的气体或液体传输管路长，阀类元件多。对于长轴距或多轴车辆及远距离控制车辆，由于管路长、速度慢，易产生制动滞后现象，制动距离增加，安全性降低，而且制动系统的成本也较高。线控制动用电线取代部分或全部制动管路，并可省去制动系统的很多阀。此外，在电子控制器中设计相应程序，操纵电控元件来控制制动力的大小及各轴制动力的分配，可完全实现使用传统阀类控制件所能达到的 ABS 及 ASR 等功能。美国通用公司在 2003 年研制的 Hy-wire 概念车和 2005 年研制的 Sequel 概念车上都采用了线控制动技术。

线控制动系统由电子踏板模块、车轮制动模块、传感器和电控单元（ECU）4 个主要部分及电源等辅助系统组成，如图 14-25 所示。驾驶人进行制动操作时，踏板行程传感器探知驾驶人的制动意图，把这一信息传给 ECU，ECU 汇集轮速传感器、转向角传感器等各路信号，根据车辆行驶状态计算出每个车轮的最大制动力，再发出指令给制动执行器执行各车轮的制动。同时，控制系统也接收其他电子辅助系统（例如 ABS、ESP 等）的传感器信号，从而保证最佳的减速度和行驶稳定性。

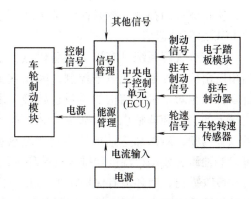

图 14-25 线控制动系统结构框图

线控制动系统具有以下显著优点：①提高汽车的制动性能。对驾驶人来说，车轮的独立制动提高了制动性能，即使有一个车轮制动失灵，仍有 3 个车轮提供制动，保证了安全性。同时，线控制动系统能够优化制动防抱死功能和稳定性控制的性能，提高制动效能。②增加汽车的辅助制动功能。线控制动系统作为新的制动平台，很容易增加辅助制动功能。如塞车辅助制动功能，在发生塞车的情况下，驾驶人只需控制加速踏板，一旦把脚从加速踏板上挪开，系统会自动施加一定的制动力以减速停车，这样，驾驶人就不需要在加速踏板和制动踏板之间频繁地轮换；再如起步辅助功能，当车辆在斜坡上处于停车状态时，迅速、有效地踩一下制动踏板，然后踩加速踏板，此功能就开始起作用，松开驻车制动，使车辆平稳起步，简化了通常麻烦的斜坡起步过程。③其他方面的优点。线控制动系统制造、装配、测试简单快捷，制动总成为模块化结构，减少了机械制动部件，更利于车厢布置，同时也提高了被动安全性，降低了制动时产生的噪声，减少了制动液的使用，维护简单，利于环保。

三、汽车线控节气门系统

传统的节气门控制方式是驾驶人通过踩加速踏板，由节气门拉索直接控制发动机节气门的开合程度，从而决定加速或减速，驾驶人的动作与节气门的开合是通过拉索的机械运动联系的。而线控节气门系统将这种机械联系改为电子联系，驾驶人仍然通过踩加速踏板控制拉索，但拉索并不是直接连接到节气门，而是连着一个加速踏板位置传感器，传感器将拉索的位置变化转化为电信号传送至 ECU，ECU 将收集到的相关传感器信号经过处理后，发送命令至节气门作动器控制模块，节气门作动器控制模块再发送信号给节气门作动器，从而控制节气门的开合程度。本田公司在新一代雅阁 V6 轿车上，采用了线控节气门技术。丰田公司在雷克萨斯旗舰车型 LS430 上采用了全电子的线控节气门系统。

线控节气门系统主要由加速踏板、踏板位移传感器、ECU、数据总线、伺服电动机和节气门执行机构组成,见图 14-26。踏板位移传感器安装在加速踏板内部,随时监测加速踏板的位置。当监测到加速踏板高度位置发生变化时,会瞬间将此信息送往 ECU,ECU 对该信息和其他系统传来的数据信息进行运算处理,计算出一个控制信号,通过线路送到伺服电动机继电器,伺服电动机驱动节气门执行机构,实现节气门控制。数据总线则负责系统 ECU 与其他 ECU 之间的通信。

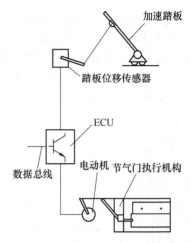

图 14-26 线控节气门系统组成示意图

线控节气门系统具有以下显著优点:①由于节气门角度由机械控制变成电子控制,因此减少了机械组合零件,相对地机械结构的质量也减轻,理论上对于机械上的润滑和调整也可以减少。②线控节气门不但可以让驾驶人对踩加速踏板的感觉更敏感和精确,还可以和油压、发动机温度和排气再循环等信息有更密切的电子信号结合,因而有助减少耗油量和废气排出,对环境有保护作用。③由于节气门开度被简化成一系列的电子信息,因此计算机管理系统整合 ABS、换档控制和防滑系统等信息时比过去简单,有助于提高各项系统的沟通效率,也有助于减轻质量及降低各种机械零件的维修概率。

在目前的电子燃油喷射发动机上,线控节气门系统除了发挥上述功能外,它还可以进一步改善发动机的节油和排放性能。

第四节 驾驶人辅助系统

随着传感器技术、测量技术及嵌入式 CPU 技术的发展和应用,汽车的智能化水平越来越高,驾驶人辅助系统得到了飞快发展,应用十分广泛。驾驶人辅助系统可在危急情况下发出警报、提供支持,还可处理单调、重复的驾驶工作,从而提高驾驶的安全性。驾驶人辅助系统包括预测性紧急制动、车道辅助和驾驶人疲劳探测等功能,未来还将增加预测性行人保护系统和建设区域辅助系统。在舒适性方面,驾驶人辅助系统提供了泊车辅助、夜视系统和交通标志识别等功能,未来还包括交通拥堵辅助功能。

一、自适应巡航控制系统(Adaptive Cruise Control,ACC)

ACC 系统是一种智能化的自动控制系统,它是在早已存在的巡航控制技术的基础上发展而来的,它的主要作用是使车速与交通状况相适应,通过雷达传感器确定与前车的距离。如果与前车距离太近或监测到新目标,它会主动降速,确保始终与前车保持一个安全的距离;当前方道路没车时,它又会加速恢复到设定的车速,雷达系统将自动监测下一个目标。

在车辆行驶过程中,安装在车辆前部的车距传感器(雷达)持续扫描车辆前方道路,同时轮速传感器采集车速信号。当与前车之间的距离过小时,ACC 控制单元可以通过与制动防抱死系统、发动机控制系统协调动作,使车轮适当制动,并使发动机的输出功率下降,以使车辆与前方车辆始终保持安全距离。ACC 系统在控制车辆制动时,通常会将制动减速度限制在不影响舒适的程度,当需要更大的减速度时,ACC 控制单元会发出声光信号通知驾驶人主动采取制动操作。当与前车之间的距离增加到安全距离时，ACC 控制单元控制车辆按照设定的车速行驶。

当前方有车辆突然插入时，ACC 系统的减速干预已经无法满足保持车距的要求，此时该系统会发出声响警告，要求驾驶人进行制动。如果限于交通状况车速低于 30km/h，ACC 系统会自动关闭，并通过声响信号告知驾驶人。可以看出此系统并不能取代驾驶人。驾驶人可以随时通过踩加速踏板取消预设速度，或者通过按钮或进行制动关闭其功能。ACC 系统可以替驾驶人完成很多重复性操作，并保持驾驶人专心驾驶。

在巡航中，ACC 系统可以自动选定跟随的目标，这就需要对探测到的目标进行确认，判断其是否处于本车行驶的相关轨迹上。为了完成这个任务，首先需要计算出本车的轨迹。行驶轨迹的计算是通过利用一些行驶状态相关的参数和一些其他附加参数（例如行道线的反光）获得的。通过对探测到目标的距离以及其与本车行驶轨迹的横向距离的计算，系统确定该目标是否为有效目标。通过应用行驶动态模型可以计算出道路的弧度。

ACC 系统除了大大提高驾驶舒适度以外，更重要的是它也提高了交通安全性。这一点主要体现在其保持车距的功能上，能够与前方车辆保持足够的车距，同时保持驾驶人心理放松。另外，当前方车辆车速突然减慢时，ACC 系统通过迅速降低本车速度也能够起到提醒驾驶人进行快速反应的作用。

二、防碰撞预警系统

搭载防碰撞预警系统的车辆，当和前车距离过近时，就会发出警告以提醒驾驶人。如果驾驶人未采取制动措施，该系统便会介入驾驶，对车辆进行主动制动，甚至令车完全停止。

为了便于理解，在图 14-27 中显示了紧急制动过程的三个阶段。阶段Ⅲ是有效制动阶段，在此阶段中汽车以最大可能的减速度制动，ABS（甚至制动辅助系统）参与配合制动。此阶段行走过的距离与汽车测试中的制动距离相符合，在车速为 100km/h 时，制动距离一般为 30~60m。从图 14-27 可以看出，阶段Ⅰ、Ⅱ加起来比阶段Ⅲ时间长，占到了制动过程的大部分。阶段Ⅱ是制动系

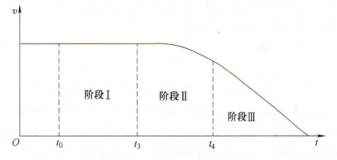

图 14-27　制动过程的三个阶段

Ⅰ—反应期　Ⅱ—制动系统增压期　Ⅲ—有效制动期
v—速度　t—时间　t_0—出现危险的时间点
t_3—踩制动踏板　t_4—制动系统达到最大压力

统增压过程，这一阶段是有很大潜力可以缩短的。在驾驶人还没有踩下制动踏板的时候，液压系统就开始提前动作（提前建立压力）。阶段Ⅰ是驾驶人的反应期，这一阶段的长短和驾驶人的注意力以及当前状况相关，根据每天的时段和行驶环境不同，这一反应期的时间从 0.5~3s 不等。

上述情形下，预碰撞系统可以探测到障碍物，缩短驾驶人的反应期，消除制动系统的增压期。如图 14-28 所示，预碰撞系统在识别障碍物后 0.1~0.3s 的时间即开始对制动系统增压，同时驾驶人即使在注意力不集中的情况下也会因为车速的突然减慢警觉起来。预碰撞系

统会以其设定的最大减速度 3.5m/s² 开始制动，这样大大节约了宝贵的时间，使制动距离大幅度缩短。驾驶人只需要在已经加压的制动系统继续实施紧急制动。通过采用预碰撞系统，无论是驾驶人还是车辆的反应速度都大大提高。

三、车道保持辅助系统

车道保持辅助系统，又称车道偏离预警系统，主要由摄像头传感器与处理软件来判别车辆与路面标记（例如车道线）的距离。如果车

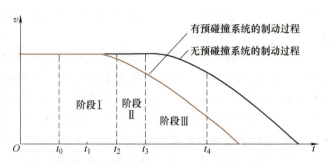

图 14-28　距离传感器的有无和紧急制动过程比较
Ⅰ—反应期　Ⅱ—制动系统增压期　Ⅲ—有效制动期
v—速度　t—时间　t_0—出现危险的时间点
t_1—预碰撞系统识别危险　t_2—系统开始自动制动
t_3—踩制动踏板　t_4—制动系统达到最大压力（没有传感器的状态）

辆接近识别到的标记线并可能脱离行驶车道，系统会通过转向盘的振动提醒驾驶人注意。如果车道保持辅助系统识别到本车道两侧的标记线，系统处于待命状态。如果在车辆横过车道边界线之前拨动了转向灯，系统就不会给出振动提醒，因为系统认为这是驾驶人需要变道。在接近或者横过识别出的车道边界线时，会产生振动，并且这种振动提醒只发生一次。车道保持辅助系统是为高速公路和主干线公路而设计的，所以该系统在车速高于 65km/h 时才会工作。环境条件恶劣时，比如车道脏污或者覆盖着雪、车道过窄、车道边界线不清晰（如高速公路施工时）该系统会暂时不工作，系统当前的工作状态会显示在组合仪表上。带车道保持辅助系统的车辆，甚至可以通过转向盘助力电动机，帮助驾驶人纠正方向，大大减少因车道偏离引发的碰撞事故。

四、驾驶人状态监测系统

长途行驶或在高速公路上行驶时，驾驶人往往由于疲劳或所见目标单调而造成注意力不集中或打瞌睡，导致车辆偏离行驶路线，甚至引发交通事故。有资料表明，高速公路上发生的交通事故中有一半以上是由于上述原因造成的。要解决这一问题，必须用技术手段及时监测车辆驾驶人的注意力是否集中，是否有打瞌睡的倾向，这就是注意力监测。

驾驶人状态监测系统主要在于监控和分析驾驶人状态、设计先进车辆和良好的用户信息交互界面，以便学习、控制甚至是模拟驾驶人行为。其中，监视驾驶人头部位置已经成为研究重点，这能帮助探测和推测驾驶人的疲劳等级（特别是结合驾驶人眼睛凝视方向）。利用摄像机等传感器来监测驾驶人面部表情、眼睛的睁开程度、眼皮眨动的频率等，再利用传感器获取道路标识、前后车辆与障碍物等信息确定道路场景的单调性，结合车辆行驶状态，推断驾驶人的疲劳程度，并用声光报警。

另有一种能够监测驾驶人注意力下降的系统，并可以通过声音或光信号提醒驾驶人。该系统首先用多种传感器提供关于转向盘的活动情况、脚踏板上的压力情况、车速，并在汽车驾驶人座前方安装一个红外线探测仪，用来监测驾驶人眼皮的眨动。如果驾驶人感到疲劳打瞌睡，眼皮的眨动就会变慢，这时候红外线监测器便会发出尖锐的警告声，将驾驶人从瞌睡中惊醒。

五、自动泊车辅助系统

自动泊车这项配置,从诞生开始便受到广大车主,尤其是女性车主的青睐。车辆上安装的自动泊车系统,主要通过车身前后左右的传感系统来检测障碍物,并能结合摄像头自动识别停车线,当汽车自动检测好停车位置和距离时,只要驾驶人按下确认键,该系统就会自主对转向盘进行控制,完成停车。

自动泊车辅助系统的基本原理是通过车身前后和侧面的多个传感器,来测算车位的大小、距离以及准确的入位角度。系统对车辆和车位都有要求:首先车辆必须装有倒车影像功能的屏幕;其次,在停车时,车位的大小不应小于车身总长加 2m 的长度,而倒车时,与旁边车辆的横向距离应该保持在 0.5~1.5m 之间。选择好车位就可以泊车。将车摆放好挂入倒档后,倒车影像屏幕会自动显示出你所在的位置和周围环境,这时用户在触摸屏式导航仪上,通过移动光标来设定泊车的目标位置,同时起动智能泊车系统。系统一旦起动会自行旋转转向盘,然后缓慢进行倒车,最后将车辆停在泊车位置附近。驾驶人可以在注意周围有无障碍物的同时,控制加速或制动踏板调整泊车过程。

六、车辆红外线夜视辅助系统

夜视技术是研究在夜间光照度低的情况下,采用拓宽人类裸眼有限视力的方案以实现夜间观察景物的一种方法。它应用光电效应原理与光电子成像的方法,使人眼的视觉能力得到一定程度的扩展。在黎明或夜间模式下,该系统能在前照灯光束照射到(驾驶人视野范围内)行人和障碍物之前,就能够监测到车辆前方行人和障碍物的图像,并显示给驾驶人。夜视系统能使驾驶人辨别出距离 210m 左右路旁身着浅色衣服的试验假人,比氙气大灯远 40m 左右。而在行人身着黑色衣服时,可远 90m 左右。这意味着采用夜视辅助系统可以将夜间行车安全性提高 125% 以上。同时,由于对于潜在危险信息的充分掌握也能够使驾驶人在夜间驾驶过程中的心理压力大为缓解,进而使驾驶过程更加舒适放松。

夜视系统分为主动式红外夜视和被动微光夜视系统。主动式红外夜视仪采用自身携带的红外探照灯,主动照射被探测的景物,探照灯发射出的不可见红外光被景物反射回来,由带有红外变像管的夜视仪探测出来,并被转换成可见光图像,供人眼观察。主动夜视系统因为主动照明,故景物图像反差较大、图像较清晰。被动式微光夜视与主动式红外夜视工作原理相仿,不同的是:被动式微光夜视仪自身不带光源,它探测景物的微光图像,并且放大到足以供人眼观察的程度。

第五节 无人驾驶汽车

英国和美国的科学家研究分析表明,每起交通事故均不同程度地涉及驾驶人、汽车和道路环境因素。英国的研究得出道路交通事故肇事发生的唯一原因是由驾驶人因素引起的占 65%(美国为 57%),而与驾驶人因素有关(驾驶人-汽车因素、驾驶人-道路环境因素、驾驶人-汽车-道路环境因素和驾驶人因素)的占到近 95%(美国为 94%)。我国道路交通事故的统计也表明,主要由于驾驶人造成的事故占 90% 左右。总之,驾驶人失误作为发生交通事故的主要原因已被世界各国所公认。如果要从根本上解决这一问题,就需要将"人"从交通控制系统中请出来，从而提高安全性。这种新型车辆控制方法的核心就是实现车辆的无人自动驾驶。

无人驾驶汽车是一种智能汽车，也可以称之为轮式移动机器人，主要依靠车内的以计算机系统为主的智能驾驶仪来实现无人驾驶。无人驾驶汽车是通过车载传感系统感知道路环境，自动规划行车路线并控制车辆到达预定目标的智能汽车。它是利用车载传感器来感知车辆周围环境，并根据感知所获得的道路、车辆位置和障碍物信息，控制车辆的转向和速度，从而使车辆能够安全、可靠地在道路上行驶。无人驾驶汽车集自动控制、体系结构、人工智能、视觉计算等众多技术于一体，是计算机科学、模式识别和智能控制技术高度发展的产物。

一、无人驾驶汽车的发展现状

20世纪90年代以来，随着汽车市场竞争激烈程度的日益加剧和智能运输系统（ITS）研究的兴起，无人驾驶汽车及其相关技术的研究成为热门，一批有实力、有远见的汽车行业大公司、研究院所和高等院校也正展开对无人驾驶汽车的研究。

美国交通部已开始一项五年计划，投入3500万美元，与通用汽车公司合作开发一种前后防撞系统。此外，美国还将无人驾驶汽车的研究用于军事上，美国国防部采用无人驾驶汽车去执行危险地带的巡逻任务，目前正在进行第3代军用无人驾驶汽车的研究，称为 Den Ⅲ，能满足有路和无路条件下的车辆自动驾驶。

日本智能公路（Smart Way）计划中提出在车辆上采用诸如车道保持、十字路口防撞行人避让和车距保持等无人驾驶汽车技术。2003年日本开始实施一个示范计划，到2015年将在日本全国范围内实施 Smart Way 计划。

发达国家从20世纪70年代开始进行无人驾驶汽车研究，目前在可行性和实用性方面，美国和德国走在前列。美国是世界上研究无人驾驶车辆最早、水平最高的国家之一。美国一些著名大学，如卡耐基梅隆大学、麻省理工学院等都先后于20世纪80年代开始研究无人驾驶车辆。

我国的相关研究也已展开。清华大学汽车研究所是国内最早成立的主要从事无人驾驶汽车及智能交通的研究单位之一，国防科技大学于2000年成功试验了第4代无人驾驶汽车，它的最高时速达到了75.6km，创国内最高纪录。西北工业大学空管所、吉林大学、华南理工大学、重庆大学等都在展开相关研究。这一新兴学科吸引着越来越多的研究机构、学者加入到智能车相关技术开发研究中来。

无人驾驶汽车是多学科的融合产物，现在整个汽车行业都在致力于无人驾驶汽车的研发，在节能、环保以及安全三个方面，无人驾驶汽车目前更偏向于安全方面的设计。无人驾驶汽车的各个子系统都将朝着更加安全与人性化的方向发展。

二、无人驾驶汽车的原理

无人驾驶汽车系统主要由传感器系统、控制系统和执行机构等组成。无人驾驶汽车设计的主要方法，一种是采用磁传感器来检测路径，但这需要在地面下预埋磁钉，需要对路面重新改造，对路面有破坏性；另一种是采用CCD摄像头作为传感器来检测路径，然而CCD摄像头的价格一般较高，并且需要对采集到的图像进行实时处理，对系统的硬件和软件都要求较高。

目前有一种基于光电传感器基础的自动导航系统，其根据光电传感器测得的反射光强度的信号来自动辨识行驶路径，实现车辆的无人自动寻迹行驶。与其他导航方案相比，该方案导航系统具有结构简单、安装方便、对道路无损坏和价格低廉等特点。图14-29所示为无人驾驶汽车自动循迹系统组成。

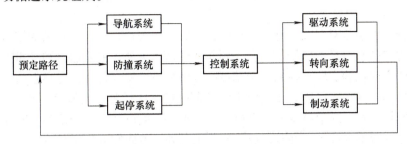

图14-29　无人驾驶汽车自动循迹系统组成

无人驾驶汽车系统中的传感器系统主要由导航系统、防撞传感器和起停系统等组成；控制系统可以选择dSPACE公司的Micro-AutoBox控制器；执行机构主要由轮毂电动机、线控转向和液压制动等系统组成。导航系统自动检测车辆相对于预定路径的横向偏差，控制系统根据横向偏差来计算转向系统所需的转角，并输出指令控制电动机驱动系统、线控转向系统和液压制动系统。电动机驱动系统根据控制器的速度指令进行速度闭环控制，线控转向系统根据控制器转角指令进行转角闭环控制，液压制动系统根据控制器的制动指令进行开环控制。

1. 导航系统

无人驾驶汽车导航系统主要由光源、光电传感器、遮光附件、信号采集和电源等5部分组成。光源部分采用高亮白光LED，共48个。光电传感器部分采用2%精度硫化镉cds 5562的光敏电阻（直径5mm，工作温度范围30~70℃），共40个，等距间隔7.68mm排列。光敏电阻是基于内光电效应的光电元件，当光照增强时，其电阻值便减小，因此通过半桥分压测量光敏电阻两端的电压变化便可以反映光照的强弱，从而能够反应光强的变化。由于系统采用了可见光源，故户外阳光及相邻光源均会对系统的信号产生干扰，需对路径传感器系统进行遮光处理。本系统采用在每个光敏电阻上加装黑色塑胶套管来避免相邻光源干扰，车辆的车身可防止阳光对系统的干扰。系统采用两块飞思卡尔MC68HC908G260八位单片机，每块G260单片机拥有24路A/D转换通道，工作在4MHz总线频率下时，每路A/D最小转换时间为17μs，总转换时间小于600μs。在系统的实际设计中，每块PCB负责20个通道的数据采集和发送。电源部分由STL7805稳压器和两个2000μF的电容组成，其输入电压为DC12V，输出电压DC5V为光源和传感器供电。

2. 控制系统

车辆自动寻迹行驶的控制原理如图14-30所示，控制系统根据预瞄点P的预瞄信息来控制车辆的转向。

控制器系统的功能；将光电传感器的测试结果转换为横向偏差，获取车辆行驶的预瞄信息；加入"驾驶人"模型，对车辆的状态进行自动控制；进行程序设计，控制车辆按预定工况行驶。

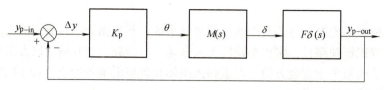

图 14-30　自动寻迹行驶时控制系统的控制原理图

汽车驾驶人模型是对驾驶人操纵汽车的行为的数学表达，是一个复杂的控制系统。驾驶人的操纵行为包括对信息的感知、综合、判断、推理、决断，最后通过神经肌肉的反应产生汽车所需要的方向控制、驱动控制、制动控制等操纵力。操纵行为具有很强的随机性、自适应性、离散性和时变性。因此，要用数学模型来精确描述驾驶人的操纵行为是比较困难的。随着驾驶人监控技术、通信技术、计算机技术、人工智能以及控制理论的不断发展，驾驶人模型的研究已取得不少成果，并且已成为当前国内外学者研究的一个热点问题。

3. 执行装置

无人驾驶汽车的执行装置主要可以分为三部分，分别是驱动系统、转向系统以及制动系统。

(1) 驱动系统　采用轮毂式纯电动汽车，其驱动装置为 4 个电动机。

(2) 转向系统　采用线控转向。系统中的机械转向机构包括转向盘、转向柱、转向电动机、电磁的转向器、转向拉杆；传感器包括转向盘转角传感器、转矩传感器、拉杆位移传感臂上的侧向加速度传感器；电子控制单元包括控制电路板及动力电路板两部分。

(3) 制动系统　无人驾驶电动车的液压制动系统以传统车辆的液压制动系统为基础，将制动主缸的制动踏板促动改为电动推杆促动。改进的液压制动系统主要由直流电动机驱动器和电动推杆组成，电动推杆由直流有刷电动机和减速机构组成。电动推杆中直流电动机的转动经过减速机构作用后转变为推杆的平动，推动主缸活塞产生制动液压力，从而完成整车的制动过程。

三、无人驾驶汽车的研究及发展方向

无人驾驶汽车的研究可以归纳为三个方面：高速公路环境、城市环境和特殊环境下的无人驾驶系统。就具体研究内容而言，三个方面相互重叠，只是技术的侧重点不同。

1. 高速公路环境下的无人驾驶系统

这类系统将汽车使用环境限定为具有良好标志的结构化高速公路上，主要完成道路标志线跟踪、车辆识别等功能。这些研究把精力集中在简单结构化环境下的高速自动驾驶上，其目标是实现进入高速公路之后的全自动驾驶。尽管这样的应用定位有一定的局限性，但它的确解决了现代社会中最为常见、危险、也是最为枯燥的驾驶环节的驾驶任务。

2. 城市环境下的无人驾驶系统

与高速公路环境研究相比，城市环境下的无人驾驶由于速度较慢，因此更安全可靠，应用前景更好。短期内可作为城市大容量公共交通（如地铁等）的一种补充，解决城市区域交通问题，例如大型活动场所、公园、校园、工业园、机场等。但是城市环境也更为复杂，对感知和控制算法提出了更高的要求。城市环境中的无人自动驾驶将成为下一阶段研究重点。例如，美国国防部"大挑战"比赛 2007 年采用城市环境。这类环境的应用已经进入到

小范围推广阶段，但其大范围应用仍存在一定困难，例如，可靠性问题、多车调度和协调问题、与其他交通参与者的交互问题、成本问题、商业模型等。

3. 特殊环境下的无人驾驶系统

无人驾驶汽车研究走在前列的国家，一直都很重视其在军事和其他一些特殊条件下的应用。但其关键技术和基于高速公路和城市环境的车辆是一致的，只是在性能要求上的侧重点不一样。例如，车辆的可靠性、对恶劣环境的适应性是在特殊环境下考虑的首要问题，也是在未来推广应用中要重点解决的问题。

无人驾驶汽车是未来汽车发展的方向，人类在不久的将来会用上智能型无人驾驶汽车。那是一种将探测、识别、判断、决策、优化、优选、执行、反馈、纠控功能融为一体，会学习、总结、提高技能，集微机、微电动机、绿色环保动力系统、新型结构材料等顶尖科技成果为一体的智慧型汽车。需要指出的是，研发无人驾驶汽车并非要完全替代驾驶人，只是在需要替代的领域和场合替代。无人驾驶汽车尤其适合从事旅游、应急救援、长途高速客货运输、军事用途，以发挥其可靠、安全、便利及高效的性能优势，减少事故，弥补有人驾驶汽车的不足。无人驾驶汽车在交通领域的应用，从根本上改变了传统车辆的控制方式，可大大提高交通系统的效率和安全性。随着高科技的发展，我国无人驾驶车辆技术将会不断发展，其功能也将更完善，学科内容将会更丰富，产业化前景更美好。

思考题与习题

14-1 简述车载导航系统需满足的基本要求。
14-2 简述车载导航系统的基本组成及其功能。
14-3 分析汽车稳定性控制系统的控制方法。
14-4 分析汽车线控转向系统的工作过程。
14-5 分析驾驶人辅助系统常见的功能及其特点。
14-6 简述无人驾驶汽车的组成及工作原理。

参 考 文 献

[1] 寇国瑗，杨生辉，李建文，等．汽车电器与电子控制系统［M］．北京：人民交通出版社，1999．
[2] 舒华，姚国平．汽车电子控制技术［M］．北京：人民交通出版社，2002．
[3] 李东江，宋良玉，王秀娣．现代汽车电子控制技术［M］．北京：北京科学技术出版社，1998．
[4] 皇甫鉴，范明强．现代汽车电子技术与装置［M］．北京：北京理工大学出版社，1999．
[5] 庄继德．汽车电子控制系统工程［M］．北京：北京理工大学出版社，1998．
[6] 吴诰珪．汽车电子控制技术和车内局域网［M］．北京：电子工业出版社，2003．
[7] 李春明．汽车车身电子技术［M］．北京：北京理工大学出版社，2003．
[8] 孙仁云，孙春燕，李本亮．汽车电气系统研究与探讨［J］．汽车工程，2004，26（1）：81-84．
[9] HOLT D J. Electronics：change the shape of the automobile［J］. Automotive engineering international，2000，108（10）：64A-64N.
[10] 秦贵和．车上网络技术［M］．北京：机械工业出版社，2003．
[11] 安相壁．汽车技术新概念［J］．世界汽车，1999（10）：41．
[12] 田玉明．博世电液制动系统 SBC［J］．轻型汽车技术，2003（2）：71．
[13] 麻友良，丁卫东．汽车电器与电子控制系统［M］．北京：机械工业出版社，2002．
[14] 徐向阳．汽车电器与电子控制技术［M］．北京：机械工业出版社，1999．
[15] 刘振闻，陈幼平．汽车电器与电子技术［M］．北京：人民交通出版社，1998．
[16] 冯渊．汽车电工与电子技术基础［M］．北京：机械工业出版社，2002．
[17] 赵福堂．汽车电器与电子设备［M］．北京：北京理工大学出版社，1997．
[18] 孙余凯，等．汽车电器识图技巧［M］．北京：人民邮电出版社，2003．
[19] 张美娟．汽车电器与电控系统简明教学图解［M］．北京：电子工业出版社，2004．
[20] 李俄收．未来 42V 汽车电气系统综述［J］．汽车电器，2004（4）：4-7．
[21] 刘坚．用于下一代汽车双电压（14/42V）电气系统［J］．汽车电器，2000（1）：5-6．
[22] 边焕鹤．汽车电器与电子设备［M］．北京：人民交通出版社，1997．
[23] 古永棋．汽车电器及电子设备［M］．重庆：重庆大学出版社，1999．
[24] 张先达．现代汽车电器维修与使用［M］．北京：北京理工大学出版社，1996．
[25] 王囤．现代汽车点火系统［M］．西安：西安交通大学出版社，1997．
[26] 邹长庚．现代汽车电子控制系统构造原理与故障诊断［M］．北京：北京理工大学出版社，2000．
[27] 卫忠星．电控 LPG 缸内直接喷射技术应用于火花点火式发动机的研究［D］．杭州：浙江大学机械工程学院，2004．
[28] 郑国勇．天然气发动机电控系统的开发研究［D］．北京：北京工业大学，2008．
[29] 赵仁杰．汽车电气设备［M］．北京：人民交通出版社，2000．
[30] 陈渝光．汽车电器与电子设备［M］．北京：机械工业出版社，2003．
[31] 黄海波．燃气汽车结构原理与维修［M］．北京：机械工业出版社，2002．
[32] 吴基安．汽车电子电器维修指南［M］．北京：电子工业出版社，1995．
[33] 周龙保，等．内燃机学［M］．北京：机械工业出版社，1999．
[34] 蒋德明．内燃机原理［M］．2 版．北京：机械工业出版社，1988．
[35] 关文达．汽车构造［M］．北京：机械工业出版社，2003．
[36] 冯健璋．汽车发动机原理与汽车理论［M］．北京：机械工业出版社，2003．
[37] 倪计民．汽车内燃机原理［M］．上海：同济大学出版社，1997．

[38] 张豫南，宋振宇，等．汽车发动机计算机系统基本检查与故障自诊断［M］．北京：物资出版社，1998．

[39] 赵士林．90 年代内燃机［M］．上海：上海交通大学出版社，1992．

[40] 交通部公路司．汽车排放污染物控制实用技术［M］．北京：人民交通出版社，1999．

[41] 刘铮，王建昕．汽车发动机原理教程［M］．北京：清华大学出版社，2001．

[42] 冯崇毅．汽车电子控制技术［M］．北京：机械工业出版社，2001．

[43] 陈家瑞．汽车构造［M］．北京：人民交通出版社，2003．

[44] 葛安林．车辆自动变速理论与设计［M］．北京：机械工业出版社，1993．

[45] 过学迅．汽车自动变速器（结构·原理）［M］．北京：机械工业出版社，2000．

[46] 厄尔贾维克．汽车自动变速器与变速驱动桥［M］．韩爱民，张有才，李波，译．北京：机械工业出版社，2000．

[47] 邓定瀛．自动变速器原理与应用［M］．重庆：重庆大学出版社，1993．

[48] 冯晋祥，吴际璋．自动变速器结构原理图册［M］．北京：机械工业出版社，2002．

[49] 张泰岭，陆华忠，罗锡文．汽车自动变速器原理与检修［M］．广州：广东科技出版社，2000．

[50] 白崤，张凯良，张西振，等．丰田轿车结构与维修［M］．沈阳：辽宁科学技术出版社，2000．

[51] 李晓华，廖祥兵．广州本田雅阁轿车结构与使用维修［M］．北京：金盾出版社，2002．

[52] 朱红军，葛安林，等．电子控制机械式自动变速器［J］．汽车电器，2000（1）：11-13．

[53] 葛安林．自动变速器［J］．汽车技术，2001，特约专题（第一～九篇）．

[54] 周学建，等．电子控制机械式自动变速器［J］．农业机械学报，2003，34（3）：139-141．

[55] 付铁军，等．金属带式无级变速器电液控制系统的试验研究［J］．汽车工程，2003，25（4）：383-388．

[56] 翟丽，杨守存，等．汽车电子控制自动变速器及其发展趋势［J］．汽车电器，2002（2）：3-5．

[57] 黄虎．电控自动变速器的换档规律分析和控制程序设计［J］．上海工程技术大学学报，2003，17（3）：175-180．

[58] 魏俊强．自动变速器故障诊断［J］．汽车与驾驶维修，2004（2）：2-3．

[59] 梁科．轿车自动变速器的类型及其使用［J］．中南汽车运输，2000（2）：13-14．

[60] 徐安，乔向明．自动变速器汽车的合理使用［J］．汽车技术，2003（7）：33-35．

[61] 吴基安．汽车电子技术［M］．北京：人民邮电出版社，1999．

[62] 吴定才．汽车电子控制系统构造与维护［M］．北京：人民交通出版社，2000．

[63] 林逸，施国标．汽车电动助力转向技术的发展现状与趋势［J］．公路交通科技，2001（3）：79-82．

[64] 王豪，等．电动转向系统助力特性研究［J］．公路交通科技，2003（6）：143-146．

[65] 季学武，等．EPS 系统性能试验研究［J］．江苏大学学报（自然科学版），2004（2）：116-119．

[66] 钟志华，张维刚，曹立波，等．汽车碰撞安全技术［M］．北京：机械工业出版社，2003．

[67] 周云山，于秀敏．汽车电控系统理论与设计［M］．北京：北京理工大学出版社，1999．

[68] 余志生．汽车理论［M］．5 版．北京：机械工业出版社，2009．

[69] 程军．汽车防抱死制动系统的理论与实践［M］．北京：北京理工大学出版社，1999．

[70] 魏朗，王囤．现代汽车制动防抱死系统实用技术［M］．北京：人民交通出版社，2001．

[71] 智能型安全气囊的发展［J］．轿车情报 AUTOCAR，2002．

[72] 张志坚．安全行车的监护神——汽车行驶记录仪［J］．警察技术，2004（1）：39-40．

[73] 王潇，王宪，等．基于嵌入式系统的新一代汽车行驶记录仪［J］．江南大学学报（自然科学报），2003，2（4）：356-360．

[74] 王振群．汽车行驶记录仪在道路交通管理中的应用［J］．广东公安科技，2003（4）：59-61．

[75] 陈志斌．应用汽车行驶记录仪提高行车安全性［J］．广东公路交通，2003（3）：57-59．

[76] 司利增. 汽车计算机控制［M］. 北京：人民交通出版社，2000.
[77] 方贵银，等. 汽车空调技术［M］. 北京：机械工业出版社，2002.
[78] 于华诗，等. 现代汽车最新电器设备使用与维修［M］. 北京：科学出版社，1993.
[79] 周湧麟，等. 汽车噪声原理、检测与控制［M］. 北京：中国环境科学出版社，1992.
[80] 吴基安，等. 汽车电子技术问答［M］. 北京：金盾出版社，2000.
[81] 王宜义，等. 汽车空调［M］. 西安：西安交通大学出版社，1995.
[82] 李拴成，等. 现代轿车电控悬架的结构原理和检修［M］. 北京：北京理工大学出版社，1998.
[83] 鲁植雄. 汽车电脑控制器区域网数据总线［M］. 北京：人民交通出版社，2004.
[84] 甘永梅，等. 现场总线技术及其应用［M］. 北京：机械工业出版社，2004.
[85] 雷霖. 现场总线控制网络技术［M］. 北京：电子工业出版社，2004.
[86] 周泉. 车载网络发展动向（Ⅰ）［J］. 汽车电器，2004（1）：56-59.
[87] 周泉. 车载网络的发展动向（续完）［J］. 汽车电器，2004（2）：56-59.
[88] 周泉. CAN 的基本知识——背景概述与故障状态［J］. 汽车电器，2004（3）：55-57.
[89] 周泉. CAN 的基本知识协议概述［J］. 汽车电器，2004（4）：56-57.
[90] 周泉. CAN 协议的帧与功能（Ⅰ）［J］. 汽车电器，2004（5）：52-54.
[91] 周泉. CAN 协议的帧与功能（续完）［J］. 汽车电器，2004（6）：55-56.
[92] 周泉. CAN 协议的错误处理及位定时［J］. 汽车电器，2004（7）：60-61.
[93] 林为群. 汽车单片机及车载网络技术［M］. 北京：人民交通出版社，2007.
[94] 朱建风，李国忠. 常见车系 CAN-BUS 原理与检修［M］. 北京，机械工业出版社，2006.
[95] 吴文琳，吴丽霞. 汽车车载网络系统原理与维修精华［M］. 北京，机械工业出版社，2008.
[96] 南金瑞，刘波澜. 汽车单片机及车载总线技术［M］. 北京：北京理工大学出版社，2005.
[97] 李东江，张大成. 汽车车载网络系统（CAN-BUS）原理与检修［M］. 北京，机械工业出版社，2005.
[98] 于万海. 车载网络系统原理与检修［M］. 北京，电子工业出版社，2008.
[99] 侯树梅. 汽车单片机及局域网技术［M］. 北京：高等教育出版社，2005.
[100] 管秀君. 汽车单片机及局域网技术［M］. 北京：人民交通出版社，2005.
[101] 于万海. 汽车单片机与车载网络技术［M］. 西安，西安电子科技大学出版社，2007.
[102] 谭本忠. 汽车车载网络维修教程［M］. 北京，机械工业出版社，2008.
[103] 张金女，等. 汽车电子装置与控制技术［M］. 哈尔滨：黑龙江科学技术出版社，2000.
[104] 庄继德，庄蔚敏. 汽车系统集成与模块化技术［M］. 北京：机械工业出版社，2003.
[105] 王悦新，等. 雷克萨斯 400 型汽车稳定性控制系统结构及原理解析［J］. 交通科技与经济，2002（3）：28-30.
[106] 钱强. 汽车网络结构与检修［M］. 北京：清华大学出版社，2015.
[107] 尹力会，李兆生. 汽车总线系统原理与检修［M］. 北京：机械工业出版社，2015.
[108] 郑孟冬. 汽车车载网络原理与维修［M］. 北京：机械工业出版社，2014.
[109] 郑易. 汽车车载网络维修必会技能 200 问［M］. 北京：机械工业出版社，2015.
[110] 刘春辉，刘宝君. 汽车车载网络技术详解［M］. 北京：机械工业出版社，2015.
[111] 马明芳. 车载网络系统故障诊断与排除［M］. 北京：机械工业出版社，2015.
[112] 王绍铣，等. 汽车电子学［M］. 北京：清华大学出版社，2011.
[113] 赖夫. 汽车电子学［M］. 李裕华，等译. 西安：西安交通大学出版社，2011.
[114] 张彦会，伍松. 现代汽车电子控制技术［M］. 北京：中国水利水电出版社，2013.